대방광불화엄경 3

대방광불화엄경 3

발행일 2025년 3월 14일

번역 일지 이건표
펴낸이 손형국
펴낸곳 (주)북랩
편집인 선일영 편집 김현아, 배진용, 김다빈, 김부경
디자인 이현수, 김민하, 임진형, 안유경 제작 박기성, 구성우, 이창영, 배상진
마케팅 김회란, 박진관
출판등록 2004. 12. 1(제2012-000051호)
주소 서울특별시 금천구 가산디지털 1로 168, 우림라이온스밸리 B동 B111호, B113~115호
홈페이지 www.book.co.kr
전화번호 (02)2026-5777 팩스 (02)3159-9637

ISBN 979-11-7224-529-0 04220 (종이책) 979-11-7224-530-6 05220 (전자책)
979-11-7224-525-2 04220 (세트)

지혜의 정수이자 불교 경전의 꽃, 화엄경 탐구

대방광불화엄경 3

일지 이건표 번역
一智 李健杓

"진정한 실천은 나를 넘어 세상을 밝히는 길이 된다."
수행과 깨달음, 그리고 남을 돕는 정신을 담은 화엄경의 깊은 지혜.

북랩

차례

대방광불화엄경 제41권

27. 십정품十定品 (2) 12

제3 차례를 따라 모든 부처님 국토에 두루 가는 큰 삼매次第徧往諸佛國土大三昧 12
제4 청정하고 깊은 마음으로 행하는 큰 삼매淸淨深心行大三昧 13
제5 과거를 장엄하는 장 큰 삼매知過去莊嚴藏大三昧 16
제6 지혜 광명의 장 큰 삼매智光明藏大三昧 18
제7 모든 세계가 부처님 장엄임을 분명하게 깨우쳐 아는 큰 삼매了知一切世界佛莊嚴大三昧 22

대방광불화엄경 제42권

27. 십정품十定品 (3) 34

제8 모든 중생을 차별하는 몸의 큰 삼매一切衆生差別身大三昧 34
제9 법계에 자재한 큰 삼매法界自在大三昧 44

대방광불화엄경 제43권

27. 십정품十定品 (4) 60

제10 걸림이나 막힘없는 바퀴의 큰 삼매無礙輪大三昧 60

대방광불화엄경 제44권

28. 십통품十通品 94

제1 선근으로 다른 사람의 마음을 아는 지혜 신통善知他心智神通 94
제2 막힘이나 걸림이 없는 하늘 눈 지혜의 신통無礙天眼智神通 95
제3 과거 겁의 지나간 경계를 아는 지혜의 신통知過去際劫宿住智神通 96
제4 미래 겁의 경계를 다 아는 지혜의 신통知盡未來際劫智神通 97
제5 막힘이나 걸림 없는 청정한 귀로 듣는 지혜의 신통無礙淸淨天耳智神通 99
제6 체성이 없고 움직임이 없음에 머물면서 모든 부처님 세계에 가는 지혜의 신통住無體性無動作往一切佛刹智神通 100
제7 선근으로 모든 말을 분별하는 지혜의 신통善分別一切言辭智神通 101
제8 수 없는 색신의 지혜로운 신통無數色身智神通 102
제9 일체 법이라는 지혜의 신통一切法智神通 105
제10 모든 법이 없어져 다하는 삼매 지혜의 신통一切法滅盡三昧智神通 106

29. 십인품十忍品 109

제1 음성인말소리의 인忍 109
제2 거스르지 않고 따르는 인順忍 110
제3 생이 없는 법의 인無生法忍 110
제4 허깨비 같은 인如幻 111
제5 아지랑이 같은 인焰忍 113
제6 꿈 같은 인如夢忍 113
제7 메아리 같은 인如響忍 114
제8 그림자 같은 인如影忍 115
제9 변하여 바뀌는 것과 같은 인如化忍 117
제10 텅 빈 것 같은 인如空忍 120

대방광불화엄경 제45권

30. 아승기품阿僧祇品 144
31. 여래수량품如來壽量品 169
32. 제보살주처품菩薩住處品 171

대방광불화엄경 제46권

33. 불부사의법품佛不思議品 (1) 176

대방광불화엄경 제47권

33. 불부사의법품佛不思議品 (2) 202

제1 광대한 불사 202
제2 광대한 불사 203
제3 광대한 불사 204
제4 광대한 불사 205
제5 광대한 불사 206
제6 광대한 불사 207
제7 광대한 불사 208
제8 광대한 불사 210
제9 광대한 불사 211
제10 광대한 불사 212
제1 큰 나라연 당기처럼 용맹하고 굳건한 법 216
제2 큰 나라연 당기처럼 용맹하고 굳건한 법 217
제3 큰 나라연 당기처럼 용맹하고 굳건한 법 217
제4 큰 나라연 당기처럼 용맹하고 굳건한 법 218
제5 큰 나라연 당기처럼 용맹하고 굳건한 법 219
제6 큰 나라연 당기처럼 용맹하고 굳건한 법 221
제7 큰 나라연 당기처럼 용맹하고 굳건한 법 222
제8 큰 나라연 당기처럼 용맹하고 굳건한 법 222
제9 큰 나라연 당기처럼 용맹하고 굳건한 법 223
제10 큰 나라연 당기처럼 용맹하고 굳건한 법 224

대방광불화엄경 제48권

34. 여래십신상해품如來十身相海品 234

여래의 32상 234

35. 여래수호광명공덕품如來隨好光明功德品 257

대방광불화엄경 제49권

36. 보현행품普賢行品 270

대방광불화엄경 제50권

37. 여래출현품如來出現品 (1) 302

1) 출현하시는 법 302
2) 몸의 업 326

대방광불화엄경 제51권

37. 여래출현품如來出現品 (2) 342

3) 말의 업 342
4) 마음의 업 359

대방광불화엄경 제52권

37. 여래출현품如來出現品 (3) 376

5) 출현하는 경계와 행과 보리 376
6) 법륜, 열반, 이익 388
여래, 응공, 정등각의 반열반
여래, 응공, 정등각이 열반을 보일 때의 부동삼매
여래, 응공, 정등각을 보고 듣고 친근히 하여 심은 선근

대방광불화엄경 제53권

38. 이세간품離世間品 (1) 408

1) 이백 가지 물음 408
2) 십신을 답함 10가지 414
3) 십주를 답함 425
(1) 발심주發心住
(2) 치지주治持住
(3) 수행주修行住
(4) 생귀주生貴住
(5) 방편구족주方便具足住
(6) 정심주淨心住

(7) 불퇴주不退住
(8) 동진주童眞住
(9) 법왕자주法王子住
(10) 관정주灌頂住

대방광불화엄경 제54권

38. 이세간품離世間品 (2) 438

4) 십행을 답함 438
(1) 환희행歡喜行
(2) 요익행饒益行
(3) 무위역행無爲逆行
(4) 무굴요행, 무진행無屈饒行, 無盡行
(5) 이치난행離癡亂行
(6) 선현행善現行
(7) 무착행無著行
(8) 난승행, 존중행難勝行, 尊重行
(9) 선법행善法行
(10) 진실행眞實行

대방광불화엄경 제55권

38. 이세간품離世間品 (3) 468

4) 십행을 답함 468
(10) 진실행眞實行
5) 십회향을 답함 477
(1) 구호일체중생이중생상회향(救護一切衆生離衆生相迴向)
(2) 불괴회향(不壞迴向)
(3) 등일체불회향(等一切佛迴向)
(4) 지일체처회향(至一切處迴向)
(5) 무진공덕장회향(無盡功德藏迴向)
(6) 수순견고일체선근회향, 수순평등선근회향(隨順堅固一切善根迴向, 隨順平等善根迴向)
(7) 등수순일체중생회향, 수순등관중생회향(等隨順一切衆生迴向, 隨順等觀衆生迴向)
(8) 진여상회향(眞如相迴向)
(9) 무박무착해탈회향(無縛無着解脫迴向)
(10) 법계무량회향(法界無量迴向)

대방광불화엄경 제56권

38. 이세간품離世間品 (4) 496

6) 십지를 답함 517
(1) 환희지(歡喜地)
(2) 이구지(離垢地)

대방광불화엄경 제57권

38. 이세간품離世間品 (5) 530

(3) 발광지(發光地)
(4) 염혜지(焰慧地)
(5) 난승지(難勝地)
(6) 현전지(現前地)
(7) 원행지(遠行地)
(8) 부동지(不動地)
(9) 선혜지(善慧地)
(10) 법운지(法雲地)

7) 인이 원만하고 결과가 만족함을 답함. 558

대방광불화엄경 제58권

38. 이세간품離世間品 (6) 564

8) 까닭이 원만하고 만족스러운 결과의 답을 얻음 564

대방광불화엄경 제59권

38. 이세간품離世間品 (7) 600

9) 결론 615

대방광불화엄경 제60권

39. 입법계품入法界品 (1) 654

1) 근본 법회 654

대방광불화엄경 제41권

27. 십정품(2)
十定品第二十七之二

제3 차례를 따라 모든 부처님 국토에 두루 가는 큰 삼매(次第徧往諸佛國土大三昧)

"불자여! 어떠한 것을 두고 보살마하살의 '차례를 따라 모든 부처님 국토에 두루 가는 신통한 삼매(次第徧往諸佛國土神通三昧)라' 하는가."

"불자여! 이 보살마하살이 동방으로 수 없는 세계를 지나쳐서 차례를 좇아(復) 이 세계의 티끌 수와 같은 세계를 지나치고 저 모든 세계 가운데서 이 삼매에 들 때, 늘 찰나에 들고 늘 잠깐 사이에 들고 늘 뒤를 이어 끊이지 않고 계속해서 들고 늘 아침 시간에 들고 늘 점심시간에 들고 늘 저녁 시간에 들고 늘 초저녁에 들고 늘 한밤중에 들고 늘 새벽녘에 들기도 한다."

"늘 하루 동안 들고 늘 5일을 들고 늘 반달을 들고 늘 한 달을 들고 늘 일 년을 들고 늘 백 년을 들고 늘 천 년을 들고 늘 백천 년을 들고 늘 억 년을 들고 늘 백천 억 년을 들고 늘 나유타 억 년을 들고 늘 한 겁에 들고 늘 백 겁에 들고 늘 백천 겁에 들고 늘 백천 나유타 겁에 들고 늘 수 없는 겁에 들고 늘 헤아릴 수 없는 겁에 들고 늘 끝없는 겁에 들고 늘 그 이상 더 할 수 없는 겁에 들고 늘 셀 수 없는 겁에 들고 늘 말로는 일컬을 수 없는 겁에 들고 늘 사람의 생각으로는 헤아릴 수 없는 겁에 들고 늘 양으로는 헤아릴 수 없는 겁에 들고 늘 말할 수 없는 겁에 들고 늘 말할 수 없고 말로 이를 수 없는 겁에 들기도 한다."

"언제나 오래도록 들고 언제나 가까이 들고 언제나 법에 들고 언제나 때에 드는 것이 가지가지로 같지 않지만, 보살은 그러한 것에 분별을 내지 않고 마음이 물들거나 집착하지 않고 둘이라 하지도 않고 둘이 아니라 하지도 않고 두루 넓다 하지 않고 다르다 하지도 않는다."

"비록 이러한 분별을 벗어나지만, 신통과 방편으로 삼매를 좇아 일으켜서 모든 법을 잊거나 잃지 않고 마지막까지 이른다. 비유하면 태양이 두루 돌아 행하면서 비치고 낮과 밤에 머물지 않는 것과 같으니, 태양이 뜨면 낮이라 하고 태양이 지면 밤이라 한다. 낮에도 역시 나지 않고 밤에도 역시 없어지지 않는 것과 같기에 보살마하살이 수 없는 세계에 신통으로 삼매에 들고 삼매에 들고는 그 수 없는 세계를 밝게 보는 것도 역시 차례를 좇아(復) 이와 같다."

"불자여! 이것이 보살마하살의 제3 차례를 따라 모든 부처님 국토에 두루 가는 큰 삼매(次第徧往諸佛國土大三昧)로서 섬세하고 능숙한 선근 지혜이다."

佛子 云何爲菩薩摩訶薩次第徧往諸佛國土神通三昧 佛子 此菩薩摩訶薩過於東方無數世界 復過爾所世界微塵數世界 於彼諸世界中入此三昧 或刹那入 或須臾入 或相續入 或日初分時入 或日中分時入 或日後分時入 或夜初分時入 或夜中分時入 或夜後分時入 或一日入 或五日入 或半月入 或一月入 或一年入 或百年入 或千年入 或百千年入 或億年入 或百千億年入 或百千那由他億年入 或一劫入 或百劫入 或百千劫入 或百千那由他億劫入 或無數劫入 或無量劫入 或無邊劫入 或無等劫入 或不可數劫入 或不可稱劫入 或不可思劫入 或不可量劫入 或不可說劫入 或不可說不可說劫入 若久 若近 若法 若時 種種不同 菩薩於彼不生分別 心無染著 不作二 不作不二 不作普 不作別 雖離此分別而以神通方便從三昧起 於一切法不忘不失至於究竟 譬如日天子周行照曜 晝夜不住 日出名晝 日沒名夜 晝亦不生 夜亦不滅 菩薩摩訶薩於無數世界入神通三昧 入三昧已 明見爾所無數世界亦復如是 佛子 是爲菩薩摩訶薩第三次第徧往諸佛國土神通大三昧善巧智

제4 청정하고 깊은 마음으로 행하는 큰 삼매(清淨深心行大三昧)

"불자여! 무엇을 두고 보살마하살의 '청정하고 깊은 마음으로 행하는 삼매(淸淨深心行三昧)'라 하는가."

"불자여! 이 보살은 모든 부처님의 몸의 수가 중생의 수효와 같음을 알고 헤아릴 수 없는 부처님이 아승기 세계의 티끌 수를 지나쳐서 저 하나하나 모든 여래의 처소에 일체 가지가지의 빼어난 향으로 공양하고 일체 가지가지의 빼어난 꽃으로 공양하고 일체 가지가지의 덮개(日傘)로 공양하고 아승기 부처 세계의 크기와 같은 덮개로 공양하고 모든 세계를 초월해 지나는 가장 빼어난 모든 장엄 기물로 공양하고 모든 종류의 가지가지 보배를 흩뿌려서 공양하고 모든 가지가지의 장엄 기물로 가볍게 다니는 곳을 장엄해서 공양하고 수 없고 가장 빼어난 모든 마니의 보배 장으로 공양하고 부처님의 신력으로부터 흘러나오는 천상의 음식보다 더 좋은 음식으로 공양하고 저 하나하나 모든 여래의 처소에 공경하고 존중하며, 머리 숙여 예를 올리고 몸으로 보시하며, 부처님 법을 청해서 묻고 부처님의 평등함을 칭찬하고 모든 부처님의 광대한 공덕을 일컬어 칭찬하고 모든 부처님이 들어간 가엾이 여기는 큰마음에 들어가며, 부처님의 평등하고 막힘이나 걸림이 없는 힘을 얻고 한 생각 사이, 한순간에 모든 부처님의 처소에서 부지런히 빼어난 법을 구하지만, 모든 부처님이 세상에 나오심과 반열반(般涅槃)에 드는 이와 같은 모양이나 상태는 얻을 것이 없음을 흩어지고 움직이는 마음의 연으로 분별하여 분명하게 알지만, 마음이 일어나도 무엇을 인연으로 해서 일어나는지 알지 못하고 마음이 없어져도 어떠한 인연으로 없어지는 것을 알지 못하는 것과 같이 이 보살마하살도 역시 차례를 좇아(復) 이와 같기에 끝내는 여래가 세상에 나시고 열반에 드시는 것을 분별하지 않는다."

"불자여! 이는 마치 햇빛 가운데 나타나는 아지랑이가 구름을 좇아 생기지도 않고 연못을 좇아 생기지도 않고 육지에 처한 것도 아니고 물에 머무는 것도 아니고 있는 것도 아니고 없는 것도 아니고 착한 것도 아니고 악한 것도 아니고 맑은 것도 아니고 흐린 것도 아니고 감히 마시거나 씻을 수도 없고 더럽힐 수도 없고 몸이 있는 것도 아니고 몸이 없는 것도 아니고 맛이 있지도 않고 맛이 없지도 않다. 이는 서로 관계를 맺게 되는 인연으로 물의 모양이나 상태를 나타내어 식(識)으로 분명하게 깨우쳐 알았다고 하는 것이며, 멀리서 보면 물과 비슷하기에 물이라는 생각을 일으키지만, 가까지 가면 곧 없기에 물이라 생각하는 마음의 모양이나 상태가 스스로 없어지는 것과 같다. 보살마하살도 역시 차례를 좇아(復) 이와 같기에 여래가 세상에 나오시고 열반에 드시는 모양이나 상태를 분별하지 않으니, 모든 부처님의 모양이나 상태가 있음과 모양이나 상태가 없음은 다 생각하는 마음의 모양이나 상태를 분별하는 것뿐이다."

"불자여! 이 삼매의 이름을 '청정하고 깊은 마음으로 행하는 삼매'라 하니, 보살마하살은 이 삼매에 들었다가 일어나며, 일어나더라도 잃어버리지 않는다. 비유하면 어떤 사람이 깨어나도 꿈을 좇아 꿈꾸던 일을 기억하는 것과 같아서 깼을 때 비록 꿈과의 경계가 없지만, 분명히 기억하고 잊지 않는다. 보살마하살도 역시 차례를 좇아(復) 이와 같기에 삼매에 들어가 부처님을 보고 법을 듣고 삼매를 좇아 일어남을 기억해서 잃어버리지 않고 이 법으로 모든 도량에 모인 대중을 환하게 열어 깨닫게 하고 일체 모든 부처님의 국토를 장엄하고 헤아릴 수 없는 이치로 나아감을 남김없이 밝게 통해서 얻고 모든 법의 문 역시 모두 청정하고 큰 지혜의 횃불을 밝히고 모든 부처의 종자를 기르고 두려움 없음을 온전하게 갖추고 변재가 다함이 없기에 깊고 깊은 법계의 장(如是如是.解脫.寂滅.寂靜.禪定.三昧.二乘地.如來地.涅槃.般涅槃.眞如.善根思惟)을 널리 펴서 설하고 열어 보인다."

"이것이 제4 청정하고 깊은 마음으로 행하는 큰 삼매(淸淨深心行大三昧)의 섬세하고 능숙한 선근 지혜이다."

佛子 云何爲菩薩摩訶薩淸淨深心行三昧 佛子 此菩薩摩訶薩知諸佛身數等衆生 見無量佛過阿僧祇世界微塵數 於彼一一諸如來所 以一切種種妙香而作供養 以一切種種妙華而作供養 以一切種種蓋大如阿僧祇佛刹而作供養 以超過一切世界一切上妙莊嚴具而作供養 散一切種種寶而作供養 以一切種種莊嚴具莊嚴經行處而作供養 以一切無數上妙摩尼寶藏而作供養 以佛神力所流出過諸天上味飮食而作供養 一切佛刹種種上妙諸供養具 能以神力普皆攝取而作供養 於彼一一諸如來所 恭敬尊重 頭頂禮敬 擧身布地 請問佛法 讚佛平等 稱揚諸佛廣大功德 入於諸佛所入大悲 得佛平等無礙之力 於一念頃 一切佛所勤求妙法 然於諸佛出興於世 入般涅槃 如是之相皆無所得 如散動心 了別所緣 心起不知何所緣起 心滅不知何所緣滅 此菩薩摩訶薩亦復如是 終不分別如來出世及涅槃相 佛子 如日中陽焰 不從雲生 不從池生 不處於陸 不住於水 非有非無 非善非惡 非淸非濁 不堪飮漱 不可穢汚 非有體非無體 非有味非無味 以因緣故而現水相 爲識所了 遠望似水而興水想 近之則無 水想自滅 此菩薩摩訶薩亦復如是 不得如來出興於世及涅槃相 諸佛有相及以無相 皆是想心之所分別 佛子 此三昧名爲 淸淨深心行 菩薩摩訶薩於此三昧 入已而起 起已不失 譬如有人從睡得寤 憶所夢事 覺時雖無夢中境界 而能憶念 心不忘失 菩薩摩訶薩亦復如是 入於三昧 見佛聞法 從定而起 憶持不忘 而以此法開曉一切道場衆會 莊嚴一切諸佛國土 無量義趣悉得明達 一切法門皆亦淸淨 然大智炬 長諸佛種 無畏具足 辯才不竭 開示演說甚深法藏 是爲菩薩摩訶薩第四淸淨深心行大三昧善巧智

제5 과거를 장엄하는 장을 큰 삼매(知過去莊嚴藏大三昧)

"불자여! 어떠한 것을 두고 보살마하살의 '과거를 장엄하는 장을 아는 삼매(知過去莊嚴藏三昧)'라 하는가."

"불자여! 이 보살마하살은 과거 모든 부처님의 출현을 아니, 이른바 겁의 차례를 따르는 가운데 모든 세계의 차례를 따름과 세계의 차례를 따르는 가운데 모든 겁의 차례를 따름과 겁의 차례를 따르는 가운데 모든 부처님이 나오시는 차례를 따름과 부처님이 나오시는 차례를 따르는 가운데 법을 설하는 차례를 따름과 법을 설하는 차례를 따르는 가운데 마음으로 즐거워하는 모든 차례를 따름과 마음이 즐거워함을 따르는 가운데 모든 근이 차례를 따름과 근이 차례를 따르는 가운데 조복하는 차례를 따름과 조복하는 차례를 따르는 가운데 모든 부처님의 수명이 차례를 따름과 수명의 차례를 따르는 가운데 억 나유타 년과 세의 수량을 차례를 따라 안다."

"불자여! 이 보살마하살은 이와 같은 끝없이 차례를 따르는 지혜를 얻는 까닭에 곧바로 과거의 모든 부처님을 알고 곧바로 과거의 법문을 알고 곧바로 과거의 모든 겁을 알고 곧바로 과거의 모든 법을 알고 곧바로 과거의 모든 마음을 알고 곧바로 과거의 모든 이해함을 알고 곧바로 과거의 모든 중생을 알고 곧바로 과거의 모든 번뇌를 알고 곧바로 과거의 모든 의식을 알고 곧바로 과거의 모든 청정함을 안다."

"불자여! 이 삼매의 이름이 '과거청정장過去淸淨藏'이니, 한 생각, 한순간에 능히 백 겁에 들어가고 능히 천 겁에 들어가고 능히 백천 겁에 들어가고 능히 백천 억 나유타 겁에 들어가고 능히 수 없는 겁에 들어가고 능히 끝없는 겁에 들어가고 능히 그 이상 더 할 수 없는 겁에 들어가고 능히 수로는 알 수 없는 겁에 들어가고 능히 일컬어 이를 수 없는 겁에 들어가고 능히 생각으로는 알 수 없는 겁에 들어가고 능히 양으로는 알 수 없는 겁에 들어가고 능히 말로 할 수 없는 겁에 들어가고 능히 말할 수 없고 말로는 이를 수 없는 겁에 들어간다."

"불자여! 저 언덕(彼岸)의 보살마하살이 이 삼매에 든 후에는 현재를 없애지 않고 과거의 속된 인연에 끌리지도 않는다."

"불자여! 저 언덕(彼岸)의 보살마하살이 이 삼매를 좇아 일어나기에 여래의 처소에서 사람의 생각으로 미루어 알 수 없는 열 가지 정수리에 물을 붓는 법(灌頂法)을 받아 모두 얻고 모두 청정하게 하고 모두 성취하고 모두 들어가고 모두 증득하고 모두 원만히 하고 모두 가지고 지녀서 평등하게 깨달아 알고 세 바퀴(身口意)가 청정해진다."

"무엇이 열인가 하면, 1은 옳고 그름을 말함이 뜻을 어기지 않고 2는 법을 설함에 다함이 없고 3은 말로 가르침이 잘못이 없고 4는 설하는 즐거움이 끊어지지 않고 5는 마음에 두려움이 없고 6은 말이 정성스러우며 참되고 7은 중생들의 의지가 되고 8은 삼계를 구해서 해탈하게 하고 9는 선근이 최고로 뛰어나고 10은 빼어난 법을 제대로 조화롭게 가르치는 것이다."

"불자여! 이것이 열 가지 정수리에 물을 붓는 법이니, 그와 같이 보살이 이 삼매에 들었다가 삼매를 좇아 일어나 틈이 없음을 곧바로 얻는다. 이는 마치 가라라(태에 들기 전 모양)가 태에 들 때, 한 생각 사이에 식(識)이 곧 생함을 부탁하는 것과 같기에 보살마하살도 역시 차례를 좇아(復) 이와 같아서 이 삼매에서 일어나 여래의 처소에서 한 생각, 한순간에 곧바로 이 열 가지 법을 얻는다."

"불자여! 이 이름이 보살마하살의 제5 과거를 장엄하는 장을 아는 큰 삼매(知過去莊嚴藏大三昧)의 섬세하고 능숙한 선근 지혜이다."

佛子 云何爲菩薩摩訶薩知過去莊嚴藏三昧 佛子 此菩薩摩訶薩能知過去諸佛出現所謂 劫次第中諸刹次第 刹次第中諸劫次第 劫次第中諸佛出現次第 佛出現次第中說法次第 說法次第中諸心樂次第 心樂次第中諸諸根次第 根次第中調伏次第 調伏次第中諸佛壽命次第 壽命次第中知億那由他年歲數量次第 佛子 此菩薩摩訶薩得如是無邊次第智故 則知過去諸佛 則知過去諸刹 則知過去法門 則知過去諸劫 則知過去諸法 則知過去諸心 則知過去諸解 則知過去諸衆 則知過去諸煩惱 則知過去諸儀式 則知過去諸淸淨 佛子 此三昧名 過去淸淨藏 於一念中 能入百劫 能入千劫 能入百千劫 能入百千億那由他劫 能入無數劫 能入無量劫 能入無邊劫 能入無等劫 能入不可數劫 能入不可稱劫 能入不可思劫 能入不可量劫 能入不可說劫 能入不可說不可說劫 佛子 彼菩薩摩訶薩入此三昧 不滅現在 不緣過去 佛子 彼菩薩摩訶薩從此三昧起 於如來所受十種不可思議灌頂法 亦得 亦淸淨 亦成就 亦入 亦證 亦滿 亦持 平等了知三輪淸淨 何等爲十 一者辯不違義 二者說法無盡 三者訓辭無失 四者樂說不斷 五者心無恐畏 六者語必誠實 七者衆生所依 八者救脫三界 九者善根最勝 十者調御妙法 佛子 此是十種灌頂法 若菩薩入此三昧 從三昧起 無間則得 如歌羅邏入胎藏時 於一念間識則託生 菩薩摩訶薩亦復如是 從此定起 於如來所 一念則得此十種法 佛子 是名菩薩摩訶薩第五知過去莊嚴藏大三昧善巧智

제6 지혜 광명의 장 큰 삼매(智光明藏大三昧)

"불자여! 무엇을 두고 보살마하살의 '지혜 광명의 장 삼매智光明藏三昧'라 하는가."

"불자여! 저 언덕(彼岸)의 보살마하살이 이 삼매에 머물면, 미래 모든 세계의 일체 겁 가운데 계시는 모든 부처님이 그와 같이 설하시고 설하지 않음과 이미 수기를 받았거나 수기를 받지 않는 가지가지의 이름이 각각 같지 않음을 아니, 이른바 수 없는 이름과 헤아려 알 수 없이 많은 이름과 끝이 없는 이름과 그 이상 더할 수 없는 이름과 수로 셀 수 없는 이름과 말로는 일컬을 수 없는 이름과 생각으로는 이를 수 없는 이름과 양으로 헤아려 알 수 없는 이름과 말로는 이를 수 이름이다."

"곧 이 세상에 나타나실 것이고 곧 중생에게 이익을 줄 것이고 곧 법왕이 되실 것이고 곧 부처님 일을 일으킬 것이고 곧 복과 이익을 설할 것이고 곧 선근의 이치를 칭찬할 것이고 곧 백분의(白分義)를 설할 것이고 곧 모든 악을 청정하게 다스릴 것이고 곧 공덕에 편안히 머물 것이고 곧 제일의 체, 으뜸가는 진리를 보일 것이고 곧 정수리에 물을 붓은 자리에 들어갈 것이고 곧 일체 지혜를 이룰 것이다."

"저 언덕(彼岸) 모든 여래의 원만한 행을 닦고 원만한 원을 일으키고 원만한 지혜에 들어가고 원만한 대중이 있고 원만한 장엄을 갖추고 원만한 공덕을 모으고 원만한 법을 깨우치고 원만한 과를 얻고 원만한 모양이나 상태를 갖추고 원만한 깨우침을 이루고 저 언덕(彼岸) 모든 여래의 명성과 종족과 섬세하고 능숙한 선근 방편과 신통과 변화로 중생을 성숙하게 하고 반열반에 들어가는 이와 같은 일체를 남김없이 다 깨달아 안다."

"이 보살이 한 생각 가운데, 한순간에 능히 일 겁에 들어가고 백 겁, 천 겁, 백천 겁, 백천 억 나유타 겁에 들어가고 염부제 티끌 수와 같은 겁에 들어가고 사천하 티끌 수와 같은 겁에 들어가고 소천 세계의 티끌 수와 같은 겁에 들어가고 중천 세계의 티끌 수와 같은 겁에 들어가고 대천세계의 티끌 수와 같은 겁에 들어가고 백천 부처 세계의 티끌 수와 같은 겁에 들어가고 백천 억 나유타 부처 세계의 티끌 수와 같은 겁에 들어가고 수 없는 부처 세계의 티끌 수와 같은 겁에 들어가고 헤아릴 수 없는 부처 세계의 티끌 수와 같은 겁에 들어가고 끝없는 부처 세계의 티끌 수와 같은 겁에 들어가고 그 이상 더할 수 없는 부처 세계의 티끌 수와 같은 겁에 들어가고 셀 수 없는 부처 세계의 티끌 수와 같은 겁에 들어가고 말로 일컬을 수 없는 부처 세계의 티끌 수와 같은 겁에 들어가고 생각으로 이를 수 없는 부처 세계의 티끌 수와 같은 겁에 들어가고 양으로는 헤아려 알 수 없는 부처 세계의 티끌 수와 같은 겁에 들어가고 말할 수 없는 부처 세계의 티끌 수와 같은 겁에 들어가고 말할 수 없고 말로는 이를 수 없는 부처 세계의 티끌 수와 같은 겁에 들어가 이와 같은 미래 일체 세계에 있는 겁의 수를 능히 지혜로 남김없이 다 깨달아 안다."

"깨달아 아는 까닭으로 그 마음이 차례를 좇아(復) 열 가지 지니는 문에 들어간다. 무엇이 열인가 하면, 이른바 부처님을 지니어 유지하고 들어가는 까닭으로 말할 수 없는 부처 세계의 티끌 수와 같은 모든 부처님으로부터 보호받음을 얻고 법을 가지고 들어가는 까닭으로 열 가지의 다라니 광명과 다함이 없는 변재를 얻고 행을 가지고 들어가는 까닭으로 원만하고 특히 뛰어난 원을 태어나게 하고 힘을 가지고 들어가는 까닭으로 어둡게 가로막지 못하며, 꺾어서 굴복시키지 못하고 지혜를 지니고 들어가는 까닭으로 부처님 법을 행함에 막힘이나 걸림이 없고 크게 가엾이 여기는 마음을 지니고 들어가는 까닭으로 물러나지 않는 법 바퀴를 굴리고 섬세하고 능숙한 선근으로 차별하는 글귀를 지니고 들어가는 까닭으로 모든 문자의 바퀴를 굴려서 모든 법문의 자리를 청정하게 하고 사자가 태어난 법을 받아 가지고 들어가는 까닭으로 법의 자물쇠를 열어서 욕심의 진흙탕에서 나오게 하고 지혜의 힘을 지니고 들어가는 까닭으로 보살의 행을 닦으면서 늘 쉬지 않고 선근을 벗하여 이 힘을 가지고 들어가는 까닭으로 끝없은 중생이 두루 청정함을 얻게 하고 머무름이 없는 힘을 지니고 들어가는 까닭으로 말할 수 없고 말로는 이를 수 없는 광대한 겁에 들어가고 법의 힘을 지니고 들어가는 까닭으로 막힘이나 걸림이 없는 방편 지혜로 일체 법의 제 성품이 청정함을 안다."

佛子 云何爲菩薩摩訶薩智光明藏三昧 佛子 彼菩薩摩訶薩住此三昧 能知未來一切世界一切劫中所有諸佛 若已說 若未說 若已授記 若未授記 種種名號各各不同 所謂無數名 無量名 無邊名 無等名 不可數名 不可稱名 不可思名 不可量名 不可說名 當出現於世 當利益衆生 當作法王 當興佛事 當說福利 當讚善義 當說白分義 當淨治諸惡 當安住功德 當開示第一義諦 當入灌頂位 當成一切智 彼諸如來修圓滿行 發圓滿願 入圓滿智 有圓滿衆 備圓滿莊嚴 集圓滿功德 悟圓滿法 得圓滿果 具圓滿相 成圓滿覺 彼諸如來名姓種族 方便善巧 神通變化 成熟衆生 入般涅槃 如是一切皆悉了知 此菩薩於一念中 能入一劫 百劫 千劫 百千劫 百千億那由他劫 入閻浮提微塵數劫 入四天下微塵數劫 入小千世界微塵數劫 入中千世界微塵數劫 入大千世界微塵數劫 入佛刹微塵數劫 入百千佛刹微塵數劫 入百千億那由他佛刹微塵數劫 入無數佛刹微塵數劫 入無量佛刹微塵數劫 入無邊佛刹微塵數劫 入無等佛刹微塵數劫 入

不可數佛刹微塵數劫 入不可稱佛刹微塵數劫 入不可思佛刹微塵數劫 入不可量佛刹微塵數劫 入不可說佛刹微塵數劫 入不可說不可說佛刹微塵數劫 如是未來一切世界所有劫數 能以智慧皆悉了知 以了知故 其心復入十種持門 何者爲十 所謂 入佛持故得不可說佛刹微塵數諸佛護念 入法持故 得十種陀羅尼光明無盡辯才 入行持故 出生圓滿殊勝諸願 入力持故 無能映蔽 無能摧伏 入智持故 所行佛法無有障礙 入大悲持故 轉於不退淸淨法輪 入差別善巧句持故 轉一切文字輪 淨一切法門地 入師子受生法持故 開法關鑰 出欲淤泥 入智力持故 修菩薩行常不休息 入善友力持故 令無邊衆生普得淸淨 入無住力持故 入不可說不可說廣大劫 入法力持故 以無礙方便智 知一切法自性淸淨

"불자여! 보살마하살은 이 삼매에 머문 후에는 섬세하고 능숙한 선근으로 말할 수 없고 말로는 이를 수 없는 겁에 머물고 섬세하고 능숙한 선근으로 말할 수 없고 말로는 이를 수 없는 세계에 머물고 섬세하고 능숙한 선근으로 말할 수 없고 말로는 이를 수 없는 가지가지의 중생을 알고 섬세하고 능숙한 선근으로 말할 수 없고 말로는 이를 수 없는 중생의 다른 모양이나 상태를 알고 섬세하고 능숙한 선근으로 말할 수 없고 말로는 이를 수 없는 같거나 다른 업보를 알고 섬세하고 능숙한 선근으로 말할 수 없고 말로는 이를 수 없는 게으름 피우지 않고 정진하는 모든 근으로 배워 익힌 것이 끊어지지 않고 이어지는 차별된 모든 행을 알고 섬세하고 능숙한 선근으로 말할 수 없고 말로는 이를 수 없는 헤아릴 수 없이 많은 물이 들고 깨끗한 가지가지의 사유를 알고 섬세하고 능숙한 선근으로 말할 수 없고 말로는 이를 수 없는 법의 가지가지 뜻과 헤아릴 수 없는 문자와 널리 펴서 설하는 말씨를 알고 섬세하고 능숙한 선근으로 말할 수 없고 말로는 이를 수 없는 가지가지의 부처님이 출현함과 종족과 시절과 모양이나 상태를 나타냄과 법을 설함과 보시로 부처님 일을 하는 것과 반열반에 듦을 알고 섬세하고 능숙한 선근으로 말할 수 없고 말로는 이를 수 없는 끝없는 지혜의 문을 알고 섬세하고 능숙한 선근으로 말할 수 없고 말로는 이를 수 없는 모든 신통과 헤아릴 수 없이 변하여 나타남을 안다."

"불자여! 비유하건대 태양이 떠오르면 세간에 있는 촌영, 성읍과 궁전, 옥택과 산, 연못과 새와 짐승과 숲과 꽃과 열매 등등 이와 같은 일체 가지가지의 모든 물건을 눈 있는 사람이 남김없이 밝게 보는 것과 같다."

"불자여! 태양의 빛은 평등해서 분별이 없지만, 눈으로는 가지가지의 모양이나 상태를 보게 하는 것과 같기에 이 큰 삼매도 역시 차례를 좇아(復) 이와 같은 체와 성을 평등하게 보고 분별하지 않지만, 보살은 말할 수 없고 말로는 이를 수 없는 백천 억 나유타로 차별하는 모양이나 상태를 안다."

"불자여! 이 보살마하살이 이와 같음을 깨달아 알 때, 모든 중생이 열 가지 텅 비지 않음(不空)을 얻게 한다."

"무엇이 열인가 하면, 1은 보는 것이 텅 빈 것은 아니기에 중생들이 선근을 내게 하는 까닭이 되며, 2는 들음이 텅 빈 것은 아니기에 모든 중생이 성숙함을 얻게 하는 까닭이 되고 3은 함께 머무는 것이 텅 빈 것은 아니기에 모든 중생의 마음을 조복하는 까닭이 되고 4는 어떤 일을 일으킴이 텅 빈 것은 아니기에 모든 중생이 말한 대로 지어가서 일체 모든 법과 뜻을 통달하게 하는 까닭이 되고 5는 행이 텅 빈 것이 아니기에 끝없는 세계를 빠짐없이 청정하게 하는 까닭이 되고 6은 친근함이 헛되거나 텅 빈 것이 아니기에 말할 수 없고 말로는 이를 수 없는 중생의 의심을 끊게 하는 까닭이 되고 7은 원함이 헛되거나 텅 빈 것이 아니기에 중생의 생각을 따라 뛰어난 공양을 지어 모든 원을 성취하게 하는 까닭이 되고 8은 섬세하고 능숙한 선근의 법이 헛되거나 텅 빈 것이 아니기에 빠짐없이 막힘이나 걸림이 없는 해탈과 청정한 지혜에 머무름을 얻게 하는 까닭이 되고 9는 법 비를 내림이 헛되거나 텅 빈 것이 아니기에 말할 수 없고 말로는 이를 수 없는 모든 중생의 근 가운데 방편으로 일체 지혜의 행을 나타내 보여서 부처님의 도에 머물게 하는 까닭이 되고 10은 나타나 나옴이 헛되거나 텅 빈 것이 아니기에 끝없는 모양이나 상태를 나타내어 일체중생이 다 비춤을 입게 하는 까닭이 된다."

"불자여! 이 보살마하살이 이 삼매에 머물고는 열 가지 텅 빈 것이 아님을 얻을 때 모든 천왕 대중이 와서 이마가 땅에 닿도록 예를 올리고 모든 용왕 대중이 큰 향 구름을 일으키고 모든 야차왕이 그 발에 이마가 닿도록 몸을 구부려 예를 올리고 아수라왕이 공손히 섬기어 공양하고 가루라왕이 앞뒤로 둘러싸고 모든 범천왕이 모두 와서 뵙기를 청하고 긴나라왕 마후라가왕이 다 함께 칭찬하고 건달바왕이 항상 친근하게 다가오고 모든 인왕 대중이 받들어 섬기고 공양한다."

"불자여! 이것이 보살마하살의 제6 지혜 광명의 장 큰 삼매(智光明藏大三昧)로서 섬세하고 능숙한 선근 지혜이다."

佛子 菩薩摩訶薩住此三昧已 善巧住不可說不可說劫 善巧住不可說不可說刹 善巧

知不可說不可說種種衆生 善巧知不可說不可說衆生異相 善巧知不可說不可說同異業報 善巧知不可說不可說精進 諸根習氣 相續差別諸行 善巧知不可說不可說無量染淨種種思惟 善巧知不可說不可說種種義 無量文字 演說言辭 善巧知不可說不可說種種佛出現 種族 時節 現相 說法 施爲佛事 入般涅槃 善巧知不可說不可說無邊智慧門 善巧知不可說不可說一切神通無量變現 佛子 譬如日出 世間所有村營 城邑宮殿 屋宅 山澤 鳥獸 樹林 華果 如是一切種種諸物 有目之人悉得明見 佛子 日光平等 無有分別 而能令目見種種相 此大三昧亦復如是 體性平等 無有分別 能令菩薩知不可說不可說百千億那由他差別之相 佛子 此菩薩摩訶薩如是了知時 令諸衆生得十種不空 何等爲十 一者見不空 令諸衆生生善根故 二者聞不空 令諸衆生得成熟故 三者同住不空 令諸衆生心調伏故 四者發起不空 令諸衆生如言而作 通達一切諸法義故 五者行不空 令無邊世界皆淸淨故 六者親近不空 於不可說不可說佛剎諸如來所斷不可說不可說衆生疑故 七者願不空 隨所念衆生 令作勝供養 成就諸願故 八者善巧法不空 皆令得住無礙解脫淸淨智故 九者雨法雨不空 於不可說不可說諸根衆生中方便開示一切智行令住佛道故 十者出現不空 現無邊相 令一切衆生皆蒙照故 佛子菩薩摩訶薩住此三昧 得十種不空時 諸天王衆皆來頂禮 諸龍王衆興大香雲 諸夜叉王頂禮其足 阿修羅王恭敬供養 迦樓羅王前後圍遶 諸梵天王悉來勸請 緊那羅王 摩睺羅伽王咸共稱讚 乾闥婆王常來親近 諸人王衆承事供養 佛子 是爲菩薩摩訶薩第六智光明藏大三昧善巧智

제7 모든 세계가 부처님 장엄임을 분명하게 깨우쳐 아는 큰 삼매(了知一切世界佛莊嚴大三昧)

"불자여! 어떠한 것을 보살마하살의 '모든 세계가 부처님의 장엄임을 분명하게 깨우쳐 아는 삼매了知一切世界佛莊嚴三昧'라 하는가."

"불자여! 이 삼매는 무슨 까닭으로 모든 세계가 부처님의 장엄임을 분명하게 깨우쳐 안다고 이름하는가."

"불자여! 보살마하살이 이 삼매에 머물면 능히 차례를 따라 동방세계에 들어가고 능히 차례를 따라 남방세계에 들어가고 서방과 북방과 사유, 상하에 있는 세계에 들어가고 또한 남김없이 차례를 따라 들어가서 모든 부처님이 빠짐없이 세상에 나서시는 것을 본다. 저 언덕(彼岸) 부처님의 모든 신통한 힘을 보며, 또한 모든 부처님이 가지고 있는 즐겁게 행함을 보며, 또한 모든 부처님의 광대하고 위엄있는 덕을 보며, 또한 모든 부처님의 가장 뛰어난 자재함을 보며, 또한 모든 부처님의 큰 사자후를 보며, 또한 모든 부처님이 닦으신 모든 행을 보며, 또한 모든 부처님의 가지가지 장엄을 보며, 또한 모든 부처님의 신족통(神足通) 변화를 보며, 또한 모든 부처님의 대중 모임이 구름처럼 모이는 것을 본다."

"또 대중 모임의 청정함과 대중 모임의 광대함과 대중 모임이 하나의 모양이나 상태와 대중 모임의 많은 모양이나 상태와 대중이 모인 처소와 모인 대중이 거주하고 머무는 것과 모인 대중의 성숙함과 모인 대중을 조복함과 모인 대중의 위엄과 공덕 등등의 이와 같은 일체를 다 분명하게 본다."

"또 모인 대중의 그 수효의 크고 작음이 염부제와 같음을 보고 또 모인 대중이 사천하와 같음을 보고 또 모인 대중이 소천 세계와 같음을 보고 또 모인 대중이 중천 세계와 같음을 보고 또 모인 대중이 삼천대천세계와 같음을 보고 또 모인 대중이 백천 억 나유타 부처 세계에 가득 차 있음을 보고 또 모인 대중이 아승기 부처 세계에 가득 차 있음을 보고 또 모인 대중이 백 부처 세계의 티끌 수와 같은 부처 세계에 가득 차 있음을 보고 또 모인 대중이 천 부처 세계의 티끌 수와 같은 부처 세계에 가득 차 있음을 보고 또 모인 대중이 백천 억 나유타 부처 세계의 티끌 수와 같은 부처 세계에 가득 차 있음을 본다."

"또 모인 대중이 수 없는 부처 세계의 티끌 수와 같은 부처 세계에 가득 차 있음을 보고 또 모인 대중이 헤아릴 수 없는 부처 세계의 티끌 수와 같은 부처 세계에 가득 차 있음을 보고 또 모인 대중이 끝없는 부처 세계의 티끌 수와 같은 부처 세계에 가득 차 있음을 보고 또 모인 대중이 수로는 알 수 없는 부처 세계의 티끌 수와 같은 부처 세계에 가득 차 있음을 보고 또 모인 대중이 말로는 일컬을 수 없는 부처 세계의 티끌 수와 같은 부처 세계에 가득 차 있음을 보고 또 모인 대중이 생각으로는 알 수 없는 부처 세계의 티끌 수와 같은 부처 세계에 가득 차 있음을 보고 또 모인 대중이 양으로서는 헤아려 알 수 없는 부처 세계의 티끌 수와 같은 부처 세계에 가득 차 있음을 보고 또 모니 대중이 말로는 할 수 없는 부처 세계의 티끌 수와 같은 부처 세계에 가득 차 있음을 보고 또 모인 대중이 말할 수 없고 말로는 이를 수 없는 부처 세계의 티끌 수와 같은 부처 세계에 가득 차 있음을 본다."

"또 모든 부처님이 대중이 모인 도량에 가운데 나타내 보이는 가지가지의 모양이나 상태와 가지가지의 시간과 가지가지의 국토와 가지가지의 변화와 가지가지의 신통과 가지가지의 장엄과 가지가지의 자재와 가지가지 형체의 양과 가지가지의 일로 인한 업을 본다."

"보살마하살은 또 자신이 저 언덕(彼岸) 대중의 모임에 가는 것을 보고 또 자기의 몸을 보니 법을 설하는 저곳에 있고 또 자기의 몸을 보니 부처님의 말씀을 받아 지니고 또 자기의 몸을 보니 선근의 인연으로 인한 원인과 결과를 알고 또 자기의 몸을 보니 허공에 머물러 있고 또 자기의 몸을 보니 법신에 머물고 또 자기의 몸을 보니 물들거나 집착함이 없고 또 자기의 몸을 보니 분별에 머물지 않고 또 자기의 몸을 보니 피로하거나 게으르지 않고 또 자기의 몸을 보니 모든 지혜에 두루 들어가고 또 자기의 몸을 보니 모든 이치를 두루 알고 또 자기의 몸을 보니 모든 지위에 두루 들어가고 또 자기의 몸을 보니 모든 육취에 두루 들어가고 또 자기의 몸을 보니 방편을 두루 알고 또 자기의 몸을 보니 부처님 앞에 두루 머물고 또 자기의 몸을 보니 모든 힘에 두루 들어가고 또 자기의 몸을 보니 진여에 두루 들어가고 또 자기의 몸을 보니 다툼이 없는 데 두루 들어가고 또 자기의 몸을 보니 모든 법에 두루 들어감을 본다."

"이와 같음을 볼 때, 국토를 분별하지 않고 중생을 분별하지 않고 부처님을 분별하지 않고 법을 분별하지 않고 몸에 집착하지 않으며, 몸의 업에 집착하지 않으며, 마음에 집착하지 않으며, 뜻이나 생각에 집착하지 않으니, 비유하면 모든 법은 자기의 성품을 분별하지 않으며, 음성을 분별하지 않지만 자기의 성품을 버리지 않으며, 이름 자를 없애지 않는 것과 같이 보살마하살도 역시 차례를 좇아(復) 이와 같기에 행을 버리지 않고 세상이 지어감을 따르지만, 이 둘에 집착하지 않는다."

佛子 云何爲菩薩摩訶薩了知一切世界佛莊嚴三昧 佛子 此三昧何故名了知一切世界佛莊嚴 佛子 菩薩摩訶薩住此三昧 能次第入東方世界 能次第入南方世界 西方 北方 四維 上下 所有世界悉亦如是 能次第入 皆見諸佛出興於世 亦見彼佛一切神力 亦見諸佛所有遊戲 亦見諸佛廣大威德 亦見諸佛最勝自在 亦見諸佛大師子吼 亦見諸佛所修諸行 亦見諸佛種種莊嚴 亦見諸佛神足變化 亦見諸佛衆會雲集 衆會淸淨 衆會廣大 衆會一相 衆會多相 衆會處所 衆會居止 衆會成熟 衆會調伏 衆會威德 如是一切悉皆明見 亦見衆會其量大小等閻浮提 亦見衆會等四天下 亦見衆會等小千界 亦見衆會等中千界 亦見衆會等三千大千世界 亦見衆會充滿百千那由他佛刹 亦見衆會充滿阿僧祇佛刹 亦見衆會充滿百佛刹微塵數佛刹 亦見衆會充滿千佛刹微塵數佛刹 亦見衆會充滿百千億那由他佛刹微塵數佛刹 亦見衆會充滿無數佛刹微塵數佛刹

亦見衆會充滿無量佛刹微塵數佛刹 亦見衆會充滿無邊佛刹微塵數佛刹 亦見衆會充滿無等佛刹微塵數佛刹 亦見衆會充滿不可數佛刹微塵數佛刹 亦見衆會充滿不可稱佛刹微塵數佛刹 亦見衆會充滿不可思佛刹微塵數佛刹 亦見衆會充滿不可量佛刹微塵數佛刹 亦見衆會充滿不可說佛刹微塵數佛刹 亦見衆會充滿不可說不可說佛刹微塵數佛刹 亦見諸佛於彼衆會道場中 示現種種相 種種時 種種國土 種種變化 種種神通 種種莊嚴 種種自在 種種形量 種種事業 菩薩摩訶薩亦見自身往彼衆會 亦自見身在彼說法 亦自見身受持佛語 亦自見身善知緣起 亦自見身住在虛空 亦自見身住於法身 亦自見身不生染著 亦自見身不住分別 亦自見身無有疲倦 亦自見身普入諸智 亦自見身普知諸義 亦自見身普入諸地 亦自見身普入諸趣 亦自見身普知方便 亦自見身普住佛前 亦自見身普入諸力 亦自見身普入眞如 亦自見身普入無諍 亦自見身普入諸法 如是見時 不分別國土 不分別衆生 不分別佛 不分別法 不執著身 不執著身業 不執著心 不執著意 譬如諸法 不分別自性 不分別音聲 而自性不捨 名字不滅 菩薩摩訶薩亦復如是 不捨於行 隨世所作 而於此二無所執著

"불자여! 보살마하살이 부처님의 헤아릴 수 없는 광색과 헤아릴 수 없는 모습의 모양이나 상태와 원만하게 성취함과 평등하고 청정함을 볼 때, 하나하나 눈앞에 드러내어 분명하게 증거하여 깨우쳐 알며, 늘 부처님 몸의 가지가지 광명을 보고 늘 부처님 몸의 둥근 빛이 늘 찾고자 하던 하나임을 보고 늘 부처님의 몸이 한낮의 태양 빛과 같음을 보고 늘 부처님의 몸이 섬세하고 빼어난 광색임을 보고 늘 부처님의 몸이 청정한 색으로 지어감을 보고 늘 부처님의 몸이 황금색으로 지어감을 보고 늘 부처님의 몸이 금강색으로 지어감을 보고 늘 부처님의 몸이 감청색으로 지어감을 보고 늘 부처님의 몸이 끝없는 색으로 지어감을 보고 늘 부처님의 몸이 큰 청색 마니보색으로 지어감을 본다."

"늘 부처님의 몸 크기나 길이가 7주(肘.손가락부터 팔꿈치)인 것을 보고 늘 부처님의 몸 크기나 길이가 8주인 것을 보고 늘 부처님의 몸 크기나 길이가 9주인 것을 보고 늘 부처님의 몸 크기나 길이가 10주인 것을 보고 늘 부처님의 몸 크기나 길이가 20주인 것을 보고 늘 부처님의 몸 크기나 길이가 30주인 것을 볼뿐만 아니라 100주와 1000주에 이르기까지 보고 간늘 부처님의 몸이 1 구로사 만한 크기나 길이가 되는 것을 보며, 늘 부처님의 몸이 반 유순만큼의 크기나 길이가 되는 것을 보며, 늘 부처님의 몸이 일 유순만큼의 크기나 길이가 되는 것을 보며, 늘 부처님의 몸이 십 유순만큼의 크기나 길이가 되는 것을 보며, 늘 부처님의 몸이 백 유순만큼의 크기나 길이가 되는 것을 보며, 늘 부처님의 몸이 천 유순만큼의 크기나 길이가 되는 것을 보며, 늘 부처님의 몸이 백천 유순만큼의 크기나 길이가 되는 것을 보며, 늘 부처님의 몸이 염부제의 크기나 길이가 되는 것을 보며, 늘 부처님의 몸이 사천하의 크기나 길이가 되는 것을 보며, 늘 부처님의 몸이 소천세계의 크기나 길이가 되는 것을 보며, 늘 부처님의 몸이 중천세계의 크기나 길이가 되는 것을 보며, 늘 부처님의 몸이 대천세계의 크기나 길이가 되는 것을 보며, 늘 부처님의 몸이 백 대천세계의 크기나 길이가 되는 것을 보며, 늘 부처님의 몸이 천 대천세계의 크기나 길이가 되는 것을 보며, 늘 부처님의 몸이 백천 대천세계의 크기나 길이가 되는 것을 보며, 늘 부처님의 몸이 백천 억 나유타 대천세계의 크기나 길이가 되는 것을 보며, 늘 부처님의 몸이 수 없는 대천세계의 크기나 길이가 되는 것을 보며, 늘 부처님의 몸이 헤아릴 수 없는 대천세계의 크기나 길이가 되는 것을 보며, 늘 부처님의 몸이 끝없는 대천세계의 크기나 길이가 되는 것을 보며, 늘 부처님의 몸이 그 이상 더 할 수 없는 대천세계의 크기나 길이가 되는 것을 보며, 늘 부처님의 몸이 수로서는 알 수 없는 대천세계의 크기나 길이가 되는 것을 보며, 늘 부처님의 몸이 말로서는 일컬을 수 없는 대천세계의 크기나 길이가 되는 것을 보며, 늘 부처님의 몸이 생각으로는 알 수 없는 대천세계의 크기나 길이가 되는 것을 보며, 늘 부처님의 몸이 양으로는 헤아릴 수 없는 대천세계의 크기나 길이가 되는 것을 보며, 늘 부처님의 몸이 말할 수 없는 대천세계의 크기나 길이가 되는 것을 보며, 늘 부처님의 몸이 말할 수 없고 말로는 이를 수 없는 대천세계의 크기나 길이가 되는 것을 본다."

"불자여! 보살이 이와 같은 모든 여래의 헤아릴 수 없는 색의 모양이나 상태와 헤아릴 수 없는 생긴 모양이나 상태와 헤아릴 수 없는 나타내 보임과 헤아릴 수 없는 광명과 헤아릴 수 없는 광명의 그물과 그 광명의 분량이 법계와 평등하고 법계 가운데 비치지 않는 곳이 없고 위 없는 지혜를 두루두루 일으키게 하고 또 부처님의 몸이 물들지 않고 막힘이나 걸림이 없고 가장 빼어나면서 청정한 것임을 본다."

"불자여! 보살이 이와 같은 부처님의 몸을 보지만, 여래의 몸은 늘거나 덜해지지도 않는다(不增不減) 비유하면 허공이 벌레 먹은 겨자씨만 한 구멍 가운데서도 역시 줄어서 적어지지 않고 수 없는 세계 가운데서도 넓게 커지지 않듯이, 그 모든 부처님의 몸도 역시 차례를 좇아(復) 이와 같기에 큰 것을 볼 때도 또한 더해지는 것이 없고 작은 것을 볼 때도 또한 줄어드는 것이 없다."

"불자여! 비유하면 달을 염부제 사람이 그 모양을 작게 본다고 하지만, 역시 줄어들지 않고 달 가운데 머무는 자가 크게 본다고 하지만, 역시 커지지도 않는 것과 같기에 보살마하살 역시 차례를 좇아(復) 이와 같아서 이 삼매에 머물게 되면 그 마음이 즐거워함을 따라 모든 부처님의 몸이 가지가지로 변화하는 모양이나 상태를 보며, 말로서 법을 널리 펴서 설함을 받아 지니고 잊어버리지 않지만, 여래의 몸은 늘거나 줄어들지 않는다(不增不減)."

"불자여! 비유하면 중생이 목숨을 마친 후에 생을 받을 때 마음을 벗어나지 않기에 보는 것이 청정한 것과 같이, 보살마하살 역시 차례를 좇아(復) 이와 같기에 이 깊고 깊은 삼매를 벗어나지 않고도 보는 바가 청정하다."

佛子 菩薩摩訶薩見佛無量光色 無量形相 圓滿成就 平等清淨 一一現前 分明證了 或見佛身種種光明 或見佛身圓光一尋 或見佛身如盛日色 或見佛身微妙光色 或見佛身作清淨色 或見佛身作黃金色 或見佛身作金剛色 或見佛身作紺青色 或見佛身作無邊色 或見佛身作大青摩尼寶色 或見佛身其量七肘 或見佛身其量八肘 或見佛身其量九肘 或見佛身其量十肘 或見佛身二十肘量 或見佛身三十肘量 如是乃至一百肘量 一千肘量 或見佛身一俱盧舍量 或見佛身半由旬量 或見佛身一由旬量 或見佛身十由旬量 或見佛身百由旬量 或見佛身千由旬量 或見佛身百千由旬量 或見佛身閻浮提量 或見佛身四天下量 或見佛身小千界量 或見佛身中千界量 或見佛身大千界量 或見佛身百大千世界量 或見佛身千大千世界量 或見佛身百千大千世界量 或見佛身百千億那由他大千世界量 或見佛身無數大千世界量 或見佛身無量大千世界量 或見佛身無邊大千世界量 或見佛身無等大千世界量 或見佛身不可數大千世界量 或見佛身不可稱大千世界量 或見佛身不可思大千世界量 或見佛身不可量大千世界量 或見佛身不可說大千世界量 或見佛身不可說不可說大千世界量 佛子 菩薩如是見諸如來無量色相 無量形狀 無量示現 無量光明 無量光明網 其光分量等于法界 於法界中無所不照 普令發起無上智慧 又見佛身 無有染著 無有障礙 上妙清淨 佛子 菩薩如是見於佛身 而如來身不增不減 譬如虛空 於蟲所食芥子孔中亦不減小 於無數世界中亦不增廣 其諸佛身亦復如是 見大之時亦無所增 見小之時亦無所減 佛子 譬如月輪 閻浮提人見其形小而亦不減 月中住者見其形大而亦不增 菩薩摩訶薩亦復如是 住此三昧 隨其心樂 見諸佛身種種化相 言辭演法 受持不忘 而如來身不增不減

佛子 譬如衆生命終之後 將受生時 不離於心 所見淸淨 菩薩摩訶薩亦復如是 不離於此甚深三昧 所見淸淨

"불자여! 보살마하살이 이 삼매에 머문 후에는 열 가지의 빠른 법을 성취한다. 무엇이 열인가 하면, 이른바 모든 행을 거듭 더해서 큰 원을 빠르고 원만히 하며, 법의 광명을 세간에 빠르게 비추고 방편의 법륜을 굴려서 중생을 빠르게 제도하고 중생의 업을 따라서 모든 부처님의 청정한 국토를 빠르게 나타내 보이고 평등한 지혜로 열 가지 힘에 빠르게 나아가고 모든 여래와 더불어 빠르게 함께 머물고 크게 가엾이 여기는 마음으로 마군을 빠르게 꺾고 중생이 의심을 빠르게 끊고 기뻐하게 하며, 뛰어난 깨우침에 대한 이해를 따라 빠르게 신통 변화를 보이고 가지가지의 빼어난 법의 말로 모든 세계를 빠르게 청정히 한다."

"불자여! 이 보살마하살이 차례를 따라(復) 열 가지의 법인을 가지고 모든 법을 인가한다. 무엇이 열인가 하면, 이른바 1은 과거, 미래, 현재의 모든 부처님과 선근은 평등한 것이고 2는 모든 여래가 끝닿은 경계가 없는 법신을 얻은 것이고 3은 모든 여래가 둘이 없는 법에 머무는 것이고 4는 모든 여래와 같이 삼세의 헤아릴 수 없는 경계가 평등한 것임을 자세히 살펴서 들여다보는 것이고 5는 모든 여래와 함께 법계를 분명하게 깨달아 통달해서 막힘이나 걸림이 없는 것이고 6은 모든 여래와 함께 열 가지의 힘을 성취하여 행하는 바가 막힘이나 걸림이 없는 것이고 7은 모든 여래와 함께 영원히 두 가지 행을 끊고 다툼이 없는 법에 머무는 것이고 8은 모든 여래와 함께 중생을 가르쳐서 바른길로 이끄는 일이 항상 하며, 쉼이 없는 것이고 9는 모든 여래와 함께 섬세하고 능숙한 선근의 지혜와 섬세하고 능숙한 선근의 이치 가운데 선근을 능히 자세히 살펴서 들여다보는 것이고 10은 모든 여래와 함께 더불어 평등해서 둘이 없는 것이다."

佛子 菩薩摩訶薩住此三昧 成就十種速疾法 何者爲十 所謂 速增諸行圓滿大願 速以法光照耀世間 速以方便轉於法輪度脫衆生 速隨衆生業示現諸佛淸淨國土 速以平等智趣入十力 速與一切如來同住 速以大悲力摧破魔軍 速斷衆生疑令生歡喜 速隨勝解示現神變 速以種種妙法言辭淨諸世間 佛子 此菩薩摩訶薩復得十種法印 印一切法 何等爲十 一者同去 來 今一切諸佛平等善根 二者同諸如來得無邊際智慧法身 三者同諸如來住不二法 四者同諸如來觀察三世無量境界皆悉平等 五者同諸如來得

了達法界無礙境界 六者同諸如來成就十力所行無礙 七者同諸如來永絶二行住無諍法 八者同諸如來敎化衆生恒不止息 九者同諸如來於智善巧 義善巧中能善觀察 十者同諸如來與一切佛平等無二

"불자여! 그와 같은 보살마하살이 이 모든 세계를 분명하게 깨달아 아는 '불장엄대삼매선교방편문佛莊嚴大三昧善巧方便門'을 성취하면, '스승이 없는 자'이니, 이는 타인의 가르침을 받지 않고 스스로 모든 부처님의 법에 들어간 까닭에 '스승이 없는 자'이며, 대장부이니, 이는 모든 중생이 깨우침을 깨달아 얻게 하는 까닭에 대장부며, 청정한 자이니, 이는 마음의 성품이 본래 청정함을 아는 까닭에 청정한 자이며, 제일이 되는 자이니, 이는 모든 세간을 이끌어 해탈하게 하는 까닭에 제일이 되는 자이며, 편안하게 위로하는 자이니, 이는 모든 중생이 깨우침을 환하게 알도록 하는 까닭에 편안하게 위로하는 자이며, 편안하게 머무는 자이니, 이는 부처님의 씨앗이 되는 성품에 머물지 못하는 이를 머물게 하는 까닭에 편안하게 머무는 자이며, 진실을 알게 하는 자이니, 이는 일체 지혜의 문에 들어간 까닭에 진실을 아는 자이며, 다른 생각이 없는 자이니, 이는 말하는 바가 둘이 없는 까닭에 다른 생각이 없는 자이며, 법장에 머무르는 자이니, 이는 서원으로 모든 부처님을 분명하게 깨달아 알고자 하는 까닭에 법장에 머무는 자이며, 법 비를 내리는 자이니, 이는 중생의 마음이 좋아하는 것을 따라 다 충족하게 하는 까닭에 법 비를 내리는 자다."

"불자여! 비유하면 제석천왕이 정수리의 상투 가운데 마니보배를 두면 보배의 힘으로 위엄의 빛이 더욱 성해지는 것과 같다. 제석천왕이 처음 이 보배를 가지면, 곧 열 가지의 법을 얻어 모든 삼십삼천(兜率天)을 초월해서 뛰어넘는다. 무엇이 열인가 하면, 1은 색의 모양이나 상태이며, 2는 생김새나 그 바탕이 되는 몸체이며, 3은 나타내 보임이며, 4는 한 집안 식구이며, 5는 자질을 갖춤이며, 6은 음성이며, 7은 신통이며, 8은 자재이며, 9는 밝게 분별하는 지혜를 깨우쳐 이해함이며, 10은 지혜로 행하는 것이다. 이와 같은 열 가지가 모두 모든 삼십 삼천을 초월하는 것이다."

"보살마하살도 역시 차례를 좇아(復) 이와 같기에 비로소 처음으로 이 삼매를 얻을 때 곧 열 가지 광대한 지혜의 장을 얻는다. 무엇이 열인가 하면, 1은 모든 부처님 세계를 밝게 비치는 지혜의 장이며, 2는 모든 중생이 생 받음을 아는 지혜의 장이며, 3은 삼세의 변화를 두루 지어가는 지혜의 장이며, 4는 모든 부처님의 몸에 두루 들어가는 지혜의 장이며, 5는 모든 부처님의 법을 통달하는 지혜의 장이며, 6은 모든 청정한 법을 두루 거두는 지혜의 장이며, 7은 모든 중생을 법신에 들어가게 하는 지혜의 장이며, 8은 모든 법을 나타내어 보게 하는 두루 청정한 눈, 이 지혜의 장이며, 9는 모든 것에 자재하기에 피안에 이르게 하는 지혜의 장이며, 10은 모든 광대한 법에 편안히 머물면서 두루 다하고 남음이 없는 지혜의 장이다."

佛子 若菩薩摩訶薩成就此了知一切世界佛莊嚴大三昧善巧方便門 是無師者 不由他敎 自入一切佛法故 是丈夫者 能開悟一切衆生故 是淸淨者 知心性本淨故 是第一者 能度脫一切世間故 是安慰者 能開曉一切衆生故 是安住者 未住佛種性者令得住故 是眞實知者 入一切智門故 是無異想者 所言無二故 是住法藏者 誓願了知一切佛法故 是能雨法雨者 隨衆生心樂悉令充足故 佛子 譬如帝釋 於頂髻中置摩尼寶 以寶力故 威光轉盛 其釋天王初獲此寶則得十法 出過一切三十三天 何等爲十 一者色相 二者形體 三者示現 四者眷屬 五者資具 六者音聲 七者神通 八者自在 九者慧解 十者智用 如是十種 悉過一切三十三天 菩薩摩訶薩亦復如是 初始獲得此三昧時 則得十種廣大智藏 何等爲十 一者照耀一切佛刹智 二者知一切衆生受生智 三者普作三世變化智 四者普入一切佛身智 五者通達一切佛法智 六者普攝一切淨法智 七者普令一切衆生入法身智 八者現見一切法普眼淸淨智 九者一切自在到於彼岸智 十者安住一切廣大法普盡無餘智

"불자여! 보살마하살이 이 삼매에 머물면 차례를 좇아(復) 열 가지 최고의 청정한 위엄과 덕이 있는 몸을 얻는다. 무엇이 열인가 하면, 1은 말할 수 없고 말로는 이를 수 없는 세계를 밝게 비추는 까닭으로 말할 수 없고 말로는 이를 수 없는 광명의 바퀴를 놓은 것이며, 2는 세계를 빠짐없이 다 청정하게 하는 까닭으로 말할 수 없고 말로는 이를 수 없는 헤아릴 수 없는 색상의 광명 바퀴를 놓은 것이며, 3은 중생을 조복하기 위한 까닭으로 말할 수 없고 말로는 이를 수 없는 광명의 바퀴를 놓은 것이며, 4는 일체 모든 부처님과 친근하기 위한 까닭으로 말할 수 없고 말로는 이를 수 없는 몸을 지어 생육하는 것이며, 5는 일체 모든 부처님을 받들어 섬기고 공양하기 위한 까닭으로 말할 수 없고 말로는 이를 수 없는 가지가지의 빼어난 향과 꽃구름을 내리는 것이며, 6은 모든 부처님을 받들어 섬기고 공양하며, 또 모든 중생을 조복하기 위한 까닭으로 하나하나의 털구멍 가운데 말할 수 없고 말로는 이를 수 없는 가지가지 음악을 지어 생육하는 것이며, 7은 중생을 성숙하게 하려는 까닭으로 말할 수 없고 말로는 이를 수 없는 가지가지의 헤아릴 수 없는 자재한 신통 변화를 나타내는 것이며, 8은 시방의 가지가지의 명호와 부처님의 처소에서 법을 청하는 까닭으로 한걸음에 말할 수 없고 말로는 이를 수 없는 세계를 초월해 뛰어넘은 것이며, 9는 모든 중생이 보고 듣는 자로서 다 헛되지 않게 하려는 까닭으로 말할 수 없고 말로는 이를 수 없는 가지가지의 헤아릴 수 없는 청정한 색상의 몸을 보여서 정수리를 볼 수 없는 몸을 나타내는 것이며, 10은 중생과 더불어 헤아릴 수 없는 비밀스러운 법을 활짝 열어서 보여주려는 까닭으로 말할 수 없고 말로는 이를 수 없는 음성과 말씀을 일으키는 것이다."

"불자여! 보살마하살이 이 열 가지 최고의 청정하고 위엄과 덕이 있는 몸을 얻은 후에는 중생들이 열 가지의 원만함을 얻게 한다. 무엇이 열인가 하면, 1은 중생들이 부처님을 보게 하는 것이며, 2는 중생들이 부처님을 믿게 하는 것이며, 3은 중생들이 법을 듣게 하는 것이며, 4는 중생들이 부처님 세계가 있음을 알게 하는 것이며, 5는 중생들이 부처님의 신통 변화를 보게 하는 것이며, 6은 중생들이 모은 업을 생각하게 하는 것이며, 7은 중생들이 삼매의 마음을 원만하게 하는 것이며, 8은 중생들이 부처님의 청정함에 들어가게 하는 것이며, 9는 중생들이 보리심을 일으키게 하는 것이며, 10은 중생들이 부처님의 지혜를 원만하게 하는 것이다."

"불자여! 보살마하살은 중생들이 열 가지 원만함을 얻고 난 후에는 차례를 좇아(復) 중생들을 위해 열 가지 부처님의 일을 지어간다. 무엇이 열인가 하면, 이른바 음성으로 부처님의 일을 지어감이니, 이는 중생을 성숙시키기 위한 까닭이며, 색의 몸으로 부처님의 일을 지어감이니, 이는 중생을 조복하기 위한 까닭이며, 기억해서 생각함으로 부처님의 일을 지어감이니, 이는 중생을 청정하게 하려는 까닭이며, 세계를 진동시킴으로 부처님의 일을 지어감이니, 이는 중생들이 악의 부류에서 벗어나게 하려는 까닭이며, 방편의 깨우침을 깨달아 얻음으로 부처님의 일을 지어감이니, 이는 중생들이 생각을 잃지 않게 하려는 까닭이며, 꿈 가운데의 모양이나 상태를 나타냄으로 부처님의 일을 지어감이니, 이는 중생들이 항상 바르게 생각하도록 하려는 까닭이며, 큰 광명을 놓아 부처님의 일을 지어감이니, 이는 모든 중생을 두루 거두어 주기 위한 까닭이며, 보살의 행을 닦음으로 부처님의 일을 지어감이니, 이는 중생들이 뛰어난 원에 머물게 하려는 까닭이며, 정등각을 이룸으로 부처님의 일을 지어감이니, 이는 중생들이 허깨비와 같은 법을 알게 하려는 까닭이며, 빼어난 법의 바퀴를 전함으로 부처님의 일을 지어감이니, 이는 중생들을 위해 법을 설하는 때를 잃지 않으려는 까닭이며, 수명에 머무름을 나타내어 부처님의 일을 지어감이니, 이는 모든 중생을 조복하려는 까닭이며, 열반에 드는 것을 보임으로 부처님의 일을 지어감이니, 이는 모든 중생이 싫어하고 피하려는 마음, 이 마음을 일으키는 까닭을 알게 하려는 것이다."

"불자여! 이것이 보살마하살의 제7 모든 세계가 부처님의 장엄임을 분명하게 깨우쳐 아는 큰 삼매(了知一切世界佛莊嚴大三昧)로서 섬세하고 능숙한 선근 지혜이다."

佛子 菩薩摩訶薩住此三昧 復得十種最淸淨威德身 何等爲十 一者照耀不可說不可說世界故 放不可說不可說光明輪 二者爲令世界咸淸淨故 放不可說不可說無量色相光明輪 三者爲調伏衆生故 放不可說不可說光明輪 四者爲親近一切諸佛故 化作不可說不可說身 五者爲承事供養一切諸佛故 雨不可說不可說種種殊妙香華雲 六者爲承事供養一切諸佛 及調伏一切衆生故 於一一毛孔中化作不可說不可說種種音樂 七者爲成熟衆生故 現不可說不可說種種無量自在神變 八者爲於十方種種名號一切佛所請問法故 一步超過不可說不可說世界 九者爲令一切衆生見聞之者皆不空故 現不可說不可說種種無量淸淨色相身 無能見頂 十者爲與衆生開示無量秘密法故 發不可說不可說音聲語言 佛子 菩薩摩訶薩得此十種最淸淨威德身已 能令衆生得十種圓滿 何等爲十 一者能令衆生得見於佛 二者能令衆生深信於佛 三者能令衆生聽聞於法 四者能令衆生知有佛世界 五者能令衆生見佛神變 六者能令衆生念所集業 七者能令衆生定心圓滿 八者能令衆生入佛淸淨 九者能令衆生發菩提心 十者能令衆生圓滿佛智 佛子 菩薩摩訶薩令衆生得十種圓滿已 復爲衆生作十種佛事 何等爲十 所謂 以音聲作佛事 爲成熟衆生故 以色形作佛事 爲調伏衆生故 以憶念作佛事 爲淸淨衆生故 以震動世界作佛事 爲令衆生離惡趣故 以方便覺悟作佛事 爲令衆生不失念故 以夢中現相作佛事 爲令衆生恒正念故 以放大光明作佛事 爲普攝取諸衆生故 以修菩薩行作佛事 爲令衆生住勝願故 以成正等覺作佛事 爲令衆生知幻法故 以轉妙法輪作佛事 爲衆說法不失時故 以現住壽命作佛事 爲調伏一切衆生故 以示般涅槃作佛事 知諸衆生起疲厭故 佛子 是爲菩薩摩訶薩第七了知一切世界佛莊嚴大三昧善巧智

대방광불화엄경 제42권

27. 십정품(3)
十定品第二十七之三

제8 모든 중생을 차별하는 몸의 큰 삼매(一切衆生差別身大三昧)

"불자여! 어떠한 것을 두고 보살마하살의 '모든 중생을 차별하는 몸의 삼매(差別身三昧)'라고 하는가."

"불자여! 보살마하살이 이 삼매에 머물면 열 가지의 집착이 없게 된다. 무엇이 열인가 하면, 이른바 모든 세계에 집착함이 없고 모든 방위에 집착함이 없고 모든 겁에 집착함이 없고 모든 대중에게 집착함이 없고 모든 법에 집착함이 없고 모든 보살에게 집착함이 없고 모든 보살의 원에 집착함이 없고 모든 삼매에 집착함이 없고 모든 부처님에게 집착함이 없고 모든 자리와 위치에 집착함이 없다. 이것이 열이다."

佛子 云何爲菩薩摩訶薩一切衆生差別身三昧 得十種無所著 何者爲十 所謂 於一切剎無所著 於一切方無所著 於一切劫無所著 於一切衆無所著 於一切法無所著 於一切菩薩無所著 於一切菩薩願無所著 於一切三昧無所著 於一切佛無所著 於一切地無所著 是爲十

"불자여! 보살마하살은 이 삼매에 어떻게 들어가고 어떻게 이 삼매를 일으키는가."

"불자여! 보살마하살은 이 삼매에 내신(內身)으로 들어가 외신(外身)에서 일어나고 외신으로 들어가 내신에서 일어나며, 서로 똑같은 몸으로 들어가 다른 몸에서 일어나고 다른 몸으로 들어가 똑같은 몸에서 일어나며, 사람의 몸으로 들어가 야차의 몸에서 일어나고 야차의 몸으로 들어가 용의 몸에서 일어나며, 용의 몸으로 들어가 아수라의 몸에서 일어나며, 아수라의 몸으로 들어가 하늘의 몸에서 일어나며, 하늘의 몸으로 들어가 범왕의 몸에서 일어나며, 범왕의 몸으로 들어가 욕계의 몸에서 일어난다. 하늘 가운데 들어가 지옥에서 일어나고 지옥에 들어가 인간에서 일어나며, 인간에 들어가 나머지 부류에서 일어나며, 천 개의 몸으로 들어가 하나의 몸에서 일어나며, 하나의 몸으로 들어가 천 개의 몸에서 일어나며, 나유타의 몸으로 들어가 하나의 몸에서 일어나며, 하나의 몸으로 들어가 나유타의 몸에서 일어난다."

"염부제 중생의 대중 가운데로 들어가 서(西)구다니 중생들 가운데서 일어나고 서(西)구다니 중생들 가운데서 들어가 북(北)구로 중생들 가운데서 일어나며, 북(北)구로 중생들 가운데서 들어가 동(東)비제하 중생들 가운데서 일어나고 동(東)비제하 중생들 가운데서 들어가 삼천하 중생들 가운데서 일어나고 삼천하 중생들 가운데서 들어가 사천하 중생들 가운데서 일어나고 사천하 중생들 가운데서 들어가 모든 바다를 차별한 중생 가운데서 일어나고 모든 바다를 차별한 중생 가운데서 들어가 일체 바다의 신중(神衆) 가운데서 일어난다."

"모든 바다의 신중(神衆) 가운데로 들어가 모든 바다의 수대(水大) 가운데서 일어나고 모든 바다의 수대 가운데서 들어가 모든 바다의 지대(地大) 가운데서 일어나고 모든 바다의 지대 가운데서 들어가 모든 바다의 화대(火大) 가운데서 일어나고 모든 바다의 화대 가운데서 들어가 모든 바다의 풍대(風大) 가운데서 일어나고 모든 바다의 풍대 가운데서 모든 사대종(四大種) 가운데서 일어나고 모든 사대종 가운데서 들어가 생함이 없는 법 가운데서 일어나고 생함이 없는 법 가운데서 들어가 빼어나게 높은 산에서 일어나고 빼어나게 높은 산에서 들어가 칠보산 가운데서 일어나고 칠보산 가운데서 들어가 모든 땅에 가지가지로 심고 가꾼 나무숲 흑산 가운데서 일어나고 모든 땅에 가지가지로 심고 가꾼 나무숲 흑산 가운데서 들어가 모든 빼어난 향과 꽃과 보배로 장엄한 가운데서 일어난다."

"모든 빼어난 향과 꽃과 보배로 장엄한 가운데서 들어가 모든 사천하의 하방, 상방, 모든 중생 가운데서 일어나고 모든 사천하의 하방, 상방, 모든 중생 가운데서 들어가 소천 세계의 중생들 가운데서 일어나고 소천 세계의 중생들 가운데서 들어가 중천 세계의 중생들 가운데서 일어나고 중천 세계의 중생들 가운데서 들어가 대천세계의 중생들 가운데서 일어나고 대천세계의 중생들 가운데서 들어가 백천 억 나유타 삼천대천세계의 중생들 가운데서 일어나고 백천 억 나유타 삼천대천세계의 중생들 가운데서 들어가 수 없는 세계의 중생들 가운데서 일어난다."

"수 없는 세계의 중생들 가운데서 일어나 헤아릴 수 없는 세계의 중생들 가운데서 일어나고 헤아릴 수 없는 세계의 중생들 가운데서 들어가 끝이 없는 부처 세계의 중생들 가운데서 일어나고 끝이 없는 부처 세계의 중생들 가운데서 들어가 그 이상 더 할 수 없는 부처 세계의 중생들 가운데서 일어나고 그 이상 더 할 수 없는 부처 세계의 중생들 가운데서 들어가 헤아릴 수 없는 세계의 중생들 가운데서 일어나고 헤아릴 수 없는 세계의 중생들 가운데서 들어가 일컬을 수 없는 세계의 중생들 가운데서 일어나고 일컬을 수 없는 세계의 중생들 가운데서 들어가 생각으로 헤아릴 수 없는 세계의 중생들 가운데서 일어난다."

"생각으로 헤아릴 수 없는 세계의 중생들 가운데서 들어가 시공간의 양으로 헤아릴 수 없는 세계의 중생들 가운데서 일어나고 시공간의 양으로 헤아릴 수 없는 세계의 중생들 가운데서 들어가 말할 수 없는 세계의 중생들 가운데서 일어나고 말할 수 없는 세계의 중생들 가운데서 들어가 말할 수 없고 말로는 이를 수 없는 세계의 중생들 가운데서 일어나고 말할 수 없고 말로는 이를 수 없는 세계의 중생들 가운데서 들어가 물이 들어 번거로운 중생들 가운데서 일어나고 물이 들어 번거로운 중생들 가운데서 들어가 깨끗한 중생들 가운데서 일어나고 깨끗한 중생들 가운데서 들어가 물이 들어 번거로운 중생들 가운데서 일어난다."

"마음에 둔 눈으로 들어가 마음에 둔 귀에서 일어나고 마음에 둔 귀로 들어가 마음에 둔 눈에서 일어나며, 마음에 둔 코로 들어가 마음에 둔 혀에서 일어나고 마음에 둔 혀로 들어가 마음에 둔 코에서 일어나며, 마음에 둔 몸으로 들어가 마음에 둔 뜻에서 일어나고 마음에 둔 뜻으로 들어가 마음에 둔 몸에서 일어나며, 마음에 둔 자신으로 들어가 마음에 둔 타인에게서 일어나고 마음에 둔 타인으로 들어가 마음에 둔 자신에게서 일어난다."

"하나의 티끌 가운데로 들어가 수 없는 세계의 티끌 가운데서 일어나고 수 없는 티끌 가운데서 들어가 하나의 티끌 가운데서 일어나며, 성문에서 들어가 독각에서 일어나고 독각에서 들어가 성문에서 일어나며, 자기 몸에서 들어가 부처님의 몸에서 일어나고 부처님의 몸에서 들어가 자기 몸에서 일어나며, 한 생각에서 들어가 억겁에서 일어나고 억겁에서 들어가 한 생각에서 일어나며, 똑같은 생각에서 들어가 다른 시간에 일어나고 다른 시간에서 들어가 똑같은 생각에서 일어나며, 앞의 경계에서 들어가 뒤의 경계에서 일어나고 뒤의 경계에서 들어가 앞의 경계에서 일어나며, 앞의 경계에서 들어가 중간의 경계에서 일어나고 중간의 경계에서 들어가 앞의 경계에서 일어나며, 삼세에서 들어가 찰나에 일어나고 찰나에서 들어가 삼세에서 일어나며, 진여에서 들어가 말에서 일어나고 말에서 들어가 진여에서 일어난다."

佛子 菩薩摩訶薩於此三昧云何入 云何起 佛子 菩薩摩訶薩於此三昧 內身入 外身起 外身入 內身起 同身入 異身起 異身入 同身起 人身入 夜叉身起 夜叉身入 龍身起 龍身入 阿修羅身起 阿修羅身入 天身起 天身入 梵天身起 梵王身入 欲界身起 天中入 地獄起 地獄入 人間起 人間入 餘趣起 千身入 一身起 一身入 千身起 那由他身入 一身起 一身入 那由他身起 閻浮提衆生衆中入 西瞿陀尼衆生衆中起 西瞿陀尼衆生衆中入 北拘盧衆生衆中起 北拘盧衆生衆中入 東毘提訶衆生衆中起 東毘提訶衆生衆中入 三天下衆生衆中起 三天下衆生衆中入 四天下衆生衆中起 四天下衆生衆中入 一切海差別衆生衆中起 一切海差別衆生衆中入 一切海神衆中起 一切海神衆中入 一切海水大中起 一切海水大中入 一切海地大中起 一切海地大中入 一切海火大中起 一切海火大中入 一切海風大中起 一切海風大中入 一切四大種中起 一切四大種中入 無生法中起 無生法中入 妙高山中起 妙高山中入 七寶山中起 七寶山中入 一切地種種稼穡樹林黑山中起 一切地種種稼穡樹林黑山中入 一切妙香華寶莊嚴中起 一切妙香華寶莊嚴中入 一切四天下下方上方一切衆生受生中起 一切四天下下方上方一切衆生受生中入 小千世界衆生衆中起 小千世界衆生衆中入 中千世界衆生衆中起 中千世界衆生衆中入 大千世界衆生衆中起 大千世界衆生衆中入 百千億那由他三千大千世界衆生衆中起 百千億那由他三千大千世界衆生衆中入 無數世界衆生衆中起 無數世界衆生衆中入 無量世界衆生衆中起 無量世界衆生衆中入 無量佛刹衆生衆中起 無量佛刹衆生衆中入 無等佛刹衆生衆中起 無等佛刹衆生衆中入 不可數世界衆生衆中起 不可數世界衆生衆中入 不可稱世界衆生衆中起 不可稱世界衆生衆中入 不可思世界衆生衆中起 不可思世界衆生衆中入 不可量世界衆生衆中起 不可量世界衆生衆中入 不可說世界衆生衆中起 不可說世界衆生衆中入 不可說不可說世界衆生衆中起 不可說不可說世界衆生衆中入 雜染衆生衆中起 雜染衆生衆中入 清淨衆生衆中起 清淨衆生衆中入 雜染衆生衆中起 眼處入 耳處起 耳處入 眼處起 鼻處入 舌處起 舌處入 鼻處起 身處入 意處起 意處入 身處起 自處入 他處起 他處入 自處起 一微塵中入 無數世界微塵中起 無數世界微塵中入 一微塵中起 聲聞入 獨覺起 獨覺入 聲聞起 自身入 佛身起 佛身入 自身起 一念入 億劫起 億劫入 一念起 同念入 別時起 別時入 同念起 前際入 後際起 後際入 前際起 前際入 中際起 中際入 前際起 三世入 刹那起 刹那入 三世起 眞如入 言說起 言說入 眞如起

"불자여! 비유하면 어떤 사람이 귀신을 품게 되면 그 몸이 두려워 떨고 스스로 편안하지 못하니, 귀신의 몸은 나타나지 않지만, 다른 몸을 두려움에 떨게 하는 것과 같이, 보살마하살이 이 선정 삼매에 머무는 것도 역시 차례를 좇아(復) 이와 같기에 자기 몸에서 선정 삼매에 들어가 타인의 몸에서 일어나고 타인의 몸에서 선정 삼매에 들어가 자기 몸에서 일어난다."

"불자여! 비유하면 죽는 시체가 주문의 힘으로 인하여 일어나 행하면서 지어가는 일을 따라 빠짐없이 성취하니, 시체와 주문이 비록 각각 다르지만, 능히 변해서 합하고 저러한 일을 성취하는 것처럼, 보살마하살이 이 삼매에 머무는 것도 역시 차례를 좇아(復) 이와 같기에 같은 경계에서 선정에 들어가 다른 경계에서 일어나며, 다른 경계에서 선정에 들어가 같은 경계에서 일어난다."

"불자여! 비유하면 비구의 마음이 자재함을 얻으면 늘 한 몸으로 많은 몸을 만들기도 하고 늘 많은 몸으로 한 몸을 만들기도 하며, 한 몸이 없어지지 않고 많은 몸을 낳기도 하며, 많은 몸이 없어지지 않고 한 몸을 낳기도 하는 것처럼 보살마하살이 이 삼매에 머무는 것도 역시 차례를 좇아(復) 이와 같기에 한 몸에서 삼매에 들어가 많은 몸에서 일어나기도 하며, 많은 몸에서 삼매에 들어가 한 몸에서 일어나기도 한다."

"불자여! 비유하면 대지의 맛은 하나지만 대지에서 나는 모든 곡식은 가지가지로 맛이 다른 것과 같으니, 대지는 차별이 없지만, 맛이 다름이 있는 것과 같다. 보살마하살이 이 삼매에 머무는 것도 역시 차례를 좇아(復) 이와 같기에 분별함이 없지만, 한 가지로 선정에 들어가 많은 종류에서 일어나며, 많은 종류로 선정에 들어가 한 종류에서 일어난다."

佛子 譬如有人爲鬼所持 其身戰動不能自安 鬼不現身令他身然 菩薩摩訶薩住此三昧亦復如是 自身入定他身起 他身入定自身起 佛子 譬如死屍以呪力故而能起行 隨所作事皆得成就 屍之與呪雖各差別 而能和合成就彼事 菩薩摩訶薩住此三昧亦復如是 同境入定異境起 異境入定同境起 佛子 譬如比丘得心自在 或以一身作多身 或以多身作一身 非一身沒多身生 非多身沒一身生 菩薩摩訶薩住此三昧亦復如是 一身入定多身起 多身入定一身起 佛子 譬如大地其味一種 所生苗稼種種味別 地雖無差別 然味有殊異 菩薩摩訶薩住此三昧亦復如是 無所分別 然有一種入定多種起 多種入定一種起

"불자여! 보살마하살이 이 삼매에 머물면 열 가지 칭찬하는 법으로 칭찬을 한다. 무엇이 열인가 하면, 이른바 진여에 들어간 까닭으로 '여래'라 이름하고 모든 법을 깨달은 까닭으로 '부처'라 이름하고 모든 세간의 칭찬을 받은 까닭으로 '법사'라 이름하고 일체 법을 아는 까닭으로 '일체 지혜'라 이름하고 모든 세간이 귀의할 곳이 되는 까닭에 '의지할 처소'라 이름하고 모든 법의 방편을 분명하게 깨달아 아는 까닭으로 '바른길로 인도하는 스승'이라 이름하고 모든 중생을 이끌어서 살바야 도에 들게 하는 까닭으로 '대 도사'라 이름하고 모든 세간의 등불이 되는 까닭으로 '광명'이라 이름하니, 마음으로 품은 뜻이 원만하고 이치를 통하여 성취하고 지어가는 것을 빠짐없이 판단해서 막힘이나 걸림이 없는 지혜에 머물면서 일체 모든 법을 분별하고 깨달아 아는 까닭으로 '십력'이라 이름하고 일체 법륜을 자재하게 통달하는 까닭으로 '모든 것을 보는 자'라 이름한다. 이것이 열이다."

"불자여! 보살마하살이 이 삼매에 머문 후에는 열 가지 광명을 얻어 비추게 된다. 무엇이 열인가 하면, 이른바 일체 모든 부처님의 광명을 얻게 되니, 이는 저 언덕(彼岸)과 더불어 평등한 까닭이며, 모든 세계의 광명을 얻게 되니, 이는 두루 장엄해서 청정하게 하는 까닭이며, 모든 중생의 광명을 얻게 되니, 이는 모두 가서 조복하는 까닭이며, 헤아릴 수 없고 두려움 없는 광명을 얻게 되니, 이는 법계를 장으로 삼아 널리 펴서 설하는 까닭이며, 차별이 없는 광명을 얻게 되니, 이는 모든 법이 가지가지의 성품이 없음을 아는 까닭이며, 방편 광명을 얻게 되니, 이는 모든 법이 욕심의 경계를 벗어나 증득하여 들어가는 까닭이며, 진실한 광명을 얻게 되니, 이는 모든 법에 대한 욕심의 경계를 벗어나서 마음이 평등해진 까닭이며, 모든 세간에 두루 한 신통 변화의 광명을 얻게 되니, 이는 부처님이 지켜주는 힘을 입어 항상 쉼이 없는 까닭이며, 선근 사유의 광명을 얻게 되니, 이는 모든 부처님의 자재한 언덕에 이른 까닭이며, 모든 법의 진여 광명을 얻게 되니, 이는 한 털구멍 가운데서 선근으로 일체를 설하는 까닭이다. 이것이 열이다."

"불자여! 보살마하살이 이 삼매에 머물면 차례를 좇아(復) 열 가지 지을 것이 없음을 얻게 된다. 무엇이 열인가 하면, 이른바 몸으로 하는 업이 지을 것이 없고 말로 하는 업이 지을 것이 없고 뜻으로 하는 업이 지을 것이 없고 신통이 지을 것이 없고 법이란 성품이 없는 것을 알기에 지을 것이 없고 업이란 무너지는 것이 없음을 알기에 지을 것이 없고 차별이 없는 지혜는 지을 것이 없고 일어남이 없는 지혜는 지을 것이 없고 법이란 없어지지 않은 것임을 알기에 지을 것이 없고 문자를 거스름 없이 따르고 뜻을 무너뜨리지 않은 것이기에 지을 것이 없다. 이것이 열이다."

佛子 菩薩摩訶薩住此三昧 得十種稱讚法之所稱讚 何者爲十 所謂 入眞如故 名爲如來 覺一切法故 名之爲佛 爲一切世間所稱讚故 名爲法師 知一切法故 名一切智 爲一切世間所歸依故 名所依處 了達一切法方便故 名爲導師 引一切衆生入薩婆若道故 名大導師 爲一切世間燈故 名爲光明 心志圓滿 義利成就 所作皆辨 住無礙智分別了知一切諸法故 名爲十力自在 通達一切法輪故 名一切見者 是爲十 佛子 菩薩摩訶薩住此三昧 復得十種光明照耀 何者爲十 所謂 得一切諸佛光明 與彼平等故 得一切世界光明 普能嚴淨故 得一切衆生光明 悉往調伏故 得無量無畏光明 法界爲場演說故 得無差別光明 知一切法無種種性故 得方便光明 於一切法離欲際而證入故 得眞實光明 於一切法離欲際心平等故 得徧一切世間神變光明 蒙佛所加恒不息故 得善思惟光明 到一切佛自在岸故 得一切法眞如光明 於一切毛孔中善說一切故 是爲十 佛子 菩薩摩訶薩住此三昧 復得十種無所作 何者爲十 所謂 身業無所作 語業無所作 意業無所作 神通無所作 了法無性無所作 知業不壞無所作 無差別智無所作 無生起智無所作 知法無滅 無所作 隨順於文不壞於義無所作 是爲十

"불자여! 보살마하살이 이 삼매에 머물면 헤아릴 수 없는 경계를 가지가지로 차별한다. 이른바 하나에 들어가 많은 데서 일어나고 많은 데서 들어가 하나에서 일어나며, 다 같이 들어가 다른 데서 일어나고 다른 데 들어가 다 같이 일어나며, 섬세한데 들어가 거친 데서 일어나고 거친데 들어가 섬세한 데서 일어나며, 큰 데 들어가 작은 데서 일어나고 작은 데 들어가 큰 데서 일어나며, 순한데 들어가 거스르는 데서 일어나고 거스르는데 들어가 순한 데서 일어나며, 몸 없는 데 들어가 몸 있는 데서 일어나고 몸 있는 데 들어가 몸 없는 데서 일어나며, 모양이나 상태가 없는 데 들어가 모양이나 상태가 있는 데서 일어나고 모양이나 상태가 있는 데 들어가 모양이나 상태가 없는 데서 일어난다. 이와 같은 이러한 모든 것이 이 삼매의 자재한 경계이다."

"불자여! 비유하면 마술쟁이가 주문을 외워 성취하면 가지가지로 차별되는 모양이나 상태를 나타낸다. 주문과 마술이 다르기는 하지만, 능히 마술을 부려 능히 만들어 가고 주문은 비록 소리뿐이지만, 마술과 같이 눈으로 인식해서 아는 가지가지의 모든 색과 귀로 인식해서 아는 가지가지의 모든 소리와 코로 인식해서 아는 가지가지의 모든 향과 혀로 인식해서 아는 가지가지의 모든 맛과 몸으로 인식해서 아는 가지가지의 모든 촉감과 의

식으로 인식해서 가지가지의 경계를 만드는 것처럼, 보살마하살이 이 삼매에 머무름도 역시 차례를 좇아(復) 이와 같기에 같은 가운데서 선정에 들어가 다른 가운데서 일어나고 다른 가운데서 선정에 들어가 같은 가운데서 일어난다.

불자여! 비유하면 삼십 삼천이 아수라와 싸울 적에 모든 하늘이 이기고 아수라가 물러나 꺾이더라도 아수라왕의 그 몸이 장대하기가 칠백 유순이며, 사방으로 수천만의 군사가 둘러싸 지키고 막지만, 마술의 방편으로 모든 군대와 동시에 도망을 가다가 연뿌리의 구멍으로 들어가는 것처럼, 보살마하살도 역시 차례를 좇아(復) 이와 같기에 이미 선근으로 모든 허깨비와 같은 지혜의 자리를 성취하였으므로 허깨비 같은 지혜가 곧 보살이며, 보살이 곧 이 허깨비 같은 지혜다. 이러한 까닭으로 차별이 없는 법 가운데서 선정에 들어가 차별이 있는 법에서 일어나고 차별하는 법에서 선정에 들어가 차별이 없는 법 가운데서 일어난다."

"불자여! 비유하면 농부가 밭 가운데 씨앗을 심으면 씨앗은 아래에 있고 열매는 위에서 열리듯이, 보살마하살이 이 삼매에 머무는 것도 역시 차례를 좇아(復) 이와 같기에 하나 가운데서 선정에 들어가 많은 데서 일어나고 많은 데서 선정에 들어가 하나 가운데서 일어난다."

"불자여! 비유하면 남녀의 붉은 것과 흰 것이 화목하게 어울려 늘 중생이 그 가운데서 생을 받으면, 이때 이름을 '가라라(歌羅邏.母胎)'의 자리라고 한다. 차례를 좇아(復) 어머니의 태 안에서 열 달을 가득 채우면, 선근의 업, 이 업의 힘으로 지탱하는 모든 부분을 이루어 취하고 모든 근이 부족하거나 불완전한 부분이 없고 마음과 뜻이 밝고 분명해진다. 가라라와 더불어 그 육근은 체(體)와 형상(狀)이 각각 다르지만, 업의 힘으로 차례를 따라(復) 성취해서 같거나 다른 무리의 가지가지 과보를 받는 것과 같다. 보살마하살도 역시 차례를 좇아(復) 이와 같기에 모든 지혜의 가라라 자리를 좇아 믿고 이해하고 원하는 힘이 차례를 따라 조금씩 더해지고 자라서 그 마음이 광대해지고 마음대로 자유롭게 되어, 없는 중에서 선정에 들어가 있는 중에서 일어나고 있는 중에서 선정에 들어가 없는 중에서 일어난다."

"불자여! 비유하면 용궁이 땅을 의지해서 세워지고 허공을 의지하지 않으며, 용은 용궁에 의지해서 머물고 허공에 있지 않지만, 능히 구름을 일으켜 허공 중에 두루 가득하게 한다. 어떤 사람이 우러러보니, 보이는 것이 마땅히 모두 건달바 성이며, 용궁이 아님을 안다. 불자여! 용이 비록 아래 있으나 구름은 위에 있는 것처럼, 보살마하살이 이 삼매에 머무는 것도 역시 차례를 좇아(復) 이와 같기에 모양이나 상태가 없는 데서 들어가 모양이나 상태가 있는 데서 일어나고 모양이나 상태가 있는 데서 들어가 모양이나 상태가 없는 데서 일어난다."

"불자여! 비유하면 말할 수 없이 빼어난 빛 대범천왕이 머무는 궁전이 모든 세간에서 최고로 뛰어나고 청정한 장이라 이름한다. 이 궁전 가운데 삼천대천세계의 모든 사천하와 천궁과 용궁과 야차궁과 건달바궁과 아수라궁과 가루라궁과 긴나라궁과 마후라가궁과 인간이 머무는 곳과 또 삼악도와 수미산 등등 가지가지의 모든 산과 큰 바다와 강과 호수와 언덕과 연못과 샘과 성읍과 취락과 숲과 보배 덩어리 등등, 이와 같은 일체 가지가지의 장엄과 대위륜의 끝닿은 경계뿐만 아니라 허공 가운데 미세하게 떠도는 티끌에 이르기까지 빠짐없이 다 범궁에 나타내고 밝은 거울에 비친 얼굴을 보는 것과 같다."

"보살마하살은 모든 중생을 차별하는 몸, 이 큰 삼매에 머물면서 가지가지의 세계를 알고 가지가지의 부처님을 보고 가지가지의 중생을 제도하고 가지가지의 법을 증득하고 가지가지의 행을 이루고 가지가지의 이해를 원만하게 하고 가지가지의 삼매에 들어가고 가지가지의 신통을 일으키고 가지가지의 지혜를 얻고 가지가지 찰나의 경계에 머문다."

"불자여! 이 보살마하살은 열 가지 신통의 저 언덕에 이른다. 무엇이 열인가 하면, 이른바 모든 부처님이 허공을 다하고 법계에 두루 한 신통의 저 언덕에 이르며, 보살이 광대한 행과 원을 일으키고 여래의 문에 들어가는 부처님 일의 신통한 저 언덕에 이르며, 모든 세계를 흔들어 깨워서 모든 경계를 청정하게 하는 신통의 저 언덕에 이르며, 모든 중생의 생각으로 알 수 없는 업과 과보가 모두 허깨비와 같음을 자재하게 아는 신통한 저 언덕에 이르며, 모든 삼매의 미세하고 거침과 들어가고 나오는 차별되는 모양이나 상태를 자재하게 아는 신통한 저 언덕에 이르며, 용맹하게 여래의 경계에 들어가 그 가운데서 큰 원을 일으키는 신통한 저 언덕에 이른다."

"부처님의 변화를 능히 지어 법륜을 굴리면서 중생을 조복하고 부처의 씨앗을 낳게 하고 부처님 법에 들어가 빨리 성취하게 하는 신통한 저 언덕에 이르며, 말할 수 없는 모든 비밀스러운 문구를 능히 깨달아 알고 법륜을 굴려서 백천 억 나유타의 말할 수 없고 말로는 할 수 없는 법의 문을 모두 청정하게 하는 신통한 저 언덕에 이르며, 낮과 밤, 해와 달과 겁을 빌리지 않고 한 생각, 한순간에 삼세를 남김없이 나타내는 신통한 저 언덕에 이른다. 이것이 열이다."

"불자여! 이것이 보살마하살의 제8 모든 중생을 차별하는 몸의 큰 삼매(一切衆生差別身

大三昧)로서 섬세하고 능숙한 선근 지혜이다."

佛子 菩薩摩訶薩住此三昧 無量境界種種差別 所謂 一入多起 多入一起 同入異起 異入同起 細入麤起 麤入細起 大入小起 小入大起 順入逆起 逆入順起 無身入有身起 有身入無身起 無相入有相起 有相入無相起 起中入 入中起 如是皆是此之三昧自在境界 佛子 譬如幻師 持呪得成 能現種種差別形相 呪與幻別而能作幻 呪唯是聲而能幻作眼識所知種種諸色 耳識所知種種諸聲 鼻識所知種種諸香 舌識所知種種諸味 身識所知種種諸觸 意識所知種種境界 菩薩摩訶薩住此三昧亦復如是 同中入定異中起 異中入定同中起 佛子 譬如三十三天共阿修羅鬪戰之時 諸天得勝 脩羅退衄 阿修羅王其身長大七百由旬 四兵圍遶無數千萬 以幻術力將諸軍衆 同時走入藕絲孔中 菩薩摩訶薩亦復如是 已善成就諸幻智地 幻智卽是菩薩 菩薩卽是幻智 是故能於無差別法中入定 差別法中起 差別法中入定 無差別法中起 佛子 譬如農夫田中下種 種子在下 果生於上 菩薩摩訶薩住此三昧亦復如是 一中入定多中起 多中入定一中起 佛子 譬如男女赤白和合 或有衆生於中受生 爾時名爲 歌羅邏位 從此次第 住母胎中 滿足十月 善業力故 一切支分皆得成就 諸根不缺 心意明了 其歌羅邏與彼六根體狀各別 以業力故 而能令彼次第成就 受同異類種種果報 菩薩摩訶薩亦復如是 從一切智歌羅邏位 信解願力漸次增長 其心廣大 任運自在 無中入定有中起 有中入定無中起 佛子 譬如龍宮依地而立 不依虛空 龍依宮住 亦不在空 而能興雲徧滿空中 有人仰視所見宮殿 當知皆是乾闥婆城 非是龍宮 佛子 龍雖處下而雲布上 菩薩摩訶薩住此三昧亦復如是 於無相入有相起 於有相入無相起 佛子 譬如妙光大梵天王所住之宮 名 一切世間最勝淸淨藏 此大宮中 普見三千大千世界諸四天下天宮 龍宮 夜叉宮 乾闥婆宮 阿修羅宮 迦樓羅宮 緊那羅宮 摩睺羅伽宮 人間住處及三惡道 須彌山等種種諸山 大海 江河 陂澤 泉源 城邑 聚落 樹林 衆寶 如是一切種種莊嚴 盡大輪圍所有邊際 乃至空中微細遊塵 莫不皆於梵宮顯現 如於明鏡見其面像 菩薩摩訶薩住此一切衆生差別身大三昧 知種種刹 見種種佛 度種種衆 證種種法 成種種行 滿種種解 入種種三昧 起種種神通 得種種智慧 住種種刹那際 佛子 此菩薩摩訶薩到十種神通彼岸 何者爲十 所謂 到諸佛盡虛空徧法界神通彼岸 到菩薩究竟無差別自在神通彼岸 到能發起菩薩廣大行願入如來門佛事神通彼岸 到能震動一切世界一切境界悉令淸淨神通彼岸 到能自在知一切衆生不思議業果皆如幻化神通彼岸 到能自在知諸三昧麤細入出差別相神通彼岸 到能勇猛入如來境界而於其中發生大願神通彼岸 到

能化作佛化轉法輪調伏衆生令生佛種令入佛乘速得成就神通彼岸 到能了知不可說一切秘密文句而轉法輪令百千億那由他不可說不可說法門皆得淸淨神通彼岸 到不假晝夜年月劫數一念悉能三世示現神通彼岸 是爲十 佛子 是名 菩薩摩訶薩第八一切衆生差別身大三昧善巧智

제9 법계에 자재한 큰 삼매(法界自在大三昧)

"불자여! 어떠한 것을 두고 보살마하살의 '법계에 자재한 삼매法界自在三昧'라 하는가."

"불자여! 보살마하살이 스스로 마음에 둔 눈에서와 뿐만 아니라 마음에 둔 뜻에서 삼매에 들어가는 일에 이르기까지, 이름을 '법계에 자재함'이라 하니, 보살이 자신의 하나하나 털구멍 가운데서 이 삼매에 든다. 자연히 모든 세간을 능히 알고 모든 세간의 법을 알고 모든 세계를 알고 억 나유타 세계를 알고 아승기 세계를 알고 말로는 이를 수 없는 세계를 알고 모든 세계 가운데 부처님께서 나오시고 보살의 대중 모임이 남김없이 다 충만하고 광명이 청정하고 선근이 도탑고 섞임이 없으며, 광대하게 장엄하고 가지가지의 많은 보배로 훌륭하게 치장한다."

"보살이 저 세계에 늘 한 겁과 백 겁과 천 겁과 억겁과 백천 억 나유타 겁과 수 없는 겁과 헤아릴 수 없는 겁과 끝없는 겁과 그 이상 더 할 수 없는 겁과 수로는 이를 수 없는 겁과 일컬을 수 없는 겁과 생각으로 헤아려 알 수 없는 겁과 양으로는 헤아릴 수 없는 겁과 말로 할 수 없는 겁과 말할 수 없고 말로는 이를 수 없는 겁과 말할 수 없고 말로는 이를 수 없는 부처 세계의 티끌 수와 같은 겁 동안 보살행을 닦지만, 항상 쉬지 않는다."

"또 이와 같은 헤아릴 수 없는 겁 가운데 이 삼매에 머물고 또한 들어가고 또한 일어나며, 또한 세계를 성취하고 또한 중생을 조복하고 또한 법계를 두루 깨우쳐 알고 또한 삼세를 알고 또한 모든 법을 설하고 또한 큰 신통의 가지가지 방편을 나타내지만, 집착함이 없고 막힘이나 걸림이 없고 법계에 자재함을 얻은 까닭에 선근으로 눈을 분별하고 선근으로 귀를 분별하고 선근으로 코를 분별하고 선근으로 혀를 분별하고 선근으로 몸을 분별하고 선근으로 뜻이나 생각을 분별하여 이와 같은 가지가지의 차별이 같지 않음을 남김없이 선근으로 분별하고 그 끝닿은 경계를 다 한다."

"보살이 이와 같은 선근으로 알고 보고는 능히 십 천억 다라니 법의 광명을 나서 일으키며, 십 천억 청정한 행을 성취하며, 십 천억 모든 근을 손에 넣으며, 십 천억 신통을 원만하게 하며, 십 천억 삼매에 능히 들어가며, 십 천억 신통한 힘을 성취하며, 십 천억 모든 힘을 크게 기르며, 십 천억 깊은 마음을 원만하게 하고 십 천억 힘을 가지고 움직이며, 십 천억 신통 변화를 나타내어 보이며, 십 천억 보살의 막힘이나 걸림이 없음을 온전하게 갖추고 십 천억 보살의 도를 돕는, 이를 원만하게 하고 십 천억 보살의 장(藏.如來智方便)을 쌓아 모으고 십 천억 보살의 방편을 밝게 비추고 십 천억 모든 이치를 널리 펴서 설하고 십 천억 모든 원을 성취하고 십 천억 회향을 낳고 십 천억 보살의 바른 자리를 청정하게 다스리고 십 천억 법의 문을 분명하게 깨우쳐 알고 십 천억 널리 펴서 설함을 활짝 열어 보이고 십 천억 보살의 청정함을 닦는다."

佛子 云何爲菩薩摩訶薩法界自在三昧 佛子 此菩薩摩訶薩於自眼處乃至意處入三昧 名 法界自在 菩薩於自身一一毛孔中入此三昧 自然能知諸世間 知諸世間法 知諸世界 知億那由他世界 知阿僧祇世界 知不可說佛刹微塵數世界 見一切世界中有佛出興 菩薩衆會悉皆充滿 光明淸淨 淳善無雜 廣大莊嚴 種種衆寶以爲嚴飾 菩薩於彼或一劫百劫 千劫億劫 百千億那由他劫 無數劫無量劫 無邊劫無等劫 不可數劫 不可稱劫 不可思劫 不可量劫 不可說劫 不可說不可說劫 不可說不可說劫佛刹微塵數劫修菩薩行常不休息 又於如是無量劫中住此三昧 亦入亦起 亦成就世界 亦調伏衆生亦徧了法界 亦普知三世 亦演說諸法 亦現大神通 種種方便無著無礙 以於法界得自在故 善分別眼 善分別耳 善分別鼻 善分別舌 善分別身 善分別意 如是種種差別不同 悉善分別盡其邊際 菩薩如是善知見已 能生起十千億陀羅尼法光明 成就十千億淸淨行 獲得十千億諸根 圓滿十千億神通 能入十千億三昧 成就十千億神力 長養十千億諸力 圓滿十千億深心 運動十千億力持 示現十千億神變 具足十千億菩薩無礙 圓滿十千億菩薩助道 積集十千億菩薩藏 照明十千億菩薩方便 演說十千億諸義成就十千億諸願 出生十千億迴向 淨治十千億菩薩正位 明了十千億法門 開示十千億演說 修治十千億菩薩淸淨

"불자여! 보살마하살은 차례를 따라(復) 수 없는 공덕과 헤아릴 수 없는 공덕과 끝이 없는 공덕과 그 이상 더 할 수 없는 공덕과 수로는 셀 수 없는 공덕과 일컬을 수 없는 공덕과 생각으로는 헤아릴 수 없는 공덕과 양으로는 알 수 없는 공덕과 말로는 할 수 없는 공덕과 다함이 없는 공덕이 있다."

"불자여! 이 보살이 이와 같은 공덕을 이미 모두 판단해서 갖추었고 빠짐없이 이미 쌓아서 모았고 이미 빠짐없이 장엄하였고 이미 빠짐없이 청정하게 하였고 이미 다 목숨을 다해 통하였고 빠짐없이 이미 거두어 받아들였고 능히 모두 출생하고 빠짐없이 칭찬하고 빠짐없이 견고함을 얻었고 이미 빠짐없이 성취하였다."

佛子 此菩薩摩訶薩復有無數功德 無量功德 無邊功德 無等功德 不可數功德 不可稱功德 不可思功德 不可量功德 不可說功德 無盡功德 佛子 此菩薩於如是功德 皆已辨具 皆已積集 皆已莊嚴 皆已淸淨 皆已瑩徹 皆已攝受 皆已出生 皆已稱歎 皆已堅固 皆已成就

"불자여! 보살마하살이 이 삼매에 머물면 동방 아승기 부처 세계의 티끌 수와 같은 이름을 모든 부처님이 거두어 받아주심이 되고 하나하나의 이름에 차례를 따라(復有) 십천 아승기 부처 세계의 티끌 수와 같은 부처님이 있어 각각 차별하니, 동방과 같이 남방, 서방, 북방과, 네 간방과 상방, 하방도 역시 차례를 좇아(復) 이와 같다."

"그 모든 부처님이 모두 앞에 나타나 모든 부처님의 청정한 세계를 나타내고 모든 부처님의 헤아릴 수 없는 몸을 설하고 모든 부처님의 생각하기 어려운 눈을 설하고 모든 부처님의 헤아릴 수 없는 귀를 설하고 모든 부처님의 청정한 코를 설하고 모든 부처님의 청정한 혀를 설하고 모든 부처님의 머무름이 없는 마음을 설하고 여래의 위 없는 신통을 설한다."

"이러하기에 여래의 위 없는 보리를 닦게 하고 여래의 청정한 음성을 얻게 하고 여래의 물러남이 없는 법 바퀴를 활짝 열어 보이고 여의 끝없이 모인 대중을 나타내고 여래의 끝이 없는 비밀에 들어가게 하고 여래의 모든 선근을 찬탄하고 여래의 평등한 법에 들게 하고 여래의 삼세 종성(種性)을 베풀어 설하고 여래의 헤아릴 수 없는 색상(色相)을 나타내고 여래가 보호하려는 법을 드러내어 밝혀서 널리 퍼지게 하고 여래의 섬세하고 빼어난 법의 음성을 펴서 통하게 하고 일체 모든 부처님 세계를 밝게 분별하고 일체 모든 부처님의 삼매를 널리 떨치고 모든 부처님의 대중 모임의 차례를 나타내 보이고 모든 부처님의 생각으로는 알 수 없는 법을 보호해 지니고 모든 법이란 허깨비와 같음을 설하고 모든 법의 성품이란 움직여 변함이 없음을 밝히고 위 없는 모든 법륜을 활짝 열어 보이고 여래의 헤아릴 수 없는 공덕을 아름답게 칭찬하고 일체 모든 삼매의 구름에 들게 하고 그 마음이 허깨비 같고 생육하는 것과 같아서 끝이 없고 다함이 없음을 알게 한다."

佛子 菩薩摩訶薩住此三昧 爲東方十千阿僧祇佛刹微塵數名號諸佛之所攝受 一一名號復有十千阿僧祇佛刹微塵數佛 各各差別 如東方 南 西 北方 四維 上 下 亦復如是 彼諸佛悉現其前 爲現諸佛淸淨刹 爲說諸佛無量身 爲說諸佛難思眼 爲說諸佛無量耳 爲說諸佛淸淨鼻 爲說諸佛淸淨舌 爲說諸佛無住心 爲說如來無上神通 令修如來無上菩提 令得如來淸淨音聲 開示如來不退法輪 顯示如來無邊衆會 令入如來無邊秘密 讚歎如來一切善根 令入如來平等之法 宣說如來三世種性 示現如來無量色相 闡揚如來護念之法 演暢如來微妙法音 辯明一切諸佛世界 宣揚一切諸佛三昧 示現諸佛衆會次第 護持諸佛不思議法 說一切法猶如幻化 明諸法性無有動轉 開示一切無上法輪 讚美如來無量功德 令入一切諸三昧雲 令知其心如幻如化 無邊無盡

"불자여! 보살마하살이 법계에 자재한 이 삼매에 머무를 때는 저 언덕彼岸 시방에 각각 십 천 아승기 부처 세계의 티끌 수와 같은 이름의 여래가 있고 하나하나의 이름 가운데 각각 십 천 아승기 부처 세계의 티끌 수와 같은 부처님이 동시에 보호하려는 생각을 내시니, 이 보살들이 끝이 없는 몸을 얻게 하고 이 보살들이 막힘이나 걸림이 없는 마음을 얻게 하고 이 보살들이 모든 법에 망령된 생각이 없게 함을 얻게 하고 이 보살들이 모든 법을 결정하는 지혜를 얻게 하고 이 보살들이 점차 총명해지고 민첩해져서 모든 법의 가장 요긴한 것을 받게 하고 이 보살들이 모든 법을 남김없이 분명하게 깨달아 알게 하고 이 보살들이 모든 근을 용맹하고 예리하게 해서 신통한 법에 섬세하고 능숙한 선근을 얻게 하고 이 보살들이 경계에 막힘이나 걸림이 없이 법계에 두루 행하게 하고 항상 쉼이 없게 하고 이 보살들이 막힘이나 걸림이 없는 지혜를 얻어 마침내는 청정하게 하고 이 보살들이 신통한 힘으로 모든 세계에 부처 이루는 것을 나타내어 보이게 한다."

佛子 菩薩摩訶薩 住此法界自在三昧時 彼十方各十千阿僧祇佛刹微塵數名號如來 一一名中各有十千阿僧祇佛刹微塵數佛同時護念 令此菩薩得無邊身 令此菩薩得無礙心 令此菩薩於一切法得無忘念 令此菩薩於一切法得決定慧 令此菩薩轉更聰敏 於一切法皆能領受 令此菩薩於一切法悉能明了 令此菩薩諸根猛利 於神通法悉得善

巧 令此菩薩境界無礙 周行法界恒不休息 令此菩薩得無礙智 畢竟清淨 令此菩薩以神通力 一切世界示現成佛

"불자여! 보살마하살이 이 삼매에 머무르면 열 가지 바다를 얻는다. 무엇이 열인가 하면, 이른바 모든 부처님의 바다를 얻으니, 이는 모두 함께 보는 까닭이며, 중생의 바다를 얻으니, 이는 남김없이 다 조복(調伏)하는 까닭이며, 법의 바다를 얻으니, 이는 지혜로 남김없이 다 깨달아 아는 까닭이며, 모든 세계의 바다를 얻으니, 이는 성품도 없고 지음도 없는 신통으로 빠짐없이 다 향해 나아가는 까닭이며, 공덕의 바다를 얻으니, 이는 모든 수행이 남김없이 다 원만해진 까닭이며, 신통의 바다를 얻으니, 이는 널리 나타내 보여 깨우침을 깨달아 얻게 하는 까닭이며, 모든 근의 바다를 얻으니, 이는 가지가지로 같지 않은 것을 선근으로 남김없이 아는 까닭이며, 마음의 바다를 얻으니, 이는 모든 중생이 가지가지로 차별하는 헤아릴 수 없는 마음을 아는 까닭이며, 모든 수행의 바다를 얻으니, 이는 원의 힘으로 능히 원만하게 하는 까닭이며, 모든 원의 바다를 얻으니, 이는 남김없이 다 성취해서 영원히 청정하게 하는 까닭이다."

"불자여! 보살마하살이 이와 같은 열 가지 바다를 얻고는 차례를 좇아(復) 열 가지 특히 뛰어남을 얻는다. 무엇이 열인가 하면, 1은 모든 중생 가운데 가장 제일이며, 2는 모든 하늘 가운데 가장 특별하며, 3은 모든 범천왕 가운데 가장 지극히 자재하며, 4는 모든 세간에 물이 들거나 집착하지 않고 5는 모든 세간이 가려서 빛의 그림자를 막을 수 없으며, 6은 일체 모든 마가 혼란스럽게 하지 못하며, 7은 모든 부류를 따라 두루 들어가지만, 막힘이나 걸림이 없으며, 8은 곳곳에서 생을 받음은 견고하지 않음을 알며, 9는 모든 불법에 빠짐없이 자재함을 얻으며, 10은 모든 신통을 남김없이 다 나타내어 보인다."

"불자여! 보살마하살이 이와 같은 특히 뛰어남을 얻은 후에는 차례를 좇아(復) 열 가지 힘을 얻어 중생계에서 모든 행을 닦고 익힌다. 무엇이 열인가 하면, 1은 용맹한 힘을 이르니, 이는 세간을 조복하는 까닭이며, 2는 정진하는 힘을 이르니, 이는 항상 물러나지 않은 까닭이며, 3은 집착하지 않은 힘을 이르니, 이는 모든 허물과 물이 든 것에서 벗어나는 까닭이며, 4는 적정의 힘을 이르니, 이는 모든 법을 두고 논의로 다툼이 없는 까닭이며, 5는 순하고 거스르는 힘을 이르니, 이는 모든 법에 마음이 자재한 까닭이며, 6은 법의 성품을 아는 힘을 이르니, 이는 모든 뜻 가운데 자재함을 얻은 까닭이며, 7은 막힘이나 걸림이 없는 힘을 이르니, 이는 지혜가 광대한 까닭이며, 8은 두려움 없는 힘을 이르니, 이는 모든 법을 널리 펴서 설하는 까닭이며, 9는 변재의 힘을 이르니, 이는 모든 법을 능히 가지는 까닭이며, 10은 열어 보이는 힘을 이르니, 이는 지혜가 끝이 없는 까닭이다."

"불자여! 이 열 가지의 힘은 광대한 힘이고 가장 뛰어난 힘이고 꺾어서 굴복시킬 수 없는 힘이고 헤아릴 수 없는 힘이고 선근을 모으는 힘이고 동요하지 않은 힘이고 견고한 힘이고 지혜의 힘이고 성취하는 힘이고 뛰어난 선정의 힘이고 청정한 힘이고 지극히 청정한 힘이고 법신의 힘이고 법 광명의 힘이고 법 등불의 힘이고 법문의 힘이고 무너뜨릴 수 없는 힘이고 지극히 용맹한 힘이고 대장부의 힘이고 선근의 장부가 닦고 익히는 힘이고 바른 깨우침을 이루는 힘이고 과거에 쌓아서 모은 선근의 힘이고 헤아릴 수 없는 선근에 편안히 머무는 힘이다."

"여래의 힘에 머무는 힘이고 마음으로 사유하는 힘이고 보살을 거듭 더하여 키우는 환희의 힘이고 보살을 낳게 하는 청정한 믿음의 힘이고 보살을 거듭 더하여 키우게 하는 용맹한 힘이고 보리심으로 나는 힘이고 보살의 청정하고 깊은 마음의 힘이고 보살의 특히 뛰어난 깊은 마음의 힘이고 보살의 선근으로 되풀이해서 스미도록 익히는 힘이고 모든 법을 끝까지 하는 힘이고 막힘이나 걸림이 없는 몸의 힘이고 섬세하고 능숙한 선근 방편으로 법의 문에 들어가는 힘이고 청정하고 빼어난 법의 힘이고 큰 세력으로 모든 세간에 편안히 머물러서 모든 세간이 흔들지 못하는 힘이고 모든 중생이 가릴 수 없는 빛의 힘이다."

"불자여! 이 보살마하살이 이와 같은 헤아릴 수 없는 공덕의 법을 능히 내고 능히 성취하며, 능히 원만히 하고 능히 비추어 밝히며, 능히 온전하게 갖추고 능히 두루 온전하게 갖추고 능히 광대하고 능히 견고하게 하고 능히 거듭 더하여 키우고 능히 깨끗하게 다스리고 능히 두루 깨끗하게 다스린다."

"이 보살의 공덕이 끝닿은 경계와 지혜가 끝닿은 경계와 수행이 끝닿은 경계와 법문이 끝닿은 경계와 자재의 끝닿은 경계와 고행의 끝닿은 경계와 청정함이 끝닿은 경계와 벗어나 나아가는 끝닿은 경계와 법 자재의 끝닿은 경계를 능히 설할 자가 없고 이 보살이 손에 넣어 얻은 것과 성취한 것과 들어가 다다른 것과 앞에 나타나 있는 것과 가지고 있는 경계와 가지고 자세하게 들여다보는 것과 증득하여 들어가 가지고 있는 것과 가지고 있는 청정과 가지고 있는 깨달아 아는 것과 건립해서 가지고 있는 모든 법문을 말로 할 수 없는 겁 동안 설한다 해도 다 할 수 없다."

佛子 菩薩摩訶薩住此三昧 得十種海 何者爲十 所謂 得諸佛海 咸睹見故 得衆生海 悉調伏故 得諸法海 能以智慧悉了知故 得諸刹海 以無性無作神通皆往詣故 得功德海 一切修行悉圓滿故 得神通海 能廣示現令開悟故 得諸根海 種種不同悉善知故 得諸心海 知一切衆生種種差別無量心故 得諸行海 能以願力悉圓滿故 得諸願海 悉使成就永淸淨故 佛子 菩薩摩訶薩得如是十種海已 復得十種殊勝 何等爲十 一者於一切衆生中最爲第一 二者於一切諸天中最爲殊特 三者於一切梵王中最極自在 四者於諸世間無所染著 五者一切世間無能映蔽 六者一切諸魔不能惑亂 七者普入諸趣無所罣礙 八者處處受生知不堅固 九者一切佛法皆得自在 十者一切神通悉能示現 佛子 菩薩摩訶薩得如是十種殊勝已 復得十種力 於衆生界修習諸行 何等爲十 一謂勇健力 調伏世間故 二謂精進力 恒不退轉故 三謂無著力 離諸垢染故 四謂寂靜力 於一切法無諍論故 五謂逆順力 於一切法心自在故 六謂法性力 於諸義中得自在故 七謂無礙力 智慧廣大故 八謂無畏力 能說諸法故 九謂辯才力 能持諸法故 十謂開示力 智慧無邊故 佛子 此十種力 是廣大力 最勝力 無能摧伏力 無量力 善集力 不動力 堅固力 智慧力 成就力 勝定力 淸淨力 極淸淨力 法身力 法光明力 法燈力 法門力 無能壞力 極勇猛力 大丈夫力 善丈夫修習力 成正覺力 過去積集善根力 安住無量善根力 住如來力力 心思惟力 增長菩薩歡喜力 出生菩薩淨信力 增長菩薩勇猛力 菩提心所生力 菩薩淸淨深心力 菩薩殊勝深心力 菩薩善根熏習力 究竟諸法力 無障礙身力 入方便善巧法門力 淸淨妙法力 安住大勢一切世間不能傾動力 一切衆生無能映蔽力 佛子 此菩薩摩訶薩於如是無量功德法 能生 能成就 能圓滿 能照明 能具足 能徧具足 能廣大 能堅固 能增長 能淨治 能徧淨治 此菩薩功德邊際 智慧邊際 修行邊際 法門邊際 自在邊際 苦行邊際 成就邊際 淸淨邊際 出離邊際 法自在邊際 無能說者 此菩薩所獲得 所成就 所趣入 所現前 所有境界 所有觀察 所有證入 所有淸淨 所有了知 所有建立一切法門 於不可說劫無能說盡

"불자여! 보살마하살이 이 삼매에 머물면 수 없고 헤아릴 수 없고 끝이 없고 그 이상 더 할 수 없을 정도이고 셀 수 없고 일컬을 수 없고 생각으로는 헤아릴 수 없고 양으로 헤아릴 수 없고 말할 수 없고 말할 수 없이 말로는 이를 수 없는 모든 삼매를 능히 깨달아 안다. 그 하나하나의 삼매가 가지고 있는 경계는 헤아릴 수 없이 광대하기에, 경계 가운데 그와 같이 들어가고 그와 같이 일어나고 그와 같이 머무는 마주 본 모양이나 상태가 있고 이를 나타내 보임이 있고 이를 행하는 처가 있고 평등한 흐름이 있고 자신의 성품이 있고 없애버림이 있고 벗어나 나감이 있는, 이와 같은 일체를 남김없이 밝게 본다."

"불자여! 비유하면 무열뇌 큰 용왕의 궁전에서 네 개의 강이 흘러나오지만, 흐린 것도 없고 섞이지도 않고 허물이나 더러움이 없고 광채는 청정하기가 허공과 같다. 물이 모인 연못 그 사면으로는 각각 한 개의 입구가 있고 하나하나의 입구 가운데서 하나의 강이 흐른다. 코끼리 입 가운데서 항가 강이 흘러나오고 사자 입 가운데서 사타 강이 흘러나오고 소 입 가운데서 신도 강이 흘러나오고 말 입 가운데서 박추 강이 흘러나온다."

"그 네 개의 강에서 흘러나올 때, 항가 강 입구에서는 은모래가 흘러나오고 사타 강 입구에서는 금강 모래가 흘러나오고 신도 강 입구에서는 금 모래가 흘러나오고 박추 강 입구에서는 유리모래가 흘러나오고 항가 강 입구는 백 은색이 빛이며, 사타 강 입구는 금강 빛이며, 신도 강 입구는 황금빛이며, 박추 강 입구는 유리 빛이며, 하나하나 강 입구의 크기는 너비가 일 유순이다."

"네 개의 큰 강이 흘러나와서는 각각 무열뇌 연못을 일곱 번씩 둘러싸고 흐르며, 그 일대를 따라 네 방향으로 나뉘어 흐르면서 용솟음치고 매우 빠르게 흘러서 큰 바다로 들어간다. 그 강이 돌아 흐르는 사이에는 하늘의 보배로 이루어진, 우발라 꽃, 파두마 꽃, 구물두 꽃, 분타리 꽃이 피어있으니, 기이한 향기가 넘치고 빼어난 색으로 청정하며, 가지가지의 꽃잎과 가지와 가지가지의 꽃받침과 꽃술이 남김없이 보배로 되어있기에 자연히 밝게 빛나고 함께 광명을 놓아 서로가 비추어 나타내었다.

그 무열뇌 연못의 둘레가 오십 유순이며, 보배 모래가 그 언덕을 장엄하고 전단의 빼어난 향이 그 가운데 두루두루 흩어지고 우발라 꽃과 파두마 꽃과 구물두 꽃과 분타리 꽃과 또 나머지 보배 꽃이 가득히 피어서 미풍이 불 때마다 향기가 멀리까지 퍼지고 꽃 숲과 보배나무가 두루두루 둘러 감싸고 해가 뜰 때는 연못과 강 안팎으로 많은 물건이 표면에 비치어 일체 사물의 그림자가 하나로 닿아 이어져 광명 그물을 이룬다."

"이와 같은 많은 물건이 그와 같이 멀고 그와 같이 가깝고 그와 같이 높고 그와 같이 낮고 그와 같이 넓고 그와 같이 좁고 그와 같이 굵고 그와 같이 얇을 뿐만 아니라 지극히 작은 하나의 모래와 하나의 티끌에 이르기까지 남김없이 이 빼어난 보배가 광명으로 비치고 그 가운데 햇빛에 따른 그림자를 나타내며, 역시 차례를 좇아(復) 서로 광명을 비추어 그림자를 나타내니, 이와 같은 많은 그림자가 늘지도 않고 줄지도 않으며, 합하지도 않고 흩어지지도 않기에 모든 것을 실상의 본바탕대로 분명하게 볼 수 있음을 얻는다."

"불자여! 무열뇌 연못의 네 개의 입구에서 네 개의 강이 흘러나와 큰 바다로 들어가는 것과 같이 보살마하살도 역시 차례를 좇아(復) 이와 같기에 네 가지 변재를 좇아 모든 행이 흘러 나와서 마침내는 일체 지혜의 바다로 들어간다."

"항가의 큰 강이 은색 코끼리 입구를 따라 은모래를 흘러나오게 하는 것과 같이 보살마하살도 역시 차례를 좇아(復) 이와 같아서 뜻의 변재로 모든 여래께서 말씀하신 모든 뜻을 설하여 일체 청정한 깨끗한 법을 나아 내놓고 마침내는 막힘이나 걸림이 없는 지혜의 바다로 들어가게 한다."

"사타의 큰 강이 금강색 사자 입구를 따라 금강 모래를 흘러나오게 하는 것과 같이 보살마하살도 역시 차례를 좇아(復) 이와 같아서 법의 변재로 모든 중생을 위해 부처님의 금강 구절을 설하여 금강 같은 지혜를 끄집어내고 마침내는 막힘이나 걸림이 없는 지혜의 바다에 들어가게 한다."

"신도의 큰 강이 황금빛 소 입구를 따라 금모래를 흘러나오게 하는 것과 같이 보살마하살도 역시 차례를 좇아(復) 이와 같아서 가르침과 훈계에 능한 변재로 세간을 거스르지 않고 방편을 따라 중생이 깨우침을 깨닫게 하고 환희하게 하며, 자신을 조복하고 성숙시켜 마침내는 인연에 따른 결과로서 방편의 바다에 들어가게 한다."

"박추의 큰 강이 유리색 말 입구를 따라 유리모래를 흘러나오게 하는 것과 같이 보살마하살도 역시 차례를 좇아(復) 이와 같아서 다함이 없는 변재로 백 천억 나유타 말할 수 없는 법을 내려 이를 듣는 자들이 모두 윤택하게 하고 마침내는 모든 부처님의 법 바다에 들어가게 한다."

"네 개의 큰 강이 무열뇌 연못을 거스름 없이 돌아 흐르고는 사방의 바다로 들어가는 것과 같아서 보살마하살도 차례를 좇아(復) 또한 이와 같은 몸의 업을 거스르지 않고 따라 성취하고 말의 업을 거스르지 않고 따라 성취하고 뜻의 업을 거스르지 않고 따라 성취해서, 성취한 지혜로 앞서 이끈 몸의 업과 성취한 지혜로 앞서 이끈 말의 업과 성취한 지혜로 앞서 이끈 뜻의 업이 사방으로 흐르다가 마침내는 일체 지혜의 바다에 들어가게 한다."

"불자여! 무엇이 보살의 네 가지 방향(四方)이라 하는가."

"불자여! 이른바 모든 부처님을 뵙고 깨우침을 깨달아 얻으며, 모든 법을 듣고 받아 지녀서 잊지 않으며, 모든 바라밀 행을 원만하게 하며, 대비로 법을 설하여 중생을 만족하게 하는 것이다."

"네 개의 큰 강이 큰 연못을 둘러싸고 그 중간에 우발라 꽃과 파두마 꽃과 구물두 꽃과 분타리 꽃이 두루두루 가득 차 있는 것과 같아서 보살마하살도 차례를 좇아(復) 또한 이와 같기에 보리심의 중간에서 중생을 버리지 않고 법을 말해서 조복하고 헤아릴 수 없는 삼매를 모두 원만하게 해서 부처님 국토의 청정한 장엄을 보게 한다."

"무열뇌 큰 연못에 보배나무가 둘러선 것과 같이 보살마하살도 역시 차례를 좇아(復) 이와 같기에 부처님 국토의 장엄이 둘러싸고 있음을 나타내어 모든 중생이 보리로 향하고 이르게 한다."

"무열뇌 큰 연못의 그 너비와 길이가 50 유순이며, 청정하고 흐린 것이 없는 것과 같이 보살마하살도 역시 차례를 좇아(復) 이와 같기에 보리심의 그 양이 끝이 없고 선근이 가득 차 있으며, 청정하고 흐린 것이 없다."

"무열뇌 큰 연못이 헤아릴 수 없는 보배로 그 언덕을 장엄하고 전단 향을 흩뿌려 두루 그 가운데 가득한 것과 같이 보살마하살도 역시 차례를 좇아(復) 이와 같기에 백 천억, 열 가지 지혜 보배로 보리심의 큰 원, 이 원의 언덕을 장엄하고 빼어난 향과 많은 선근이 모든 곳에 두루 퍼지게 한다."

"무열뇌 큰 연못의 바닥에 금모래를 펴고 가지가지의 마니로 사이를 장엄하는 것과 같이 보살마하살도 역시 차례를 좇아(復) 이와 같기에 섬세하고 빼어난 지혜로 두루두루 자세히 살펴서 들여다보고 생각으로는 헤아릴 수 없는 가지가지 보살의 해탈 법보(法寶)로 사이를 장엄하며, 모든 법에 막힘이나 걸림이 없는 광명을 얻어 일체 모든 부처님이 머무는 곳에 머물며, 깊고 깊은 모든 방편에 들어간다."

"아나파달다 용왕이 용에게 있는 뜨거운 번뇌에서 영원히 벗어나는 것과 같이 보살마하살도 차례를 좇아(復) 또한 이와 같기에 모든 세간의 근심과 번뇌로부터 영원히 벗어나므로 비록 생 받음을 나타내지만, 물이 들거나 집착하지 않는다."

"네 개의 큰 강이 모든 염부제의 땅을 윤택하게 하고는 큰 바다에 들어가는 것과 같이 보살마하살도 차례를 좇아(復) 또한 이와 같기에 네 개의 지혜의 강으로 천, 인, 사문, 바라문을 윤택하게 하고 그들이 아뇩다라삼먁삼보리 지혜의 큰 바다에 들어가 네 가지 힘으로 장엄한다."

"무엇이 네 가지인가 하면, 1은 원이라는 지혜의 강이니, 모든 중생을 구해 보호하고 조복하여 항상 쉼이 없는 것이고 2는 바라밀이라는 지혜의 강이니, 보리의 행을 닦아서 중생에게 넉넉한 이익을 주어 과거, 미래, 현재에 상속해서 다함이 없고 마침내는 모든 부처님의 지혜 바다에 들어가는 것이고 3은 보살 삼매라는 지혜의 강이니, 수 없는 삼매로 장엄하고 모든 부처님을 친히 보고 모든 부처님의 바다에 들어가는 것이고 4는 크게 가엾이 여기는 지혜의 강이니, 가엾이 여기는 마음으로 자유롭게 두루 중생을 구하며, 방편으로 거두어서 쉬지 않고 비밀스러운 공덕의 문을 수행해서 마침내는 십력의 큰 바다에 들어가는 것이다."

"네 개의 큰 강이 무열뇌의 연못으로부터 흘러나와 마침내는 다함이 없는 큰 바다에 들어가는 것과 같이 보살마하살도 차례를 좇아(復) 또한 이와 같기에 큰 서원의 힘으로 보살행을 닦고 자재하게 알고 보는 것이 다하고 다함이 없으니, 마침내는 일체 지혜의 바다에 들어간다."

"네 개의 큰 강이 큰 바다에 들어가는 것에 막힘이나 걸림이 없는 것과 같이 보살마하살도 차례를 좇아(復) 또한 이와 같기에 보현의 행과 원을 부지런히 닦아서 모두 지혜의 광명을 성취하고 모든 부처님 보리의 법에 머물러서 여래의 지혜로 들어가는 일에 막힘이나 걸림이 없다."

"네 개의 큰 강이 분주하게 흘러서 바다에 들어가는 일로 많은 겁을 보내지만, 싫어하거나 피곤함이 없는 것과 같이 보살마하살도 차례를 좇아(復) 또한 이와 같기에 보현의 행과 원으로 미래의 겁이 다하도록 보살행을 닦고 여래의 바다에 들어가지만, 피로하거나 싫어함을 내지 않는다."

"불자여! 이는 태양이 떠오를 때 무열뇌 연못 가운데 금모래, 은모래, 금강 모래, 유리모래 및 나머지 가지가지의 모든 보물에 빠짐없이 해그림자가 그 가운데 나타나고 그 금모래 등등 모든 보물도 각각 점차로 해그림자를 나타내어 서로서로 비추어 방해하는 것이 없는 것과 같이 보살마하살도 차례를 좇아(復) 또한 이와 같기에 이 삼매에 머무르면 자신의 몸 하나하나의 털구멍마다 말할 수 없고 말로는 이를 수 없는 부처 세계의 티끌 수와 같은 부처님을 뵙고 그 부처님의 국토와 도량에 모인 대중을 보며, 하나하나 부처님의 처소에서 법을 들어 받아 지니며, 믿고 이해해서 공양하기를 말할 수 없고 말로는 이를 수 없는 억 나유타 겁을 지내더라도 시절이 길고 짧음을 마음에 두어 생각하지 않고 그 모든 대중 모임 또한 속 좁지 않다."

"무슨 까닭인가 하면, 섬세하고 빼어난 마음으로 끝없는 법계에 들어가는 까닭이며, 그 이상 더 할 수 없는 차별의 업과에 들어가는 까닭이며, 생각으로 미루어 알 수 없는 삼매 경계에 들어가는 까닭이며, 사람의 생각으로는 헤아려 알 수 없는 경계에 들어가는 까닭이며, 모든 부처님의 자재한 경계에 들어가는 까닭이며, 모든 부처님으로부터 보호를 받는 힘을 얻은 까닭이며, 모든 부처님의 큰 신통 변화를 얻는 까닭이며, 모든 여래의 얻기 어렵고 알기 어려운 열 가지 힘을 얻는 까닭이며, 보현보살의 행, 이 행의 원만한 경계에 들어가는 까닭이며, 모든 부처님의 피곤함이 없는 신통한 힘을 얻는 까닭이다."

佛子 菩薩摩訶薩住此三昧 能了知無數 無量 無邊 無等 不可數 不可稱 不可思 不可量 不可說 不可說不可說一切三昧 彼一一三昧 所有境界無量廣大 於境界中若入若起 若住 所有相狀 所有示現 所有行處 所有等流 所有自性 所有除滅 所有出離 如是一切靡不明見 佛子 譬如無熱惱大龍王宮流出四河 無濁無雜 無有垢穢 光色淸淨猶如虛空 其池四面各有一口 一一口中流出一河 於象口中出恒伽河 師子口中出私陀河 於牛口中出信度河 於馬口中出縛芻河 其四大河流出之時 恒伽河口流出銀沙私陀河口出金剛沙 信度河口流出金沙 縛芻河口出琉璃沙 恒伽河口作白銀色 私陀河口作金剛色 信度河口作黃金色 縛芻河口作琉璃色 一一河口廣一由旬 其四大河旣流出已 各共圍遶大池七帀 隨其方面四向分流 澒涌奔馳入於大海 其河旋遶 一一之間 月天寶所成優鉢羅華 波頭摩華 拘物頭華 芬陀利華 奇香發越 妙色淸淨 種種華葉 種種臺蕊 悉是衆寶 自然映徹 咸放光明 互相照現 其無熱池周圍廣大五十由旬衆寶妙沙徧布其底 種種摩尼以爲嚴飾 無量妙寶莊嚴其岸 栴檀妙香普散其中 優鉢羅華 波頭摩華 拘物頭華 芬陀利華及餘寶華皆悉徧滿 微風吹動 香氣遠徹 華林寶樹周帀圍遶 日光出時 普皆照明池河內外一切衆物 接影連輝成光明網 如是衆物 若遠若近 若高 若下 若廣 若狹 若麤 若細 乃至極小一沙一塵 悉是妙寶 光明鑑徹 靡不於中日輪影現 亦復展轉更相現影 如是衆影不增不減 非合非散 皆如本質而得明見佛子 如無熱大池 於四口中流出四河入於大海 菩薩摩訶薩亦復如是 從四辯才 流出諸行 究竟入於一切智海 如恒伽大河 從銀色象口流出銀沙 菩薩摩訶薩亦復如是 以義辯才 說一切如來所說一切義門 出生一切淸淨白法 究竟入於無礙智海 如私陀大河 從金剛色師子口流出金剛沙 菩薩摩訶薩亦復如是 以法辯才 爲一切衆生說佛金剛句 引出金剛智 究竟入於無礙智海 如信度大河 從金色牛口流出金沙 菩薩摩訶薩亦復如是 以訓辭辯說 隨順世間緣起方便 開悟衆生 令皆歡喜 調伏成熟 究竟入於緣起方便海 如縛芻大河 於琉璃色馬口流出琉璃沙 菩薩摩訶薩亦復如是 以無盡辯 雨百千億那由他不可說法 令其聞者皆得潤洽 究竟入於諸佛法海 如四大河 隨順圍遶無熱池已四方入海 菩薩摩訶薩亦復如是 成就隨順身業 隨順語業 隨順意業 成就智

爲前導身業 智爲前導語業 智爲前導意業 四方流注 究竟入於一切智海 佛子 何者名爲菩薩四方 佛子 所謂 見一切佛而得開悟 聞一切法受持不忘 圓滿一切波羅蜜行 大悲說法滿足衆生 如四大河圍遶大池 於其中間 優鉢羅華 波頭摩華 拘物頭華 芬陀利華皆悉徧滿 菩薩摩訶薩亦復如是 於菩提心中間 不捨衆生 說法調伏 悉令圓滿無量三昧 見佛國土莊嚴淸淨 如無熱大池 寶樹圍遶 菩薩摩訶薩亦復如是 現佛國土莊嚴圍遶 令諸衆生趣向菩提 如無熱大池 其中縱廣五十由旬 淸淨無濁 菩薩摩訶薩亦復如是 菩提之心其量無邊 善根充滿 淸淨無濁 如無熱大池 以無量寶莊嚴其岸 散栴檀香徧滿其中 菩薩摩訶薩亦復如是 以百千億十種智寶嚴菩提心大願之岸 普散一切衆善妙香 如無熱大池 底布金沙 種種摩尼間錯莊嚴 菩薩摩訶薩亦復如是 微妙智慧周徧觀察 不可思議菩薩解脫種種法寶間錯莊嚴 得一切法無礙光明 住於一切諸佛所住 入於一切甚深方便 如阿那婆達多龍王 永離龍中所有熱惱 菩薩摩訶薩亦復如是 永離一切世間憂惱 雖現受生而無染著 如四大河 潤澤一切閻浮提地 旣潤澤已入於大海 菩薩摩訶薩亦復如是 以四智河潤澤天 人 沙門 波羅門 令其普入阿耨多羅三藐三菩提智慧大海 以十種力而爲莊嚴 何者爲四 一者願智河 救護調伏一切衆生常不休息 二者波羅蜜智河 修菩提行饒益衆生 去 來 今世相續無盡 究竟入於諸佛智海 三者菩薩三昧智河 無數三昧以爲莊嚴 見一切佛 入諸佛海 四者大悲智河 大慈自在普救衆生 方便攝取無有休息 修行秘密功德之門 究竟入於十力大海 如四大河 從無熱池旣流出已 究竟無盡 入於大海 菩薩摩訶薩亦復如是 以大願力修菩薩行 自在知見無有窮盡 究竟入於一切智海 如四大河 入於大海 無能爲礙令不入者 菩薩摩訶薩亦復如是 常勤修習普賢行願 成就一切智慧光明 住於一切佛菩提法 入如來智無有障礙 如四大河 奔流入海 經於累劫亦無疲厭 菩薩摩訶薩亦復如是 以普賢行願 盡未來劫修菩薩行 入如來海不生疲厭 佛子 如日光出時 無熱池中金沙 銀沙 金剛沙 琉璃沙及餘一切種種寶物 皆有日影於中顯現 其金沙等一切寶物 亦各展轉而現其影 互相鑑徹 無所妨礙 菩薩摩訶薩亦復如是 住此三昧 於自身一一毛孔中 悉見不可說不可說佛刹微塵數諸佛如來 亦見彼佛所有國土道場衆會一一佛所聽法 受持 信解 供養 各經不可說不可說億那由他劫而不想念時節長短 其諸衆會亦無迫隘 何以故 以微妙心 入無邊法界故 入無等差別業果故 入不思議三昧境界故 入不思議思惟境界故 入一切佛自在境界故 得一切佛所護念故 得一切佛大神變故 得諸如來難得難知十種力故 入普賢菩薩行圓滿境界故 得一切佛無勞倦神通力故

"불자여! 보살마하살이 비록 삼매에 한 생각, 한순간에 들어가고 나오기도 하지만, 오랫동안 선정에 있음을 막지도 않고 또 집착도 하지 않는다. 비록 경계에 의지하지도 머물지도 않지만, 모든 세속의 인연을 버리지도 않는다. 비록 선근의 찰나 경계에 들어가지만, 중생의 이익을 위해서 부처의 신통을 나타내는 일을 싫어하지 않고 만족하게 여기지를 않는다. 비록 평등한 법계에 들어가지만, 그 끝을 얻지 못하고 비록 머무는 곳이 없고 처소도 없지만, 모든 지혜의 길에 항상 들어가 이르고 변화의 힘으로 헤아릴 수 없는 중생의 대중 가운데 들어가 모든 세계를 장엄해서 온전하게 갖춘다."

"비록 거꾸로 뒤바뀐 세간의 분별을 벗어나 분별하는 모든 자리를 초월해 뛰어넘지만, 또한 가지가지의 모든 모양이나 상태를 버리지 않으며, 비록 방편의 섬세하고 능숙한 선근을 온전하게 갖추지만, 마침내는 청정하며, 비록 보살의 모든 자리를 분별하지 않지만, 빠짐없이 선근으로 들어간다."

"불자여! 비유하면 허공이 비록 모든 사물을 인정하고 받아들이지만, 있음과 없음을 벗어나니, 보살마하살도 역시 차례를 좇아(復) 이와 같기에 모든 세간에 두루 들어가지만, 세간이라는 생각을 벗어나며, 비록 모든 중생을 부지런히 가르쳐 바른길로 향하게 이끌지만, 중생이라는 생각을 벗어난다. 비록 모든 법을 깊이 알지만, 모든 법이란 생각을 벗어나며, 비록 모든 부처님을 즐거이 보지만, 부처님이라는 생각에서 벗어난다."

"비록 가지가지의 삼매에 선근으로 들어가지만 모든 법의 성품이 다 진여임을 알아서 물이 들거나 집착할 것이 없음을 안다. 비록 끝없는 변재로 다함이 없는 법의 구절을 널리 펴지만, 마음은 항상 문자를 벗어나는 법에 머물며, 비록 말이 없는 법을 자세히 들여다보는 것을 좋아하지만, 항상 청정한 음성을 나타내 보이며, 비록 말을 벗어난 모든 법의 경계에 머물지만, 항상 가지가지 색의 모양이나 상태를 나타내 보인다."

"비록 중생을 가르쳐서 깨달음으로 이끌지만, 모든 법의 성품이 마침내는 공한 것임을 알며, 비록 부지런히 대비를 닦아 중생을 바른길로 이끌지만, 중생 세계가 다하지도 않고 흩어지지도 않음을 안다. 비록 법계란 항상 머물러 변하지 않음을 알지만, 세 가지 바퀴로 중생 조복하기를 쉬지 않으며, 여래가 머무시는 곳에 항상 머물지만, 지혜가 청정하고 마음에 두려움이 없으며, 분별해서 가지가지의 모든 법을 널리 펴서 설하고 법 바퀴 굴리기를 쉬지 않는다."

"불자여! 이것이 보살마하살의 제9 법계에 자재한 큰 삼매(法界自在大三昧)의 섬세하고 능숙한 선근 지혜이다."

佛子 菩薩摩訶薩雖能於定一念入出 而亦不廢長時在定 亦無所著 雖於境界無所依住 而亦不捨一切所緣 雖善入剎那際 而爲利益一切衆生 現佛神通無有厭足 雖等入法界 而不得其邊 雖無所住 無有處所 而恒趣入一切智道 以變化力普入無量衆生衆中 具足莊嚴一切世界 雖離世間顚倒分別 超過一切分別之地 亦不捨於種種諸相 雖能具足方便善巧 而究竟淸淨 雖不分別菩薩諸地 而皆已善入 佛子 譬如虛空 雖能容受一切諸物 而離有無 菩薩摩訶薩亦復如是 雖普入一切世間 而離世間想 雖勤度一切衆生 而離衆生想 雖深知一切法 而離諸法想 雖樂見一切佛 而離諸佛想 雖善入種種三昧 而知一切法自性皆如 無所染著 雖以無邊辯才演無盡法句 而心恒住離文字法 雖樂觀察無言說法 而恒示現淸淨音聲 雖住一切離言法際 而恒示現種種色相 雖敎化衆生 而知一切法畢竟性空 雖勤修大悲度脫衆生 而知衆生界無盡無散 雖了達法界常住不變 而以三輪調伏衆生恒不休息 雖常安住如來所住 而智慧淸淨 心無怖畏 分別演說種種諸法 轉於法輪常不休息 佛子 是爲菩薩摩訶薩第九法界自在大三昧善巧智

대방광불화엄경 제43권

27. 십정품(4)
十定品第二十七之四

제10 걸림이나 막힘없는 바퀴의 큰 삼매(無礙輪大三昧)

"불자여! 어떤 것을 두고 보살마하살의 '걸림이나 막힘없는 바퀴의 큰 삼매無礙輪大三昧'라 하는가."

"불자여! 보살마하살이 이 삼매에 들어갈 때 막힘이나 걸림이 없는 몸의 업과 막힘이나 걸림이 없는 말의 업과 막힘이나 걸림이 없는 뜻의 업에 머물고 막힘이나 걸림이 없는 부처님의 국토에 머물고 막힘이나 걸림 없이 중생을 성취하는 지혜를 얻고 막힘이나 걸림이 없이 중생을 조복하는 지혜를 얻고 막힘이나 걸림이 없는 광명을 놓고 막힘이나 걸림이 없는 광명의 그물을 나타내고 막힘이나 걸림이 없는 광대한 변화를 보이고 막힘이나 걸림이 없는 청정한 법의 바퀴를 굴리고 막힘이나 걸림이 없는 보살의 자재함을 얻어 모든 부처님의 힘에 두루 들어가고 모든 부처님의 지혜에 두루 머물고 부처님이 지어가는 것을 짓고 부처님이 청정한 것을 청정하게 하고 부처님의 신통을 나타내고 부처님을 환희하게 하고 여래의 행을 행하고 여래의 도에 머물고 항상 헤아릴 수 없이 많은 부처님과 친근함을 얻고 모든 부처님의 일을 지어가고 모든 부처님의 씨앗을 잇는다."

佛子 云何爲菩薩摩訶薩無礙輪三昧 佛子 菩薩摩訶薩入此三昧時 住無礙身業 無礙語業 無礙意業 住無礙佛國土 得無礙成就衆生智 獲無礙調伏衆生智 放無礙光明 現無礙光明網 示無礙廣大變化 轉無礙淸淨法輪 得菩薩無礙自在 普入諸佛力 普住諸佛智 作佛所作 淨佛所淨 現佛神通 令佛歡喜 行如來行 住如來道 常得親近無量諸佛 作諸佛事紹諸佛種

"불자여! 보살마하살이 이 삼매에 머문 후에는 일체 지혜를 자세히 살펴서 들여다본다.

일체 지혜를 통틀어 자세히 살펴서 들여다보고 일체 지혜를 나누어 들여다보고 모든 지혜를 거스르지 않고 따르며, 모든 지혜를 나타내 보이고 모든 지혜를 세속과 인연을 맺고 모든 지혜를 보고 모든 지혜를 통틀어 보고 모든 지혜를 나누어 본다."

"보현보살의 광대한 원과 광대한 마음과 광대한 행과 광대하게 나아가 이르는 것과 광대하게 들어가는 것과 광대한 광명과 광대한 출현과 광대한 호념과 광대한 변화와 광대한 도를 끊지 않고 물러나지 않으며, 쉼도 없고 바꾸는 것도 없으며, 게으르지 않고 버리지 않으며, 흩어짐도 없고 어지러움도 없어서 항상 거듭 더하고 나아가고 끊어내지 않고 항상 상속한다."

"무슨 까닭인가 하면, 이 보살마하살은 모든 법 가운데 큰 원을 성취하고 대승을 일으켜 행하고 부처님 법의 큰 방편 바다에 들어가고 뛰어난 서원의 힘으로 모든 보살이 행하던 행을 지혜로 비추어 섬세하고 능숙한 선근을 모두 얻었고 보살의 신통 변화를 온전하게 갖추고 선근으로 모든 중생을 보호하려는 생각, 이 생각하기를 과거, 미래, 현재의 일체 모든 부처님이 보호하려고 한 생각과 같이해서 모든 중생에게 항상 가엾이 여기는 큰 마음을 일으켜 여래의 변하거나 달라짐이 없는 법을 성취하였다."

"불자여! 비유하면 어떤 사람이 마니보배를 색깔이 있는 옷에 함께 두면, 그 마니보배가 옷의 색깔과 같아지지만, 자신의 성품은 버리지 않는 것과 같이, 보살마하살도 차례를 좇아(復) 또한 이와 같기에 성취한 지혜를 마음의 보배로 삼고 일체 지혜를 들여다보아 빠짐없이 다 밝게 나타내지만, 보살의 모든 행을 버리지 않는다."

"무슨 까닭인가 하면, 보살마하살이 큰 서원을 일으켜 모든 중생에게 이익이 되도록 하고 모든 중생을 바르게 이끌어 해탈하게 하고 일체 모든 부처님을 받들어 섬기고 모든 세계를 장엄해서 청정하게 하고 중생을 편안하게 위로해서 깊은 법의 바다에 들게 하고 중생계를 청정히 하기 위해 큰 자재를 나타내고 중생들에게 베풀어 주고 두루 세간을 비추어 끝이 없고 허깨비와 같은 변화의 법문에 들게 하지만, 물러나지 않고 변하지 않고 피곤함도 없고 싫어함도 없기 때문이다."

"불자여! 비유하면 허공이 많은 세계를 둘러싸고 있으면서 그와 같이 이루고 그와 같이 머물고 싫어하지 않고 게으르지 않고 줄어드는 것이 없고 이지러짐도 없고 흩어짐도 없고 무너짐도 없으며, 변함도 없고 달라짐도 없는 것과 같이 차별은 없으나 자신의 성품을 버리지 않는다."

"무슨 까닭인가 하면, 허공 자신의 성품이 법에 응하는 이러한 까닭과 같이 보살마하살도 역시 차례를 좇아(復) 이와 같기에 헤아릴 수 없이 큰 원을 세워서 모든 중생을 바른 길로 이끌어 해탈하게 하지만, 마음에 싫어하거나 게을리함이 없다."

"불자여! 비유하면 열반이란 과거, 미래. 현재의 헤아릴 수 없이 많은 중생이 그 가운데서 해탈하지만, 끝내 싫어하거나 게으름이 없는 것과 같다. 무슨 까닭인가 하면, 일체 모든 법의 본래 성품이 청정한 것을 열반이라 한다. 어찌 중생의 죽음 가운데 싫어하거나 게으름이 있겠는가. 보살마하살도 역시 차례를 좇아(復) 이와 같아서 모든 중생을 바르게 이끌어 해탈케 하며, 빠짐없이 벗어나게 하려고 세상에 나왔다. 어떻게 싫어하고 피곤한 마음을 일으키겠는가."

"불자여! 살바야(無量佛刹微塵數世界如來智方便.二乘)가 과거, 미래, 현재의 모든 보살을 모든 부처님의 집에 나게 하였고 지금 나고 앞으로 나서 위 없는 보리를 이루더라도 끝내는 싫어하거나 피곤함이 없다. 무슨 까닭인가 하면, 일체 지혜는 법계와 더불어 둘이 아닌 까닭이고 모든 법에 집착함이 없는 까닭이니, 보살마하살도 역시 차례를 좇아(復) 이와 같기에 그 마음이 평등해서 일체 지혜에 머문다. 어찌 싫어하거나 피곤한 마음이 있겠는가."

"불자여! 보살마하살에게 연꽃이 한 송이 있으니, 그 꽃의 광대함이 시방의 경계를 끝까지 다하고 말할 수 없는 잎과 말할 수 없는 보배와 말할 수 없는 향으로 장엄하였고 그 말할 수 없는 보배가 차례를 따라(復有) 각각 가지가지의 많은 보배를 나타내 보이고 청정하면서 빼어나게 좋은 모습에 지극한 선근으로 편안히 머물러 있으며, 그 꽃은 항상 많은 색의 광명을 놓아 시방세계를 두루 비추어도 막힘이나 걸림이 없고 진금으로 그물이 되어 그 위를 가득히 덮고 보배 풍경에서 섬세하고 빼어난 소리를 내고 그 소리가 일체 지혜의 법을 널리 펴서 울리었다."

"이 큰 연꽃은 여래의 청정한 장엄을 온전하게 갖추었으며, 일체 선근으로 나서 일어났으며, 길하고 상서로움을 표시하니, 신통한 힘으로 나타난 것이며, 십 천 아승기 청정한 공덕이 있으니, 보살의 빼어난 도로 성취한 것이며, 일체 지혜의 마음으로부터 나왔으며, 시방 부처님의 그림자가 그중에 나타나고 나타나기에 세상에서 우러러보기를 비유하면, 부처님의 탑과 같이 우러르고 중생들은 보는 이마다 공경하게 예를 올리니, 허깨비와 같음을 아는 바른 법을 좇아 난 것이기에 모든 세간의 것으로는 비유할 수가 없다."

"보살마하살이 이 꽃 위에 결가부좌 하시니, 그 몸의 크고 작음이 꽃 모양과 더불어 서로 어울리고 일체 모든 부처님의 신통한 힘을 받아 그 결과로서 보살 몸 하나하나의 털구멍에서 각각 백만 억 나유타 말할 수 없는 부처 세계의 티끌 수와 같은 광명이 나오고 하나하나의 광명에서 백만 억 나유타 말할 수 없는 부처 세계의 티끌 수와 같은 마니 보배를 나타내니, 그 보배의 이름이 다 '보광명장普光明藏'이다. 가지가지의 빛으로 장엄하였고 헤아릴 수 없는 공덕으로 성취되었으며, 많은 보배와 또 꽃으로 된 비단 그물이 그 위를 가득히 덮었고 백천 억 나유타 특히 뛰어나고 빼어난 향기를 풍기면서 헤아릴 수 없는 색과 모양이나 상태로 장엄함이 가지가지이고 차례를 따라 생각으로 미루어 알 수 없는 보배 장엄의 덮개를 나타내어 그 위를 덮었다."

"하나하나의 마니보배에서는 백만 억 나유타 말할 수 없는 부처 세계의 티끌 수와 같은 누각을 나타내고 하나하나의 누각에서 백만 억 나유타 말할 수 없는 부처 세계의 티끌 수와 같은 연화장 사자좌를 나타내고 하나하나의 사자좌에서 백만 억 나유타 말할 수 없는 부처 세계의 티끌 수와 같은 광명을 나타내고 하나하나의 광명에서 백만 억 나유타 말할 수 없는 부처 세계의 티끌 수와 같은 색의 모양이나 상태를 나타내고 하나하나 색의 모양이나 상태에서 백만 억 나유타 말할 수 없는 부처 세계의 티끌 수와 같은 광명의 바퀴를 나타내었다."

"하나하나의 광명 바퀴에서 백만 억 나유타 말할 수 없는 부처 세계의 티끌 수와 같은 비로자나 마니보배 꽃을 나타내고 하나하나의 꽃에서 백만 억 나유타 말할 수 없는 부처 세계의 티끌 수와 같은 높고 평평한 대를 나타내고 하나하나의 평평한 대에 백만 억 나유타 말할 수 없는 부처 세계의 티끌 수와 같은 부처님을 나타내고 한 분 한 분의 부처님이 백만 억 나유타 말할 수 없는 부처 세계의 티끌 수와 같은 신통 변화를 나타내고 하나하나의 신통 변화에 백만 억 나유타 말할 수 없는 부처 세계의 티끌 수와 같은 중생 대중을 청정하게 하고 하나하나의 중생 대중 가운데서 백만 억 나유타 말할 수 없는 부처 세계의 티끌 수와 같은 모든 부처님의 자재함을 나타내고 하나하나의 자재에서 백만 억 나유타 말할 수 없는 부처 세계의 티끌 수와 같은 부처님 법을 내리고 하나하나의 부처님 법에 백만 억 나유타 말할 수 없는 부처 세계의 티끌 수와 같은 수다라(修多羅)가 있고 하나하나의 수다라에 백만 억 나유타 말할 수 없는 부처 세계의 티끌 수와 같은 법문을 설하고 하나하나의 법문에 백만 억 나유타 말할 수 없는 부처 세계의 티끌 수와 같은 금강 지혜에 들어간 법륜이 있어서 차별된 말로 각각 다르게 널리 펴서 설하고 하나하나의 법륜에 백만 억 나유타 말할 수 없는 부처 세계의 티끌 수와 같은 중생계를 성숙하게 하고 하나하나의 중생계에 백만 억 나유타 말할 수 없는 부처 세계의 티끌 수와 같은 중생이 있고 저 부처님 법 가운데서 조복함을 얻는다."

佛子 菩薩摩訶薩住此三昧已 觀一切智 摠觀一切智 別觀一切智 隨順一切智 顯示一切智 攀緣一切智 見一切智 摠見一切智 別見一切智 於普賢菩薩廣大願 廣大心 廣大行 廣大所趣 廣大所入 廣大光明 廣大出現 廣大護念 廣大變化 廣大道 不斷不退 無休無替 無倦無捨 無散無亂 常增進 恒相續 何以故 此菩薩摩訶薩於諸法中 成就大願 發行大乘 入於佛法大方便海 以勝願力 於諸菩薩所行之行 智慧明照皆得善巧 具足菩薩神通變化 善能護念一切衆生 如去 來 今一切諸佛之所護念 於諸衆生恒起大悲 成就如來不變異法 佛子 譬如有人以摩尼寶置色衣中 其摩尼寶雖同衣色 不捨自性 菩薩摩訶薩亦復如是 成就智慧以爲心寶 觀一切智普皆明現 然不捨於菩薩諸行 何以故 菩薩摩訶薩發大誓願 利益一切衆生 度脫一切衆生 承事一切諸佛 嚴淨一切世界 安慰衆生 深入法海 爲淨衆生界 現大自在 給施衆生 普照世間 入於無邊幻化法門 不退不轉 無疲無厭 佛子 譬如虛空持衆世界 若成若住 無厭無倦 無羸無朽 無散無壞 無變無異 無有差別 不捨自性 何以故 虛空自性 法應爾故 菩薩摩訶薩亦復如是 立無量大願 度一切衆生 心無厭倦 佛子 譬如涅槃 去 來 現在無量衆生於中滅度 終無厭倦 何以故 一切諸法本性清淨 是謂 涅槃 云何於中而有厭倦 菩薩摩訶薩亦復如是 爲欲度脫一切衆生皆令出離 而現於世 云何而起疲厭之心 佛子 如薩婆若 能令過去 未來 現在一切菩薩 於諸佛家已 現 當生 乃至令成無上菩提 終不疲厭 何以故 一切智與法界無二故 於一切琺無所著故 菩薩摩訶薩亦復如是 其心平等住一切智 云何而有疲厭之心 佛子 此菩薩摩訶薩有一蓮華 其華廣大盡十方際 以不可說葉 不可說寶 不可說香而爲莊嚴 其不可說寶 復各示現種種衆寶 清淨妙好 極善安住 其華常放衆色光明 普照十方一切世界無所障礙 眞金爲網 彌覆其上 寶鐸徐搖出微妙音 其音演暢一切智法 此大蓮華具足如來清淨莊嚴 一切善根之所生起 吉祥爲表 神力所現 有十千阿僧祇清淨功德 菩薩妙道之所成就 一切智心之所流出 十方佛影於中顯現 世間瞻仰猶如佛塔 衆生見者無不禮敬 從能了幻正法所生 一切世間不可爲諭 菩薩摩訶薩於此華上結跏趺坐 其身大小與華相稱 一切諸佛神力所加 令菩薩身一一毛孔各出百萬億那由他不可說佛刹微塵數光明 一一光明現百萬億那由他不可說佛刹微塵數摩尼寶 其寶皆名 普光明藏 種種色相以爲莊嚴 無量功德之所成就 衆寶及華以爲羅網彌覆其上 散百千億那由他殊勝妙香 無量色相種種莊嚴 復現不思議寶莊嚴蓋以覆其上 一一摩尼寶 悉現百萬億那由他不可說佛刹微塵數樓閣

一一樓閣現百萬億那由他不可說佛刹微塵數蓮華藏師子之座 一一師子座現百萬億那由他不可說佛刹微塵數光明 一一光明現百萬億那由他不可說佛刹微塵數色相 一一色相現百萬億那由他不可說佛刹微塵數光明輪 一一光明輪現百萬億那由他不可說佛刹微塵數毘盧遮那摩尼寶華 一一華現百萬億那由他不可說佛刹微塵數臺 一一臺現百萬億那由他不可說佛刹微塵數佛 一一佛現百萬億那由他不可說佛刹微塵數神變 一一神變淨百萬億那由他不可說佛刹微塵數衆生衆 一一衆生衆中現百萬億那由他不可說佛刹微塵數諸佛自在 一一自在雨百萬億那由他不可說佛刹微塵數佛法 一一佛法有百萬億那由他不可說佛刹微塵數修多羅 一一修多羅說百萬億那由他不可說佛刹微塵數法門 一一法門有百萬億那由他不可說佛刹微塵數金剛智所入法輪差別言辭各別演說 一一法輪成熟百萬億那由他不可說佛刹微塵數衆生界 一一衆生界有百萬億那由他不可說佛刹微塵數衆生於佛法中而得調伏

"불자여! 보살마하살이 이 삼매에 머물면 이와 같은 신통 경계와 헤아릴 수 없는 변화를 나타내 보이지만, 허깨비와 같음을 남김없이 다 알아서 물이 들거나 집착하지 않고 끝이 없고 말로는 이를 수 없는 법과 자신의 성품이 청정함과 법계의 진실한 모양이나 상태와 여래 종성의 막힘이나 걸림이 없는 경계 가운데 머물기에 가는 것도 없으며, 오는 것도 없고 앞도 아니며, 뒤도 아니고 깊고 깊어서 밑바닥이 없기에 앞에 드러난 그대로 얻은 것이니, 지혜로 스스로 들어가 타인으로 말미암지 않고 깨우침을 깨닫는 것이고 마음이 미혹해서 혼란스럽지 않고 분별 또한 없다."

"과거, 미래, 현재의 일체 모든 부처님이 칭찬하는 것이며, 모든 부처님의 힘을 좇아 흘러나왔으며, 일체 모든 부처님의 경계에 들어가 체와 성이 실상의 본바탕과 같고 청정한 눈으로 나타내어 증득하고 지혜의 눈으로 두루 보고 부처님의 눈을 성취해서 세간의 등불이 된다. 지혜의 눈으로 아는 경계를 행하여 섬세하고 빼어난 법문을 두루 열어 보인다."

"보리심을 이루고 뛰어난 장부가 되어 모든 경계에 막힘이나 걸림이 없고 지혜의 씨앗이 되는 성품에 들어가 모든 지혜를 출생하고 세상을 벗어난 법을 낳지만 태어남을 받은, 받아들이는 것을 나타내고 신통 변화와 방편으로 조복하는 이와 같은 일체가 섬세하고 능숙한 선근이 아님이 없다."

"공덕과 이해하고자 함이 남김없이 다 청정해서 가장 섬세하고 빼어나면서 온전하게 갖춤이 원만하고 지혜가 광대함을 비유하면, 허공과 같기에 성인들의 경계를 선근으로 능히 자세히 들여다보고 믿고 행하는 원의 힘이 견고하고 흔들리지 않으며, 공덕이 끝이 없기에 세상으로부터 칭찬을 받고 모든 부처님의 법장을 자세히 살펴서 들여다보고 대보리가 머무는 곳으로 일체 지혜의 바다에 빼어난 많은 보배를 모아서 큰 지혜 있는 자가 되었으니, 마치 연꽃 자신의 성품이 청정한 것과 같아서 보는 중생들이 다 환희를 내고 모두 이익을 얻으며, 지혜의 광명으로 두루 널리 비추어서 헤아릴 수 없는 부처님을 보고 모든 법을 청정하게 한다."

"행하는 일이 적정해서 모든 부처님의 법에 마지막까지 막힘이나 걸림이 없고 항상 방편으로 부처님의 보리와 공덕의 행 가운데 머물기에 나게 되며, 보살의 지혜를 갖추고 보살들의 우두머리가 되고 일체 모든 부처님이 보호하려는 생각을 내시고 곧바로 부처님의 위엄과 신통을 얻으며, 부처님의 법신을 이루고 생각하는 힘을 알기가 어렵고 경계가 한번 속된 인연에 이끌리지만, 속된 인연에 이끌림이 없고 그 행하는 것이 광대해서 모양이나 상태도 없고 막힘이나 걸림도 없기에 법계와 평등하고 헤아릴 수 없고 끝이 없어서 증득한 보리를 비유하면, 허공과 같기에 끝닿은 경계가 없으며, 묶어서 집착할 것도 없다."

"모든 세간에 이익이 되는 일을 두루 지으며, 일체 지혜의 바다는 선근으로 흐르는 것이기에 헤아릴 수 없는 경계를 남김없이 통달해서 청정하게 보시하는 법으로서의 선근을 성취하였으며, 보리의 마음에 머물고 보살의 씨앗을 청정히 하고 능히 거스르지 않고 따라 모든 부처님의 보리를 내며, 부처님의 법에서 섬세하고 능숙한 모든 선근을 얻고 섬세하고 빼어난 행을 갖추어 견고한 힘을 이룬다."

"일체 모든 부처님의 자재한 위엄과 신통을 중생이 듣기에는 어렵지만, 보살은 남김없이 다 알고 둘이 아닌 문에 들어가 모양이나 상태가 없는 법에 머물고 비록 차례를 좇아 모든 모양이나 상태를 영원히 버렸지만, 가지가지의 모든 법을 능히 널리 펴서 설하고 중생이 좋아하는 마음과 이해하고자 하는 것을 따라 남김없이 다 조복하고 모두 환희하게 한다."

"법계를 몸으로 삼아 분별이 없고 지혜의 경계가 다 하고 다함이 없으며, 뜻은 항상 용맹하고 마음은 항상 평등하기에 모든 부처님 공덕의 끝닿은 경계를 보며, 일체 겁의 차별과 차례 따름을 분명하게 깨우친다."

"모든 법을 열어 보이고 모든 세계에 편안히 머물며, 일체 모든 국토를 청정하게 장엄하고 모든 바른 법의 광명을 드러내어 나타내고 과거, 미래, 현재의 모든 부처님 법을 널리 펴고 모든 보살이 머무는 곳을 보이며, 세상의 밝은 등불이 되어 모든 선근을 나게 하고 세간에서 영원히 벗어나 항상 부처님 처소에 태어난다."

"부처님의 지혜를 얻어 제일의(第一義)를 분명하게 깨우쳐 알고 일체 모든 부처님이 다 함께 거두어 주심으로 미래 모든 부처님의 수(數.世上)에 들어가며, 모든 선근의 벗을 좇아 태어나서 본심으로 구하고자 하는 것을 다 이루고 큰 위엄과 덕을 갖추어 위로 나아가려는 뜻에 거듭 힘을 주어 머물고 들은 바를 따라 모두 선근으로 능히 설하고 또한 법을 듣고 선근을 열어 보이기 위해 실제로 법륜에 머물고 모든 법에 막힘이나 걸림이 없기에 모든 행을 버리지 않지만, 모든 분별에서는 벗어난다."

"모든 법에 대해 마음은 생각의 움직임이 없고 지혜의 밝음을 얻어 모든 어리석은 어둠을 없애며, 모든 부처님의 법을 남김없이 다 밝게 비추며, 모든 있음(五蘊)을 무너뜨리지 않고 그 가운데서 태어나(不離證得) 일체 모든 있음의 경계가 깨우침의 본질을 좇아 장래까지 움직여 지어감이 없음을 깨달아 알지만, 몸과 말과 뜻의 업은 모두 다 끝이 없다."

"비록 세속을 따라 가지가지의 헤아릴 수 없는 문자를 널리 펴서 설하지만, 항상 문자의 법을 무너뜨리거나 벗어나지 않으며, 부처님의 바다에 깊이 들어가서 모든 법이란 단지 실답지 않은 헛된 이름임을 알아 모든 경계에 얽힘이 없고 집착하지 않는다. 모든 법이란 공하기에 가지고 있는 것이 없음을 분명하게 알고 닦은 바대로 모든 행이 법계를 좇아 나는 것이니, 마치 허공이 모양이나 상태도 없고 형상도 없는 것과 같기에 법계에 깊이 들어가며, 거스르지 않고 따르며, 널리 펴서 설하기에 경계의 문 하나에 모든 지혜를 내고 십력의 자리를 들여다보고 지혜로 닦고 배우며, 지혜를 교량으로 삼아 살바야에 이른다."

"지혜의 눈으로 법을 보기에 막힘이나 걸림이 없고 모든 자리에 선근으로 들어가며, 가지가지의 이치를 알고 하나하나 법의 문을 남김없이 분명하게 깨우쳐 알며, 가지고 있는 큰 원을 성취하지 못함이 없다."

佛子 菩薩摩訶薩住此三昧 示現如是神通境界無量變化 悉知如幻而不染著 安住無邊不可說法 自性淸淨 法界實相 如來種性 無礙際中 無去無來 非先非後 甚深無底 現量所得 以智自入 不由他悟 心不迷亂亦無分別 爲去 來 今一切諸佛之所稱讚 從諸佛力之所流出 入於一切諸佛境界 體性如實 淨眼現證 慧眼普見 成就佛眼爲世明燈 行於智眼所知境界 廣能開示微妙法門 成菩提心 趣勝丈夫 於諸境界無有障礙 入智種性出生諸智 離世生法而現受生 神通變化 方便調伏 如是一切無非善巧 功德解欲悉皆淸淨 最極微妙具足圓滿 智慧廣大猶如虛空 善能觀察衆聖境界 信行願力堅

固不動 功德無盡世所稱歎 於一切佛所觀之藏 大菩提處一切智海 集衆妙寶 爲大智者 猶如蓮華自性淸淨 衆生見者皆生歡喜 咸得利益 智光普照 見無量佛 淨一切法所行寂靜 於諸佛法究竟無礙 恒以方便住佛菩提功德行中而得出生 具菩薩智 爲菩薩首 一切諸佛共所護念 得佛威神 成佛法身 念力難思 於境一緣而無所緣 其行廣大無相無礙 等于法界無量無邊 所證菩提猶如虛空 無有邊際 無所縛著 於諸世間普作饒益 一切智海善根所流 悉能通達無量境界 已善成就淸淨施法 住菩薩心 淨菩薩種能隨順生諸佛菩提 於諸佛法皆得善巧 具微妙行 成堅固力 一切諸佛自在威神 衆生難聞 菩薩悉知入不二門住無相法 雖復永捨一切諸相 而能廣說種種諸法 隨諸衆生心樂欲解 悉使調伏 咸令歡喜 法界爲身無有分別 智慧境界不可窮盡 志常勇猛 心恒平等 見一切佛功德邊際 了一切劫差別次第 開示一切法 安住一切刹 嚴淨一切諸佛國土 顯現一切正法光明 演去 來 今一切佛法 示諸菩薩所住之處 爲世明燈 生諸善根 永離世間 常生佛所 得佛智慧明了第一 一切諸佛皆共攝受 已入未來諸佛之數 從諸善友而得出生 所有志求皆無不果 具大威德 住增上意 隨所聽聞咸能善說 亦爲開示聞法善根 住實際輪 於一切法心無障礙 不捨諸行 離諸分別 於一切法心無動念 得智慧明滅諸癡闇 悉能明照一切佛法 不壞諸有而生其中 了知一切諸有境界 從本已來無有動作 身 語 意業皆悉無邊 雖隨世俗演說種種無量文字 而恒不壞離文字法 深入佛海 知一切法但有假名 於諸境界無繫無著 了一切法空無所有 所修諸行從法界生 猶如虛空無相無形 深入法界隨順演說 於一境門生一切智 觀十力地以智修學 智爲橋梁至薩婆若 以智慧眼見法無礙 善入諸地知種種義 一一法門悉得明了 所有大願靡不成就

"불자여! 보살마하살이 이것으로 모든 여래의 차별이 없는 성품을 열어 보인다. 이것이 막힘이나 걸림이 없는 방편의 문이고 이것이 보살 대중의 모임을 태어나게 하고 이 법이 오로지 이 삼매의 경계이고 이것으로 살바야에 용맹하게 들어가 나아가고 이것으로 삼매의 문을 열어 나타내고 이것은 막힘이나 걸림이 없기에 모든 세계에 두루 들어가고 이것으로 모든 중생을 능히 조복하고 이것으로 중생이 없는 경계에 머물고 이것으로 모든 부처님 법을 열어 보이고 이것은 경계로부터 얻은 것이 없다."

"비록 일체 시에 널리 펴서 설하고 열어서 보여주지만, 늘 헛된 망상과 분별을 멀리 벗어나고 비록 모든 법이란 지을 것이 없음을 알지만, 모든 지어가는 업을 나타내 보이고 비록 모든 부처님이 두 모양이나 상태가 없음을 알지만, 일체 모든 부처님을 나타내 보이고 비록 색(色)이 없음을 알지만, 모든 색을 널리 펴서 설하고 비록 수(受)가 없음을 알지만, 모든 수를 널리 펴서 설하고 비록 상(想)이 없음을 알지만, 모든 상을 널리 펴서 설하고 비록 행(行)이 없음을 알지만, 모든 행을 널리 펴서 설하고 비록 식(識)이 없음을 알지만, 모든 식을 널리 펴서 설함으로 항상 법의 바퀴로서 모든 것을 열어 보인다."

"비록 법이 남이 없음을 알지만, 항상 법의 바퀴를 굴리고 비록 법이란 차별이 없음을 알지만, 차별하는 모든 문을 설하고 비록 모든 법이 나고 없어짐이 없음을 알지만, 나고 없어지는 모든 모양이나 상태를 설하고 비록 모든 법이 거친 것도 없고 세밀함도 없음을 알지만, 모든 법의 거칠고 세밀한 모양이나 상태를 설하고 비록 모든 법이 상, 중, 하가 없음을 알지만, 최상의 법을 베풀어 설하고 비록 모든 법이 말로는 할 수 없음을 알지만, 능히 청정한 말로 널리 펴서 설하고 비록 모든 법이 안도 없고 밖도 없음을 알지만, 일체 안팎의 모든 법을 설하고 비록 모든 법을 깨달아 알 수 없음을 알지만, 가지가지의 지혜로 자세히 살펴서 들여다봄을 설한다."

"비록 모든 법이란 진실함이 없음을 알지만, 벗어나는 진실한 도를 설하고 비록 모든 법이란 결국에는 다함이 없음을 알지만, 모든 유루(有漏)가 다 함이 있음을 널리 펴서 설하고 비록 모든 법이 어김도 없고 다툼도 없음을 알지만, 그렇다고 나와 남의 차별이 없지는 않고 비록 모든 법이 결국에는 스승이 없음을 알지만, 항상 모든 스승과 나이 많은 어른을 존경하고 비록 모든 법이 다른 이로 인하여 깨우칠 수 없음을 알지만, 항상 모든 선지식을 존경하고 비록 법이 전하는 것이 없음을 알지만, 법륜을 굴리고 비록 법이란 일어남이 없음을 알지만, 모든 인연을 보이고 비록 모든 법이란 앞의 경계가 없음을 알지만, 과거를 넓게 설하고 비록 모든 법이란 뒤의 경계가 없음을 알지만, 미래를 크게 설하고 비록 모든 법이 중간 경계가 없음을 알지만, 현재를 크게 설하고 모든 법이란 지은 이가 없음을 알지만, 모든 지어가는 업을 설하고 비록 모든 법이란 인연이 없음을 알지만, 모든 말미암은 까닭의 모음을 설한다."

"비록 모든 법이란 평등하기에 비교할 수 없음을 알지만, 평등과 불평등의 도를 설하고 비록 모든 법이란 말이 없음을 알지만, 결정해서 삼세의 법을 설하고 비록 모든 법에 의지할 것이 없음을 알지만, 선근 법에 의지함을 설하고 벗어남을 얻어 비록 법이란 몸이 없음을 알지만, 법신을 널리 펴서 설하고 비록 삼세 모든 부처님이 끝이 없음을 알지만, 오로지 한 분의 부처님이 계심을 설하고 비록 법이란 색이 없음을 알지만, 가지가지의 색을 나타내고 비록 법이란 보는 것이 없음을 알지만, 모든 보는 것을 크게 설하고 비록 법이란 모양이나 상태가 없음을 알지만, 가지가지의 모양이나 상태를 설하고 비록 모든 법이란 경계가 없음을 알지만, 지혜의 경계를 자세하게 베풀어 설하고 비록 모든 법이란 차별이 없음을 알지만, 행과 결과의 가지가지 차별을 설하고 비록 모든 법이란 벗어나 나아감이 없음을 알지만, 벗어나 나아감의 모든 청정한 행을 설하고 비록 모든 법이 항상 머무는 것임을 알지만, 일체 모든 흘러서 굴러가는 법을 설하고 비록 모든 법이란 비추어 밝힐 것이 없음을 알지만, 항상 두루 비추고 밝히는 법을 설한다."

佛子 菩薩摩訶薩以此開示一切如來無差別性 此是無礙方便之門 此能出生菩薩衆會 此法唯是三昧境界 此能勇進入薩婆若 此能開顯諸三昧門 此能無礙普入諸刹 此能調伏一切衆生 此能住於無衆生際 此能開示一切佛法 此於境界皆無所得 雖一切時演說開示 而恒遠離妄想分別 雖知諸法皆無所作 而能示現一切作業 雖知諸佛無有二相 而能顯示一切諸佛 雖知無色 而演說諸色 雖知無受 而演說諸受 雖知無想 而演說諸想 雖知無行 而演說諸行 雖知無識 而演說諸識 恒以法輪開示一切 雖知法無生 而常轉法輪 雖知法無差別 而說諸差別門 雖知諸法無有生滅 而說一切生滅之相 雖知諸法無麤無細 而說諸法麤細之相 雖知諸法無上 中 下 而能宣說最上之法 雖知諸法不可言說 而能演說淸淨言辭 雖知諸法無內無外 而說一切內外諸法 雖知諸法不可了知 而說種種智慧觀察 雖知諸法無有眞實 而說出離眞實之道 雖知諸法畢竟無盡 而能演說盡諸有漏 雖知諸法無違無諍 然亦不無自他差別 雖知諸法畢竟無師 而常尊敬一切師長 雖知諸法不由他悟 而常尊敬諸善知識 雖知法無轉 而轉法輪 雖知法無起 而示諸因緣 雖知諸法無有前際 而廣說過去 雖知諸法無有後際 而廣說未來 雖知諸法無有中際 而廣說現在 雖知諸法無有作者 而說諸作業 雖知諸法無有因緣 而說諸集因 雖知諸法無有等比 而說平等 不平等道 雖知諸法無有言說 而決定說三世之法 雖知諸法無有所依 而說依善法而得出離 雖知法無身 而廣說法身 雖知三世諸佛無邊 而能演說唯有一佛 雖知法無色 而現種種色 雖知法無見 而廣說諸見 雖知法無相 而說種種相 雖知諸法無有境界 而廣宣說智慧境界 雖知諸法無有差別 而說行果種種差別 雖知諸法無有出離 而說淸淨諸出離行 雖知諸法本來常住 而說一切諸流轉法 雖知諸法無有照明 而恒廣說照明之法

"불자여! 보살마하살이 이와 같은 큰 위엄과 덕망으로서 삼매의 지혜 바퀴에 들어가면, 곧바로 모든 부처님 법을 증득하고 곧바로 모든 부처님 법을 향해 들어가 곧바로 성취하고 곧바로 원만히 하고 곧바로 쌓아 모으고 곧바로 청정하게 하고 곧바로 편안히 머물고 곧바로 분명하게 통달해서 모든 법의 제 성품과 서로 응한다."

"이 보살마하살이 약간의 모든 보살과 약간의 보살 법과 약간의 보살의 마지막과 약간의 허깨비 같은 마지막과 약간의 변함과 약간의 신통한 성취와 약간의 지혜를 성취함과 약간의 사유와 약간의 증득으로 들어감과 약간의 부류로 향함과 약간의 경계가 있다고 생각하지 않는다. 무슨 까닭인가 하면, 보살의 삼매란 이와 같은 체성이고 이와 같은 끝이 없음이고 이와 같음에 특히 뛰어난 까닭이며, 이 삼매가 가지가지의 경계이며, 가지가지의 위력이며, 가지가지로 들어가기 때문이다."

"이른바 말로 할 수 없는 지혜의 문에 들어가고 분별을 벗어난 모든 장엄에 들어가고 끝이 없는 특히 뛰어난 바라밀에 들어가고 수 없는 선정에 들어가고 백천 억 나유타 가히 말할 수 없는 광대한 지혜에 들어가고 끝없이 부처님을 보는 뛰어나고 빼어난 장에 들어가고 경계나 휴식이 없는 데 들어가고 청정한 믿음과 이해와 조도법에 들어가고 경계에 들어감에 막힘이나 걸림이 없고 모든 부처님을 평등하게 보는 눈에 들어가고 보현의 뛰어난 마음의 뜻과 행을 쌓고 모으는 데 들어가고 견고한 힘으로서의 나라연에 머무는 빼어난 지혜의 몸에 들어가고 여래의 지혜 바다를 말하는 데 들어가고 헤아릴 수 없이 자재한 신통 변화를 일으키는 데 들어간다."

"모든 부처님의 다함이 없는 지혜를 내는 문에 들어가고 모든 부처님께서 앞에 나타나는 경계가 머무는 데 들어가고 청정한 보현보살의 자재한 지혜에 들어가고 매우 뛰어나 비할 데 없는 보문의 지혜를 열어 보이는 데 들어가고 법계의 모든 미세한 경계를 두루 아는 데 들어가고 법계의 모든 미세한 경계를 두루 나타내는 데 들어가고 특히 뛰어난 모든 지혜의 광명에 들어가고 모든 자재함이 끝닿은 경계에 들어가고 모든 변재의 법문 경계에 들어가고 법계에 두루두루 한 지혜의 몸에 들어가고 일체 처를 성취하는 두루 행하는 도에 들어가고 모든 것을 차별하는 삼매에 머무는 선근으로 들어가고 일체 모든 부처님의 마음을 아는 데 들어간다."

佛子 菩薩摩訶薩入如是大威德三昧智輪 則能證得一切佛法 則能趣入一切佛法 則能成就 則能圓滿 則能積集 則能淸淨 則能安住 則能了達 與一切法自性相應 而此菩薩摩訶薩不作是念 有若干諸菩薩 若干菩薩法 若干菩薩究竟 若干幻究竟 若干化

究竟 若干神通成就 若干智成就 若干思惟 若干證入 若干趣向 若干境界 何以故 菩薩三昧 如是體性 如是無邊 如是殊勝故 此三昧種種境界 種種威力 種種深入 所謂入不可說智門 入離分別諸莊嚴 入無邊殊勝波羅蜜 入無數禪定 入百千億那由他不可說廣大智 入見無邊佛勝妙藏 入於境界不休息 入淸淨信解助道法 入諸根猛利大神通 入於境界心無礙 入見一切佛平等眼 入積集普賢勝志行 入住那羅延妙智身 入說如來智慧海 入起無量種自在神變 入生一切佛無盡智門 入住一切佛現前境界 入淨普賢菩薩自在智 入開示無比普門智 入普知法界一切微細境界 入普現法界一切微細境界 入一切殊勝智光明 入一切自在邊際 入一切辯才法門際 入徧法界智慧身 入成就一切處徧行道 入善住一切差別三昧 入知一切諸佛心

"불자여! 이 보살마하살이 보현의 행에 머물며, 생각마다 백억의 말할 수 없는 삼매에 들어가지만, 보현보살의 삼매와 부처님의 경계를 장엄한 앞의 경계를 보지 못한다. 어찌 된 까닭인가 하면, 모든 법이 결국에는 다함이 없음을 아는 까닭이고 모든 부처님의 세계가 끝이 없음을 아는 까닭이고 모든 중생계가 생각으로는 헤아릴 수 없음을 아는 까닭이고 앞의 경계가 시작이 없음을 아는 까닭이고 미래가 다함이 없음을 아는 까닭이고 현재는 허공이 다하도록 법계에 두루 해서 끝이 없음을 아는 까닭이고 일체 모든 부처님의 경계는 사람의 생각으로는 헤아릴 수 없고 알 수 없음을 아는 까닭이고 모든 보살행이 셀 수 없음을 아는 까닭이고 일체 모든 부처님이 설한 경계는 말로는 이를 수 없이 끝없음을 아는 까닭이고 일체 허깨비와 같은 마음으로 속된 인연에 이끌리는 법이 헤아릴 수 없음을 아는 까닭이다."

"불자여! 여의주가 구하는 바를 따라 일체를 다 얻게 하면서 구하는 자의 다함이 없는 바람을 다 만족하게 하지만, 여의주의 힘은 끝까지 다하지 않듯이, 보살마하살도 역시 차례를 좇아(復) 이와 같은 삼매에 들어가면, 마음이 허깨비와 같음을 알기에 일체 모든 법의 경계를 내놓아 두루두루 다함이 없고 다하지 않으며, 쉬지도 않는다. 무슨 까닭인가 하면, 보살마하살이 보현의 막힘이나 걸림 없는 행과 지혜를 성취하기에 헤아릴 수 없고 광대한 허깨비의 경계를 자세히 살펴서 들여다보는 것을 비유하면 마치 그림자와 같아서 더해지거나 덜해지는 것이 없는 까닭이다."

"불자여! 비유하면 범부들이 각각 다른 마음을 내지만, 이미 내었고 현재 내고 장차 앞으로 낼 것이 끝닿은 경계가 없고 끊어짐도 없고 다함도 없기에 그 마음이 흐르고 구르면서 끊어지지 않고 뒤를 이어 간다. 이는 사람의 생각으로는 헤아릴 수 없고 알 수가 없는 것과 같이, 보살마하살도 역시 차례를 좇아(復) 이와 같기에 허깨비 같은 넓은 문 삼매(普幻門三昧)에 들어가면, 끝닿은 경계가 없기에 측량할 수가 없다. 무슨 까닭인가 하면, 보현보살의 허깨비와 같은 넓은 문의 헤아릴 수 없는 법을 분명하게 깨달아 통한 까닭이다."

"불자여! 비유하면 난타, 발난타, 마나사 용왕과 그 나머지 큰 용왕들이 비를 내릴 때 빗방울이 수레바퀴와 같이 내리기에 끝닿은 경계가 없다. 비록 이와 같은 비가 마지막까지 다함이 없이 내리지만, 이는 다 모든 용의 지음이 없는 경계와 같다. 보살마하살도 역시 차례를 좇아(復) 이와 같기에 이 삼매에 머문 후에는 보현보살의 삼매의 문과 지혜의 문과 법의 문과 모든 부처님을 보는 문과 모든 방향으로 가는 문과 마음이 자재한 문과 부처와 중생이 하나가 되는 경지로 들어가는 문과 신통한 변화의 문과 신통한 문과 허깨비로 바뀌는 문과 모든 법이 허깨비와 같은 문과 말할 수 없고 말로는 이를 수 없는 모든 보살이 충만한 문에 들어간다."

"말할 수 없고 말로는 이를 수 없는 부처 세계의 티끌 수와 같은 여래가 바르게 깨우친 문을 친근히 하고 말할 수 없고 말로는 이를 수 없는 광대한 허깨비의 큰 그물 문에 들어가고 말할 수 없고 말로는 이를 수 없는 차별된 광대한 부처 세계의 문을 알고 말할 수 없고 말로는 이를 수 없는 체와 성이 있고 체와 성이 없는 세계의 문을 알고 말할 수 없고 말로는 이를 수 없는 중생이 생각하는 문을 알고 말할 수 없고 말로는 이를 수 없는 시(時)와 겁(劫)을 차별하는 문을 알고 말할 수 없고 말로는 이를 수 없는 세계가 이루어지고 무너지는 문을 알고 말할 수 없고 말로는 이를 수 없는 거꾸로 뒤바뀌어 머물면서 우러름에 머무는 모든 부처 세계의 문을 알고 한 생각, 한순간에 빠짐없이 실상의 본바탕을 안다."

"이와 같음에 들어갈 때 끝닿은 경계가 없고 다함이 다하는 일이 없으며, 피로함도 없고 싫어함도 없으며, 끊어지지 않고 쉬지 않으며, 물러남이 없고 잃은 것도 없으며, 모든 법 가운데 처가 아닌 곳에는 머물지 않고 항상 바르게 사유해서 빠져들거나 들뜨지도 않고 다른 생각을 일으키지도 않는다."

"모든 지혜를 구하지만, 항상 물러서거나 버리는 것이 없고 일체 부처 세계를 비추는 밝은 등불이 되어 말할 수 없고 말로는 이를 수 없는 법륜을 굴리고 빼어난 변재로 여래에게 묻지만, 묻은 일과 때를 다함이 없고 부처님의 도를 이룸을 보이지만, 끝닿은 경계가 없고 중생을 조복(調伏)시키는 일에 있어 그만두거나 버림이 없이 항상 하고 보현보살의 행과 원을 쉬지 않고 닦고 익히며, 헤아릴 수 없고 말할 수 없이 말로는 이를 수 없는 색상의 몸을 나타내 보이며, 끊어서 없애버림이 없다."

"무슨 까닭인지 비유를 들어 말하자면, 불 피우는 인연을 따른 이러할 때 불이 일어나 꺼지지 않듯이, 보살마하살도 차례를 좇아(復) 또한 이와 같기에 중생계와 법계와 세계가 마치 허공과 같아서 끝닿은 경계가 없음을 자세히 살펴서 들여다볼 뿐만 아니라 한 생각, 한순간에 말할 수 없고 말로는 이를 수 없는 부처 세계의 티끌 수와 같은 처소에 가며, 하나하나의 부처님 처소에서 말할 수 없고 말로는 이를 수 없는 일체 지혜로 가지가지의 차별법에 들어가고 말할 수 없고 말로는 이를 수 없는 중생들이 출가해서 도를 위해 선근을 부지런히 닦아 마지막까지 청정하게 하고 말할 수 없고 말로는 이를 수 없는 보살들 가운데 보현보살의 행과 원을 결정하지 못한 이들이 결정해서 보현보살 지혜의 문에 머물게 하고 헤아릴 수 없는 방편으로 말할 수 없고 말로는 이를 수 없는 삼세가 이루어지고 머물고 무너지는 광대한 차별의 겁에 들어가고 말할 수 없고 말로는 이를 수 없는 이루어지고 머물고 무너지는 세간의 차별 경계에 있으면서 이곳에 크게 가엾이 여기는 마음과 큰 원을 일으켜 헤아릴 수 없이 많은 중생을 조복시켜 남음이 없게 한다."

"무슨 까닭인가 하면, 이 보살마하살은 모든 중생을 해탈로 바르게 이끌기 위해 보현의 행을 닦고 보현의 지혜를 내고 보현이 가진 행과 원을 만족하게 하려는 까닭이다. 이러한 까닭으로 모든 보살이 이와 같은 종류와 이와 같은 경계와 이와 같은 위덕과 이와 같은 광대와 이와 같은 헤아릴 수 없음과 이와 같은 생각으로 미루어 알 수 없음과 이와 같음으로 두루 비추어 밝힘과 이와 같음으로 일체 모든 부처님 앞에 머무름과 이와 같음으로 일체 여래가 보호하려는 생각과 이와 같음에 지난 세상의 선근을 성취함과 이와 같음에 마음이 막힘이나 걸림이 없고 흔들리지 않는 삼매 가운데서 부지런히 닦아 모든 번뇌에서 벗어나고 피곤하거나 싫어함이 없기에 마음이 물러서지 않으며, 뜻을 깊게 세우고 용맹하고 겁이 없기에 삼매의 경계를 따라 생각하기 어려운 지혜의 자리에 들어간다."

"문자를 의지하지 않고 세간에 집착하지 않으며, 모든 법을 취하지 않고 분별을 일으키지 않으며, 세간의 일에 물이 들거나 집착하지 않고 경계를 분별하지도 않으며, 모든 법의 지혜에 단지 편안히 머물고 당연히 양을 일컬어 드러내지 않으니, 이른바 모든 지혜를 친근히 해서 부처님의 보리를 깨우쳐 알고 법의 광명을 성취해서 모든 중생에게 선근을 베풀어 주고 마의 경계 가운데서 중생을 건져내어 불법의 경계에 들어가게 하고 큰 원을 버리지 않고 부지런히 도로 나아감을 자세히 살펴서 들여다보고 청정한 경계를 보태고 모든 법도를 성취한다."

"모든 부처님에게 깊은 믿음과 이해를 내고 항상 모든 법의 성품을 당연히 자세히 살펴서 들여다보고 잠깐이라도 버림이 없으며, 당연히 자신의 모든 법성과 더불어 빠짐없이 다 두루 평등한 것임을 알고 당연히 세간이 지어가는 것을 분명하게 알아서 그 법다운 지혜의 방편을 보이고 당연히 항상 정진해서 쉬는 일이 없고 당연히 자신의 선근(善根)이 적음을 들여다보고 당연히 부지런히 다른 이의 선근을 늘게 하고 당연히 모든 지혜의 도를 스스로 수행하고 당연히 보살의 경계를 부지런하게 늘리고 키우며, 당연히 모든 선지식과 즐거이 친근히 하고 당연히 동행과 더불어 같이 머물고 당연히 부처님을 분별하지 않고 당연히 생각에서 벗어남을 버리지 않고 당연히 평등한 법계에 항상 편안히 머물고 당연히 모든 마음과 의식이란 허깨비와 같음을 안다."

"당연히 세간의 모든 일이란 꿈과 같음을 알고 당연히 모든 부처님의 원력으로 출현하는 것은 마치 그림자와 같음을 알고 당연히 일체 모든 광대한 업이란 마치 변하여 달라지는 것과 같음을 알고 당연히 언어란 남김없이 다 메아리와 같음을 알고 당연히 모든 법이란 일체가 허깨비와 같음을 들여다보고 당연히 모든 생멸의 법이란 다 말뿐임을 알고 당연히 가는 곳마다 모든 부처님의 세계란 다 체와 성이 없음을 알고 당연히 여래에게 불법을 묻지만, 피곤하거나 고달픈 생각을 내지 않고 당연히 모든 세간이 깨우침을 깨달아 알도록 부지런히 가르침을 더하고 벗어나거나 버리지 않고 당연히 모든 중생을 조복하기 위해 시기를 알고 법을 설하여 쉬지 않는다."

"불자여! 보살마하살이 이와 같은 보현의 행을 닦고 이와 같은 보현의 경계를 원만히 하고 이와 같음을 벗어나 나가는 도를 통달하고 이와 같은 삼세 부처님의 법을 받아 지니고 이와 같은 모든 지혜의 문을 자세히 살펴서 들여다보고 이와 같음에 변하지 않고 달라지지 않은 법을 사유하고 이와 같음을 밝고 깨끗이 해서 본심의 즐거움을 더욱 올리고 이와 같은 모든 여래를 믿고 이해하고 이와 같은 부처님의 광대한 힘을 깨우치고 이 깨우침을 분명하게 깨달아 알고 이와 같은 막힘이나 걸림 없는 마음을 결정하고 이와 같음으로 모든 중생을 거두어 주는 것이다."

佛子 此菩薩摩訶薩住普賢行 念念入百億不可說三昧 然不見普賢菩薩三昧及佛境界莊嚴前際 何以故 知一切法究竟無盡故 知一切佛刹無邊故 知一切衆生界不思議

故 知前際無始故 知未來無窮故 知現在盡虛空徧法界無邊故 知一切諸佛境界不可思議故 知一切菩薩行無數故 知一切諸佛辯才所說境界不可說無邊故 知一切幻心所緣法無量故 佛子 如如意珠 隨有所求一切皆得 求者無盡 意皆滿足 而珠勢力終不匱止 菩薩摩訶薩亦復如是 入此三昧 知心如幻 出生一切諸法境界 周徧無盡 不匱不息 何以故 菩薩摩訶薩成就普賢無礙行智 觀察無量廣大幻境 猶如影像無增減故 佛子 譬如凡夫 各別生心 已生 現生及以當生 無有邊際 無斷無盡 其心流轉 相續不絕 不可思議 菩薩摩訶薩亦復如是 入此普幻門三昧 無有邊際 不可測量 何以故 了達普賢菩薩普幻門無量法故 佛子 譬如難陀跋難陀 摩那斯龍王及餘大龍降雨之時 滴如車軸 無有邊際 雖如是雨 雲終不盡 此是諸龍無作境界 菩薩摩訶薩亦復如是 住此三昧 入普賢菩薩諸三昧門 智門 法門 見諸佛門 往諸方門 心自在門 加持門 神變門 神通門 幻化門 諸法如幻門 不可說不可說諸菩薩充滿門 親近不可說不可說佛刹微塵數如來正覺門 入不可說不可說廣大幻網門 知不可說不可說差別廣大佛刹門 知不可說不可說有體性 無體性世界門 知不可說不可說衆生想門 知不可說不可說時差別門 知不可說不可說世界成壞門 知不可說不可說覆住 仰住諸佛刹門 於一念中皆如實知 如是入時 無有邊際 無有窮盡 不疲不厭 不斷不息 無退無失 於諸法中不住非處 恒正思惟 不沈不擧 求一切智常無退捨 爲一切佛刹照世明燈 轉不可說不可說法輪 以妙辯才諮問如來無窮盡時 示成佛道無有邊際 調伏衆生恒無廢捨 常勤修習普賢行願未曾休息 示現無量不可說不可說色相身無有斷絕 何以故 譬如然火 隨所有緣 於爾所時火起不息 菩薩摩訶薩亦復如是 觀察衆生界 法界 世界 猶如虛空無有邊際 乃至能於一念之頃 往不可說不可說佛刹微塵數佛所 一一佛所入不可說不可說一切智種種差別法 令不可說不可說衆生界出家爲道 勤修善根 究竟淸淨 令不可說不可說菩薩於普賢行願未決定者而得決定 安住普賢智慧之門 以無量方便 入不可說不可說三世成 住 壞廣大差別劫 於不可說不可說成 住 壞世間差別境界 起於爾所大悲大願調伏無量一切衆生悉使無餘 何以故 此菩薩摩訶薩爲欲度脫一切衆生 修普賢行 生普賢智 滿足普賢所有行願 是故 諸菩薩應於如是種類 如是境界 如是威德 如是廣大如是無量 如是不思議 如是普照明 如是一切諸佛現前住 如是一切如來所護念 如是成就往昔善根 如是其心無礙不動三昧之中 勤加修習 離諸熱惱 無有疲厭 心不退轉立深志樂 勇猛無怯 順三昧境界 入難思智地 不依文字 不著世間 不取諸法 不起分別 不染著世事 不分別境界 於諸法智但應安住 不應稱量 所謂 親近一切智 悟解佛

菩提 成就法光明 施與一切衆生善根 於魔界中拔出衆生 令其得入佛法境界 令不捨大願 勤觀出道 增廣淨境 成就諸度 於一切佛深生信解 常應觀察一切法性 無時暫捨 應知自身與諸法性普皆平等 應當明解世間所作 示其如法智慧方便 應常精進 無有休息 應觀自身善根鮮少 應勤增長他諸善根 應自修行一切智道 應勤增長菩薩境界 應樂親近諸善知識 應與同行而共止住 應不分別佛 應不捨離念 應常安住平等法界 應知一切心識如幻 應知世間諸行如夢 應知諸佛願力出現猶如影像 應知一切諸廣大業猶如變化 應知言語悉皆如響 應觀諸法一切如幻 應知一切生滅之法皆如音聲 應知所往一切佛剎皆無體性 應爲請問如來佛法不生疲倦 應爲開悟一切世間 勤加敎誨而不捨離 應爲調伏一切衆生 知時說法而不休息 佛子 菩薩摩訶薩如是修行普賢之行 如是圓滿菩薩境界 如是通達出離之道 如是受持三世佛法 如是觀察一切智門 如是思惟不變異法 如是明潔增上志樂 如是信解一切如來 如是了知佛廣大力 如是決定無所礙心 如是攝受一切衆生

"불자여! 보살마하살은 보현보살이 머무는 이와 같은 큰 지혜 삼매에 들어갔을 때 시방에 각각 말할 수 없고 말로는 이를 수 없는 국토가 있고 하나하나의 국토마다 말할 수 없고 말로는 이를 수 없는 부처 세계의 티끌 수와 같은 여래의 이름이 있고 하나하나의 이름마다 말할 수 없고 말로는 이를 수 없는 부처 세계의 티끌 수와 같은 부처님께서 그 앞에 나타나신다."

"여래의 생각하는 힘을 주어 여래의 경계를 잊지 않게 하고 모든 법의 마지막까지 이르는 지혜를 주어 일체 지혜에 들어가게 하고 모든 법과 가지가지의 이치를 아는 결정한 지혜를 주어 모든 불법을 받아 지니고 막힘이나 걸림 없이 들어가게 하고 위 없는 부처님의 보리를 주어 모든 지혜에 들어가 법계를 깨우치게 하고 보살에게 마지막까지 이르도록 지혜를 주어 모든 법의 광명을 얻어 모든 어둠이 없게 하고 보살에게 물러섬이 없는 지혜를 주어 시기와 시기가 아님을 알고 섬세하고 능숙한 선근의 방편으로 중생을 조복하고 막힘이나 걸림 없는 보살의 변재를 주어 끝없는 법을 깨달아 알고 다함이 없는 법을 널리 펴서 설하게 한다."

"신통 변화의 힘을 주어 말할 수 없고 말로는 이를 수 없는 차별하는 몸의 끝없는 색의 모양이나 상태가 가지가지로 같지 않음을 나타내어 중생이 깨우침을 깨달아 얻게 하고 원만한 말과 소리를 주어 말할 수 없고 말로는 이를 수 없는 차별하는 음성의 가지가지 말씨를 나타내어 중생이 깨우침을 깨달아 얻게 하고 손해를 입지 않은 힘을 주어 모든 중생이 그와 같은 형상을 보고 얻으며, 그와 같은 법을 듣고 얻기에 빠짐없이 모두 성취해서 헛되게 보낸 이가 없다."

"불자여! 보살마하살이 이와 같은 보현의 행을 만족하게 채운 까닭으로 여래의 힘을 얻고 벗어나 나가는 도(一乘地에서 二乘地로.般若智에서 如來智로)를 청정하게 하고 모든 지혜를 원만히 해서 막힘이나 걸림 없는 변재와 신통으로 마지막까지 모든 중생을 조복하고 부처님의 위덕(威德)을 갖추어 보현의 행을 청정하게 하고 보현의 도에 머물면서 미래의 경계가 다 하도록 모든 중생을 조복하여 모든 부처님의 티끌과도 같은 빼어난 법 바퀴를 전하게 한다."

"무슨 까닭인가 하면, 불자여! 이 보살마하살이 이와 같은 특히 뛰어난 큰 원과 보살의 행을 성취하면, 곧바로 모든 세간의 법 스승이 되고 곧바로 모든 세간의 법 태양이 되고 곧바로 모든 세간의 지혜의 달이 되고 곧바로 모든 세간의 수미산 왕이 되어 우뚝하게 높이 솟아 견고하고 흔들리지 않으며, 곧바로 모든 세간의 끝없는 지혜 바다가 되고 곧바로 모든 세간의 왕이 법을 밝히는 등불이 되어 끝없이 두루 비추고 끊어지지 않게 하고 모든 중생을 위해 끝없는 청정한 공덕을 열어 보여서 빠짐없이 공덕의 선근으로 편안히 머물게 하고 모든 지혜를 따라 큰 원이 평등해서 보현의 넓고 큰 행을 닦으며, 헤아릴 수 없이 많은 중생에게 마음을 일으키길 항상 권해서 말할 수 없고 말로는 이를 수 없는 광대한 행으로서의 삼매에 머물러 크게 자재함을 나타나게 한다."

佛子 菩薩摩訶薩入普賢菩薩所住如是大智慧三昧時 十方各有不可說不可說國土 一一國土各有不可說不可說佛刹微塵數如來名號 一一名號各有不可說不可說佛刹微塵數諸佛而現其前 與如來念力 令不忘失如來境界 與一切法究竟慧 令入一切智 與知一切法種種義決定慧 令受持一切佛法趣入無礙 與無上佛菩提 令入一切智開悟法界 與菩薩究竟慧 令得一切法光明 無諸黑闇 與菩薩不退智 令知時 非時 善巧方便調伏衆生 與無障礙菩薩辯才 令悟解無邊法演說無盡 與神通變化力 令現不可說不可說差別身無邊色相種種不同開悟衆生 與圓滿言音 令現不可說不可說差別音聲種種言辭開悟衆生 與不唐損力 令一切衆生若得見形 若得聞法皆悉成就 無空過者 佛子 菩薩摩訶薩如是滿足普賢行故 得如來力 淨出離道 滿一切智 以無礙辯才神通變化 究竟調伏一切衆生 見佛威德 淨普賢行 住普賢道 盡未來際 爲欲調伏一切衆生

轉一切佛微妙法輪 何以故 佛子 此菩薩摩訶薩成就如是殊勝大願諸菩薩行 則爲一切世間法師 則爲一切世間法日 則爲一切世間智月 則爲一切世間須彌山王 嶷然高出 堅固不動 則爲一切世間無涯智海 則爲一切世間正法明燈 普照無邊 相續不斷 爲一切衆生開示無邊淸淨功德 皆令安住功德善根 順一切智 大願平等 修習普賢廣大之行 常能勸發無量衆生 住不可說不可說廣大行三昧 現大自在

"불자여! 이 보살마하살은 이와 같은 지혜를 얻고 이와 같은 법을 증득하고 이와 같은 법을 살펴 머물러 분명하게 보고 이와 같은 신력을 얻고 이와 같은 경계에 머물러 이와 같은 변화를 나타내고 이와 같은 신통을 일으켜 항상 큰 자비에 편안히 머물면서 늘 중생에게 이익이 되게 하고 중생에게 열어서 보여주고 바른길에 편안히 있게 하고 복과 지혜의 큰 광명의 깃발을 세우며, 생각으로 미루어 알 수 없는 해탈을 증득하고 모든 지혜의 해탈에 머물며, 모든 부처님이 해탈하신 언덕에 이르고 생각으로 알 수 없는 해탈 방편의 문을 배워서 이미 성취하였고 법계를 차별하는 문에 들어가서 혼란스러워하지 않고 말할 수 없고 말로는 이를 수 없는 보현의 삼매에서 노닐면서 자재하고 사자빈신의 지혜에 머물러서 마음에 막힘이나 걸림이 없다. 그 마음은 열 가지 큰 법장에 머무니, 무엇이 열인가 하면, 이른바 일체 모든 부처님을 잊지 않고 생각하는 데 머물고 모든 중생을 조복하는 큰 자비에 머물고 헤아릴 수 없이 청정한 국토를 나타내는 지혜에 머물고 부처님의 경계에 깊이 들어가는 결정한 지혜에 머물고 과거, 미래, 현재의 모든 부처님의 평등한 모양이나 상태의 보리에 머물고 막힘이나 걸림 없고 집착 없는 경계에 머물고 모든 법의 모양이나 상태가 없는 성품에 머물고 과거, 미래, 현재 모든 부처님의 평등한 선근에 머물고 과거, 미래, 현재의 모든 여래가 법계의 차별 없는 몸과 말과 뜻으로 지어가는 업으로 앞서 이끄는 지혜에 머물고 삼세 일체 모든 부처님이 태어나 출가하고 도량에 나아가 바른 깨우침을 이루고 법의 바퀴를 굴리고 열반에 드시는 것을 자세히 살펴서 들여다보고 모두 찰나의 경계에 들어가 머문다."

"불자여! 이 열 가지 큰 법장은 광대하고 헤아릴 수 없고 셀 수가 없으며, 일컬을 수 없고 생각할 수 없고 말할 수 없고 다하고 다할 수 없고 그대로 받기에는 어려운 것이기에 세간의 지혜로는 칭찬해서 말할 수 없다."

佛子 此菩薩摩訶薩 獲如是智 證如是法 於如是法審住明見 得如是神力 住如是境

界 現如是神變 起如是神通 常安住大悲 常利益衆生 開示衆生安隱正道 建立福智大光明幢 證不思議解脫 住一切智解脫 到諸佛解脫彼岸 覺不思議解脫方便門已得成就 入法界差別門無有錯亂 於普賢不可說不可說三昧遊戲自在 住師子奮迅智心意無礙 其心恒住十大法藏 何者爲十 所謂 住憶念一切諸佛 住憶念一切佛法 住調伏一切衆生大悲 住示現不思議淸淨國土智 住深入諸佛境界決定解 住去 來 現在一切佛平等相菩提 住無礙無著際 住一切法無相性 住去 來 現在一切佛平等善根 住去 來 現在一切如來法界無差別身 語 意業先導智 住觀察三世一切諸佛受生 出家 詣道場 成正覺 轉法輪 般涅槃悉入刹那際 佛子 此十大法藏廣大無量 不可數 不可稱 不可思不可說 無窮盡 難忍受 一切世智無能稱述

"불자여! 이 보살마하살은 이미 보현의 행인 저 언덕에 이르렀고 청정한 법을 증득하여 본심의 힘이 광대하고 중생에게 헤아릴 수 없는 선근을 열어 보이고 보살의 모든 세력을 늘리고 키워서 생각마다 보살의 모든 공덕을 만족하게 하고 보살의 일체 모든 행을 성취하고 모든 부처님의 다라니 법을 얻으며, 일체 모든 부처님이 설한 바를 받아 지니고 비록 진여의 실상 경계에 항상 편안히 머물기는 하지만, 모든 세속의 말을 따라 모든 중생을 조복하는 것을 나타내 보인다. 어찌 된 까닭인가 하면, 보살마하살이 이 삼매에 머물면 법이 이와 같은 까닭이다."

"불자여! 보살마하살은 이 삼매로 모든 부처님의 광대한 지혜를 얻고 모든 광대한 법을 자유롭게 말하는 변재를 얻고 모든 세계 가운데 가장 뛰어나고 청정하며, 두려움 없는 법을 얻어 모든 삼매에 들어가는 지혜를 얻고 모든 보살의 섬세하고 능숙한 선근 방편을 얻고 모든 법의 광명 문을 얻고 모든 세간을 편안히 위로하는 법의 저 언덕에 이르고 모든 중생의 때와 때가 아님을 알고 시방세계의 모든 곳을 비추고 모든 중생이 뛰어난 지혜를 얻게 하고 모든 세간의 위 없는 스승이 되고 일체 모든 공덕에 편안히 머물고 모든 중생에게 청정한 삼매를 열어 보여서 가장 높은 지혜에 들어가게 한다."

"왜 그런가 하면, 보살마하살이 이와 같음을 수행하면 곧바로 중생에게 이익이 되게 하고 곧바로 대비를 늘리고 키우며, 곧바로 선지식을 친근히 하고 곧바로 모든 부처님을 몸소 보고 곧바로 모든 법을 분명하게 깨우쳐 알고 곧바로 모든 세계로 나가고 곧바로 모든 방향으로 들어가고 곧바로 모든 세상에 들어가고 곧바로 모든 법의 평등한 성품을 깨우치고 곧바로 모든 부처님의 평등한 성품을 알고 곧바로 모든 지혜의 평등한 성품에 머문다."

"이 법 가운데 이와 같은 업을 짓고 나머지 업은 짓지 않으며, 늘 부족한 마음으로 머물고 흩어지고 어지러운 마음에 머물지 않으며, 오로지 한 마음에 머물고 부지런히 수행하는 마음에 머물며, 결정한 마음에 머물고 변하여 바뀌지 않은 마음에 머물며, 이와 같음으로 사유하고 이와 같은 업을 지어가고 이와 같음을 마지막에까지 이른다."

佛子 此菩薩摩訶薩已到普賢諸行彼岸 證淸淨法 志力廣大 開示衆生無量善根 增長菩薩一切勢力 於念念頃滿足菩薩一切功德 成就菩薩一切諸行 得一切佛陀羅尼法 受持一切諸佛所說 雖常安住眞如實際 而隨一切世俗言說 示現調伏一切衆生 何以故 菩薩摩訶薩住此三昧 法如是故 佛子 菩薩摩訶薩住此三昧 得一切佛廣大智 得巧說一切廣大法自在辯才 得一切世中最爲殊勝淸淨無畏法 得入一切三昧智 得一切菩薩善巧方便 得一切法光明門 到安慰一切世間法彼岸 知一切衆生時 非時 照十方世界一切處 令一切衆生得勝智 作一切世間無上師 安住一切諸功德 開示一切衆生淸淨三昧 令入最上智 何以故 菩薩摩訶薩如是修行 則利益衆生 則增長大悲 則親近善知識 則見一切佛 則了一切法 則詣一切刹 則入一切方 則入一切世 則悟一切法平等性 則知一切佛平等性 則住一切智平等性 於此法中 作如是業 不作餘業 住未足心 住不散亂心 住專一心 住勤修行 住決定心 住不變異心 如是思惟 如是作業 如是究竟

"불자여! 보살마하살은 다른 말과 다르게 지어가는 일이 없고 여여(如如.如是如是)한 말과 여여하게 지어가는 일이 있다."

"무슨 까닭인가. 비유하면 금강은 무너뜨릴 수 없다는 이름을 얻었기에 무너뜨릴 수 없고 시기를 끝까지 벗어날 수 없듯이, 보살마하살도 차례를 좇아(復) 또한 이와 같은 모든 행하는 법으로 그 이름을 얻었기에 끝까지 모든 행하는 법에서 벗어나는 시기가 없다."

"비유하면 진금은 빼어난 색이라는 이름을 얻었으므로 빼어난 색에서 벗어나는 시기가 끝까지 없듯이, 보살마하살도 차례를 따라(復) 또한 이와 같은 모든 선근의 업으로 그 이름을 얻기에 끝까지 모든 선근의 업을 벗어나는 시기가 없다."

"비유하면 일천자(日天子)는 광명 바퀴라는 그 이름을 얻었으므로 광명 바퀴에서 벗어날 시기가 끝까지 없듯이 보살마하살도 차례를 따라(復) 또한 이와 같은 지혜의 빛이라는 이름을 얻었기에 끝까지 지혜의 빛을 벗어나는 때가 없다."

"비유하면 수미산 왕이 네 가지 보배의 봉우리로 큰 바다에 처하여 우뚝 솟았다는 이름을 얻었으므로 네 봉우리를 벗어나는 시기가 끝까지 없듯이, 보살마하살도 차례를 좇아(復) 또한 이와 같은 모든 선근으로 이 세상에 처해 있지만, 빛을 발하며 높게 솟았다는 그 이름을 얻었기에 끝까지 선근을 벗어나거나 버리는 때가 없다."

"비유하면 대지는 일체를 가지므로 그 이름을 얻었으므로 가진 것을 벗어나거나 버리는 시기가 끝까지 없듯이, 보살마하살도 차례를 좇아(復) 또한 이와 같은 일체를 바르게 이끌어서 해탈케 한다는 그 이름을 얻었기에 끝까지 대비를 벗어나거나 버리는 때가 없다."

"비유하면 큰 바다가 많은 물을 머금으므로 그 이름을 얻었으므로 물을 버리거나 벗어나는 시기가 끝까지 없듯이, 보살마마하살도 차례를 좇아(復) 또한 이와 같은 큰 서원이라는 그 이름을 얻었기에 언제나 잠깐이라도 중생 제도의 원을 버리지 않는다."

"비유하면 장군이 전쟁하는 법을 배우고 익힘으로 그 이름을 얻었으므로 이 능력을 벗어나거나 버리는 때가 끝까지 없듯이, 보살마하살도 차례를 좇아(復) 또한 이와 같은 삼매를 배우고 익혔기에 그 이름을 얻었을 뿐만 아니라 모든 지혜와 지혜를 성취하기에 이르기까지 끝까지 이 행을 벗어나거나 버리는 때가 없다."

"전륜왕은 사천하를 다스리고 이끌면서 모든 중생을 부지런히 지키고 보호하며, 뜻밖의 죽음을 맞지 않게 하고 늘 즐거움을 주듯이, 보살마하살도 역시 차례를 좇아(復) 이와 같은 등등의 모든 큰 삼매에 들어가서 항상 모든 중생을 부지런히 가르치고 바르게 이끌어서 해탈케 할 뿐만 아니라 그 마지막에 이르기까지 청정하게 한다."

"비유하면 종자를 땅에 심으면 줄기와 잎이 늘고 자라듯이, 보살마하살도 역시 차례를 좇아(復) 이와 같아서 보현의 행을 닦으면서 모든 중생의 선근 법을 늘리고 키운다."

"비유하면 큰 구름이 더운 여름에 큰비를 내려서 모든 종자를 키우고 자라게 하는 것과 같이, 보살마하살도 역시 차례를 좇아(復) 이와 같기에 이와 같은 등등의 큰 삼매에 들어가 보살행을 닦아 큰 법 비를 내릴 뿐만 아니라 모든 중생이 마지막에 이르기까지 청정하게 하고 마지막에 이르기까지 열반하게 하고 마지막에 이르기까지 편안하게 위로하고 마지막에 이르기까지 저 언덕에 이르게 하고 마지막에 이르기까지 환희하게 하고 마지막에 이르기까지 의심을 끊게 하고 모든 중생을 위해 마지막에 이르기까지 복 밭이 되고 그들이 보시하는 업이 빠짐없이 청정함을 얻게 하며, 그들이 물러나지 않는 도에 머물게 하며, 그들이 함께 일체 지혜의 지혜를 얻게 하며, 그들이 삼계에서 벗어나 나가게 하며, 그들이 마지막 지혜를 얻게 하며, 그들이 빠짐없이 모든 부처님과 여래의 마지막 법을 얻어 모든 중생을 일체 지혜의 처소에 둔다."

"무슨 까닭인가 하면, 보살마하살이 이 법을 성취하면 분명하게 깨우쳐 얻은 지혜로 법계의 문에 들어가서 사람의 생각으로는 미루어 알 수 없고 헤아릴 수 없는 보살의 모든 행을 청정하게 하기 때문이니, 이른바 모든 지혜를 능히 청정하게 하니, 이는 일체 지혜를 구하려는 까닭이고 중생을 능히 청정하게 하니, 이는 조복시키려는 까닭이고 국토를 청정하게 하니, 이는 늘 회향하려는 까닭이며, 모든 법을 청정하게 하니, 이는 두루 깨달아 알고자 하는 까닭이고 두려움 없음을 청정하게 하니, 이는 겁 많고 약함을 없게 하려는 까닭이고 막힘이나 걸림이 없는 변재를 청정하게 하니, 이는 섬세하고 능숙하게 널리 펴서 설하려는 까닭이고 다라니를 청정하게 하니, 이는 모든 법에 자재함을 얻으려는 까닭이고 친근히 하는 행을 청정하게 하니, 이는 모든 부처님이 세상에 나심을 보게 하려는 까닭이다."

"불자여! 보살마하살이 이 삼매에 머물면 이와 같은 등등의 백천 억 나유타 말할 수 없고 말로는 이를 수 없는 청정한 공덕을 얻으니, 이와 같은 삼매의 경계로부터 자재함을 얻는 까닭이고 일체 모든 부처님으로부터 가피를 받는 까닭이고 자신의 선근으로 힘이 생기는 까닭이며, 지혜의 자리, 이 큰 위엄의 힘에 들어간 까닭이고 모든 선지식이 가르쳐 이끄는 힘 때문이며, 모든 마군의 힘을 꺾어 조복시키기 때문이며, 다 같이 선근이 청정해진 힘 때문이며, 광대한 원과 욕락(欲樂)의 힘 때문이며, 심어 놓은 선근의 씨앗으로부터 성취한 힘 때문이며, 모든 세간을 초월하고 다 하지 않은 복으로 마주 대할 수 없는 힘이기 때문이다."

佛子 菩薩摩訶薩無異語 異作 有如語 如作 何以故 譬如金剛 以不可壞而得其名 終無有時離於不壞 菩薩摩訶薩亦復如是 以諸行法而得其名 終無有時離諸行法 譬如眞金 以有妙色而得其名 終無有時離於妙色 菩薩摩訶薩亦復如是 以諸善業而得其名 終無有時離諸善業 譬如日天子 以光明輪而得其名 終無有時離光明輪 菩薩摩訶薩亦復如是 以智慧光而得其名 終無有時離智慧光 譬如須彌山王 以四寶峯處於大海 逈然高出而得其名 終無有時捨離四峯 菩薩摩訶薩亦復如是 以諸善根處在於世 逈然高出而得其名 終無有時捨離善根 譬如大地 以持一切而得其名 終無有時捨離能持 菩薩摩訶薩亦復如是 以度一切而得其名 終無有時捨離大悲 譬如大海 以含衆水而得其名 終無有時捨離於水 菩薩摩訶薩亦復如是 以諸大願而得其名 終不暫捨度衆生願 譬如軍將 以能慣習戰鬪之法而得其名 終無有時捨離此能 菩薩摩訶薩

亦復如是 以能慣習如是三昧而得其名 乃至成就一切智智 終無有時捨離此行 如轉輪王 馭四天下 常勤守護一切衆生 令無橫死 恒受快樂 菩薩摩訶薩亦復如是 入如是等諸大三昧 常勤化度一切衆生 乃至令其究竟清淨 譬如種子 植之於地 乃至能令莖葉增長 菩薩摩訶薩亦復如是 修普賢行 乃至能令一切衆生善法增長 譬如大雲 於夏暑月降霔大雨 乃至增長一切種子 菩薩摩訶薩亦復如是 入如是等諸大三昧 修菩薩行 雨大法雨 乃至能令一切衆生究竟清淨 究竟涅槃 究竟安隱 究竟彼岸 究竟歡喜 究竟斷疑 爲諸衆生究竟福田 令其施業皆得清淨 令其皆住不退轉道 令其同得一切智智 令其皆得出離三界 令其皆得究竟之智 令其皆得諸佛如來究竟之法 置諸衆生一切智處 何以故 菩薩摩訶薩成就此法 智慧明了 入法界門 能淨菩薩不可思議諸行 所謂 能淨諸智 求一切智故 能淨衆生 使調伏故 能淨剎土 常迴向故 能淨諸法 普了知故 能淨無畏 無怯弱故 能淨無礙辯 巧演說故 能淨陀羅尼 於一切法得自在故 能淨親近行 常見一切佛興世故 佛子 菩薩摩訶薩住此三昧 得如是等百千億那由他不可說不可說清淨功德 於如是等三昧境界得自在故 一切諸佛所加被故 自善根力之所流故 入智慧地大威力故 諸善知識引導力故 摧伏一切諸魔力故 同分善根淳淨力故 廣大誓願欲樂力故 所種善根成就力故 超諸世間無盡之福 無對力故

"불자여! 보살마하살이 이 삼매에 머문 후에는 열 가지 법을 얻어서 과거, 미래, 현재의 일체 모든 부처님과 같게 되니, 무엇이 열이 되는가."

"이른바 모든 좋아 보이는 마주한 모습을 가지가지로 장엄하는 것이 모든 부처님과 같고 청정한 큰 광명 그물을 놓음이 모든 부처님과 같고 신통 변화로 중생을 조복하는 것이 모든 부처님과 같고 끝없는 몸의 빛깔과 청정한 음성이 모든 부처님과 같고 중생의 업을 따라 청정한 부처님 국토를 나타냄이 모든 부처님과 같고 모든 중생이 가지고 있는 언어를 빠짐없이 거두어 지녀서 잊지 않고 잃어버리지 않게 함이 모든 부처님과 같고 다함이 없는 변재로 중생의 마음을 따라 법 바퀴를 굴려서 지혜를 나게 함이 부처님과 같고 큰 사자 후의 두려움 없으며, 헤아릴 수 없는 법으로 중생에게 깨우침을 열어줌이 부처님과 같고 한 생각, 한순간에 큰 신통으로 삼세에 두루 들어감이 부처님과 같고 모든 중생에게 모든 부처님의 장엄과 모든 부처님의 위력과 모든 부처님의 경계를 나타내 보이는 것이 부처님과 같다."

佛子 菩薩摩訶薩住此三昧 得十種法 同去 來 今一切諸佛 何者爲十 所謂 得諸相好 種種莊嚴 同於諸佛 能放淸淨大光明網 同於諸佛 神通變化 調伏衆生 同於諸佛 無邊色身 淸淨圓音 同於諸佛 隨衆生業現淨佛國 同於諸佛 一切衆生所有語言皆能攝持 不忘不失 同於諸佛 無盡辯才隨衆生心而轉法輪令生智慧 同於諸佛 大獅子吼 無所怯畏 以無量法開悟群生 同於諸佛 於一念頃 以大神通普入三世 同於諸佛 普能顯示一切衆生諸佛莊嚴 諸佛威力 諸佛境界 同於諸佛

이때 보안 보살이 보현보살에게 말했다.

"불자시여! 이 보살마하살이 이와 같은 법을 얻어서 여래와 같다 하시면서 어찌 된 까닭으로 부처라 이름하지 않으며, 어찌 된 까닭으로 십력(十力)이라 이름하지 않으며, 어찌 된 까닭으로 모든 지혜라 이름하지 않으며, 어찌 된 까닭으로 모든 법 가운데서 보리를 얻은 자라 이름하지 않으며, 어찌 된 까닭으로 이름을 보안, 두루 한 눈이라 하지 않으며, 어찌 된 까닭으로 모든 경계에 막힘이나 걸림이 없는 자라 이름하지 않으며, 어찌 된 까닭으로 모든 법을 깨달은 자라 이름하지 않으며, 어찌 된 까닭으로 삼세 부처님과 더불어 둘이 없이 머무는 자라 이름하지 않으며, 어찌 된 까닭으로 실상의 본바탕, 이 경계에 머무는 자라 하지 않으며, 어찌 된 까닭으로 보현의 행과 원을 수행하면서 쉬지 않은 것이며, 어찌 된 까닭으로 법계의 마지막까지 보살의 도를 버리지 않습니까?"

爾時 普眼菩薩白普賢菩薩言 佛子 此菩薩摩訶薩得如是法 同諸如來 何故不名 佛 何故不名 十力 何故不名 一切智 何故不名 一切法中菩提者 何故不得名爲 普眼 何故不名 一切境中無礙見者 何故不名 覺一切法 何故不名 與三世佛無二住者 何故不名 住實際者 何故修行普賢行願猶未休息 何故不能究竟法界捨菩薩道

이때 보현보살이 보안 보살에게 깨우침을 주고자 말했다.

"선근이로다. 불자여! 그대가 말한 것과 같이 '이 보살마하살이 그와 같은 모든 부처님과 같다면 무슨 까닭으로 부처라 이름하지 않으며, 또는 법계의 마지막까지 보살의 도를 버리지 않습니까?'라고 묻는다."

"불자여! 이 보살마하살이 이미 과거, 미래, 현재세 모든 보살의 가지가지 행과 원을 닦아서 지혜의 경계에 들어가면 곧 이름이 '부처'이며, 여래가 계신 곳에서 보살의 행 닦기를 쉬지 않으면 이름을 보살이라 말한다. 여래의 모든 힘에 남김없이 다 들어가면 곧 이름이 '십력(十力)'이며, 비록 십력을 이루었다고는 하지만, 쉬지 않고 보현의 행을 닦고 행하면 이름을 '보살'이라 한다."

"모든 법을 알고 능히 널리 펴서 설하면 이름이 '모든 지혜'이며, 비록 일체 모든 법을 널리 펴서 능히 설하지만, 하나하나의 법을 섬세하고 능숙한 선근으로 사유하면서 쉼 없이 멈추지 않고 설하면 이름이 '보살'이며, 일체 법이란 두 가지 모양이나 상태가 없음을 알며, 곧 이 이름이 '모든 법을 깨달았다.'라고 설하며, 둘이면서 둘이 아닌 일체 모든 법을 차별하는 도를 섬세하고 능숙한 선근으로 자세히 살피고 반복해서 뛰어남을 거듭 더하고 쉬지 않으면 이름을 '보살'이라 말하며, 능히 두루 한 눈(普眼)의 경계를 분명하게 보면 이름을 '두루 한 눈'이라 말하고 비록 능히 두루 한 눈의 경계를 증득하지만, 생각마다 더하여 기르면서 쉬지 않으면 이름을 '보살'이라 말한다."

"모든 법을 남김없이 밝게 비추어 모든 어둠의 막힘이나 걸림에서 벗어나면 이름이 '막힘이나 걸림 없이 봄'이며, 항상 부지런하게 기억해서 생각하지만, 막힘이나 걸림이 없이 보는 자를 말하면 이름이 '보살'이며, 이미 모든 부처님 지혜의 눈을 얻음이니, 이를 곧 말하면 이름이 '모든 법을 깨우쳤다.' 하고 모든 여래의 바른 깨우침, 이 깨우친 지혜의 눈을 자세히 보고 방일하지 않으면 이름을 '보살'이라 말하고 부처님이 머무는 곳에 머물며, 부처님과 더불어 둘이 아니면 이름을 '부처님과 더불어 둘이 없음에 머무는 자'라 말한다."

"부처님의 거두어 주심을 받아 모든 지혜를 닦으면 이름을 '보살'이라 말하고 항상 모든 세간이 실상의 본바탕이 되는 경계임을 자세히 보면 이 이름이 곧 '실상의 본바탕이 되는 경계에 머문 자'라 말하고 비록 모든 법의 실상으로서 본바탕의 경계를 자세히 들여다보면서도 증득하지도 않고 또한 벗어나거나 버리지도 않으면 이름을 '보살'이라 부른다."

"오지도 않고 가지도 않으며, 같지도 않고 다르지도 않아서 이 같은 등등의 분별을 남김없이 다 영원히 쉬게 하면 이 이름이 곧 '원을 쉬게 한 자'라 말하고 광대하게 닦고 익혀서 원만하고 물러서지 않으면 곧 이름을 '보현의 원을 쉬지 않는 자'라 말하고 법계란 끝닿은 경계가 없음을 깨달아 알고 일체 모든 법의 하나의 모양이나 상태와 모양이나 상태가 없음을 알면, 이 이름을 '법계의 마지막까지 보살의 도를 버리지 않는다.'라고 말하고 비록 법계란 끝닿은 경계가 없음을 알지만, 일체 가지가지의 다른 모양이나 상태를 알고 가엾이 여기는 큰마음을 일으켜 중생을 해탈의 길로 바르게 이끌면서 미래의 경계가 다 하도록 피곤해하거나 싫어하지 않으면 이 이름을 곧 '보현보살'이라 부른다."

爾時 普賢菩薩告普眼菩薩言 善哉佛子 如汝所言 若此菩薩摩訶薩同一切佛 以何義故不名爲 佛 乃至不能捨菩薩道 佛子 此菩薩摩訶薩已能修習去 來 今世一切菩薩種種行願 入智境界 則名爲 佛 於如來所修菩薩行無有休息 說名 菩薩 如來諸力皆悉已入 則名 十力 雖成十力 行普賢行而無休息 說名 菩薩 知一切法而能演說 名 一切智 雖能演說一切諸法 於一一法善巧思惟未嘗止息 說名 菩薩 知一切法無有二相 是則說名 悟一切法 於二 不二一切諸法差別之道善巧觀察 展轉增勝無有休息 說名 菩薩 已能明見普眼境界 說名 普眼 雖能證得普眼境界 念念增長未曾休息 說名 菩薩 於一切法悉能明照 離諸闇障 名 無礙見 常勤憶念無礙見者 說名 菩薩 已得諸佛智慧之眼 是則說名 覺一切法 觀諸如來正覺智眼而不放逸 說名 菩薩 住佛所住 與佛無二 說名 與佛無二住者 爲佛攝受 修諸智慧 說名 菩薩 常觀一切世間實際 是則說名 住實際者 雖常觀察諸法實際 而不證入亦不捨離 說名 菩薩 不來不去 無同無異 此等分別悉皆永息 是則說名 休息願者 廣大修習 圓滿不退 則名 未息普賢願者 了知法界無有邊際 一切諸法一相無相 是則說名 究竟法界捨菩薩道 雖知法界無有邊際 而知一切種種異相 起大悲心度諸衆生 盡未來際無有疲厭 是則說名 普賢菩薩

"불자여! 비유하면 이라발라 코끼리 왕이 금협산 칠보굴 가운데 머물고 굴 주위로는 칠보로 난간이 되고 보배 다라 나무가 차례를 따라 줄 서 있으며, 진금의 그물이 그 위를 가득히 덮었다. 코끼리의 몸은 깨끗하기가 눈과 같고 위에 금 당기를 세워서 금으로 영락이 되고 보배 그물이 코를 덮고 보배 방울을 드리워 내려서 몸에 일곱 가지를 성취하고 여섯 개의 어금니를 온전하게 갖추어 단정하고 원만하기에 보는 이들이 기뻐하고 고르고 어질며, 선하고 거스르지 않아 막아서는 마음이 없다."

"제석천왕이 놀러 가려고 하면 코끼리가 미리 앞서서 알고 칠보굴에서 모습을 감추고는 도리천에 이르러 제석천왕 앞에서 신통력으로 가지가지로 변화해서 나타나니, 그 몸에 33개의 머리가 있고 하나하나의 머리에 7개의 어금니 모양을 만들고 하나하나의 어금니에 7개의 연못이 있고 하나하나의 연못마다 7개의 연꽃이 있고 하나하나의 연꽃마다 7채녀가 있으면서 일시(一時)에 다 함께 백천 하늘의 악기를 연주하고 이때 제석이 이 보배 코끼리를 타고 난승전(難勝殿)에서 꽃동산으로 나아가니, 분타리 꽃이 그 가운데 두루 가득하였다. 제석이 꽃동산에 이르러서는 일체보장엄전(一切寶莊嚴殿)에 들어가 헤아릴 수 없이 많은 채녀를 시종으로 삼아 노래와 음악으로 모든 즐거움을 받았다. 이때 코끼리는 신통으로 그 몸을 감추고 하늘의 몸을 지어 나타내어 삼십 삼천 사람들과 또 모든 채녀와 더불어 분타리 꽃이 가득한 동산에서 기뻐하고 즐겁게 놀았다. 그 나타난 몸의 모양이나 상태와 광명과 의복과 오고 가고 나아가고 멈춤과 말하고 웃고 하는 것이 모두 저 하늘과 조금도 다름이 없으며, 코끼리인지 천인인지 분별할 수 없음과 같이 코끼리와 더불어 하늘이 서로 비슷했다."

"불자여! 이 이라발나 코끼리가 금협산 칠보굴 안에서는 변화할 일이 없지만, 삼십 삼천에 이르러서는 제석천왕을 공양하기 위해 가지가지의 모든 즐거움 물건으로 모양을 바꾸어 만들고 하늘과 더불어 즐거움을 받음이 다름이 없다."

"불자여! 보살마하살도 역시 차례를 좇아(復) 이와 같은 보현보살의 행과 원을 또 모든 삼매를 닦아 익히기에 많은 보배 장엄 기물이 되며, 칠보리분법(七菩提分法)을 보살의 몸으로 삼고 몸에서 놓은 광명이 그물이 되고 큰 법의 당기를 세우고 큰 법의 종을 울리고 대비를 동굴로 삼고 견고한 큰 원을 그 어금니로 삼으며, 지혜의 두려움 없기를 비유하면 사자와 같고 법의 비단을 정수리에 싸매고는 비밀을 열어 보이며, 보살의 행과 원의 저 언덕에 이른다."

"편안하게 보리의 자리에 앉아서 일체 지혜를 이루어 가장 올바른 깨우침을 얻기 위해서 보현의 광대한 행과 원을 거듭 더하여 기르고 늘리며, 물러나지 않고 쉬지 않고 끊지 않고 버리지 않으며, 가엾이 여기는 큰마음으로 정진해서 미래의 경계가 다 하도록 고통에 빠진 모든 중생을 바르게 해탈로 이끄는 것이다."

"보현의 도를 버리지 않고 가장 올바른 깨우침을 이루어 나타내니, 말할 수 없고 말로는 이를 수 없는 바른 깨우침을 이루는 문을 나타내고 말할 수 없고 말로는 이를 수 없는 깊은 마음에 머무는 문을 나타내고 말할 수 없고 말로는 이를 수 없는 광대한 국토에서 열반이 변화하는 문을 나타내고 말할 수 없고 말로는 이를 수 없는 차별되는 세계에 태어나서 보현의 행을 닦고 말할 수 없고 말로는 이를 수 없는 여래가 말할 수 없고 말로는 이를 수 없는 광대한 국토의 보리수 아래서 가장 올바른 깨우침을 이루고 또 이를 나타내며, 말할 수 없고 말로는 이를 수 없는 보살 대중이 친근하게 둘러앉아 있음을 나타낸다."

"그와 같은 한 생각 사이, 한순간에 보현의 행을 닦아 바른 깨달음을 이루며, 그와 같이 잠깐 사이에 그와 같이 일시에 그와 같이 하루에 그와 같이 반달에 그와 같이 한 달에 그와 같이 일 년에 그와 같이 수 없는 해와 그와 같이 일 겁에 보현의 행을 닦아서 바른 깨우침을 이룬다."

"차례를 좇아(復) 일체 모든 부처 세계 가운데 우두머리가 되어 부처님을 친근히 하고 머리를 숙여 예를 올리고 공양하며, 허깨비와 같은 경계를 묻고 자세히 살펴서 들여다보고 보살의 헤아릴 수 없는 모든 행과 헤아릴 수 없는 모든 지혜와 가지가지의 신통 변화와 가지가지의 위덕과 가지가지의 지혜와 가지가지의 경계와 가지가지의 신통과 가지가지의 자재와 가지가지의 해탈과 가지가지의 밝은 법과 가지가지의 가르침으로 이끄는 것과 조복하는 법을 청정하게 닦는다."

佛子 譬如伊羅鉢那象王 住金脅山七寶窟中 其窟周圍悉而七寶而爲攔楯 寶多羅樹次第行列 眞金羅網彌覆其上 象身潔白猶如珂雪 上立金幢 金爲瓔珞 寶網覆鼻 寶玲垂下 七肢成就 六牙具足 端正充滿 見者欣樂 調良善順 心無所逆 若天帝釋將欲遊行 爾時象王卽知其意 便於寶窟而沒其形 至忉利天釋主之前 以神通力種種變現 令其身有三十三頭 於一一頭化作七牙 於一一牙化作七池 一一池中有七蓮華 一一華中有七采女 一時倶秦百千天樂 是時 帝釋乘玆寶象 從難勝展往詣華園 芬陀利華徧滿其中 是時 帝釋至華園已 從象而下 入於一切寶莊嚴殿 無量采女以爲侍從 歌詠妓樂受諸快樂 爾時 象王復以神通隱其象形現作天身 與三十三天及諸采女 於芬陀利華園之內歡娛戲樂 所現身相 光明衣服 往來進止 語笑觀瞻 皆如彼天 等無有異 無能分別 此象 此天 象之與天 更互相似 佛子 彼伊羅鉢那象王 於金脅山七寶窟中無所變化 至於三十三天之上 爲欲供養釋提桓因 化作種種諸可樂物 受天快樂 與天無異 佛子 菩薩摩訶薩亦復如是 修習普賢菩薩行願及諸三昧以爲衆寶莊嚴之具 七菩提分爲菩薩身 所放光明以之爲網 建大法幢 鳴大法鐘 大悲爲窟 堅固大願以爲其牙 智慧無畏猶如師子 法繒繫頂 開示秘密 到諸菩薩行願彼岸 爲欲安處菩提之座 成一切智 得最正覺 增長普賢廣大行願 不退不息 不斷不捨 大悲精進 盡未來際度脫一切苦惱衆生 不捨普賢道 現成最正覺 現不可說不可說成正覺門 現不可說不可說轉法輪門 現不可說不可說住深心門 於不可說不可說廣大國土 現涅槃變化門 於不可說不可說差別世界 而現受生修普賢行 現不可說不可說如來 於不可說不可說廣大國土菩提樹下成最正覺 不可說不可說菩薩衆親近圍遶 或於一念頃 修普賢行而成正覺 或須臾頃 或於一時 或於一日 或於半月 或於一月 或於一年 或無數年 或於一劫 如

是乃至不可說不可說劫 修普賢行而成正覺 復於一切諸佛刹中而爲上首 親近於佛頂禮供養 請問觀察如幻境界 淨修菩薩無量諸行 無量諸智 種種神變 種種威德 種種智慧 種種境界 種種神通 種種自在 種種解脫 種種法明 種種敎化調伏之法

"불자여! 보살마하살(菩薩摩訶薩)의 본래 몸은 없어지지 않지만, 행과 원의 힘으로 일체 모든 곳에서 이와 같기에 변화하여 나타난다."

"무슨 까닭인가 하면, 보현의 자재한 신통의 힘으로 모든 중생을 조복하고자 하려는 까닭이며, 말할 수 없고 말로는 이를 수 없는 중생에게 청정함을 얻게 하려는 까닭이며, 그들이 영원히 생사의 윤회를 끊게 하려는 까닭이며, 광대한 모든 세계를 청정하게 하려는 까닭이며, 모든 여래를 항상 뵙고자 하려는 까닭이며, 모든 부처님 법의 깊은 흐름에 들어가게 하려는 까닭이며, 삼세 부처님의 씨앗이 되는 성품을 기억해서 생각하게 하려는 까닭이며, 시방의 모든 부처님 법과 법신을 기억해서 생각하게 하려는 까닭이며, 모든 보살의 행을 닦아서 원만하게 하려는 까닭이며, 보현의 흐름에 들어가서 자재하게 모든 지혜를 증득하게 하려는 까닭이다."

"불자여! 자네는 당연히 이 보살마하살의 보현행을 버리지 않고 보살의 도를 끊지 않고 모든 부처님을 보고 일체 지혜를 증득하고 일체 지혜의 법을 자재하게 받아 가짐을 본다. 마치 이라발나의 코끼리가 몸을 버리지 않고 삼십 삼천에 가서 하늘을 태우고 하늘의 즐거움을 받고 하늘에 노닐며, 천왕을 받들어 섬기고 하늘의 채녀와 더불어 즐기는 것이 모든 하늘과 같고 차별이 없는 것과 같다."

"불자여! 보살마하살도 역시 차례를 좇아(復) 이와 같아서 보현의 대승 행을 버리지 않으며, 모든 원에서 물러나지 않으며, 부처님의 자재함을 얻어서 일체 지혜를 갖추며, 부처님의 해탈을 증득해서 막힘이나 걸림이 없으며, 청정함을 성취해서 모든 국토에 물이 들거나 집착하는 것이 없고 부처님 법 가운데 분별하는 것이 없으며, 비록 모든 법이란 두루 다 평등해서 두 개의 모양이나 상태가 없음을 알지만, 항상 모든 부처님 국토를 밝게 보고 비록 삼세 모든 부처님과 이미 평등하지만, 보살행을 닦아 바르게 이어가고 끊어지지 않게 한다."

"불자여! 보살마하살이 이와 같은 보현의 행과 원이라는 광대한 법에 편안히 머물면 이 사람의 마음이 당연히 청정해지고 또 얻음을 알아야 한다."

"불자여! 이것이 보살마하살의 제10 걸림이나 막힘없는 바퀴의 큰 삼매(無礙輪大三昧)로서 특히 뛰어난 마음과 광대한 지혜이다."

佛子 菩薩摩訶薩本身不滅 以行願力於一切處如是變現 何以故 欲以普賢自在神力調伏一切諸衆生故 令不可說不可說衆生得淸淨故 令其永斷生死輪故 嚴淨廣大諸世界故 常見一切諸如來故 深入一切佛法流故 憶念三世諸佛種故 憶念十方一切佛法及法身故 普修一切菩薩諸行使圓滿故 入普賢流自在能證一切智故 佛子 汝應觀此菩薩摩訶薩 不捨普賢行 不斷菩薩道 見一切佛 證一切智 自在受用一切智法 如伊羅鉢那象王不捨象身 往三十三天 爲天所乘 爲天快樂 作天遊戲 承事天主 與天采女而作歡娛 同於諸天無有差別 佛子 菩薩摩訶薩亦復如是 不捨普賢大乘諸行 不退諸願得佛自在 具一切智 證佛解脫 無障無礙 成就淸淨 於諸國土無所染著 於佛法中無所分別 雖知諸法普皆平等無有二相 而恒明見一切佛土 雖已等同三世諸佛 而修菩薩行相續不斷 佛子 菩薩摩訶薩安住如是普賢行願廣大之法 當知是人心得淸淨 佛子此是菩薩摩訶薩第十無礙輪大三昧殊勝心廣大智

"불자여! 이것이 보살마하살이 머무는 보현행의 열 가지 큰 삼매 바퀴다."

佛子 此是菩薩摩訶薩所住普賢行十大三昧輪

대방광불화엄경 제44권

28. 십통품
十通品第二十八

이때 보현보살마하살이 모든 보살에게 깨우침을 주기 위해 말했다.

"불자여! 보살마하살은 열 가지 통함이 있으니, 무엇이 열인가."

爾時 普賢菩薩摩訶薩告諸菩薩言 佛子 普賢菩薩摩有十種通 何者爲十

제1 선근으로 다른 사람의 마음을 아는 지혜 신통(善知他心智神通)

"불자여! 보살마하살은 타인의 마음을 아는 신통한 지혜(他心智通)로 하나의 삼천대천세계에 있는 중생의 마음이 차별되는 것을 아니, 이른바 선한 마음과 선하지 않은 마음, 넓은 마음과 좁은 마음, 큰마음과 작은 마음, 생사를 거스르지 않고 따르는 마음과 생사를 등지는 마음, 성문의 마음과 독각의 마음과 보살의 마음과 성문을 행하는 마음과 독각을 행하는 마음과 보살행을 하는 마음과 하늘의 마음과 용의 마음과 야차의 마음과 건달바의 마음과 아수라의 마음과 가루라의 마음과 긴나라의 마음과 마후라가의 마음과 사람의 마음과 사람이 아닌 마음과 지옥의 마음과 축생의 마음과 염마왕이 있는 곳의 마음과 아귀의 마음과 모든 팔난 처 중생의 마음이다. 이와 같은 등등의 헤아릴 수 없이 차별하는 가지가지의 중생 마음을 남김없이 분별해서 알고 하나의 세계와 이와 같은 백 세계와 천 세계와 백천 세계와 백천 나유타 세계뿐만 아니라 말할 수 없고 말로는 이를 수 없는 부처 세계의 티끌 수와 같은 세계 가운데 있는 중생의 마음을 남김없이 분별해서 안다."

"이 이름이 제1 선근으로 다른 사람의 마음을 아는 지혜 신통이다."

佛子 菩薩摩訶薩以他心智通 知一三千大千世界衆生心差別 所謂 善心 不善心 廣

心 狹心 大心 小心 順生死心 背生死心 聲聞心 獨覺心 菩薩心 聲聞行心 獨覺行心 菩薩行心 天心 龍心 夜叉心 乾闥婆心 阿修羅心 迦樓羅心 緊那羅心 摩睺羅伽心 人心 非人心 地獄心 畜生心 閻魔王心 餓鬼心 諸難處衆生心 如是等無量差別種種衆生心悉分別知 如一世界 如是百世界 千世界 百千世界 百千億那由他世界 乃至不可說不可說佛刹微塵數世界中所有衆生心悉分別知 是名 菩薩摩訶薩第一善知他心智神通

제2 막힘이나 걸림이 없는 하늘 눈 지혜의 신통(無礙天眼智神通)

"불자여! 보살마하살은 막힘이나 걸림이 없는 청정한 하늘의 눈 신통으로 헤아릴 수 없고 말할 수 없고 말로는 이를 수 없는 부처 세계의 티끌 수와 같은 세계 가운데 있는 중생들이 이곳에서 죽어 저곳에서 태어나는 즐거움이 있는 경계와 불길함이 있는 경계와 복이 되는 모양이나 상태와 죄가 되는 모양이나 상태와 늘 좋고 늘 추함과 늘 더럽고 늘 청정한 이와 같은 갖가지 종류의 헤아릴 수 없는 중생을 본다. 이른바 하늘의 무리와 용의 무리와 야차의 무리와 건달바 무리와 아수라 무리와 가루라 무리와 긴나라 무리와 마후라가 무리와 사람의 무리와 사람이 아닌 무리와 미세한 몸의 중생 무리와 광대한 몸의 중생 무리와 작은 무리와 큰 무리이다."

"이와 같은 가지가지의 중생 무리 가운데를 막힘이나 걸림이 없는 눈으로 빠짐없이 다 보지만, 쌓은 업을 따르며, 받은 괴로움과 즐거움을 따르며, 마음을 따르고 분별을 따르고 소견을 따르고 언성을 따르고 까닭을 따르고 업을 따르며, 결과가 있음을 따르고 일으키는 것을 따라서 모두 이를 보기에 어긋나거나 그릇됨이 없다."

"이 이름이 제2 막힘이나 걸림이 없는 하늘 눈 지혜의 신통(無礙天眼智神通)이다."

佛子 菩薩摩訶薩以無礙淸淨天眼智通 見無量不可說不可說佛刹微塵數世界中衆生 死此生彼 善趣 惡趣 福相 罪相 或好或醜 或垢或淨 如是品類無量衆生 所謂 天衆 龍衆 夜叉衆 乾闥婆衆 阿修羅衆 迦樓羅衆 緊那羅衆 摩睺羅伽衆 人衆 非人衆 微細身衆生衆 廣大身衆生衆 小衆 大衆 如是種種衆生衆中 以無礙眼悉皆明見 隨所積集業 隨所受苦樂 隨心 隨分別 隨見 隨言說 隨因 隨業 隨所緣 隨所起 悉皆見之

無有錯謬 是名 菩薩摩訶薩第二無礙天眼智神通

제3 과거 겁의 지나간 경계를 아는 지혜의 신통(知過去際劫宿住智神通)

"불자여! 보살마하살은 지나간 세상일을 생각을 따라 기억하는 지혜의 신통(宿住隨念智通)으로 자신 및 말할 수 없고 말로는 이를 수 없는 부처 세계의 티끌 수와 같은 세계 가운데 있는 모든 중생의 말할 수 없고 말로는 이를 수 없는 부처 세계의 티끌 수와 같은 겁 전에 머무른 일을 능히 안다. 이른바 어떠한 곳에 태어나서 이와 같은 이름과 이와 같은 성씨와 이와 같은 종족과 이와 같은 음식과 이와 같은 괴로움이나 즐거움이 비롯됨 없이 좇아 오는 일로 모든 있음(有爲) 가운데 인(因)과 연(緣)으로 반복해서 자라나고 차례를 따라 계속 이어지면서 윤회를 끊지 못하는 가지가지의 물건 종류와 가지가지의 국토와 가지가지의 부류로 태어남과 가지가지의 형상과 가지가지의 업과 행과 가지가지로 뭉친 일과 가지가지의 마음과 가지가지의 인연으로 태어나고 차별된 이와 같은 등등의 일들을 남김없이 다 깨달아 안다."

"또 생각하니, 과거 그러한 부처 세계의 티끌 수와 같은 겁 전에 그러한 부처 세계의 티끌 수와 같은 세계 가운데 그러한 부처 세계의 티끌 수와 같은 모든 부처님이 계시고 한 분 한 분 부처님의 이와 같은 명호와 이와 같은 출흥과 이와 같은 대중의 모임과 이와 같은 부모와 이와 같은 시자와 이와 같은 성문과 이와 같은 가장 뛰어난 두 제자와 이와 같은 성읍과 이와 같은 출가와 차례를 좇아 이와 같은 보리수 아래서 가장 올바른 깨우침을 이룸과 이와 같은 곳에서 이와 같은 자리에 앉아 이와 같은 약간의 경전을 널리 펴서 설하여 그러한 중생들에게 이익이 되도록 하던 이와 같은 일과 그러한 시기에 수명에 머무름과 이와 같은 약간의 부처님 일을 베풀어 지어감과 남음이 없음을 의지하고 반열반계(般涅槃界)에 의지해서 반열반(般涅槃)하며, 반열반 후에 법에 머무름이 오래되고 가깝다는 등등의 이와 같은 일체를 남김없이 다 기억해서 생각한다."

"또 말할 수 없고 말로는 이를 수 없는 부처 세계의 티끌 수와 같은 부처님의 이름을 기억하고 하나하나의 이름마다 말할 수 없고 말로는 이를 수 없는 부처 세계의 티끌 수와 같은 부처님이 처음 마음을 일으켜서 원을 세우고 행을 닦으며, 모든 부처님께 공양하고 중생을 조복하고 모인 대중에게 법을 설하고 수명이 많고 적음과 신통 변화뿐만 아니라 무여열반(無餘涅槃)에 이르기까지 들어가며, 반열반 후에 법에 머무름이 오래되고 가까움과 탑 묘를 지어 세우고 가지가지로 장엄해서 모든 중생이 선근 종자 심은 것을 빠짐없이 다 능히 안다."

"이 이름이 보살마하살의 제3 과거 겁의 지나간 경계를 아는 지혜의 신통(知過去際劫宿住智神通)이다."

佛子 菩薩摩訶薩以宿住隨念智通 能知自身及不可說不可說佛刹微塵數世界中一切衆生 過去不可說不可說佛刹微塵數劫宿住之事 所謂 某處生 如是名 如是姓 如是種族 如是飮食 如是苦樂 從無始來 於諸有中 以因以緣 展轉滋長 次第相續 輪迴不絶 種種品類 種種國土 種種趣生 種種形相 種種業行 種種結使 種種心念 種種因緣受生差別 如是等事皆悉了知 又憶過去爾所佛刹微塵數劫 爾所佛刹微塵數世界中有爾所佛刹微塵數諸佛 一一佛如是名號 如是出興 如是衆會 如是父母 如是侍者 如是聲聞 如是最勝二大弟子 於如是城邑 如是出家 復於如是菩提樹下成最正覺 於如是處 坐如是座 演說如是若干經典 如是利益爾所衆生 於爾所時住於壽命 施作如是若干佛事 依無餘依般涅槃界而般涅槃 般涅槃後法住久近 如是一切悉能憶念 又憶念不可說不可說佛刹微塵數諸佛名號 一一名號有不可說不可說佛刹微塵數佛 從初發心 起願修行 供養諸佛 調伏衆生 衆會說法 壽命多少 神通變化 乃至入於無餘涅槃 般涅槃後法住久近 造立塔廟種種莊嚴 令諸衆生種植善根 皆悉能知 是名 菩薩摩訶薩第三知過去際劫宿住智神通

제4 미래 겁의 경계를 다 아는 지혜의 신통(知盡未來際劫智神通)

"불자여! 보살마하살은 미래 겁의 경계를 다 아는 지혜의 신통으로 말할 수 없고 말로는 이를 수 없는 부처 세계의 티끌 수와 같은 세계에 있는 겁을 알고 하나하나의 겁 가운데 있는 중생들이 죽었다 다시 태어나는 일에 모든 있음을 바탕으로 계속 이어받는 업의 행과 과보와 그와 같은 선하고 그와 같은 선하지 못함과 그와 같이 벗어나 나감과 그와 같이 벗어나지 못함과 그와 같은 결정과 그와 같이 결정하지 못함과 그와 같은 삿된 선정과 그와 같은 바른 선정과 그와 같은 선근과 더불어 같이 하는 일과 그와 같은 선근이 더불어 같이 하지 않음과 그와 같은 선근을 온전하게 갖춤과 그와 같은 선근을 갖추지 못함과 그와 같은 선근을 거두어 취함과 그와 같은 선근을 거두어 취하지 못함과 그와 같은 선근을 쌓아서 모음과 그와 같은 선근을 쌓아서 모으지 못함과 그와 같은 죄의 법을 쌓아서 모음과 그와 같은 죄의 법을 쌓아서 모으지 않은 이와 같은 일체를 빠짐없이 다 깨달아 안다."

"또 말할 수 없고 말로는 이를 수 없는 부처 세계의 티끌 수와 같은 세계의 미래 겁이 다하도록 말할 수 없고 말로는 이를 수 없는 부처 세계의 티끌 수와 같은 겁이 있음을 알고 하나하나의 겁에 말할 수 없고 말로는 이를 수 없는 부처 세계의 티끌 수와 같은 모든 부처님의 이름이 있고 하나하나의 이름에 말할 수 없고 말로는 이를 수 없는 부처 세계의 티끌 수와 같은 모든 부처님 여래가 계시며, 한 분 한 분의 여래가 처음 마음을 일으켜서 이 마음을 따라 원을 세우고 행을 닦으며, 부처님께 공양하고 중생을 가르쳐 생육하고 대중의 모임에서 법을 설함과 수명이 많고 적음과 신통 변화뿐만 아니라 무여열반에 들고 반열반 후에 법에 머무름이 오래되고 가까움과 탑 묘를 지어 세우고 가지가지로 장엄해서 모든 중생에게 선근 종자를 심게 하는 이와 같은 등등의 일을 남김없이 다 깨달아 안다."

"이 이름이 보살마하살의 제4 미래 겁의 경계를 다 아는 지혜의 신통(知盡未來際劫智神通)이다."

佛子 菩薩摩訶薩以知盡未來際劫智通 知不可說不可說佛刹微塵數世界中所有劫 一一劫中所有衆生 命終受生 諸有相續 業行果報 若善 若不善 若出離 若不出離 若決定 若不決定 若邪定 若正定 若善根與使俱 若善根不與使俱 若具足善根 若不具足善根 若攝取善根 若不攝取善根 若積集善根 若不積集善根 若積集罪法 若不積集罪法 如是一切皆能了知 又不可說不可說佛刹微塵數世界 盡未來際有不可說不可說佛刹微塵數劫 一一劫有不可說不可說佛刹微塵數諸佛名號 一一名號有不可說不可說佛刹微塵數諸佛如來 一一如來 從初發心 起願立行 供養諸佛 敎化衆生 衆會說法 壽命多少 神通變化 乃至入於無餘涅槃 般涅槃後法住久近 造立塔廟種種莊嚴 令諸衆生種植善根 如是等事悉能了知 是名 菩薩摩訶薩第四知盡未來際劫智神通

제5 막힘이나 걸림 없는 청정한 귀로 듣는 지혜의 신통(無礙淸淨天耳智神通)

"불자여! 보살마하살은 막힘이나 걸림 없는 청정한 하늘 귀를 성취해서 원만하고 광대하며, 귀를 환하게 뚫어서 걸림이나 막힘을 벗어나며, 분명하게 통달해서 가로막은 것이 없으며, 온전하게 성취해서 모든 일체 음성을 듣기도 하고 듣지 않기도 하는 일에 뜻을 따라 자재하다."

"불자여! 동방에 말할 수 없고 말로는 이를 수 없는 부처 세계의 티끌 수와 같은 부처님이 계시고 이 모든 부처님이 말씀하시고 보여주고 열어서 널리 펴고 편안히 세우고 가르치고 이끌어서 올바른 방향으로 나가게 하고 조복하고 기억해서 생각하고 분별한 깊고 깊은 광대한 가지가지의 차별과 헤아릴 수 없는 방편과 헤아릴 수 없는 섬세하고 능숙한 선근과 청정한 법으로서의 저 일체를 다 능히 받아 가진다."

"또 그 가운데 그와 같은 뜻과 그와 같은 글월과 그와 같은 한 명의 사람과 그와 같은 대중의 모임에 그 말과 같이하고 그 지혜와 같이하고 분명하게 통달한 것과 같이하고 나타내 보인 것과 같이하고 조복 한 것과 같이하고 그 경계와 같이하고 그 의지한 것과 같이하고 그 도로 나아간 것 같은 저 일체를 능히 다 기억해서 가지고 잊어버리지 않고 잃어버리지 않고 끊지 않고 물러나지 않으며, 헤매는 것이 없고 의심하지도 않고 다른 이들을 위해 널리 펴서 설하고는 깨우침을 깨달아 알음을 얻어 마침내 한 글자 한 구절도 잃거나 잊지 않게 한다. 이렇듯 동방과 같이 남방, 서방, 북방과 네 간방과 상과 하에서도 역시 차례를 좇아(復) 이와 같다."

"이 이름이 제5 막힘이나 걸림 없는 청정한 귀로 듣는 지혜의 신통(無礙淸淨天耳智神通)이다."

佛子 菩薩摩訶薩成就無礙淸淨天耳 圓滿廣大 聰徹離障 了達無礙 具足成就 於諸一切所有音聲 欲聞 不聞 隨意自在 佛子 東方有不可說不可說佛刹微塵數佛 是諸佛所說 所示 所開 所演 所安立 所敎化 所調伏 所憶念 所分別 甚深廣大 種種差別 無量方便 無量善巧淸淨之法 於彼一切皆能受持 又於其中若義 若文 若一人 若衆會 如其音辭 如其智慧 如所了達 如所示現 如所調伏 如其境界 如其所依 如其出道 於彼一切悉能記持 不忘不失 不斷不退 無迷無惑 爲他演說 令得悟解 終不忘失一文一句 如東方 南 西 北方 四維 上 下 亦復如是 是名 菩薩摩訶薩第五無礙淸淨天耳智神通

제6 체성이 없고 움직임이 없음에 머물면서 모든 부처님 세계에 가는 지혜의 신통(住無體性無動作往一切佛剎智神通)

"불자여! 보살마하살이 체성(體性)이 없는 신통과 지음이 없는 신통과 평등한 신통과 광대한 신통과 헤아릴 수 없는 신통과 의지하는 것이 없는 신통과 생각을 따르는 신통과 일어나는 신통과 일어남이 없는 신통과 물러나지 않는 신통과 끊지 않는 신통과 무너지지 않는 신통과 늘리고 키우는 신통과 부처님이 머무는 곳을 따라 머물면 이 보살은 지극히 멀고 먼 일체 세계 가운데 있는 부처님의 이름도 들으니, 이른바 수 없는 세계 헤아릴 수 없는 세계뿐만 아니라 말할 수 없고 말로는 이를 수 없는 부처 세계의 티끌 수와 같은 세계에 있는 부처님 이름까지이며, 그 이름을 들은 후에는 자신의 몸이 그 부처님 세계에 있음을 본다."

"저 모든 세계가 늘 우러르고 늘 뒤집혀 있기에 각각의 형상과 각각의 방위와 각각의 차별과 끝이 없고 막힘이나 걸림이 없으며, 가지가지의 국토와 가지가지의 시기와 겁 동안에 헤아릴 수 없이 많은 공덕으로 각각 다른 장엄을 하였다. 여래가 그 가운데 출현해서 신통 변화를 나타내 보이고 이름을 일컬어 드날리고 헤아릴 수 없고 수 없는 것이 각각 같지 않지만, 이 보살이 그 모든 여래의 이름을 한 번 듣고는 본래의 처소에서 움직이지 않고 그 몸이 부처님 처소에 있기에 엎드려 예를 올리고 존중하며, 받들어 섬기어 공양하는 것을 보고 보살의 법을 묻고 부처님의 지혜에 들어가며, 모든 부처님 국토의 도량에 모인 대중과 또 말씀하신 법을 남김없이 분명하게 깨달아 알고 통달해서 마지막까지 이르렀기에 취하거나 집착하는 것이 없다."

"이와 같은 말할 수 없고 말로는 이를 수 없는 부처 세계의 티끌 수와 같은 겁 동안 시방에 두루 이르지만, 가는 바가 없다. 그렇기는 하지만 세계로 향해 나아가 부처님을 자세히 뵙고 법을 듣고 도를 여쭙는 일이 끊어지지 않고 그만두거나 버리지 않으며, 피곤해하거나 싫어함이 없으며, 보살행을 닦아서 큰 원을 성취하고 남김없이 온전하게 갖추고 물러선 적이 없으니, 이는 여래의 광대한 종성을 끊어지지 않게 하려는 까닭이다."

"이 이름이 보살마하살의 제6 체성이 없고 움직임이 없음에 머물면서 모든 부처님 세계에 가는 지혜의 신통(住無體性無動作往一切佛剎智神通)이다."

佛子 菩薩摩訶薩住無體性神通 無作神通 平等神通 廣大神通 無量神通 無依神通 隨念神通 起神通 不起神通 不退神通 不斷神通 不壞神通 增長神通 隨詣

神通 此菩薩聞極遠一切世界中諸佛名 所謂 無數世界 無量世界乃至不可說不可說佛刹微塵數世界中諸佛名 聞其名已 卽自見身在彼佛所 彼諸世界或仰或覆 各各形狀 各各方所 各各差別 無邊無礙 種種國土 種種時劫 無量功德各別莊嚴 彼彼如來於中出現 示現神變 稱揚名號 無量無數 各各不同 此菩薩一得聞彼諸如來名 不動本處 而見其身在彼佛所 禮拜尊重 承事供養 問菩薩法 入佛智慧 悉能了達諸佛國土道場衆會及所說法 至於究竟無所取著 如是 經不可說不可說佛刹微塵數劫 普至十方而無所住 然詣佛刹觀佛聽法請道 無有斷絕 無有廢捨 無有休息 無有疲厭 修菩薩行 成就大願 悉令具足 曾無退轉 爲令如來廣大種性不斷絕故 是名 菩薩摩訶薩第六住無體性無動作往一切佛刹智神通

제7 선근으로 모든 말을 분별하는 지혜의 신통(善分別一切言辭智神通)

"불자여! 보살마하살은 선근으로 모든 중생의 말과 소리를 분별하는 지혜의 신통으로 말할 수 없고 말로는 이를 수 없는 부처 세계의 티끌 수와 같은 세계에 있는 중생의 가지가지의 말을 아니, 이른바 성인(聖人)의 말과 성인이 아닌 자의 말과 하늘의 말과 용의 말과 야차의 말과 건달바, 아수라, 가루라, 긴나라, 마후라가 등등의 사람과 사람이 아닌 이들의 말뿐만 아니라 말할 수 없고 말로는 이를 수 없는 중생이 가지고 있는 말을 각각 표시하는 것에 이르기까지 가지가지로 차별하는 이와 같은 일체를 빠짐없이 분명하게 깨달아 안다."

"이 보살이 들어가는 세계를 따라 그 가운데 있는 모든 중생이 가지고 있는 성품과 욕망을 능히 알고 성품이나 욕망과 같이 말을 내기 위해서 남김없이 깨우침을 깨달아 능히 알고 의심이 없다. 이는 햇빛이 나타나 많은 색을 두루 비추면 눈이 있는 자는 남김없이 다 분명하게 보게 되듯이, 보살마하살도 역시 차례를 좇아(復) 이와 같아서 선근으로 모든 말을 분별하는 지혜로 모든 말의 깊은 구름으로 들어가 가지고 있는 말을 모든 세간의 총명하고 슬기로운 자가 남김없이 깨우침을 깨달아 알고 얻게 한다."

"이 이름이 보살마하살의 제7 선근으로 모든 말을 분별하는 지혜의 신통(善分別一切言辭智神通)이다."

佛子 菩薩摩訶薩以善分別一切衆生言音智通 지不可說不可說佛刹微塵數世界中衆生種種言辭 所謂 聖言辭 非聖言辭 天言辭 龍言辭 夜叉言辭 乾闥婆 阿修羅 迦樓羅 緊那羅 摩睺羅伽 人及非人及乃至不可說不可說衆生所有言辭 各各表示 種種差別 如是一切皆能了知 此菩薩隨所入世界 能知其中一切衆生所有性欲 如其性欲爲出言辭 悉令解了無有疑惑 如日光出現 普照衆色 令有目者悉得明見 菩薩摩訶薩亦復如是 以善分別一切言辭智 深入一切言辭雲 所有言辭令際世間聰慧之者悉得解了 是名 菩薩摩訶薩第七善分別一切言辭智神通

제8 수 없는 색신의 지혜로운 신통(無數色身智神通)

"불자여! 보살마하살은 헤아릴 수 없는 아승기 색신의 장엄을 태어나게 하는 지혜의 신통으로 일체 법이 색의 모양이나 상태를 멀리 벗어나고 차별된 모양이나 상태가 없고 가지가지의 모양이나 상태가 없으며, 헤아릴 수 없이 많은 모양이나 상태가 없고 푸르고 누렇고 붉고 흰 모양이나 상태가 없음을 안다."

"보살은 이와 같음의 법계에 들어가서 그 몸을 나타내어 가지가지의 색을 지으니, 이른바 끝없는 색, 헤아릴 수 없는 색, 청정한 색, 장엄한 색, 두루 너른 색, 비할 데 없는 색, 널리 비추는 색, 위로 늘리는 색, 어기거나 거슬림 없는 색, 모든 모양이나 상태를 갖춘 색, 모든 악을 벗어나 색, 큰 위력의 색, 존중하는 색, 다하고 다함이 없는 색, 많이 섞인 빼어난 색, 매우 단정한 색, 양으로 헤아릴 수 없는 색, 선근으로 지키고 보호하는 색, 능히 성숙하는 색, 모양이 바뀜을 따르는 색, 막힘이나 걸림이 없는 색, 매우 밝게 통하는 색, 흐리고 허물이 없는 색, 지극히 맑고 청정한 색, 크게 용맹하고 건강한 색, 생각으로 미루어 알 수 없는 방편의 색, 무너지지 않는 색, 허물과 더러움을 벗어난 색, 걸림이 되는 어둠이 없는 색, 선근에 편안히 머무는 색, 빼어나게 장엄하는 색, 모든 모양이나 상태로 단정하게 장엄하는 색, 가지가지로 좋아함을 따르는 색, 크고 높고 귀한 색, 빼어난 경계의 색, 선근으로 다듬어 빛이 나는 색, 깊은 마음의 청정한 색, 불길이 치솟아 오르듯 밝음으로 채운 색, 가장 뛰어나고 광대한 색, 잠시라도 끊어짐이 없는 색, 의지할 것이 없는 색, 그 이상 더 할 수 없을 정도로 비할 수 없는 색이다."

"말로 이를 수 없는 부처 세계에 충만한 색, 늘리고 키우는 색, 견고하게 거두어 주는 색, 가장 뛰어난 공덕의 색, 모든 마음의 즐거움을 따르는 색, 깨우침을 깨달아 아는 청정한 색, 빼어난 많은 것을 쌓아 모은 색, 섬세하고 능숙한 선근으로 결정한 색, 막힘이나 걸림이 없는 색, 허공과 같이 밝고 깨끗한 색, 청정하고 즐거운 색, 모든 티끌과 허물을 벗어난 색이다."

"양으로 일컬을 수 없는 색, 빼어나게 보이는 색, 두루 보이는 색, 때를 따라 나타나 보이는 색, 적정의 색, 탐냄을 벗어난 색, 진실한 복 밭의 색, 편안함과 위로를 주는 색, 모든 두려움에서 벗어난 색, 어리석은 행을 벗어난 색, 지혜가 용맹한 색, 몸의 모양이나 상태에 막힘이나 걸림이 없는 색, 널리 노니는 두루 한 색, 마음이 의지할 것이 없는 색, 크게 사랑하는 마음으로 나타난 색, 크게 가엾이 여기는 마음으로 나타난 색, 평등하게 벗어나 나가는 색, 복덕을 온전하게 갖춘 색, 마음을 따라 기억하고 생각하는 색, 끝없이 빼어난 보배의 색, 보배 장의 밝은 빛의 색, 중생이 믿고 좋아하는 색, 일체 지혜가 앞에 나타난 색, 환희하는 눈의 색, 많은 보배로 장엄하는 제일의 색, 처할 것이 없는 색, 자재하게 나타내어 보이는 색, 가지가지의 신통한 색, 여래의 집에 태어난 색이다."

"모든 비유를 뛰어넘는 색, 법계에 두루 한 색, 대중이 다 향해서 가는 색, 가지가지의 색, 성취하는 색, 벗어나 나가는 색, 변하여 바뀌는 자를 따르는 위의의 색, 보더라도 싫어하지 않은 색, 가지가지로 밝고 청정한 색, 수 없는 빛 그물을 놓은 색, 말로 이를 수 없는 광명을 가지가지로 차별하는 색, 생각으로 미루어 알 수 없는 향의 광명으로 삼계를 뛰어넘고 더 나아가는 색, 양으로 헤아릴 수 없는 일륜의 광명으로 비추어 빛나는 색, 비할 데 없는 달의 몸을 나타내 보이는 색, 헤아릴 수 없이 사랑하고 좋아하는 꽃구름의 색, 가지가지의 연꽃 화관 구름을 내어서 장엄하는 색, 모든 세간의 향의 불꽃을 초과해서 두루 향을 피우는 색, 일체 여래의 장을 태어나게 하는 색, 말로는 이를 수 없는 음성으로 모든 법을 열어 보이고 널리 펴서 드날리는 색, 모든 보현의 행을 온전하게 갖추는 색이다."

"불자여! 보살마하살이 이와 같은 색이 없는 법계에 깊이 들어가 능히 이러한 등등의 가지가지의 색신을 나타내는 것은 변하여 바뀌는 자가 보게 하고 변하여 바뀌는 자가 생각하게 하고 변하여 바뀌는 자를 위해서 법의 바퀴를 굴리고 변하여 바뀌는 자의 때를 따르고 변하여 바뀌는 자의 모양이나 상태를 따르고 변하여 바뀌는 자가 친근히 하게 하고 변하여 바뀌는 자가 깨우침을 깨달아 알고 열게 하며, 변하여 바뀌는 자를 위해서 가지가지의 신통을 일으키고 변하여 바뀌는 자를 위해서 자재함을 나타내고 변하여 바뀌는 자를 위해서 가지가지의 능한 일들을 베푼다."

"이 이름이 보살마하살이 모든 중생을 제도하기 위한 까닭으로 부지런하게 닦아서 성취하는 제8 수 없는 색신의 지혜로운 신통(無數色身智神通)이다."

佛子 菩薩摩訶薩以出生無量阿僧祇色身莊嚴智通 知一切法遠離色相 無差別相 無種種相 無無量相 無分別相 無青 黃 赤 白相 菩薩如是入於法界 能現其身 作種種色 所謂 無邊色 無量色 清淨色 莊嚴色 普徧色 無比色 普照色 增上色 無違逆色 具諸相色 離衆惡色 大威力色 可尊重色 無窮盡色 衆雜妙色 極端嚴色 不可量色 善守護色 能成熟色 隨化者色 無障礙色 甚明徹色 無垢濁色 極澄淨色 大勇健色 不思議方便色 不可壞色 離瑕翳色 無障闇色 善安住色 妙莊嚴色 諸相端嚴色 種種隨好色 大尊貴色 妙境界色 善磨瑩色 清淨深心色 熾然明盛色 最勝廣大色 無間斷色 無所依色 無等比色 充滿不可說佛刹色 增長色 堅固攝受色 最勝功德色 隨諸心樂色 清淨解了色 積集衆妙色 善巧決定色 無有障礙色 虛空明淨色 清淨可樂色 離諸塵垢色 不可稱量色 妙見色 普見色 隨時示現色 寂靜色 離貪色 眞實福田色 能作安隱色 離諸怖畏色 離愚癡行色 智慧勇猛色 身相無礙色 遊行普徧色 心無所依色 大慈所起色 大悲所現色 平等出離色 具足福德色 隨心憶念色 無邊妙寶色 寶藏光明色 衆生信樂色 一切智現前色 歡喜眼色 衆寶莊嚴第一色 無有處所色 自在示現色 種種神通色 生如來家色 過諸譬諭色 周徧法界色 衆皆往詣色 種種色 成就色 出離色 隨所化者威儀色 見無厭足色 種種明淨色 能放無數光網色 不可說光明種種差別色 不可思香光明超過三界色 不可量日輪光明照耀色 示現無比月身色 無量可愛樂華雲色 出生種種蓮華鬘雲莊嚴色 超過一切世間香焰普熏色 出生一切如來藏色 不可說音聲開示演暢一切法色 具足一切普賢行色 佛子 菩薩摩訶薩深入如是無色法界 能現此等種種色身 令所化者見 令所化者念 爲所化者轉法輪 隨所化者時 隨所化者相 令所化者親近 令所化者開悟 爲所化者起種種神通 爲所化者現種種自在 爲所化者施種種能事 是名 菩薩摩訶薩爲度一切衆生故勤修成就第八無數色身智神通

제9 일체 법이라는 지혜의 신통(一切法智神通)

"불자여! 보살마하살은 모든 법이라는 지혜의 신통으로 일체 법이란 이름과 이름이라는 글자도 없고 성품과 성품의 씨앗이라 할 것도 없으며, 오는 것도 없으며 가는 것도 없고 다른 것도 아니고 다르지 않은 것도 아니며, 가지가지도 아니고 가지가지가 아닌 것도 아니고 둘이 아니고 둘이 아닌 것도 아니며, 나도 없고 비할 것도 없으며, 생하는 것도 아니고 없어지는 것도 아니며, 움직이지도 않고 무너지지도 않으며, 진실도 없고 허망한 것도 없으며, 하나의 모양이고 상태이며, 모양이나 상태라 할 만한 것도 없으며, 있는 것도 아니고 없는 것도 아니며, 법도 아니고 법 아닌 것도 아니며, 속된 것을 따르지 않고 속된 것을 따르지 않는 것도 아니며, 업도 아니고 업 아닌 것도 아니며, 갚은 것도 아니고 갚은 것이 아닌 것도 아니며, 유위(有爲)도 아니고 무위(無爲)도 아니며, 제일가는 이치(第一義)도 아니고 제일가는 이치가 아닌 것도 아니며, 도가 아니고 도가 아닌 것도 아니며, 벗어남도 아니고 벗어나지 않는 것도 아니며, 양도 아니고 헤아릴 수 없는 양도 아니며, 세간도 아니고 세간을 나선 것도 아니며, 인을 좇아 나는 것도 아니고 인을 좇아 나지 않는 것도 아니며, 결정도 아니고 결정 아닌 것도 아니며, 성취도 아니고 성취 아닌 것도 아니며, 나오는 것도 아니고 나오지 않는 것도 아니며, 분별도 아니고 분별 아닌 것도 아니며, 이치와 같은 것도 아니고 이치와 같지 않은 것도 아님을 안다."

"이 보살은 세속의 진실을 취하지 않고 제일가는 이치에 머물지 않고 모든 법을 분별하지 않고 문자를 세우지 않고 적멸의 성품을 거스르지 않고 따르며, 모든 원을 버리지 않고 이치를 보고 법을 알며, 법의 구름을 일으키고 펴서 법의 비를 내리고 비록 실상의 본바탕이란 말로는 이를 수 없음을 알지만, 방편과 다함이 없는 변재로 법을 따르고 이치를 따라 차례로 널리 펴서 활짝 열고는 모든 법을 말과 변재로 설하고 빠짐없이 섬세하고 능숙한 선근을 얻으며, 대자와 대비가 이미 모두 청정하기에 모든 문자의 법을 벗어난 가운데 문자를 출생해서 주어진 법과 주어진 이치를 거스르지 않고 따라 어김없이 모든 법이란 다 속된 인연을 좇아 일어남을 설한다."

"비록 말하기는 하지만 집착함이 없고 모든 법을 말하고 변재는 다함이 없고 분별해서 편안히 세우고 열어서 인도함을 보이고 모든 법의 성품을 온전하게 갖추어 밝게 나타내며, 많은 의심의 그물을 끊어서 모두 청정함을 얻게 한다."

"비록 중생을 거두지만, 진실을 버리지 않으며, 둘이 아닌 법에서 물러나지 않고 막힘이나 걸림이 없는 법의 문을 널리 펴서 설하며, 빼어난 많은 소리로 중생의 마음을 따라서 법 비를 두루 내려주면서 때를 잃지 않는다."

"이 이름이 보살마하살의 제9 일체 법이라는 지혜의 신통(一切法智神通)이다."

佛子 菩薩摩訶薩以一切法智通 知一切法無有名字 無有種性 無來 無去 非異 非不異 非種種 非不種種 非二 非不二 無我 無比 不生 不滅 不動 不壞 務實 無虛 一相無相 非無 非有 非法 非非法 不隨於俗 非不隨俗 非業 非非業 非報 非非報 非有爲 非無爲 非第一義 非不第一義 非道 非非道 非出離 非不出離 非量 非無量 非世間 非出世間 非從因生 非不從因生 非決定 非不決定 非成就 非不成就 非出 非不出 非分別 非不分別 非如理 非不如理 此菩薩不取世俗諦 不住第一義 不分別諸法 不建立文字 隨順寂滅性 不捨一切願 見義知法 興布法雲 降霔法雨 雖知實相不可言說 而以方便無盡辯才 隨法 隨義次第開演 以於諸法言辭辯說皆得善巧 大慈大悲悉已清淨 能於一切離文字法中出生文字 與法 與義隨順無違 爲說諸法悉從緣起 雖有言說而無所著 演一切法辯才無盡 分別安立 開發示導 令諸法性具足明顯 斷衆疑網悉得清淨 雖攝衆生不捨眞實 於不二法而無退轉 常能演說無礙法門 以衆妙音 隨衆生心 普雨法雨而不失時 是名 菩薩摩訶薩第九一切法智神通

제10 모든 법이 없어져 다하는 삼매 지혜의 신통(一切法滅盡三昧智神通)

"불자여! 보살마하살은 모든 법이 없어져 다하는 삼매 지혜의 신통으로 생각의 순간마다 모든 법이 없어져 다하는 삼매에 들어가지만, 또한 보살의 도에서 물러나지 않으며, 보살이 해야 할 것을 버리지 않으며, 대자 대비한 마음을 버리지 않고 바라밀을 닦고 익히는 일에 쉬지 않으며, 모든 부처님의 국토를 자세히 살피는 일에 게으르거나 싫어하지 않으며, 중생을 해탈로 바르게 이끌려는 원을 버리지 않고 법 바퀴 굴리는 일을 끊어지지 않게 하고 중생을 가르쳐 이끄는 일을 그만두지 않는다."

"모든 부처님께 공양하는 것을 버리지 않고 모든 법에 자재한 문을 버리지 않으며, 모든 부처님을 항상 가까이 보면서 이를 버리지 않으며, 모든 법을 항상 들으면서 이를 버리지 않으며, 일체 법이란 평등하기에 막힘이나 걸림 없이 자재함을 알고 모든 부처님의 법을 성취하며, 가지고 있는 뛰어난 원을 원만하게 다 얻으며, 일체 국토의 차별을 깨달아 알기에 부처님의 종성에 들어가 저 언덕에 이르며, 저 모든 여러 세계 가운데서 일체 법을 배워 법이란 모양이나 상태가 없음을 분명하게 깨달아 알며, 일체 법이란 모두 세속의 이끌림을 좇아 일어남을 알지만, 세속을 따라서 방편으로 널리 펴서 설하고 비록 모든 법에 마음이 머무는 바가 없지만, 중생의 모든 근과 하고자 하는 것을 거스르지 않고 따라 가지가지의 모든 법을 방편으로 설한다."

"이 보살이 삼매에 머물 때는 그 마음으로 좋아하는 것을 따라 그와 같이 일 겁을 머물기도 하고 그와 같이 백 겁을 머물고 그와 같이 천 겁을 머물고 그와 같이 억겁을 머물고 그와 같이 백억 겁을 머물고 그와 같이 천억 겁을 머물고 그와 같이 백천 억겁을 머물고 그와 같이 나유타 억겁을 머물고 그와 같이 백 나유타 억겁을 머물고 그와 같이 천 나유타 억겁을 머물고 그와 같이 백천 나유타 억겁을 머물고 그와 같이 수 없는 겁을 머물고 그와 같이 헤아릴 수 없는 겁을 머물 뿐만 아니라 그와 같이 말할 수 없고 말로는 이를 수 없는 겁에 이르기까지 머문다."

"보살은 이 모든 법이 없어져 다하는 삼매에 들어가서는 비록 차례를 좇아 그러한 겁을 보내는 동안 머물더라도, 몸이 흩어지지 않고 벗어나지도 않으며, 마르지 않고 근심으로 앓지 않으며, 변해서 달라지지 않으며, 보는 것도 아니고 보지 않는 것도 아니며, 없어짐도 아니고 무너짐도 아니고 피로하지 않고 게으르지 않으며, 다함을 다하지도 않는다."

"비록 있음과 없음에 단 하나도 지어가는 것이 없지만, 모든 보살의 일을 능히 이루어 책임지고 맡아서 관리하니, 이른바 늘 모든 중생을 떠나지 않고 가르쳐 바른길로 이끌어 조복하는 시기를 잃지 않고 이들이 모든 부처님 법을 키우고 늘리며, 보살의 행을 남김없이 원만하게 얻어 모든 중생에게 이익이 되게 하고자 하며, 신통한 변화로 쉬지 않음을 비유하면, 빛의 그림자가 일체를 두루 나타내지만, 이 삼매의 고요함과 같이 움직이지 않는 것과 같다."

"이것이 보살마하살의 제10 모든 법이 없어져 다하는 삼매 지혜의 신통(一切法滅盡三昧智神通)이다."

佛子 菩薩摩訶薩以一切法滅盡三昧智通 於念念中入一切法滅盡三昧 亦不退菩薩道 不捨菩薩事 不捨大慈大悲心 修習波羅蜜未嘗休息 觀察一切國土無有厭倦 不捨度衆生願 不斷轉法輪事 不廢敎化衆生業 不捨供養諸佛行 不捨一切法自在門 不捨常見一切佛 不捨常聞一切法 知一切法平等無礙 自在成就一切佛法 所有勝願皆得

圓滿 了知一切國土差別 入佛種性到於彼岸 能於彼彼諸世界中 學一切法 了法無相 知一切法皆從緣起 無有體性 然隨世俗方便演說 雖於諸法心無所住 然順衆生諸根 欲樂 方便爲說種種諸法 此菩薩住三昧時 隨其心樂 或住一劫 或住百劫 或住千劫 或住億劫 或住百億劫 或住千億劫 或住百千億劫 或住那由他億劫 或住百那由他億 劫 或住千那由他億劫 或住百千那由他億劫 或住無數劫 或住無量劫 乃至或住不可 說不可說劫 菩薩入此一切法滅盡三昧 雖復經於爾所劫住 而身不離散 不羸瘦 不變 異 非見非不見 不滅不壞 不疲不懈 不可盡竭 雖於有於無悉無所作 以能成辨諸菩薩 事 所謂 恒不捨離一切衆生 敎化調伏未曾失時 令其增長一切佛法 於菩薩行悉得圓 滿 爲欲利益一切衆生 神通變化無有休息 譬如光影普賢一切 而於三昧寂然不動 是 爲菩薩摩訶薩入一切法滅盡三昧智神通

"불자여! 보살마하살이 이와 같은 열 가지 신통에 머물면 모든 하늘의 사람이 능히 헤아려 알지 못하고 모든 중생이 능히 헤아리지 못하고 모든 성문과 모든 독각과 나머지 일체 모든 보살 대중은 이와 같음을 다 헤아려 알지 못한다."

"이 보살의 몸으로 지어가는 업은 사람의 생각으로는 헤아려 알 수가 없고 말의 업도 사람의 생각으로 헤아려 알 수 없고 뜻으로 인한 업도 사람의 생각으로는 헤아려 알 수 없고 삼매의 자재(自在)함도 사람의 생각으로는 헤아려 알 수 없고 지혜의 경계도 사람의 생각으로는 헤아려 알 수가 없으니, 오직 모든 부처님과 이 신통을 얻은 보살을 제외하고 나머지는 이 사람의 공덕을 말할 수 있거나 칭찬하거나 찬탄할 수가 없다."

"불자여! 이것이 보살마하살의 열 가지 신통이니, 그와 같은 보살마하살이 이 신통에 머물면 일체 삼세의 막힘이나 걸림이 없는 지혜의 신통을 남김없이 다 얻는다."

佛子 菩薩摩訶薩住於如是十種神通 一切天人不能思議 一切衆生不能思議 一切聲聞 一切獨覺 及與一切諸菩薩衆 如是皆悉不能思議 此菩薩 身業不可思議 語業不可思議 意業不可思議 三昧自在不可思議 智慧境界不可思議 唯除諸佛及有得此神通菩薩 餘無能說此人功德稱揚讚歎 佛子 是爲菩薩摩訶薩十種神通 若菩薩摩訶薩住此神通 悉得一切三世無礙智神通

29. 십인품
大方廣佛華嚴經十忍品第二十九

그때 보현보살이 모든 보살에게 깨우침을 주고자 말했다.
爾時 普賢菩薩告諸菩薩言

"불자여! 보살마하살은 열 가지 인(忍)이 있으니, 그와 같이 인을 얻으면 곧바로 보살의 막힘이나 걸림 없는 인의 지위에 이르고 모든 부처님 법에 막힘이나 걸림이 없고 다함이 없음을 얻는다."

"무엇이 열인가 하면, 이른바 말소리의 인, 거스르지 않고 따르는 인, 생이 없는 법의 인, 허깨비와 같은 인, 아지랑이 같은 인, 꿈같은 인, 메아리와 같은 인, 그림자와 같은 인, 변하여 바뀌는 인, 텅 빈(空) 것과 같은 인이다."

"이 열 가지 인(忍)은 삼세 모든 부처님이 이미 설했었고 지금 설하시고 곧 설하실 것이다."

佛子 菩薩摩訶薩有十種忍 若得此忍 則得到於一切菩薩無礙忍地 一切佛法無礙無盡 何者爲十 所謂 音聲忍 順忍 無生法忍 如幻忍 如焰忍 如夢忍 如響忍 如影忍 如化忍 如空忍 此十種忍 三世諸佛已說 今說 當說

제1 음성인(말소리의 인忍)

"불자여! 무엇을 두고 보살마하살의 음성인이라 이르는가."

"부처님이 말씀하시는 법을 듣고 놀라지 않고 두려워하지 않으며, 깊이 믿고 깨우침을 깨달아 얻어 즐겁고 친밀하게 향해서 이르고 다른 것이 섞이지 않는 순수한 마음으로 생각하고 닦고 익혀서 편안히 머무는 것이니, 이 이름이 보살하마하살의 제1 음성인이다."
佛子 云何爲菩薩摩訶薩音聲忍 謂聞諸佛所說之法不驚 不怖 不畏 深信悟解 愛樂 趣向 專心憶念 修習安住 是名 菩薩摩訶薩第一音聲忍

제2 거스르지 않고 따르는 인(順忍)

"불자여! 무엇을 두고 보살마하살의 거스르지 않고 따르는 인(順忍)이라 하는가."
"이르기를 모든 법을 사유하고 자세히 살펴서 들여다보며, 평등하고 어기지 않으면서 순하게 따라 깨달아 알며, 마음을 청정하게 하고 바르게 머물면서 닦고 익히며, 향해 들어가 성취하는 것이니, 이 이름이 보살마하살의 제2 거스르지 않고 따르는 인이다."
佛子 云何爲菩薩摩訶薩順忍 謂於諸法 思惟觀察 平等無違 隨順了知 令心淸淨 正住修習 趣入成就 是名 菩薩摩訶薩第二順忍

제3 생이 없는 법의 인(無生法忍)

"불자여! 무엇을 두고 보살마하살의 생이 없는 법의 인(無生法忍)이라 하는가.
"불자여! 이 보살은 작은 법 하나도 나지 않음을 보고 또한 작은 법 하나도 없어지는 것을 보지 못한다. 무슨 까닭인가 하면, 그와 같이 나지 않으면 곧 없어짐이 없고 그와 같이 없어짐이 없으면 곧 다함이 없고 그와 같이 다함이 없으면 곧 티끌을 벗어나고 그와 같이 티끌을 벗어나면 곧 차별이 없고 그와 같이 차별이 없으면 곧 임시로 머물 곳이 없고 그와 같이 임시로 머물 곳이 없으면 곧 적정(寂靜.五蘊淸淨位)하고 그와 같이 적정하면 곧 욕망을 벗어나고 그와 같이 욕망을 벗어나면 곧 지을 것이 없고 그와 같이 지을 것이 없으면 곧 원이 없고 그와 같이 원이 없으면 곧 가는 것도 없으며, 오는 것도 없음이니, 이 이름이 제3 생이 없는 법의 인이다."
佛子 云何爲菩薩摩訶薩無生法忍 佛子 此菩薩摩訶薩不見有少法生 亦不見有少法

藏 何以故 若無生則無滅 若無滅則無盡 若無盡則離垢 若離垢則無差別 若無差別則無處所 若無處所則寂靜 若寂靜則離欲 若離欲則無作 若無作則無願 若無願則無住 若無住則無去無來 是名 菩薩摩訶薩第三無生法忍

제4 허깨비와 같은 인(如幻忍)

"불자여! 무엇을 두고 보살마하살의 허깨비와 같은 인(如幻忍)이라 하는가."

"불자여! 이 보살마하살은 모든 법이란 남김없이 다 허깨비와 같고 인연을 좇아 일어남을 알고 하나의 법 가운데서 많은 법을 깨우치고 많은 법에서 하나의 법을 깨우친다."

"이 보살은 모든 법이 허깨비와 같음을 이미 알았기에 국토를 분명하게 깨우쳐 통하고 중생을 분명하게 깨우쳐 통하고 법계를 분명하게 깨우쳐 통하고 세간의 평등함을 분명하게 깨우쳐 통하고 부처님 나타나 나오심이 평등한 것임을 분명하게 깨우쳐 통하고 삼세가 평등함을 분명하게 깨우쳐 통해서 가지가지의 신통 변화를 성취한다."

"비유하면 허깨비 같기에 코끼리도 아니고 말도 아니고 수레도 아니고 걷는 것도 아니고 남자도 아니고 여자도 아니고 남자아이도 아니고 여자아이도 아니고 나무도 아니고 잎도 아니고 꽃도 아니고 열매도 아니고 땅도 아니고 물도 아니고 불도 아니고 바람도 아니고 낮도 아니고 밤도 아니고 해도 아니고 달도 아니고 반달도 아니고 한 달도 아니고 일 년도 아니고 백 년도 아니고 일 겁도 아니고 많은 겁도 아니고 선정도 아니고 산란함도 아니고 순수하지 않고 섞이지도 않고 하나도 아니고 다르지도 않고 넓은 것도 아니고 좁은 것도 아니고 많은 것도 아니고 적은 것도 아니고 양이 있는 것도 아니고 헤아릴 수 없음도 아니고 거친 것도 아니고 미세한 것도 아니고 일체 가지가지의 많은 물건이 아니다."

"가지가지의 많은 물건이 허깨비가 아니고 허깨비도 가지가지의 많은 물건이 아니지만, 허깨비로 인한 까닭으로 가지가지로 차별하는 일을 나타내 보이는 것과 같기에 보살마하살도 역시 차례를 좇아(復) 이와 같은 모든 세간이 허깨비와 같음을 자세히 살펴서 들여다본다. 이른바 업의 세간과 번뇌의 세간과 국토의 세간과 법의 세간과 시기의 세간과 부류의 세간과 이루어지는 세간과 무너지는 세간과 움직이는 세간과 짓고 지어가는 세간이다."

"보살마하살은 모든 세간이 허깨비와 같음을 들여다볼 때 중생이 생함을 보지 않고 중생이 없어짐을 보지 않으며, 국토가 생함을 보지 않고 국토가 없어짐을 보지 않으며, 모든 법이 생함을 보지 않고 모든 법이 없어짐을 보지 않으며, 과거가 분별할 수 있음을 보지 않고 미래가 일어남을 보지 않고 현재가 한 생각에 머무름을 보지 않으며, 보리를 자세히 살펴서 들여다보지 않고 보리를 분별하지 않으며, 부처님의 출현을 보지 않고 부처님이 열반하심을 보지 않으며, 큰 원에 머무름을 보지 않고 바른 자리에 들어가 머무름을 보지 않고 평등한 성품에서 벗어나지 않는다."

"이 보살이 비록 부처님 국토를 성취하지만, 국토가 차별이 없음을 알고 비록 중생계를 성취하지만, 중생은 차별이 없음을 알고 비록 법계를 두루 들여다보지만, 법의 성품에 편안히 머물기에 고요하고 움직이지 않으며, 비록 삼세가 평등함을 통하지만, 삼세의 법을 분별하는 일, 이 일을 어기지 않고 비록 온과 처를 성취하지만, 의지할 것과 곳을 영원히 끊고 비록 중생을 바르게 가르쳐서 해탈로 이끌지만, 법계란 평등해서 가지가지의 차별이 없음을 깨달아 알고 비록 모든 문자를 벗어나 말할 수 없음을 알지만, 항상 법을 설하는 변재가 다함이 없고 비록 중생이 변하여 바뀌는 일을 취하거나 집착하지 않지만, 가엾이 여기는 큰마음을 버리지 않고 일체를 해탈로 이끌기 위해 법의 바퀴를 굴리고 비록 과거의 인연을 열어 보이지만, 인연의 성품이 움직이거나 구르는 것(輪廻)이 없음을 아니, 이 이름이 보살마하살의 제4 허깨비와 같은 인이다."

佛子 云何爲菩薩摩訶薩如幻忍 佛子 此菩薩摩訶薩知一切法 皆悉如幻 從因緣起 於一法中解多法 於多法中解一法 此菩薩知諸法如幻已 了達國土 了達衆生 了達法界 了達世間平等 了達佛出現平等 了達三世平等 成就種種神通變化 譬如幻 非象 非馬 非車 非步 非男 非女 非童男 非童女 非樹 非葉 非華 非果 非地 非水 非火 非風 非晝 非夜 非日 非月 非半月 非一月 非一年 非百年 非一劫 非多劫 非定 非亂 非純 非雜 非一 非異 非廣 非狹 非多 非少 非量 非無量 非麤 非細 非是一切種種衆物 種種非幻 幻非種種 然由幻故 示現種種差別之事 菩薩摩訶薩亦復如是 觀一切世間如幻 所謂 業世間 煩惱世間 國土世間 法世間 時世間 趣世間 成世間 壞世間 運動世間 造作世間 菩薩摩訶薩觀一切世間如幻時 不見衆生生 不見衆生滅 不見國土生 不見國土滅 不見諸法生 不見諸法滅 不見過去可分別 不見未來有起作 不見現在一念住 不觀察菩提 不分別菩提 不見佛出現 不見佛涅槃 不見住大願 不見入正住 不出平等性 是菩薩雖成就佛國土 知國土無差別 雖成就衆生界 知衆生無差別 雖普

觀法界 而安住法性寂然不動 雖達三世平等 而不違分別三世法 雖成就蘊 處 而永斷所依 雖度脫衆生 而了知法界平等無種種差別 雖知一切法遠離文字不可言說 而常說法辯才無盡 雖不取著化衆生事 而不捨大悲 爲度一切轉於法輪 雖爲開示過去因緣 而知因緣性無有動轉 是名 菩薩摩訶薩第四如幻忍

제5 아지랑이 같은 인(焰忍)

"불자여! 무엇을 두고 보살마하살의 아지랑이 같은 인(焰忍)이라 하는가."

"불자여! 이 보살은 모든 세간이 아지랑이와 같은 것임을 아니, 비유하면 아지랑이는 일정한 방향이 없는 것과 같아서 안도 아니고 밖도 아니며, 있는 것도 아니고 없는 것도 아니며, 끊어지는 것도 아니고 항상 한 것도 아니며, 하나의 색도 아니고 가지가지의 색도 아니며, 또한 색이 없는 것도 아니지만, 단지 세간의 말을 따라 나타내 보이는 것과 같기에 보살도 이와 같은 실상의 본바탕과 같음을 자세히 살펴서 들여다보고 모든 법을 깨달아 알며, 일체를 증득하여 나타내고 원만함을 얻으니, 이 이름이 보살마하살의 제5 아지랑이와 같은 인이다."

佛子 云何爲菩薩摩訶薩如焰忍 佛子 此菩薩摩訶薩知一切世間同於陽焰 譬如陽焰無有方所 非內 非外 非有 非無 非斷 非常 非一色 非種種色亦非無色 但隨世間言說顯示 菩薩如是如實觀察 了知諸法 現證一切 令得圓滿 是名 菩薩摩訶薩第五如焰忍

제6 꿈과 같은 인(如夢忍)

"불자여! 무엇을 두고 보살마하살의 꿈과 같은 인(如夢忍)이라 하는가."

"불자여! 이 보살마하살은 모든 세간이 꿈과 같음을 아니, 비유하면 꿈이란 세간도 아니고 세간을 벗어난 것도 아니며, 욕계도 아니고 색계도 아니고 무색계도 아니며, 생함도 아니고 없어짐도 아니고 더러운 것도 아니고 청정한 것도 아니지만, 나타내 보임이 있는 것과 같이 보살마하살도 역시 차례를 좇아(復) 이와 같은 모든 세간이 남김없이 다 꿈과 같음을 아니, 이는 변해서 달라지는 것이 없는 까닭이며, 꿈이 자신의 성품과 같은 까닭이며, 꿈에 집착하는 것과 같은 까닭이며, 꿈의 성품을 벗어난 것과 같은 까닭이며, 꿈의 본래 성품과 같은 까닭이며, 꿈을 나타내는 것과 같은 까닭이며, 꿈이란 차별이 없는 것과 같은 까닭이며, 꿈은 생각으로 분별하는 것과 같은 까닭이며, 꿈이 깨었을 때와 같은 까닭이다."

"이 이름이 제6 꿈과 같은 인(如夢忍)이다."

佛子 云何爲菩薩摩訶薩如夢忍 佛子 此菩薩摩訶薩知一切世間如夢 譬如夢 非世間 非離世間 非欲界 非色界 非無色界 非生 非沒 非染 非淨 而有示現 菩薩摩訶薩亦復如是 知一切世間悉同於夢 無有變異故 如夢自性故 如夢執著故 如夢性離故 如夢本性故 如夢所現故 如夢無差別故 如夢想分別故 如夢覺時故 是名 菩薩摩訶薩第六如夢忍

제7 메아리와 같은 인(如響忍)

"불자여! 무엇을 두고 보살마하살의 메아리와 같은 인(如響忍)이라 하는가."

"불자여! 이 보살마하살은 부처님이 설하는 법을 듣고 법의 성품을 자세히 살펴서 들여다보고 배워 익혀서 저 언덕에 이르고 모든 음성이 메아리와 같아서 오는 일도 없으며, 가는 일도 없음을 알지만, 이와 같음을 나타내어 보인다."

"불자여! 이 보살마하살은 여래의 음성이 안을 좇아 나오는 것도 아니고 밖을 좇아 나오는 것도 아니고 또한 안팎을 좇아 나오는 것도 아님을 자세히 들여다본다. 비록 이 음성이 안도 아니고 밖도 아니고 안팎에서 나오는 것도 아님을 분명하게 알지만, 섬세하고 능숙한 선근(善根)을 뛰어난 글귀로 나타내 보이고 널리 펴서 설함을 성취한다."

"비유하면 골짜기의 메아리가 연을 좇아 일어나 법의 성품과 더불어 어기지 않고 모든 중생이 종류를 따라 각각 이해하고 닦아서 배우는 것이며, 제석의 부인으로서 아수라녀의 이름을 말하면 '사지舍支'이니, 하나의 음성 가운데 천 가지 종류의 소리를 내지만, 마음으로 생각하지 않고 이와 같음을 내는 것과 같다. 보살마하살도 역시 차례를 좇아(復)

이와 같은 분별이 없는 경계에 들어가 종류를 따르는 소리를 섬세하고 능숙한 선근으로 성취하고 끝이 없는 세계 가운데 항상 법의 바퀴를 굴린다."

"이 보살이 능히 선근으로 모든 중생을 자세히 살펴서 들여다보고 광대하고 긴 혀의 모양이나 상태로 널리 펴서 설하니, 그 음성이 막힘이나 걸림 없이 시방세계에 두루 하고 듣는 이들의 응하는 마음을 따르기에 법을 들음에 각각 다르며, 비록 음성이란 일으키는 것이 없음을 알지만, 음성을 두루 나타내고 비록 설하는 것이 없음을 알지만, 모든 법을 광대하게 설하고 빼어난 소리가 평등하고 같은 류를 따라 각각 이해하기에 지혜로 남김없이 능히 분명하게 알아 통달하게 한다."

"이 이름이 보살마하살의 제7 메아리와 같은 인이다."

佛子 云何爲菩薩摩訶薩如響忍 佛子 此菩薩摩訶薩聞佛說法 觀諸法性 修學成就到於彼岸 知一切音聲 悉同於響 無來無去 如是示現 佛子 此菩薩摩訶薩如來聲 不從內出 不從外出 亦不從於內外而出 雖了此聲非內 非外 非內外出 而能示現善巧名句 成就演說 譬如谷響 從緣所起 而與法性無有相違 令諸衆生隨流各解而得修學 如帝釋夫人阿修羅女 名曰 舍支 於一音中出千種音 亦不心念令如是出 菩薩摩訶薩亦復如是 入無分別果 成就善巧隨類之音 於無邊世界中恒轉法輪 此菩薩善能觀察一切衆生 以廣長舌相而爲演說 其聲無礙 徧十方土 令隨所宜 聞法各異 雖知聲無起而普現音聲 雖知無所說而廣說諸法 妙音平等 隨類各解 悉以智慧而能了達 是名 菩薩摩訶薩第七如響忍

제8 그림자와 같은 인(如影忍)

"불자여! 무엇을 두고 보살마하살의 그림자와 같은 인(如影忍)이라 하는가."

"불자여! 이 보살마하살은 세간이 나는 것도 아니고 세간이 없어지는 것도 아니며, 세간이 안에 있는 것도 아니고 세간이 밖에 있는 것도 아니며, 세간이 행하는 것도 아니고 세간이 행하지 않는 것도 아니며, 세간과 같은 것도 아니고 세간과 다르지 않으며, 세간에 가는 것도 아니고 세간에 가지 않는 것도 아니며, 세간에 머무는 것도 아니고 세간에 머물지 않는 것도 아니고 이 세간도 아니고 세간을 나아감도 아니며, 보살행을 닦은 것도 아니고 큰 원을 버리는 것도 아니고 실상의 본바탕도 아니고 실상의 본바탕이 아닌 것도 아니다. 비록 모든 부처님의 법을 항상 행하지만, 모든 세간의 일을 갖추며, 세간의 흐름을 따르지 않지만, 역시 법의 흐름에 머물지도 않는다."

"비유하면 해와 달과 남자와 여자와 집과 산과 숲과 강과 샘물 등등의 사물이 기름과 물과 몸과 보배와 거울 등 청정한 물건 가운데 그 그림자를 나타내지만, 그림자와 더불어 기름 등은 하나가 아니고 다르지도 않으며, 벗어남도 아니고 합한 것도 아니며, 강이 흐르는 가운데 또한 떠도는 것도 아니고 건너는 것도 아니며, 연못 안에 역시 잠기는 것도 아니며, 비록 그 가운데 나타나지만, 물이 들거나 집착하지 않는다. 그렇다고는 하지만, 모든 중생이 이곳에 그림자로 나타나고 있음을 알고 또한 저곳에는 그림자가 없음을 알며, 멀리 있는 물건과 가까이 있는 물건이 비록 빠짐없이 그림자를 나타내지만, 그림자는 물건을 따르지 않고 가깝거나 먼 것이 있다."

"보살마하살도 역시 차례를 좇아(復) 이와 같은 자신의 몸 및 타인의 몸이 다, 일체가 지혜의 경계임을 능히 알기에 두 가지의 깨우침을 짓지 않고 나와 남이 다르다고 이르나, 자신의 국토와 다른 이의 국토에 각각 차별해서 일시에 두루 나타난다. 종자 가운데 뿌리, 싹, 줄기, 가지, 잎이 없지만, 능히 이와 같은 등의 일이 일어나는 것처럼, 보살마하살도 역시 차례를 좇아復) 이와 같은 둘이 없는 법에서 두 가지 모양이나 상태를 분별하고 섬세하고 능숙한 선근 방편으로 막힘이나 걸림 없이 통달한다."

"이 이름이 보살마하살의 제8 그림자와 같은 인(如影忍)이다."

"보살마하살이 이 인을 성취하면 비록 시방의 국토에 나아가지 않더라도 모든 부처 세계에 나타내고 또한 이곳을 벗어나지 않고 또한 저기에 이르지도 않지만, 그림자와 같이 나타나 행하는 것이 막힘이나 걸림이 없으며, 모든 중생을 차별한 몸이 세간과 같이 견고하고 진실한 모양이나 상태와 같이 보게 하지만, 이 차별은 곧 차별이 아니기에 나누어진 것과 더불어 나누어지지 않는 것이 막힘이나 걸림이 되지 않는다."

"이 보살은 여래의 종성을 좇아 태어났기에 몸과 말과 뜻이 청정하고 막힘이나 걸림이 없는 까닭으로 능히 끝없는 색상의 청정한 몸을 얻는다."

佛子 云何爲菩薩摩訶薩如影忍 佛子 此菩薩摩訶薩 非於世間生 非於世間沒 非在世間內 非在世間外 非行於世間 非不行世間 非同於世間 非異於世間 非往於世間 非不往世間 非住於世間 非不住世間 非是世間 非出世間 非修菩薩行 非捨於大願 非實 非不實 雖常行一切佛法 而能辨一切世間事 不隨世間流 亦敷住法流 譬如日月

男子 女人 舍宅 山林 河泉等物 於油 於水 於身 於寶 於明鏡等清淨物中而現其影 影與油等 非一 非異 非離 非合 於川流中亦不漂度 於池井內亦不沈沒 雖現其中 無所染著 然諸衆生 知於此處有是影現 亦知彼處無如是影 遠物 近物雖皆影現 影不隨物而有近遠 菩薩摩訶薩亦復如是 能知自身及以他身 一切皆是智之境界 不作二解謂自 他別 而於自國土 於他國土 各各差別 一時普現 如種子中 無有根芽 莖節 枝葉而能生起如是等事 菩薩摩訶薩亦復如是 於無二法中分別二相 善巧方便 通達無礙是名 菩薩摩訶薩第八如影忍 菩薩摩訶薩成就此忍 雖不往詣十方國土 而能普現一切佛刹 亦不離此 亦不到彼 如影普現 所行無礙 令諸衆生見差別身 同於世間堅實之相 然此差別卽非差別 別與不別無所障礙 此菩薩從於如來種性而生 身 語及意淸淨無礙 故能獲得無邊色相淸淨之身

제9 변하여 바뀌는 것과 같은 인(如化忍)

"불자여! 무엇을 두고 보살마하살의 변하여 바뀌는 것과 같은 인(如化忍)이라 하는가."

"불자여! 이 보살마하살은 모든 세간이 남김없이 다 변하여 바뀌는 것과 같음을 안다. 이른바 모든 중생이 뜻으로 짓은 업이란 변하여 바뀌는 것과 같은 것이니, 이는 마주한 생각을 보고 깨우침을 일으킨 까닭이며, 모든 세간은 모든 행이 변하여 바뀌는 것과 같은 것이니, 이는 분별로 일으킨 까닭이며, 모든 괴로움과 즐거움이 거꾸로 뒤바뀐 것은 변하여 바뀌는 것과 같은 것이니, 이는 망령되게 취하여 일으킨 까닭이며, 모든 세간은 실상의 본바탕이 아닌 법이 변하여 바뀌는 것과 같은 것이니, 이는 말로 나타낸 까닭이며, 모든 번뇌는 분별함이 변하여 바뀌는 것과 같은 것이니, 이는 마주 본 생각을 일으킨 까닭이다."

"차례를 따라 청정하게 조복하는 것이 변하여 바뀌는 것과 같은 것이니, 이느 분별없이 나타내는 까닭이며, 삼세는 굴리지 않고 변하여 바뀌는 것과 같은 것이니, 이는 생이 없는 평등한 까닭이며, 보살의 원력이 변하여 바뀌는 것과 같은 것이니, 이는 광대하게 수행하는 까닭이며, 여래는 가엾이 여기는 큰마음이 변하여 바뀌는 것과 같은 것이니, 이는 방편으로 나타내 보이는 까닭이며, 법의 바퀴를 굴리는 방편이 변하여 바뀌는 것과 같은 것이니, 이는 지혜와 두려움 없음과 변재로 말하는 까닭이다."

"보살은 이와 같음으로 세간과 세간을 벗어나는 출세간이 변하여 바뀌는 것과 같음을 분명하게 깨달아 알기에 증득을 나타내어 알고 광대하게 알고 끝없이 알고 일과 같이 알고 자재하게 알고 진실하게 안다. 허망한 견해로 흔들 수 없으며, 세간의 행하는 것을 따라 행해도 또한 잃거나 무너짐이 없다."

"비유하면 변하여 바뀌는 것과 같음은 마음을 좇아 일어나는 것이 아니고 마음의 법을 따라 일어나는 것도 아니며, 업으로 생기는 것도 아니고 과보를 받는 것도 아니며, 세간에 나는 것도 아니고 세간에서 없어지는 것도 아니며, 따라서 좇아가는 것도 아니고 가지 못하게 잡은 것도 아니며, 오래 머무는 것도 아니고 잠깐 머무는 것도 아니며, 세간에 다니지도 않고 세간을 벗어나지도 않으며, 오로지 일방(一方)에 얽매이지도 않고 모든 방에 속하지도 않으며, 양이 있음도 아니고 헤아릴 수 없음도 아니며, 싫은 것도 아니고 쉬지도 않고 싫어하고 쉬지 않는 것도 아니며, 범부도 아니고 성인도 아니며, 물이 드는 것도 아니고 깨끗한 것도 아니며, 생도 아니고 죽음도 아니며, 지혜로운 것도 아니고 어리석은 것도 아니며, 보는 것도 아니고 보지 않는 것도 아니며, 세간을 의지하는 것도 아니고 법계에 들어가는 것도 아니며, 매우 영리하지 않고 지극히 아둔하지도 않으며, 취하지도 않고 취하지 않는 것도 아니며, 생사도 아니고 열반도 아니기에 있는 것도 아니고 있지 않은 것도 아니다."

"보살이 이와 같은 섬세하고 능숙한 선근 방편으로 세간에 행하면서 보살의 도를 닦으며, 세간의 법을 분명하게 깨달아 알고 몸을 나누어 변하여 바뀌는 것과 같이 가지만, 세간에 집착하지도 않고 자신의 몸을 취하지도 않으며, 세간과 몸을 분별하지 않고 세간에 머물지 않고 세간을 벗어나지도 않으며, 법에 머물지도 않고 법을 벗어나지도 않는다."

"본래의 원이 있는 까닭으로 단 하나의 중생계도 버리지 않고 아주 적은 중생계를 조복하지도 않으며, 법을 분별하지 않고 법을 분별하지 않는 것도 아니며, 모든 법의 성품은 오는 것도 없으며, 가는 것도 없음을 안다. 비록 가지고 있는 것이 없지만, 부처님의 법을 만족하며, 법이란 변하여 바뀌는 것과 같기에 있는 것도 아니고 없는 것도 아님을 분명하게 깨우쳐 안다."

"불자여! 보살마하살이 이와 같은 변하여 바뀌는 것과 같은 인(如化忍)에 편안히 머물 때 일체 모든 부처님의 보리 도를 남김없이 흡족하게 채우고 중생에게 이익이 되도록 한다."

"이 이름이 보살마하살의 제9 변하여 바뀌는 것과 같은 인이다."

"보살마하살이 이 인을 성취하면, 지어가는 모든 것이 변하여 바뀌는 것과 같으니, 비유하면 변하여 바뀌는 국토가 모든 부처님 세계에 의지해서 머무름이 없고 모든 세간을 취하고 집착함이 없으며, 모든 부처님 법에 분별을 내지 않으면서도 부처님의 보리에 나아가기를 게을리하지 않고 보살의 행을 닦아서 모든 거꾸로 뒤바뀜으로부터 벗어나며, 비록 몸은 없지만, 모든 몸을 나타내며, 비록 머물지 않지만, 많은 국토에 머물고 비록 색은 없지만, 많은 색을 두루 나타내며, 비록 실상의 본바탕, 이 경계에 집착하지 않으면서도 법의 성품을 밝게 비추어 평등하고 원만하게 한다."

"불자여! 이 보살마하살은 모든 법에 의지함이 없기에 이름이 '해탈한 자'이고 모든 잘못과 허물을 남김없이 다 버리고 벗어나기에 이름이 '조복한 자'이고 움직이지 않고 굴리지 않지만, 일체 여래의 대중 모임에 두루 들어가기에 이름이 '신통한 자'이고 생하지 않는 법에 섬세하고 능숙한 선근을 얻었기에 이름이 '물러남이 없는 자'이고 모든 힘을 갖추고 수미산과 철위산이 막힘이나 걸림이 되지 않기에 이름이 '무애자(無礙者)'이다."

佛子 云何爲菩薩摩訶薩如化忍 佛子 此菩薩摩訶薩知一切世間皆悉如化 所謂 一切衆生意業化 覺想所起故 一切世間諸行化 分別所起故 一切苦樂顚倒化 妄取所起故 一切世間不實法化 言說所起故 一切煩惱分別化 想念所起故 復有淸淨調伏化 無分別所起故 於三世不轉化 無生平等故 菩薩願力化 廣大修行故 如來大悲化 方便示現故 轉法輪方便化 智慧無畏辯才所說故 菩薩如是了知世間 出世間化 現證知 廣大知 無邊知 如事知 自在知 眞實知 非處妄見所能傾動 隨世所行亦不失壞 譬如化 不從心起 不從心法起 不從業起 不受果報 非世間生 非世間滅 不可隨逐 不可攬觸 非久住 非須臾住 非行世間 非離世間 不專繫一方 不普屬諸方 非有量 非無量 不厭不息 非不厭息 非凡 非聖 非染 非淨 非生 非死 非智 非愚 非見 非不見 非依世間 非入法界 非黠慧 非遲鈍 非取 非不取 非生死 非涅槃 非有 非無有 菩薩如是善巧方便行於世間修菩薩道 了知世法 分身化往 不著世間 不取自身 於世 於身無所分別 不住世間 不離世間 不住於法 不離於法 以本願故 不棄捨一衆世界 不調伏少衆生界 不分別法 非不分別 知諸法性無來無去 雖無所有而滿足佛法 了法如化非有非無 佛子 菩薩摩訶薩如是安住如化忍時 悉能滿足一切諸佛菩提之道 利益衆生 是名 菩薩摩訶薩第九如化忍 菩薩摩訶薩成就此忍 凡有所作悉同於化 譬如化士 於一切佛刹無所依住 於一切世間無所取著 於一切佛法不生分別 而趣佛菩提無有懈倦 修菩薩

行離諸顚倒 雖無有身而現一切身 雖無所住而住衆國土 雖無有色而普現衆色 雖不著實際而明照法性平等圓滿 佛子 此菩薩摩訶薩於一切法無所依止 名 解脫者 一切過失悉皆捨離 名 調伏者 不動不轉 普入一切如來衆會 名 神通者 於無生法已得善巧 名 無退者 具一切力 須彌 鐵圍不能爲障 名 無礙者

제10 텅 빈 것과 같은 인(如空忍)

"불자여! 어떠한 것을 두고 보살마하살의 텅 빈 것과 같은 인(如空忍)이라 하는가."

"불자여! 이 보살마하살은 모든 법계가 마치 허공과 같음을 분명하게 깨우쳐 아니, 이는 모양이나 상태가 없는 까닭이며, 모든 세계가 마치 허공과 같음이니, 이는 일어남이 없는 까닭이며, 모든 법이 마치 허공과 같음이니, 이는 둘이 아닌 까닭이며, 모든 중생의 행이 마치 허공과 같음이니, 이는 행할 것이 없는 까닭이며, 모든 부처님이 마치 허공과 같음이니, 이는 분별이 없는 까닭이며, 모든 부처님의 힘이 마치 허공과 같음이니, 이는 차별이 없는 까닭이며, 모든 선정이 마치 허공과 같음이니, 이는 셋의 경계가 평등한 까닭이며, 설하는 모든 법이 마치 허공과 같음이니, 이는 말이 없는 까닭이며, 모든 부처님의 몸이 마치 허공과 같음이니, 이는 집착도 없고 막힘이나 걸림이 없는 까닭이다. 보살이 이와 같은 허공과 같은 방편으로 모든 법이 없음을 분명하게 깨우쳐 안다."

"불자여! 보살마하살이 텅 빈 것과 같은 인의 지혜로 모든 법을 분명하게 깨우쳐 알 때 허공과 같은 몸과 몸의 업을 얻으며, 허공과 같은 말과 말의 업을 얻으며, 허공과 같은 뜻과 뜻의 업을 얻는다."

"비유하면 허공이 일체 법에 의지하는 것과 같다. 나지도 않고 죽음도 없는 것과 같기에 보살마하살도 역시 차례를 좇아(復) 이와 같은 모든 법신은 나지도 않고 죽음도 없다."

"비유하면 허공은 때려 부수거나 깨뜨려 헐어 버릴 수 없듯이, 보살마하살도 역시 차례를 좇아(復) 이와 같기에 지혜의 모든 힘을 때려 부수거나 깨뜨려 헐어 버릴 수 없다."

"비유하면 허공이 모든 세간의 의지가 되면서도 의지할 것이 없듯이, 보살마하살도 역시 차례를 좇아(復) 이와 같기에 일체 모든 법이 의지할 바가 되면서도 의지해야 할 바가 없다."

"비유하면 허공은 생함도 없고 없어짐도 없지만, 모든 세간이 생하고 없어짐을 능히 가지고 있는 것과 같이, 보살마하살도 역시 차례를 좇아(復) 이와 같은 향함도 없고 얻을 것도 없지만, 능히 향하고 얻음을 보이기에 세간을 두루 수행하고 청정하게 한다."

"비유하면 허공은 방위도 없고 모퉁이도 없지만, 끝이 없는 방위와 모퉁이를 나타내듯이, 보살마하살도 역시 차례를 좇아(復) 이와 같은 업도 없고 과보도 없으나, 능히 가지가지의 업보를 능히 나타내 보인다."

"비유하면 허공이 행하지도 않고 머물지도 않지만, 능히 가지가지의 위의를 나타내 보이듯이, 보살마하살도 역시 차례를 좇아(復) 이와 같은 행함도 아니고 머무름도 아니지만, 일체 모든 행을 능히 분별한다."

"비유하면 허공이 색도 아니고 색 아닌 것도 아니지만, 능히 가지가지의 모든 색을 나타내 보이는 것과 같이 보살마하살도 역시 차례를 좇아(復) 이와 같은 세간의 색도 아니고 세간을 벗어난 색도 아니지만, 일체 모든 색을 능히 나타내 보인다."

"비유하면 허공이 오래지도 않고 가깝지도 않지만, 오래 머무르면서 능히 모든 물건을 나타내는 것과 같이, 보살마하살도 역시 차례를 좇아(復) 이와 같음에 오래지도 않고 가깝지도 않지만, 오래도록 머물면서 보살이 행하는 모든 행을 나타내 보인다."

"비유하면 허공은 청정하지도 않고 더럽지도 않으나, 청정하고 더러움을 버리지 않은 것과 같이, 보살마하살도 역시 차례를 좇아(復) 이와 같음에 가로막힘도 아니고 가로막힘이 없는 것도 아니지만, 가로막힘과 가로막힘이 없음을 벗어나지도 않는다."

"비유하면 허공은 모든 세간을 빠짐없이 그 앞에 나타내지만, 모든 세간의 앞에 나타내지 않는 것과 같이, 보살마하살도 역시 차례를 좇아(復) 이와 같은 모든 법이 다 그 앞에 나타나지만, 일체 모든 법 앞에 나타내지 않는다."

"비유하면 허공이 일체에 두루 들어가도 끝닿은 경계가 없듯이, 보살마하살도 역시 차례를 좇아(復) 이와 같은 모든 법에 두루 들어가지만, 보살의 마음은 그 끝닿은 경계가 없다. 무슨 까닭인가 하면, 보살이 지어가는 일이 허공과 같은 까닭이다. 이른바 닦고 익힌 것과 장엄하여 청정히 한 것과 성취한 것이 빠짐없이 모두 평등하기에 한 가지 체이며, 한 가지 맛이며, 한 종류를 나눈 양이다."

"허공이 청정하기에 모든 곳에 두루 한 것과 같은 것이니, 이와 같은 일체 모든 법을 증득하고 알기에 모든 법을 분별함이 없고 일체 모든 부처님의 국토를 장엄하여 청정히 하였기에 일체 의지할 것이 없는 몸을 원만하게 하고 모든 방위를 알기에 헤매지 않고 모든 힘을 갖추었기에 꺾어서 무너뜨릴 수 없고 모든 끝없는 공덕을 만족하였기에 깊고 깊은 모든 법의 처소에 이르고 모든 바라밀 도를 통달하였기에 모든 금강 좌에 두루 앉으며, 모든 종류를 따르는 소리를 두루 일으키기에 모든 세간을 위해서 법륜을 굴림에 시기를 잃지 않는다."

"이 이름이 보살마하살의 제10 텅 빈 것과 같은 인이다."

"보살마하살이 이 인을 성취하면, 오는 것이 없는 몸을 얻으니, 이는 가는 일이 없는 까닭이며, 생함이 없는 몸을 얻으니, 이는 사라짐이 없는 까닭이며, 움직이지 않는 몸을 얻으니, 이는 무너짐이 없는 까닭이며, 실상의 본바탕이 아닌 몸을 얻으니, 이는 허망함을 벗어난 까닭이며, 하나의 모양이나 상태인 몸을 얻으니, 이는 모양이나 상태가 없는 까닭이며, 헤아릴 수 없는 몸을 얻으니, 이는 부처님의 힘이 헤아릴 수 없는 까닭이며, 평등한 몸을 얻으니, 이는 진여의 모양이나 상태와 같은 까닭이며, 차별이 없는 몸을 얻으니, 이는 삼세를 평등하게 보는 까닭이며, 모든 곳에 이르는 몸을 얻으니, 이는 깨끗한 눈으로 평등하게 비추어 막힘이나 걸림을 벗어난 까닭이며, 탐욕의 경계를 벗어난 몸을 얻으니, 이는 모든 법이란 모이고 흩어짐이 없음을 아는 까닭이다."

"허공처럼 끝닿은 경계가 없는 몸을 얻으니, 이는 복덕의 장이 허공과 같이 다함이 없는 까닭이며, 끊어짐이 없고 다함도 없는 법성의 평등을 더하여 변재의 몸을 얻으니, 이는 모든 법의 모양이나 상태가 오로지 하나의 모양이나 상태이기에 성품이 없음을 성품으로 삼아 허공과 같음을 아는 까닭이며, 헤아릴 수 없고 막힘이나 걸림이 없는 음성의 몸을 얻으니, 이는 막힘이나 걸림이 없기가 허공과 같은 까닭이며, 모든 섬세하고 능숙한 선근을 온전하게 갖추고 청정한 보살행의 몸을 얻으니, 이는 일체 모든 곳에 막힘이나 걸림이 없는 것이 허공과 같은 까닭이며, 모든 부처님 법의 바다가 차례를 따라 끊이지 않고 이어지는 몸을 얻으니, 이는 끊이지 않음이 허공과 같은 까닭이며, 모든 부처 세계 가운데 헤아릴 수 없는 부처 세계를 나타내는 몸을 얻으니, 이는 모든 탐냄과 집착을 벗어나는 일이 허공이란 끝없는 것과 같은 까닭이며, 모든 자재한 법을 나타내 보여서 휴식이 없는 몸을 얻으니, 이는 허공 대해와 같이 끝이 없는 까닭이며, 모든 것에 무너지지 않는 모든 견고한 세력의 몸을 얻으니, 이는 허공이 모든 세간을 생하기 위해 조건을 갖추어주는 까닭이며, 모든 근의 날카로움이 금강같이 견고해서 무너지지 않는 몸을 얻으니, 이는 모든 겁의 화(火)로도 허공을 태우지 못하는 까닭이며, 모든 세간을 가지는 힘의 몸을 얻으니, 이는 지혜의 힘이 허공과 같은 까닭이다."

"불자여! 이 이름들이 보살마하살의 열 가지 인(忍)이다."

佛子 云何爲菩薩摩訶薩如空忍 佛子 此菩薩摩訶薩了一切法界猶如虛空 以無相故 一切世界猶如虛空 以無起故 一切法猶如虛空 以無二故 一切衆生行猶如虛空 無所行故 一切佛猶如虛空 無分別故 一切佛力猶如虛空 無差別故 一切禪定猶如虛空 三際平等故 所說一切法猶如虛空 不可言說故 一切佛身猶如虛空 無著無礙故 菩薩如是 以如虛空方便 了一切法皆無所有 佛子 菩薩摩訶薩以如虛空忍智了一切法時 得如虛空身 身業 得如虛空語 語業 得如虛空意 意業 譬如虛空 一切法依不生不歿 菩薩摩訶薩亦復如是 一切法身不生不歿 譬如虛空 不可破壞 菩薩摩訶薩亦復如是 智慧諸力不可破壞 譬如虛空 一切世間之所依止而無所依 菩薩摩訶薩亦復如是 一切諸法之所依止而無所依 譬如虛空 無生 無滅 能持一切世間生 滅 菩薩摩訶薩亦復如是 無向 無得 能示向 得 普使世間修行清淨 譬如虛空 無方 無隅 而能顯現無邊方隅 菩薩摩訶薩亦復如是 無業 無報 而能顯示種種業 報 譬如虛空 非行 非住 而能示現種種威儀 菩薩摩訶薩亦復如是 非行 非住 而能分別一切諸行 譬如虛空 非色 非非色 而能示現種種諸色 菩薩摩訶薩亦復如是 非世間色 非出世間色 而能示現一切諸色 譬如虛空 非久 非近 而能久住 現一切物 菩薩摩訶薩亦復如是 非久 非近 而能久住 顯示菩薩所行諸行 譬如虛空 非淨 非穢 不離淨 穢 菩薩摩訶薩亦復如是 非障非無障 不離障 無障 譬如虛空 一切世間皆現其前 非現一切世間之前 菩薩摩訶薩亦復如是 一切諸法皆現其前 非現一切諸法之前 譬如虛空 普入一切 而無邊際 菩薩摩訶薩亦復如是 普入諸法 而菩薩心無有邊際 何以故 菩薩所作如虛空故 謂所有修習所有嚴淨 所有成就皆悉平等 一體 一味 一種 分量如虛空 清淨徧一切處 如是證知一切諸法 於一切法無有分別 嚴淨一切諸佛國土 圓滿一切無所依身 了一切方無有迷惑 具一切力不可摧壞 滿足一切無邊功德 已到一切甚深法處 通達一切波羅蜜道普坐一切金剛之座 普發一切隨流之音 爲一切世間轉於法輪未曾失時 是名 菩薩摩訶薩第十如空忍 菩薩摩訶薩成就此忍 得無來身 以無去故 得無生身 以無滅故 得無動身 以無壞故 得不實身 離虛妄故 得一相身 以無相故 得無量身 佛力無量故 得平等身 同如相故 得無差別身 等觀三世故 得至一切處身 淨眼等照無障礙故 得離欲際身 知一切法無合散故 得虛空無邊際身 福德藏無盡如虛空故 得無斷無盡法性平等辯才身 知一切法相唯是一相 無性爲性如虛空故 得無量無礙音聲身 無所障礙如虛空故 得具足一切善巧淸淨菩薩行身 於一切處皆無障礙如虛空故 得一切佛法海次第相續身 不可斷絶如虛空故 得一切佛刹中現無量佛刹身 離諸貪著如虛空無邊故 得

示現一切自在法無休息身 如虛空大海無邊際故 得一切不可壞堅固勢力身 如虛空任持一切世間故 得諸根明利如金剛堅固不可壞身 如虛空一切劫火不能燒故 得持一切世間力身 智慧力如虛空故 佛子 是名菩薩摩訶薩十種忍

이때 보현 보살마하살이 그 뜻을 거듭 펴고자 게송으로 말했다.
爾時 普賢菩薩摩訶薩欲重宣其義而說頌言

譬如世有人 비유하면 세간의 있는 어떤 사람이
聞有寶藏處 보배의 장이 있는 곳을 듣고
以其可得故 그것을 얻을 수 있다고 하니
心生大歡喜 환희의 큰마음을 낸다네.

如是大智慧 이와 같은 큰 지혜의
菩薩眞佛子 보살과 참된 불자가
聽聞諸佛法 모든 부처님 법의
甚深寂滅相 깊고 깊은 적멸의 모양이나 상태를 듣는다네.

聞此深法時 이 깊은 법을 들을 때
其心得安隱 그 마음이 편안히 위로를 받고
不驚亦不怖 놀라거나 또한 두렵지도 않으며
亦不生恐畏 역시 두렵다는 생각을 내지 않는다네.

大士求菩提 보살이 보리를 구할 적에
聞斯廣大音 이 광대한 소리를 듣고
心淨能堪忍 마음이 청정해지고 능히 인가해서
於此無疑惑 의심이 없다네.

自念以聞此 스스로 생각하기를

甚深微妙法 깊고 깊은 섬세하고 빼어난 이 법을 듣고
當成一切智 당연히 일체 지혜로
人天大導師 사람과 하늘의 대 도사를 이룰 것이라네.

菩薩聞此音 보살이 이 소리를 듣고
其心大歡喜 그 마음이 크게 환희하며
發生堅固意 견고한 뜻을 일으켜 세워서
願求諸佛法 모든 부처님의 법을 구하길 원한다네.

以樂菩提故 보리를 좋아하는 까닭에
其心漸調伏 그 마음을 점점 조복하고
令信益增長 믿음을 더하여 거듭 키우고 늘리며
於法無違謗 법을 멀리하거나 비방하지 않는다네.

是故聞此音 이러한 까닭으로 이 소리를 듣고는
其心得堪忍 그 마음이 뛰어난 인가를 얻고
安住而不動 편안히 머물면서 움직이지 않으며
修行菩薩行 보살행을 닦고 행한다네.

爲求菩提故 보리를 구하기 위한 까닭으로
專行向彼道 오로지 저 언덕의 도를 향해 나아가
精進無退轉 정진하고 물러나지 않으며
不捨衆善軛 많은 선근의 멍에를 버리지 않는다네.

以求菩提故 보리를 구하려는 까닭에
其心無恐畏 그 마음에 두려움이 없으며
聞法增勇猛 법을 듣고 용맹함을 더해서
供佛令歡喜 부처님께 이바지하여 환희하게 한다네.

如有大福人 큰 복이 있는 사람과 같이
獲得眞金藏 진금의 장을 얻어서
隨身所應服 몸을 꾸미는 데 필요한
造作莊嚴具 장엄 기물을 사실인 듯이 꾸며 만든다네.

菩薩亦如是 보살 또한 이와 같은
聞此甚深義 깊고 깊은 이치를 들으며
思惟增智海 사유하고 지혜의 바다를 더하면서
以修隨順法 거스르지 않고 따르는 법을 닦는다네.

法有亦順知 법이 있기에 역시 도리를 따라 알고
法無亦順知 법이 없기에 역시 도리를 따라 알며
隨彼法如是 저 법이 이와 같음을 따라서
如是知諸法 이와 같은 모든 법을 안다네.

成就淸淨心 청정한 마음을 성취하고
明徹大歡喜 분명하고 환하게 뚫어 크게 환희하며
知法從緣起 법의 원인과 결과를 좇아 알면서
勇猛勤修習 용맹하고 부지런하게 닦고 익힌다네.

平等觀諸法 모든 법을 평등하게 살펴보고
了知其自性 그 스스로 성품을 분명하게 깨달아 알며
不違佛法藏 불법의 장을 떠나지 않으면서
普覺一切法 모든 법의 도리를 두루 깨달아 안다네.

志樂常堅固 좋아하는 본심이 항상 견고하고
嚴淨佛菩提 부처님의 보리를 장엄하여 청정하며
不動如須彌 수미산과 같이 움직이지 않기에
一心求正覺 일심으로 바른 깨우침을 구한다네.

以發精進意 정진하고자 하는 뜻을 일으키고
復修三昧道 차례를 좇아 삼매의 도를 닦으며
無量劫勤行 헤아릴 수 없는 겁에 부지런히 행하여
未曾有退失 지금껏 물러나거나 잃은 적이 없다네.

菩薩所入法 보살이 들어간 법은
是佛所行處 부처님이 행하시던 곳
於此能了知 이를 분명하게 깨달아 알고
其心無厭怠 그 마음에 싫어하거나 게으름이 없다네.

如無等所說 부처님이 설하신 것과 같이
平等觀諸法 모든 법을 평등하게 자세히 들여다보고
非不平等忍 평등의 인으로
能成平等智 능히 평등한 지혜를 이룬다네.

隨順佛所說 부처님이 설하신 것을 거스르지 않고 따라
成就此忍門 이 인의 문을 성취하고
如法而了知 법대로 분명하게 깨달아 알며
亦不分別法 또한 법을 분별하지 않는다네.

三十三天中 삼십 삼천 가운데
所有諸天子 있는 모든 천자가
共同一器食 한 그릇으로 함께 밥을 먹지만
所食各不同 먹은 것이 각각 같지 않다네.

所食種種食 먹고 있는 가지가지의 밥이
不從十方來 시방을 좇아 오는 것이 아니며
如是所修業 이와 같음을 닦은 업으로
自然咸在器 자연히 그릇에 있는 것과 같다네.

菩薩亦如是 보살 또한 이와 같기에
觀察一切法 모든 법을 자세히 살펴서 들여다보고
悉從因緣起 남김없이 인연을 좇아 일어나서
無生故無滅 생함이 없는 까닭으로 없어짐도 없다네.

無滅故無盡 없어짐이 없는 까닭으로 다함이 없고
無盡故無染 다함이 없는 까닭으로 물이 듦이 없으며
於世變異法 세간이 변해서 달라지는 법이란
了知無變異 변해서 달라짐이 없음을 분명하게 깨달아 안다네.

無異則無處 조금도 다를 것이 없기에 곧 처가 없고
無處則寂滅 처가 없기에 곧 적멸하니
其心無染著 그 마음이 물이 들고 집착함이 없기에
願度諸群生 모든 중생을 바른길로 이끌길 원한다네.

專念於佛法 오로지 부처님 법만을 생각하고
未嘗有散動 지금껏 흩어지거나 흔들림이 없으며
而以悲願心 가엾이 여기는 소원하는 마음으로
方便行於世 방편을 가지고 세상에 행한다네.

勤求於十方 부지런히 시방을 구해서
處世而不住 세간에 처하나 머물지 않으며
無去亦無來 가는 것도 없고 또한 오는 것도 없이
方便善說法 선근 방편으로 법을 설한다네.

此忍最爲上 이 인이 가장 높은 것이니
了法無有盡 법을 분명하게 깨우쳐 알아 다함이 없고
入於眞法界 참된 법계에 들어가지만
實亦無所入 실제로 들어간 곳이 없다네.

菩薩住此忍 보살이 이 인에 머물면
普見諸如來 모든 여래를 두루 보고
同時與授記 동시에 수기(부처가 될 것이라는 예언)를 받으니
斯名受佛職 이 이름이 수불직(부처님의 직책을 받음)이라네.

了達三世法 삼세의 법과
寂滅淸淨相 적멸의 청정한 모양이나 상태를 분명하게 깨달아 통달하고
而能化衆生 능히 중생을 가르쳐 바른길로 이끌어서
置於善道中 선근의 도 가운데 둔다네.

世間種種法 세간의 가지가지 법이란
一切皆如幻 모든 것이 다 허깨비와 같은 것이니
若能如是知 만일 이와 같음을 알면
其心無所動 그 마음에 움직임이 없을 것이라네.

諸業從心生 모든 업을 좇아 마음이 생기는
故說心如幻 까닭에 마음이 허깨비와 같다고 말하지만
若離此分別 그와 같이 이 분별을 벗어난다면
普滅諸有趣 모든 유취를 두루 없앤다네.

譬如工幻師 비유하면 허깨비를 그려내는 사람이
普現諸色像 모든 색상을 두루 나타내어
徒令衆貪樂 많은 대중이 탐내고 좋아하게 하지만
畢竟無所得 마침내는 얻을 것이 없는 것과 같다네.

世間亦如是 세간 또한 이와 같기에
一切皆如幻 모든 것이 다 허깨비와 같으며
無性亦無生 성품도 없고 역시 생하는 것도 없지만
示現有種種 가지가지로 나타내어 보인다네.

度脫諸衆生 모든 중생을 바른길로 이끌어 해탈하게 하고
令知法如幻 법이란 허깨비와 같으며
衆生不異幻 중생도 허깨비와 다름이 없음을 알게 해서
了幻無衆生 허깨비임을 깨달아 알면 중생은 없다네.

衆生及國土 중생과 국토와
三世所有法 삼세의 법이란
如是悉無餘 이와 같음으로 모든 것은 남은 것이 없기에
一切皆如幻 일체가 다 허깨비와 같다네.

幻作男女形 허깨비로 남녀의 형상과
及象馬牛羊 코끼리, 말, 소, 양과
屋宅池泉類 집과 연못과 샘 등의 종류와
園林華果等 숲과 동산과 꽃과 과일 등을 짓는다네.

幻物無知覺 허깨비로 지은 물건은 알아서 깨닫는 것이 없고
亦無有住處 또한 머무를 곳도 없기에
畢竟寂滅相 마침내 적멸의 모양이나 상태지만
但隨分別現 단지 분별을 따라 나타낼 뿐이라네.

菩薩能如是 보살도 능히 이와 같기에
普見諸世間 모든 세간을 두루 보고
有無一切法 있음과 없음의 모든 법이란
了達悉如幻 남김없이 다 허깨비와 같음을 분명하게 깨달아 통한다네.

衆生及國土 중생과 국토는
種種業所造 가지가지의 업으로 꾸며진 것이기에
入於如幻際 이 허깨비와 같은 경계에 들어가
於彼無依著 그곳에 의지하고 집착하는 것이 없다네.

如是得善巧 이와 같은 섬세하고 능숙한 선근을 얻으면
寂滅無戲論 적멸하여 실없는 말이 없고
住於無礙地 막힘이나 걸림 없는 자리에 머물러
普現大威力 큰 위력을 두루 나타낸다네.

勇猛諸佛子 용맹한 모든 불자가
隨順入妙法 빼어난 법을 거스르지 않고 따라 들어가
善觀一切想 모든 생각과
纏網於世間 세간이 그물처럼 얽힌 것을 선근으로 자세히 본다네.

衆想如陽焰 많은 생각이 아지랑이 같아서
令衆生倒解 중생이 이해하는 것은 거꾸로 뒤바뀐 것이기에
菩薩善知想 보살은 선근으로 생각을 알아서
捨離一切倒 모든 거꾸로 뒤바뀐 것을 버리고 벗어난다네.

衆生各別異 중생은 각각 다르고
形類非一種 형상의 종류가 하나의 종이 아니며
了達皆是想 다 마주 본 생각일 뿐임을 분명하게 깨달아 통하면
一切無眞實 모든 진실은 없다네.

十方諸衆生 시방의 모든 중생이
皆爲想所覆 빠짐없이 생각에 덮여있으니
若捨顚倒見 그와 같이 거꾸로 뒤바뀌게 보는 생각을 버리면
則滅世間想 곧 세간의 생각을 없앨 것이라네.

世間如陽焰 세간은 아지랑이와 같고
以想有差別 생각으로 차별이 있으니
知世住於想 세간이 생각에 머무름을 알면
遠離三顚倒 세 가지 거꾸로 뒤바뀐 것에서 영원히 벗어난다네.

譬如熱時焰 비유하면 뜨거울 때 아지랑이가
世見謂爲水 세간에서는 물이라고 이르지만
水實無所有 물은 실제로 있는 것이 아니기에
智者不應求 지혜 있는 자는 구하지 않는다네.

衆生亦復然 중생도 역시 차례를 따라 그러하기에
世趣皆無有 세간의 취, 부류가 다 없는 것이니
如焰住於想 아지랑이와 같은 곳에 머문다 생각하면
無礙心境界 막힘이나 걸림이 없는 경계라네.

若離於諸想 그와 같은 모든 생각에서 벗어나고
亦離諸戲論 또한 모든 실없는 말까지 벗어나면
愚癡著想者 어리석은 생각에 집착하는 자들이
悉令得解脫 남김없이 해탈을 얻을 것이라네.

遠離憍慢心 교만한 마음에서 영원히 벗어나
除滅世間想 세간이라는 생각을 없애버리고
住盡無盡處 다함이 없고 다함이 없는 곳에 머무름이
是菩薩方便 보살의 방편이라네.

菩薩了世法 보살이 세간의 법이란
一切皆如夢 일체가 다 꿈같은 것임을 분명하게 깨달아 알면
非處非無處 처할 곳도 아니고 처할 곳이 없는 것도 아니기에
體性恒寂滅 체와 성이 항상 적멸할 것이라네.

諸法無分別 모든 법은 분별함이 없고
如夢不異心 꿈과 같아서 마음과 다르지 않으며
三世諸世間 삼세 모든 세간
一切悉如是 일체가 모두 이와 같다네.

夢體無生滅 꿈의 체는 생함도 없어짐도 없고
亦無有方所 또한 방소가 없(無量十方)으며
三界悉如是 삼계가 모두 이와 같기에
見者心解脫 보는 자는 마음으로 해탈한다네.

夢不在世間 꿈은 세간에 있지도 않고
不在非世間 세간이 아닌 것에도 있지 않으니
此二不分別 이 둘을 분별하지 않으면
得入於忍地 이 꿈 같은 인의 자리에 들어갈 것이라네.

譬如夢中見 비유하면 꿈속에서
種種諸異相 가지가지의 다른 모든 모양이나 상태를 보듯이
世間亦如是 세간 역시 이와 같아서
與夢無差別 꿈과 더불어 다를 것이 없다네.

住於夢定者 꿈의 선정에 머문 자는
了世皆如夢 세간이 모두 꿈과 같음을 분명하게 알아
非同非是異 같지도 않고 다르지도 않으며
非一非種種 하나가 아니고 가지가지도 아니라네.

衆生諸刹業 중생과 모든 세계의 업이란
雜染及淸淨 잡스러움에 물이 들고 또 청정한 것임을
如是悉了知 이와 같음으로 모두 깨달아 알면
與夢皆平等 꿈과 더불어 다 평등할 것이라네.

菩薩所行行 보살의 행하는 바 행이나
及以諸大願 또 모든 큰 원이란
明了皆如夢 빠짐없이 꿈과 같음을 밝고 분명하게 깨달아 아니
與世亦無別 세간과 더불어 다를 것이 없다네.

了世皆空寂 세간이 다 공적한 것임을 분명하게 깨달아 알지만
不壞於世法 세간의 법을 무너뜨리지 않으니
譬如夢所見 비유하면 꿈에서 보는 것과 같이
長短等諸色 길고 짧음이 모든 색과 평등하다네.

是名如夢忍 이 이름이 꿈과 같은 인이며
因此了世法 이로 인하여 세간의 법을 분명하게 깨달아 알면
疾成無礙智 빠르게 막힘이나 걸림 없는 지혜를 이루어
廣度諸群生 모든 중생을 널리 제도할 것이라네.

修行如是行 닦고 행함을 이와 같게 행하면
出生廣大解 넓고 큰 깨달음에 대한 이해를 낳고
巧知諸法性 모든 법의 성품을 능숙하게 알면
於法心無著 법에 마음으로 집착함이 없다네.

一切諸世間 일체 모든 세간에 있는
種種諸音聲 가지가지의 모든 음성이란
非內亦非外 안도 아니고 또한 밖도 아니니
了之悉如響 남김없이 메아리와 같음을 깨달아 안다네.

如聞種種響 가지가지의 메아리를 듣고
心不生分別 마음에 분별을 내지 않음과 같이
菩薩聞音聲 보살이 음성을 듣는
其心亦如是 그 마음 또한 이와 같다네.

瞻仰諸如來 모든 여래를 우러러보고
及聽說法音 또 법을 설하는 소리를 받아들이며
演契經無量 헤아릴 수 없는 경전과 널리 인연을 맺지만
雖聞無所著 비록 들어도 집착함이 없다네.

如響無來處 메아리는 오는 곳이 없는 것처럼
所聞聲亦然 듣는 음성도 또한 그러하지만
而能分別法 능히 법을 분별해서
與法無乖謬 법과 더불어 어긋남이 없다네.

善了諸音聲 모든 음성을 선근으로 분명하게 깨우친다 해도
於聲不分別 소리를 분별하지 않고
知聲悉空寂 소리가 모두 공적한 것임을 알아서
普出淸淨音 청정한 소리를 두루 낸다네.

了法不在言 법이란 말에 있지 않음을 분명하게 깨우쳐 알고
善入無言際 선근으로 말 없는 경계에 들어가지만
而能示言說 능히 말로 설함을 보여서
如響徧世間 세간에 메아리가 두루 한 것과 같다네.

了知言語道 말과 문자의 도를 깨달아 알고
具足音聲分 음성으로 나뉜 경계를 온전하게 갖추고
知聲性空寂 소리의 성품이 공적한 것임을 알지만
以世言音說 세간의 말과 문자로 설한다네.

如世所有音 세간이 가지고 있는 소리와 같이
示同分別法 분별하는 법이 같음을 보이니
其音悉周徧 그 소리가 남김없이 두루두루 하기에
開悟諸群生 모든 중생에게 깨우침을 활짝 열어준다네.

菩薩獲此忍 보살이 이 인을 얻은 후에는
淨音化世間 청정한 소리로 세간을 가르쳐 이끌며
善巧說三世 삼세를 섬세하고 능숙한 선근으로 설하지만
於世無所著 세간에 집착하는 것이 없다네.

爲欲利世間 세간에 이익이 되게 하고자
專意求菩提 오로지 보리만을 구하지만
而常入法性 항상 법의 성품에 들어가
於彼無分別 저 언덕(彼岸)을 분별함은 없다네. (無量十方佛刹微塵數世界를 분별하지 않는다네.)

普觀諸世間 모든 세간이
寂滅無體性 적멸하고 체와 성이 없음을 자세하게 두루 보지만
而恒爲饒益 항상 넉넉하게 이익을 더하고자
修行意不動 수행하고자 하는 뜻에 흔들림이 없다네.

不住於世間 세간에 머물지도 않으며
不離於世間 세간을 떠나지도 않고
於世無所依 세간에 의지할 것도 없음이니
依處不可得 의지할 곳이란 얻을 것도 없다네.

了知世間性 세간의 성품을 깨달아 알고
於性無染著 성품에 물들고 집착하지 않기에
雖不依世間 비록 세간에 의지하지 않지만
化世令超度 세간을 가르치고 이끌어 법도를 뛰어넘게 한다네.

世間所有法 세간에 있는 법
悉知其自性 그 법의 성품을 남김없이 알아서
了法無有二 법이란 둘이 없음을 분명하게 깨우쳐 아니
無二亦無著 둘도 없고 또한 집착함도 없다네.

心不離世間 마음은 세간을 벗어나지 않고
亦不住世間 또한 세간에 머물지도 않으며
非於世間外 세간 밖에서
修行一切智 일체 지혜를 닦고 행하는 것도 아니라네.

譬如水中影 비유하면 물속의 그림자가
非內亦非外 안도 아니고 밖도 아니듯
菩薩求菩提 보살이 보리를 구하는 것도
了世非世間 세간과 세간이 아님을 분명하게 깨우쳐 아는 것이라네.

不於世住出 세간에 있지도 않고 나가지도 않으니
以世不可說 세간을 말로는 이를 수 없으며
亦不在內外 또한 안과 밖에도 있지 않으니
如影現世間 그림자가 세간에 나타난 것과 같다네.

入此甚深義 이 깊고 깊은 이치로 들어가면
離垢志明徹 허물을 벗어나 본심을 밝게 통하기에
不捨本誓心 본래 서원한 마음을 버리지 않고
普照智慧燈 지혜의 등불을 두루 비춘다네.

世間無邊際 세간은 끝닿은 경계가 없기에
智入悉齊等 지혜로 들어가 남김없이 가지런하게 맞추어 평등하고
普化諸群生 모든 중생을 두루 가르치고 바른길로 이끌어서
令其捨衆著 그 많은 집착을 버리게 한다네.

觀察甚深法 깊고 깊은 법을 자세히 살펴서 들여다보고
利益群生衆 많은 중생에게 이익이 되니
從此入於智 이것을 좇아 지혜에 들어가
修行一切道 모든 도를 닦고 행한다네.

菩薩觀諸法 보살이 모든 법을 자세히 살펴보고
諦了悉如化 다 변하여 바뀌는 것과 같음을 진실 그대로 분명히 알고
而行如化行 변하여 바뀌는 것과 같음을 행하여
畢竟永不捨 마침내 영원히 버리지 않는다네.

隨順化自性 변하여 바뀌는 자신의 성품을 거스르지 않고 따라
修習菩提道 보리의 도를 닦고 익히니
一切法如化 모든 법이란 변하여 바뀌는 것과 같음이니
菩薩行亦然 보살의 행 또한 그러하다네.

一切諸世間 일체 모든 세간과
及以無量業 헤아릴 수 없이 많은 업이
平等悉如化 변하여 바뀌는 것과 같이 모두 평등하기에
畢竟住寂滅 마침내는 적멸에 머문다네. (마침내 般若智를 調伏받아 如來智方便海에 머문다네.)

三世所有佛 삼세에 계신 부처님
一切亦如化 모든 분이 또한 변하여 바뀌는 것과 같음이니
本願修諸行 본래의 원으로 모든 행을 닦아
變化成如來 변하여 바뀜으로 여래를 성취한다네.

佛以大慈悲 부처님의 대자와 대비로
度脫化衆生 변하여 바뀌는 중생을 바른길로 이끌어 벗어나게 하니
度脫亦如化 바른길로 이끌어 벗어나게 함도 역시 변하여 바뀌는 것과 같음이니
化力爲說法 변하여 바뀌는 힘으로 법을 설한다네.

知世皆如化 세간이 모두 변하여 바뀌는 것과 같음을 알아
不分別世間 세간을 분별하지 않지만
化事種種殊 변하여 바뀌는 일이 가지가지로 다르니
皆由業差別 이는 다 차별하는 업 때문이라네.

修習菩提行 보리의 행을 닦고 익혀서
莊嚴於化藏 변하여 바뀌는 장(如來智方便藏.二乘)을 장엄하니
無量善莊嚴 헤아릴 수 없는 선근으로 장엄함이
如業作世間 업으로 세간을 짓는 것과 같다네.

化法離分別 변하여 바뀌는 것과 같은 법은 분별을 벗어나는 것이나
亦不分別法 또한 법을 분별하지 않기에
此二俱寂滅 이 둘이 함께 적멸을 갖추니
菩薩行如是 보살의 행도 이와 같다네.

化海了於智 변하여 바뀐 바다로 지혜를 분명하게 깨달아 알고
化性印世間 변하여 바뀐 성품으로 세간을 증명해서
化非生滅法 변하여 바뀌는 것과 같음의 법은 생과 멸이 아니니
智慧亦如是 지혜 또한 이와 같다네.

第十忍明觀 제10의 인으로 밝게 살펴보면
衆生及諸法 중생과 모든 법이란
體性皆寂滅 체와 성이 모두 적멸하기에
如空無處所 허공과 같이 처소가 없다네.

獲此如空智 이 허공과 같은 지혜를 얻게 되면
永離諸取著 모든 취함과 집착에서 영원히 벗어나고
如空無種種 허공처럼 가지가지가 없기에
於世無所礙 세간에 막힘이나 걸림이 없다네.

成就空忍力 텅 빈 것과 같은 인의 힘을 성취하면
如空無有盡 텅 빈 것처럼 다함이 없고
境界如虛空 경계가 허공과 같으며
不作空分別 텅 빈 것이라는 분별도 짓지 않는다네.

虛空無體性 허공은 체와 성이 없지만
亦復非斷滅 역시 차례를 좇아 끊어져 없어진 것도 아니고
亦無種種別 또한 가지가지의 다름도 없으니
智力亦如是 지혜의 힘 또한 이와 같다네.

虛空無初際 허공은 처음이라는 경계도 없고
亦復無中後 역시 차례를 좇아 중간도 나중의 경계도 없기에
其量不可得 그 양을 얻을 수 없으니
菩薩智亦然 보살의 지혜 또한 그러하다네.

如是觀法性 이와 같은 법의 성품을 자세히 들여다보면
一切如虛空 모든 것이 허공과 같기에
無生亦無滅 나지도 않고 또한 없어지지도 않음이
菩薩之所得 보살들이 얻는 것이라네.

自住如空法 스스로 텅 빈 것과 같은 법에 머물고
復爲衆生說 차례를 좇아 중생을 위해 설하며
降伏一切魔 모든 마군을 항복 받는 것이니
皆斯忍方便 이 모든 것이 이 공과 같은 인(如空忍)의 방편이라네.

世間相差別 세간의 모양이나 상태를 차별하지만
皆空無有相 모두 텅 비어 모양이나 상태가 없고
入於無相處 모양이나 상태가 없는 곳에 들어가면
諸相悉平等 모든 모양이나 상태가 남김없이 평등할 것이라네.

唯以一方便 오직 하나의 방편으로
普入衆世間 많은 세간에 두루 들어가니
謂知三世法 이르기를 삼세의 법을 안다고 하지만
悉等虛空性 모두 허공의 성품과 같다네.

智慧與音聲 지혜와 더불어 음성과
及以菩薩身 또 보살의 몸까지도
其性如虛空 그 성품이 허공과 같기에
一切皆寂滅 일체가 다 적멸이라네.

如是十種忍 이와 같은 열 가지 인을
佛子所修行 불자들이 닦고 행하면
其心善安住 그 마음이 편안히 선근에 머물면서
廣爲衆生說 중생을 위해 넓게 설한다네.

於此善修學 이 선근으로 닦아 배우면
成就廣大力 광대한 힘을 성취하고
法力及智力 법의 힘과 또 지혜의 힘으로
爲菩提方便 보리의 방편을 얻게 된다네.

通達此忍門 이 인의 문을 통달하면 (五蘊淸淨妙覺을 降伏 받고 般若智 門에 들어섬.一乘)
成就無礙智 막힘이나 걸림이 없는 지혜를 성취한 후
超過一切衆 모든 대중을 뛰어넘어서
轉於無上輪 위 없는 바퀴를 굴릴 것이라네. (無量十方佛刹微塵數世界.如來智方便輪.二乘)

所修廣大行 닦아서 이룬 광대한 행은
其量不可得 그 양을 짐작할 수 없음이니
調御師智海 조어사의 지혜 바다만이
乃能分別知 능히 분별해서 알 수 있다네.

捨我而修行 나를 버리고 행을 닦아서
入於深法性 깊은 법의 성품에 들어가고
心常住淨法 마음은 항상 청정한 법에 머물기에
以是施群生 이로써 중생에게 보시한다네.

衆生及刹盡 중생과 또 세계의 티끌은
尙可知其數 오히려 그 수를 알 수 있지만
菩薩諸功德 보살의 모든 공덕은
無能度其限 그 한계를 알 수 없다네.

菩薩能成就 보살이 능히

如是十種忍 이와 같은 열 가지 인을 성취하였기에

智慧及所行 지혜와 또 행하는 것을

衆生莫能測 중생으로서는 헤아려 알 수 있는 것이 아니라네.

대방광불화엄경 제45권

30. 아승기품
阿僧祇品第三十

이때 심왕 보살이 부처님께 여쭈었다.

"세존이시여! 모든 부처님 여래께서는 아승기와 헤아릴 수 없고 끝이 없고 셀 수 없고 일컬을 수 없고 사람의 생각으로는 미루어 알 수 없고 양으로 헤아려 알 수 없고 말할 수 없고 말할 수 없이 말로는 이를 수 없음을 널리 펴서 설하십니까?"

"세존이시여! 어떠한 것을 두고 아승기라 하며, 또는 말할 수 없고 말로는 이를 수 없다고 하십니까?"

부처님께서 심왕 보살에게 말씀하셨다.

"선근이로다. 선근이로다. 선남자여! 그대가 지금 모든 세간이 부처님이 아시는 수량의 뜻을 알게 하고자 또 그에 들어가고자 여래, 응공, 정등각에게 묻는구나. 선남자여! 자세히 듣고 자세히 들어서 선근 사유로 생각해라. 당연히 그대를 위해 설할 것이다."

때에 심왕 보살이 오직 가르침을 받고자 기다리고 있었다.

爾時 心王菩薩白佛言 世尊 諸佛如來演說阿僧祇無量 無邊 無等 不可數 不可稱 不可思 不可量 不可說 不可說不可說 世尊 云何阿僧祇乃至不可說不可說耶 佛告心王菩薩言 善哉善哉 善男子 汝今爲欲令諸世間入佛所知數量之義 而問如來 應 正等覺 善男子 諦聽諦聽 善思念之 當爲汝說 時 心王菩薩唯然受敎

부처님이 말씀하셨다.

"선남자여! 일백 낙차億가 일 구지兆가 되고 구지 구지가 일 아유다가 되고 아유다 아유다가 일 나유타가 되고 나유타 나유타가 일 빈바라가 되고 빈바라 빈바라가 일 긍갈라가 되고 긍갈라긍갈라가 일 아가라가 되고 아가라 아가라가 일 최승(最勝)이 되고 최승 최승이 일 마파라가 되고 마파라 마파라가 일 아파라가 되고 아파라 아파라가 일 다라파가 되고 다라파 다라파가 일 계분(界分)이 되고 계분 계분이 일 보마가 되고 보마 보마가 일 니마가 되고 니마 니마가 일 아파긍이 되고 아파긍 아파긍이 일 미가파가 되고 미가파 미가파가 일 비라가가 되고 비라가 비라가가 일 비가파가 되고 비가파 비가파가 일 승갈라마가 되고 승갈라마 승갈라마가 일 비살라가 되고 비살라 비살라가 일 비섬바가 되고 비섬바 비섬바가 일 비성가가 되고 비성가 비성가가 일 비소타가 되고 비소타 비소타가 일 비바가가 되고 비바가 비바가가 일 비박저가 되고 비박저 비박저가 일 비거첨이 되고 비거첨 비거첨이 일 칭량(稱量)이 되고 칭량 칭량이 일 일지(一持)가 되고 일지 일지가 일 이로(異路)가 되고 이로 이로가 일 전도(顚倒)가 되고 전도 전도가 일 삼말야(三末耶)가 되고 삼말야 삼말야가 일 비도라가 되고 비도라 비도라가 일 해파라가 되고 해파라 해파라가 일 사찰이 되고 사찰 사찰이 일 주광(周廣)이 되고 주광 주광이 일 고출(高出)이 되고 고출 고출이 일 최묘(最妙)가 되고 최묘 최묘가 일 니라바가 되고 니라바 니라바가 일 하리바가 되고 하리바 하리바가 일 일동一動)이 되고 일동 일동이 일 하리포가 되고 하리포 하리포가 일 하리삼이 되고 하리삼 하리삼이 일 해로가가 되고 해로가 해로가가 일 달라보타가 되고 달라보타 달라보타가 일 하로나가 되고 하로나 하로나가 일 마로다가 되고 마로다 마로다가 일 참모다가 되고 참모다 참모다가 일 예라다가 되고 예라다 예라다가 일 마로마가 되고 마로마 마로마가 일 조복(調伏)이 되고 조복 조복이 이교만(離憍慢)이 되고 이교만 이교만이 일 부동(不動)이 되고 부동 부동이 일 극량(極量)이 되고 극량 극량이 일 아마달라가 되고 아마달라 아마달라가 일 발마달라가 되고 발마달라 발마달라가 일 가마달라가 되고 가마달라 가마달라가 일 나마달라가 되고 나마달라 나마달라가 일 혜마달라가 되고 혜마달라 혜마달라가 일 비마달라가 되고 비마달라 ㅂ마다라라가 일 발라마달라가 되고 발라마달라 발라마달라가 일 시바마달라가 되고 시바마달라 시바마달라가 예라가 되고 예라 예라가 일 설라가 되고 설라 설라가 일 체라가 되고 체라 체라가 일 게라가 되고 게라 게라가 일 솔보라가 되고 솔보라 솔보라가 일 니라가 되고 니라 니라가 일 계라가 되고 계라 계라가 일 세라가 되고 세라 세라가 일 비라가 되고 비라 비라가 일 미라가 되고 미라 미라가 일 사라다가 되고 사라다 사라다가 일 미로다가 되고 미로다 미로다가 일 계로다가 되고 계로다 계로다가 일 마도라가 되고 마도라 마도라가 일 사모라가 되고 사모라 사모라가 일 아야사가 되고 아야사 아야사가 일 가마라가 되고 가마라 가마라가 일 마가바가 되고 마가바 마가바가 일 아달라가 되고 아달라 아달라가 일 혜로야가 되고 혜로야 혜로야가 일 설로바가 되고 설로바 설로바가 일 갈라파가 되고 갈라파 갈라파가 일 하바바가 되고 하바바 하바바가 일 비바라가 되고 비바라 비바라가일 나바라가 되고 나바라 나바라가 일 마라라가 되고 마라라 마라라가 일 사바라가 되고 사바라 사바라가 일 미라보가 되고 미라보 미라보가 일 자마라가 되고 자마라 자마라가 일 타마라가 되고 타마라 타마라가 일 발라마다가 되고 발라마다 발라마다가 일 비가마가 되고 비가마 비가마가 일 오파발다가 되고 오파발다 오파발다가 일 연설(演說)이 되고 연설 연설이 일 다함이 없음(無盡)이 되고 다함이 없음 다함이 없음이 일 출생(出生)이 되고 출생 출생이 일 나 없음(無我)이 되고 나 없음 나 없음이 일 아반다가 되고 아반다 아반다가 일 청련화(靑蓮華)가 되고 청련화 청련화가 일 발두마가 되고 발두마 발두마가 일 승기(僧祇)가 되고 승기 승기가 일 취(趣)가 되고 취 취가 일지(至)가 되고 지 지가 일 아승기(阿僧祇)가 되고 아승기 아승기가 일 아승기전阿僧祇轉)이 되고 아승기전 아승기전이 일 헤아릴 수 없음(無量)이 되고 헤아릴 수 없음 헤아릴 수 없음이 헤아릴 수 없는 제곱(無量轉)이 되고 헤아릴 수 없는 제곱 헤아릴 수 없는 제곱이 일 끝없음(無邊)이 되고 끝없음 끝없음이 일 끝없는 제곱(無邊轉)이 되고 끝없는 제곱 끝없는 제곱이 일 무등(無等)이 되고 무등 무등이 무등전(無等轉)이 되고 무등전 무등전이 일 불가수(不可數)가 되고 불가수 불가수가 불가수전(不可數轉)이 되고 불가수전 불가수전이 일 불가칭(不可稱)이 되고 불가칭 불가칭이 일 불가칭전(不可稱轉)이 되고 불가칭전 불가칭전이 일 불가사(不可思)가 되고 불가사 불가사가 일 불가사전(不可思轉)이 되고 불가사전 불가사전이 일 불가량(不可量)이 되고 불가량 불가량이 일 불가량전(不可量轉)이 되고 불가량전 불가량전이 일 불가설(不可說)이 되고 불가설 불가설이 일 불가설전(不可說轉)이 되고 불가설전 불가설전이 일 불가설불가설(不可說不可說)이 되고 이것이 또 불가설불가설이 일 불가설불가설전(不可說不可說轉)이 된다."

佛言 善男子 一百洛叉爲一俱胝 俱胝俱胝爲一阿庾多 阿庾多阿庾多爲一那由他 那由他那由他爲一頻波羅 頻波羅頻波羅爲一矜羯羅 矜羯羅矜羯羅爲一阿伽羅 阿伽羅阿伽羅爲一最勝 最勝最勝爲一摩婆羅 摩婆羅摩婆羅爲一阿婆羅 阿婆羅阿婆羅爲一多婆羅 多婆羅多婆羅爲一界分 界分界分爲一普摩 普摩普摩爲一禰摩 禰摩禰摩爲一阿婆鈐 阿婆鈐阿婆鈐爲一彌伽婆 彌伽婆彌伽婆爲一毘攞伽 毘攞伽毘攞伽爲一毘伽婆 毘伽婆毘伽婆爲一僧羯邏摩 僧羯邏摩僧羯邏摩爲一毘薩羅 毘薩羅毘薩羅爲一毘贍婆 毘贍婆毘贍婆爲一毘盛伽 毘盛伽毘盛伽爲一毘素陀 毘素陀毘素陀爲一毘婆訶 毘婆訶毘婆訶爲一毘薄底 毘薄底毘薄底爲一毘佉擔 毘佉擔毘佉擔爲一稱量

稱量稱量爲一一持 一持一持爲一異路 異路異路爲一顚倒 顚倒顚倒爲一三末耶 三末耶三末耶爲一毘睹羅 毘睹羅毘睹羅爲一奚婆羅 奚婆羅奚婆羅爲一伺察 伺察伺察爲一周廣 周廣周廣爲一高出 高出高出爲一最妙 最妙最妙爲一泥婆羅 泥婆羅泥婆羅爲一訶理婆 訶理婆訶理婆爲一一動 一動一動訶理蒲 訶理蒲訶理蒲爲一訶理三 訶理三訶理三爲一奚魯伽 奚魯伽奚魯伽爲一達欏步陀 達欏步陀達欏步陀爲一訶魯那 訶魯那訶魯那爲一摩魯陀 摩魯陀摩魯陀爲一懺慕陀 懺慕陀懺慕陀爲一瑿欏陀 瑿欏陀瑿欏陀爲一摩魯摩 摩魯摩摩魯摩爲一調伏 調伏調伏爲一離憍慢 離憍慢離憍慢爲一不動 不動不動爲一極量 極量極量爲一阿麼怛羅 阿麼怛羅阿麼怛羅爲一勃麼怛羅 勃麼怛羅勃麼怛羅爲一伽麼怛羅 伽麼怛羅伽麼怛羅爲一那麼怛羅 那麼怛羅那麼怛羅爲一奚麼怛羅 奚麼怛羅奚麼怛羅爲一鞞麼怛羅 鞞麼怛羅鞞麼怛羅爲一鉢羅麼怛羅 鉢羅麼怛羅鉢羅麼怛羅爲一尸婆麼怛羅 尸婆麼怛羅尸婆麼怛羅爲一翳羅 翳羅翳羅爲一薜羅 薜羅薜羅爲一諦羅 諦羅諦羅爲一偈羅 偈羅偈羅爲一窣步羅 窣步羅窣步羅爲一泥羅 泥羅泥羅爲一計羅 計羅計羅爲一細羅 細羅細羅爲一睥羅 睥羅睥羅爲一謎羅 謎羅謎羅爲一娑欏荼 娑欏荼娑欏荼爲一謎魯陀 謎魯陀謎魯陀爲一契魯陀 契魯陀契魯陀爲一摩睹羅 摩睹羅摩睹羅爲一娑母羅 娑母羅娑母羅爲一阿野娑 阿野娑阿野娑爲一迦麼羅 迦麼羅迦麼羅爲一摩伽婆 摩伽婆摩伽婆爲一阿怛羅 阿怛羅阿怛羅爲一醯魯耶 醯魯耶醯魯耶爲一薜魯婆 薜魯婆薜魯婆爲一羯羅波 羯羅波羯羅波爲一訶婆婆 訶婆婆訶婆婆爲一毘婆羅 毘婆羅毘婆羅爲一那婆羅 那婆羅那婆羅爲一摩欏羅 摩欏羅摩欏羅爲一娑婆羅 娑婆羅娑婆羅爲一迷欏普 迷欏普迷欏普爲一者麼羅 者麼羅者麼羅爲一馱麼羅 馱麼羅馱麼羅爲一鉢欏麼陀 鉢欏麼陀鉢欏麼陀爲一毘伽麼 毘伽麼毘伽麼爲一烏波跋多 烏波跋多烏波跋多爲一演說 演說演說爲一無盡 無盡無盡爲一出生 出生出生爲一無我 無我無我爲一阿畔多 阿畔多阿畔多爲一靑蓮華 靑蓮華靑蓮華爲一鉢頭摩 鉢頭摩鉢頭摩爲一僧祇 僧祇僧祇爲一趣 趣趣爲一至 至至爲一阿僧祇 阿僧祇阿僧祇爲一阿僧祇轉 阿僧祇轉阿僧祇轉爲一無量 無量無量爲一無量轉 無量轉無量轉爲一無邊 無邊無邊爲一無邊轉 無邊轉無邊轉爲一無等 無等無等爲一無等轉 無等轉無等轉爲一不可數 不可數不可數爲一不可數轉 不可數轉不可數轉爲一不可稱 不可稱不可稱爲一不可稱轉 不可稱轉不可稱轉爲一不可思 不可思不可思爲一不可思轉 不可思轉不可思轉爲一不可量 不可量不可量爲一不可量轉 不可量轉不可量轉爲一不可說 不可說不可說爲一不可說轉 不可說轉不

可說轉爲一不可說不可說 此又不可說不可說爲一不可說不可說轉

이때 세존께서 심왕 보살에게 게송으로 말씀하셨다.
爾時 世尊爲心王菩薩而說頌曰

不可言說不可說 말할 수 없이 말로는 이를 수 없는 것이
充滿一切不可說 말로는 이를 수 없는 모든 곳에 가득 찼으니
不可言說諸劫中 말할 수 없는 모든 겁 가운데서
說不可說不可盡 말할 수 없는 것을 설하더라도 다할 수 없다네.

不可言說諸佛刹 말할 수 없는 모든 부처님 세계를 설하고
皆悉碎末爲微塵 남김없이 다 부수어서 티끌로 만들더라도
一塵中刹不可說 하나의 티끌 속에 있는 세계를 말로는 이를 수 없음이니
如一一切皆如是 티끌 하나와 같이 일체 모두가 이와 같다네.

此不可說諸佛刹 이 말할 수 없는 모든 부처님 세계란
一念碎塵不可說 한 생각에 부순 티끌로도 말할 수 없고
念念所碎悉亦然 생각마다 부순 티끌 역시 그러하기에
盡不可說劫恒爾 말할 수 없는 겁을 다해도 항상 그러하다네.

此塵有刹不可說 이 티끌에 있는 세계를 말할 수 없음이니
此刹爲塵說更難 이 세계를 티끌로 만들어 설한다 하더라도 더욱 어려워지기에
以不可說筭數法 말로 할 수 없는 셈법으로
不可說劫如是數 말로 할 수 없는 겁을 두고 이와 같음을 수로 센다네.

以此諸塵數諸劫 이 모든 티끌 수와 같은 모든 겁이란
一塵十萬不可說 하나의 티끌이 십만 개의 말로는 하지 못할 겁이며
爾劫稱讚一普賢 그러한 겁을 두고 한 분의 보현을 칭찬하더라도

無能盡其功德量 그 공덕의 양을 다할 수 없다네.

於一微細毛端處 하나의 미세한 털끝 그곳에
有不可說諸普賢 말로는 할 수 없는 모든 보현이 있으며
一切毛端悉亦爾 모든 털끝에도 남김없이 또한 그러하기에
如是乃至徧法界 이와 같을 뿐만 아니라 법계에 두루 이른다네.

一毛端處所有刹 하나의 털끝에 처해 있는 세계란
其數無量不可說 그 수와 양이 말로 할 수 없고
盡虛空量諸毛端 허공의 양을 다한 모든 털끝에
一一處刹悉如是 하나하나의 처와 세계가 다 이와 같다네.

彼毛端處諸國土 저 털끝에 거처를 둔 모든 국토는
無量種類差別住 헤아릴 수 없는 종류로 차별되어 머물며
有不可說異類刹 말로는 이를 수 없는 다른 무리의 세계가 있고
有不可說同類刹 말로는 이를 수 없는 같은 무리의 세계가 있다네.

不可言說毛端處 말로는 설할 수 없는 털끝의 처에
皆有淨刹不可說 말로는 이를 수 없는 청정한 모든 세계가 있고
種種莊嚴不可說 가지가지의 장엄도 말할 수 없으며
種種奇妙不可說 가지가지의 기이하고 빼어남이 말로는 이를 수 없다네.

於彼一一毛端處 그 하나하나 털끝의 처마다
演不可說諸佛名 말할 수 없는 모든 부처님의 이름을 널리 펴고
一一名有諸如來 하나하나의 이름에 모든 여래가 계시니
皆不可說不可說 모두 말할 수 없이 말로는 이를 수 없다네.

一一諸佛於身上 한 분 한 분 모든 부처님의 몸 위에
現不可說諸毛孔 말할 수 없이 많은 모든 털구멍을 나타내고

於彼一一毛孔中 저 하나하나의 털구멍 가운데
現衆色相不可說 많은 색상을 나타냄도 말로는 이를 수 없다네.

不可言說諸毛孔 말로는 할 수 없는 모든 털구멍을 말해서
咸放光明不可說 광명이 두루 미치게 놓은 것도 말로는 할 수 없고
於彼一一光明中 그 하나하나 광명 가운데
悉現蓮華不可說 나타나는 모든 연꽃도 말로 이를 수 없다네.

於彼一一蓮華內 그 하나하나의 연꽃 속에
悉有衆葉不可說 말할 수 없는 많은 잎이 빠짐없이 있고
不可說華衆葉中 말로 할 수 없는 꽃과 많은 잎 가운데
各現色相不可說 각각 색상을 나타냄도 말할 수 없다네.

彼不可說諸色內 그 말할 수 없는 모든 색 가운데
復現衆葉不可說 차례를 따라 나타나는 많은 잎도 말할 수 없고
葉中光明不可說 잎 가운데 광명도 말할 수 없으며
光中色相不可說 빛 속의 색상도 말할 수 없다네.

此不可說色相中 이 말할 수 없는 색상 가운데
一一現光不可說 하나하나 나타나는 빛도 말할 수 없고
光中現月不可說 빛 가운데 나타나는 달도 말할 수 없으며
月復現月不可說 달 속에 차례를 따라 나타나는 달도 말할 수 없다네.

於不可說諸月中 말할 수 없는 모든 달 가운데
一一現光不可說 하나하나의 빛을 나타냄도 말할 수 없고
於彼一一光明內 저 하나하나의 광명 안에
復現於日不可說 차례를 좇아 해를 나타냄도 말할 수 없다네.

於不可說諸日中 말할 수 없는 모든 해 가운데

一一現色不可說 하나하나의 색을 나타냄도 말할 수 없고
於彼一一諸色內 저 하나하나의 모든 색 가운데
又現光明不可說 또 광명을 나타냄도 말할 수 없다네.

於彼一一光明內 저 하나하나의 광명 안에
現不可說師子座 말할 수 없는 사자좌를 나타내니
一一嚴具不可說 하나하나의 장엄 기물은 말할 수 없고
一一光明不可說 하나하나의 광명도 말로 할 수 없다네.

光中妙色不可說 광명 가운데 빼어난 색은 말할 수 없고
色中淨光不可說 색 가운데 청정한 빛도 말할 수 없으며
於彼一一淨光內 저 하나하나의 청정한 빛 안에
復現種種妙光明 차례를 따라 가지가지의 빼어난 광명을 나타낸다네.

此光復現種種光 이 빛이 차례를 좇아 가지가지의 광명을 나타내니
不可言說不可說 말할 수 없이 말로는 이를 수 없으며
如是種種光明內 이와 같은 가지가지의 광명 안에
各現妙寶如須彌 각각 빼어난 보배를 나타냄이 수미산과 같다네.

一一光中所現寶 하나하나의 광명 가운데 나타난 보배가
不可言說不可說 말할 수 없이 말로는 할 수 없고
彼如須彌一妙寶 저 수미산과 같은 하나의 빼어난 보배에
現衆刹土不可說 많은 세계 국토를 나타냄도 말로 할 수 없다네.

盡須彌寶無有餘 수미산의 보배가 다하여 남음이 없고
示現刹土皆如是 세계와 국토를 나타내 보임이 다 이와 같으며
以一刹土末爲塵 하나의 세계 국토를 부수어 티끌을 만드니
一塵色相不可說 티끌 하나의 색상이 말할 수 없다네.

衆刹爲塵塵有相 많은 세계를 티끌로 만들고 티끌의 모양이나 상태가 있음은
不可言說不可說 말할 수 없이 말로는 이를 수 없고
如是種種諸塵相 이와 같은 가지가지의 모든 티끌의 모양이나 상태는
皆出光明不可說 빠짐없이 광명을 내보내는 것이 말할 수 없다네.

光中現佛不可說 광명 가운데 나타난 부처님도 말할 수 없고
佛所說法不可說 부처님이 설하신 법도 말할 수 없고
法中妙偈不可說 법 가운데 빼어난 게송도 말할 수 없고
聞偈得解不可說 게송을 듣고 얻은 이해도 말할 수 없다네.

不可說解念念中 말할 수 없는 이해의 생각과 생각 가운데
顯了眞諦不可說 참된 이치를 나타내어 분명하게 깨우쳐 알음도 말할 수 없고
示現未來一切佛 미래의 모든 부처님이 나타내 보이며
常演說法無窮盡 항상 법을 널리 펴서 설함이 다하고 다함이 없다네.

一一佛法不可說 하나하나 부처님의 법을 말로 할 수 없고
種種淸淨不可說 가지가지의 청정함을 말로 할 수 없고
出妙音聲不可說 빼어난 음성을 냄이 말로 할 수 없고
轉正法輪不可說 바른 법 바퀴 굴리는 것을 말로 할 수 없다네.

於彼一一法輪中 저 하나하나의 법 바퀴 가운데
演修多羅不可說 수다라를 널리 펴는 것도 말할 수 없고
於彼一一修多羅 저 하나하나의 수다라 가운데
分別法門不可說 법의 문을 분별하는 것도 말할 수 없다네.

於彼一一法門中 저 하나하나의 법의 문 가운데
又說諸法不可說 또 모든 법을 설함이 말할 수 없고
於彼一一諸法中 저 하나하나의 모든 법 가운데
調伏衆生不可說 중생을 조복함도 말할 수 없다네.

或復於一毛端處 늘 차례를 좇아 하나의 털끝 처에
不可說劫常安住 말할 수 없는 겁이 항상 편안히 머물고
如一毛端餘悉然 하나의 털끝과 같아서 나머지도 남김없이 그러하기에
所住劫數皆如是 머무는 겁의 수가 다 이와 같다네.

其心無礙不可說 그 걸림이나 막힘 없는 그 마음을 말할 수 없고
變化諸佛不可說 변해서 바뀌는 모든 부처님을 말할 수 없고
一一變化諸如來 한 분 한 분 변해서 바뀌는 모든 여래가
復現於化不可說 차례를 좇아 변해서 나타남도 말로 할 수 없다네.

彼佛法力不可說 저 불법의 힘도 말로 할 수 없고
彼佛分身不可說 저 부처님의 분신도 말로 할 수 없고
莊嚴無量不可說 헤아릴 수 없는 장엄도 말로 할 수 없고
往詣十方不可說 시방을 향해 나아감도 말로 할 수 없다네.

周行國土不可說 국토를 두루 행함도 말로 할 수 없고
觀察衆生不可說 중생을 자세히 들여다보는 것도 말로 할 수 없고
淸淨衆生不可說 청정해진 중생도 말로 할 수 없고
調伏衆生不可說 조복한 중생도 말로 할 수 없다네.

彼諸莊嚴不可說 저 모든 장엄도 말로 할 수 없고
彼諸神力不可說 저 모든 신통력도 말로 할 수 없고
彼諸自在不可說 저 모든 자재도 말로 할 수 없고
彼諸神變不可說 저 모든 신통 변화도 말로 할 수 없다네.

所有神通不可說 가지고 있는 신통도 말로 할 수 없고
所有境界不可說 가지고 있는 경계도 말로 할 수 없고
所有加持不可說 가지고 있는 부처와 중생이 하나 되는 경지도 말로 할 수 없고
所住世間不可說 세간에 머무는 것도 말로 할 수 없다네.

清淨實相不可說 청정한 실상의 본바탕이 되는 모양이나 상태도 말로 할 수 없고
說修多羅不可說 설하신 수다라가 말로 할 수 없고
於彼一一修多羅 저 하나하나의 수다라에
演說法門不可說 널리 펴서 설한 법의 문도 말로 할 수 없다네.

於彼一一法門中 저 하나하나 법의 문 가운데
又說諸法不可說 또 설하신 모든 법을 말로 할 수 없고
於彼一一諸法中 저 하나하나의 모든 법 가운데
所有決定不可說 가지고 있는 결정을 말로 할 수 없고
於彼一一決定中 저 하나하나의 결정 가운데
調伏衆生不可說 조복한 중생을 말로 할 수 없다네.

不可言說同類法 같은 무리의 법을 말로 설할 수 없고
不可言說同類心 같은 무리의 마음을 말로 설할 수 없고
不可言說異類法 다른 무리의 법을 말로 설할 수 없고
不可言說異類心 다른 무리의 마음을 말로 설할 수 없고
不可言說異類根 다른 무리의 근을 말로 설할 수 없고
不可言說異類語 다른 무리의 말을 말로 설할 수 없고
念念於諸所行處 생각마다 모든 행한 바 처소에서
調伏衆生不可說 조복한 중생도 말로 할 수 없다네.

所有神變不可說 가지고 있는 신통 변화를 말로 할 수 없고
所有示現不可說 가지고 있는 것을 나타내 보임도 말로 할 수 없고
於中時劫不可說 이 가운데의 시와 겁도 말로 할 수 없고
於中差別不可說 이 가운데의 차별도 말로 할 수 없고
菩薩悉能分別說 보살이 모든 것을 분별해서 말하지만
諸明筭者莫能辨 모든 산수에 능한 자라도 분명히 할 수 없다네.

一毛端處大小刹 한 털끝의 처에 크고 작은 세계와

雜染淸淨麤細刹 잡스럽게 물들고 청정하고 거칠고 미세한 세계와
如是一切不可說 이와 같은 말로 할 수 없는 모든 세계를
一一明了可分別 하나하나 분명하게 알아서 분별하는 것이라네.

以一國土碎爲塵 하나의 국토를 부수어 티끌로 만드니
其塵無量不可說 그 티끌은 헤아릴 수 없기에 말로 할 수 없고
如是塵數無邊刹 이와 같은 티끌 수의 끝없는 세계가
俱來共集一毛端 함께 와서 하나의 털끝에 모인다네.

此諸國土不可說 말로 할 수 없는 이 모든 국토가
共集毛端無迫隘 털끝에 함께 모여도 비좁지 않고
不使毛端有增大 털끝이 거듭해서 커진 것도 아니지만
而彼國土俱來集 저 모든 국토가 함께 와서 모였다네.

於中所有諸國土 이 가운데 있는 모든 국토의
形相如本無雜亂 형상이 본래부터 잡스럽고 혼란함이 없고
如一國土不亂餘 하나의 국토와 같이 나머지도 혼란하지 않으며
一切國土皆如是 일체 국토가 다 이와 같다네.

虛空境界無邊際 허공의 경계는 끝닿은 경계가 없기에
悉布毛端使充滿 털끝을 남김없이 넓게 펴서 가득 채운다 하고
如是毛端諸國土 이와 같은 털끝의 모든 국토를
菩薩一念皆能說 보살은 한 생각, 한순간에 빠짐없이 설한다네.

於一微細毛孔中 하나의 미세한 털구멍 가운데
不可說刹次第入 말로 할 수 없는 세계가 차례를 지어 들어가니
毛孔能受彼諸刹 털구멍은 저 모든 세계를 능히 받지만
諸刹不能徧毛孔 모든 세계는 털구멍에 두루 하지 못하다네.

入時劫數不可說 들어가는 시기와 겁의 수를 말로 할 수 없고
受時劫數不可說 받아들이는 시기와 겁의 수를 말로 할 수 없고
於此行列安住時 이에 줄지어 서서 편안히 머무를 때
一切諸劫無能說 일체 모든 겁을 설할 수 없다네.

如是攝受安住已 이와 같음에 거두어 주어 편안히 머문 후에
所有境界不可說 가지고 있는 경계를 말로 할 수 없고
入時方便不可說 들어갈 때의 방편도 말로 할 수 없으며
入已所作不可說 들어간 후에 지어가는 것도 말로 할 수 없다네.

意根明了不可說 의근을 분명하게 깨달아 아는 것도 말로 할 수 없고
遊歷諸方不可說 모든 방위에 노니는 것도 말로 할 수 없고
勇猛精進不可說 용맹하게 정진하는 것도 말로 할 수 없고
自在神變不可說 자재한 신통 변화도 말로 할 수 없다네.

所有思惟不可說 가지고 있는 사유도 말로 할 수 없고
所有大願不可說 가지고 있는 큰 원도 말로 할 수 없고
所有境界不可說 가지고 있는 경계도 말로 할 수 없고
一切通達不可說 일체를 통달한 것도 말로 할 수 없다네.

身業清淨不可說 몸의 업이 청정함도 말로 할 수 없고
語業清淨不可說 말의 업이 청정함도 말로 할 수 없고
意業清淨不可說 뜻의 업이 청정함도 말로 할 수 없고
信解清淨不可說 믿음과 이해의 업이 청정함도 말로 할 수 없다네.

妙智清淨不可說 빼어나게 판단하고 처리하는 능력의 청정함도 말로 할 수 없고
妙慧清淨不可說 빼어난 지혜로 분별하는 청정함도 말로 할 수 없고
了諸實相不可說 모든 실상을 분명하게 깨우쳐 아는 것도 말로 할 수 없고
斷諸疑惑不可說 모든 의심을 끊어냄도 말로 할 수 없다네.

出離生死不可說 생사를 벗어나 나아감도 말로 할 수 없고
超昇正位不可說 바른 지위에 뛰어오름도 말로 할 수 없고
甚深三昧不可說 깊고 깊은 삼매도 말로 할 수 없고
了達一切不可說 일체를 분명하게 깨우쳐 통함도 말로 할 수 없다네.

一切衆生不可說 모든 중생을 말로 할 수 없고
一切佛刹不可說 모든 부처님 세계를 말로 할 수 없고
知衆生身不可說 중생의 몸으로 아는 것도 말로 할 수 없고
知其心樂不可說 그 마음으로 즐거워함을 아는 것도 말로 할 수 없다네.

知其業果不可說 업과 과를 아는 것도 말로 할 수 없고
知其意解不可說 뜻을 이해하고 아는 것도 말로 할 수 없고
知其品類不可說 가지가지의 종류를 아는 것도 말로 할 수 없고
知其種性不可說 종성을 아는 것도 말로 할 수 없다네.

知其受身不可說 받은 몸을 아는 것도 말로 할 수 없고
知其生處不可說 태어나는 곳을 아는 것도 말로 할 수 없고
知其正生不可說 바르게 태어남을 아는 것도 말로 할 수 없고
知其生已不可說 생을 마침을 아는 것도 말로 할 수 없다네.

知其解了不可說 이해하고 분명하게 깨우쳐 아는 것도 말로 할 수 없고
知其趣向不可說 어떤 부류로 향하는 것을 아는 것도 말로 할 수 없고
知其言語不可說 언어를 아는 것도 말로 할 수 없고
知其作業不可說 지어가는 업을 아는 것도 말로 할 수 없다네.

菩薩如是大慈悲 보살이 이와 같은 큰 자비로
利益一切諸世間 일체 모든 세간에 이익이 되게 하고
普現其身不可說 그 몸을 두루 나타냄을 말로 할 수 없고
入諸佛刹不可說 모든 부처님 세계에 들어감을 말로 할 수 없다네.

見諸菩薩不可說 모든 보살을 보는 것도 말로 할 수 없고
發生智慧不可說 지혜를 나아서 일으킴도 말로 할 수 없고
請問正法不可說 바른 법을 묻는 것도 말로 할 수 없고
敷揚佛教不可說 부처님의 가르침을 널리 드날리는 것도 말로 할 수 없다네.

現種種身不可說 가지가지의 몸을 나타냄도 말로 할 수 없고
詣諸國土不可說 모든 국토에 나아감도 말로 할 수 없고
示現神通不可說 신통을 나타냄도 말로 할 수 없고
普徧十方不可說 시방에 두루두루 함도 말로 할 수 없다네.

處處分身不可說 곳곳마다 중생 제도를 위해 몸을 나눔도 말로 할 수 없고
親近諸佛不可說 모든 부처님을 친근히 함도 말로 할 수 없고
作諸供具不可說 모든 공양 기물을 만드는 것도 말로 할 수 없고
種種無量不可說 가지가지 헤아릴 수 없음을 말로 할 수 없다네.

清淨衆寶不可說 청정하고 많은 보배를 말로 할 수 없고
上妙蓮華不可說 가장 빼어난 연꽃을 말로 할 수 없고
最勝香鬘不可說 가장 뛰어난 향의 머리 화관을 말로 할 수 없고
供養如來不可說 여래께 공양함을 말로 할 수 없다네.

清淨信心不可說 청정한 믿음의 마음을 말로 할 수 없고
最勝悟解不可說 최고로 뛰어난 깨달음을 이해함도 말로 할 수 없고
增上志樂不可說 높은 곳에 뜻을 두고 거듭 더하여 즐거워함도 말로 할 수 없고
恭敬諸佛不可說 모든 부처님을 공경함도 말로 할 수 없다네.

修行於施不可說 보시를 닦고 행함도 말로 할 수 없고
其心過去不可說 그 마음의 과거를 말로 할 수 없고
有求皆施不可說 구하는 대로 다 보시함도 말로 할 수 없고
一切悉施不可說 모든 것을 남김없이 보시함도 말로 할 수 없다네.

持戒清淨不可說 계행 지킴에 청정함을 말로 할 수 없고
心意淸淨不可說 마음과 뜻이 청정함을 말로 할 수 없고
讚歎諸佛不可說 모든 부처님 찬탄함을 말로 할 수 없고
愛樂正法不可說 바른 법을 사랑하고 좋아함을 말로 할 수 없다네.

成就諸忍不可說 모든 인을 성취함이 말로 할 수 없고
無生法忍不可說 남이 없는 법을 인가함도 말로 할 수 없고
具足寂靜不可說 적정을 온전하게 갖춤도 말로 할 수 없고
住寂靜地不可說 적정의 자리에 머무름도 말로 할 수 없다네.

起大精進不可說 큰 정진을 일으키는 것도 말로 할 수 없고
其心過去不可說 그 마음의 과거도 말로 할 수 없고
不退轉心不可說 물러남이 없는 마음을 말로 할 수 없고
不傾動心不可說 흔들리지 않은 마음도 말로 할 수 없다네.

一切定藏不可說 일체 선정의 장을 말로 할 수 없고
觀察諸法不可說 모든 법을 자세히 들여다보는 것도 말로 할 수 없고
寂然在定不可說 고요한 선정에 있음을 말로 할 수 없고
了達諸禪不可說 모든 선정을 분명하게 깨달아 알고 통함을 말로 할 수 없다네.

智慧通達不可說 지혜로 통달함을 말로 할 수 없고
三昧自在不可說 삼매의 자재함을 말로 할 수 없고
了達諸法不可說 모든 법을 분명하게 깨달아 통함을 말로 할 수 없고
明見諸佛不可說 모든 부처님을 밝게 보는 것도 말로 할 수 없다네.

修無量行不可說 헤아릴 수 없이 행을 닦음도 말로 할 수 없고
發廣大願不可說 광대한 원을 일으킴도 말로 할 수 없고
甚深境界不可說 깊고 깊은 경계를 말로 할 수 없고
淸淨法門不可說 청정한 법의 문을 말로 할 수 없다네.

菩薩法力不可說 보살의 법력은 말로 할 수 없고
菩薩法住不可說 보살이 법에 머무름을 말로 할 수 없고
彼諸正念不可說 저 모든 바른 생각을 말로 할 수 없고
彼諸法界不可說 저 모든 법계를 말로 할 수 없다네.

修方便智不可說 방편의 지혜를 닦음도 말로 할 수 없고
學甚深智不可說 깊고 깊은 지혜를 배움도 말로 할 수 없고
無量智慧不可說 헤아릴 수 없는 지혜도 말로 할 수 없고
究竟智慧不可說 끝까지 이른 지혜도 말로 할 수 없다네.

彼諸法智不可說 저 모든 지혜의 법을 말로 할 수 없고
彼淨法輪不可說 청정한 법의 바퀴도 말로 할 수 없고
彼大法雲不可說 저 큰 법의 구름을 말로 할 수 없고
彼大法雨不可說 저 큰 법의 비를 말로 할 수 없다네.

彼諸神力不可說 저 모든 신통의 힘을 말로 할 수 없고
彼諸方便不可說 저 모든 방편을 말로 할 수 없고
入空寂智不可說 공적한 지혜에 들어감을 말로 할 수 없고
念念相續不可說 생각마다 끊이지 않고 이어짐을 말로 할 수 없다네.

無量行門不可說 헤아릴 수 없는 행의 문을 말로 할 수 없고
念念恒住不可說 생각마다 항상 머무는 것을 말로 할 수 없고
諸佛剎海不可說 모든 부처님의 세계 바다를 말로 할 수 없고
悉能往詣不可說 남김없이 이르고자 능히 가는 것도 말로 할 수 없다네.

諸剎差別不可說 모든 세계를 차별함도 말로 할 수 없고
種種淸淨不可說 가지가지의 청정함을 말로 할 수 없고
差別莊嚴不可說 차별한 장엄도 말로 할 수 없고
無邊色相不可說 끝없는 색상도 말로 할 수 없다네.

種種間錯不可說 가지가지로 섞인 것도 말로 할 수 없고
種種妙好不可說 가지가지가 빼어나고 좋은 것도 말로 할 수 없고
淸淨佛土不可說 청정한 불국토를 말로 할 수 없고
雜染世界不可說 섞이고 물이 든 세계를 말로 할 수 없다네.

了知衆生不可說 중생을 깨달아 아는 것도 말로 할 수 없고
知其種性不可說 그 씨앗의 성품을 아는 것도 말로 할 수 없고
知其業報不可說 그 업보를 아는 것도 말로 할 수 없고
知其心行不可說 그 마음이 행함을 아는 것도 말로 할 수 없다네.

知其根性不可說 그 근의 성품을 아는 것도 말로 할 수 없고
知其解欲不可說 그 이해하고자 함을 아는 것도 말로 할 수 없고
雜染淸淨不可說 물이 들고 청정함을 말로 할 수 없고
觀察調伏不可說 자세히 들여다보고 조복하는 것도 말로 할 수 없다네.

變化自在不可說 변화가 자재함도 말로 할 수 없고
現種種身不可說 가지가지의 몸을 나타냄도 말로 할 수 없고
修行精進不可說 수행하고 정진함도 말로 할 수 없고
度脫衆生不可說 중생을 해탈로 이끄는 것도 말로 할 수 없다네.

示現神變不可說 신통 변화 나타내 보임을 말로 할 수 없고
放大光明不可說 큰 광명 놓음을 말로 할 수 없고
種種色相不可說 가지가지 색상을 말로 할 수 없고
令衆生淨不可說 중생을 청정하게 함도 말로 할 수 없다네.

一一毛孔不可說 하나하나의 털구멍을 말로 할 수 없고
放光明網不可說 광명 그물을 놓은 것도 말로 할 수 없고
光網現色不可說 광명 그물이 색을 나타냄도 말로 할 수 없고
普照佛刹不可說 널리 부처 세계를 비춤도 말로 할 수 없다네.

勇猛無畏不可說 용맹해서 두려움 없음을 말로 할 수 없고
方便善巧不可說 섬세하고 능숙한 선근 방편을 말로 할 수 없고
調伏衆生不可說 중생을 조복하는 것도 말로 할 수 없고
令出生死不可說 생사에서 나아가게 함도 말로 할 수 없다네.

清淨身業不可說 청정한 몸의 업을 말로 할 수 없고
清淨語業不可說 청정한 말의 업을 말로 할 수 없고
無邊意業不可說 끝없는 뜻의 업을 말로 할 수 없고
殊勝妙行不可說 특히 뛰어나고 빼어난 행을 말로 할 수 없다네.

成就智寶不可說 지혜로운 보배 얻음을 말로 할 수 없고
心入法界不可說 법계에 들어간 마음을 말로 할 수 없고
菩薩摠持不可說 보살의 총지를 말로 할 수 없고
善能修學不可說 선근으로 닦고 배움을 말로 할 수 없다네.

智者音聲不可說 지혜로운 자의 음성도 말로 할 수 없고
音聲清淨不可說 음성의 청정함을 말로 할 수 없고
正念眞實不可說 진실하고 바른 생각을 말로 할 수 없고
開悟衆生不可說 중생에게 열어주고 깨우치게 함도 말로 할 수 없다네.

具足威儀不可說 온전하게 갖춘 위의를 말로 할 수 없고
清淨修行不可說 청정한 수행은 말로 할 수 없고
成就無畏不可說 두려움 없음을 성취함도 말로 할 수 없고
調伏世間不可說 세간을 조복하는 것도 말로 할 수 없다네.

諸佛子衆不可說 모든 불자의 대중을 말로 할 수 없고
清淨勝行不可說 청정하고 뛰어난 행을 말로 할 수 없고
稱歎諸佛不可說 모든 부처님을 찬탄함도 말로 할 수 없고
讚揚無盡不可說 칭찬하고 드날림이 다함이 없음을 말로 할 수 없다네.

世間導師不可說 세간을 바른길로 인도하는 스승도 말로 할 수 없고
演說讚歎不可說 널리 펴서 설하고 찬탄함을 말로 할 수 없고
彼諸菩薩不可說 저 모든 보살을 말로 할 수 없고
淸淨功德不可說 청정한 공덕을 말로 할 수 없다네.

彼諸邊際不可說 저 모든 끝없는 경계를 말로 할 수 없고
能住其中不可說 그 가운데 머무름도 말로 할 수 없고
住中智慧不可說 머무르는 지혜도 말로 할 수 없고
盡諸劫住不可說 모든 겁이 다하도록 머무는 것도 말로 할 수 없다네.

欣樂諸佛不可說 모든 부처님을 기쁘게 맞이함도 말로 할 수 없고
智慧平等不可說 지혜가 평등함을 말로 할 수 없고
善入諸法不可說 선근으로 모든 법에 들어감을 말로 할 수 없고
於法無礙不可說 법에 막힘이나 걸림이 없는 것도 말로 할 수 없다네.

三世如空不可說 삼세가 공과 같음을 말로 할 수 없고
三世智慧不可說 삼세의 지혜를 말로 할 수 없고
了達三世不可說 삼세를 분명하게 깨우쳐 통함도 말로 할 수 없고
住於智慧不可說 지혜에 머무는 것을 말로 할 수 없다네.

殊勝妙行不可說 특히 뛰어나고 빼어난 행을 말로 할 수 없고
無量大願不可說 헤아릴 수 없고 광대한 원을 말로 할 수 없고
淸淨大願不可說 청정한 큰 원을 말로 할 수 없고
成就菩提不可說 보리를 성취함도 말로 할 수 없다네.

諸佛菩提不可說 모든 부처님의 보리를 말로 할 수 없고
發生智慧不可說 지혜를 내어놓음도 말로 할 수 없고
分別義理不可說 이치를 분별함도 말로 할 수 없고
知一切法不可說 모든 법을 아는 것도 말로 할 수 없다네.

嚴淨佛刹不可說 청정하게 장엄하는 부처님 세계를 말로 할 수 없고
修行諸力不可說 수행하는 모든 힘을 말로 할 수 없고
長時修習不可說 오랜 시간 닦아 익힘도 말로 할 수 없고
一念悟解不可說 한 생각, 한순간의 깨우침을 이해함도 말로 할 수 없다네.

諸佛自在不可說 모든 부처님의 자재함을 말로 할 수 없고
廣演正法不可說 바른 법을 광대하게 말함도 말로 할 수 없고
種種神力不可說 가지가지의 신통한 힘을 말로 할 수 없고
示現世間不可說 세간에 나타내 보임을 말로 할 수 없다네.

淸淨法輪不可說 법 바퀴의 청정함을 말로 할 수 없고
勇猛能轉不可說 용맹하게 굴림을 말로 할 수 없고
種種開演不可說 가지가지로 열어 널리 펴는 것도 말로 할 수 없고
哀愍世間不可說 세간을 불쌍하고 가련하게 여김도 말로 할 수 없다네.

不可言說一切劫 말로 설할 수 없는 모든 겁 동안
讚不可說諸功德 말로 할 수 없는 모든 공덕을 칭찬할 적에
不可說劫猶可盡 말할 수 없는 겁은 오히려 다할 수 있지만
不可說德不可盡 말할 수 없는 덕은 다할 수 없다네.

不可言說諸如來 말로 설할 수 없는 많은 여래가
不可言說諸舌根 말로 설할 수 없는 모든 설근으로
歎佛不可言說德 부처님의 말로 설할 수 없는 덕을 찬탄해도
不可說劫無能盡 말할 수 없는 겁을 두고도 다할 수 없다네.

十方所有諸衆生 시방에 있는 모든 중생이
一切同時成正覺 동시에 모두 바른 깨우침을 이루고
於中一佛普能現 그 가운데 한 분의 부처님이 능히
不可言說一切身 말로 설 할 수 없는 모든 몸을 나타낸다네.

此不可說中一身 말로 할 수 없는 하나의 몸 가운데
示現於頭不可說 나타내 보이는 머리를 말로 할 수 없고
此不可說中一頭 말로 할 수 없는 하나의 머리 가운데
示現於舌不可說 나타나 보이는 혀를 말로 할 수 없다네.

此不可說中一舌 말로 할 수 없는 하나의 혀 가운데
示現於聲不可說 나타나 보이는 소리를 말로 할 수 없고
此不可說中一聲 말로 할 수 없는 하나의 소리 가운데
經於劫住不可說 겁이 지나도록 머무름도 말로 할 수 없다네.

如一如是一切佛 하나와 같은 이와 같음의 모든 부처님과
如一如是一切身 하나와 같은 이와 같음의 모든 몸과
如一如是一切頭 하나와 같은 이와 같음의 모든 머리와
如一如是一切舌 하나와 같은 이와 같음의 모든 혀와
如一如是一切聲 하나와 같은 이와 같음의 모든 음성으로
不可說劫恒讚佛 말로 할 수 없는 겁을 두고 항상 부처님을 찬탄하니
不可說劫猶可盡 말로 할 수 없는 겁이 다한다 하더라도
歎佛功德無能盡 부처님의 공덕을 찬탄함은 다 할 수 없다네.

一微塵中能悉有 하나의 티끌 가운데
不可言說蓮華界 말로 설할 수 없는 연꽃 세계가 모두 있고
一一蓮華世界中 하나하나의 연꽃 세계 가운데
賢首如來不可說 현수 여래도 말로 할 수 없다네.

乃至法界悉周徧 또는 법계 모든 곳에 두루두루 이르고
其中所有諸微塵 그 가운데 있는 모든 티끌마다
世界若成若住壞 그와 같이 이루어지고 그와 같이 머물고 무너지는 세계는
其數無量不可說 그 수를 헤아릴 수 없고 말로 할 수 없다네.

一微塵處無邊際 하나의 티끌 처는 끝닿은 경계가 없기에
無量諸刹普來入 헤아릴 수 없는 모든 세계가 두루 와서 들어가니
十方差別不可說 시방의 차별은 말로 할 수 없고
刹海分布不可說 세계 바다가 널리 퍼져 있음도 말로 할 수 없다네.

一一刹中有如來 하나하나의 세계 가운데 여래께서 계시니
壽命劫數不可說 수명과 겁의 수도 말로 할 수 없고
諸佛所行不可說 모든 부처님이 행하심도 말로 할 수 없고
甚深妙法不可說 깊고 깊은 빼어난 법을 말로 할 수 없다네.

神通大力不可說 신통한 큰 힘을 말로 할 수 없고
無障礙智不可說 막힘이나 걸림이 없는 지혜를 말로 할 수 없고
入於毛孔不可說 털구멍에 들어가심을 말로 할 수 없고
毛孔因緣不可說 털구멍의 인연을 말로 할 수 없다네.

成就十力不可說 성취한 열 가지 힘을 말로 할 수 없고
覺悟菩提不可說 깨우침을 깨우친 보리를 말로 할 수 없고
入淨法界不可說 청정함에 들어간 법계를 말로 할 수 없고
獲深智藏不可說 깊은 지혜의 장 얻음을 말로 할 수 없다네.

種種數量不可說 가지가지의 수량을 말로 할 수 없고
如其一切悉了知 그 같은 일체 모든 것을 깨달아 알며
種種形量不可說 가지가지 형상의 양을 말로 할 수 없고
於此靡不皆通達 이 모든 것을 통달한다네.

種種三昧不可說 가지가지의 삼매를 말로 할 수 없기에
悉能經劫於中住 겁이 지나도록 모두 그 가운데 머물고
於不可說諸佛所 말로 할 수 없는 모든 부처님이 계신 곳에서
所行清淨不可說 청정하게 닦은 행을 말로 할 수 없다네.

得不可說無礙心 말로 할 수 없는 막힘이나 걸림 없는 마음을 얻어
往詣十方不可說 시방을 향해 나아감을 말로 할 수 없고
神力示現不可說 신통한 힘을 나타내 보임도 말로 할 수 없고
所行無際不可說 행하는 일이 경계 없음을 말로 할 수 없다네.

往詣衆刹不可說 많은 세계를 향해 나아감을 말로 할 수 없고
了達諸佛不可說 모든 부처님을 분명하게 알고 통함을 말로 할 수 없고
精進勇猛不可說 용맹하게 정진함을 말로 할 수 없고
智慧通達不可說 지혜를 통달한 것도 말로 할 수 없다네.

於法非行非不行 법을 행함도 아니고 행하지 않음도 아니며
入諸境界不可說 경계에 들어간 것을 말로 할 수 없고
不可稱說諸大劫 일컬어 말할 수 없는 모든 큰 겁에
恒遊十方不可說 시방으로 항상 노니는 것을 말로 할 수 없다네.

方便智慧不可說 방편 지혜를 말로 할 수 없고
眞實智慧不可說 진실한 지혜를 말로 할 수 없고
神通智慧不可說 신통한 지혜를 말로 할 수 없고
念念示現不可說 생각마다 나타내 보임을 말로 할 수 없다네.

於不可說諸佛法 말로 할 수 없는 모든 부처님의 법을
一一了知不可說 하나하나 깨달아 아는 것을 말할 수 없고
能於一時證菩提 일시에 보리를 능히 증득하며
或種種時而證入 늘 가지가지의 시기에 증득해서 들어간다네.

毛端佛刹不可說 털끝의 부처 세계를 말로 할 수 없고
塵中佛刹不可說 티끌 가운데 부처 세계를 말로 할 수 없고
如是佛刹皆往詣 이와 같은 부처 세계로 향해 다 나아가
見諸如來不可說 모든 여래 뵙는 일을 말로 할 수 없다네.

通達一實不可說 통달한 하나의 실상을 말로 할 수 없고
善入佛種不可說 부처의 씨앗인 선근에 들어감을 말로 할 수 없고
諸佛國土不可說 모든 부처님 국토를 말로 할 수 없고
悉能往詣成菩提 남김없이 다 나아가서 보리를 이룬다네.

國土衆生及諸佛 국토와 중생과 또 모든 부처님의
體性差別不可說 체성을 차별함이 말할 수 없는 것이라
如是三世無有邊 이와 같은 삼세가 끝이 없음을
菩薩一切皆明見 보살은 일체 모든 것을 밝게 본다네.

31. 여래수량품
大方廣佛華嚴經壽量品第三十一

이때 심왕보살마하살이 대중의 모임 가운데서 모든 보살에게 가르침을 주기 위해 말했다.

"불자여! 이 사바세계 석가모니 부처님 세계의 일 겁은 극락세계의 아미타 부처님 세계에서는 하루가 낮, 하루가 밤이다. 극락세계의 일 겁이 가사당 세계의 금강견 부처님 세계에서는 하루가 낮, 하루가 밤이 되고 가사당 세계의 일 겁이 불퇴전음성륜 세계의 선승광명연화개부 부처님 세계에서는 하루가 낮, 하루가 밤이 되고 불퇴전음성륜 세계의 일 겁이 이구 세계의 법당 부처님 세계에서는 하루가 낮, 하루가 밤이 되고 이구 세계의 일 겁이 선등 세계의 사자 부처님 세계에서는 하루가 낮, 하루가 밤이 되고 선등 세계의 일 겁이 묘광명 세계의 광명장 부처님 세계에서는 하루가 낮, 하루가 밤이 되고 묘광명 세계의 일 겁은 난초과 세계의 법광명연화개부 부처님 세계에서는 하루가 낮, 하루가 밤이 되고 난초과 세계의 일 겁이 장엄혜 세계의 일체신통광명 부처님 세계에서는 하루가 낮, 하루가 밤이 되고 장엄혜 세계의 일 겁이 경광명 세계의 월지 부처님 세계에서는 하루가 낮, 하루가 밤이 된다."

"불자여! 이와 같은 차례를 이어서 백만 아승기 세계를 지나 최후 세계의 일 겁이 승연화 세계의 현승 부처님 세계에서는 하루가 낮, 하루가 밤이 된다. 보현보살과 함께 수행하는 큰 보살 등등이 그 가운데 충만하다."

爾時 心王菩薩摩訶薩於衆會中告諸菩薩言 佛子 此娑婆世界釋迦牟尼佛刹一劫 於極樂世界阿彌陀佛刹爲日一夜 極樂世界一劫 於袈裟幢世界金剛堅佛刹爲日一夜 袈裟幢世界一劫 於不退轉音聲輪世界善勝光明蓮華開敷佛刹爲一日一夜 不退轉音聲輪世界一劫 於離垢世界法幢佛刹爲一日一夜 離垢世界一劫 於 善燈世界師子佛刹爲一日一夜 善燈世界一劫 於妙光明世界光明藏佛刹爲一日一夜 妙光明世界一劫 於難超過世界法光明蓮華開敷佛刹爲一日一夜 難超過世界一劫 於莊嚴慧世界一切神通光明佛刹爲一日一夜 莊嚴慧世界一劫 於鏡光明世界月智佛刹爲一日一夜 佛子

如是次第 乃至過百萬阿僧祇世界 最後世界一劫 於勝蓮華世界現勝佛刹爲一日一夜 普賢菩薩及諸同行大菩薩等 充滿其中

32. 제보살주처품
大方廣佛華嚴經諸菩薩住處品第三十二

이때 심왕보살마하살이 대중의 모임 가운데서 가르침을 주기 위해 말했다.

爾時 心王菩薩摩訶薩於衆會中告諸菩薩言

"불자여! 동방에 머무는 처가 있으니, 이름이 '선인산'이다. 옛적부터 지금에 이르기까지 모든 보살 대중이 그곳에 머물렀으며, 현재 보살이 있으니, 이름이 '금강승'이다. 그 권속으로 보살 대중 300인과 더불어 항상 그 가운데 있으면서 법을 널리 펴서 설한다."

"남방에 머무는 처가 있으니, 이름이 '승봉산'이다. 옛적부터 지금에 이르기까지 모든 보살 대중이 그곳에 머물렀으며, 현재 보살이 있으니, 이름을 말하면 '법혜'이다. 그 권속으로 보살 대중 500인과 더불어 항상 그 가운데 있으면서 법을 널리 펴서 설한다."

"서방에 머무는 처가 있으니, 이름이 '금강염산'이다. 옛적부터 지금에 이르기까지 모든 보살 대중이 그곳에 머물렀으며, 현재 보살이 있으니, 이름이 '정진무외행'이다. 그 권속으로 보살 대중 300인과 더불어 항상 그 가운데 있으면서 법을 널리 펴서 설한다."

"북방에 머무는 처가 있으니, 이름이 '향적산'이다. 옛적부터 지금에 이르기까지 모든 보살 대중이 그곳에 머물렀으며, 현재 보살이 있으니, 이름이 '향상'이다. 그 권속으로 보살 대중 3,000인과 더불어 항상 그 가운데 있으면서 법을 널리 펴서 설한다."

"동북방에 머무는 처가 있으니, 이름이 '청량산'이다. 옛적부터 지금에 이르기까지 모든 보살 대중이 그곳에 머물렀으며, 현재 보살이 있으니, 이름이 '문수사리'이다. 그 권속으로 보살 대중 3일만 인과 더불어 항상 그 가운데 있으면서 법을 널리 펴서 설한다."

"바다 가운데 머무는 처가 있으니, 이름이 '금강산'이다. 옛적부터 지금에 이르기까지 모든 보살 대중이 그곳에 머물렀으며, 현재 보살이 있으니, 이름이 '법기'이다. 그 권속으로 보살 대중 1,200인과 더불어 항상 그 가운데 있으면서 법을 널리 펴서 설한다."

"동남방에 머무는 처가 있으니, 이름이 '지제산'이다. 옛적부터 지금에 이르기까지 모든 보살 대중이 그곳에 머물렀으며, 현재 보살이 있으니, 이름이 '천관'이다. 그 권속으로 보살 대중 1,000인과 더불어 항상 그 가운데 있으면서 법을 널리 펴서 설한다."

"서남방에 머무는 처가 있으니, 이름이 '광명산'이다. 옛적부터 지금에 이르기까지 모든 보살 대중이 그곳에 머물렀으며, 현재 보살이 있으니, 이름이 '현승'이다. 그 권속으로 보살 대중 3,000인과 더불어 항상 그 가운데 있으면서 법을 널리 펴서 설한다."

"서북방에 머무는 처가 있으니, 이름이 '향풍산'이다. 옛적부터 지금에 이르기까지 모든 보살 대중이 그곳에 머물렀으며, 현재 보살이 있으니, 이름이 '향광'이다. 그 권속으로 보살 대중 5,000인과 더불어 항상 그 가운데 있으면서 법을 널리 펴서 설한다."

佛子 東方有處 名 仙人山 從昔已來 諸菩薩衆於中止住 現有菩薩 名 金剛勝 與其眷屬 諸菩薩衆三百人俱 常在其中而演說法 南方有處 名 勝峯山 從昔已來 諸菩薩衆於中止住 現有菩薩 名曰 法慧 與其眷屬 諸菩薩衆五百人俱 常在其中而演說法 西方有處 名 金剛焰山 從昔已來 諸菩薩衆於中止住 現有菩薩 名 精進無畏行 與其眷屬 諸菩薩衆三百人俱 常在其中而演說法 北方有處 名 香積山 從昔已來 諸菩薩衆於中止住 現有菩薩 名曰 香象 與其眷屬 諸菩薩衆三千人俱 常在其中而演說法 東北方有處 名 清涼山 從昔已來 諸菩薩衆於中止住 現有菩薩 名 文殊師利 與其眷屬 諸菩薩衆一萬人俱 常在其中而演說法 海中有處 名 金剛山 從昔已來 諸菩薩衆於中止住 現有菩薩 名曰 法起 與其眷屬 諸菩薩衆千二百人俱 常在其中而演說法 東南方有處 名 支提山 從昔已來 諸菩薩衆於中止住 現有菩薩 名曰 天冠 與其眷屬 諸菩薩衆一千人俱 常在其中而演說法 西南方有處 名 光明山 從昔已來 諸菩薩衆於中止住 現有菩薩 名曰 賢勝 與其眷屬 諸菩薩衆三千人俱 常在其中而演說法 西北方有處 名 香風山 從昔已來 諸菩薩衆於中止住 現有菩薩 名曰 香光 與其眷屬 諸菩薩衆五千人俱 常在其中而演說法

"큰 바다 가운데 차례를 좇아(復有) 머무는 처가 있으니, 이름이 '장엄굴'이다. 옛적부터 지금에 이르기까지 모든 보살 대중이 그곳에 머물렀다."

"비사리 남쪽에 한 처소가 있으니, 이름이 '선주근'이다. 옛적부터 지금에 이르기까지 모든 보살 대중이 그곳에 머물렀다."

“마도라 성에 한 처소가 있으니, 이름이 ‘만족굴’이다. 옛적부터 지금에 이르기까지 모든 보살 대중이 그곳에 머물렀다.”

“구진나 성에 한 처소가 있으니, 이름이 ‘법좌’이다. 옛적부터 지금에 이르기까지 모든 보살 대중이 그곳에 머물렀다.”

“청정피안 성에 한 처소가 있으니, 이름이 ‘목진린타’이다. 옛적부터 지금에 이르기까지 모든 보살 대중이 그곳에 머물렀다.”

“마란타 국에 한 처소가 있으니, 이름이 ‘무애’이다. 용왕이 세운 것으로 옛적부터 지금에 이르기까지 모든 보살 대중이 그곳에 머물렀다.”

“감보차 국에 한 처소가 있으니, 이름이 ‘출생자’이다. 옛적부터 지금에 이르기까지 모든 보살 대중이 그곳에 머물렀다.”

“진단 국에 한 처소가 있으니, 이름이 ‘나라연굴’이다. 옛적부터 지금에 이르기까지 모든 보살 대중이 그곳에 머물렀다.”

“소륵 국에 한 처소가 있으니, 이름이 ‘우두산’이다. 옛적부터 지금에 이르기까지 모든 보살 대중이 그곳에 머물렀다.”

“가섭미라 국에 한 처소가 있으니, 이름이 ‘차제’이다. 옛적부터 지금에 이르기까지 모든 보살 대중이 그곳에 머물렀다.”

“증장환희 성에 한 처소가 있으니, 이름이 ‘존자 굴’이다. 옛적부터 지금에 이르기까지 모든 보살 대중이 그곳에 머물렀다.”

“암부리마 국에 한 처소가 있으니, 이름이 ‘견억장광명’이다. 옛적부터 지금에 이르기까지 모든 보살 대중이 그곳에 머물렀다.”

“간타라 국에 한 처소가 있으니, 이름이 ‘점바라 굴’이다. 옛적부터 지금에 이르기까지 모든 보살 대중이 그곳에 머물렀다.”

大海之中復有住處 名 莊嚴窟 從昔已來 諸菩薩衆於中止住 毘舍離南有一住處 名 善住根 從昔已來 諸菩薩衆於中止住 摩度羅城有一住處 名 滿足窟 從昔已來 諸菩薩衆於中止住 俱珍那城有一住處 名曰 法座 從昔已來 諸菩薩衆於中止住 清淨彼岸城有一住處 名 目眞鄰陀窟 從昔已來 諸菩薩衆於中止住 摩蘭陀國有一住處 名 無礙龍王建立 從昔已來 諸菩薩衆於中止住 甘菩遮國有一住處 名 出生慈 從昔已來 諸菩薩衆於中止住 震旦國有一住處 名 那羅延窟 從昔已來 諸菩薩衆於中止住 疏勒國有一住處 名 牛頭山 從昔已來 諸菩薩衆於中止住 迦葉彌羅國有一住處 名曰 次

第 從昔已來 諸菩薩衆於中止住 增長歡喜城有一住處 名 尊者窟 從昔已來 諸菩薩衆於中止住 菴浮梨摩國有一住處 名 見億藏光明 從昔已來 諸菩薩衆於中止住 乾陀羅國有一住處 名 苫婆羅窟 從昔已來 諸菩薩衆於中止住

대방광불화엄경 제46권

33. 불부사의법품(1)
佛不思議法品第三十三之一

이때 큰 모임 가운데 있는 모든 보살이 이러한 생각을 했다.

"모든 부처님의 국토는 어찌해서 사람의 생각으로는 헤아릴 수 없는 것이며, 모든 부처님의 본원은 어찌해서 사람의 생각으로는 헤아릴 수 없는 것이며, 모든 부처님의 종성은 어찌해서 사람의 생각으로는 헤아릴 수 없는 것이며, 모든 부처님이 출현하심은 어찌해서 사람의 생각으로는 헤아릴 수 없는 것이며, 모든 부처님의 몸은 어찌해서 사람의 생각으로는 헤아릴 수 없는 것이며, 모든 부처님의 음성은 어찌해서 사람의 생각으로는 헤아릴 수 없는 것이며, 모든 부처님의 지혜는 어찌해서 사람의 생각으로는 헤아릴 수 없는 것이며, 모든 부처님의 자재함은 어찌해서 사람의 생각으로는 헤아릴 수 없는 것이며, 모든 부처님의 막힘이나 걸림이 없음은 어찌해서 사람의 생각으로는 헤아릴 수 없는 것이며, 모든 부처님의 해탈은 어찌해서 사람의 생각으로는 헤아릴 수 없는 것인가?"

爾時 大會中有諸菩薩作是念 諸佛國土云何不思議 諸佛本願云何不思議 諸佛種性云何不思議 諸佛出現云何不思議 諸佛身云何不思議 諸佛音聲云何不思議 諸佛智慧云何不思議 諸佛自在云何不思議 諸佛無礙云何不思議 諸佛解脫云何不思議

그때 세존께서 모든 보살이 마음으로 생각하는 것을 아시고 곧바로 신통한 힘으로 돕고자 지혜로 거두어 광명으로 밝게 비추고 충만한 위세로 청련화 보살을 부처님의 두려움 없음에 머물게 하고 부처님의 법계에 들어가서 부처님의 위덕을 얻게 하고 신통을 자재하게 하고 부처님의 막힘이나 걸림이 없음을 얻게 하고 광대하게 자세히 살펴서 들여다봄을 얻게 하고 모든 부처님 종성의 차례를 알게 하고 말할 수 없는 부처님 법의 방편에 머물게 하셨다.

爾時 世尊知諸菩薩心之所念 則以神力加持 智慧攝受 光明照曜 威勢充滿 令青蓮

華藏菩薩住佛無畏 入佛法界 獲佛威德 神通自在 得佛無礙廣大觀察 知一切佛種性次第 住不可說佛法方便

그때 청련화 보살이 곧바로 막힘이나 걸림이 없는 법계를 통달하고 곧바로 막힘이나 걸림을 벗어나 깊은 행에 편안히 머물고 곧바로 보현의 큰 원을 원만하게 이루고 곧바로 모든 부처님의 법을 알아보고 곧바로 크게 가엾이 여기는 마음으로 중생을 자세히 살펴서 들여다보고 청정하게 하고자 하고 부지런히 닦고 익혀서 싫어하고 게으름이 없게 하며, 일순간에 부처님의 지혜를 출생하고 일체 다함이 없는 지혜의 문을 분명하게 깨달아 알고 이해하며, 총지의 변재를 남김없이 다 온전히 갖추었다.

爾時 靑蓮華藏菩薩則能通達無礙法界 則能安住離障深行 則能成滿普賢大願 則能知見一切佛法 以大悲心觀察衆生 欲令淸淨精勤修習無有厭怠 受行一切諸菩薩法 於一念出生佛智 解了一切無盡智門 摠持 辯才皆悉具足 承佛神力 告蓮華藏菩薩言

부처님의 신통한 힘을 받들어 연화장 보살이 가르침을 주고자 말했다.

承佛神力 告蓮華藏菩薩言

"불자여! 모든 부처님 세존께서는 헤아릴 수 없음에 머무심이 있으니, 이른바 늘 크게 가엾이 여기는 마음에 머무시고 가지가지의 몸에 머무시면서 모든 부처의 일을 지어가고 평등한 뜻에 머무시면서 청정한 법의 바퀴를 굴리고 네 가지 변재에 머무시면서 헤아릴 수 없는 법을 설하시고 사람의 생각으로는 헤아릴 수 없는 모든 부처님 법에 머무시고 청정한 음성에 머무시기에 헤아릴 수 없는 국토에 두루 하시고 말할 수 없는 깊고 깊은 법계에 머무시고 일체에서 가장 뛰어난 신통을 나타내는 데 머무시고 막힘이나 걸림이 없는 마지막 법을 열어 보이는 데 머무신다."

佛子 諸佛世尊有無量住 所謂 常住 大悲住 種種身作諸佛事住 平等意轉淨法輪住 四辯才說無量法住 不思議一切佛法住 淸淨音徧無量土住 不可說甚深法界住 現一切最勝神通住 能開示無有障礙究竟之法

"불자여! 모든 부처님 세존께서는 열 가지의 법이 있기에 헤아릴 수 없고 끝없는 법계에 널리 두루 하시니, 무엇이 열인가 하면, 이른바 일체 모든 부처님의 끝닿은 경계가 없는 몸이 있고 색상이 청정하기에 널리 모든 부류에 들어가지만 물드는 일이 없으며, 일체 모든 부처님은 끝닿은 경계가 없고 막힘이나 걸림이 없는 눈이 있기에 모든 법을 남김없이 다 분명하게 보며, 일체 모든 부처님은 끝닿은 경계가 없고 막힘이나 걸림이 없는 귀가 있기에 모든 음성을 남김없이 깨달아 이해하며, 일체 모든 부처님은 끝닿은 경계가 없고 막힘이나 걸림이 없는 코가 있기에 모든 부처님의 자재한 저 언덕에 이르며, 일체 모든 부처님은 크고 긴 혀가 있기에 빼어난 음성을 내어서 법계에 두루두루 하며 일체 모든 부처님은 끝닿은 경계가 없는 몸이 있기에 중생의 마음이 응함을 따라 다 볼 수 있게 한다."

"일체 모든 부처님은 끝닿은 경계가 없는 뜻이 있기에 막힘이나 걸림이 없이 평등한 법신에 머물며, 일체 모든 부처님은 끝닿은 경계가 없고 막힘이나 걸림이 없는 해탈이 있기에 다함이 없는 큰 신통의 힘을 나타내 보이며, 일체 모든 부처님은 끝닿은 경계가 없는 청정한 세계에 있기에 중생이 좋아하는 것을 따라 많은 부처님 국토를 나타내며, 헤아릴 수 없는 가지가지의 장엄을 온전하게 갖추지만, 그 가운데 물이 들거나 집착하는 마음을 내지 않으며, 일체 모든 부처님은 끝닿은 경계가 없는 보살의 행과 원이 있기에 원만한 지혜를 얻어서 즐겁게 노니는 것이 자재하시고 남김없이 모든 불법을 통달한다."

"불자여! 이것이 여래와 응공과 정등각으로 법계에 두루 가득한 끝닿은 경계가 없는 열 가지 부처님의 법이다."

佛子 諸佛世尊有十種法 普徧無量無邊法界 何等爲十 所謂 一切諸佛有無邊際身 色相淸淨 普入諸趣而無染著 一切諸佛有無邊際無障礙眼 於一切法 悉能明見 一切諸佛有無邊際無障礙耳 悉能解了一切音聲 一切諸佛有無邊際鼻 能到諸佛自在彼岸 一切諸佛有廣長舌 出妙音聲周徧法界 一切諸佛有無邊際身 應衆生心 咸令得見 一切諸佛有無邊際意 住於無礙平等法身 一切諸佛有無邊際無礙解脫 示現無盡大神通力 一切諸佛有無邊際淸淨世界 隨衆生樂現衆佛土 具足無量種種莊嚴 而於其中不生染著 一切諸佛有無邊際菩薩行願 得圓滿智 遊戲自在 悉能通達一切佛法 佛子 是爲如來 應 正等覺普徧法界無邊際十種佛法

"불자여! 모든 부처님 세존께서는 열 가지 생각마다 내어놓은 지혜가 있으니, 무엇이 열인가 하면, 이른바 일체 모든 부처님은 한 생각, 한순간에 헤아릴 수 없는 세계의 하늘로부터 내려옴을 남김없이 나타내 보이며, 일체 모든 부처님은 한 생각, 한순간에 헤아릴 수 없는 세계의 보살이 태어남을 나타내 보이며, 일체 모든 부처님은 한 생각, 한순간에 헤아릴 수 없는 세계에 출가해서 도를 배움을 나타내 보이며, 일체 모든 부처님은 한 생각, 한순간에 헤아릴 수 없는 세계의 보리수 아래서 등정각 이루는 것을 나타내 보이며, 일체 모든 부처님은 한 생각, 한순간에 헤아릴 수 없는 세계에서 빼어난 법 바퀴 굴림을 나타내 보이며, 일체 모든 부처님은 한 생각, 한순간에 헤아릴 수 없는 세계의 중생을 가르쳐 이끌고 모든 부처님에게 공양함을 나타내 보이며, 일체 모든 부처님은 한 생각, 한순간에 헤아릴 수 없는 세계에 말할 수 없는 가지가지의 부처님 몸을 나타내 보이며, 일체 모든 부처님은 한 생각, 한순간에 헤아릴 수 없는 세계의 가지가지 장엄과 수 없는 장엄과 여래의 자재한 일체 지혜의 장을 나타내 보이며, 일체 모든 부처님은 한 생각, 한순간에 헤아릴 수 없는 세계의 헤아릴 수 없고 수 없는 청정한 중생을 나타내 보이며, 일체 모든 부처님은 한 생각, 한순간에 헤아릴 수 없는 세계의 삼세 모든 부처님의 가지가지 근성과 가지가지 정진과 가지가지 행과 이해로 삼세 가운데 등정각 이루는 것을 나타내 보인다. 이것이 열이다."

佛子 諸佛世尊有十種念念出生智 何等爲十 所謂 一切諸佛於一念中 悉能示現無量世界從天來下 一切諸佛於一念中 悉能示現無量世界菩薩受生 一切諸佛於一念中 悉能示現無量世界出家學道 一切諸佛於一念中 悉能示現無量世界菩提樹下成等正覺 一切諸佛於一念中 悉能示現無量世界轉妙法輪 一切諸佛於一念中 悉能示現無量世界敎化衆生供養諸佛 一切諸佛於一念中 悉能示現無量世界不可言說種種佛身 一切諸佛於一念中 悉能示現無量世界種種莊嚴 無數莊嚴 如來自在一切智藏 一切諸佛於一念中 悉能示現無量世界無量無數淸淨衆生 一切諸佛於一念中 悉能示現無量世界三世諸佛種種根性 種種精進 種種行解 於三世中成等正覺 是爲十

"불자여! 모든 부처님 세존께서는 열 가지 때를 잃지 않음이 있으니, 무엇이 열인가 하면, 이른바 일체 모든 부처님은 등정각을 이루는 때를 잃지 않으며, 일체 모든 부처님은 인연이 있음을 성숙하게 하고자 때를 잃지 않으며, 일체 모든 부처님은 보살에게 수기 주는 것을 기억하고자 때를 잃지 않으며, 일체 모든 부처님은 중생심을 따라 신통한 힘을 나타내 보이고자 때를 잃지 않으며, 일체 모든 부처님은 중생이 이해함을 따라 부처님의 몸을 나타내 보이고자 때를 잃지 않으며, 일체 모든 부처님은 크게 버리고 머물고자 때를 잃지 않으며, 일체 모든 부처님은 모든 취락에 들어가고자 때를 잃지 않으며, 일체 모든 부처님은 모든 청정한 믿음을 거두어 주고자 때를 잃지 않으며, 일체 모든 부처님은 악한 중생을 조복하고자 때를 잃지 않으며, 일체 모든 부처님은 사람의 생각으로 헤아릴 수 없는 모든 부처님의 신통을 나타내고자 때를 잃지 않는다."

"이것이 열이다."

佛子 諸佛世尊有十種不失時 何等爲十 所謂 一切諸佛成等正覺不失時 一切諸佛成熟有緣不失時 一切諸佛授菩薩記不失時 一切諸佛隨衆生心示現神力不失時 一切諸佛隨衆生解示現佛身不失時 一切諸佛住於大捨不失時 一切諸佛入諸聚落不失時 一切諸佛攝諸淨信不失時 一切諸佛不調惡衆生失時 一切諸佛現不思議諸佛神通不失時 是爲十

"불자여! 모든 부처님 세존께서는 열 가지의 비할 데 없고 사람의 생각으로 헤아릴 수 없는 경계가 있으니, 무엇이 열인가 하면, 이른바 일체 모든 부처님은 한 번 가부좌해서 헤아릴 수 없는 시방세계에 두루 가득하고 일체 모든 부처님은 하나의 뜻으로 글귀를 설하여 모든 부처님의 법을 능히 남김없이 열어 보이고 일체 모든 부처님은 하나의 광명을 놓아 모든 세계를 남김없이 두루 비추고 일체 모든 부처님은 하나의 몸 가운데 모든 몸을 남김없이 다 나타내 보이고 일체 모든 부처님은 하나의 처 가운데서 모든 세계를 남김없이 다 나타내 보이고 일체 모든 부처님은 하나의 지혜 가운데서 일체 모든 법을 남김없이 분명하게 결정하지만 막히거나 걸리는 바가 없고 일체 모든 부처님은 한 생각 가운데 시방세계에 남김없이 두루 가고 일체 모든 부처님은 한 생각 가운데 여래의 헤아릴 수 없는 위덕을 남김없이 나타내고 일체 모든 부처님은 한 생각 가운데 삼세 부처님과 중생과 두루 묶지만, 마음이 섞이거나 혼란스럽지 않고 일체 모든 부처님은 한 생각 가운데 과거, 미래, 현재의 일체 모든 부처님과 더불어 체가 같기에 둘이 없음이니, 이것이 열이다."

佛子 諸佛世尊有十種無比不思議境界 何等爲十 所謂 一切諸佛一跏趺坐 偏滿十方無量世界 一切諸佛說一義句 悉能開示一切佛法 一切諸佛放一光明 悉能偏照一切世界 一切諸佛於一身中 悉能示現一切諸身 一切諸佛於一處中 悉能示現一切世

界 一切諸佛於一智中 悉能決了一切諸法無所罣礙 一切諸佛於一念中 悉能徧往十方世界 一切諸佛於一念中 悉現如來無量威德 一切諸佛於一念中 普緣三世佛及衆生 心無雜亂 一切諸佛於一念中 與去 來 今一切諸佛體同無二 是爲十

"불자여! 모든 부처님 세존께서는 열 가지 지혜를 출생하시니, 무엇이 열인가 하면, 이른바 이체 모든 부처님은 일체 법이 향해서 나아갈 것이 없음을 알지만, 회향하는 원의 지혜를 출생하시고 일체 모든 부처님은 일체 법이 다 몸이 없음을 알지만, 청정한 몸의 지혜를 출생하시고 일체 모든 부처님은 일체 법이 본래 둘이 없음을 알지만, 능히 깨우침을 깨달아 아는 지혜를 출생하시고 일체 모든 부처님은 일체 법이 나는 것도 없고 중생도 없음을 알지만, 능히 중생을 조복하는 지혜를 출생하시고 일체 모든 부처님은 일체 법이란 본래 모양이나 상태가 없음을 알지만, 능히 모든 모양이나 상태를 분명하게 깨달아 아는 지혜를 출생합니다."

"일체 모든 부처님은 모든 세계가 이루어지고 무너짐이 없음을 알지만, 이루어지고 무너짐을 분명하게 깨달아 아는 지혜를 출생하고 일체 모든 부처님은 일체 법이란 지어서 만드는 것이 없음을 알지만, 업과를 아는 지혜를 능히 출생하고 일체 모든 부처님은 일체 모든 법이란 말이 없음을 알지만, 말을 분명하게 아는 지혜를 능히 출생하고 일체 모든 부처님은 일체 법이 물들고 깨끗함이 없음을 알지만, 물들고 깨끗함을 아는 지혜를 출생하고 일체 모든 부처님은 일체 법이란 생과 멸이 없음을 알지만, 생과 멸을 분명하게 아는 지혜를 출생한다."

"이것이 열이다."

佛子 諸佛世尊能出生十種智 何者爲十 所謂 一切諸佛知一切法無所趣向 而能出生迴向願智 一切諸佛知一切法皆無有身 而能出生淸淨身智 一切諸佛知一切法本來無二 而能出生能覺悟智 一切諸佛知一切法無我無衆生 而能出生調衆生智 一切諸佛知一切法本來無相 而能出生了諸相智 一切諸佛知一切法世界無有成壞 而能出生了成壞智 一切諸佛知一切法無有造作 而能出生知業果智 一切諸佛知一切法無有言說 而能出生了言說智 一切諸佛知一切法無有染淨 而能出生知染淨智 一切諸佛知一切法無有生滅 而能出生了生滅智 是爲十

"불자여! 모든 부처님 세존께서는 열 가지의 두루 들어가는 법이 있으니, 무엇이 열인가 하면, 이른바 일체 모든 부처님은 청정하고 빼어난 몸이 있기에 삼세에 널리 들어가고 일체 모든 부처님은 세 가지 자재함을 온전하게 갖추었기에 널리 중생을 가르쳐서 이끌고 들어가며, 일체 모든 부처님은 모든 다라니를 온전하게 갖추었기에 모든 부처님 법을 받아 지니고 들어가며, 일체 모든 부처님은 네 가지 변재를 남김없이 온전하게 갖추었기에 두루 모든 청정한 법 바퀴를 굴리고 들어가며, 일체 모든 부처님은 가엾이 여기는 큰마음을 평등하게 또 온전하게 갖추었기에 항상 모든 중생을 벗어나거나 버리지 않고 들어가며, 일체 모든 부처님은 깊고 깊은 선정을 온전하게 갖추었기에 항상 모든 중생을 두루 살펴서 들여다보고 들어가며, 일체 모든 부처님은 모두 타인을 이롭게 하는 선근을 온전하게 갖추고 중생을 조복하는 일에 쉼이 없고 일체 모든 부처님은 막힘이나 걸림이 없는 마음을 온전하게 갖추었기에 널리 모든 법계에 편안히 머물고 일체 모든 부처님은 모두 막힘이나 걸림이 없는 신통한 힘을 온전하게 갖추었기에 한순간에 널리 삼세 모든 부처님을 나타내고 일체 모든 부처님은 모두 막힘이나 걸림이 없는 지혜를 온전하게 갖추었기에 한 생각에 널리 삼세 겁의 수를 세운다."

"이것이 열이다."

佛子 諸佛世尊有十種普入法 何等爲十 所謂 一切諸佛有淨妙身 普入三世 一切諸佛皆悉具足三種自在 普化衆生 一切諸佛皆悉具足諸陀羅尼 普能受持一切佛法 一切諸佛皆悉具足四種辯才 普轉一切淸淨法輪 一切諸佛皆悉具足平等大悲 恒不捨離一切衆生 一切諸佛皆悉具足甚深禪定 恒普觀察一切衆生 一切諸佛皆悉具足利他善根 調伏衆生無有休息 一切諸佛皆悉具足無所礙心 普能安住一切法界 一切諸佛皆悉具足無礙神力 一念普現三世諸佛 一切諸佛皆悉具足無礙智慧 一念普立三世劫數 是爲十

"불자여! 모든 부처님 세존께서는 열 가지의 믿고 받기 어려운 광대한 법이 있으시니, 무엇이 열인가 하면, 이른바 일체 모든 부처님이 일체 모든 마군을 꺾어서 없애버리는 것이고 일체 모든 부처님이 모든 외도를 남김없이 항복 받는 것이고 일체 모든 부처님은 모든 중생을 남김없이 다 조복하여 모든 중생이 기쁘고 즐겁게 하는 것이고 일체 모든 부처님이 모든 세계에 나가서 중생을 남김없이 가르쳐 바른길로 이끄는 것이고 일체 모든 부처님이 깊고 깊은 법계를 지혜로 남김없이 증득하는 것이고 일체 모든 부처님이 둘이 없는 몸으로 가지가지의 몸을 나타내어 세계를 남김없이 충만하게 하는 곳이고 일체 모든 부처님이 청정한 음성으로 네 가지 변재를 일으켜서 법을 설함이 끊이지 않기에 무릇 믿음으로 받은 것이 있으며, 공이 헛되지 않은 것이고 일체 모든 부처님은 하나의 털구멍 가운데서 모든 부처님이 태어나 남김없이 다 나타나기에 일체 세계의 티끌 수와 더불어 평등하고 끊어짐이 없는 것이고 일체 모든 부처님은 하나의 티끌 가운데 많은 세계를 남김없이 다 나타내 보이지만, 일체 세계의 티끌 수와 더불어 평등하며, 가지가지의 가장 빼어난 장엄을 온전하게 갖추고 그 가운데서 빼어난 법의 바퀴를 굴려 중생을 가르쳐 이끌기에 티끌이 커지지도 않으며, 세계가 작아지지도 않고 항상 증득한 지혜로 법계에 편안히 머무는 것이고 일체 모든 부처님은 청정한 법계를 분명히 깨우쳐 알고 지혜의 광명으로 세간의 어리석은 어둠을 남김없이 다 깨뜨리고 불법을 열어 환하게 깨우쳐 여래를 따라 십력에 머무는 것이다."

"이것이 열이다."

佛子 諸佛世尊有十種難信受廣大法 何等爲十 所謂 一切諸佛悉能摧滅一切諸魔 一切諸佛悉能降伏一切外道 一切諸佛悉能調伏一切衆生咸令歡悅 一切諸佛悉能往詣一切世界化導郡品 一切諸佛悉能智證甚深法界 一切諸佛悉皆能以無二之身現種種身充滿世界 一切諸佛悉皆能以淸淨音聲起四辯才說法無斷 凡有信受功不唐損 一切諸佛皆悉能於一毛孔中出現諸佛 與一切世界微塵數等 無有斷絶 一切諸佛皆悉能於一微塵中示現衆刹 與一切世界微塵數等 具足種種上妙莊嚴 恒於其中轉妙法輪敎化衆生 而微塵不大 世界不小 常以證智安住法界 一切諸佛皆悉了達淸淨法界 以智光明破世癡闇 令於佛法悉得開曉 隨逐如來住十力中 是爲十

"불자여! 모든 부처님 세존께서는 열 가지 큰 공덕이 있어서 허물을 벗어나 청정하시니, 무엇이 열인가 하면, 이른바 일체 모든 부처님은 큰 위엄과 공덕을 온전하게 갖추었기에 허물을 벗어나 청정하고 일체 모든 부처님은 모두 삼세 여래의 집에 태어나서 종족이 선근으로 화합하기에 허물을 벗어나 청정하고 일체 모든 부처님은 미래의 경계가 다 하도록 마음에 머무는 바가 없기에 허물을 벗어나 청정하고 일체 모든 부처님은 삼세의 법에 집착하는 바가 없기에 허물을 벗어나 청정하고 일체 모든 부처님은 가지가지의 성품이

다 이 하나의 성품임을 알고 좇아 온 바가 없기에 허물을 벗어나 청정하고 일체 모든 부처님은 앞 경계와 뒤 경계의 복덕이 다함이 없고 법계와 평등하기에 허물을 벗어나 청정하고 일체 모든 부처님은 끝이 없는 몸의 모양이나 상태로 시방세계에 두루 해서 때를 따라 모든 중생을 조복하기에 허물을 벗어나 청정하고 일체 모든 부처님은 네 가지 두려움 없음을 얻어 대중의 모임 가운데 큰 사자 후로 일체 모든 법을 분명하게 깨우쳐 알고 분별하기에 허물을 벗어나 청정하고 일체 모든 부처님은 말할 수 없고 말로는 이를 수 없는 겁의 반열반에 드셨지만, 중생이 이름을 들으면 헤아릴 수 없는 복을 얻어 부처님이 현재 계시는 것과 같기에 허물을 벗어나 청정하고 일체 모든 부처님은 멀리 계시지만 말할 수 없고 말로는 이를 수 없는 세계 가운데서 그와 같은 중생이 한 마음으로 바른 생각을 하면 곧 볼 수 있음을 얻게 하기에 허물을 벗어나 청정하다."

"이것이 열이다."

佛子 諸佛世尊有十種大功德 離過淸淨 何等爲十 所謂 一切諸佛具大威德 離過淸淨 一切諸佛悉於三世如來家生 種族調善 離過淸淨 一切諸佛盡未來際心無所住 離過淸淨 一切諸佛於三世法皆無所著 離過淸淨 一切諸佛知種種性皆是一性 無所從來 離過淸淨 一切諸佛前際 後際福德無盡 等於法界 離過淸淨 一切諸佛無邊身相徧十方刹 隨時調伏一切衆生 離過淸淨 一切諸佛獲四無畏 離諸恐怖 於衆會中大師子吼 明了分別一切諸法 離過淸淨 一切諸佛於不可說不可說劫入般涅槃 衆生聞名獲無量福 如佛現在功德無異 離過淸淨 一切諸佛遠在不可說不可說世界中 若有衆生一心正念則皆得見 離過淸淨 是爲十

"불자여! 일체 모든 부처님 세존께서는 마지막까지 청정한 열 가지가 있으니, 무엇이 열인가 하면, 이른바 일체 모든 부처님의 옛적 큰 원이 마지막까지 청정하고 일체 모든 부처님이 가진 범행이 마지막까지 청정하고 일체 모든 부처님이 세상의 많은 번뇌를 벗어남이 마지막까지 청정하고 일체 모든 부처님이 국토를 장엄함이 마지막까지 청정하고 일체 모든 부처님이 지닌 권속이 마지막까지 청정하고 일체 모든 부처님의 종족이 마지막까지 청정하고 일체 모든 부처님의 색신과 좋아하는 모양이나 상태가 마지막까지 청정하고 일체 모든 부처님의 법신은 물드는 일이 없기에 마지막까지 청정하고 일체 모든 부처님의 일체 지혜의 지혜가 막힘이나 걸림이 없기에 마지막까지 청정하고 일체 모든 부처님의 해탈 자재로 지어진 것을 판단해서 마치고 저 언덕에 이르기에 마지막까지 청정하다."
"이것이 열이다."
佛子 諸佛世尊有十種究竟清淨 何等爲十 所謂 一切諸佛往昔大願究竟清淨 一切諸佛所持梵行究竟清淨 一切諸佛離世衆惑究竟清淨 一切諸佛莊嚴國土究竟清淨 一切諸佛所有眷屬究竟清淨 一切諸佛所有種族究竟清淨 一切諸佛色身相好究竟清淨 一切諸佛法身無染究竟清淨 一切諸佛一切智智無有障礙究竟清淨 一切諸佛解脫自在 所作已辨 到於彼岸 究竟清淨 是爲十

"불자여! 모든 부처님 세존께서는 모든 세계와 모든 시기에 열 가지 부처의 일이 있으니, 무엇이 열인가 하면, 1은 그와 같은 중생이 마음으로 오로지 기억해서 생각하면 곧바로 그 앞에 나타나는 것이고 2는 그와 같은 중생의 마음이 화합하지 않고 도리를 따르지 않으면 곧바로 중생을 위해 법을 설하는 것이고 3은 그와 같은 중생이 청정한 믿음의 마음을 내면 반드시 중생이 헤아릴 수 없는 선근을 얻게 하는 것이고 4는 그와 같은 중생이 법의 자리에 들어가면 남김없이 다 증득함을 나타내어 깨달아 알게 하는 것이고 5는 중생을 가르쳐 이끌지만 피곤하거나 싫어함이 없는 것이고 6은 모든 부처님 세계에 왕래하는 것이 막힘이나 걸림이 없게 하는 것이고 7은 가엾이 여기는 큰마음으로 모든 중생을 버리지 않는 것이고 8은 변화하는 몸을 나타내어 항상 끊어내는 일이 없는 것이고 9는 신통이 자재하기에 일찍이 쉼이 없는 것이고 10은 법계에 편안히 머물며 두루 자세히 살펴서 들여다보는 것이다."
"이것이 열이다."
佛子 諸佛世尊於一切世界 一切時 有十種佛事 何等爲十 一者 若有衆生專心憶念 則現其前 二者 若有衆生心不調順 則爲說法 三者 若有衆生能生淨信 必令獲得無量善根 四者 若有衆生能入法位 悉皆現證 無不了知 五者 敎化衆生無有疲厭 六者 遊諸佛剎 往來無礙 七者 大悲不捨一切衆生 八者 現變化身 恒不斷絶 九者 神通自在 未嘗休息 十者 安住法界 能徧觀察 是爲十

"불자여! 모든 부처님 세존께서는 다함이 없는 지혜 바다의 법 열 가지가 있으시니, 무엇이 열인가 하면, 이른바 일체 모든 부처님의 끝없는 법신이 다함이 없는 지혜 바다의 법이며, 일체 모든 부처님의 헤아릴 수 없는 불사가 다 함이 없는 지혜 바다의 법이며, 일체 모든 부처님의 부처 눈 경계가 다 함이 없는 지혜 바다의 법이며, 일체 모든 부처님의 헤아릴 수 없고 생각하기 어려운 선근이 다함이 없는 지혜 바다의 법이며, 일체 모든 부처님이 빼어난 모든 감로의 법을 내리는 다함이 없는 지혜 바다의 법이며, 일체 모든 부처님이 부처 공덕을 찬탄하는 다함이 없는 지혜 바다의 법이며, 일체 모든 부처님이 옛적에 닦은 가지가지 원과 행이 다함이 없는 지혜 바다의 법이며, 일체 모든 부처님이 미래의 경계가 다 하도록 항상 불사를 지어가는 다함이 없는 지혜 바다의 법이며, 일체 모든 부처님이 모든 중생심의 행을 깨달아 아는 다함이 없는 지혜 바다의 법이며, 일체 모든 부처님의 복과 지혜의 장엄을 뛰어넘을 수 없는 다 함이 없는 지혜 바다의 법이다. 이것이 열이다."

佛子 諸佛世尊有十種無盡智海法 何等爲十 所謂 一切諸佛無邊法身無盡智海法 一切諸佛無量佛事無盡智海法 一切諸佛佛眼境界無盡智海法 一切諸佛無量無數難思善根無盡智海法 一切諸佛普雨一切甘露妙法無盡智海法 一切諸佛讚佛功德無盡智海法 一切諸佛往昔所修種種願行無盡智海法 一切諸佛盡未來際恒作佛事無盡智海法 一切諸佛了知一切衆生心行無盡智海法 一切諸佛福智莊嚴無能過者無盡智海法 是爲十

"불자여! 모든 부처님 세존께서는 열 가지 항상 한 법이 있으니, 무엇이 열인가 하면, 이른바 일체 모든 부처님은 일체 모든 바라밀을 항상 행하고 일체 모든 부처님은 일체 법의 의심으로부터 항상 벗어나고 일체 모든 부처님은 가엾이 여기는 큰마음을 항상 갖추고 일체 모든 부처님은 열 가지 힘이 항상 있고 일체 모든 부처님은 법의 바퀴를 항상 굴리고 일체 모든 부처님은 모든 중생을 위해서 정각 이루는 것을 항상 보이고 일체 모든 부처님은 즐거이 모든 중생을 항상 조복하고 일체 모든 부처님은 마음으로 둘이 없는 법을 항상 바르게 생각하고 일체 모든 부처님은 중생을 가르쳐 이끌어서 마치고 무여열반에 들어감을 항상 보이시니, 일체 모든 부처님의 경계가 끝이 없는 까닭이다. 이것이 열이다."

佛子 諸佛世尊有十種常法 何等爲十 所謂 一切諸佛常行一切諸波羅蜜 一切諸佛於一切法常離迷惑 一切諸佛常具大悲 一切諸佛常有十力 一切諸佛常轉法輪 一切

諸佛常爲衆生示成正覺 一切諸佛常樂調伏一切衆生 一切諸佛心常正念不二之法 一切諸佛化衆生已 常示入於無餘涅槃 諸佛境界無邊際故 是爲十

"불자여! 모든 부처님 세존께서는 헤아릴 수 없는 모든 부처님의 법문을 널리 펴서 설함이 열 가지가 있으시니, 무엇이 열인가 하면, 이른바 일체 모든 부처님은 헤아릴 수 없는 중생계의 문을 널리 펴서 설하시고 일체 모든 부처님은 헤아릴 수 없는 중생 행의 문을 널리 펴서 설하시고 일체 모든 부처님은 헤아릴 수 없는 중생 업과의 문을 널리 펴서 설하시고 일체 모든 부처님은 헤아릴 수 없는 중생 교화의 문을 널리 펴서 설하시고 일체 모든 부처님은 헤아릴 수 없는 중생을 청정하게 하는 문을 널리 펴서 설하시고 일체 모든 부처님은 헤아릴 수 없는 보살행의 문을 널리 펴서 설하시고 일체 모든 부처님은 헤아릴 수 없는 보살 원의 문을 널리 펴서 설하시고 일체 모든 부처님은 헤아릴 수 없는 일체 세계가 이루어지고 무너지는 겁의 문을 널리 펴서 설하시고 일체 모든 부처님은 헤아릴 수 없는 보살의 깊은 마음으로 청정한 부처 세계의 문을 널리 펴서 설하시고 일체 모든 부처님은 헤아릴 수 없는 일체 세계 삼세 모든 부처님의 그 겁에 차례를 따라 출현하는 문을 널리 펴서 설하시고 일체 모든 부처님은 일체 모든 부처님의 지혜로운 문을 널리 펴서 설하신다. 이것이 열이다."

佛子 諸佛世尊有十種演說無量諸佛法門 何等爲十 所謂 一切諸佛演說無量衆生界門 一切諸佛演說無量衆生行門 一切諸佛演說無量衆生業果門 一切諸佛演說無量化衆生門 一切諸佛演說無量淨衆生門 一切諸佛演說無量菩薩行門 一切諸佛演說無量菩薩願門 一切諸佛演說無量一切世界成壞劫門 一切諸佛演說無量菩薩深心淨佛刹門 一切諸佛演說無量一切世界三世諸佛於彼彼劫次第出現門 一切諸佛演說一切諸佛智門 是爲十

"불자여! 모든 부처님 세존께서는 중생을 위해 불사를 지어감이 열 가지가 있으니, 무엇이 열인가 하면, 이른바 일체 모든 부처님은 색신을 나타내 보여서 중생을 위해 불사를 지어가고 일체 모든 부처님은 빼어난 음성을 내어 중생을 위해 불사를 지어가고 일체 모든 부처님은 중생을 위해 불사를 지어가고 일체 모든 부처님은 받을 것이 있기에 중생을 위해 불사를 지어가고 일체 모든 부처님은 받을 것이 없기에 중생을 위해 불사를 지어가고 일체 모든 부처님은 지, 수, 화, 풍으로써 중생을 위해 불사를 지어가고 일체 모든 부처님은 신통한 힘의 자재로 모든 인연으로 인한 경계를 나타내 보여서 중생을 위해 불사를 지어가고 일체 모든 부처님은 가지가지의 이름으로 중생을 위해 불사를 지어가고 일체 모든 부처님은 부처 세계의 경계로 중생을 위해 불사를 지어가고 일체 모든 부처님은 부처 세계를 장엄해서 청정히 함으로 중생을 위해 불사를 지어가고 일체 모든 부처님은 고요하고 말하지 않는 것으로 중생을 위해 불사를 지어가시니, 이것이 열이다."

佛子 諸佛世尊有十種爲衆生作佛事 何等爲十 所謂 一切諸佛示現色身爲衆生作佛事 一切諸佛出妙音聲爲衆生作佛事 一切諸佛有所受爲衆生作佛事 一切諸佛無所受爲衆生作佛事 一切諸佛以地水火風爲衆生作佛事 一切諸佛神力自在示現一切所緣境界爲衆生作佛事 一切諸佛種種名號爲衆生作佛事 一切諸佛以佛刹境界爲衆生作佛事 一切諸佛嚴淨佛刹爲衆生作佛事 一切諸佛寂寞無言爲衆生作佛事 是爲十

"불자여! 모든 부처님 세존께서는 열 가지의 가장 훌륭한 법이 있으니, 무엇이 열인가 하면, 이른바 일체 모든 부처님의 큰 원은 견고하기에 가로막거나 무너뜨릴 수 없고 말한 그대로 반드시 지어가시며, 두 말이 없고 일체 모든 부처님은 일체 공덕을 원만히 하고자 미래의 겁이 다하도록 보살행을 닦으면서 게으름을 내지 않으시고 일체 모든 부처님은 한 명의 중생을 조복시키기 위한 까닭으로 말할 수 없고 말로 이를 수 없는 세계로 다니면서 이와 같은 중생을 위해 끊어짐이 없고 일체 모든 부처님은 믿은 중생이나 헐뜯고 훼방을 놓은 중생을 크게 가엾이 여기는 마음으로 평등하게 보고 다름이 없으며, 일체 모든 부처님은 마음을 처음 일으킬 때부터 부처를 이룰 때까지 보리심에서 물러서거나 잃지 않으셨고 일체 모든 부처님은 헤아릴 수 없는 공덕을 쌓아서 빠짐없이 모든 지혜의 성품으로 회향하지만, 모든 세간에 물들거나 집착이 없고 일체 모든 부처님은 모든 부처님의 처소에서 세 가지 업을 닦고 배우지만, 오로지 부처님의 행을 행하고 이승의 행은 아니며, 빠짐없이 모든 지혜의 성품에 회향해서 위 없는 정등 보리를 이루고 일체 모든 부처님은 큰 광명을 놓으니, 그 광명이 평등하기에 모든 곳뿐만 아니라 모든 부처님에 이르기까지 비추어 보살들의 마음이 청정함을 얻어 일체 지혜를 넉넉하게 하고 일체 모든 부처님은 세상의 즐거움을 버리고 탐하거나 물들지 않으며, 세간의 괴로움을 벗어나 즐거움을 얻고 모든 논란거리가 없고 일체 모든 부처님은 가지가지로 고통받는 모든 중생을 불쌍하게 여겨 부처의 종성을 지키고 보호하며, 부처님의 경계를 행하시기에 생사에서 벗어나게 하고 십력의 자리에 이르게 한다."

"이것이 열이다."

佛子 諸佛世尊有十種最勝法 何等爲十 所謂 一切諸佛大願堅固不可沮壞 所言必作 言無有二 一切諸佛爲欲圓滿一切功德 盡未來劫修菩薩行不生懈倦 一切諸佛爲欲調伏一衆生故 往不可說不可說世界 如是而爲一切衆生而無斷絶 一切諸佛於信於毁二種衆生 大悲普觀 平等無異 一切諸佛從初發心乃至成佛 終不退失菩提之心 一切諸佛積集無量諸善功德 皆以迴向一切智性 於諸世間終無染著 一切諸佛於諸佛所修學三業 唯行佛行 非二乘行 皆爲迴向一切智性 成於無上正等菩提 一切諸佛放大光明 其光平等照一切處 及照一切諸佛之法 令諸菩薩心得淸淨 滿一切智 一切諸佛捨離世樂 不貪不染 而普願世間離苦得樂 無諸戱論 一切諸佛愍諸衆生受種種苦 守護佛種 行佛境界 出離生死 逮十力地 是爲十

"불자여! 모든 부처님 세존께서는 막힘이나 걸림이 없는 열 가지의 머무름이 있으니, 무엇이 열인가 하면, 이른바 일체 모든 부처님은 모든 세계에 가지만 막힘이나 걸림이 없이 머무시며, 일체 모든 부처님은 빠짐없이 모든 세계에 머물지만 막힘이나 걸림이 없이 머무시며, 일체 모든 부처님은 모든 세계에 빠짐없이 모두 행, 주, 좌, 와 하는 일에 막힘이나 걸림이 없이 머무시며, 일체 모든 부처님은 모든 세계에 바른 법을 널리 펴서 설함에 막힘이나 걸림이 없이 머무시며, 일체 모든 부처님은 도솔천궁의 모든 세계에 머물지만, 막힘이나 걸림이 없이 머무시며, 일체 모든 부처님은 모든 삼세의 법계에 들어가 막힘이나 걸림이 없이 머무시며, 일체 모든 부처님은 법계의 모든 도량에 앉아계시지만, 막힘이나 걸림이 없이 머무시며, 일체 모든 부처님은 생각마다 모든 중생의 마음을 살펴보고 세 가지 자재함으로 가르쳐 바른길로 이끌며, 조복하는 일에 막힘이나 걸림이 없이 머무시며, 일체 모든 부처님은 한 몸으로 헤아릴 수 없는 부처님의 처소와 또한 일체 처에 머물면서 중생에게 이익이 되도록 하는 일에 막힘이나 걸림이 없이 머무시며, 일체 모든 부처님은 헤아릴 수 없는 모든 부처님이 설하신 바른 법을 열어 보이면서도 막힘이나 걸림이 없이 머무신다."

"이것이 열이다."

佛子 諸佛世尊有十種無障礙住 何等爲十 所謂 一切諸佛皆能往一切世界無障礙住 一切諸佛皆能住一切世界無障礙住 一切諸佛皆能於一切世界行 住 坐 臥無障礙住 一切諸佛皆能於一切世界演說正法無障礙住 一切諸佛皆能於一切世界住兜率天宮無障礙住 一切諸佛皆能入法界一切三世無障礙住 一切諸佛皆能坐法界一切道場無障礙住 一切諸佛皆能念念觀一切衆生心行以三種自在敎化調伏無障礙住 一切諸佛皆能以一身住無量不思議佛所及一切處利益衆生無障礙住 一切諸佛皆能開示無量諸佛所說正法無障礙住 是爲十

"불자여! 모든 부처님 세존께서는 가장 뛰어나고 위 없는 열 가지의 장엄이 있으니, 무엇이 열인가 하면, 이른바 일체 모든 부처님은 모든 자상한 모양이나 상태를 온전하게 갖추었기에 이것이 모든 부처님의 제1 가장 뛰어나고 위 없는 몸의 장엄이다."

"일체 모든 부처님은 60가지의 소리를 빠짐없이 온전하게 갖추고 하나하나의 소리에 오백 가지 나눔이 있으며, 나눈 하나하나에 헤아릴 수 없는 백천의 청정한 소리로 좋게 장엄하였기에 법계의 모든 대중 가운데서 하나 두려움이 없는 큰 사자 후로 여래의 깊은 법과 이치를 널리 펴서 설하고 듣는 중생들이 모두 즐거워하면서 그들의 근성과 욕망을 따라 남김없이 다 조복시키니, 이것이 모든 부처님의 제2 가장 뛰어나고 위 없는 말씀의 장엄이다."

"일체 모든 부처님은 모든 십력과 모든 큰 삼매와 십팔불공법을 온전하게 갖추어 뜻의 업을 장엄하며, 행하는 것에 대한 경계에 통달하시고는 막힘이나 걸림이 없으시고 모든 부처님 법의 남음이 없음을 얻어 법계의 장엄으로 장엄하며, 법계의 중생들이 마음으로 행하는 것을 과거, 현재, 미래로 각각 차별하는 것을 한 생각, 한순간에 남김없이 다 분명하게 보니, 이것이 모든 부처님의 제3 가장 뛰어나고 위 없는 뜻의 장엄이다."

"일체 모든 부처님은 수 없는 광명을 놓으시고 하나하나의 광명마다 말할 수 없는 광명의 그물을 권속으로 삼아 일체 모든 부처님 국토를 두루 비추어 일체 세간의 어둡고 캄캄함을 없애버리고 헤아릴 수 없는 모든 부처님을 나타내 보이며, 그 몸이 빠짐없이 다 평등하기에 지어가는 불사가 헛되지 않으며, 중생들이 물러나지 않는 지혜의 자리에 이르게 하니, 이것이 모든 부처님의 제4 가장 뛰어나고 위 없는 광명의 장엄이다."

"일체 모든 부처님이 미소를 지으실 때 입 가운데서 백천 억 나유타 아승기 광명을 놓으시고 하나하나의 광명마다 헤아릴 수 없는 가지가지의 빛이 있기에 시방의 모든 세계를 두루두루 비추면서 대중 가운데 정성스럽고 참된 말을 일으켜 수 없고 헤아릴 수 없는 중생들에게 아뇩다라삼먁삼보리의 수기를 주시니, 이것이 모든 부처님의 제5 세상의 어리석은 번뇌를 벗어난 가장 뛰어나고 위 없는 미소를 나타내는 장엄이다."

"일체 모든 부처님은 법신이 있으시니, 청정하기에 막힘이나 걸림이 없으며, 일체 법을 원만하게 통달하였기에 끝닿은 경계가 없는 법계에 머물고 비록 세간에 있기는 하지만 세간과 더불어 섞이지 않고 세간의 실상을 알기에 세간을 나서는 법을 행하며, 말할 수 없고 말로는 이를 수 없는 온, 계, 처를 초월하니, 이것이 모든 부처님의 제6 가장 뛰어나고 위 없는 법신 장엄이다."

"일체 모든 부처님은 헤아릴 수 없이 항상 하고 빼어난 광명이 있기에 말할 수 없고 말로는 이를 수 없는 가지가지 색의 모양이나 상태로 좋게 장엄해서 광명의 장이 되고 헤아릴 수 없으며 원만한 광명을 출생해서 시방을 두루 비추지만, 막힘이나 걸림이 없으니, 이것이 모든 부처님의 제7 가장 뛰어나고 위 없는 빼어난 색의 장엄이다."

"일체 모든 부처님은 끝없는 빼어난 색과 사랑스러운 빼어난 색과 청정한 빼어난 색과 마음을 따라 나타나는 빼어난 색과 모든 삼계를 무색하게 하는 빼어난 색과 저 언덕에 이르는 위 없는 빼어난 색이 있으시니, 이것이 모든 부처님의 제8 가장 빼어나고 위 없는 빼어난 색의 장엄이다."

"일체 모든 부처님은 삼세 부처님의 종성 가운데 태어나서 좋은 보배를 많이 쌓아서 마지막까지 청정하고 모든 허물과 잃어버리는 것이 없기에 세상의 희롱과 비방에서 벗어나고 모든 법 가운데서 가장 뛰어나기에 청정하고 빼어난 행으로 장엄함을 온전하게 갖추어 모든 지혜와 지혜를 성취해서 종족이 청정하며, 희롱하고 훼방을 놓지 않으니, 이것이 모든 부처님의 제9 가장 뛰어나고 위 없는 종족 장엄이다."

"일체 모든 부처님은 큰 자비의 힘으로 그 몸을 장엄해서 마지막까지 청정하고 모든 사랑에 대한 목마름이 없기에 몸으로 행함을 쉬지 않고 마음의 선근으로 해탈하기에 보는 자가 싫어하지 않고 가엾이 여기는 큰마음으로 모든 세간을 구하고 보호해서 제일의 복밭으로 위 없음을 받으며, 불쌍하고 가엾이 여기는 마음으로 중생에게 이익이 되게 해서 헤아릴 수 없는 복덕의 지혜로운 바다 세계를 늘리고 키우는 것이니, 이것이 모든 부처님의 제10 가장 뛰어난 위 없는 대자대비의 공덕 장엄이다."

"이것이 열이다."

佛子 諸佛世尊有十種最勝無上莊嚴 何等爲十 一切諸佛皆悉具足諸相隨好 是爲諸佛第一最勝無上身莊嚴 一切諸佛皆悉具足六十種音 一一音有五百分 一一分無量百千淸淨之音以爲嚴好 能於法界一切衆中無諸恐怖 大師子吼演說如來甚深法義 衆生聞者靡不歡喜 隨其根欲悉得調伏 是爲諸佛第二最勝無上語莊嚴 一切諸佛皆具十力 諸大三昧 十八不共莊嚴意業 所行境界通達無礙 一切佛法咸得無餘 法界莊嚴而爲莊嚴 法界衆生心之所行 去 來 現在各各差別 於一念中悉能明見 是爲諸佛第三最勝無上意莊嚴 一切諸佛皆悉能放無數光明 一一光明有不可說光明網以爲眷屬 普照一切諸佛國土 滅除一切世間黑闇 示現無量諸佛出興 其身平等悉皆淸淨 所作佛事咸不唐捐 能令衆生至不退轉 是爲諸佛第四最勝無上光明莊嚴 一切諸佛現微笑時皆於口中放百千億那由他阿僧祇光明 一一光明各有無量不思議種種色 徧照十方一切世界 於大衆中發誠實語 授無量無數不思議衆生阿耨多羅三藐三菩提記 是爲諸佛第五離世癡惑最勝無上現微笑莊嚴 一切諸佛皆有法身淸淨無礙 於一切法究竟通達住於法界無有邊際 雖在世間不與世雜 了世實性 行出世法 言語道斷 超蘊 界 處 是爲諸佛第六最勝無上法身莊嚴 一切諸佛皆有無量常妙光明 不可說不可說種種色相以爲嚴好爲光明藏 出生無量圓滿光明 普照十方無有障礙 是爲諸佛第七最勝無上常妙光明莊嚴 一切諸佛皆有無邊妙色 可愛妙色 淸淨妙色 隨心所現妙色 映蔽一切三界妙色 到於彼岸無上妙色 是爲諸佛第八最勝無上妙色莊嚴 一切諸佛皆於三世佛種中生 積衆善寶 究竟淸淨 無諸過失 離世譏謗 一切法中最爲殊勝淸淨妙行之所莊嚴具足成就一切智智 種族淸淨無能譏毀 是爲諸佛第九最勝無上種族莊嚴 一切諸佛以大慈力莊嚴其身 究竟淸淨無諸渴愛 身行永息 心善解脫 見者無厭 大悲救護一切世間 第一福田 無上受者 哀愍利益一切衆生 悉令增長無量福德 智慧之聚 是爲諸佛第十最勝無上大慈大悲功德莊嚴 是爲十

"불자여! 모든 부처님 세존께서는 자재한 법이 열 가지가 있으니, 무엇이 열인가 하면, 이른바 일체 모든 부처님은 일체 법에 남김없이 자재해서 가지가지의 글귀와 몸과 맛의 몸을 밝게 통하였기에 모든 법을 널리 펴서 설하는 변재가 막힘이나 걸림이 없으니, 이것이 모든 부처님의 제1 자재법이다."

"일체 모든 부처님은 중생을 가르쳐 바른길로 이끌면서 시기를 놓치지 않으며, 그들이 원하고 좋아하는 것을 따라 바른 법을 설하기에 모두 조복하면서도 끊어짐이 없으니, 이것이 모든 부처님의 제2 자재법이다."

"일체 모든 부처님은 모든 허공이 다하도록 헤아릴 수 없고 수 없는 가지가지로 장엄하고 이 장엄한 세계를 여섯 가지로 흔들어 그와 같은 저 세계를 들어 올리고 그와 같이 내리고 그와 같이 크고 그와 같이 작게 하고 그와 같이 합하고 그와 같이 흩어지게 하지만, 일찍이 한 명의 중생이라도 해롭게 하거나 번거롭게 하지 않는다. 그 가운데 중생이 깨우치지 못하고 알지도 못하지만, 의심도 없고 괴이하게 여김도 없으니, 이것이 모든 부처님의 제3 자재법이다."

"일체 모든 부처님은 신통력으로 모든 세계를 남김없이 청정하게 장엄해서 한 생각, 한 순간에 모든 세계를 두루 장엄해서 나타내기에 이 모든 장엄을 수 없는 겁이 지나도록 설한다 하더라도 다할 수 없고 모든 더러움을 벗어나 청정해서 비할 데가 없기에 모든 부처 세계의 엄정한 일을 다 평등하게 하고 하나의 세계 가운데 들어가게 하시니, 이것이 모든 부처님의 제4 자재법이다."

"일체 모든 부처님은 가르쳐서 이끌만한 한 명의 중생을 보고 그를 위해 말할 수 없고 말로는 이를 수 없는 겁에 머무실 뿐만 아니라 미래의 경계가 다 하기에 이르기까지 결가부좌하고는 몸과 마음을 게을리하지 않고 마음을 다해 오로지 기억하고 생각하며, 그만두거나 끝내지 않고 방편으로 조복하면서 시기를 잃지 않으니, 이처럼 한 명의 중생을 위하는 것과 같이 모든 중생을 위해서도 남김없이 또한 이와 같다. 이것이 모든 부처님의 제5 자재법이다."

"일체 모든 부처님은 모든 세계에 모든 여래께서 행한 처소에 두루두루 가지만, 잠깐이라도 모든 법계를 버리지 않고 시방에 각각 다른 하나하나의 방위마다 헤아릴 수 없는 세계 바다가 있으며, 하나하나의 세계 바다에 헤아릴 수 없는 세계의 종이 있는 것을, 부처님이 신통한 힘으로 한 생각에 모두 이루시기에 막힘이나 걸림이 없는 청정한 법의 바퀴를 굴리신다. 이것이 모든 부처님의 제6 자재법이다."

"일체 모든 부처님은 모든 중생을 조복하고자 생각과 생각하는 가운데 아뇩다라삼먁삼보리를 이루시지만, 모든 불법을 이미 과거에 깨우친 것을 나타내는 것도 아니고 앞으로 깨우칠 것도 아니며, 또한 배움의 자리에 머물지도 않고 남김없이 알고 보아서 통달하고 막힘이나 걸림 없이 헤아릴 수 없는 지혜와 헤아릴 수 없는 자재로 모든 중생을 가르치고 바르게 이끌어서 조복하시니, 이것이 모든 부처님의 제7 자재법이다."

"일체 모든 부처님은 눈에 처한 것으로 귀에 처하는 불사를 능히 지어가고 귀에 처한 것으로 코에 처하는 불사를 능히 지어가고 코에 처한 것으로 혀에 처한 불사를 능히 지어가고 혀에 처한 것으로 몸에 처한 불사를 능히 지어가고 몸에 처한 것으로 뜻에 처한 불사를 능히 지어가고 뜻에 처한 것으로 모든 세계 가운데의 세간과 출세간의 가지가지 경계에 머물고 하나하나의 경계에서 헤아릴 수 없는 광대한 불사를 능히 지어가니, 이것이 모든 부처님의 제8 자재법이다."

"일체 모든 부처님은 그 몸에 있는 하나하나의 털구멍마다 모든 중생을 담고 하나하나의 중생마다 말할 수 없는 모든 부처님 세계와 더불어 남김없이 동등하지만, 비좁지 않고 하나하나의 중생이 한 걸음 한 걸음마다 수 없는 세계를 지나가지만, 이와 같은 수 없는 세계가 다할 때까지 가면서 모든 부처님이 세상에 출현하시고 중생을 가르쳐 바른길로 이끌고 청정한 법 바퀴를 굴려서 과거, 미래, 현재의 말할 수 없는 법을 열어 보이고 허공계를 다하는 모든 중생이 모든 부류의 몸을 받아 태어나는 것과 위엄있는 몸가짐과 오고 가는 일과 또 그 가지가지의 좋은 기물을 남김없이 온전하게 갖추지만, 그 가운데 조금이라도 막힘이나 걸림이 없으니, 이것이 모든 부처님의 제9 자재법이다."

"일체 모든 부처님은 한 생각, 한순간에 모든 세계의 티끌 수와 같은 부처님을 나타내고 한 분 한 분의 부처님이 모든 법계의 빼어난 연꽃으로 광대하게 장엄한 세계 연화장 사자좌 위에 앉아서 등정각을 이루시고 모든 부처님의 자재한 신통한 힘을 나타내시며, 빼어난 연꽃 위에 광대하게 장엄한 세계와 같이 이와 같은 모든 법계에 있는, 말할 수 없고 말로 이를 수 없는 가지가지의 장엄과 가지가지의 경계와 가지가지의 형상과 가지가지로 나타냄과 가지가지 겁의 청정한 세계를 한 생각같이 하고 이와 같은 헤아릴 수 없고 끝없는 아승기 겁의 일체 생각 가운데 한 생각에 일체를 나타내고 한 생각에 헤아릴 수 없음에 머물지만, 조그마한 방편의 힘도 쓰지 않으니, 이것이 모든 부처님의 제10 자재한 법이다."

佛子 諸佛世尊有十種自在法 何等爲十 所謂 一切諸佛於一切法悉得自在 明達種種句身 味身 演說諸法辯才無礙 是爲諸佛第一自在法 一切諸佛敎化衆生未曾失時 隨其願樂爲說正法 咸令調伏無有斷絶 是爲諸佛第二自在法 一切諸佛能令盡虛空界無量無數種種莊嚴 一切世界六種震動 令彼世界或擧或下 或大或小 或合或散 未曾惱害於一衆生 其中衆生不覺不知 無疑無怪 是爲諸佛第三自在法 一切諸佛以神通

力悉能嚴淨一切世界 於一念頃普現一切世界莊嚴 此諸莊嚴經無數劫說不能盡 悉皆離染 淸淨無比 一切佛刹嚴淨之事 皆令平等入一刹中 是爲諸佛第四自在法 一切諸佛見一切衆生應受化者 爲其住壽 經不可說不可說劫 乃至盡未來際 結跏趺坐 身心無倦 專心憶念 未曾廢忘 方便調伏而不失時 如爲一衆生 爲一切衆生悉亦如是 是爲諸佛第五自在法 一切諸佛悉能徧往一切世界一切如來所行之處 而不暫捨一切法界十方各別 一一方有無量世界海 一一世界海有無量世界種 佛以神力一念咸到 轉於無礙淸淨法輪 是爲諸佛第六自在法 一切諸佛爲欲調伏一切衆生 念念中成阿耨多羅三藐三菩提 而於一切佛法非已現覺 亦非當覺 亦不住於有學之地 而悉知見 通達無礙 無量智慧 無量自在 敎化調伏一切衆生 是爲諸佛第七自在法 一切諸佛能以眼處作耳處佛事 能以耳處作鼻處佛事 能以鼻處作舌處佛事 能以舌處作身處佛事 能以身處作意處佛事 能以意處於一切世界中住世 出世間種種境界 一一境界中能作無量廣大佛事 是爲諸佛第八自在法 一切諸佛 其身毛孔一一能容一切衆生 一一衆生其身悉與不可說諸佛刹等而無迫隘 一一衆生步步能過無數世界 如是展轉盡無數劫 悉見諸佛出現於世 敎化衆生 轉淨法輪 開示過去 未來 現在不可說法 盡虛空界一切衆生諸趣受身 威儀 往來及其所受種種樂具皆悉具足 而於其中無所障礙 是爲諸佛第九自在法 一切諸佛於一念頃現一切世界微塵數佛 一一佛皆於一切法界衆妙蓮華廣大莊嚴世界蓮華藏師子座上成等正覺 示現諸佛自在神力 如於衆妙蓮華廣大莊嚴世界 如是於一切法界中不可說不可說種種莊嚴 種種境界 種種形狀 種種示現 種種劫數淸淨世界 如於一念 如是於無量無邊阿僧祇劫一切念中 一念一切現 一念無量住 而未曾用少方便力 是爲諸佛第十自在法

"불자여! 모든 부처님 세존께서는 헤아릴 수 없고 사람의 생각으로는 미루어 알 수 없는 원만한 부처의 법이 열 가지가 있으니, 무엇이 열인가 하면, 이른바 일체 모든 부처님은 하나하나 청정한 모양이나 상태의 백 가지 복을 빠짐없이 갖추시고 일체 모든 부처님은 모든 불법을 남김없이 다 성취하시고 일체 모든 부처님은 모든 선근을 빠짐없이 다 성취하시고 일체 모든 부처님은 공덕을 성취하시고 일체 모든 부처님은 모든 중생을 빠짐없이 가르쳐서 바른길로 이끄시고 일체 모든 부처님은 중생을 위해 남김없이 다 머무시고 일체 모든 부처님은 청정한 부처 세계를 남김없이 다 성취하시고 일체 모든 부처님은 남김없이 다 색신과 좋아하는 모양이나 상태를 성취하기에 보는 자들이 이익을 얻게 하고 공들인 보람이 헛되지 않게 하시고 일체 모든 부처님은 불사를 지어가면서 마지막까지 나타내 보임으로 열반에 드심을 나타내 보이시니, 이것이 열이다."

佛子 諸佛世尊有十種無量不思議圓滿佛法 何等爲十 所謂 一切諸佛一一淨相皆具百福 一切諸佛皆悉成就一切佛法 一切諸佛皆悉成就一切善根 一切諸佛皆悉成就一切功德一切諸佛皆能敎化一切衆生 一切諸佛皆悉能爲衆生作主 一切諸佛皆悉成就淸淨佛刹 一切諸佛皆悉成就一切智智 一切諸佛皆悉成就色身相好見者獲益功不唐捐 一切諸佛皆具諸佛平等正法 一切諸佛作佛事已 莫不示現入於涅槃 是爲十

"불자여! 모든 부처님 세존께서는 섬세하고 능숙한 선근 방편 열 가지가 있으니, 무엇이 열인가 하면, 일체 모든 부처님은 모든 법이 논란거리를 벗어난 것을 깨달아 알지만, 모든 부처님의 선근(善根)을 능히 열어 보이시니, 이것이 제1 섬세하고 능숙한 선근 방편이다."

"일체 모든 부처님은 모든 법이란 볼 것이 없음을 남김없이 알기에 각각 서로 알지 못하고 얽힘도 없고 이해할 것도 없으며, 받는 것도 없고 모으는 것도 없고 성취할 것이나 자재한 것도 없어서 마지막에 저 언덕에 이르기는 하지만, 모든 법의 실상이 다르지도 않고 차별되지 않음을 진실하게 알기에 자재함을 얻고 나도 없고 받는 것도 없으므로 실상의 경계를 무너뜨리지 않으며, 이미 큰 자재의 자리에 이르러 항상 모든 법계를 자세히 살펴서 들여다보고 계시니, 이것이 모든 부처님의 제2 섬세하고 능숙한 선근 방편이다."

"일체 모든 부처님은 모든 모양이나 상태를 영원히 벗어나서 마음이 머무는 바가 없지만, 남김없이 알아서 어지럽지도 않고 어긋나지도 않으며, 비록 모든 모양이나 상태는 빠짐없이 자신의 성품이 없음을 알기에 그 체성과 같이 능히 선근으로 남김없이 들어가고 또한 헤아릴 수 없는 색신과 모든 청정한 국토의 가지가지 장엄을 다 함이 없는 모양이나 상태로 나타내며, 지혜의 등불을 모으고 중생의 의심을 없애시니, 이것이 제3 섬세하고 능숙한 선근 방편이다."

"일체 모든 부처님은 법계에 머물고 과거와 미래와 현재에 머물지 않으니, 이는 여여(如如.如是如是)의 성품 가운데 과거, 미래, 현재, 이 삼세의 모양이나 상태가 없는 까닭이지만, 과거, 미래, 현재세의 헤아릴 수 없는 모든 부처님이 세간에 나타나심을 널리 펴 설하고 듣는 이들이 모든 부처님의 경계를 두루 보게 하니, 이것이 제4 섬세하고 능숙한 선근 방편이다.”

“일체 모든 부처님의 몸과 말과 뜻의 업는 지어가는 것이 없기에 오는 것도 없으며, 가는 것도 없으며, 머무름도 없고 모든 수의 법을 벗어나서 일체 모든 법의 저 언덕에 이르지만, 많은 법장(如是如是.解脫.寂滅.寂靜.禪定.三昧.二乘地.如來地.涅槃.法界.般涅槃.善根思惟)을 위해 헤아릴 수 없는 지혜를 갖추고 가지가지의 세간(五蘊)과 출세간(不立五蘊)의 법을 분명하게 깨우쳐 알기에 지혜가 막힘이나 걸림이 없으며, 헤아릴 수 없는 자재하고 신통한 힘을 나타내 보여서 모든 법계의 중생을 조복하시니, 이것이 제5 섬세하고 능숙한 선근 방편이다.”

“일체 모든 부처님은 모든 법이란 볼 수도 없고 하나가 아니며, 다르지도 않고 양도 아니고 헤아릴 수 없음도 아니며, 오는 것도 아니고 가는 것도 아닌 것을 알아서 다 자신의 성품이 없음을 알며, 또한 세간의 모든 법을 어기지 않고 모든 지혜 있는 자가 자신의 성품이 없는 가운데서 일체 법을 보고 법에 자재하여 모든 법을 넓게 설하시며, 항상 진여, 실상의 본바탕에 편안히 머무시니, 이것이 제6 섬세하고 능숙한 선근 방편이다.”

“일체 모든 부처님은 일시 가운데 일체 시를 알아서 청정한 선근을 갖추고 바른 지위에 들어가지만, 집착하는 바가 없으며, 일, 월, 년, 겁, 이루어지고 무너짐의 이와 같은 등등의 때에 머물지도 않고 버리지도 않으며, 능히 그와 같은 낮과 밤과 처음과 중간과 나중의 시와 하루, 칠일, 반달, 한 달, 일 년, 백 년, 한 겁과 많은 겁과 생각으로 미루어 헤아릴 수 없는 겁과 말할 수 없는 겁과 뿐만 아니라 미래의 경계가 다 하는 겁에 이르기까지 항상 중생을 위해서 빼어난 법륜을 굴리고 끊어지지도 않게 하고 물러가지도 않으며, 휴식이 없이 나타내 보이시니, 이것이 제7 섬세하고 능숙한 선근 방편이다.”

“일체 모든 부처님은 법계에 항상 머무시지만, 모든 부처님의 헤아릴 수 없고 두려움 없음과 셀 수 없는 변재(辯才), 양으로 잴 수 없는 변재, 다함이 없는 변재, 끝이 없는 변재, 함께하지 않는 변재, 다할 것이 없는 변재, 진실한 변재와 방편으로 모든 글귀의 변재와 모든 법의 변재를 열어 보이시고 그 근성과 또한 하고자 함과 이해를 따라 가지가지의 법문으로 말할 수 없고 말로 이를 수 없는 백천 억 나유타 수다라를 설하시어 처음, 중간, 나중의 선근에 남김없이 다 마지막까지 하시니, 이것이 제8 섬세하고 능숙한 선근 방편이다.”

“일체 모든 부처님은 청정한 법계에 머물기에 모든 법이란 본래부터 이름이 없음을 아니, 과거의 이름도 없고 현재의 이름도 없고 미래의 이름도 없고 중생의 이름도 없고 중생이 아닌 이름도 없고 국토의 이름도 없고 국토가 아닌 이름도 없고 법의 이름도 없고 법이 아닌 이름도 없고 공덕의 이름도 없고 공덕이 아닌 이름도 없고 보살의 이름도 없고 부처님의 이름도 없고 숫자의 이름도 없고 숫자가 아닌 이름도 없고 생하는 이름도 없고 멸하는 이름도 없고 있는 이름도 없고 없는 이름도 없고 한 가지 이름도 없고 가지가지의 이름도 없다. 왜냐하면, 모든 법의 성품은 말할 수 없는 까닭이니, 모든 법이란 방향도 없고 처소도 없기에 모아서 말할 수도 없고 흩어서 말할 수도 없으며, 하나로 말할 수 없고 많은 것으로 말할 수도 없으며, 음성으로 미칠 수가 없고 말이 모두 끊어져서 비록 세속의 가지가지의 말을 따르지만, 속된 인연에 끌림도 없고 지어가는 것이 없어서 모든 허망한 생각의 집착에서 멀리 벗어나 이와 같음으로 마지막까지 저 언덕에 이르니, 이것이 제9 섬세하고 능숙한 선근 방편이다."

"일체 모든 부처님은 모든 법의 본래 성품이란 적정해서 생함이 없는 까닭으로 색이 아니며, 논란거리가 없는 까닭으로 받아들임이 아니며, 이름의 숫자가 없는 까닭으로 생각이 아니며, 지어가는 것이 없는 까닭으로 행이 아니며, 집착이 없는 까닭으로 식이 아니며, 들어갈 처가 없는 까닭으로 처가 아니며, 얻을 것이 없는 까닭으로 경계가 아니지만, 또한 일체 모든 법을 무너뜨리지 않으니, 본래의 성품이란 일어남이 없어서 허공과 같은 까닭이다."

"일체 모든 법이란 남김없이 다 공적하여 업과가 없고 닦고 익힐 것도 없고 성취도 없고 출생도 없고 숫자도 아니고 숫자 아님도 아니고 있음도 아니고 없음도 아니고 생도 아니고 멸도 아니고 더러움도 아니고 청정함도 아니고 들어가는 것도 아니고 나오는 것도 아니고 머무름도 아니고 머물지 않는 것도 아니고 조복도 아니고 조복 아닌 것도 아니고 중생이 아니고 중생이 없는 것도 아니고 수명도 아니고 수명이 없음도 아니고 인연도 아니고 인연이 없음도 아니지만, 능히 바른 선정과 삿된 선정과 또한 선정이 아닌 부류의 모든 중생을 알아서 이들을 위해 빼어난 법을 설하며, 이들이 저 언덕에 이르러 십력과 사무소외를 성취하고 능히 사자 후를 하고 모든 지혜를 갖추어 부처님의 경계에 머물게 하시니, 이것이 제10 섬세하고 능숙한 선근 방편이다."

佛子 諸佛世尊有十種善巧方便 何等爲十 一切諸佛了知諸法皆離戲論 而能開示諸佛善根 是爲第一善巧方便 一切諸佛知一切法悉無所見 各不相知 無縛無解 無受無集 無成就 自在究竟到於彼岸 然於諸法眞實而知不異不別 而得自在 無我無受 不壞實際 已得至於大自在地 常能觀察一切法界 是爲第二善巧方便 一切諸佛永離諸相心無所住 而能悉知不亂不錯 雖知一切相皆無自性 而如其體性悉能善入 而亦示現

無量色身 及以一切淸淨佛土種種莊嚴無盡之相 集智慧燈滅衆生惑 是爲第三善巧方便 一切諸佛住於法界 不住過去 未來 現在 如如性中無去 來 今三世相故 而能演說去 來 今世無量諸佛出現世間 令其聞者普見一切諸佛境界 是爲第四善巧方便 一切諸佛身 語 意業 無所造作 無來無去 亦無有住 離諸數法 到於一切諸法彼岸 而爲衆法藏 具無量智 了達種種世 出世法 智慧無礙 示現無量自在神力 調伏一切法界衆生 是爲第五善巧方便 一切諸佛知一切法不可見 非一 非異 非量 非無量 非來 非去 皆無自性 亦不違於世間諸法 一切智者 無自性中見一切法 於法自在 廣說諸法 而常安住眞如實性 是爲第六善巧方便 一切諸佛於一時中知一切時 具淨善根 入於正位而無所著 於其日月 年劫 成壞 如是等時不住不捨 而能示現若晝若夜 初中後時 一日七日 半月 一月 一年 百年 一劫 多劫 不可思劫 不可說劫 乃至盡於未來際劫 恒爲衆生轉妙法輪 不斷不退 無有休息 是爲第七善巧方便 一切諸佛恒住法界 成就諸佛無量無畏及不可數辯 不可量辯 無盡辯 無斷辯 無邊辯 不共辯 無窮辯 眞實辯 方便開示一切句辯 一切法辯 隨其根性及以欲解 以種種法門說不可說不可說百千億那由他修多羅 初 中 後善 皆悉究竟 是爲第八善巧方便 一切諸佛住淨法界 知一切法本無名字 無過去名 無現在名 無未來名 無衆生名 無非衆生名 無國土名 無非國土名 無法名 無非法名 無功德名 無非功德名 無菩薩名 無佛名 無數名 無非數名 無生名 無滅名 無有名 無無名 無一名 無種種名 何以故 諸法體性不可說故 一切諸法無方無處 不可集說 不可散說 不可一說 不可多說 音聲莫逮 言語悉斷 雖隨世俗種種言說 無所攀緣 無所造作 遠離一切虛妄想著 如是究竟到於彼岸 是爲第九善巧方便 一切諸佛知一切法本性寂靜 無生故非色 無戲論故非受 無名數故非想 無造作故非行 無執取故非識 無入處故非處 無所得故非界 然亦不壞一切諸法 本性無起如虛空故 一切諸法皆悉空寂 無業果 無修習 無成就 無出生 非數 非不數 非有 非無 非生 非滅 非垢 非淨 非入 非出 非住 非不住 非調伏 非不調伏 非衆生 非無衆生 非壽命 非無壽命 非因緣非 無因緣 而能了知正定 邪定及不定聚一切衆生 爲說妙法令到彼岸 成就十力 四無所畏 能師子吼 具一切智 住佛境界 是爲第十善巧方便 佛子 是爲諸佛成就十種善巧方便

대방광불화엄경 제47권

33. 불부사의법품(2)
佛不思議法品第三十三之二

모든 부처님 세존께서는 광대한 불사가 열 가지 있으니

"불자여! 모든 부처님 세존께서는 광대한 불사가 열 가지 있으니, 헤아릴 수 없고 끝없음이 사람의 생각으로는 미루어 알 수 없으며, 일체 세간의 모든 하늘과 사람이 알지 못하고 과거, 미래, 현재에 있는 모든 성문과 독각도 또한 알지 못하지만, 오직 여래의 위신력만은 제외한다."

佛子 諸佛世尊有十種廣大佛事 無量無邊 不可思議 一切世間諸天及人皆不能知 去 來 現在所有一切聲聞 獨覺亦不能知 唯除如來威神之力

제1 광대한 불사

"무엇이 열인가 하며, 이른바 일체 모든 부처님은 허공과 법계의 모든 세계를 다한 도솔타천에 태어나서 보살행을 닦고 큰 불사를 지어가며, 헤아릴 수 없는 색상, 헤아릴 수 없는 위덕, 헤아릴 수 없는 광명, 헤아릴 수 없는 음성, 헤아릴 수 없는 말씀, 헤아릴 수 없는 삼매, 헤아릴 수 없는 지혜와 행하는 경계로 모든 사람, 하늘, 마군, 범천, 사문, 바라문, 아수라 등등을 거두어 주시고 가엾게 여기는 큰마음으로 막힘이나 걸림이 없고 가엾이 여기는 큰마음으로 마지막까지 이르며, 모든 중생이 평등하게 넉넉한 이익을 얻게 하고 그와 같이 하늘에 나게 하고 그와 같이 인간에 나게 하고 그와 같이 그 근을 청정하게 하고 그와 같이 그 마음을 조복하게 하고 그와 같이 때맞추어 삼승의 차별을 설하고 그와 같이 때맞추어 일승(一乘)을 원만하게 설하여 두루 다 제도해서 생사를 뛰어넘게 하니, 이것이 제1 광대한 불사다."

何等爲十 所謂 一切諸佛於盡虛空徧法界一切世界兜率陀天 皆現受生 修菩薩行 作大佛事 無量色相 無量威德 無量光明 無量音聲 無量言辭 無量三昧 無量智慧 所行境界攝取一切人 天 魔 梵 沙門 婆羅門 阿修羅等 大慈無礙 大悲究竟 平等饒益一切衆生 或令生天 或令生人 或淨其根 或調其心 或時爲說差別三乘 或時爲說圓滿一乘 普皆濟度 令出生死 是爲第一廣大佛事

제2 광대한 불사

"불자여! 일체 모든 부처님은 도솔천에서 내려와 어머니의 태에 깃들고 마지막 삼매(究竟三昧)로 생하는 법을 받음이 허깨비와 같고 변하여 바뀌는 것과 같으며, 그림자와 같고 허공과 같으며, 따뜻할 때는 불꽃과 같음을 자세히 살펴서 들여다보고 좋은 것을 따라 태어남이 헤아릴 수 없고 막힘이나 걸림이 없으며, 다툼이 없는 법에 들어가 집착이 없는 지혜를 내기에 탐욕을 벗어나 청정하고 광대하며, 빼어난 장엄의 장을 성취한다."

"가장 나중에 몸을 받고는 큰 보배로 장엄한 누각에 머무르면서 불사를 지어가고 그와 같은 신력으로 불사를 지어가며, 그와 같은 바른 생각으로 불사를 지어가며, 그와 같은 신통을 나타내어 불사를 지어가고 그와 같은 지혜의 태양을 나타내어 불사를 지어가며, 그와 같은 모든 부처님의 광대한 경계를 나타내어 불사를 지어가며, 그와 같은 모든 부처님의 헤아릴 수 없는 광명을 나타내어 불사를 지어가며, 그와 같이 수 없는 광대한 삼매에 들어가서 불사를 지어가며, 그와 같이 모든 삼매를 좇아 일어남을 나타내어 불사를 지어간다."

"불자여! 여래께서 이때 어머니의 태 가운데 있으면서 모든 세간에 이익이 되고자 가지가지로 나타내 보여서 불사를 지어가니, 이른바 그와 같이 처음 태어남을 나타내고 그와 같이 동자를 나타내고 그와 같이 궁전에 있음을 나타내고 그와 같이 출가를 나타내고 그와 같이 차례를 좇아(復) 바른 깨우침, 곧 등정각 이룸을 나타내 보이고 그와 같이 차례를 좇아(復) 빼어난 법 바퀴의 굴림을 나타내 보이고 그와 같은 반열반에 들어감을 나타내 보이기도 한다. 이와 같은 가지가지의 방편으로 모든 방위와 모든 그물과 모든 회전하는 것과 모든 종과 모든 세계 가운데서 불사를 지어가니, 이것이 제2 광대한 불사다."

佛子 一切諸佛從兜率天降神母胎 以究竟三昧觀受生法如幻 如化 如影 如空 如熱時焰 隨樂而受 無量無礙 入無諍法 起無著智 離欲淸淨 成就廣大妙莊嚴藏 受最後身 住大寶莊嚴樓閣而作佛事 或以神力而作佛事 或以正念而作佛事 或現神通而作佛事 或現智日而作佛事 或現諸佛廣大境界而作佛事 或現諸佛無量光明而作佛事 或入無數廣大三昧而作佛事 或現從彼諸三昧起而作佛事 佛子 如來爾時在母胎中 爲欲利益一切世間種種示現而作佛事 所謂 或現初生 或現童子 或現在宮 或現出家 或復示現成等正覺 或復示現轉妙法輪 或示現於入般涅槃 如是皆以種種方便 於一切方 一切網 一切旋 一切種 一切世界中而作佛事 是爲第二廣大佛事

제3 광대한 불사

"불자여! 일체 모든 부처님은 모든 선근의 업이 이미 다 청정하고 모든 지혜의 생함이 이미 다 밝고 깨끗하며, 생하는 법으로 모든 어리석은 이들을 바른길로 가르치고 이끌어서 깨우침을 깨달아 열게 하며, 많은 선근을 행하여 갖추게 하고 중생을 위하는 까닭으로 왕궁에 탄생함을 보이는 것이다."

"일체 모든 부처님은 모든 색에 대한 욕망과 궁전과 음악을 이미 벗어났기에 탐내거나 물들지 않고 항상 있는 모든 것(諸有)이란 텅 비어 체성이 없으며, 모든 즐거운 기물이 다 진실이 아님을 들여다보고 부처님의 청정한 계율을 지녀서 마지막까지 원만히 하며, 내궁의 모든 처첩과 시종을 보고 불쌍하고 가련하게 여기는 큰마음을 일으키며, 중생이 허망하고 진실하지 않음을 들여다보면서 모든 세간이 즐거울 만한 것이 없음을 보며, 크게 기뻐하는 마음을 내어 모든 법에 마음이 자재함을 얻으며, 크게 버리는 마음을 일으켜 부처님의 공덕을 갖추어 법계에 생함을 나타내며, 몸의 모양이나 상태가 원만하고 권속이 청정하지만, 그 모든 것에 집착이 없으며, 무리를 따르는 음성으로 중생을 위해 널리 펴서 설하고 이들이 세상의 법에 싫어하는 마음을 내게 하고 스스로 행한 바대로 과보를 얻게 됨을 보이며, 차례를 따른(復) 방편으로 응함을 따라 가르치고 이끌어서 성숙하지 못한 자는 성숙하게 하고 이미 성숙한 자는 해탈을 얻게 하며, 이들을 위해 불사를 지어 믿음에서 물러남이 없게 하고 차례를 좇아(復) 광대한 자비의 마음으로 중생을 위해 항상 가지가지의 법을 설하고 또 삼종에 자재함을 나타내 보여서 그들이 깨우침을 깨달아 알아서 마음의 청정함을 얻게 한다."

"비록 내궁에 있음을 대중이 다 보고는 있지만, 모든 세계 가운데 불사를 베풀어 지어 가며, 큰 지혜와 큰 정진으로 모든 부처님의 신통을 가지가지로 나타내 보이시며, 막힘이나 걸림이 없고 다함이 없이 항상 삼종의 섬세하고 능숙한 방편의 업에 머무시니, 이른바 몸의 업이 마지막까지 청정함과 말의 업이 항상 지혜를 따라 행함과 뜻의 업이 깊고 깊기에 막힘이나 걸림이 없음이니, 이 방편으로 중생에게 이익이 되도록 한다."

"이것이 제3 광대한 불사다."

佛子 一切諸佛一切善業皆已淸淨 一切生智皆已明潔 而以生法誘導群迷 令其開悟具行衆善 爲衆生故 示誕王宮 一切諸佛於諸色欲宮殿妓樂皆已捨離 無所貪染 常觀諸有空無體性 一切樂具悉不眞實 持佛淨戒究竟圓滿 觀諸內宮妻妾 侍從生大悲愍觀諸衆生虛空不實起大慈心 觀諸世間無一可樂而生大喜 於一切法心得自在而起大捨 具佛功德 現生法界 身相圓滿 眷屬淸淨 而於一切皆無所著 以隨類音爲衆演說令於世法深生厭離 如其所行示所得果 復以方便隨應敎化 未成熟者令其成熟 已成熟者令得解脫 爲作佛事令不退轉 復以廣大大慈悲之心 恒爲衆生說種種法 又爲示現三種自在 令其開 悟心得淸淨 雖處內宮 衆所咸睹 而於一切諸世界中施作佛事 以大智慧 以大精進 示現種種諸佛神通 無礙無盡 恒住三種巧方便業 所謂 身業究竟淸淨 語業常隨智慧而行 意業甚深無有障礙 以是方便利益衆生 是爲第三廣大佛事

제4 광대한 불사

"불자여! 일체 모든 부처님은 가지가지로 장엄한 궁전에 계심을 보이면서도 자세히 살펴서 들여다보고는 싫어하고 벗어나며, 다 버리고 출가하시니, 중생들이 세상의 법이란 빠짐없이 다 이치에서 어그러진 생각임을 깨우쳐 알게 하려는 것이며, 항상 함이 없기에 부서지고 무너지는 것임을 알아 싫어하는 깊은 마음을 일으켜 벗어나고 물들거나 집착하는 마음을 내지 않게 하며, 세간의 탐욕과 애착과 번뇌를 영원히 끊어 버리고 청정한 행을 닦아서 중생에게 이익이 되도록 하며, 출가할 때 당연히 속세의 위의를 버리고 다툼이 없는 법에 머물면서 본래의 원과 헤아릴 수 없는 공덕을 만족하며, 큰 지혜의 광명으로 세상의 어리석은 어둠을 없애버리고 모든 세간을 위해서 위 없는 복 밭이 되며, 항상 중생을 위하여 부처님의 공덕을 찬탄하고 모든 이들이 부처님 처소에 모든 선근의 근본을 심게 하며, 지혜의 눈으로 진실한 이치를 보고 차례를 좇아 중생을 위해 출가란 청정하고 허물이 없음을 칭찬으로 설하며, 영원히 벗어나고 나아감을 얻어 오래도록 세간에서 지혜의 높은 깃발이 됨이니, 이것이 제4 광대한 불사다."

佛子 一切諸佛示處種種莊嚴宮殿 觀察厭離 捨而出家 欲使衆生了知世法皆是妄想無常 敗壞 深起厭離 不生染著 永斷世間貪愛煩惱 修淸淨行 利益衆生 當出家時 捨俗威儀 住無諍法 滿足本願無量功德 以大智光滅世癡闇 爲諸世間無上福田 常爲衆生讚佛功德 令於佛所植諸善根 以智慧眼見眞實義 復爲衆生讚說出家 淸淨無過 永得出離 長爲世間智慧高幢 是爲第四廣大佛事

제5 광대한 불사

"불자여! 일체 모든 부처님은 일체 지혜를 갖추었기에 헤아릴 수 없는 법을 이미 알고 보았으며, 보리수 아래서 가장 바른 깨우침을 이루시고 많은 마군을 항복 받고 위엄과 공덕이 특별하고 그 몸이 모든 세계에 가득 차고 신통한 힘으로 지어가는 것이 끝이 없고 다함이 없으며, 일체 지혜로 행하는 뜻이 다 자재함을 얻기에 모든 공덕을 닦아서 남김없이 다 이미 원만하다."

"그 보리의 자리는 장엄으로 온전하게 갖추고 시방 일체 세계에 두루두루 하며, 부처님이 그 위에 앉아계시면서 빼어난 법 바퀴를 굴리며, 모든 보살이 가지고 있는 행과 원을 설하시고 헤아릴 수 없는 부처님의 경계를 설하시며, 모든 보살이 다 깨우침을 깨달아 알고 들어가 가지가지의 청정하고도 빼어난 행을 수행하며, 차례를 좇아(復) 모든 중생을 능히 바른길로 이끄는 것을 보여서 선근의 씨앗을 심고 여래의 평등한 자리 가운데 나게 하며, 모든 보살의 끝없고 빼어난 행에 머물게 하고 모든 공덕의 뛰어난 법을 성취하게 하며, 모든 세계와 모든 중생과 모든 부처 세계와 일체 모든 법과 모든 보살과 가르쳐 바른길로 이끄는 모든 것과 모든 삼세와 모든 조복과 모든 신통 변화와 모든 중생의 마음이 좋아하는 것을 남김없이 선근으로 깨달아 알아서 불사를 지어감이니, 이것이 제5 광대한 불사다."

佛子 一切諸佛具一切智 於無量法悉已知見 菩提樹下成最正覺 降伏衆魔 威德特尊 其身充滿一切世界 神力所作無邊無盡 於一切智所行之義皆得自在 修諸功德悉已圓滿 其菩提座具足莊嚴 周徧十方一切世界 佛處其上轉妙法輪 說諸菩薩所有行願 開示無量諸佛境界 令諸菩薩皆得悟入 修行種種淸淨妙行 復能示導一切衆生令種善根 生於如來平等地中 住諸菩薩無邊妙行 成就一切功德勝法 一切世界 一切衆生 一切佛剎 一切諸法 一切菩薩 一切敎化 一切三世 一切調伏 一切神變 一切衆生心之樂欲 悉善了知而作佛事 是爲第五廣大佛事

제6 광대한 불사

"불자여! 일체 모든 부처님은 물러섬이 없는 법륜을 굴리시니, 이는 보살들이 물러서지 않게 하려는 까닭이며, 헤아릴 수 없는 법륜을 굴리시니, 이는 모든 세간이 다 알게 하려는 까닭이며, 모든 깨우침을 깨달아 얻게 하는 법륜을 굴리시니, 이는 두려움 없는 큰 사자 후를 하게 하려는 까닭이며, 모든 법의 지혜로운 장으로서 법륜을 굴리시니, 이는 법장의 문을 열어 어둡고 막힘이나 걸림이 되는 것을 없애려는 까닭이며, 막힘이나 걸림이 없는 법륜을 굴리시니, 허공과 같게 하려는 까닭이며, 집착이 없는 법륜을 굴리시니, 이는 모든 법이란 있고 없음이 아닌 것을 들여다보게 하려는 까닭이며, 세상을 비추는 법륜을 굴리시니, 이는 모든 중생의 법안을 청정하게 하려는 까닭이며, 일체 지혜를 열어 보이는 법륜을 굴리시니, 이는 모든 삼세의 법에 남김없이 두루 하게 하려는 까닭이며, 모든 부처님과 동일한 법륜을 굴리시니, 이는 모든 불법이 서로 어기지 않게 하려는 까닭이다."

"일체 모든 부처님이 이와 같은 등등의 헤아릴 수 없고 수 없는 백천 억 나유타 법륜으로 모든 중생이 마음으로 차별함을 따라 불사를 지어가기에 사람의 생각으로 미루어 헤아릴 수 없음이니, 이것이 제6 광대한 불사다."

佛子 一切諸佛轉不退法輪 令諸菩薩不退轉故 轉無量法輪 令一切世間咸了知故

轉開悟一切法輪能大無畏師子吼故 轉一切法智藏法輪 開法藏門 除闇障故 轉無礙法輪 等虛空故 轉無著法輪 觀一切法非有無故 轉照世法輪 令一切衆生淨法眼故 轉開示一切智法輪 悉徧一切三世法故 轉一切佛同一法輪 一切佛法不相違故 一切諸佛以如是等無量無數百千億那由他法輪 隨諸衆生心行差別而作佛事不可思議 是爲第六廣大佛事

제7 광대한 불사

"불자여! 일체 모든 부처님은 모든 왕도 성읍에 들어가서 모든 중생을 위해 불사를 지으시니, 이른바 사람 왕의 도성, 천왕의 도성과 용왕, 야차왕, 건달바왕, 아수라왕, 가루라왕, 긴나라왕, 마후라가왕, 나찰왕, 비사사왕으로 이와 같은 등등 왕의 모든 도읍이다."

"성문으로 들어갈 때 땅이 진동하고 광명이 두루 비추어 눈이 먼 자는 보게 되고 귀먹은 자는 듣게 되고 미친 자는 정신을 차리고 헐벗은 자는 옷을 얻으며, 근심하고 괴로운 모든 자는 다 편안함을 얻고 모든 악기가 두드리지도 않아도 스스로 울리고 모든 장엄기물을 착용하든 착용하지 않든 다 빼어난 소리를 내고 듣는 중생들이 다 즐거워하고 일체 모든 부처님의 색신(色身)이 청정하고 아주 좋은 모양이나 상태를 온전하게 갖추니, 보는 자가 싫어함이 없다."

"중생을 위해 능히 불사를 지으시니, 이른바 그와 같이 돌아보고 그와 같이 자세히 살펴서 들여다보고 그와 같이 움직여 굴리고 그와 같이 팔, 다리 따위를 굽혔다 폈다 하고 그와 같이 행하고 그와 같이 머물며, 그와 같이 앉고 그와 같이 누우며, 그와 같이 묵묵하고 그와 같이 말하며, 그와 같이 신통을 나타내고 그와 같이 모든 이를 위해 법을 설하고 그와 같이 가르침을 경계하고 이와 같은 모든 것으로 중생을 위해 불사를 지어가신다."

"일체 모든 부처님은 수 없는 모든 세계에 두루두루 한 가지가지 중생 마음의 즐거운 바다 가운데 염불을 권하고 항상 부지런히 자세히 살펴서 들여다보게 하며, 모든 선근을 심어서 보살행을 닦게 하고 부처님의 색상(色相)이 섬세하고 빼어남이 제일임을 칭찬하며, 모든 중생이 만나기 어려운 분이니, 만일 보게 되면 믿음의 마음을 일으키고 곧바로 헤아릴 수 없는 선근 법을 생하여 부처님의 공덕을 모아서 빠짐없이 두루 청정하게 한다."

"이와 같은 부처님의 공덕을 칭찬하고 몸을 두루 나누어 시방세계로 가서 모든 중생으로부터 우러러봄을 얻게 하고 사유로 자세히 살펴서 들여다보게 하고 받들어 섬기면서 공양하게 하며, 모든 선근을 심어서 부처님이 환희하게 하고 부처님의 종자를 늘리고 키우며, 모두 현 세상에서 부처를 이루게 하고 이와 같은 행으로 불사를 지어가며, 그와 같은 중생을 위해 색신을 나타내 보이고 그와 같은 빼어난 음성을 내며, 단지 그와 같은 미소로 그 믿음을 좋게 하고 머리를 숙여 예를 갖춰 올리고 몸을 구부려 합장하고 칭찬하고 찬탄하게 하며, 묻고 일어나 불사를 지어가게 한다."

"일체 모든 부처님이 이와 같은 등등의 헤아릴 수 없고 수 없으며, 말할 수 없고 말로는 이를 수 없고 사람의 생각으로 미루어 알 수 없는 가지가지의 불사로 모든 세계 가운데 모든 중생의 마음이 좋아하는 것을 따라 본원의 힘과 큰 자비의 힘과 모든 지혜의 힘과 방편으로 가르쳐 바른길로 이끌어서 남김없이 다 조복시키니, 이것이 제7 광대한 불사다."

佛子 一切諸佛入於一切王都城邑 爲諸衆生而作佛事 所謂 人王都邑 天王都邑 龍王 夜叉王 乾闥婆王 阿修羅王 迦樓羅王 緊那羅王 摩睺羅伽王 羅刹王 毘舍闍王 如是等王一切都邑 入城門時 大地震動 光明普照 盲者得眼 聾者得耳 狂者得心 裸者得衣 諸憂苦者悉得安樂 一切樂器不鼓自鳴 諸莊嚴具若著 不著咸出妙音 衆生聞者無不欣樂 一切諸佛色身清淨 相好具足 見者無厭 能爲衆生作於佛事 所謂 若顧視若觀察 若動轉 若屈伸 若行 若住 若坐 若臥 若默 若語 若現神通 若爲說法 若有敎敕 如是一切皆爲衆生而作佛事 一切諸佛昔於一切無數世界種種衆生心樂海中 勸令念佛 常勤觀察 種諸善根 修菩薩行 歎佛色相微妙第一 一切衆生難可值遇 若有得見而興信心 則生一切無量善法 集佛功德普皆清淨 如是稱讚佛功德已 分身普往十方世界 令諸衆生 悉得瞻奉 思惟觀察 承事供養 種諸善根 得佛歡喜 增長佛種 悉當成佛 以如是行而作佛事 或爲衆生示現色身 或出妙音 或但微笑 令其信樂 頭頂禮敬曲躬合掌 稱揚讚歎 問訊起居而作佛事 一切諸佛以如是等無量無數不可言說不可思議種種佛事 於一切世界中 隨諸衆生心之所樂 以本願力 大慈悲力 一切智力 方便敎化 悉令調伏 是爲第七廣大佛事

제8 광대한 불사

"불자여! 일체 모든 부처님은 그와 같은 아란야 처에 머물면서 불사를 지어가며, 그와 같은 적정의 처에서 머물면서 불사를 지어가며, 그와 같은 텅 비고 한가한 처에 머물면서 불사를 지어가며, 그와 같은 부처님이 머무는 처에 머물면서 불사를 지어가며, 그와 같은 삼매에 머물면서 불사를 지어가며, 그와 같이 홀로 원림에 처하여 불사를 지어가며, 그와 같이 몸을 감추고 나타나지 않음으로 불사를 지어가며, 그와 같이 깊은 지혜에 머물면서 불사를 지어가며, 그와 같은 부처님들의 비할 데 없는 경계에 머물면서 불사를 지어가며, 그와 같이 볼 수 없는 가지가지 몸의 행에 머물면서 모든 중생이 마음으로 즐겁게 알고자 함을 따라 방편으로 가르쳐서 바른길로 이끄는 일에 쉼 없이 불사를 지어가며, 그와 같은 하늘의 몸으로 일체 지혜를 구하여 불사를 지어가며, 그와 같은 용의 몸과 야차의 몸과 건달바의 몸과 아수라의 몸과 가루라의 몸과 긴나라의 몸과 마후라가와 사람과 사람이 아닌 듯한 등등의 몸으로 모든 지혜를 구하여 불사를 지어간다."

"그와 같은 성문의 몸과 독각의 몸과 보살의 몸으로 일체 지혜를 구하여 불사를 지어가며, 그와 같은 시기에 법을 설하고 그와 같은 시기에 고요함과 묵묵함으로 불사를 지어가며, 그와 같은 한 분의 부처님을 설하고 그와 같은 많은 부처님을 설하여 불사를 지어가며, 그와 같은 모든 보살의 모든 행과 모든 원을 설하여 하나의 행과 원으로 삼아 불사를 지어가며, 그와 같은 모든 보살의 하나의 행과 하나의 원을 설함, 이 설함을 헤아릴 수 없는 행과 원으로 삼아 불사를 지어가며, 그와 같은 부처님의 경계가 곧 세간의 경계임을 설함으로 불사를 지어가며, 그와 같은 부처님의 경계가 곧 경계가 아님을 설함으로 불사를 지어간다."

"그와 같이 하루를 머물고 그와 같이 하룻밤을 머물고 그와 같이 반달을 머물고 그와 같이 한 달을 머물고 그와 같이 일 년을 머물 뿐만 아니라 말할 수 없는 겁에 이르기까지 머물면서 중생을 위해 불사를 지어가니, 이것이 제8 광대한 불사다."

佛子 一切諸佛或住阿蘭若處而作佛事 或住寂靜處而作佛事 或住空閑處而作佛事 或住佛住處而作佛事 或住三昧而作佛事 或獨處園林而作佛事 或隱身不現而作佛事 或住甚深智而作佛事 或住諸佛無比境界而作佛事 或住不可見種種身行 隨諸衆生心樂欲解 方便敎化無有休息 而作佛事 或以天身 求一切智而作佛事 或以龍身 夜叉身 乾闥婆身 阿修羅身 迦樓羅身 緊那羅身 摩睺羅伽 人 非人等身 求一切智而作佛事

事或以聲聞身 獨覺身 菩薩身 求一切智而作佛事 或時說法 或時寂默 而作佛事 或說一佛 或說多佛 而作佛事 或說諸菩薩一切行 一切願 爲一行願而作佛事 或說諸菩薩一行 一願 爲無量行願而作佛事 或說佛境界卽世間境界而作佛事 或說世間境界卽佛境界而作佛事 或說佛境界卽非境界而作佛事 或住一日 或住一夜 或住半月 或住一月 或住一年 乃至住不可說劫 爲諸衆生而作佛事 是爲第八廣大佛事

제9 광대한 불사

"불자여! 일체 모든 부처님은 청정한 선근을 내는 장이다. 중생들이 부처님 법 가운데서 청정한 믿음과 이해를 내고 모든 근을 조복하여 영원히 세간을 벗어나고 모든 보살이 보리의 도에 밝은 지혜를 온전하게 갖추되 남으로 인하여 깨달은 것이 아니다."

"그와 같은 열반을 나타내어 불사를 지어가고 그와 같이 세간이란 남김없이 다 항상 함이 없음을 나타내어 불사를 지어가고 그와 같은 부처님의 몸을 설하여 불사를 지어가고 그와 같은 지어감을 모두 판별하고 설하여 불사를 지어가며, 그와 같은 공덕이 원만하고 결함이 없음을 설하여 불사를 지어가며, 그와 같이 모든 있음의 근본을 영원히 끊어냄을 설하여 불사를 지어가며, 그와 같은 중생이 세간을 싫어하고 벗어나 부처의 마음을 거스르지 않고 따르게 해서 불사를 지어가며, 그와 같이 수명을 마치고 돌아가 다함이 없음을 설하여 불사를 지어가며, 그와 같이 세간이란 하나도 즐거운 것이 없음을 설하여 불사를 지어가며, 그와 같이 미래의 경계가 다 하도록 부처님께 공양하라고 설하여 불사를 지어간다."

"그와 같은 모든 부처님이 청정한 법륜을 굴림을 설하여 그들이 들음을 얻게 하고 큰 환희를 내게 해서 불사를 지어가며, 그와 같은 모든 부처님의 경계를 펼쳐 설하고 그 마음을 일으키고 모든 행을 닦게 해서 불사를 지어가며, 그와 같은 염불 삼매를 펼쳐 설하고 그 마음을 일으켜 늘 즐겁게 부처님을 보게 해서 불사를 지어가며, 그와 같은 모든 근을 청정하게 펼쳐 설하고 부지런히 부처님 도를 구하는 일에 마음이 게으르거나 물러남이 없게 해서 불사를 지어가며, 그와 같은 일체 모든 부처님 국토에 나아가 모든 경계의 가지가지 인연을 자세히 보게 해서 불사를 지어가며, 그와 같은 일체 모든 중생의 몸을 거두어 다 부처님의 몸으로 삼아 게으르고 멋대로인 중생들이 남김없이 여래의 청정한 계에 머물게 해서 불사를 지어감이니, 이것이 제9 광대한 불사다."

佛子 一切諸佛是生淸淨善根之藏 令諸衆生於佛法中生淨信解 諸根調伏 永離世間 令諸菩薩於菩提道 具智慧明 不由他悟 或現涅槃而作佛事 或現世間皆悉無常而作佛事 或說佛身而作佛事 或說所作皆悉已辨而作佛事 或說功德圓滿無缺而作佛事 或說永斷諸有根本而作佛事 或令衆生 厭離世間 隨順佛心 而作佛事 或說壽命終歸於盡而作佛事 或說世間無一可樂而作佛事 或爲宣說盡未來際供養諸佛而作佛事 或說諸佛轉淨法輪 令其得聞生大歡喜 而作佛事 或爲宣說諸佛境界 令其發心而修諸行 而作佛事 或爲宣說念佛三昧 令其發心常樂見佛 而作佛事 或爲宣說諸根淸淨 勤求佛道 心無懈退 而作佛事 或詣一切諸佛國土 觀諸境界種種因緣而作佛事 或攝一切諸衆生身皆爲佛身 令諸懈怠放逸衆生悉住如來淸淨禁戒 而作佛事 是爲第九廣大佛事

제10 광대한 불사

"불자여! 일체 모든 부처님이 열반에 드실 때 헤아릴 수 없는 중생이 슬피 울고 눈물을 흘리면서 큰 근심과 괴로움을 생하면서 서로 돌아보고 말한다. '여래 세존께서 큰 자비가 있기에 불쌍하고 가엾이 여기는 마음으로 모든 세간이 넉넉한 이익을 얻도록 하고 더불어 모든 중생을 구해서 의지하고 귀의하게 함이니, 여래의 출현은 만나기가 어려운 것을, 위 없는 복 밭이 이제 영원히 가신다.'라고 한다. 곧 이와 같음에 중생들이 슬퍼하고 사모하고 그리워하기에 불사를 지어간다."

"차례를 좇아(復) 모든 천인과 용신과 야차, 건달바, 아수라, 긴나라, 마후라가 등 사람과 사람이 아닌 이들을 가르치고 바른길로 이끌고자 하는 까닭으로 또 그들이 즐겁게 하고자 하려는 뜻을 따라 스스로 그 몸을 부수어 헤아릴 수 없고 수 없는 사리를 만들어 모든 중생이 청정한 믿음의 마음을 일으켜서 공경 존중하고 환희 공양하며, 모든 공덕을 닦아 온전하게 갖추고 원만하게 한다."

"차례를 좇아(復) 탑을 일으켜서 가지가지로 장엄해서 꾸미고 모든 천궁과 용궁과 야차의 궁전과 건달바, 아수라, 가루라, 긴나라, 마후라가, 사람과 사람이 아닌 등등의 모든 궁전 가운데 공양하게 하고 치아와 손톱, 발톱과 머리카락으로 탑을 일으켜 보는 자들이 남김없이 다 부처님을 생각하고 법을 생각하고 스님을 생각하며, 믿음의 마음을 돌이키지 않고 정성으로 존중하며, 있는 곳곳마다 보시 공양하고 모든 공덕을 닦아서 이러한 복으로 그와 같이 천상에 나고 그와 같이 인간에 머물게 되며, 종족이 훌륭하고 재산이 두루 풍족하며, 있는 권속들이 청정하고 악한 부류에 들어가지 않으며, 항상 선근의 도에 태어나서 항상 부처님을 보고 대승의 법(白法)을 온전하게 갖추고 세 가지 있음 가운데서 빨리 벗어나 각각 원하는 것을 따라 자승(自乘)의 과를 얻으며, 여래의 은혜를 알기에 그 은혜를 갚고 세간과 더불어 영원히 귀의할 바가 된다."

"불자여! 모든 부처님 세존이 비록 열반에 드시지만, 거듭해서 중생과 더불어 헤아릴 수 없는 복 밭과 다함이 없는 공덕으로서 가장 높은 복 밭을 지어 모든 중생이 선근을 온전하게 갖추게 하며, 복덕을 원만하게 하니, 이것이 제10 광대한 불사다."

佛子 一切諸佛入涅槃時 無量衆生悲號涕泣 生大憂惱 遞相瞻顧而作是言 如來世尊有大慈悲哀愍饒益一切世間 與諸衆生爲救爲歸 如來出現難可値遇 無上福田於今永滅 卽以如是 令諸衆生悲號戀慕 而作佛事 復爲化度一切天人 龍神 夜叉 乾闥婆 阿修羅 迦樓羅 緊那羅 摩睺羅伽 人 非人等故 隨其樂欲 自碎其身以爲舍利 無量無數不可思議 令諸衆生起淨信心 恭敬尊重 歡喜供養 修諸功德 具足圓滿 復起於塔種種嚴飾 於諸天宮 龍宮 夜叉宮 乾闥婆 阿修羅 迦樓羅 緊那羅 摩睺羅伽 人 非人等諸宮殿中 以爲供養 牙齒 爪髮咸以起塔 令其見者皆悉念佛 念法 念僧 信樂不回誠敬尊重 在在處處布施供養 修諸功德 以是福故 或生天上 或處人間 種族尊榮 財產備足 所有眷屬悉皆淸淨 不入惡趣 常生善道 恒得見佛 具衆白法 於三有中速得出離 各隨所願獲自乘果 於如來所知恩報恩 永與世間作所歸依 佛子 諸佛世尊雖般涅槃 仍與衆生作不思議淸淨福田 無盡功德最上福田 令諸衆生善根具足 福德圓滿 是爲第十廣大佛事

"불자여! 이 모든 불사가 헤아릴 수 없고 광대해서 사람의 생각으로는 알 수가 없으며, 일체 세간의 모든 하늘과 또 사람과 또 과거, 미래, 현재의 성문이나 독각도 능히 알지 못하니, 오직 여래의 위신으로 도움을 받는 이는 제외한다."

佛子 此諸不死無量廣大 不可思議 一切世間諸天及人及去來今聲聞 獨覺皆不能知唯除如來神所加

"불자여! 모든 부처님 세존께는 둘이 없는 열 가지 자재한 법이 있으니, 무엇이 열인가 하면, 이른바 일체 모든 부처님은 수기를 설할 때 남김없이 선근으로 말씀하시기에 결정해서 둘이 없고 일체 모든 부처님은 중생들이 다 마음에 생각을 거스르지 않고 따르는 그 뜻을 만족하게 하고 결정해서 둘이 없고 일체 모든 부처님은 일체 모든 법의 깨달음을 나타내어 그 뜻을 널리 펴서 설하고 결정해서 둘이 없고 일체 모든 부처님은 과거, 미래, 현재에 계신 부처님의 지혜를 다 온전하게 갖추고 결정해서 둘이 없고 일체 모든 부처님은 삼세의 모든 부처의 세계가 한 부처의 세계에 다 들어감을 알기에 결정해서 둘이 없고 일체 모든 부처님은 삼세 모든 부처님의 말씀이 곧 한 부처님의 말씀임을 다 알기에 결정해서 둘이 없고 일체 모든 부처님은 삼세 모든 부처님이 가르쳐 바른길로 이끄는 일과 모든 중생과 더불어 체성이 다 평등함을 알기에 결정해서 둘이 없고 일체 모든 부처님은 세상의 법과 또한 모든 불법의 성품이 다 차별이 없음을 알기에 결정해서 둘이 없고 일체 모든 부처님은 삼세 일체 모든 부처님이 가지고 있는 선근이 다 동일한 것임을 알기에 결정해서 둘이 없음이니, 이것이 열이다."

佛子 諸佛世尊有十種無二行自在法 何等爲十 所謂 一切諸佛悉能善說 授記言辭決定無二 一切諸佛悉能隨順衆生心念 令其意滿 決定無二 一切諸佛悉能現覺一切諸法 演說其義 決定無二 一切諸佛悉能具足去 來 今世諸佛智慧 決定無二 一切諸佛悉知三世一切刹那卽一刹那 決定無二 一切諸佛悉知三世一切佛刹入一佛刹 決定無二 一切諸佛悉知三世一切佛語卽一佛語 決定無二 一切諸佛悉能知三世一切諸佛與其所化一切衆生 體性平等 決定無二 一切諸佛悉知世法及諸佛法性無差別 決定無二 一切諸佛悉知三世一切諸佛所有善根同一善根 決定無二 是爲十

"불자여! 모든 부처님 세존은 열 가지 머무름이 있어 모든 법에 머무니, 무엇이 열인가 하면, 이른바 일체 모든 부처님은 모든 법계를 깨우친 깨달음에 머물고 일체 모든 부처님은 크게 가엾이 여기는 말에 머물고 일체 모든 부처님은 본래 큰 원에 머물고 일체 모든 부처님은 중생을 버리지 않고 조복함에 머물고 일체 모든 부처님은 자신의 성품이 없는 법에 머물고 일체 모든 부처님은 평등하게 이익이 되는 데 머물고 일체 모든 부처님은 잊거나 잃지 않는 법에 머물고 일체 모든 부처님은 막힘이나 걸림이 없는 마음에 머물고 일체 모든 부처님은 늘 바른 선정의 마음에 머물고 일체 모든 부처님은 모든 법에 평등하게 들어가 실상의 경계가 되는 모양이나 상태를 어기지 않는 데 머무니, 이것이 열이다."

佛子 諸佛世尊有十種住 住一切法 何等爲十 所謂 一切諸佛住覺悟一切法界 一切諸佛住大悲語 一切諸佛住本大願 一切諸佛住不捨調伏衆生 一切諸佛住無自性法 一切諸佛住平等利益 一切諸佛住無忘失法 一切諸佛住無障礙心 一切諸佛住恒正定心 一切諸佛住等入一切法 不違實際相 是爲十

"불자여! 모든 부처님 세존은 모든 법을 알기에 다하고 남음이 없는 것이 열 가지가 있으니, 무엇이 열인가 하면, 이른바 과거의 모든 법을 알기에 다하고 남음이 없으며, 미래의 모든 법을 알기에 다하고 남음이 없으며, 현재의 모든 법을 알기에 다하고 나음이 없으며, 모든 말하는 법을 알기에 다하고 남음이 없으며, 모든 세간의 도리를 알기에 다하고 남음이 없으며, 모든 중생의 마음을 알기에 다하고 남음이 없으며, 모든 보살의 선근이 상, 중, 하로 가지가지 나누어진 자리를 알기에 다하고 남음이 없으며, 모든 부처님의 원만한 지혜와 선근은 늘지도 않고 줄지도 않음을 알기에 다하고 남음이 없으며, 모든 법은 인연을 좇아 일어남을 알기에 다하고 남음이 없으며, 세계의 종을 알기에 다하고 남음이 없으며, 모든 법계 가운데 인타라 그물과 같은 모든 차별하는 일을 알기에 다하고 남음이 없으니, 이것이 열이다."

佛子 諸佛世尊有十種知一切法盡無有餘 何等爲十 所謂 知過去一切法盡無有餘 知未來一切法盡無有餘 知現在一切法盡無有餘 知一切言語法盡無有餘 知一切世間道盡無有餘 知一切衆生心盡無有餘 知一切菩薩善根上 中 下種種分位盡無有餘 知一切佛圓滿智及諸善根不增不減盡無有餘 知一切法皆從緣起盡無有餘 知一切世界種盡無有餘 知一切法界中如因陀羅網諸差別事盡無有餘 是爲十

모든 부처님 세존은 열 가지 힘이 있으시니

"불자여! 모든 부처님 세존은 열 가지 힘이 있으시니, 무엇이 열인가 하면, 광대한 힘, 가장 높은 힘, 헤아릴 수 없는 힘, 큰 위덕의 힘, 얻기 어려운 힘, 물러가지 않는 힘, 견고한 힘, 무너뜨릴 수 없는 힘과 모든 세간이 헤아려 알 수 없는 힘과 모든 중생이 움직일 수 없는 힘이다."

佛子 諸佛世尊有十種力 何等爲十 廣大力 最上力 無量力 大威德力 難獲力 不退力 堅固力 不可壞力 一切世間不思議力 一切衆生無能動力

제1 큰 나라연 당기처럼 용맹하고 굳건한 법

"불자여! 모든 부처님 세존은 열 가지 큰 나라연 당기처럼 용맹하고 굳건한 법이 있으니, 무엇이 열인가 하면, 이른바 일체 모든 부처님의 몸은 무너뜨릴 수 없고 수명을 끊을 수 없고 세간의 독약으로 중독시킬 수 없고 모든 세계의 수재, 화재, 풍재가 부처님의 몸을 해칠 수 없고 모든 마군, 하늘, 용, 야차, 건달바, 아수라, 가루라, 긴나라, 마후라가 등과 사람과 사람이 아님과 비사사, 나찰 등이 그 힘을 다해서 수미산 같고 철위산 같은 큰 금강을 삼천대천세계에 일시에 내리더라도 부처님의 마음을 두려워하거나 놀라게 할 수 없고 뿐만 아니라 한 털끝도 건드릴 수 없기에 행주좌와를 처음부터 바꿀 수 없고 부처님이 머무시는 곳에서 사방으로 멀거나 가깝거나 내리지 못하게 하면 내릴 수 없고 설령 억제하지 못해서 비록 내리더라도 손상을 입지 않고 어떤 중생이 부처님의 도움과 힘을 받고 또 부처님의 일을 하면 오히려 해할 수가 없는 없음이니, 하물며 여래의 몸이겠는가."

"이것이 제1 큰 나라연 당기처럼 용맹하고 굳건한 법이다."

佛子 諸佛世尊有十種 大那羅延幢勇健法 何者爲十 所謂 一切諸佛身不可壞 命不可斷 世間毒藥所不能中 一切世界水 火 風災皆於佛身不能爲害 一切諸魔 天 龍 夜叉 乾闥婆 阿修羅 迦樓羅 緊那羅 摩睺羅伽 人 非人 毘舍闍 羅刹等 盡其勢力 雨大金剛如須彌山及鐵圍山 徧於三千大千世界 一時俱下 不能令佛心有驚怖 乃至一毛亦不搖動 行 住 坐 臥初無變易 佛所住處四方遠近 不令其下則不能雨 假使不制而

從雨之 終不爲損 若有衆生爲佛所持及佛所使 尙不可害 況如來身 是爲諸佛第一大那羅延幢勇健法

제2 큰 나라연 당기처럼 용맹하고 굳건한 법

"불자여! 일체 모든 부처님은 모든 법계의 일체 세계 가운데 있는 수미산왕과 또 철위산과 큰 철위산과 큰 바다 산림과 궁전과 옥택을 하나의 털구멍에 넣고 미래의 겁이 다하도록 모든 중생이 깨닫지 못하고 알지 못하지만, 오직 여래의 신통한 힘을 받고 도움을 받는 이들은 제외하니, 그때 모든 부처님이 하나의 털구멍에 그러한 모든 세계를 지니고 미래 겁이 다하도록 그와 같이 행하고 그와 같이 머물며, 그와 같이 앉고 그와 같이 눕지만, 한 생각, 한순간이라도 힘들고 피곤한 마음을 내지 않는다."

"불자여! 비유하면 허공이 모든 법계 가운데 있는 세계를 두루 가지더라도 힘들고 피곤함이 없는 것과 같이 일체 모든 부처님이 하나의 털구멍에 모든 세계를 가지는 것도 역시 차례를 좇아(復) 이와 같으니, 이것이 모든 부처님의 제2 큰 나라연 당기처럼 용맹하고 굳건한 법이다."

佛子 一切諸佛以一切法界諸世界中須彌山王 及鐵圍山 大鐵圍山 大海 山林 宮殿 屋宅 置一毛孔 盡未來劫 而諸衆生不覺不知 唯除如來神力所被 佛子 爾時 諸佛於一毛孔持於爾所一切世界 盡未來劫 或行 或住 或坐 或臥 不生一念勞倦之心 佛子 譬如虛空普持一切徧法界中所有世界而無勞倦 一切諸佛於一毛孔持諸世界亦復如是 是爲諸佛第二大那羅延幢勇健法

제3 큰 나라연 당기처럼 용맹하고 굳건한 법

"불자여! 일체 모든 부처님은 한 생각, 한순간에 말할 수 없고 말로는 이를 수 없는 세계의 티끌 수와 같은 걸음을 일으키고 한 걸음 한 걸음마다 말할 수 없고 말로는 이를 수 없는 세계의 티끌 수와 같은 국토를 지나서 이와 같게 행하며, 모든 세계의 티끌 수와 같은 겁의 시간을 두고 지나간다."

"불자여! 가령 하나의 큰 금강산이 있고 그 산 위로 지나온 모든 부처님 세계와 더불어 그 양이 가지런하고 이와 같은 양과 동등한 큰 금강산은 말할 수 없고 말로는 이를 수 없는 부처 세계의 티끌 수와 같기에 모든 부처님은 이와 같은 모든 산을 능히 한 털구멍에 두며, 부처님 몸의 털구멍이 법계에 있는 모든 중생의 털구멍 수와 같은 데도 하나하나의 털구멍에 그러한 큰 금강산을 남김없이 넣고 그러한 산을 가지고 시방으로 나다니며, 허공을 다하는 모든 세계에 들어가 앞의 경계를 좇아 미래의 경계가 다 하도록 모든 겁 동안에 쉬는 일이 없지만, 부처님의 몸은 손상되지 않고 힘들고 피곤하지도 않으며, 마음은 항상 선정에 있기에 흩어지거나 어지러운 것이 없으니, 이것이 모든 부처님의 제3 큰 나라연 당기처럼 용맹하고 굳건한 법이다."

佛子 一切諸佛能於一念起不可說不可說世界微塵數步 一一步過不可說不可說佛刹微塵數國土 如是而行 經一切世界微塵數劫 佛子 假使有一大金剛山 與上所經一切佛刹其量正等 如是量等大金剛山 有不可說不可說佛刹微塵數 諸佛能以如是諸山置一毛孔 佛身毛孔與法界中一切衆生毛孔數等 一一毛孔悉置爾許大金剛山 持爾許山遊行十方 入盡虛空一切世界 從於前際盡未來際 一切諸劫無有休息 佛身無損亦不勞倦 心常在定無有散亂 是爲諸佛第三大那羅延幢勇健法

제4 큰 나라연 당기처럼 용맹하고 굳건한 법

"불자여! 일체 모든 부처님은 한번 앉아서 식사를 마치시고는 결가부좌 하시고 앞뒤의 경계로서 말할 수 없는 겁이 지나도록 부처님이 받은 생각으로 미루어 알 수 없는 즐거움에 들어가 그 몸이 편안하게 머물기에 고요하고 움직이지 않지만, 또한 중생을 가르치고 바른길로 이끄는 일을 막거나 버리지 않는다."

"불자여! 가령 어떤 사람이 허공에 두루두루 한 하나하나의 세계를 빠짐없이 털끝으로 차례차례 헤아리더라도 모든 부처님이 하나의 털끝만 한 곳에 결가부좌하고 미래의 겁을 다하며, 하나의 털끝만 한 곳에서처럼 모든 털끝만 한 곳에서도 남김없이 또한 이와 같다."

"불자여! 가령 일체 세계에 있는 중생들, 하나하나 중생의 몸이 크고 작은 것이 말할 수 없는 부처 세계의 티끌 수와 같은 세계와 더불어 분량이 모두 같고 가볍고 무거움도 또한 그러하기에 모든 부처님은 그러한 중생들을 한 손가락 끝에 두고 뒤의 경계로서 가지고 있는 모든 겁을 다하고 모든 손가락 끝도 모두 또한 이와 같게 하여 그러한 모든 중생을 다 가지고 허공에 두루두루 한 하나하나의 세계에 들어가며, 법계가 다하도록 모든 것을 남음이 없게 하지만, 부처님의 몸과 마음은 조금이라도 피곤하거나 고달프지 않으니, 이것이 모든 부처님의 제4 큰 나라연 당기처럼 용맹하고 굳건한 법이다."

佛子 一切諸佛一坐食已 結跏趺坐 經前後際不可說劫 入佛所受不思議樂 其身安住 寂然不動 亦不廢捨化衆生事 佛子 假使有人於徧虛空一一世界悉以毛端次第度量 諸佛能於一毛端處結跏趺坐 盡未來劫 如一毛端處 一切毛端處悉亦如是 佛子 假使十方一切世界所有衆生 一一衆生其身大小悉與不可說佛刹微塵數世界量等 輕重亦爾 諸佛能以爾所衆生置一指端 盡於後際所有諸劫 一切指端皆亦如是 盡持爾許一切衆生入徧虛空一一世界 盡於法界悉使無餘 而佛身心曾無勞倦 是爲諸佛第四大那羅延幢勇健法

제5 큰 나라연 당기처럼 용맹하고 굳건한 법

"불자여! 일체 모든 부처님은 하나의 몸에서 말할 수 없고 말로는 이를 수 없는 부처 세계의 티끌 수와 같은 머리를 능히 바꾸어 나타내고 하나의 머리에서 말할 수 없고 말로는 이를 수 없는 부처 세계의 티끌 수와 같은 혀를 바꾸어 나타내고 하나하나의 혀에서 말할 수 없고 말로는 이를 수 없는 부처 세계의 티끌 수와 같은 차별된 음성을 바꾸어 내고 법계의 중생들 가운데 듣지 못하는 자가 없으며, 하나하나의 음성이 말할 수 없고 말로는 이를 수 없는 부처 세계의 티끌 수와 같은 수다라장을 설하고 하나하나의 수다라장에서 말할 수 없고 말로는 이를 수 없는 부처 세계의 티끌 수와 같은 법을 설하고 하나하나의 법마다 말할 수 없고 말로는 이를 수 없는 부처 세계의 티끌 수와 같은 글자와 구절과 이치가 있다."

"이와 같음을 널리 펴서 설함이 말할 수 없고 말로는 이를 수 없는 부처 세계의 티끌 수와 같은 겁을 다하도록 설하고 이러한 겁을 다해 마치고 차례를 좇아(復) 널리 펴서 설함이 말할 수 없고 말로는 이를 수 없는 부처 세계의 티끌 수와 같은 겁을 다하고 이와 같은 차례뿐만 아니라 일체 세계 티끌 수와 같음을 다하고 모든 중생의 마음과 생각의 수를 다하고 미래 경계의 겁을 다하고 다하더라도 여래가 나타낸 몸을 굴리는 법륜은 다함이 없음이니, 이른바 지혜로 연설하는 법륜, 모든 의심과 혹함을 끊은 법륜, 모든 법을 비추는 법륜, 막힘이나 걸림이 없는 장을 여는 법륜, 헤아릴 수 없는 중생을 환희하고 조복하게 하는 법륜, 일체 모든 보살행을 열어서 보여주는 법륜, 높이 떠오르는 원만한 큰 지혜의 해와 같은 법륜, 세계 지혜의 등불을 밝게 해서 두루 비추는 법륜, 두려움 없는 변재로 가지가지로 장엄하는 법륜이다."

"한 부처님 몸의 신통한 힘으로 이와 같은 등의 차별하는 법륜을 굴림에 모든 세상의 법을 가지고 비유로 삼을 수 없는 것과 같으니, 이와 같은 허공계를 다하고 하나하나의 털끝만 한 분량의 곳에 말할 수 없고 말로는 이를 수 없는 부처 세계의 티끌 수와 같은 세계가 있고 하나하나의 세계 가운데 생각마다 말할 수 없고 말로는 이를 수 없는 부처 세계의 티끌 수와 같이 변하여 바뀌는 몸을 나타내고 하나하나의 변하여 바뀌는 몸도 모두 또한 이와 같음을 설하는 음성과 문자와 글귀와 뜻 하나하나가 일체 법계에 충만하며, 그 가운데 중생들이 빠짐없이 이해하고 분명하게 깨달아 얻지만, 부처님의 말과 소리는 변함도 없고 끊어짐도 없고 다하고 다함이 없으니, 이것이 모든 부처님의 제5 큰 나라연 당기처럼 용맹하고 굳건한 법이다."

佛子 一切諸佛能於一身化現不可說不可說佛刹微塵數頭 一一頭化現不可說不可說佛刹微塵數舌 一一舌化出不可說不可說佛刹微塵數差別音聲 法界衆生靡不皆聞 一一音聲演不可說不可說佛刹微塵數修多羅藏 一一修多羅藏演不可說不可說佛刹微塵數法 一一法有不可說不可說佛刹微塵數文字句義 如是演說 盡不可說不可說佛刹微塵數劫 盡是劫已 復更演說 盡不可說不可說佛刹微塵數劫 如是次第 乃至盡於一切世界微塵數 盡一切衆生心念數 未來際劫猶可窮盡 如來化身所轉法輪無有窮盡 所謂 智慧演說法輪 斷諸疑惑法輪 照一切法法輪 開無礙藏法輪 令無量衆生歡喜調伏法輪 開示一切諸菩薩行法輪 高昇圓滿大智慧日法輪 普然照世智慧明燈法輪 辯才無畏種種莊嚴法輪 如一佛身以神通力轉如是等差別法輪 一切世法無能爲諭 如是盡虛空界一一毛端分量之處 有不可說不可說佛刹微塵數世界 一一世界中念念現不可說不可說佛刹微塵數化身 一一化身皆亦如是 所說音聲文字句義 一一充滿一切法

界其中衆生得解了 而佛言音無邊 無斷 無有窮盡 是爲諸佛第五大那羅延幢勇健法

제6 큰 나라연 당기처럼 용맹하고 굳건한 법

"불자여! 일체 모든 부처님은 덕을 갖춘 모양이나 상태로서 가슴속의 생각을 장엄함이 비유하면 금강과 같아서 부서뜨릴 수 없는 것과 같고 보리수 아래 결가부좌 하시니, 끝없는 마왕과 그 무리의 형상이 가지가지로 흉악하여 보는 중생들이 매우 무서워하고 놀라거나 발광을 하거나 늘 죽음에 이르며, 이와 같은 마의 무리가 허공에 가득 차더라도 이를 본 여래께서는 마음에 무서움과 두려움이 없고 얼굴색도 변하지 않고 털끝 하나도 서지 않고 움직이지도 않고 어지럽지도 않기에 분별도 없고 모든 기쁨과 화냄을 벗어나고 고요하고 청정하게 부처님이 머무시는 곳에 머무시면서 자비의 힘을 갖추고 모든 근을 조복시키고 마음에 두려움이 없으며, 모든 마군의 무리가 흔들어 댈 수 없고 능히 모든 마군을 꺾어 조복시키고 모두 마음을 돌이키고 머리를 숙여 귀의하게 한 후에 차례를 좇아(復) 세 가지 수레로 가르쳐서 바른길로 이끌어 그들이 아뇩다라삼먁삼보리심을 내고 영원히 물러서지 않게 하니, 이것이 모든 부처님의 제6 큰 나라연 당기처럼 용맹하고 굳건한 법이다."

佛子 一切諸佛皆以德相莊嚴胸臆 猶若金剛不可損壞 菩提樹下結跏趺坐 魔王軍衆其數無邊 種種異形甚可怖畏 衆生見者靡不驚慑 悉發狂亂或時致死 如是魔衆徧滿虛空 如來見之 心無恐怖 容色不變 一毛不竪 不動不亂 無所分別 離諸喜怒 寂然淸淨 住佛所住 具慈悲力 諸根調伏 心無所畏 非諸魔衆所能傾動而能摧伏 一切魔軍皆使迴心 稽首歸依 然後復以三輪敎化 令其悉發阿耨多羅三藐三菩提意永不退轉 是爲諸佛第六大那羅延幢勇健法

제7 큰 나라연 당기처럼 용맹하고 굳건한 법

"불자여! 일체 모든 부처님은 막힘이나 걸림 없는 음성이 있고 그 소리가 시방세계에 두루 하고 중생들 가운데 듣는 자는 자연스럽게 조복하니, 그 모든 여래께서 내는 음성은 수미산 등 모든 산이 걸림이 되지 않으며, 천궁, 용궁, 야차궁과 건달바, 아수라, 가루라, 긴나라, 마후라가와 사람과 사람이 아닌 등의 일체 모든 궁전이 걸림이 되지 않으며, 모든 세계의 높고 큰 음성도 또한 걸림이 되지 않는다."

"응당 변하여 바뀜을 따르는 모든 중생이 모두 듣고 문자와 구절과 이치를 남김없이 분명하게 이해하고 깨달아 알고 얻으니, 이것이 제7 큰 나라연 당기처럼 용맹하고 굳건한 법이다."

佛子 一切諸佛有無礙音 其音普徧十方世界 衆生聞者自然調伏 彼諸如來所出音聲 須彌盧等一切諸山不能爲障 天宮 龍宮 夜叉宮 乾闥婆 阿修羅 迦樓羅 緊那羅 摩睺羅伽 人 非人等一切諸宮所不能障 一切世界高大音聲亦不能障 隨所應化 一切衆生 靡不皆聞 文字句義悉得解了 是爲諸佛第七大那羅延幢勇健法

제8 큰 나라연 당기처럼 용맹하고 굳건한 법

"불자여! 일체 모든 부처님은 마음에 막힘이나 걸림이 없어서 백천 억 나유타 말할 수 없고 말로는 이를 수 없는 겁 동안에 선근을 항상 청정하게 하여 과거, 미래, 현재의 일체 모든 부처님과 체성이 같기에 탁함도 없으며, 가리는 것도 없고 '나'도 없고 '내 것'이라는 것도 없으며, 안도 아니고 밖도 아니며, 경계란 공적함을 분명하게 깨우쳐 알아 허망한 생각을 내지 않고 의지할 것도 없고 지을 것도 없으며, 모든 모양이나 상태에 머물지 않고 분별을 영원히 끊어서 본성이 청정하며, 속된 인연에 끌리는 모든 생각을 벗어나고 모든 법을 어기거나 다툼이 없으며, 실상의 본바탕이 되는 경계에 머물면서 욕심을 벗어나 청정하고 참된 법계에 들어가 다함이 없이 널리 펴서 설하며, 가지고 있는 양과 헤아릴 수 없는 양이라는 망령된 생각을 벗어나고 유위와 무위의 모든 말을 끊는다."

"말할 수 없고 끝없는 경계를 이미 남김없이 통달해서 막힘이나 걸림이 없고 다함이 없으며, 지혜와 방편으로 십력을 성취하고 모든 공덕을 장엄하여 청정하기에 가지가지의 헤아릴 수 없는 모든 법을 널리 펴서 설하지만, 실상과 더불어 서로 어긋나지 않으며, 모든 법계의 삼세 모든 법이 모두 평등하고 다름이 없기에 마지막까지 자재하고 모든 법의 가장 뛰어난 장에 들어가 모든 법문에 대한 바른 생각으로 의혹이 없으며, 시방의 모든 부처님 세계에 편안히 머물면서 움직이거나 구르지 않고 끊어지지 않는 지혜를 얻어서 모든 법을 끝까지 알아 남음이 없음을 알며, 모든 번뇌를 다 하고 마음이 선근으로 해탈하며, 지혜가 선근으로 해탈하고 실상의 본바탕이 되는 경계에 머물면서 막힘이나 걸림 없이 통달하며, 마음이 항상 정정하고 삼세의 법과 또한 모든 중생의 마음과 행을 한 생각, 한순간에 분명하게 깨우쳐 통해서 모든 막힘이나 걸림이 없으니, 이것이 제8 큰 나라연 당기처럼 용맹하고 굳건한 법이다."

佛子 一切諸佛心無障礙 於百千億那由他不可說不可說劫 恒善清淨 去 來 現在一切諸佛同一體性 無濁 無翳 無我 無我所 非內 非外 了境空寂 不生妄想 無所依 無所作 不住諸相 永斷分別 本性清淨 捨離一切攀緣憶念 於一切法常無違諍 住於實際 離欲清淨 入眞法界 演說無盡 離量 非量所有妄想 絶爲 無爲一切演說 於不可說無邊境界悉已通達 無礙無盡智慧方便 成就十力一切功德莊嚴清淨 演說種種無量諸法 皆與實相不相違背 於諸法界三世諸法 悉等無異 究竟自在 入一切法最勝之藏 一切法門正念不惑 安住十方一切佛刹而無動轉 得不斷智 知一切法究竟無餘 盡諸有漏 心善解脫 慧善解脫 住於實際 通達無礙 心常正定 於三世法及以一切衆生心行 一念了達 皆無障礙 是爲諸佛第八大那羅延幢勇健法

제9 큰 나라연 당기처럼 용맹하고 굳건한 법

"불자여! 일체 모든 부처님은 동일한 법신이며, 경계가 헤아릴 수 없는 몸이고 공덕이 끝없는 몸이고 세간에 다함이 없는 몸이고 삼계에 물들지 않는 몸이고 생각을 따라 나타내 보이는 몸이고 진실한 것도 아니고 허망한 것도 아닌 평등하고 청정한 몸이고 오는 것도 없으며, 가는 것도 없으며, 무너지지 않고 무너짐이 없는 몸이고 하나의 모양이나 상태가 모양이나 상태가 없는 법의 성품이 되는 몸이고 처할 곳도 없고 방위도 없는 일체 두루 한 몸이며, 신통 변화가 자재한 끝없는 색상의 몸이고 가지가지로 나타내 보이고 모든 곳에 두루 들어가는 몸이며, 빼어난 법의 방편이 되는 몸이고 지혜의 장으로 두루 비추는 몸이며, 법을 평등하게 나타내는 몸이고 법계에 두루 한 몸이며, 움직임도 없고 분별도 없으며, 있는 것도 아니고 없는 것도 아닌 청정한 몸이며, 방편도 아니고 방편이 아님도 아니며, 열반도 아니고 열반이 아님도 아니기에 가르치고 바른길로 이끌 모든 중생의 가지가지 믿음과 이해를 따라 나타내는 몸이며, 모든 공덕과 보배를 좇아서 난 몸이고 모든 부처님 법을 갖춘 진여의 몸이며, 본래의 성품이 적정한 막힘이나 걸림이 없는 몸이고 일체를 성취하는 막힘이나 걸림 없는 몸이며, 모든 청정함에 두루 머무는 법계의 몸이고 형상을 나누어 모든 세간에 두루 하는 몸이며, 속된 인연에 끌리지 않고 물러남도 없어서 영원히 해탈하고 일체 지혜를 갖추어 분명하게 깨우쳐 통하는 몸이니, 이것이 제9 큰 나라연 당기처럼 용맹하고 굳건한 법이다."

佛子 一切諸佛同一法身 境界無量身 功德無邊身 世間無盡身 三界不染身 隨念示現身 非實非虛平等淸淨身 無來無去無爲不壞身 一相無相法自性身 無處無方徧一切身 神變自在無邊色相身 種種示現普入一切身 妙法方便身 智藏普照身 示法平等身 普徧法界身 無動無分別非有非無常淸淨身 非方便非不方便非滅非不滅隨所應化一切衆生種種信解而示現身 從一切功德寶所生身 具一切諸佛法眞如身 本性寂靜無障礙身 成就一切無礙法身 徧住一切淸淨法界身 分形普徧一切世間身 無攀緣無退轉永解脫具一切智普了達身 是爲諸佛第九大那羅延幢勇健法

제10 큰 나라연 당기처럼 용맹하고 굳건한 법

"불자여! 일체 모든 부처님은 일체 모든 여래의 법을 가지런하게 깨우치고 일체 모든 보살의 행을 가지런하게 닦고 원과 지혜가 청정하고 평등함이 마치 큰 바다와 같기에 남김없이 다 만족함을 얻고 행하는 힘이 귀하고 뛰어나기에 조금이라도 물러서거나 겁이 없고 모든 삼매의 헤아릴 수 없는 경계에 머물면서 모든 도를 보이고 착한 일을 권하고 악을 징계하며, 지혜의 힘이 제일이기에 법을 널리 펴서 설함에 두려움이 없고 묻는 바를 따라 남김없이 선근으로 답하고 지혜로 법을 설함이 평등하고 청정하며, 신, 구, 의 행이 섞이지 않고 부처님이 머무시는 부처의 종자 성품에 머물러서 부처의 지혜로 불사를 지어간다."

"일체 지혜에 머물기에 헤아릴 수 없는 법을 널리 펴서 설한다고는 하지만, 근본도 없고 가장자리의 경계도 없으며, 신통과 지혜는 헤아릴 수 없기에 모든 세간이 이해하고 깨우쳐 알 수 없으며, 지혜로 깊이 들어가 모든 법의 섬세하고 빼어나며, 광대하고 헤아릴 수 없으며, 끝이 없음을 보고 삼세의 법문을 모두 선근으로 통달해서 모든 세계를 남김없이 깨우치며, 세간을 벗어난 지혜로 모든 세간에 말할 수 없는 가지가지의 불사를 지어가고 물러남이 없는 지혜를 이루어 모든 부처님의 수에 들어가며, 비록 말할 수 없는 문자를 벗어난 법을 이미 얻었지만, 능히 가지가지의 말을 열어 보이고 보현의 지혜로 모든 선근의 행을 모으며, 한 생각, 한순간에 모양이나 상태에 곧바로 응하는 빼어난 지혜를 성취해서 일체 법을 남김없이 다 분명하게 깨우침을 깨달아 알며, 먼저 앞서 생각한 모든 중생을 모두 자신의 법에 의지해서 그 법을 베풀고 일체 모든 법과 모든 세계와 모든 중생과 모든 삼세의 법계 안에 이와 같은 경계가 그 양이 끝이 없지만, 막힘이나 걸림 없는 지혜로 남김없이 능히 알고 본다."

"불자여! 일체 모든 부처님은 한 생각 사이에 변하여 바뀌는 것을 당연히 따라서 세상에 나타나 청정한 국토에 머물면서 바른 깨우침을 이루고 신통한 힘으로 삼세 모든 중생을 깨우쳐 주되, 마음의 뜻과 또 의식이 때를 잃지 않게 한다."

"불자여! 중생이 끝이 없고 세계가 끝이 없고 법계가 끝이 없고 삼세가 끝이 없고 모든 부처님의 가장 뛰어남도 또한 끝이 없기에 그 가운데 나타나 바른 깨우침을 이루시고 부처의 지혜 방편으로 깨우침을 열어서 쉼이 없다."

"불자여! 일체 모든 부처님은 신통한 힘으로 가장 빼어난 몸을 나타내고 끝없는 처에 머물며, 크게 가엾이 여기는 방편으로 마음에 막힘이나 걸림이 없기에 어떠한 시기, 경우라도 중생을 위해 항상 빼어난 법을 설하시니, 이것이 제10 큰 나라연 당기처럼 용맹하고 굳건한 법이다."

佛子 一切諸佛等悟一切諸如來法 等修一切諸菩薩行 若願若智 淸淨平等 猶如大海 悉得滿足 行力尊勝 未曾退怯 住諸三昧無量境界 示一切道 勸善誡惡 智力第一 演法無畏 隨有所問悉能善答 智慧說法平等淸淨 身 語 意行悉皆無雜 住佛所住諸佛種性 以佛智慧而作佛事 住一切智 演無量法 無有根本 無有邊際 神通智慧不可思議 一切世間無能解了 智慧深入 見一切法微妙廣大無量無邊 三世法門咸善通達 一切

世界悉能開曉 以出世智 於諸世間作不可說種種佛事 成不退智 入諸佛數 雖已證得不可言說離文字法 而能開示種種言辭 以普賢智集諸善行 成就一念相應妙慧 於一切法悉能覺了 如先所念一切衆生 皆依自乘而施其法 一切諸法 一切世界 一切衆生一切三世 於法界內 如是境界其量無邊 以無礙智悉能知見 佛子 一切諸佛於一念頃隨所應化出興於世 住淸淨土 成等正覺 現神通力 開悟三世一切衆生心 意及識不失於時 佛子 衆生無邊 世界無邊 法界無邊 三世無邊 諸佛最勝亦無有邊 悉現於中成等正覺 以佛智慧方便開悟無有休息 佛子 一切諸佛以神通力 現最妙身 住無邊處 大悲方便 心無障礙 於一切時常爲衆生演說妙法 是爲諸佛第十大那羅延幢勇健法

"불자여! 이 일체 모든 부처님의 큰 나라연 당기처럼 용맹하고 굳건한 법은 헤아릴 수 없고 끝이 없어서 사람의 생각으로는 미루어 알 수가 없으니, 과거, 미래, 현재의 모든 중생과 또한 이승들도 분명하게 이해하고 깨우쳐 알지 못하고 오직 여래 신력의 힘에 도움을 받는 바는 제외한다."

佛子 此一切諸佛大那羅延幢勇健法無量無邊 不可思議 去 來 現在一切衆生及以二乘不能解了 唯除如來神力所加

"불자여! 모든 부처님 세존께서는 결정하는 법 열 가지가 있으시니, 무엇이 열인가 하면, 이른바 일체 모든 부처님은 도솔천을 좇아 수명이 다하면 결정해서 내려오는 것이며, 일체 모든 부처님은 결정하고 생 받음을 보여 열 달 동안 태에 있으며, 일체 모든 부처님은 결정하고 세속을 싫어하고 출가하는 것이며, 일체 모든 부처님은 결정하고 보리수 아래 앉아 평등한 바른 깨우침을 이루어 모든 부처님의 법을 깨닫는 것이며, 일체 모든 부처님은 결정하고 한 생각에 모든 법을 깨닫고 모든 세계에 신통한 힘을 나타내는 것이며, 일체 모든 부처님은 결정하고 때를 따라 응하면서 빼어난 법륜을 굴리는 것이며, 일체 모든 부처님은 결정하고 그들이 심은 선근을 따라 때에 응하면서 법을 설하여 수기를 주는 것이며, 일체 모든 부처님은 결정하고 능히 때에 응하여 그들을 위해 불사를 지어가는 것이며, 일체 모든 부처님은 결정하고 성취한 모든 보살을 위해 수기를 주는 것이며, 일체 모든 부처님은 결정하고 한 생각, 한순간에 모든 중생의 물음에 답하는 것이니, 이것이 열이다."

佛子 諸佛世尊有十種決定法 何等爲十 所謂 一切諸佛定從兜率壽盡下生 一切諸佛定示受生 處胎十月 一切諸佛定厭世俗 樂求出家 一切諸佛決定坐於菩提樹下成等正覺 悟諸佛法 一切諸佛定於一念悟一切法 一切世界示現神力 一切諸佛定能應時轉妙法輪 一切諸佛定能隨彼所種善根 應時說法而爲授記 一切諸佛定能應時爲作佛事 一切諸佛定能爲諸成就菩薩而授記別 一切諸佛定能一念普答一切衆生所問 是爲十

"불자여! 모든 부처님 세존께서는 열 가지 빠른 법이 있으니, 무엇이 열인가 하면, 이른바 일체 모든 부처님을 그와 같이 보는 이는 모든 악의 부류에서 빨리 또 멀리 벗어나고 일체 모든 부처님을 그와 같이 보는 이는 특히 빼어난 공덕을 빠르게 원만히 하고 얻으며, 일체 모든 부처님을 그와 같이 보는 이는 광대한 선근을 빠르게 성취하고 일체 모든 부처님을 그와 같이 보는 이는 청정하고 빼어난 천상에 빠르게 가서 태어나고 일체 모든 부처님을 그와 같이 보는 이는 모든 의혹을 빠르게 끊어서 없애버린다."

"일체 모든 부처님은 그와 같이 이미 보리심을 일으켜 보는 이에게 광대한 마음과 지혜를 성취해서 영원히 물러나지 않음을 빨리 얻게 하며, 응함을 따라 중생을 가르치고 바른길로 이끌 뿐만 아니라 그와 같은 마음을 일으키지 못하면 곧 빠르게 아뇩다라삼먁삼보리심을 일으키게 하며, 일체 모든 부처님은 그와 같은 바른 자리나 위치에 들어가지 못한 이를 보면, 빠르게 바른 자리나 위치에 들게 하며, 일체 모든 부처님은 그와 같이 보는 이에게는 빠르게 세간과 출세간의 일체 모든 근을 청정하게 하며, 일체 모든 부처님은 그와 같이 보는 이에게 빠르게 모든 막힘이나 걸림을 없애버리게 하며, 일체 모든 부처님은 그와 같이 보는 이에게 빠르게 두려움이 없는 변재를 얻게 하니, 이것이 열이다."

佛子 諸佛世尊有十種速疾法 何等爲十 所謂 一切諸佛若有見者 速得遠離一切惡趣 一切諸佛若有見者 速得圓滿殊勝功德 一切諸佛若有見者 速能成就廣大善根 一切諸佛若有見者 速得往生淨妙天上 一切諸佛若有見者 速能除斷一切疑惑 一切諸佛若已發菩提心而得見者 速得成就廣大信解永不退轉 能隨所應敎化衆生 若未發心即能速發阿耨多羅三藐三菩提心 一切諸佛若未入正位而得見者 速入正位 一切諸佛若有見者 速能淸淨世 出世間一切諸根 一切諸佛若有見者 速得除滅一切障礙 一切

諸佛若有見者 速能獲得無畏辯才 是爲十

"불자여! 모든 부처님 세존을 당연히 항상 기억해서 생각해야 할 열 가지 청정한 법이 있으니, 무엇이 열인가 하면, 이른바 일체 모든 부처님의 과거 인연을 모든 보살은 당연히 항상 기억해서 생각해야 하고 일체 모든 부처님의 청정하고 뛰어나 행을 모든 보살은 당연히 항상 기억해서 생각해야 하고 일체 모든 부처님의 만족한 바라밀을 모든 보살은 당연히 항상 기억해서 생각해야 하고 일체 모든 부처님이 성취하신 큰 원을 모든 보살은 당연히 항상 기억해서 생각해야 하고 일체 모든 부처님이 쌓은 선근을 모든 보살은 당연히 항상 기억해서 생각해야 하고 일체 모든 부처님이 온전하게 갖춘 범행을 모든 보살은 당연히 항상 기억해서 생각해야 하고 일체 모든 부처님이 바른 깨우침을 이루어 나타내는 것을 모든 보살은 당연히 항상 기억해서 생각해야 하고 일체 모든 부처님의 육신이 헤아릴 수 없음을 모든 보살은 당연히 항상 기억해서 생각해야 하고 일체 모든 부처님의 헤아릴 수 없는 신통을 모든 보살은 당연히 항상 기억해서 생각해야 하고 일체 모든 부처님의 십력과 두려움 없음을 모든 보살은 당연히 항상 기억해서 생각해야 하니, 이것이 열이다."

佛子 諸佛世尊有十種應常憶念清淨法 何等爲十 所謂 一切諸佛過去因緣 一切菩薩應常憶念 一切諸佛清淨勝行 一切菩薩應常憶念 一切諸佛滿足諸度 一切菩薩應常憶念 一切諸佛成就大願 一切菩薩應常憶念 一切諸佛積集善根 一切菩薩應常憶念 一切諸佛已具梵行 一切菩薩應常憶念 一切諸佛現成正覺 一切菩薩應常憶念 一切諸佛色身無量 一切菩薩應常憶念 一切諸佛神通無量 一切菩薩應常憶念 一切諸佛十力無畏 一切菩薩應常憶念 是爲十

"불자여! 모든 부처님과 세존께서는 열 가지 모든 지혜에 머무심이 있으니, 무엇이 열인가 하면, 이른바 일체 모든 부처님은 한 생각, 한순간에 삼세 모든 중생의 마음과 마음이 작용하는 바의 행을 알고 일체 모든 부처님은 한 생각 가운데 삼세 모든 중생이 쌓은 모든 업과 업의 과보를 알고 일체 모든 부처님은 한 생각, 한순간에 모든 중생의 마땅함을 알아 세 가지 바퀴로 가르쳐서 바른길로 이끌어 조복시키고 일체 모든 부처님은 한 생각, 한순간에 모든 법계의 모든 중생의 마음에 나타나는 모양이나 상태를 알아서 일체 처에 부처님을 두루 나타내어 그들이 보게 하고 방편으로 거두어 주며, 일체 모든 부처님은 한 생각, 한순간에 법계의 모든 중생이 마음으로 좋아함과 욕망과 이해를 따라 법을 설하여 나타내 보이고 그들을 조복시키며, 일체 모든 부처님은 한 생각, 한순간에 법계의 모든 중생이 마음으로 좋아함을 남김없이 알아서 이들을 위해 신통한 힘을 나타낸다."

"일체 모든 부처님은 한 생각, 한순간에 모든 처에 두루 해서 마땅히 가르쳐 바른길로 이끌 모든 중생을 따라 나오심을 나타내 보이고 이들을 위해 부처의 몸이란 취하거나 집착할 수 없음을 설하고 일체 모든 부처님은 한 생각, 한순간에 법계의 모든 처의 일체중생을 저 모든 도에 이르게 하고 일체 모든 부처님은 한순간에 모든 중생이 기억해서 생각하는 자를 따라 있는 곳곳마다 가서 남김없이 응하고 일체 모든 부처님은 한 생각 가운데 모든 중생이 알고자 하는 것을 알아서 이들을 위해 헤아릴 수 없는 색상을 나타내 보이니, 이것이 열이다."

佛子 諸佛世尊有十種一切智住 何等爲十 所謂 一切諸佛於一念中 悉知三世一切衆生心 心所行 一切諸佛於一念中 悉知三世一切衆生所集諸業及業果報 一切諸佛於一念中 悉知一切衆生所宜 以三種輪敎化調伏 一切諸佛於一念中 盡知法界一切衆生所有心相 於一切處普現佛興 令其得見 方便攝受 一切諸佛於一念中 普隨法界一切衆生心樂欲解 示現說法 令其調伏 一切諸佛於一念中 盡知法界一切衆生心之所樂 爲現神力 一切諸佛於一念中 徧一切處 隨所應化一切衆生示現出興 爲說佛身不可取著 一切諸佛於一念中 普至法界一切處一切衆生彼彼諸道 一切諸佛於一念中 隨諸衆生有憶念者 在在處處無不往應 一切諸佛於一念中 悉知一切衆生解欲 爲其示現無量色相 是爲十

"불자여! 모든 부처님 세존께서는 헤아릴 수 없고 사람의 생각으로 미루어 알 수 없는 열 가지 부처 삼매가 있으니, 무엇이 열인가 하면, 일체 모든 부처님은 항상 바른 선정에 계시기에 한 생각 동안에 모든 곳에 두루 해서 중생들에게 빼어난 법을 널리 설하시며, 일체 모든 부처님은 항상 바른 선정에 계시기에 한 생각 동안에 모든 곳에 두루 해서 중생들에게 내가 없는 경계를 설하시며, 일체 모든 부처님은 항상 바른 선정에 계시기에 한 생각 동안에 모든 곳에 두루 해서 삼세에 널리 들어가시며, 일체 모든 부처님은 항상 바른 선정에 계시기에 한 생각 동안에 시방의 광대한 부처 세계에 들어가시며, 일체 모든 부처님은 항상 바른 선정에 계시기에 한 생각 동안에 모든 곳에 두루 해서 헤아릴 수 없는 가지가지 부처님의 몸을 널리 나타내시며, 일체 모든 부처님은 항상 바른 선정에 계시기에 한 생각 동안에 모든 곳에 두루 해서 모든 중생이 가지가지의 마음으로 아는 것을 따라서 몸과 말과 뜻을 나타내시며, 일체 모든 부처님은 항상 바른 선정에 계시기에 한 생각 동안에 모든 곳에 두루 해서 모든 법의 욕심을 벗어난 진여의 경계를 설하시며, 일체 모든 부처님은 항상 바른 선정에 계시기에 한 생각 동안에 모든 곳에 두루 해서 모든 인연과 결과의 자성을 널리 펴서 설하시며, 일체 모든 부처님은 항상 바른 선정에 계시기에 한 생각 동안에 모든 곳에 두루 해서 헤아릴 수 없는 세간과 출세간의 광대한 장엄을 나타내 보여서 모든 중생이 항상 부처님 봄을 얻게 하시며, 일체 모든 부처님은 항상 바른 선정에 계시기에 한 생각 동안에 모든 곳에 두루 해서 모든 중생이 다 모든 불법의 헤아릴 수 없는 해탈을 남김없이 통달하고 마지막에는 위 없는 저 언덕에 이르게 하시니, 이것이 열이다."

佛子 諸佛世尊有十種無量不可思議佛三昧 何等爲十 所謂 一切諸佛恒在正定 於一念中徧一切處 普爲衆生廣說妙法 一切諸佛恒在正定 於一念中徧一切處 普爲衆生說無我際 一切諸佛恒住正定 於一念中徧一切處 普入三世 一切諸佛恒在正定 於一念中徧一切處 普入十方廣大佛刹 一切諸佛恒在正定 於一念中徧一切處 普現無量種種佛身 一切諸佛恒在正定 於一念中徧一切處 隨諸衆生種種心解現身 語 意 一切諸佛恒在正定 於一念中徧一切處 說一切法離欲眞際 一切諸佛恒住正定 於一念中徧一切處 演說一切緣起自性 一切諸佛恒住正定 於一念中徧一切處 示現無量世出世間廣大莊嚴 令諸衆生常得見佛 一切諸佛恒住正定 於一念中徧一切處 令諸衆生悉得通達一切佛法 無量解脫 究竟到於無上彼岸 是爲十

"불자여! 모든 부처님 세존께서는 막힘이나 걸림이 없는 열 가지 해탈이 있으니, 무엇이 열인가 하면, 이른바 일체 모든 부처님은 한 티끌에 능히 말할 수 없고 말로는 이를 수 없는 모든 부처님이 세상에 나심을 나타내며, 일체 모든 부처님은 한 티끌에 능히 말할 수 없고 말로는 이를 수 없는 모든 부처님이 청정한 법륜 굴림을 나타내며, 일체 모든 부처님은 한 티끌에 능히 말할 수 없고 말로는 이를 수 없는 중생이 바른길로 이끄는 가르침을 받고 조복함을 나타내며, 일체 모든 부처님은 한 티끌에 능히 말할 수 없고 말로는 이를 수 없는 모든 부처의 국토를 나타내며, 일체 모든 부처님은 한 티끌에 능히 말할 수 없고 말로는 이를 수 없는 보살이 수기 받는 것을 나타낸다."

"일체 모든 부처님은 한 티끌에 능히 과거, 미래. 현재의 모든 부처님을 나타내며, 일체 모든 부처님은 한 티끌에 능히 과거, 미래. 현재의 세계 종을 나타내며, 일체 모든 부처님은 한 티끌에 능히 과거, 미래. 현재의 모든 신통을 나타내며, 일체 모든 부처님은 한 티끌에 능히 과거, 미래. 현재의 모든 중생을 나타내며, 일체 모든 부처님은 한 티끌에 능히 과거, 미래. 현재의 모든 불사를 나타내니, 이것이 열이다."

佛子 諸佛世尊有十種無礙解脫 何等爲十 所謂 一切諸佛能於一塵現不可說不可說諸佛出興於世 一切諸佛能於一塵現不可說不可說諸佛轉淨法輪 一切諸佛能於一塵現不可說不可說衆生受化調伏 一切諸佛能於一塵現不可說不可說諸佛國土 一切諸佛能於一塵現不可說不可說菩薩授記 一切諸佛能於一塵現去 來 今一切諸佛 一切諸佛能於一塵現去 來 今諸世界種 一切諸佛能於一塵現去 來 今一切神通 一切諸佛能於一塵現去 來 今一切衆生 一切諸佛能於一塵現去 來 今一切佛事 是爲十

대방광불화엄경 제48권

34. 여래십신상해품
如來十身相海品第三十四

이때 보현보살마하살이 모든 보살에게 깨우침을 주고자 말했다.

"불자여! 지금 그대들에게 여래가 가지신 몸 바다의 모양이나 상태를 말하겠다."

爾時 普賢菩薩摩訶薩告諸菩薩言 佛子 今當爲汝演說如來所有相海

여래의 32상

"불자여! 여래의 정수리 위에는 보배로 장엄한 32가지 대인(大人)의 모양이나 상태가 있다. 그 가운데 대인의 모양이나 상태가 있으니, 이름이 '모든 방위을 비추는 광명(光照一切方)'이며, 헤아릴 수 없는 큰 광명의 그물을 두루 놓아 모든 빼어난 보배로 장엄을 하고 보배 머리카락이 두루두루 하며, 부드럽고 고우며, 그 하나하나에 빠짐없이 마니보배 광명을 놓아서 일체 끝없는 세계에 충만하니, 남김없이 부처님 몸의 색상을 원만하게 나타내니, 이것이 1이다."

"이어서 대인(大人)의 모양이나 상태가 있으니, 이름이 '부처 눈의 광명 구름(佛眼光明雲)'이며, 마니왕을 가지가지로 장엄하여 금색 광명이 나오니, 미간의 터럭 같은 모양이나 상태에서 놓은 광명이 두루 모든 세계를 비추니, 이것이 2다."

"이어서 대인의 모양이나 상태가 있으니, 이름이 '법계에 가득한 구름(充滿法界雲)'이며, 가장 빼어난 보배 바퀴를 장엄으로 삼고 여래의 복과 지혜 등불의 광명을 놓아 시방 모든 법계의 세계 바다를 두루 비추며, 그 가운데 모든 부처님과 보살들을 두루 나타내니, 이것이 3이다."

"이어서 대인의 모양이나 상태가 있으니, 이름이 '두루 비추어 나타내 보이는 구름(示現

普照雲)'이며, 진금의 마니를 가지가지로 장엄하고 그 빼어난 보배들이 모두 광염을 놓아 생각으로 미루어 헤아릴 수 없는 모든 부처님 국토를 비추고 일체 모든 부처님이 그 가운데 출현하시니, 이것이 4다."

"이어서 대인의 모양이나 상태가 있으니, 이름이 '보배 광명을 놓는 구름(放寶光明雲)'이며, 마니 보왕으로 청정하게 장엄하고 비유리 보배로 꽃과 암술이 되었고 광명으로 시방의 모든 법계를 비추며, 그 가운데 가지가지의 신통한 변화를 두루 나타내어 여래가 옛적에 행하신 지혜 공덕을 찬탄하는 것이니, 이것이 5다."

"이어서 대인의 모양이나 상태가 있으니, 이름이 '여래가 법계에 크게 자재함을 두루 나타내 보이는 구름(示現如來徧法界大自在雲)'이며, 보살이 신통 변화하는 보염마니를 그 관으로 삼고 여래의 힘을 갖추어 모든 깨우침을 깨달아 알게 하며, 보배 불꽃 광명 바퀴를 머리에 쓰는 화관으로 삼아서 그 광명으로 시방의 세계를 비추고 그 가운데 모든 여래가 나타나 보이기에 일체 지혜의 구름이 허공과 헤아릴 수 없는 법계에 충만하다. 이것이 6이다."

"이어서 대인(大人)의 모양이나 상태가 있으니, 이름이 '여래의 두루 한 등불의 구름(如來普燈雲)'이며, 법계의 국토를 흔들어 깨우는 크게 자재한 보배 바다로 장엄하고 청정한 광명을 놓아 법계에 가득하며, 그 가운데 시방 모든 보살의 공덕 바다와 과거, 현재, 미래 부처님의 지혜 당기 바다를 두루 나타내니, 이것이 7이다."

"이어서 대인의 모양이나 상태가 있으니, 이름이 '모든 부처님이 두루 비추는 광대한 구름(普照諸佛廣大雲)'이며, 인타라 보배와 여의왕 보배와 마니왕 보배로 장엄하고 늘 보살의 불꽃 등 광명을 놓아 시방의 모든 세계를 두루 비추며, 그 가운데 일체 모든 부처님의 많은 색상의 바다와 큰 음성의 바다와 청정한 힘의 바다를 나타내니, 이것이 8이다."

"이어서 대인의 모양이나 상태가 있으니, 이름이 '원만한 광명 구름(圓滿光明雲)'이며, 가장 빼어난 유리 마니왕의 가지가지 보배 꽃으로 장엄하고 일체 많은 보배로 큰 불꽃 그물을 펴서 시방 모든 세계에 가득하고 모든 중생이 다 여래께서 그 앞에 나타나 앉아계심을 보며, 모든 부처님과 또 모든 보살의 법신 공덕을 찬탄하여 그들이 여래의 청정한 경계에 들게 하니, 이것이 9다."

"이어서 대인의 모양이나 상태가 있으니, 이름이 '모든 보살이 행하는 장을 두루 비추는 광명 구름(普照一切菩薩行藏光明雲)'이며, 많은 보배의 빼어난 꽃으로 장엄하고 보배 광명으로 헤아릴 수 없는 세계를 두루 비추며, 보배 불꽃으로 모든 국토를 두루 덮어서 시방 법계를 막힘이나 걸림이 없이 통달하고 부처님의 소리가 진동하여 법의 바다를 드러내어 세상에 널리 펴니, 이것이 10이다."

"이어서 대인의 모양이나 상태가 있으니, 이름이 '광명으로 비추어 두루 빛나는 구름(普光照耀雲)'이며, 비유리와 인타라와 금강 마니보배로 장엄하고 유리 보배 광명의 색상이 밝게 통해서 일체 모든 세계 바다를 두루 비추고 빼어난 음성을 내어 법계에 가득하니, 이와 같음은 모두 모든 부처님의 지혜와 큰 공덕의 바다를 좇아 변하여 바뀌어서 나타난 것이니, 이것이 11이다."

"이어서 대인의 모양이나 상태가 있으니, 이름이 '바른 깨우침의 구름(正覺雲)'이며, 여러 가지가 섞인 보배 꽃으로 장엄하고 그 모든 보배 꽃들이 광명을 놓아 그 광명마다 여래가 빠짐없이 도량에 앉으심이 끝없는 세계에 충만하시고 모든 세계가 청정함을 두루 얻어서 모든 망령된 생각과 분별을 영원히 끊게 하는 것이니, 이것이 12다."

"이어서 대인의 모양이나 상태가 있으니, 이름이 '광명이 빛을 발하는 구름(光明照曜雲)'이며, 보배 불꽃 장 바다의 심왕 마니로 장엄하고 큰 광명을 놓으며, 광명 가운데 헤아릴 수 없는 보살과 또 모든 보살이 행한 바의 행과 모든 여래의 지혜로운 몸과 법의 몸과 모든 색상의 바다를 나타내어 법계에 충만하니, 이것이 13이다."

"이어서 대인의 모양이나 상태가 있으니, 이름이 '장엄을 두루 비추는 구름(莊嚴普照雲)'이며, 금강 꽃 비유리 보배로 장엄하고 큰 광명을 놓아 그 광명 가운데 큰 보배 연꽃 사자좌가 있고 이를 온전하게 갖추어 장엄하며, 법계를 가득하게 덮어서 자연스럽게 보살의 네 가지 행을 널리 펴서 설하고 그 소리가 모든 법계 바다에 널리 두루 하니, 이것이 14다."

"이어서 대인의 모양이나 상태가 있으니, 이름이 '부처 삼매 바다의 행을 나타내는 구름(現佛三昧海行雲)'이며, 한 생각, 한순간에 여래의 헤아릴 수 없는 장엄을 나타내 보이고 널리 모든 법계의 생각으로 미루어 알 수 없는 법계 바다를 두루 장엄하는 것이니, 이것이 15다."

"이어서 대인의 모양이나 상태가 있으니, 이름이 '변화의 바다가 두루 비추는 구름(變化海普照雲)'이며, 수미산과 같은 빼어난 보배 연꽃으로 장엄하고 많은 보배 광명이 부처의 원에서 나고 모든 변화를 나타냄이 다하고 다함이 없으니, 이것이 16이다."

"이어서 대인의 모양이나 상태가 있으니, 이름이 '모든 여래가 해탈한 구름(一切如來解脫雲)'이며, 청정하고 빼어난 보배로 장엄하고 큰 광명을 놓아 모든 부처님의 사자좌를 장엄해서 일체 모든 부처님의 색상과 또 헤아릴 수 없는 불법과 모든 부처의 세계 바다를 나타내어 보이는 것이니, 이것이 17이다."

"이어서 대인의 모양이나 상태가 있으니, 이름이 '자재한 방편으로 두루 비추는 구름(自在方便普照雲)'이며, 비유리 꽃과 진금 연꽃과 마니왕 등불과 빼어나 법 불꽃의 구름으로 장엄하고 일체 모든 부처님의 보배 불꽃 빽빽한 구름이 청정한 광명을 놓아 법계에 충만하고 그 가운데 모든 빼어나고 가장 좋은 장엄 기물을 두루 나타내니, 이것이 18이다."

"이어서 대인의 모양이나 상태가 있으니, 이름이 '부처의 종성을 깨우친 구름(覺佛種性雲)'이며, 헤아릴 수 없는 보배 광명으로 장엄하고 하늘 바퀴를 온전하게 갖추고 안팎으로 청정하며, 옛적에 선근을 좇아 난 것이고 그 빛이 시방세계를 두루 비추어 지혜의 태양을 밝게 일으켜 법의 바다를 세상에 널리 알리는 것이니, 이것이 19다."

"이어서 대인의 모양이나 상태가 있으니, 이름이 '모든 여래의 모양이나 상태를 나타내는 자재한 구름(現一切如來相自在雲)'이며, 많은 보배 영락 유리 보배 꽃으로 장엄하고 큰 보배 불꽃을 펴서 법계에 충만하며, 그 가운데 널리 모든 부처 세계와 평등한 티끌 수와 같은 과거, 미래, 현재의 헤아릴 수 없는 부처님을 두루 나타내어 사자 왕이 용맹하고 두려움이 없는 것과 같이 색상과 지혜를 남김없이 다 온전하게 갖추는 것이니, 이것이 20이다."

"이어서 대인의 모양이나 상태가 있으니, 이름이 '모든 법계를 두루 비추는 구름(徧照一切法界雲)'이며, 여래의 보배로운 모양이나 상태로 청정하게 장엄하고 큰 광명을 놓아 법계를 두루 비추며, 일체 헤아릴 수 없고 끝없는 모든 부처님과 보살의 지혜, 이 지혜의 빼어난 장을 나타내는 것이니, 이것이 21이다."

"이어서 대인의 모양이나 상태가 있으니, 이름이 '비로자나 여래의 모양이나 상태의 구름(毘盧遮那如來相雲)'이며, 가장 빼어난 보배 꽃과 비유리의 청정하고 빼어난 달로 장엄하고 헤아릴 수 없는 백천만 억 마니보배 광명을 남김없이 놓아 모든 허공계와 법계에 충만하며, 그 가운데 헤아릴 수 없는 부처 세계에 빠짐없이 여래가 결가부좌 하고 있음을 나타내 보이니, 이것이 22다."

"이어서 대인의 모양이나 상태가 있으니, 이름이 '모든 부처를 두루 비추는 광명 구름(普照一切佛光明雲)'이며, 많은 보배로 된 빼어난 등불로 장엄하고 청정한 광명을 놓아 시방의 모든 세계를 두루 비추어서 모든 부처님이 법륜 굴리는 것을 남김없이 다 나타내니, 이것이 23이다."

"이어서 대인의 모양이나 상태가 있으니, 이름이 '모든 장엄을 두루 나타내는 구름(普現

一切莊嚴雲)'이며, 가지가지의 보배 불꽃으로 장엄하고 청정한 광명을 놓아 법계에 충만하며, 생각마다 말할 수 없고 말로는 이를 수 없는 일체 모든 부처님이 모든 보살과 더불어 도량에 앉아계심을 항상 나타내시니, 이것이 24다."

"이어서 대인(大人)의 모양이나 상태가 있으니, 이름이 '모든 법계의 음성을 내보내는 구름)出一切法界音聲雲)'이며, 마니 보배 바다와 가장 빼어난 전단으로 장엄하고 큰 불꽃 그물을 펴서 법계에 충만하며, 그 가운데 섬세하고 빼어난 음성으로 널리 펴고 모든 중생의 모든 업의 바다를 보이는 것이니, 이것이 25이다."

"이어서 대인의 모양이나 상태가 있으니, 이름이 '모든 부처님의 변화하는 바퀴를 두루 비추는 구름(普照諸佛變化輪雲)'이며, 여래의 청정한 눈으로 장엄하고 빛이 시방의 모든 세계를 비추어서 그 가운데 과거, 미래, 현재의 부처님이 가지고 있는 모든 장엄 기물을 두루 나타내며, 차례를 좇아(復) 빼어난 소리를 내보내 생각으로 미루어 알 수 없는 광대한 법의 바다를 널리 펴시니, 이것이 26이다."

"이어서 대인의 모양이나 상태가 있으니, 이름이 '빛으로 부처 바다를 비추는 구름(光照佛海雲)'이며, 그 광명이 모든 세계를 두루 비추어 법계가 다하도록 막힘이나 걸림이 없고 모든 곳에 여래가 결가부좌하고 계시니, 이것이 27이다."

"이어서 대인의 모양이나 상태가 있으니, 이름이 '보배 등불 구름(寶燈雲)'이며, 여래의 광대한 광명을 놓아 시방의 모든 법계를 비추고 그 가운데 일체 모든 부처님과 또 모든 보살과 사람의 생각으로는 미루어 알 수 없는 모든 중생의 바다를 두루 나타내니, 이것이 28이다."

"이어서 대인의 모양이나 상태가 있으니, 이름이 '법계의 차별이 없는 구름(法界無差別雲)'이며, 여래의 큰 지혜 광명을 놓아 시방의 모든 부처님 국토와 모든 보살의 도량에 모인 대중과 헤아릴 수 없는 법 바다를 두루 비추고 그 가운데 가지가지의 신통을 두루 나타내며, 차례를 좇아(復) 빼어난 소리를 내보내어 모든 중생의 마음이 즐거워하는 것을 따라서 보현보살의 행과 원을 널리 펴서 설하여 그들을 회향하게 하니, 이것이 29다."

"이어서 대인의 모양이나 상태가 있으니, 이름이 '모든 세계 바다에 편안히 머물러 두루 비추는 구름(安住一切世界海普照雲)'이며, 보배 광명을 놓아 모든 허공과 법계에 충만하고 그 가운데 청정하고 빼어난 도량과 또 부처와 보살의 장엄한 몸의 모양이나 상태를 나타내어 보는 이들이 보는 것이 없음을 두루 얻게 하니, 이것이 30이다."

"이어서 대인의 모양이나 상태가 있으니, 이름이 '모든 보배의 청정한 빛 불꽃 구름(一切

寶淸淨光燄雲)'이며, 헤아릴 수 없는 모든 부처님과 보살 마니의 빼어난 보배의 청정한 광명을 놓아 시방의 모든 법계를 두루 비추고 그 가운데 모든 보살의 바다를 나타내며, 모두 여래의 신통한 힘을 온전하게 갖추고 항상 시방과 허공 계와 모든 세계의 그물에 다니고 있으니, 이것이 31이다."

"이어서 대인의 모양이나 상태가 있으니, 이름이 '모든 법계를 두루 비추는 장엄 구름(普照一切法界莊嚴雲)'이며, 가장 가운데 처하여 차례를 따라(復) 조금씩 올라가서 염부단금 인타라 그물로 장엄하고 청정한 광명 구름을 놓아 법계에 충만하고 생각마다 항상 일체 세계의 모든 부처님과 보살의 도량에 모인 대중을 나타내니, 이것이 32다."

"불자여! 여래의 정수리 위에 이와 같은 32종 대인(大人)의 모양이나 상태가 있기에 훌륭하게 장엄한다."

佛子 如來頂上有三十二寶莊嚴大人相 其中有大人相 名 光照一切方普放無量大光明網 一切妙寶以爲莊嚴 寶髮周徧 柔軟密緻 一一咸放摩尼寶光 充滿一切無邊世界 悉現佛身色相圓滿 是爲一 次有大人相 名 佛眼光明雲 以摩尼王種種莊嚴 出金色光 如眉間毫相所放光明 其光普照一切世界 是爲二 次有大人相 名 充滿法界雲 上妙寶輪以爲莊嚴 放於如來福智燈明 普照十方一切法界諸世界海 於中普現一切諸佛及諸菩薩 是爲三 次有大人相 名 示現普照雲 眞金摩尼種種莊嚴 其諸妙寶咸放光明 照不思議諸佛國土 一切諸佛於中出現 是爲四 次有大人相 名 放寶光明雲 摩尼寶王淸淨莊嚴 毘琉璃寶以爲華蕊 光照十方一切法界 於中普現種種神變 讚歎如來往昔所行智慧功德 是爲五 次有大人相 名 示現如來徧法界大自在雲 菩薩神變寶焰摩尼以爲其冠 具如來力覺悟一切寶焰光輪以爲其鬘 其光普照十方世界 於中示現一切如來坐於道場 一切智雲充滿虛空無量法界 是爲六 次有大人相 名 如來普燈雲 以能震動法界國土大自在寶海而爲莊嚴 放淨光明充滿法界 於中普現十方諸菩薩功德海 過現未來佛智慧幢海 是爲七 次有大人相 名 普照諸佛廣大雲 因陀羅寶 摩尼王寶以爲莊嚴 常放菩薩焰燈光明 光照十方一切世界 於中顯現一切諸佛衆色相海 大音聲海 淸淨力海 是爲八 次有大人相 名 圓滿光明雲 上妙琉璃摩尼王種種寶華以爲莊嚴 一切衆寶舒大焰網充滿十方 一切世界一切衆生悉見如來現坐其前 讚歎諸佛及諸菩薩法身功德 令入如來淸淨境界 是爲九 次有大人相 名 普照一切菩薩行藏光明雲 衆寶妙華以爲莊嚴 寶光普照無量世界 寶焰普覆一切國土 十方法界通達無礙 震動佛音宣暢法海 是爲十 次有大人相 名 普光照耀雲 毘琉璃 因陀羅 金剛摩尼寶以爲莊嚴 琉

璃寶光色相明徹 普照一切諸世界海 出妙音聲充滿法界 如是皆從諸佛智慧大功德海之所化現 是爲十一 次有大人相 名 正覺雲 以雜寶華而爲莊嚴 其諸寶華悉放光明皆有如來坐於道場 充滿一切無邊世界 令諸世界普得淸淨 永斷一切妄想分別 是爲十二 次有大人相 名 光明照曜雲 以寶焰藏海心王摩尼而爲莊嚴 放大光明 光中顯現無量菩薩及諸菩薩所行之行 一切如來智身 法身 諸色相海充滿法界 是爲十三 次有大人相 名 莊嚴普照雲 以金剛華 毘琉璃寶而爲莊嚴 放大光明 光中有大寶蓮華座具足莊嚴 彌覆法界 自然演說四菩薩行 其音普徧諸法界海 是爲十四 次有大人相 名現佛三昧海行雲 於一念中示現如來無量莊嚴 普徧莊嚴一切法界不思議世界海 是爲十五 次有大人相 名 變化海普照雲 妙寶蓮華如須彌山以爲莊嚴 衆寶光明從佛願生現諸變化無有窮盡 是爲十六 次有大人相 名 一切如來解脫雲 淸淨妙寶以爲莊嚴 放大光明莊嚴一切佛師子座 示現一切諸佛色像及無量佛法諸佛剎海 是爲十七 次有大人相 名 自在方便普照雲 毘琉璃華 眞金蓮華 摩尼王燈 妙法焰雲以爲莊嚴 放一切諸佛寶焰密雲 淸淨光明充滿法界 於中普現一切妙好莊嚴之具 是爲十八 次有大人相 名 覺佛種性雲 無量寶光以爲莊嚴 具足千輪 內外淸淨 從於往昔善根所生 其光徧照十方世界 發明智日 宣布法海 是爲十九 次有大人相 名 現一切如來相自在雲衆寶瓔珞 琉璃寶華以爲莊嚴 舒大寶焰充滿法界 於中普現等一切佛剎微塵數去 來現在無量諸佛 如師子王勇猛無畏 色相 智慧皆悉具足 是爲二十 次有大人相 名 徧照一切法界雲 如來寶相淸淨莊嚴 放大光明普照法界 顯現一切無量無邊諸佛菩薩智慧妙藏 是爲二十一 次有大人相 名 毘盧遮那如來相雲 上妙寶華及毘琉璃淸淨妙月以爲莊嚴 悉放無量百千萬億摩尼寶光 充滿一切虛空法界 於中示現無量佛剎 皆有如來結跏趺坐 是爲二十二 次有大人相 名 普照一切佛光明雲 衆寶妙燈以爲莊嚴 放淨光明徧照十方一切世界 悉現諸佛轉於法輪 是爲二十三 次有大人相 名 普現一切莊嚴雲 種種寶焰以爲莊嚴 放淨光明充滿法界 念念常現不可說不可說一切諸佛與諸菩薩坐於道場 是爲二十四 次有大人相 名 出一切法界音聲雲 摩尼寶海 上妙栴檀以爲莊嚴 舒大焰網充滿法界 其中普演微妙音聲 示諸衆生一切業海 是爲二十五 次有大人相 名 普照諸佛變化輪雲 如來淨眼以爲莊嚴 光照十方一切世界 於中普現去 來今佛所有一切莊嚴之具 復出妙音演不思議廣大法海 是爲二十六 次有大人相 名 光照佛海雲 其光普照一切世界 盡于法界無所障礙 悉有如來結跏趺坐 是爲二十七 次有大人相 名 寶燈雲 放於如來廣大光明 普照十方一切法界 於中普現一切諸佛及諸

菩薩不可思議諸衆生海 是爲二十八 次有大人相 名 法界無差別雲 放於如來大智光明 普照十方諸佛國土 一切菩薩道場衆會無量法海 於中普現種種神通 復出妙音 隨諸衆生心之所樂演說普賢菩薩行願 令其迴向 是爲二十九 次有大人相 名 安住一切世界海普照雲 放寶光明充滿一切虛空法界 於中普現淨妙道場及佛菩薩莊嚴身相 令其見者得無所見 是爲三十 次有大人相 名 一切寶淸淨光焰雲 放於無量諸佛菩薩摩尼妙寶淸淨光明 普照十方一切法界 放中普現諸菩薩海 莫不具足如來神力 常遊十方盡虛空界一切刹網 是爲三十一 次有大人相 名 普照一切法界莊嚴雲 最處於中 漸次隆起 閻浮檀金 因陀羅網以爲莊嚴 放淨光雲充滿法界 念念常現一切世界諸佛菩薩道場衆會 是爲三十二 佛子 如來頂上有如是三十二種大人相以爲嚴好

"불자여! 여래의 미간에 대인(大人)의 모양이나 상태가 있으니, 이름이 '법계에 두루 한 광명 구름(徧法界光明雲)'이며, 마니 보배 꽃으로 장엄하고 큰 광명을 놓아 많은 보배 색을 갖추어 마치 해와 달과 같이 깊고 환하게 또 밝게 통하고 청정하며, 그 빛이 시방의 국토를 두루 비추고 그 가운데 모든 부처님의 몸을 나타내며, 차례를 좇아(復) 빼어난 소리를 내보내어 법의 바다를 드러내어 세상에 널리 펴니, 이것이 33이다."

佛子 如來眉間有大人相 名 徧法界光明雲 摩尼寶華以爲莊嚴 放大光明 具衆寶色 猶如日月洞徹淸淨 其光普照十方國土 於中顯現一切佛身 復出妙音宣暢法海 是爲三十三

"여래의 눈에 대인의 모양이나 상태가 있으니, 이름이 '두루 보는 자재한 구름(自在普見雲)'이며, 빼어난 많은 보배로 장엄하고 마니보배 광명이 청정하고 환하며, 밝게 통해서 모든 것을 두루 보는 일에 막힘이나 걸림이 없음이니, 이것이 34다."

如來眼有大人相 名 自在普見雲 以衆妙寶而爲莊嚴 摩尼寶光淸淨映徹 普見一切皆無障礙 是爲三十四

"여래의 코에 대인의 모양이나 상태가 있으니, 이름이 '모든 신통한 지혜의 구름(一切神

通智慧雲)'이며, 청정하고 빼어난 보배로 장엄하고 많은 보배 색 광명이 그 위를 가득하게 덮었으며, 그 가운데 헤아릴 수 없는 몸을 나타내는 부처님(化身)이 나타나서 보배 연꽃에 앉아 모든 세계에 이르고 모든 보살과 모든 중생에게 사람의 생각으로는 헤아려 알 수 없는 불법의 바다를 널리 펴니, 이것이 35이다."

如來鼻有大人相 名 一切神通智慧雲 淸淨妙寶以爲莊嚴 衆寶色光彌覆其上 於中出現無量化佛坐寶蓮華 往諸世界爲一切菩薩 一切衆生不思議諸佛法海 是爲三十五

"여래의 혀에 대인의 모양이나 상태가 있으니, 이름이 '음성과 영상을 나타내 보이는 구름(示現音聲影像雲)'이며, 많은 색의 빼어난 보배로 장엄하고 지난 세상의 선근으로 성취한 것이며, 그 혀가 넓고 길어서 모든 세계 바다를 덮었고 여래가 그와 같이 미소 지으실 때 반드시 일체 마니보배 광명을 놓아 그 광명이 시방의 법계를 두루 비추며, 모든 이들이 능히 마음에 청정함을 얻게 하고 과거, 미래, 현재의 모든 부처님이 모두 그 광명 가운데 찬란하게 빛을 발하고 나타나며, 광대하고 빼어난 음성을 널리 펴서 모든 세계에 두루하고 헤아릴 수 없이 많은 겁에 머무시니, 이것이 36이다."

"여래의 혀, 이 혀의 차례를 좇아 대인의 모양이나 상태가 있으니, 이름이 '법계의 구름(法界雲)'이며, 그 혓바닥이 곧고 바르게 평평하며, 많은 보배로 장엄하고 빼어난 보배 광명을 놓으며, 색상의 원만함이 비유하면 미간에서 놓은 광명과 같고 그 광명이 모든 부처 세계를 비추며, 이는 오직 티끌로 이루어진 것이기에 처음부터 성품이 없고 광명 가운데 차례를 좇아(復) 헤아릴 수 없는 모든 부처님이 나타나 다 함께 빼어난 소리를 발하여 모든 법을 설하시니, 이것이 37이다."

"여래의 혀끝에 대인의 모양이나 상태가 있으니, 이름이 '법계를 비추는 광명 구름(照法界光明雲)'이며, 여의 보배 왕으로 장엄하고 항상 자연스럽게 금색 보배 불꽃을 내며, 그 가운데 모든 부처 바다의 그림자를 나타내고 차례를 좇아(復) 빼어난 소리를 떨쳐내어 끝없는 모든 세계에 가득하며, 하나하나의 소리 가운데 모든 소리를 갖추고 빼어난 법을 남김없이 널리 펴시니, 듣는 자가 마음으로 기뻐하고 헤아릴 수 없는 겁이 지나도록 익숙한 삼매를 잊지 않으니, 이것이 38이다."

"여래의 혀끝, 이 혀끝의 차례를 좇아(復) 대인의 모양이나 상태가 있으니, 이름이 '법계를 찬란하게 비추는 구름(照耀法界雲)'이며, 마니보배 왕으로 장엄해서 꾸미고 많은 색상과 섬세하고 빼어난 광명을 널리 펴며, 시방의 헤아릴 수 없는 국토에 충만하고 정성을 다한 법계가 모두 청정하며, 그 가운데 헤아릴 수 없는 모든 부처님과 또 모든 보살이 각각 빼어난 소리로 가지가지를 열어 보이고 모든 보살이 눈앞에서 듣는 것이니, 이것이 39다."

如來舌有大人相 名 示現音聲影像雲 衆色妙寶以爲莊嚴 宿世善根之所成就 其舌廣長徧覆一切諸世界海 如來若或熙怡微笑 必放一切摩尼寶光 其光普照十方法界 能令一切心得淸涼 去 來 現在所有諸佛皆於光中炳然顯現 悉演廣大微妙之音 徧一切刹 住無量劫 是爲三十六 如來舌復有大人相 名 法界雲 其掌安平 衆寶爲嚴 放妙寶光色相圓滿 猶如眉間所放光明 其光普照一切佛刹 唯塵所成 無有自性 光中復現無量諸佛 咸發妙音說一切法 是爲三十七 如來舌端有大人相 名 照法界光明雲 如意寶王以爲莊嚴 自然恒出金色寶焰 於中影現一切佛海復 震妙音充滿一切無邊世界 一一音中具一切音 悉演妙法 聽者心悅 經無量劫玩味不忘 是爲三十八 如來舌端復有大人相 名 照耀法界雲 摩尼寶王以爲嚴飾 演衆色相微妙光明 充滿十方無量國土 盡于法界靡不淸淨 於中悉有無量諸佛及諸菩薩各吐妙音種種開示 一切菩薩現前聽受 是爲三十九

"여래의 입 윗잇몸에 대인(大人)의 모양이나 상태가 있으니, 이름이 '사람의 생각으로 미루어 알 수 없는 법계를 나타내 보이는 구름(示現不思議法界雲)'이며, 인타라 보배와 비유리 보배로 장엄하고 향 등불 불꽃 청정한 광명 구름을 놓아 시방의 모든 법계에 충만하고 가지가지의 신통과 방편을 나타내 보이며, 생각으로 미루어 알 수 없는 일체 모든 세계 바다의 깊고 깊은 법을 널리 펴서 설하니, 이것이 40이다."

如來口上齶有大人相 名 示現不思議法界雲 因陀羅寶 毘琉璃寶以爲莊嚴 放香燈焰淸淨光雲 充滿十方一切法界 示現種種神通方便 普於一切諸世界海開演甚深不思議法 是爲四十

"여래의 입 오른쪽 볼 아래 어금니에 대인의 모양이나 상태가 있으니, 이름이 '부처의 어금니 구름(佛牙雲)'이며, 많은 보배마니로 된 만(卍)자 모양이나 상태의 바퀴로 장엄하고 큰 광명을 놓아 법계를 두루 비추며, 그 가운데 모든 부처님의 몸을 두루 나타내어 시방에 널리 흐르게 해서 중생이 깨우침을 열어 얻게 하니, 이것이 41이다."

"여래의 입 오른쪽 볼 위 어금니에 대인의 모양이나 상태가 있으니, 이름이 '보배 불꽃 수미 비로자나 장 구름(寶燄彌盧藏雲)'이며, 마니의 보배 장으로 장엄하고 금강 향 불꽃 청정한 광명을 놓아 하나하나의 광명이 법계에 충만하고 일체 모든 부처님의 신통한 힘을 나타내 보이며, 차례를 좇아 시방세계의 청정하고 빼어난 도량을 나타내니, 이것이 42다."

"여래의 입 왼쪽 볼 아래 어금니에 대인의 모양이나 상태가 있으니, 이름이 '보배 등불이 두루 비추는 구름(寶燈普照雲)'이며, 빼어난 모든 보배 꽃을 피우고 향기로 장엄하며, 등불 불꽃 구름 청정한 광명을 놓아 일체 모든 세계 바다에 충만하고 그 가운데 연꽃 장 사자좌에 앉으신 일체 모든 부처님을 모든 보살 대중이 둘러싸며 모인 것을 나타내니, 이것이 43이다."

"여래의 입 왼쪽 볼 위 어금니에 대인의 모양이나 상태가 있으니, 이름이 '여래를 비추어 나타내는 구름(照現如來雲)'이며, 청정한 광명과 염부단금 보배 그물과 보배 꽃으로 장엄하고 큰 불꽃 바퀴를 놓아 법계에 충만하며, 그 가운데 일체 모든 부처님이 신통한 힘으로 허공 가운데 법의 젖과 법의 등불과 법의 보배를 세상에 널리 알려 일체 모든 보살 대중을 가르쳐 바른길로 이끄시니, 이것이 44다."

如來口右輔下牙有大人相 名 佛牙雲 衆寶摩尼卍字相輪以爲莊嚴 放大光明普照法界 於中普現一切佛身 周流十方開悟群生 是爲四十一 如來口右輔上牙有大人相 名寶焰彌盧藏雲 摩尼寶藏以爲莊嚴 放金剛香焰清淨光明 一一光明充滿法界 示現一切諸佛神力 復現一切十方世界淨妙道場 是爲四十二 如來口左輔下牙有大人相 名寶燈普照雲 一切妙寶舒華發香以爲莊嚴 放燈焰雲清淨光明 充滿一切諸世界海 於中顯現一切諸佛坐蓮華藏師子之座 諸菩薩衆所共圍遶 是爲四十三 如來口左輔上牙有大人相 名 照現如來雲 清淨光明 閻浮檀金 寶網 寶華以爲莊嚴 放大焰輪充滿法界 於中普現一切諸佛 以神通力於虛空中流布法乳 法燈 法寶 敎化一切諸菩薩衆 是爲四十四

"여래의 치아에 대인의 모양이나 상태가 있으니, 이름이 '광명을 두루 나타내는 구름(普現光明雲)'이며, 하나하나의 치아 사이를 모양이나 상태의 바다로 장엄하고 그와 같이 미소를 지으실 때 남김없이 광명을 놓고 많은 보배 색을 갖추며, 마니보배 불꽃이 오른쪽으로 돌면서 법계에 가득하게 널리 퍼지고 부처님의 음성을 내어 보현의 행을 설하시니, 이것이 45다."

如來齒有大人相 名 普現光明雲 一一齒間相海莊嚴 若微笑時悉放光明 具衆寶色摩尼寶焰右旋宛轉 流布法界靡不充滿 演佛言音說普賢行 是爲四十五

여래의 입술에 대인(大人)의 모양이나 상태가 있으니, 이름이 "보배 빛 그림자를 나타내는 구름影現一切寶光雲"이며. 염부단 진금의 색과 연꽃 색과 모든 보배 색이 광대한 광명을 놓아 법계를 비추어 남김없이 청정하게 하시니, 이것이 46이다.

如來脣有大人相 名 影現一切寶光雲 放閻浮檀眞金色 蓮華色 一切寶色廣大光明照于法界悉令淸淨 是爲四十六

"여래의 목에 대인의 모양이나 상태가 있으니, 이름이 '모든 세계를 두루 비추는 구름(普照一切世界雲)'이며, 마니보배 왕으로 장엄하고 감포(紺蒲.세로줄 3개 있는 과일 이름)를 성취해서 부드럽고 매끄러우며, 비로자나의 청정한 광명을 놓아 시방 모든 세계에 충만하고 그 가운데 일체 모든 부처님이 두루 나타나시니, 이것이 47이다."

如來頸有大人相 名 普照一切世界雲 摩尼寶王以爲莊嚴 紺蒲成就柔軟細滑 放毘盧遮那淸淨光明 充滿十方一切世界 於中普現一切諸佛 是爲四十七

"여래의 오른쪽 어깨에 대인의 모양이나 상태가 있으니, 이름이 '부처님의 광대한 모든 보배구름(佛廣大一切寶雲)'이며, 모든 보배 빛과 진금 빛과 연꽃 빛 광명을 놓아 보배 불꽃 그물을 이루어 법계를 두루 널리 비추고 그 가운데 모든 보살을 두루 나타내시니, 이것이 48이다."

"여래의 오른쪽 어깨에 차례를 좇아(復) 대인의 모양이나 상태가 있으니, 이름이 '가장 뛰어난 보배를 두루 비추는 구름(最勝寶普照雲)'이며, 그 색이 청정해서 염부단금과 같고 마니의 광명을 놓아 법계에 충만하며, 그 가운데 모든 보살을 두루 나타내시니, 이것이 49다."

“여래의 왼쪽 어깨에 대인의 모양이나 상태가 있으니, 이름이 ‘가장 뛰어난 빛으로 법계를 비추는 구름(最勝光照法界雲)’이며, 정수리 위와 또 미간과 같이 가지가지로 장엄하는 것과 같고 염부단금과 또 연꽃 색의 많은 보배 광명을 놓아 큰 불꽃 그물을 이루어 법계에 충만하며, 그 가운데 모든 신통한 힘을 나타내 보이시니, 이것이 50이다.”

“여래의 왼쪽 어깨에 차례를 좇아(復) 대인의 모양이나 상태가 있으니, 이름이 ‘광명이 두루 비추는 구름(光明偏照雲)’이며, 그 모양이나 상태가 오른쪽으로 돌면서 염부단금 색 마니보배 왕으로 장엄하고 많은 보배 꽃과 향기 불꽃 광명을 놓아 법계에 충만하며, 그 가운데 일체 모든 부처님과 또 모든 국토를 청정하게 두루 장엄해서 나타내시니, 이것이 51이다.”

“여래의 왼쪽 어깨에 차례를 좇아(復) 대인의 모양이나 상태가 있으니, 이름이 ‘두루 비추어 빛이 나는 구름(普照耀雲)’이며, 그 모양이나 상태가 오른쪽으로 돌아서 작고 촘촘하게 장엄하고 부처 등불 불꽃 구름의 청정한 광명을 놓아 법계에 가득하며, 그 가운데 모든 보살의 가지가지 빼어나고 좋은 장엄을 남김없이 다 나타내시니, 이것이 52다.”

如來右肩有大人相 名 佛廣大一切寶雲 放一切寶色 眞金色 蓮華色光明 成寶焰網普照法界 於中普現一切菩薩 是爲四十八 如來右肩復有大人相 名 最勝寶普照雲 其色淸淨如閻浮金 放摩尼光充滿法界 於中普現一切菩薩 是爲四十九 如來左肩有大人相 名 最勝光照法界雲 猶如頂上及以眉間種種莊嚴 於閻浮檀金及蓮華色衆寶光明 成大焰網充滿法界 於中示現一切神力 是爲五十 如來左肩復有大人相 名 光明徧照雲 其相右旋 閻浮檀金色摩尼寶王以爲莊嚴 於衆寶華 香焰光明充徧法界 於中普現一切諸佛及以一切嚴淨國土 是爲五十一 如來左肩復有大人相 名 普照耀雲 其相右旋 微密莊嚴 放佛燈焰雲 淸淨光明充徧法界 於中顯現一切菩薩種種莊嚴悉皆妙好 是爲五十二

“여래의 가슴에 대인의 모양이나 상태가 있으니, 형상이 만(卍)자와 같고 이름이 ‘길하고 상서로운 바다의 구름(吉祥海雲)’이며, 마니보배 꽃으로 장엄하고 모든 보배 빛 가지가지의 광명 불꽃 바퀴를 놓아 법계에 충만하고 두루 청정하게 하며, 차례를 좇아(復) 빼어난 소리를 내보내어 법의 바다를 세상에 널리 펴는 것이니, 이것이 53이다.”

“길하고 상서로운 모양이나 상태의 오른편에 대인의 모양이나 상태가 있으니, 이름이

'광명을 비추어 나타내 보이는 구름(示現光照雲)'이며, 인타라 그물로 장엄하고 큰 광명 바퀴를 놓아 법계에 충만하며, 그 가운데 헤아릴 수 없는 모든 부처님을 나타내니, 이것이 54다."

"길하고 상서로운 모양이나 상태의 오른편에 차례를 좇아(復) 대인의 모양이나 상태가 있으니, 이름이 '여래를 두루 나타내는 구름(普現如來雲)'이며, 모든 보살의 마니보배 관으로 장엄하고 큰 광명을 놓아 시방의 모든 세계를 두루 비추어 남김없이 다 청정하게 하며, 그 가운데 과거, 미래, 현재의 부처님이 도량에 앉으심을 나타내 보이고 신통한 힘을 두루 나타내어 법의 바다를 널리 펴서 베푸니, 이것이 55다."

"길하고 상서로운 모양이나 상태의 오른편에 차례를 좇아 대인의 모양이나 상태가 있으니, 이름이 '활짝 꽃피는 구름(開敷華雲)'이며, 마니보배 꽃으로 장엄하고 보배 향기 불꽃 등불의 청정한 광명을 놓아 그 모양이나 상태가 연꽃과 같고 법계에 충만하니, 이것이 56이다."

"길하고 상서로운 모양이나 상태의 오른편에 차례를 좇아 대인의 모양이나 상태가 있으니, 이름이 '기쁘고 즐거운 금색 구름(可悅樂金色雲)'이며, 모든 보배 마음 왕 장의 마니왕으로 장엄하고 청정한 광명을 놓아 법계를 비추고 그 가운데 마치 부처님의 눈과 같은 광대한 광명 마니보배 장을 두루 나타내니, 이것이 57이다."

"길하고 상서로운 모양이나 상태의 오른편에 차례를 좇아(復) 대인의 모양이나 상태가 있으니, 이름이 '부처 바다의 구름(佛海雲)'이며, 비유리 보배와 향기 등불 꽃 타래로 장엄하고 허공에 가득한 마니보배 향기 등불의 큰 불꽃 청정한 광명을 놓아 시방의 모든 국토에 충만하며, 그 가운데 도량에 모인 대중을 두루 나타내시니, 이것이 58이다."

"길하고 상서로운 모양이나 상태의 왼편에 대인의 모양이나 상태가 있으니, 이름이 '광명을 나타내 보이는 구름(示現光明雲)'이며, 수 없는 보살이 보배 연꽃에 앉음으로 장엄하고 마니왕이 가지가지로 섞인 보배 불꽃 광명을 놓아 일체 모든 법계의 바다를 두루 청정하게 하며, 그 가운데 헤아릴 수 없는 모든 부처님과 또 부처님의 빼어난 소리를 나타내 보이고 모든 법을 널리 펴서 설하시니, 이것이 59다."

"길하고 상서로운 모양이나 상태의 왼편에 차례를 따라(復) 대인의 모양이나 상태가 있으니, 이름이 '법계를 두루 나타내 보이는 광명 구름(示現徧法界光明雲)'이며, 마니보배 바다로 장엄하고 큰 광명을 놓아 모든 세계에 두루 하며, 그 가운데 모든 보살 대중을 두루 나타내시니, 이것이 60이다."

"길하고 상서로운 모양이나 상태의 왼편에 차례를 따라(復) 대인의 모양이나 상태가 있으니, 이름이 '두루 뛰어난 구름(普勝雲)'이며, 햇빛 광명 마니왕 보배 바퀴와 화관으로 장엄하고 큰 광명 불꽃을 놓아 법계와 모든 세계 바다가 충만하며, 그 가운데 모든 세계와 모든 여래와 모든 중생을 나타내 보이시니, 이것이 61이다."

"길하고 상서로운 모양이나 상태의 왼편에 차례를 따라(復) 대인의 모양이나 상태가 있으니, 이름이 '법륜을 굴리는 빼어난 음성 구름(轉法輪妙音雲)'이며, 모든 법의 등불과 청정한 향기 꽃술로 장엄하고 큰 광명을 놓아 법계에 가득하며, 그 가운데 일체 모든 부처님이 가지고 있는 모양이나 상태의 바다와 또한 이 마음의 바다를 두루 나타내시니, 이것이 62다."

"길하고 상서로운 모양이나 상태의 왼편에 차례를 따라(復) 대인의 모양이나 상태가 있으니, 이름이 '장엄한 구름(莊嚴雲)'이며, 과거, 미래, 현재의 모든 부처님의 바다로 장엄하고 청정한 광명을 놓아 일체 모든 부처님의 국토를 청정하게 장엄하며, 그 가운데 시방의 모든 부처님과 보살과 또한 부처님과 보살이 행한 바 행을 두루 나타내시니, 이것이 63이다."

如來胸臆有大人相 形如卍字 名 吉祥海雲 摩尼寶華以爲莊嚴 放一切寶色種種光焰輪 充滿法界普令淸淨 復出妙音宣暢法海 是爲五十三 吉祥相右邊有大人相 名 示現光照雲 因陀羅網以爲莊 嚴 放大光輪充滿法界 於中普現無量諸佛 是爲五十四 吉祥相右邊復有大人相 名 普現如來雲 以諸菩薩摩尼寶冠而爲莊嚴 放大光明普照十方一切世界悉令淸淨 於中示現去 來 今佛坐於道場 普現神力廣宣法海 是爲五十五 吉祥相右邊復有大人相 名 開敷華雲 摩尼寶華以爲莊嚴 放寶香焰燈淸淨光明 狀如蓮華 充滿世界 是爲五十六 吉祥相右邊復有大人相 名 可悅樂金色雲 以一切寶心王藏摩尼王而爲莊嚴 放淨光明照于法界 於中普現猶如佛眼廣大光明摩尼寶藏 是爲五十七 吉祥相右邊復有大人相 名 佛海雲 毘琉璃寶 香燈 華鬘以爲莊嚴 放滿虛空摩尼寶王香燈大焰淸淨光明 充徧十方一切國土 於中普現道場衆會 是爲五十八 吉祥相左邊有大人相 名 示現光明雲 無數菩薩坐寶蓮華以爲莊嚴 放摩尼王種種間錯寶焰光明 普淨一切諸法界海 於中示現無量諸佛 及佛妙音演說諸法 是爲五十九 吉祥相左邊復有大人相 名 示現徧法界光明雲 摩尼寶海以爲莊嚴 放大光明徧一切剎 於中普現諸菩薩衆 是爲六十 吉祥相左邊復有大人相 名 普勝雲 日光明摩尼王寶輪鬘而爲莊嚴 放大光焰充滿法界諸世界海 於中示現一切世界 一切如來 一切衆生 是爲六十一 吉祥相左邊復有大人相 名 轉法輪妙音雲 一切法燈淸淨香蕊以爲莊嚴 放

大光明充滿法界 於中普現一切諸佛所有相海及以心海 是爲六十二 吉祥相左邊復有大人相 名 莊嚴雲 以去 來 今一切佛海而爲莊嚴 放淨光明嚴淨一切諸佛國土 於中普現十方一切諸佛菩薩及佛菩薩所行之行 是爲六十三

"여래의 오른쪽 손에 대인의 모양이나 상태가 있으니, 이름이 '바다를 비추는 구름(海照雲)'이며, 많은 보배로 장엄하고 달의 불꽃 청정한 광명을 늘 놓아 허공과 모든 세계에 가득하며, 큰 음성을 발하여 일체 모든 보살행을 칭찬하니, 이것이 64다."

"여래의 오른쪽 손에 차례를 좇아(復) 대인의 모양이나 상태가 있으니, 이름이 '그림자로 나타남을 비추어 빛나게 하는 구름(影現照耀雲)'이며, 비유리 제청 마니보배 꽃으로 장엄하고 큰 광명을 놓아 시방의 보살들이 머무는 연꽃 장과 마니장 등 모든 세계를 두루 비추며, 그 가운데 헤아릴 수 없는 모든 부처님이 청정한 법신으로 보리수 아래 앉아서 모든 시방의 국토를 흔들어 움직이시니, 이것이 65이다."

"여래의 오른쪽 손에 차례를 좇아(復) 대인의 모양이나 상태가 있으니, 이름이 '등불 불꽃 머리 장식으로 두루 장엄한 구름(燈談鬘普嚴淨雲)'이며, 비로자나 보배로 장엄하고 큰 광명을 놓아서 변화의 그물을 이루며, 그 가운데 모든 보살 대중이 함께 보배 관을 쓰고 모든 행의 바다를 널리 펴시니, 이것이 66이다."

"여래의 오른쪽 손에 차례를 좇아(復) 대인의 모양이나 상태가 있으니, 이름이 '모든 마니를 두루 나타내는 구름(普現一切摩尼雲)'이며, 연꽃의 불꽃 등불로 장엄하고 바다의 장 광명을 놓아 법계에 충만하며, 그 가운데 헤아릴 수 없는 모든 부처님이 연꽃 좌에 앉으심을 두루 나타내시니, 이것이 67이다."

"여래의 오른쪽 손에 차례를 좇아(復) 대인의 모양이나 상태가 있으니, 이름이 '광명 구름(光明雲)'이며, 마니 불꽃 바다로 장엄하고 많은 보배 불꽃과 향기 불꽃과 꽃의 불꽃 등 청정한 광명을 놓아 모든 세계 그물에 충만하고 그 가운데 모든 부처님의 도를 두루 나타내시니, 이것이 68이다."

"여래의 왼쪽 손에 대인의 모양이나 상태가 있으니, 이름이 '비유리 청정한 등불 구름(毗瑠璃淸淨燈雲)'이며, 보배로운 땅의 빼어난 색으로 장엄하고 여래의 금색 광명을 놓아 생각마다 항상 가장 빼어난 모든 장엄 기물을 나타내시니, 이것이 69다."

"여래의 왼쪽 손에 차례를 따라(復) 대인의 모양이나 상태가 있으니, 이름이 '모든 세계 지혜 등불의 음성 구름(一切刹智慧燈音聲雲)'이며, 인타라 그물 금강 꽃으로 장엄하고 염부단금 청정한 광명을 놓아 시방의 모든 세계를 두루 비추시니, 이것이 70이다."

"여래의 왼쪽 손에 차례를 따라(復) 대인의 모양이나 상태가 있으니, 이름이 '보배 연꽃에 편안히 머무는 광명 구름(安住寶蓮華光明雲)'이며, 많은 보배 빼어난 꽃으로 장엄하고 수미 등불과 같은 큰 광명을 놓아 시방의 모든 세계를 비추시니, 이것이 71이다."

"여래의 왼쪽 손에 차례를 따라(復) 대인의 모양이나 상태가 있으니, 이름이 '법계를 두루 비추는 구름(徧照法界雲)'이며, 빼어난 보배 머리 꽃장식과 보배 바퀴와 보배 항아리와 인타라 그물과 또한 빼어난 많은 모양이나 상태를 가지고 장엄하며, 큰 광명을 놓아 시방의 모든 국토에 비추고 그 가운데 모든 법계와 모든 세계 바다에 일체 여래가 연꽃 좌에 앉아계심을 나타내시니, 이것이 72다."

"여래의 오른쪽 손가락에 대인의 모양이나 상태가 있으니, 이름이 '모든 겁과 세계 바다를 도는 구름(現諸劫刹海旋雲)'이며, 수월 불꽃 장 마니왕의 모든 보배로운 꽃으로 장엄하고 큰 광명을 놓아 법계에 충만하며, 그 가운데 항상 섬세하고 빼어난 소리를 내보내어 시방세계에 가득하니, 이것이 73이다."

"여래의 왼쪽 손가락에 대인의 모양이나 상태가 있으니, 이름이 '모든 보배에 편안히 머무는 구름(安住一切寶雲)'이며, 제청 금강 보배로 장엄하고 마니왕 많은 보배 광명을 놓아 법계에 충만하며, 그 가운데 모든 부처님과 또 모든 보살을 나타내시니, 이것이 74다."

"여래의 오른쪽 손바닥에 대인의 모양이나 상태가 있으니, 이름이 '밝게 빛나는 구름(照耀雲)'이며, 마니왕 하늘의 바퀴살 보배 바퀴로 장엄하고 보배 광명을 놓으니, 그 광명이 오른쪽으로 돌아 법계에 가득하며, 그 가운데 일체 모든 부처님이 두루 나타나고 한 분 한 분 부처님 몸에 광명 불꽃이 성하게 일어나 법을 설하고 사람을 가르쳐 이끌며, 세계를 청정하게 하니, 이것이 75다."

"여래의 왼쪽 손바닥에 대인의 모양이나 상태가 있으니, 이름이 '불꽃 바퀴가 늘고 커지며, 법계의 도량을 변화시켜서 두루 나타내는 구름(燄輪普增長化現法界道場雲)'이며, 햇빛 마니왕 하늘 바퀴살과 바퀴로 장엄하고 큰 광명을 놓아 일체 모든 세계 바다에 충만하며, 그 가운데 모든 보살을 나타내어 보현보살이 가지고 있는 행의 바다를 널리 펴서 설하고 일체 모든 부처님 국토에 두루 들어가서 헤아릴 수 없는 중생을 활짝 열어 깨우치게 하시니, 이것이 76이다."

如來右手有大人相 名 海照雲 衆寶莊嚴 恒放月焰淸淨光明 充滿虛空一切世界 發

大音聲歎美一切諸菩薩行 是爲六十四 如來右手復有大人相 名 影現照耀雲 以毘琉璃 帝青 摩尼寶華而爲莊嚴 放大光明普照十方菩薩所住蓮華藏 摩尼藏等一切世界 於中悉現無量諸佛 以淨法身坐菩提樹 震動一切十方國土 是爲六十五 如來右手復有大人相 名 燈焰鬘普嚴淨雲 毘盧遮那寶以爲莊嚴 放大光明成變化網 於中普現諸菩薩衆 咸戴寶冠演諸行海 是爲六十六 如來右手復有大人相 名 普現一切摩尼雲 蓮華焰燈而爲莊嚴 放海藏光充徧法界 於中普現無量諸佛坐蓮華座 是爲六十七 如來右手復有大人相 名 光明雲 摩尼焰海以爲莊嚴 放衆寶焰 香焰 華焰淸淨光明 充滿一切諸世界網 於中普現諸佛道場 是爲六十八 如來左手有大人相 名 毘琉璃淸淨燈雲 寶地妙色以爲莊嚴 放於如來金色光明 念念常現一切上妙莊嚴之具 是爲六十九 如來左手復有大人相 名 一切刹智慧燈音聲雲 以因陀羅網 金剛華而爲莊嚴 放閻浮檀金淸淨光明 普照十方一切世界 是爲七十 如來左手復有大人相 名 安住寶蓮華光明雲 衆寶妙華以爲莊嚴 放大光明如須彌燈 普照十方一切世界 是爲七十一 如來左手復有大人相 名 徧照法界雲 以妙寶鬘 寶輪 寶甁 因陀羅網及衆妙相以爲莊嚴 放大光明普照十方一切國土 放中示現一切法界 一切世界海 一切如來坐蓮華座 是爲七十二 如來右手指有大人相 名 現諸劫刹海旋雲 水月焰藏摩尼王一切寶華以爲莊嚴 放大光明充滿法界 其中恒出微妙音聲滿十方刹 是爲七十三 如來左手指有大人相 名 安住一切寶雲 以帝青 金剛寶而爲莊嚴 放摩尼王衆寶光明充滿法界 其中普現一切諸佛及諸菩薩 是爲七十四 如來右手掌有大人相 名 照耀雲 以摩尼王千輻寶輪而爲莊嚴 放寶光明 其光右旋充滿法界 於中普現一切諸佛 一一佛身光焰熾然 說法度人 淨諸世界 是爲七十五 如來左手掌有大人相 名 焰輪普增長化現法界道場雲 以日光摩尼王千輻輪而爲莊嚴 放大光明充滿一切諸世界海 於中示現一切菩薩 演說普賢所有行海 普入一切諸佛國土 各各開悟無量衆生 是爲七十六

"여래의 소극적인 장(陰藏)에 대인의 모양이나 상태가 있으니, 이름이 '부처의 음성을 두루 내보내는 구름(普流出佛音聲雲)'이며, 모두 빼어난 보배로 장엄하고 마니등불 꽃 불꽃 광명을 놓으니, 그 광명이 불같이 솟아올라 많은 보배 색을 갖추고 모든 허공과 법계를 두루 비추며, 그 가운데 일체 모든 부처님이 노닐며, 또 오가면서 곳곳마다 두루두루 함을 나타내시니, 이것이 77이다."

如來陰藏有大人相 名 普流出佛音聲雲 一切妙普以爲莊嚴 放摩尼燈華焰光明 其光熾盛 具衆寶色 普照一切虛空法界 其中普現一切諸佛遊行往來處處周徧 是爲七十七

"여래의 오른쪽 볼기에 대인의 모양이나 상태가 있으니, 이름이 '보배 등불 머리 장식을 두루 비추는 구름(寶燈鬘普照雲)'이며, 모든 마니보배로 장엄하고 생각으로 미루어 헤아릴 수 없는 보배 불꽃 광명을 놓아 시방 모든 법계에 가득히 펴고 허공과 법계가 하나의 모양이나 상태가 되며, 능히 일체 모든 모양이나 상태를 태어나게 하고 하나하나의 모양이나 상태 가운데 빠짐없이 모든 부처님의 자재한 신통 변화를 나타내시니, 이것이 78이다."

"여래의 왼쪽 볼기에 대인의 모양이나 상태가 있으니, 이름이 '모든 법계 바다의 광명을 나타내 보여 허공을 뒤덮는 구름(示現一切法界海光明彌覆虛空雲)'이며, 마치 연꽃과 같은 청정하고 빼어난 보배로 장엄하여 꾸미고 광명 그물을 놓아 시방 모든 법계를 두루 비추며, 그 가운데 가지가지 모양이나 상태의 구름을 두루 나타내시니, 이것이 79다."

如來右臀有大人相 名 寶燈鬘普照雲 諸摩尼寶以爲莊嚴 放不思議寶焰光明 彌布十方一切法界 與虛空法界同爲一相 而能出生一切諸相 一一相中悉現諸佛自在神變是爲七十八 如來左臀有大人相 名 示現一切法界海光明彌覆虛空雲 猶如蓮華 清淨妙寶以爲嚴飾 放光明網徧照十方一切法界 於中普現種種相雲 是爲七十九

"여래의 오른쪽 허벅지에 대인의 모양이나 상태가 있으니, 이름이 '두루 나타내는 구름(普現雲)'이며, 많은 색 마니로 장엄하고 그 허벅지와 장딴지가 위아래로 서로 잘 맞으며, 마니 불꽃 빼어난 법의 광명을 놓아 한 생각 가운데 모든 보배 왕이 즐겁게 노니는 모양이나 상태의 바다를 두루 나타내 보이시니, 이것이 80이다."

"여래의 왼쪽 허벅지에 대인의 모양이나 상태가 있으니, 이름이 '모든 부처의 헤아릴 수 없는 모양이나 상태를 나타내는 구름(現一切佛無量相海雲)'이며, 모든 보배 바다에 거스르지 않고 따라 편안히 머무는 것으로 장엄하고 광대하게 노닐고 다니면서 청정한 광명을 놓아 중생에게 두루 비추며, 모두 위 없는 부처님의 법을 바라고 구하게 하니, 이것이 81이다."

如來右髀有大人相 名 普現雲 以衆色摩尼而爲莊嚴 其髀與腨上下相稱 放摩尼焰妙法光明 於一念中能普示現一切寶王遊普相海 是爲八十 如來左髀有大人相 名 現一切佛無量相海雲 一切寶海隨順安住以爲莊嚴 廣大遊行 放淨光明普照衆生 悉使希求無上佛法 是爲八十一

"여래의 오른쪽 이니연 사슴왕 장딴지에 대인의 모양이나 상태가 있으니, 이름이 '일체허공법계운(一切虛空法界雲)'이며, 광명의 빼어난 보배로 장엄하고 그 모양이나 상태가 둥글고 곧아서 편하게 걸어 다니며, 염부단금 청정한 광명을 놓아 일체 모든 부처님의 세계를 두루 비추고 큰 음성을 발해서 빠짐없이 다 흔들어 움직이게 하며, 차례를 좇아(復) 일체 모든 부처님 국토가 허공에 머물면서 보배 불꽃으로 장엄하고 헤아릴 수 없는 보살이 그 가운데를 좇아 변하여 바뀌어서 나타나시니, 이것이 82다."

"여래의 왼쪽 이니연 사슴왕 장딴지에 대인의 모양이나 상태가 있으니, 이름이 '장엄한 바다 구름(莊嚴海雲)'이며, 색이 진금과 같고 모든 부처 세계를 두루 능히 다니고 모든 보배의 청정한 광명을 놓아 법계에 충만하며, 불사를 베풀어 지어가는 것이니, 이것이 83이다."

"여래의 장딴지 털에 대인의 모양이나 상태가 있으니, 이름이 '법계의 영상을 나타내는 구름(普現法界影像雲)'며, 그 털이 오른쪽으로 돌았으며, 하나하나의 털끝에서 보배 광명을 놓아 시방 모든 법계에 충만하고 일체 모든 부처님의 신통한 힘을 나타내며, 그 모든 털구멍마다 빠짐없이 광명을 놓으니, 모든 부처 세계가 그 가운데 나타나니, 이것이 84다."

如來右邊伊尼延鹿王腨有大人相 名 一切虛空法界雲 光明妙寶以爲莊嚴 其相圓直善能遊步 放閻浮金色淸淨光明 偏照一切諸佛世界 發大音聲普皆震動 復現一切諸佛國土 住於虛空寶焰莊嚴 無量菩薩從中化現 是爲八十二 如來左邊伊尼延鹿王腨有大人相 名 莊嚴海雲 色如眞金 能徧遊行一切佛刹 放一切寶淸淨光明 充滿法界施作佛事 是爲八十三 如來寶腨上毛有大人相 名 普現法界影像雲 其毛右旋 一一毛端放寶光明 充滿十方一切法界 示現一切諸佛神力 其諸毛孔悉放光明 一切佛刹於中顯現 是爲八十四

"여래의 발아래 대인의 모양이나 상태가 있으니, 이름이 '모든 보살이 바다에 편안히 머무르는 구름'이며, 색은 금강 염부단금 청정한 연꽃과 같고 보배 광명을 놓아 시방 모든 세계 바다를 두루 비추며, 보배 향기 불꽃 구름이 처처에 두루두루 하고 발을 들고 걷고자 할 때 향기가 두루 흘러서 많은 보배의 색을 갖추고 법계에 충만하니, 이것이 85다."

"여래의 오른쪽 발 위에 대인의 모양이나 상태가 있으니, 이름이 '모든 것에 두루 비추는 광명 구름'이며, 모든 많은 보배로 장엄하고 큰 광명을 놓아 법계에 가득하며, 일체 모든 부처님과 보살을 나타내 보이니, 이것이 86이다."

"여래의 왼쪽 발 위에 대인의 모양이나 상태가 있으니, 이름이 '일체 모든 부처님을 두루 나타내는 구름'이며, 보배 장마니로 장엄하고 보배 광명을 놓아 생각마다 모든 부처님의 신통 변화와 또한 그 법의 바다에 앉은 도량을 나타내어 미래의 겁이 다하도록 잠깐이라도 끊어짐이 없으니, 이것이 87이다."

"여래의 오른쪽 발가락 사이에 대인의 모양이나 상태가 있으니, 이름이 '빛이 모든 법계 바다에 비추는 구름'이며, 수미 등불 하늘의 바퀴살 불꽃 바퀴로 가지가지를 장엄하고 큰 광명을 놓아 시방 모든 법계의 모든 세계 바다에 충만하며, 그 가운데 일체 모든 부처님 가지고 있는 가지가지 보배 장엄의 모양이나 상태를 두루 나타내시니, 이것이 88이다."

"여래의 왼쪽 발가락 사이에 대인의 모양이나 상태가 있으니, 이름이 '모든 부처 바다를 나타내는 구름'이며, 마니보배 꽃과 향과 불꽃 등불과 머리 장식과 모든 보배 바퀴로 장엄하고 항상 보배 바다의 청정한 광명을 놓아 허공에 충만하며, 시방 모든 세계에 두루 미치며, 그 가운데 일체 모든 부처님과 모든 보살의 원만한 음성과 만(卍)자 등의 모양이나 상태를 나타내 보이고 헤아릴 수 없는 모든 중생에게 이익을 주시니, 이것이 89다."

"여래의 오른쪽 발뒤꿈치에 대인의 모양이나 상태가 있으니, 이름이 '자재하게 비추어 빛나는 구름'이며, 제청 보배가루로 장엄하고 항상 여래의 빼어난 보배 광명을 놓고 그 광명이 빼어나게 좋으며, 법계에 충만하고 다 같은 모양이나 상태이기에 차별이 없으며, 그 가운데 일체 모든 부처님이 도량에 앉아서 빼어난 법을 널리 펴서 설함을 나타내 보이시니, 이것이 90이다."

"여래의 왼쪽 발뒤꿈치에 대인의 모양이나 상태가 있으니, 이름이 '빼어난 소리를 나타내 보이며, 모든 법 바다를 널리 펴서 설하는 구름'이며, 변하여 바뀌는 바다와 마니보배와 향 불꽃 바다와 수미 꽃 마니보배 및 비유리로 장엄하고 큰 광명을 놓아 법계에 가득하며, 그 가운데 모든 부처님의 신통한 힘을 나타내시니, 이것이 91이다."

"여래의 오른쪽 발등에 대인의 모양이나 상태가 있으니, 이름이 '모든 장엄을 나타내 보이는 광명 구름'이며, 많은 보배로 이루어진 것이며, 지극히 빼어나게 장엄하고 염부단금 청정한 광명을 놓아 시방의 모든 법계를 두루 비추니, 그 광명의 모양이나 상태가 마치 큰 구름과 같고 일체 모든 부처님의 도량을 덮는 것과 같은 것이니, 이것이 92다."

"여래의 왼쪽 발등에 대인의 모양이나 상태가 있으니, 이름이 '많은 색의 모양이나 상태를 나타내는 구름이'며, 달의 모든 불꽃 장 비로자나 보배와 인타라니라 보배로 장엄하고 생각마다 모든 법계의 바다에 다니면서 마니 등불 향 불꽃 광명을 놓으며, 그 광명이 모든 법계에 두루 충만하니, 이것이 93이다."

"여래의 오른쪽 발 네 둘레에 대인의 모양이나 상태가 있으니, 이름이 '막힘이나 걸림 없이 두루 한 구름'이며, 인타라니라 금강 보배로 장엄하고 보배 광명을 놓아 허공에 가득하고 그 가운데 일체 모든 부처님이 도량에 앉는 마니보배 왕 사자좌를 나타내어 보이시니, 이것이 94다."

"여래의 왼쪽 발 네 둘레에 대인의 모양이나 상태가 있으니, 이름이 '법계에 두루 비추는 광명 구름'이며, 마니보배 꽃으로 장엄하고 큰 광명을 놓아 법계에 충만하며, 평등한 하나의 모양이나 상태이고 그 가운데 일체 모든 부처님 및 모든 보살의 자재한 신력을 나타내 보이며, 빼어난 큰 소리로 법계에 다함이 없는 법문을 널리 펴서 설하시니, 이것이 95다."

"여래의 오른쪽 발가락 끝에 대인의 모양이나 상태가 있으니, 이름이 '장엄을 나타내 보이는 구름'이며, 매우 사랑스럽고 즐거워하며, 청정한 염부단 진금으로 장엄하고 큰 광명을 놓아 시방 모든 법계에 충만하며, 그 가운데 일체 모든 부처님 및 모든 보살의 다함이 없는 법 바다의 가지가지 공덕과 신통 변화를 나타내어 보이시니, 이것이 96이다."

"여래의 왼쪽 발가락 끝에 대인의 모양이나 상태가 있으니, 이름이 '모든 부처님의 신통 변화를 나타내는 구름'이며, 생각으로 미루어 알 수 없는 부처 광명과 달 불꽃 보배 향기와 마니보배 불꽃 바퀴로 장엄하고 많은 보배 색 청정한 광명을 놓아 일체 모든 세계 바다에 충만하며, 그 가운데 일체 모든 부처님 및 모든 보살이 일체 모든 불법의 바다를 널리 펴서 설함을 나타내어 보이시니, 이것이 97이다."

如來足下有大人相 名 一切菩薩海安住雲 色如金剛 閻浮檀金 淸淨蓮華放寶光明普照十方諸世界海 寶香焰雲處處周徧 擧足將步 香氣周流 具衆寶色充滿法界 是爲八十五 如來右足上有大人相 名 普照一切光明雲 一切衆寶以爲莊嚴 放大光明充滿法界 示現一切諸佛菩薩 是爲八十六 如來左足上有大人相 名 普現一切諸佛雲 寶藏

摩尼以爲莊嚴 放寶光明 於念念中現一切佛神通變化 及其法海所坐道場 盡未來際劫無有間斷 是爲八十七 如來右足指間有大人相 名 光照一切法界海雲 須彌燈摩尼王千輻焰輪種種莊嚴 放大光明充滿十方一切法界諸世界海 於中普現一切諸佛所有種種寶莊嚴相 是爲八十八 如來左足指間有大人相 名 現一切佛海雲 摩尼寶華 香焰燈鬘 一切寶輪以爲莊嚴 恒放寶海清淨光明 充滿虛空 普及十方一切世界 於中示現一切諸佛及諸菩薩圓滿音聲 卍字等相 利益無量一切衆生八 是爲八十九 如來右足跟有大人相 名 自在照耀雲 帝靑 寶末以爲莊嚴 常放如來妙寶光明 其光妙好充滿法界 皆同一相無有差別 於中示現一切諸佛坐於道場演說妙法 是爲九十 如來左足跟有大人相 名 示現妙音演說諸法海雲 以變化海摩尼寶 香焰海須彌華摩尼寶及毘琉璃而爲莊嚴 放大光明充滿法界 於中普現諸佛神力 是爲九十一 如來右足趺有大人相 名 示現一切莊嚴光明雲 衆寶所成 極妙莊嚴 放閻浮檀金清淨光明 普照十方一切法界 其光明相猶如大雲 普覆一切諸佛道場 是爲九十二 如來左足趺有大人相 名 現衆色相雲 以一切月焰藏毘盧遮那寶 因陀羅尼羅寶而爲莊嚴 念念遊行諸法界海 放摩尼燈香焰光明 其光徧滿一切法界 是爲九十三 如來右足四周有大人相 名 普藏雲因陀羅尼羅金剛寶以爲莊嚴 放寶光明充滿虛空 於中示現一切諸佛坐於道場摩尼寶王師子之座 是爲九十四 如來左足四周有大人相 名 光明徧照法界雲 摩尼寶華以爲莊嚴 放大光明充滿法界平等一相 於中示現一切諸佛及諸菩薩自在神力 以大妙音演說法界無盡法門 是爲九十五 如來右足指端有大人相 名 示現莊嚴雲 甚可愛樂閻浮檀清淨眞金以爲莊嚴 放大光明充滿十方一切法界 於中示現一切諸佛及諸菩薩無盡法海種種功德 神通變化 是爲九十六 如來左足指端有大人相 名 現一切佛神變雲 不思議佛光明 月焰普香 摩尼寶焰輪以爲莊嚴 放衆寶色清淨光明 充滿一切諸世界海於中示現一切諸佛及諸菩薩演說一切諸佛法海 是爲九十七

"불자여! 비로자나 여래께서는 이와 같은 등등의 열 가지 화장세계 바다의 티끌 수와 같은 대인(大人)의 모양이나 상태가 있으니, 하나하나의 몸에 많은 보배의 빼어난 모양이나 상태로 장엄하였다."

佛子 毘盧遮那如來有如是等十華藏世界海微塵數大人相 一一分身 衆寶妙相以爲莊嚴

35. 여래수호광명공덕품
大方廣佛華嚴經如來隨好光明功德品第三十五

그때 세존께서 보수 보살에게 말씀하셨다.

爾時 世尊告寶手菩薩言

"불자여! 여래, 응공, 정등각은 자상한 모습이 있으니, 이름은 '원만왕'이며, 이 자상한 모습 가운데서 큰 광명을 놓으시니, 이름은 '치성'이며, 칠백만 아승기 광명을 권속으로 삼는다."

"불자여! 내가 보살이 되었을 때 도솔천 궁에서 큰 광명을 놓으니, 이름은 '광당왕'이며, 십 부처 세계의 티끌 수와 같은 세계를 비추니, 저 세계 가운데 지옥 중생으로서 이 광명을 만나는 자는 모든 괴로움이 쉬고 열 가지 청정한 눈을 얻으며, 귀, 코, 혀, 몸, 뜻 또한 역시 차례를 좇아(復) 이와 같기에 모두 즐거움과 기쁨을 내어 뛸 듯이 좋아했으며, 피안을 좇아 명을 마치고 도솔천에 태어나니, 그 하늘에 북이 있고 이름이 '매우 사랑스럽고 즐거워함(甚可愛樂)'이며, 저 하늘에 태어난 뒤에 이 북이 소리를 내어 말했다."

"여러 천자여! 그대들은 마음을 제멋대로 두지 않고 여래가 계신 곳에서 모든 선근의 씨앗을 심었으며, 옛적에 많은 선지식을 친근히 하였으므로 비로자나의 위신력으로 저곳에서 목숨을 마치고 이 하늘에 태어났다."

佛子 如來 應 正等覺有隨好 名 圓滿王 此隨好中出大光明 名爲 熾盛 七百萬阿僧祇光明而爲眷屬 佛子 我爲菩薩時 於兜率天宮放大光明 名 光幢王 照十佛刹微塵數世界 彼世界中地獄衆生 遇斯光者 衆苦休息 得十種淸淨眼 耳 鼻 舌 身 意亦復如是 咸生歡喜 踊躍稱慶 從彼命終生兜率天 天中有鼓 名 甚可愛樂 彼天生已 此鼓發音而告之言 諸天子 汝以心不放逸 於如來所種諸善根 往昔親近衆善知識 毘盧遮那大威神力 於彼命終來生此天

"불자여! 보살의 발바닥에 하늘의 바퀴살 바퀴는 이름이 '광명을 두루 비추는 왕'이며, 항상 40종의 광명을 놓으며, 그 가운데 하나의 광명 이름이 '청정한 공덕'이고 억 나유타 부처 세계의 티끌 수와 같은 세계를 능히 비추고 모든 중생의 가지가지 업의 행과 가지가지의 즐기고자 하는 것을 따라 성숙하게 하며, 아비지옥에서 극한 고통을 받는 중생이 이 광명을 만나면 명을 마치고 도솔천에서 태어난다."

이미 하늘에 태어나서 하늘의 북소리를 들으니, 이렇게 말한다.

"선근이로다. 선근이로다. 모든 천자여! 비로자나 보살이 더러움을 벗어난 삼매에 드시니, 그대들은 마땅히 공경하게 예를 올려라."

佛子 菩薩足下千輻輪 名 光明普照王 此有隨好 名 圓滿王 常放四十種光明 中有一光 名 清淨功德 能照億那由他佛刹微塵數世界 隨諸衆生種種業行 種種欲樂皆令成熟 阿鼻地獄極苦衆生 遇斯光者 皆悉命終生兜率天 旣生天已 聞天鼓音而告之言 善哉善哉 諸天子 毘盧遮那菩薩入離垢三昧 汝當敬禮

이때 모든 천자가 하늘 북이 이와 같음을 권하고 가르치는 것을 듣고 모두 이러한 생각을 하였다.

"이상하고 희유하다. 무슨 까닭으로 이렇듯 섬세하고 빼어난 소리를 내는가?"

이때 하늘 북이 모든 천자에게 말했다.

"내가 일으키는 소리는 모든 선근의 힘으로 성취한 것이니, 모든 천자여! 내가 '나(我)'를 설하지만, '나(我)'에 집착하지 않고 '내 것(我所)'에 집착하지 않는 것과 같이, 일체 모든 부처님도 이와 같음을 스스로 부처라 말해도 '나(我)'에 집착하지도 않고 '내 것(我所)'에 집착하지도 않는다."

"모든 천자여! 내 음성이 동방에서 오는 것이 아니며 남방, 서방, 북방, 네 간방과 위아래서 오는 것이 아니듯, 업보와 성불도 역시 차례를 좇아(復) 이와 같기에 시방에서 오는 것이 아니다.

모든 천자여! 비유하면 자네들이 옛날 지옥에 있을 때 지옥 및 몸이 시방에서 온 것이 아니고 단지 너로 말미암아 거꾸로 뒤바뀌게 된 악한 업과 어리석고 못남이 얽히고 묶여서 지옥과 몸이 생겼기에 이는 근본도 없으며, 오는 것이 없는 것과 같다."

"모든 천자여! 비로자나 보살이 위엄과 공덕의 힘으로 큰 광명을 놓는다지만, 이 광명은 시방에서 오는 것이 아니니, 모든 천자여! 나의 하늘 북소리도 역시 차례를 좇아(復) 이와 같은 것이기에 시방에서 오는 것이 아니며, 단지 삼매 선근의 힘 때문이며, 반야바라밀의 위엄과 공덕의 힘 때문에 이와 같은 청정한 음성을 내는 것이며, 이와 같은 가지가지의 자재함을 나타내는 것이다."

"모든 천자여! 비유하면 수미산 왕에 삼십 삼천의 가장 빼어난 궁전과 가지가지의 오락거리를 갖추었지만, 이 오락 거리가 시방에서 온 것이 아니듯, 나의 하늘 북소리도 역시 차례를 좇아 이와 같음은 시방에서 오는 것이 아니다."

"모든 천자여! 비유하면 억 나유타 부처 세계의 티끌 수와 같은 세계를 남김없이 부수어 티끌로 만든 만큼, 내가 이와 같은 티끌 수와 같은 중생을 위해 그들이 즐거워하는 것을 따라 법을 널리 펴서 설한다, 그러나 내가 그들로 인해 피곤해하거나 싫어함을 내지 않고 물러나거나 겁을 내지 않고 교만함을 내지 않고 제멋대로 하지도 않는다."

"모든 천자여! 비로자나 보살이 더러움을 벗어난 삼매에 머무름도 역시 차례를 좇아(復) 이와 같기에 오른쪽 손바닥에 있는 하나의 자상한 모습을 따라 한 광명을 놓아 헤아릴 수 없는 자재한 신통을 나타내 보이니, 이를 모든 성문이나 벽지불도 알지 못하는데 어찌 중생이 알겠는가."

"모든 천자여! 자네들은 마땅히 저 보살의 처소에 가까이 가서 모시고 공양해야 할 것이니, 오온의 차례를 따라(復) 오욕의 즐거움을 탐하고 집착하지 마라. 오욕의 즐거움을 탐하고 집착하면, 모든 선근이 막히거나 걸림이 된다."

"모든 천자여! 비유하면 세상을 파멸시키는 겁의 화가 수미산을 태울 때 남김없이 다 태워버리고 남는 것이 없는 것과 같으니, 탐욕에 얽힌 마음도 역시 차례를 좇아(復) 이와 같기에 마침내 염불하는 뜻을 내지 않는다."

"모든 천자여! 그대들은 마땅히 은혜를 알고 은혜를 갚아야 한다."

"모든 천자여! 어떤 중생이든 은혜 갚을 줄 알지 못하면, 많은 뜻밖의 재앙을 만나 지옥에 태어난다."

"모든 천자여! 그대들은 옛날에 지옥 가운데 있다가 몸에 비추는 광명을 받아 그곳을 버리고 여기에 태어난 것이니, 그대들은 빨리 회향해서 선근을 늘리고 키워야 할 것이다."

"모든 천자여! '나'라는 하늘의 북은 남자도 아니고 여자도 아니지만, 헤아릴 수 없고 끝없으며, 사람의 생각으로는 미루어 알 수 없는 일을 나게 하니, 그대들 천자와 천녀들 역시 차례를 좇아(復) 이와 같기에 남자도 아니고 여자도 아니지만, 가지가지의 가장 빼어난 궁전과 동산을 받아쓰는 것이다. '나'라는 하늘의 북이 생하지도 않고 멸하지도 않는 것과 같이 색, 수, 상, 행, 식 곧 오온(五蘊)도 역시 차례를 좇아(復) 이와 같기에 생하지도 않고 멸하지도 않는다. 그대들이 그와 같이 이것을 깨달으면 의지할 것이 없는 무의인(無依印) 삼매에 들어갈 것이다."

爾時 諸天子聞天鼓音如是勸誨 咸生是念 奇哉希有 何因發此微妙之音 是時 天鼓告諸天子言 我所發聲 諸善根力之所成就 諸天子 如我說我 而不著我 不著我所 一切諸佛亦復如是 自說是佛 不著於我 不著我所 諸天子 如我音聲不從東方來 不從南西北方 四維上下來 業報成佛亦復如是 非十方來 諸天子 譬如汝等昔在地獄 地獄及身非十方來 但由於汝顚倒惡業愚癡纏縛 生地獄身 此無根本 無有來處 諸天子 毘盧遮那菩薩威德力故放大光明 而此光明非十方來 諸天子 我天鼓音亦復如是 非十方來 但以三昧善根力故 般若波羅蜜威德力故 出生如是清淨音聲 示現如是種種自在 諸天子 譬如須彌山王有三十三天上妙宮殿種種樂具 而此樂具非十方來 我天鼓音亦復如是 非十方來 諸天子 譬如億那由他佛刹微塵數世界盡末爲塵 我爲如是塵數衆生 隨其所樂而演說法 令大歡喜 然我於彼不生彼厭 不生退怯 不生憍慢 不生放逸 諸天子 毘盧遮那菩薩住離垢三昧亦復如是 於右手掌一隨好中放一光明 出現無量自在神力 一切聲聞 辟支佛尙不能知 況諸衆生 諸天子 汝當往詣彼菩薩所親近供養 勿復貪著五欲樂具 著五欲樂障諸善根 諸天子 譬如劫火燒須彌山 悉令除盡 無餘可得 貪欲纏心亦復如是 終不能生念佛之意 諸天子 汝等應當知恩報恩 諸天子 其有衆生不知報恩 多遭橫死 生於地獄 諸天子 汝等昔在地獄之中 蒙光照身 捨彼生此 汝等今者宜疾迴向 增長善根 諸天子 如我天鼓 非男非女 而能出生無量無邊不思議事 汝天子 天女亦復如是 非男非女 而能受用種種上妙宮殿園林 如我天鼓不生不滅 色 受想 行 識亦復如是不生不滅 汝等若能於此悟解 應知則入無依印三昧

때맞추어 모든 천자가 이 소리를 듣고 일찍이 없었던 일을 얻고 곧바로 일만 꽃구름, 일만 향 구름, 일만 음악 구름, 일만 당기 구름, 일만 우산 덮개 구름, 일만 노래 칭찬 구름으로 바꾸어 지어가고 곧바로 함께 비로자나 보살이 머무는 궁전에 나아가 합장 공경하고 한편에 서서 거듭 우러러 뵙고자 하였으나, 볼 수가 없었다.

때맞춰 어떤 천자가 이와 같은 말을 하였다.

"비로자나 보살은 이곳을 떠나 이미 인간 정반왕 집에 태어나시니, 전단 누각을 타고 마야 부인의 태에 나신다."

때에 모든 천자가 하늘의 눈으로 보살의 몸을 보니, 인간 정반왕의 집에 있고 범천과 욕천이 받들어 섬기며 공양하고 모든 천자 대중은 함께 이러한 생각을 하였다.

"우리가 그와 같은 보살의 처소에 가서 들여다보지 않을 뿐만 아니라 잠깐이라도 이 천궁에 미련을 두고 집착한다면 옳지 못할 것이다."라 하고는, 때맞춰 한 분 한 분의 천자가 십 나유타 권속과 더불어 염부제에 내려오고자 하였다. 때에 하늘 북 가운데서 소리를 내어 말했다.

"모든 천자여! 보살마하살이 여기서 명을 마치고 그 세간에서 난 것이 아니다. 단지 신통으로 모든 중생의 마음을 따라 그들이 보는 것을 얻게 한 것이다."

"모든 천자여! 내가 지금 눈으로 보는 것이 아니지만, 능히 소리를 내는 것과 같이 보살마하살이 더러움을 벗어난 삼매에 드는 것도 역시 차례를 좇아(復) 이와 같기에 눈으로 보는 것이 아니며, 능히 곳곳마다 태어남을 받아 분별을 벗어나고 교만함을 없애며, 물들거나 집착함이 없음을 나타내 보이는 것이다."

"모든 천자여! 그대들은 마땅히 아뇩다라삼먁삼보리의 마음을 일으키고 그 뜻을 청정하게 다스리며, 선근의 위의에 머무르고 모든 업의 막힘이나 걸림과 번뇌의 막힘이나 걸림을 뉘우치고 없애버리며, 갚음의 막힘이나 걸림과 보는 일의 막힘이나 걸림을 모든 법계 중생의 수와 같은 몸과 모든 법계 중생의 수와 같은 머리와 모든 법계의 중생 수와 같은 혀와 모든 법계 중생의 수와 같은 몸의 선근 업과 말의 선근 업과 뜻의 선근 업으로 모든 막힘이나 걸림이 되는 허물과 잘못을 뉘우치고 없애야 할 것이다."

時 諸天子聞是音已 得未曾有 卽皆化作一萬華雲 一萬香雲 一萬音樂雲 一萬幢雲 一萬蓋雲 一萬歌讚雲 作是化已 卽共往詣毘盧遮那菩薩所住宮殿 合掌恭敬 於一面立 欲申瞻覲而不得見 時 有天子作如是言 毘盧遮那菩薩已從此沒 生於人間淨飯王家 乘栴檀樓閣 處摩耶夫人胎 時 諸天子以天眼觀見菩薩身 處在人間淨飯王家 梵天欲天承事供養 諸天子衆咸作是念 我等若不往菩薩所問訊起居 乃至一念於此天宮而生愛著 則爲不可 時 一一天子與十那由他眷屬欲下閻浮提 時 天鼓中出聲告言 諸天子 菩薩摩訶薩非此命終而生彼間 但以神通 隨諸衆生心之所宜 令其得見 諸天子 如我今者 非眼所見 而能出聲 菩薩摩訶薩入離垢三昧亦復如是 非眼所見 而能處處示現受生 離分別 除憍慢 無染著 諸天子 汝等應發阿耨多羅三藐三菩提心 淨治其意 住

善威儀 悔除一切業障 煩惱障 報障 見障 以盡法界衆生數等身 以盡法界衆生數等頭 以盡法界衆生數等舌 以盡法界衆生數等善身業 善語業 善意業 悔除所有諸障過惡

때맞춰 모든 천자가 이 말을 듣고 보기 드문 일이라 하면서 매우 즐거워하고 기뻐하면서 물었다.

"보살마하살이 어떻게 해야만 모든 허물이나 잘못을 뉘우치고 없앨 수 있습니까?"

이때 하늘 북이 보살 삼매 선근의 힘으로 소리를 일으켜 가르침을 주고자 말했다.

"모든 천자여! 보살의 모든 업은 동방으로부터 좇아 오는 것이 아니며, 남서, 북방, 사유, 상하로부터 좇아 오는 것도 아니지만, 함께 쌓고 모아서 마음에 머무는 것은 단지 거꾸로 뒤바뀌는 것을 좇아 생기는 것이며, 머무를 곳이 없음이니, 보살이 이와 같음을 결정하고 밝게 보아서 의혹이 없는 것이다."

"모든 천자여! '나'의 하늘 북이 업을 말하고 보를 말하고 행을 말하고 계를 말하고 기쁨을 말하고 편안함을 말하고 모든 삼매를 말하는 것과 같기에 모든 부처님과 보살들도 역시 차례를 좇아(復) 이와 같음에 '나(我)'를 말하고 '내 것(我所)'을 말하고 중생을 말하고 탐, 진, 치의 가지가지 모든 업을 말하지만, 실상의 본바탕으로는 내가 없고 내 것도 없으며, 모든 지어가는 업과 육취의 과보를 시방으로 이치를 구하려 해도 얻을 수 없다."

"모든 천자여! 비유하면 나의 소리는 생하지도 않고 멸하지도 않지만, 악한 짓을 지은 모든 하늘은 나머지 소리를 듣지 못하고 오직 못 견딜 만큼 괴롭고 참담한 형편만을 깨우쳐 아는 소리만 듣는 것과 같이, 일체 모든 업도 역시 차례를 좇아(復) 이와 같아서 생도 아니고 멸도 아니지만, 닦아서 모으는 것을 따라 곧바로 그 갚음을 받는다."

"모든 천자여! 나의 하늘 북에서 내보내는 음성은 헤아릴 수 없는 겁에도 다하지 않으며, 끊어지지 않고 그와 같이 온다고 할 수 있거나 그와 같이 간다고 함을 다 얻을 수 없다. 모든 천자여! 그와 같이 가고 오는 것이 있다면, 곧 끊어지거나 항상 함이 있을 것이지만. 일체 모든 부처님은 끝까지 끊어지거나 항상 한 법을 설하지 않으시지만, 방편으로 중생을 가르쳐 이끄는 일은 제외한다."

"모든 천자여! 비유하면 나의 소리가 헤아릴 수 없는 세계에 중생들의 마음을 따라 모두 듣게 하는 것과 같이 모든 부처님도 역시 차례를 좇아(復) 이와 같기에 중생의 마음을 따라 남김없이 다 보게 한다."

"모든 천자여! 파려의 거울이 있으니, 이름이 '능히 비춤(能照)'이며, 거울을 마주하듯 밝게 통하여 청정하게 비추는 것이 열 세계와 더불어 그 양이 같으며, 헤아릴 수 없고 끝없는 모든 국토 가운데 모든 산천과 모든 중생뿐만 아니라 지옥, 축생, 아귀에 이르기까지 있는 영상이 그 가운데 빠짐없이 나타난다. 모든 천자여! 그대들의 뜻은 어떠한가? 그 모든 영상을 두고 말할 때 와서 거울 가운데 들어가고 거울을 좇아 나와 간다고 할 수 있겠는가?"

답으로

"그렇다고 말할 수 없습니다."라고 말하자, 하늘 북이 말했다.

"모든 천자여! 일체 모든 업도 역시 차례를 좇아(復) 이와 같기에 비록 능히 모든 업과 과보를 출생한다고 하지만, 오고 가는 곳이 없다."

"모든 천자여! 비유하면 허깨비가 사람의 눈을 속이는 것과 같이 모든 업도 역시 차례를 좇아(復) 이와 같음을 당연히 알아야 한다. 그와 같음을 이와 같게 알면 이것이 진실한 뉘우침이며, 모든 죄와 허물이 남김없이 다 청정함을 얻을 것이다."

時 諸天子聞是語已 得未曾有 心大歡喜而問之言 菩薩摩訶薩云何悔除一切過惡 爾時 天鼓以菩薩三昧善根力故 發聲告言 諸天子 보살지제업불從東方來 不從南西北方 四維上下來 而共積集 止住於心 但從顚倒生 無有住處 菩薩如是決定明見 無有疑惑 諸天子 如我天鼓 說業 說報 說行 說戒 說喜 說安 說諸三昧 諸佛菩薩亦復如是 說我 說我所 說衆生 說貪恚癡種種諸業 而實無我 無有我所 諸所作業 六趣果報 十方推求悉不可得 諸天子 譬如我聲 不生不滅 造惡諸天不聞餘聲 唯聞以地獄覺悟之聲 一切諸業亦復如是 非生非滅 隨有修集則受其報 諸天子 如我天鼓所出音聲於無量劫不可窮盡 無有間斷 若來若去皆不可得 諸天子 若有去來則有斷常 一切諸佛終不演說有斷常法 除爲方便成熟衆生 諸天子 譬如我聲 於無量世界 隨衆生心皆使得聞 一切諸佛亦復如是 隨衆生心悉令得見 諸天子 如有玻瓈鏡 名爲 能照 淸淨鑑徹 與十世界其量正等 無量無邊諸國土中 一切山川 一切衆生 乃至地獄 畜生 餓鬼 所有影像皆於中現 諸天子 於汝意云何 彼諸影像可得說言來入鏡中 從鏡去不 答言 不也 諸天子 一切諸業亦復如是 雖能出生諸業果報 無來去處 諸天子 譬如幻師幻惑人眼 當知諸業亦復如是 若如是知 是眞實懺悔 一切罪惡悉得淸淨

이러한 법을 설할 때 백천 억 나유타 부처 세계의 티끌 수와 같은 세계 가운데 도솔타 모든 천자가 생함이 없는 법을 인가한(無生法忍), 이 법을 얻고는 헤아릴 수 없고 사람의 생각으로는 미루어 알 수 없는 아승기 육욕천(三界 中 欲界에 딸린 여섯 하늘, 곧 四王天, 忉利天, 夜摩天, 兜率天, 化樂天, 他化自在天)의 모든 천자가 아뇩다라삼먁삼보리심을 일으키며, 육욕천 가운데 모든 천녀들이 다 여자의 몸을 버리고 위 없는 보리의 마음을 일으킨다.

이때 모든 천자가 보현보살이 설하는 광대한 회향을 듣고는 이 때문에 십지(十地)를 얻으며, 모든 힘과 장엄 삼매를 얻는 까닭에 중생의 수와 평등한 청정한 삼업으로 일체 모든 막힘이나 걸림이 되는 무거운 업을 뉘우치고 없애버린다. 이러한 까닭으로 곧 백천 억 나유타 부처 세계의 티끌 수와 같은 칠보 연꽃을 보며, 하나하나의 연꽃 위에 모든 보살이 결가부좌하고 큰 광명을 놓으며, 그 모든 보살 하나하나의 자상한 모습을 따라 중생 수와 같은 광명을 놓는다. 그 광명 가운데의 중생 수와 같은 모든 부처님이 결가부좌 하시고 중생의 마음을 따라 이들을 위해 법을 설하지만, 더러움을 벗어난 삼매의 일부분의 힘도 나타내지 못하였다.

說此法時 百千億那由他佛刹微塵數世界中兜率陀諸天子 得無生法忍 無量不思議阿僧祇六欲諸天子 發阿耨多羅三藐三菩提心 六欲天中一切天女 皆捨女身 發於無上菩提之意 爾時 諸天子聞說普賢廣大迴向 得十地故 獲諸力莊嚴三昧故 以衆生數等淸淨三業悔除一切諸重障故 卽見百千億那由他佛刹微塵數七寶蓮華 一一華上皆有菩薩結跏趺坐 放大光明 彼諸菩薩一一隨好 放衆生數等光明 彼光明中 有衆生數等諸佛結跏趺坐 隨衆生心而爲說法 而猶未現離垢三昧少分之力

이때 그 모든 천자가 가장 좋은 많은 꽃으로 차례를 좇아(復) 몸 위 하나하나의 털구멍에 중생의 수와 같은 빼어난 많은 꽃구름을 변화시켜서 비로자나 여래께 공양하며, 이를 가지고 부처님께 흩뿌리니, 모든 꽃이 빠짐없이 부처님 몸 위에 머물렀다.

그 모든 향기 구름이 헤아릴 수 없는 부처 세계의 티끌 수와 같은 세계에 두루 내리니, 그와 같은 어떤 중생이 몸에 향기가 입혀지면 그 몸이 편안하고 즐거워지며, 이를 비유하면 제4 선정에 들어간 비구와 같아서 막힘이나 걸림이 되는 모든 업이 빠짐없이 다 사라져 없어짐을 얻은 것과 같았다.

그와 같은 향기를 맡으면, 그 모든 중생이 색, 성, 향, 미, 촉 그 안에 오백의 번뇌를 갖추고 그 밖에도 또한 오백의 번뇌가 있기에 탐욕을 많이 행하는 자가 1만2천이며, 성난 행을 많이 하는 자가 1만2천이며, 어리석은 행이 많은 자가 1만2천이며, 살생, 투도, 사음, 망어, 기어, 양설, 악구를 행(等分行)하는 자도 2만1천이다. 모두 허망한 것임을 이와 같음에 깨달아 알며, 이와 같음에 알고는 향 당기 구름 자재한 광명의 청정한 선근(善根)을 성취한다.

그와 같은 어떤 중생이 그 덮개를 보면 청정한 그물 전륜왕 하나의 씨앗으로 항하의 모래알 수와 같은 선근을 심는다.

爾時 彼諸天子以上衆華 復於身上一一毛孔化作衆生數等衆妙華雲 供養毘盧遮那如來 持以散佛 一切皆於佛身上住 其諸香雲 普雨無量佛刹微塵數世界 若有衆生身蒙香者 其身安樂 譬如比丘入第四禪 一切業障皆得銷滅 若有聞者 彼諸衆生於色 聲 香 味 觸 其內具有五百煩惱 其外亦有五百煩惱 貪行多者二萬一千 瞋行多者二萬一千 癡行多者二萬一千 等分行者二萬一千 了知如是悉是虛空 如是知已 成就香幢雲自在光明淸淨善根 若有衆生見其蓋者 種一淸淨金網轉輪王一恒河沙善根

"불자여! 보살이 이 전륜왕의 자리에 머문 후에는 백천 억 나유타 부처 세계의 티끌 수와 같은 세계 가운데 중생을 가르쳐서 바른길로 이끈다."

"불자여! 비유하면 맑은 거울 세계의 월지 여래에게는 헤아릴 수 없는 모든 세계 가운데의 비구, 비구니, 우바새, 우바이 등이 그 몸을 바꾸어 나타내면서 항상 와서 법을 듣기에 본생(本生)의 일을 이들을 위해 널리 펴서 설하시지만, 일찍이 잠깐이라도 끊어짐이 없다. 그와 같은 중생이 그 부처님의 이름을 들으면 반드시 그 부처님의 국토에 왕생하는 것과 같기에 보살이 청정 그물 전륜왕의 지위에 머무름도 역시 차례를 좇아(復) 이와 같다. 그와 같이 잠깐이라도 그 광명을 만나면 반드시 보살의 제10 지의 자리를 얻게 되니, 이는 앞서 수행한 선근의 힘을 쓰는 까닭이다."

"불자여! 처음 선정(初禪)을 얻음에 비록 목숨을 마치는 것이 아니지만, 범천의 처소에 있는 궁전을 보고 범천 세상의 편안함과 즐거움을 받을 수 있는 것과 같이 모든 선정을 얻은 자도 모두 또한 이와 같기에 보살마하살이 청정한 금 그물 전륜왕의 자리에 머물면서 마니 상투의 청정한 광명을 놓는다. 그와 같은 어떤 중생이 이 광명을 만나면 빠짐없이 제10 지의 자리를 얻어 헤아릴 수 없는 지혜 광명을 성취하며, 열 가지의 청정한 눈뿐만 아니라 열 가지의 청정한 뜻에 이르기까지 얻고 헤아릴 수 없이 깊고 깊은 삼매를 온전하게 갖추어 이와 같은 청정한 육신의 눈을 성취한다."

佛子 菩薩住此轉輪王位 於百千億那由他佛刹微塵數世界中敎化衆生 佛子 譬如明鏡世界月智如來 常有無量諸世界中比丘 比丘尼 優婆塞 優婆夷等化現其身而來聽法 廣爲演說本生之事 未曾一念而有間斷 若有衆生聞其佛名 必得往生彼佛國土 菩薩安住淸淨金網轉輪王位亦復如是 若有暫得遇其光明 必獲菩薩第十地位 以先修行善根力故 佛子 如得初禪 雖未命終 見梵天處所有宮殿而得受於梵世安樂 得諸禪者悉亦如是 菩薩摩訶薩住淸淨金網轉輪王位 放摩尼髻淸淨光明 若有衆生遇斯光者皆得菩薩第十地位 成就無量智慧光明 得十種淸淨眼 乃至十種淸淨意 具足無量甚深三昧 成就如是淸淨肉眼

"불자여! 가령 어떤 사람이 억 나유타 부처 세계를 부수어 티끌로 만들고 하나의 티끌을 하나의 세계로 삼고 차례를 좇아(復) 그러한 티끌 수와 같은 부처 세계를 부수어 티끌로 삼아 이와 같은 티끌을 남김없이 왼손에 들고 이를 가지고 동쪽으로 행하기를 이 티끌이 다하도록 하고 남서 북방과 사유 상하도 역시 차례를 좇아(復) 이와 같게 해서 이와 같은 시방에 있는 세계에 그와 같이 집착하는 티끌 및 집착하지 않은 것을 남김없이 모아 하나의 부처님 국토를 이루면, 보수여! 그대의 생각은 어떠한가? 이와 같은 부처님 국토가 광대하고 헤아릴 수 없음을 생각으로 알 수가 있겠느냐? 없겠느냐?"

佛子 假使有人以億那由他佛刹微碎爲微塵 一塵一刹復以爾許微塵佛刹碎爲微塵如是微塵悉置左手持以東行 過爾諸微塵數世界乃下一塵 如是東行盡此微塵 南西北方 四維上下亦復如是 如是十方所有世界若著微塵及不著者 悉以集成一佛國土 寶手 於汝意云何 如是佛土廣大無量可思議否

보수 보살이 대답했다.

"헤아릴 수 없습니다. 이와 같은 부처님 국토는 광대하고 헤아릴 수 없음이 희유하고 기이하기에 사람의 생각으로는 미루어 알 수 없으니, 그와 같은 어떤 중생이 이 비유를 듣고 능히 믿고 이해하는 마음을 내면 마땅히 알아야 할 것이니, 거듭 희유하고 기이합니다."

答曰 不也 如是佛土廣大無量 希有奇特 不可思議 若有衆生聞此譬諭能生信解 當知更爲希有奇特

부처님이 말씀하셨다.

"보수여! 여시여시(如是如是)니라. 그대가 말한 바와 같이 그와 같은 어떤 선남자 선여인이 이 비유를 듣고 믿음을 내는 자가 있다면, 내가 그에게 수기를 주면서 곧바로 아뇩다라삼먁삼보리를 결정하고 이루게 하여 여래의 위 없는 지혜를 얻게 할 것이다."

"보수여! 설령 차례를 좇은(復) 어떤 사람이 천억 부처 세계의 티끌 수와 같은, 위에서 말한 광대한 부처님 국토를 모두 부수어 티끌로 만들고 이 티끌로 앞에서 비유한 대로 하나하나씩 모두 다 할 뿐만 아니라 그러한 세계를 모아서 하나의 부처님 국토를 이루며, 차례를 좇아(復) 그 국토를 티끌로 만들어서 이와 같음을 차례차례로 반복하고 더하여 팔십 번을 반복해서 지난다 하더라도 이와 같은 광대한 부처님 국토에 있는 모든 티끌을 보살 업보의 청정한 육안으로 한 생각, 한순간에 남김없이 분명하게 본다."

"또 백억 광대한 부처 세계의 티끌 수와 같은 부처님을 보지만, 파려 거울의 청정한 광명이 열 부처 세계의 티끌 수와 같은 세계를 비추는 것과 같다."

"보수여! 이와 같음은 모두 청정한 금 그물 전륜왕의 깊고 깊은 삼매와 복덕의 선근으로 성취한 것이다."

佛言 寶手 如是如是 如汝所說 若有善男子善女人 聞此譬諭而生信者 我授彼記 決定當成阿耨多羅三藐三菩提 當獲如來無上智慧 寶手 說復有人以千億佛刹微塵數如上所說廣大佛土末爲微塵 以此微塵依前譬諭一一下盡 乃至集成一佛國土 復末爲塵 如是次第展轉乃至經八十返 如是一切廣大佛土所有微塵 菩薩業報淸淨肉眼於一念中悉能明見 亦見百億廣大佛刹微塵數佛 如玻瓈鏡淸淨光明 照十佛刹微塵數世界 寶手 如是皆是淸淨金網轉輪王甚深三昧福德善根之所成就

대방광불화엄경 제49권

36. 보현행품
普賢行品第三十六

이때 보현보살마하살 차례를 좇아(復) 모든 보살 대중에게 깨우침을 주기 위해 말했다.
爾時 普賢菩薩摩訶薩復告諸菩薩大衆言

"불자여! 앞에서 뜻을 넓혀 풀이한 것은 다만 중생의 근기를 따라 마땅히 여래 경계의 일부분을 간략하게 설한 것이다. 어찌 된 까닭인가 하면, 모든 부처님 세존께서는 모든 중생이 지혜가 없어서 악을 지어가고 '나'와 '내 것'을 헤아리며, 몸에 집착하며, 거꾸로 뒤바뀌며, 의심하며, 바르지 못한 견해로 분별하고 모든 것을 묶어서 항상 함께 서로 응하고 생사의 흐름을 따르고 여래의 도를 멀리하는 까닭으로 세상에 나서시는 것이다."

"불자여! 나는 하나의 법이 큰 잘못이나 허물이 되어서 모든 보살이 다른 보살에게 성내는 마음을 일으키게 하는 것을 보지 못했다. 왜 그러한가 하면, 불자여! 그와 같은 보살이 다른 보살에게 화내는 마음을 일으키게 하면 곧바로 백만의 막힘이나 걸림이 되는 문을 이루게 되는 까닭이 된다."

"무엇을 두고 백만의 막힘이나 걸림이라고 하는가 하면, 이른바 보리를 보지 못하는 막힘이나 걸림, 바른 법을 듣지 못하는 막힘이나 걸림, 청정하지 못한 세계에 나게 되는 막힘이나 걸림, 모든 악취에 나게 되는 막힘이나 걸림, 어려운 곳에 나게 되는 막힘이나 걸림, 모든 질병이 많은 막힘이나 걸림, 많은 비방과 훼방을 받는 막힘이나 걸림, 둔하고 어리석어 모든 부류에 나게 되는 막힘이나 걸림, 바른 생각을 무너뜨리고 잃게 되는 막힘이나 걸림, 지혜가 모자라고 적은 막힘이나 걸림, 눈의 막힘이나 걸림, 귀의 막힘이나 걸림, 코의 막힘이나 걸림, 혀의 막힘이나 걸림, 몸의 막힘이나 걸림, 뜻의 막힘이나 걸림, 악한 지식의 막힘이나 걸림, 악한 도반의 막힘이나 걸림이다."

"소승의 법을 익히기 좋아하는 막힘이나 걸림, 속 좁고 못난 자를 가까이하는 막힘이나 걸림, 큰 위엄과 덕을 가진 사람을 믿지 않은 막힘이나 걸림, 바른 견해를 벗어난 사람과 더불어 머물려는 막힘이나 걸림, 외도의 집안에 태어나는 막힘이나 걸림, 마의 경계에 머무는 막힘이나 걸림, 부처님의 바른 가르침을 벗어나는 막힘이나 걸림, 선지식을 보지 못하는 막힘이나 걸림, 선근에 머물지 못하게 하는 막힘이나 걸림, 선근이 아닌 법이 더해지는 막힘이나 걸림이다."

"낮고 낮은 못난 곳을 얻게 되는 막힘이나 걸림, 가장자리 끝 변방에서 나는 막힘이나 걸림, 악한 사람의 집에 태어나는 막힘이나 걸림, 악한 신 가운데 태어나는 막힘이나 걸림, 악한 용, 악한 야차, 악한 건달바, 악한 아수라, 악한 가루라, 악한 긴나라, 악한 마후라가, 악한 나찰 속에 나는 막힘이나 걸림이다."

"불법을 좋아하지 않은 막힘이나 걸림, 어린아이가 꿈꾸는 법을 익히는 막힘이나 걸림, 소승을 좋아하는 막힘이나 걸림, 대승을 좋아하지 않는 막힘이나 걸림, 놀라는 성품이 많은 막힘이나 걸림, 마음에 항상 근심 걱정이 많은 막힘이나 걸림, 생사에 강하게 집착하는 막힘이나 걸림, 불법에 마음을 다하지 못하는 막힘이나 걸림, 부처님의 자재한 신통을 듣거나 보기를 기뻐하지 않은 막힘이나 걸림, 보살의 모든 근을 얻지 못하는 막힘이나 걸림, 보살의 청정한 행을 행하지 못하는 막힘이나 걸림, 보살의 깊은 마음에서 물러나는 막힘이나 걸림, 보살의 큰 원을 내지 않는 막힘이나 걸림, 일체 지혜의 마음을 일으키지 못하는 막힘이나 걸림, 보살행에 게으른 막힘이나 걸림, 모든 업장을 능히 다스리지 못하는 막힘이나 걸림, 큰 복을 능히 거두어 취하지 못하는 막힘이나 걸림, 지혜의 힘이 밝고 날카롭지 못한 막힘이나 걸림, 광대한 지혜를 끊어 버리는 막힘이나 걸림, 모든 보살의 행을 보호해 가지지 못하는 막힘이나 걸림, 즐겁고 모든 지혜로운 말을 비방하는 막힘이나 걸림이다."

"모든 부처님의 보리에서 멀리 벗어나는 막힘이나 걸림, 많은 마의 경계에 있기를 좋아하는 막힘이나 걸림, 부처의 경계를 마음을 다해 닦지 않는 막힘이나 걸림, 보살의 큰 서원을 결정하고 일으키지 못하는 막힘이나 걸림, 보살과 더불어 즐겁게 머물지 못하는 막힘이나 걸림, 보살의 선근을 구하지 못하는 막힘이나 걸림, 성품에 의심이 많은 막힘이나 걸림, 마음이 항상 어리석은 막힘이나 걸림, 보살의 평등한 보시행을 못한 까닭에 버리지 못함을 일으키는 막힘이나 걸림, 여래의 계를 지니지 못한 까닭에 계를 파해버리는 막힘이나 걸림, 인가의 문에 들지 못한 까닭에 어리석고 시끄러우며 성냄을 일으키는 막힘이나 걸림, 보살이 크게 정진하지 못하는 까닭으로 게으른 허물을 일으키는 막힘이나 걸림,

모든 삼매를 얻지 못한 까닭에 흩어지고 어지러움을 일으키는 막힘이나 걸림, 반야바라밀을 닦고 다스리지 못한 까닭에 악한 지혜를 일으키는 막힘이나 걸림, 처와 처가 아닌 것에 섬세하고 능숙한 선근 방편이 없는 막힘이나 걸림, 중생을 가르쳐 바른길로 이끄는 가운데 방편이 없는 막힘이나 걸림, 보살의 지혜 가운데 자세히 들여다보지 못하는 막힘이나 걸림, 보살의 출리하는 법 가운데 능히 깨달아 알지 못하는 막힘이나 걸림이다."

"보살의 열 가지 광대한 눈을 얻지 못한 까닭에 눈이 봉사와 같은 막힘이나 걸림, 귀가 막힘이나 걸림 없는 법을 듣지 못하는 까닭으로 입이 벙어리 양과 같은 막힘이나 걸림, 자비로운 모양이나 상태를 갖추지 까닭으로 코가 망그러지는 막힘이나 걸림, 중생의 말을 판단해 알지 못하는 까닭으로 설근을 성취하는 막힘이나 걸림, 중생을 가벼이 여기고 천하게 여기는 까닭으로 몸의 근을 성취하는 막힘이나 걸림, 마음에 사리 분별하지 못하고 많이 어지러운 까닭에 의근을 성취하는 막힘이나 걸림, 세 가지 계율을 지니지 못한 까닭으로 신업을 성취하는 막힘이나 걸림, 항상 네 가지 잘못이나 허물을 일으키는 까닭으로 어업을 성취하는 막힘이나 걸림, 탐욕, 성냄, 바르지 못한 견해를 많이 내는 까닭에 의업을 성취하는 막힘이나 걸림이다."

"도둑의 마음으로 법을 구하는 막힘이나 걸림, 보살의 경계를 끊는 막힘이나 걸림, 보살의 용맹한 법 가운데 겁을 먹고 물러서는 마음을 내는 막힘이나 걸림, 벗어나 나가는 보살의 도에 게으른 마음을 내는 막힘이나 걸림, 보살의 지혜 광명문 가운데 멈춰버리는 마음을 내는 막힘이나 걸림, 보살의 생각하는 힘 가운데 못나고 약한 마음을 내는 막힘이나 걸림, 여래의 가르침 법에 머물고 지니지 못하는 막힘이나 걸림, 생을 벗어나는 보살의 도에 친근하지 못하는 막힘이나 걸림, 잃거나 무너짐이 없는 보살의 도를 닦고 익히지 못하는 막힘이나 걸림, 이승의 바른 자리를 거스르지 않고 따르는 막힘이나 걸림, 삼세 모든 부처님과 보살의 종성을 멀리 벗어나는 막힘이나 걸림이다."

佛子 如向所演 此但隨衆生根器所宜 略說如來少分境界 何以故 諸佛世尊 爲諸衆生 無智作惡 計我 我所 執著於身 顚倒疑惑 邪見分別 與諸結縛恒共相應 隨生死流 遠如來道故 出興于世 佛子 我不見一法爲大過失 如諸菩薩於他菩薩起瞋心者 何以故 佛子 若諸菩薩於餘菩薩起瞋恚心 卽成就百萬障門故 何等爲百萬障 所謂 不見菩提障 不聞正法障 生不淨世界障 生諸惡趣障 生諸難處障 多諸疾病障 多被謗毁障 生頑鈍諸趣障 壞失正念障 闕少智慧障 眼障 耳障 鼻障 舌障 身障 意障 惡知識障 惡伴黨障 樂習小乘障 樂近凡庸障 不信樂大威德人障 樂與離正見人同住障 生外道

家障 住魔境界障 離佛正敎障 不見善友障 善根留離障 增不善法障 得下劣處障 生邊地障 生惡人家障 生惡神中障 生惡龍 惡夜叉 惡乾闥婆 惡阿修羅 惡迦樓羅 惡緊那羅 惡摩睺羅伽 惡羅刹中障 不樂佛法障 習童蒙法障 樂著小乘障 不樂大乘障 性多驚怖障 心常憂惱障 愛著生死障 不專佛法障 不喜見聞佛自在神通障 不得菩薩諸根障 不行菩薩淨行障 退怯菩薩大願障 不發一切智心障 於菩薩行懈怠障 不能淨治諸業障 不能攝取大福障 智力不能明利障 斷於廣大智慧障 不護持菩薩諸行障 樂誹謗一切智語障 遠離諸佛菩提障 樂住衆魔境界障 不專修佛境界障 不決定發菩薩弘誓障 不樂與菩薩同住障 不求菩薩善根障 性多見疑障 心常愚闇障 不能行菩薩平等施故 起不捨障 不能持如來戒故 起破戒障 不能入堪忍門故 起愚癡 惱害瞋 恚障 不能行菩薩大精進故 起懈怠垢障 不能得諸三昧故 起散亂障 不修治般若波羅蜜故 起惡慧障 於處 非處中無善巧障 於度衆生中無方便障 於菩薩智慧中不能觀察障 於菩薩出離法中不能了知障 不成就菩薩十種廣大眼故 眼如生盲障 耳不聞無礙法故 口如啞羊障 不具相好故 鼻根破壞障 不能辨了衆生語言故 成就舌根障輕 賤衆生故 成就身根障 心多狂亂故 成就意根障 不持三種律儀故 成就身業障 恒起四種過失故 成就語業障 多生貪 瞋 邪見故 成就意業障 賊心求法障 斷絶菩薩境界障 於菩薩勇猛法中心生退怯障 於菩薩出離道中心生懶惰障 於菩薩智慧光明門中心生止息障 於菩薩念力中心生劣弱障 於如來敎法中不能住持障 於菩薩離生道不能親近障 於菩薩無失壞道不能修習障 隨順二乘正位障 遠離三世諸佛菩薩種性障

"불자여! 그와 같은 보살이 모든 보살에게 한 번 성내는 마음을 일으키게 하면, 곧바로 이와 같은 등등의 백만 막힘이나 걸림이 되는 문을 성취한다. 왜 그런가 하면, 불자여! 나는 하나의 법이 큰 잘못이나 허물이 되어서 모든 보살이 나머지 보살에게 성내는 마음을 일으키게 하는 것을 보지 못했다."

"이러한 까닭으로 모든 보살마하살이 보살의 모든 행을 빨리 만족하게 하고자 하려거든, 열 가지 법을 당연히 부지런히 닦아야 하니, 무엇이 열인가 하면, 이른바 모든 중생을 버리지 않는 마음과 모든 보살에게 여래라는 생각을 내는 일과 모든 불법을 영원히 비방하지 않음과 모든 국토가 다하지 않음을 아는 일과 보살의 행을 깊이 믿고 즐거움을 내는 일과 평등한 허공 법계와 같은 보리심을 버리지 않음과 보리를 자세히 들여다보고 여래의 힘에 들어감과 막힘이나 걸림 없는 변재를 부지런히 익힘과 중생을 가르쳐서 바른 길로 이끄는 일에 피곤하거나 싫어함이 없음과 일체 세계에 머물지만, 마음에 집착이 없음이니, 이것이 열이다."

佛子 若菩薩於諸菩薩起一瞋心 則成就如是等百萬障門 何以故 佛子 我不見有一法爲大過惡 如諸菩薩於餘菩薩起瞋心者 是故 諸菩薩摩訶薩欲疾滿足諸菩薩行 應勤修十種法 何等爲十 所謂 心不棄捨一切衆生 於諸菩薩生如來想 永不誹謗一切佛法 知諸國土無有窮盡 於菩薩行心生信樂 不捨平等虛空法界菩提之心 觀察菩提入如來力 精勤修習無礙辯才 敎化衆生無有疲厭 住一切世界心無所著 是爲十

"불자여! 보살마하살이 이 열 가지 법에 머문 후에는 능히 열 가지 청정함을 온전하게 갖추니, 무엇이 열이 되는가 하면, 이른바 깊고 깊은 법을 통달하는 청정과 선지식을 친근히 하는 청정과 모든 불법을 보호해 지키는 청정과 허공계를 깨우쳐 통하는 청정과 법계에 깊이 들어가는 청정과 끝이 없는 마음을 자세히 들여다보는 청정과 선근이 일체 보살과 더불어 같은 청정과 모든 겁에 집착하지 않는 청정과 삼세를 자세히 들여다보는 청정과 일체 모든 부처님의 법을 수행하는 청정이니, 이것이 열이다."

佛子 菩薩摩訶薩安住此十法已 則能具足十種淸淨 何等爲十 所謂 通達甚深法淸淨 親近善知識淸淨 護持諸佛法淸淨 了達虛空界淸淨 深入法界淸淨 觀察無邊心淸淨 與一切菩薩同善根淸淨 不著諸劫淸淨 觀察三世淸淨 修行一切諸佛法淸淨 是爲十

"불자여! 보살마하살이 이 열 가지 법에 머문 뒤에는 곧바로 열 가지 광대한 지혜를 온전하게 갖추니, 무엇이 열인가 하면, 이른바 모든 중생의 마음과 행을 아는 지혜와 모든 중생의 업보를 아는 지혜와 모든 부처님의 법을 아는 지혜와 모든 불법의 비밀스러운 이치를 아는 지혜와 모든 다라니 문을 아는 지혜와 모든 문자와 변재를 아는 지혜와 모든 중생의 말과 음성과 섬세하고 능숙한 선근을 아는 지혜와 모든 세계에 몸을 두루 나타내는 지혜와 모든 생을 받는 곳 가운데 일체 지혜의 지혜를 갖추는 것이니, 이것이 열이다."

佛子 菩薩摩訶薩住此十法已 則具足十種廣大智 何等爲十 所謂 知一切衆生心行智 知一切佛法智 知一切佛法深密理趣智 知一切陀羅尼門智 知一切文字辯才智 知

一切衆生語言 音聲 辭辯善巧智 於一切世界中普現其身智 於一切衆會中普現影像智 於一切受生處中具一切智智 是爲十

"불자여! 보살마하살이 이 열 가지 지혜에 머무르면 열 가지에 두루 들어가게 되니, 무엇이 열인가 하면, 이른바 모든 세계가 하나의 털에 들어가고 하나의 털이 모든 세계에 들어가며, 모든 중생이 하나의 몸에 들어가고 하나의 몸이 모든 중생의 몸에 들어가며, 말할 수 없는 겁이 한 생각에 들어가고 한 생각이 말할 수 없는 겁에 들어가며, 모든 불법이 하나의 법에 들어가고 하나의 법이 모든 불법에 들어가며, 말할 수 없는 처가 하나의 처에 들어가고 하나의 처가 말할 수 없는 처에 들어가며, 말할 수 없는 근이 하나의 근에 들어가고 하나의 근이 말할 수 없는 근에 들어가며, 모든 근이, 근이 아닌 것에 들어가고 근이 아닌 것이 모든 근에 들어가며, 모든 생각이 하나의 생각에 들어가고 하나의 생각이 모든 생각에 들어가며, 모든 음성이 하나의 음성에 들어가고 하나의 음성이 모든 음성에 들어가며, 일체 삼세가 하나의 세상에 들어가고 하나의 세상이 일체 삼세에 들어가니, 이것이 열이다."

佛子 菩薩摩訶薩住此十智已 則得入十種普入 何等爲十 所謂 一切世界入一毛道 一毛道入一切世界 一切衆生身入一身 一身入一切衆生身 不可說劫入一念 一念入不可說劫 一切佛法入一法 一法入一切佛法 不可說處入一處 一處入不可說處 不可說根入一根 一根入不可說根 一切根入非根 非根入一切根 一切想入一想 一想入一切想 一切言音入一言音 一言音入一切言音 一切三世入一世 一世入一切三世 是爲十

"불자여! 보살마하살이 이와 같음을 자세히 살펴서 들여다보고는 열 가지 뛰어나고 빼어난 마음에 머무니, 무엇이 열인가 하면, 이른바 모든 세계의 말과 말이 아닌 것에 머무는 뛰어나고 빼어난 마음과 모든 중생의 생각이 의지할 것이 없음에 머무는 뛰어나고 빼어난 마음과 마지막까지 허공계에 머무는 뛰어나고 빼어난 마음과 끝없는 법계에 머무는 뛰어나고 빼어난 마음과 깊고 빽빽한 모든 불법에 머무는 뛰어나고 빼어난 마음과 깊고 깊은 차별이 없는 법에 머무는 뛰어나고 빼어난 마음과 모든 의혹을 없앤 곳에 머무는 뛰어나고 빼어난 마음과 모든 세계가 평등하고 차별이 없는 곳에 머무는 뛰어나고 빼어난 마음과 삼세 모든 부처님이 평등하게 머무는 뛰어나고 빼어난 마음과 일체 모든 부처님의 힘이 헤아릴 수 없는 곳에 머무는 뛰어나고 빼어난 마음이니, 이것이 열이다."

佛子 菩薩摩訶薩如是觀察已 則住十種勝妙心 何等爲十 所謂 住一切世界語言 非語言勝妙心 住一切衆生想念無所依止勝妙心 住究竟虛空界勝妙心 住無邊法界勝妙心 住一切深密佛法勝妙心 住甚深無差別法勝妙心 住除滅一切疑惑勝妙心 住一切世平等無差別勝妙心 住三世諸佛平等勝妙心 住一切諸佛力無量勝妙心 是爲十

"불자여! 보살마하살이 이 열 가지 뛰어나고 빼어난 마음에 머물게 되면 열 가지 불법의 섬세하고 능숙한 선근의 지혜를 얻으니, 무엇이 열인가 하며, 이른바 깊고 깊은 불법을 분명하게 깨우쳐 통하는 섬세하고 능숙한 선근 지혜와 광대한 불법을 출생하는 섬세하고 능숙한 선근 지혜와 가지가지의 불법을 널리 베풀어 설하는 섬세하고 능숙한 선근 지혜와 평등한 불법을 증득하여 들어가는 섬세하고 능숙한 선근 지혜와 차별된 불법을 분명하게 깨달아 아는 섬세하고 능숙한 선근 지혜와 차별이 없는 불법에 대한 깨우침을 깨달아 아는 섬세하고 능숙한 선근 지혜와 장엄한 불법에 깊이 들어가는 섬세하고 능숙한 선근 지혜와 하나의 방편으로 불법에 들어가는 섬세하고 능숙한 선근 지혜와 헤아릴 수 없는 방편으로 불법에 들어가는 섬세하고 능숙한 선근 지혜와 끝없는 불법이란 차별이 없음을 아는 섬세하고 능숙한 선근 지혜와 자신의 마음과 자신의 힘으로 모든 법에서 물러서지 않은 섬세하고 능숙한 선근 지혜를 얻으니, 이것이 열이다."

佛子 菩薩摩訶薩住此十種勝妙心已 則得十種佛法善巧智 何等爲十 所謂 了達甚深佛法善巧智 出生廣大佛法善巧智 宣說種種佛法善巧智 證入平等佛法善巧智 明了差別佛法善巧智 悟解無差別佛法善巧智 深入莊嚴佛法善巧智 一方便入佛法善巧智 無量方便入佛法善巧智 知無邊佛法無差別善巧智 以自心自力於一切佛法不退轉善巧智 是爲十

"불자여! 보살마하살이 이 법을 들은 뒤에는 함께 마음을 일으켜 받아 지녀야 하니, 무슨 까닭인가 하면, 보살마하살은 이 법을 가지는 자가 적은 공력을 짓더라도 빠르게 아뇩다라삼먁삼보리를 얻고 빠짐없이 다 모든 불법을 온전하게 갖추어 삼세 모든 부처님의 법과 더불어 평등함을 얻게 한다."

"그때 부처님의 신통한 힘과 법이 이와 같은 까닭으로 시방에 각각 십 불가설 백천 억 나유타 부처 세계의 티끌 수와 같은 세계가 여섯 가지로 진동하고 모든 하늘을 초월해 나가는 모든 꽃구름, 향 구름, 가루 향 구름, 의복, 일산 덮개, 당기, 번기, 마니보배 등과 또 모든 장엄 기물의 구름을 내리며, 많은 악기의 구름을 내리며, 모든 보살 구름을 내리고 말할 수 없는 여래의 색상 구름을 내리고 말할 수 없이 여래를 칭찬하는 선근의 구름을 내리고 여래의 음성이 법계에 가득해지는 구름을 내리고 말할 수 없는 세계를 장엄하는 구름을 내리고 말할 수 없는 보리를 거듭 더하고 늘리는 구름을 내리고 말할 수 없는 광명을 밝게 비치는 구름을 내리고 말할 수 없이 신통한 힘으로 법을 설하는 구름을 내린다."

"이와 같은 세계의 사천하 보리수 아래와 보리도량의 보살 궁전 가운데 여래가 등정각을 이루시고 이 법을 널리 펴서 설하는 것과 같이 시방의 모든 세계에서도 남김없이 또한 이와 같이하신다."

佛子 菩薩摩訶薩聞此法已 咸應發心 恭敬受持 何以故 菩薩摩訶薩持此法者 少作功力 疾得阿耨多羅三藐三菩提 皆得具足一切佛法 悉與三世諸佛法等 爾時 佛神力故 法如是故 十方各有十不可說百千億那由他佛刹微塵數世界六種震動 雨出過諸天一切華雲 香雲 末香雲 衣蓋 幢幡 摩尼寶等及以一切莊嚴具雲 雨衆妓樂雲 雨諸菩薩雲 雨不可說如來色相雲 雨不可說讚歎如來善哉雲 雨如來音聲充滿一切法界雲 雨不可說莊嚴世界雲 雨不可說增長菩提雲 雨不可說光明照耀雲 雨不可說神力說法雲 如此世界四天下菩提樹下菩提場菩薩宮殿中 見於如來成等正覺演說此法 十方一切諸世界中悉亦如是

이때 부처님의 신통한 힘과 법이 이와 같은 까닭으로 시방에 각각 십 불가설 부처 세계의 티끌 수와 같은 세계 밖을 지나서 십 부처 세계의 티끌 수와 같은 보살마하살이 이 세계에 와서 이 국토에 나아가며, 시방에 충만하면서 이와 같은 말을 했다.

"선근이로다. 선근이다. 불자여! 지금 부처님 여래들의 가장 큰 서원으로서 수기하는 깊은 법을 말하였다. 불자여! 우리는 모두 다 이름이 '보현'이며, 다 각각 보승 세계 보당자재 여래가 계신 곳으로부터 이 국토에 왔으며, 또 나아감이니, 남김없이 부처님의 신력으로 일체 처에서 이 법을 설하고 이 대중의 모임에 이와 같음을 설한 것과 같기에 모든 것이 평등하고 더하거나 덜함이 없다."

"우리가 이 모든 부처님의 위신력을 받잡고 이 도량에 와서 그대들을 위해 증명하는 것이며, 이 도량에 우리 등 십 부처 세계의 티끌 수와 같은 보살이 와서 증명하는 것과 같이 시방 모든 세계 가운데도 또한 모두 이와 같다."

爾時 佛神力故 法如是故 十方各過十不可說佛刹微塵數世界外 有十佛刹微塵數菩薩摩訶薩來詣此土 充滿十方 作如是言 善哉善哉 佛子 乃能說此諸佛如來最大誓願授記深法 佛子 我等一切同名普賢 各從普勝世界普幢自在如來所來詣此土 悉以佛神力故 於一切處演說此法 如此衆會 如是所說 一切平等無有增減 我等皆承佛威神力 來此道場爲汝作證 如此道場 我等十佛刹微塵數菩薩而來作證 十方一切諸世界中悉亦如是

그때 보현보살마하살이 부처님의 신통한 힘과 자신 선근의 힘으로 시방과 모든 법계를 자세히 살펴서 들여다보고 보살의 행을 열어 보이고자 하며, 여래의 보리 경계를 베풀어 설하고자 하며, 큰 원의 경계를 설하고자 하며, 모든 세계 겁의 수를 설하고자 하며, 모든 부처님이 때를 따라 출현하심을 밝히고자 하며, 여래가 근이 성숙한 중생을 따라 출현해서 그들이 공양함을 설하고자 하며, 여래가 세상에 나타나는 공이 헛되지 않음을 밝히고자 하며, 이미 심은 선근은 반드시 과보 얻음을 밝히고자 하며, 큰 위덕의 보살이 모든 중생을 위해 형상을 나타내고 법을 말하며, 그들을 깨닫게 하고자 한 것을 밝히고자 게송으로 말했다.

爾時 普賢菩薩摩訶薩以佛神力 自善根力 觀察十方洎乎法界 欲開示菩薩行 欲宣說如來菩提界 欲說大願界 欲說一切世界劫數 欲明諸佛隨時出現 欲說如來隨根熟衆生出現令其供養 欲明如來出世功不唐捐 欲明所種善根必獲果報 欲明大威德菩薩爲一切衆生現形說法令其開悟 而說頌言

汝等應歡喜 그대들은 응당 환희하며

捨離於諸蓋 모든 오온의 덮개를 버리고

一心恭敬聽 한마음으로 공손히 섬기어

菩薩諸願行 보살의 모든 행과 원을 들어라.

往昔諸菩薩 옛적 모든 보살이
最勝人師子 가장 뛰어난 인사자의
如彼所修行 저 언덕을 수행한 것과 같이
我當次第說 내 이제 차례로 설하려 한다네.

亦說諸劫數 또한 모든 겁의 수와
世界幷諸業 세계와 아울러 모든 업과
及以無等尊 또 무등존에 이르기까지
於彼而出興 나오심을 설할 것이라네.

如是過去佛 이와 같은 과거의 부처님이
大願出于世 큰 원으로 세상에 나오셔서
云何爲衆生 무슨 까닭으로 중생을 위해
滅除諸苦惱 모든 괴로움과 번뇌를 없애버리셨는가.

一切論師子 이치를 헤아리는 모든 사자가
所行相續滿 행하는 바는 차례를 따라 이어지고 원만하며
得佛平等法 부처님의 평등한 법과
一切智境界 모든 지혜의 경계를 얻는다네.

見於過去世 지나간 세상의
一切人師子 모든 인사자가
放大光明網 큰 광명 그물을 놓아
普照十方界 시방의 경계를 두루 비추어 본다네.

思惟發是願 사유로 원을 일으켜
我當作世燈 나는 당연히 세상의 등불이 되어

具足佛功德 부처님의 공덕과
十力一切智 십력과 일체 지혜를 온전하게 갖출 것이라네.

一切諸衆生 일체 모든 중생이
貪恚癡熾然 탐, 에, 치가 불처럼 성하니
我當悉救脫 내 마땅히 모두 구하여 해탈하게 하여
令滅惡道苦 악한 길의 괴로움을 없앨 것이라네.

發如是誓願 이와 같은 서원을 일으켜
堅固不退轉 견고하기에 물러서지 않고
具修菩薩行 보살행을 닦아 갖추며
獲十無礙力 열 가지 막힘이나 걸림 없는 힘을 얻는다네.

如是誓願已 이와 같은 서원을 내고 난 후에는
修行無退怯 수행함에 겁내거나 물러남이 없고
所作皆不虛 지어가는 모든 것이 헛되지 않기에
說名論師子 이름을 말하자면 논사자라 한다네.

於一賢劫中 하나의 현겁(信住行 善根의 劫) 가운데
千佛出于世 천 부처님이 세상에 나오시니
彼所有普眼 부처님이 가지신 막힘이나 걸림이 없는 눈을
我當次第說 내 마땅히 차례로 설할 것이라네.

如一賢劫中 하나의 현겁 가운데
無量劫亦然 헤아릴 수 없는 겁 또한 그러하니
彼未來佛行 저 미래 부처님의 행을
我當分別說 내 마땅히 분별해서 설할 것이라네.

如一佛刹種 하나의 부처 세계 종이

無量剎亦然 헤아릴 수 없는 세계와 또한 그와 같으니
未來十力尊 미래 십력존의
諸行我今說 모든 행을 내가 지금 설할 것이라네.

諸佛次興世 모든 부처님이 세상에 차례로 나오시니
隨願隨名號 서원을 따르고 이름을 따르며
隨彼所得記 부처님으로부터 얻은 수기를 따르고
隨其所壽命 그 수명을 따른다네.

隨所修正法 수행하는 바른 법을 따르고
專求無礙道 오로지 막힘이나 걸림 없는 도를 구하며
隨所化衆生 변하여 바뀌는 중생을 따라서
正法住於世 바른 법으로 세상에 머문다네.

隨所淨佛剎 청정한 부처님의 세계와
衆生及法輪 중생과 법륜을 따라
演說時非時 때와 때가 아님을 널리 펴서 설하고
次第淨群生 차례로 중생을 청정하게 한다네.

隨諸衆生業 모든 중생의 업과
所行及信解 행하는 바와 또 믿음과 이해가
上中下不同 상, 중, 하로 같지 않지만
化彼令修習 가르쳐 이끌어서 닦고 익히게 한다네.

入於如是智 이와 같은 지혜에 들어가
修其最勝行 가장 뛰어난 행을 닦으며
常作普賢業 항상 보현보살의 선량한 업을 지어가고
廣度諸衆生 널리 모든 중생을 제도한다네.

身業無障礙 몸의 업이 막힘이나 걸림이 없고
語業悉清淨 말의 업을 남김없이 청정하게 하며
意行亦如是 뜻으로 행함도 또한 이와 같아서
三世靡不然 삼세에 그렇지 않음이 없다네.

菩薩如是行 보살의 이와 같은 행은
究竟普賢道 마지막까지 보현보살의 도이며
出生淨智日 청정한 지혜의 해를 출생해서
普照於法界 법계를 두루 비춘다네.

未來世諸劫 미래 세상의 모든 겁과
國土不可說 말로 이를 수 없는 국토를
一念悉了知 한 생각에 남김없이 깨달아 알고
於彼無分別 그에 대한 분별이 없다네.

行者能趣入 행하는 자는
如是最勝地 이와 같은 가장 뛰어난 지위에 들어가니
此諸菩薩法 이 모든 보살의 법을
我當說少分 내 마땅히 적게 나누어 설할 것이라네.

智慧無邊際 지혜는 끝닿은 경계가 없기에
通達佛境界 부처님의 경계를 통달하고
一切皆善入 일체 모든 선근에 들어가
所行不退轉 행하는 바가 물러섬이 없다네.

具足普賢慧 보현보살의 지혜를 온전하게 갖추고
成滿普賢願 보현보살의 원을 원만하게 이루어
入於無等智 그 이상 더 할 수 없는 지혜에 들어감이니
我當說彼行 내 마땅히 그 행을 설할 것이라네.

於一微塵中 하나의 작은 티끌 가운데서
悉見諸世界 모든 세계를 남김없이 다 보고
衆生若聞者 중생 중에 그와 같이 듣는 자는
迷亂心發狂 미혹하고 어지러워 광적인 마음을 일으킬 것이라네.

如於一微塵 하나의 티끌과 같이
一切塵亦然 모든 티끌 또한 그러하기에
世界悉入中 모든 세계가 그 가운데 들어가니
如是不思議 이와 같음은 생각으로 미루어 알 수 없다네.

一一塵中有 하나하나의 티끌 가운데
十方三世法 시방 삼세의 법이 있으니
趣刹皆無量 세계로 향함을 다 헤아릴 수 없으나
悉能分別知 남김없이 분별해서 안다네.

一一塵中有 하나하나의 티끌 가운데
無量種佛刹 헤아릴 수 없는 부처의 세계가 있고
種種皆無量 가지가지가 모두 헤아릴 수 없이 많지만
於一靡不知 알지 못하는 것이 하나도 없다네.

法界中所有 법계 가운데 있는
種種諸異相 가지가지의 다른 모든 모양이나 상태와
趣類各差別 이르는 무리를 다 각각 차별하지만
悉能分別知 남김없이 다 분별해서 안다네.

深入微細智 분간하기 어려울 정도로 작은 지혜에 들어가
分別諸世界 모든 세계를 분별하고
一切劫成壞 이루어지고 무너지는 모든 겁을
悉能明了說 남김없이 다 밝게 깨달아 설한다네.

知諸劫脩短 길고 짧은 모든 겁을 아니
三世卽一念 삼세가 곧 한 생각이며
衆行同不同 많은 행이 같고 같지 않음을
悉能分別知 남김없이 다 분별해서 안다네.

深入諸世界 모든 세계에 깊이 들어가니
廣大非廣大 광대한 것이 광대하지 않은 것이고
一身無量刹 하나의 몸이 헤아릴 수 없는 세계이며
一刹無量身 하나의 세계가 헤아릴 수 없는 몸이라네.

十方中所有 시방 가운데 있는
異類諸世界 종류가 다른 모든 세계에
廣大無量相 광대하고 헤아릴 수 없는 모양이나 상태를
一切悉能知 모든 것을 남김없이 능히 안다네.

一切三世中 일체 삼세 가운데
無量諸國土 헤아릴 수 없는 모든 국토에
具足甚深智 깊고 깊은 지혜를 온전하게 갖추어서
悉了彼成敗 저 이루어지고 무너짐을 남김없이 분명하게 안다네.

十方諸世界 시방의 모든 세계에
有成或有壞 이루어짐도 있고 무너짐도 있기에
如是不可說 이와 같은 말할 수 없는 것들을
賢德悉深了 현덕은 모두 속속들이 분명하게 안다네.

或有諸國土 그와 같은 모든 국토를
種種地嚴飾 가지가지의 지위로 장엄해서 꾸미고
諸趣亦復然 모든 부류 역시 차례를 좇아 그러하니
斯由業清淨 이로 말미암아 업이 청정해진다네.

或有諸世界 그와 같은 모든 세계가
無量種雜染 헤아릴 수 없는 종류로 섞여서 물이 드는 것도 있기에
斯由衆生感 이로 말미암아 중생이 마음을 움직이게 되는 것이며
一切如其行 모든 것이 그 행과 같다네.

無量無邊刹 헤아릴 수 없고 끝없는 세계도
了知卽一刹 깨달아 알면 곧 하나의 세계이니
如是入諸刹 이와 같은 모든 세계에 들어가면
其數不可知 그 수효를 알 수 없다네.

一切諸世界 일체 모든 세계가
悉入一刹中 남김없이 하나의 세계 가운데 들어가지만
世界不爲一 세계는 하나가 아니며
亦復無雜亂 역시 차례를 좇아 섞이지만 어지러운 것도 없다네.

世界有仰覆 세계는 우러르고 엎어지며
或高或復下 그와 같이 높고 그와 같이 차례를 좇아 낮음이 있으니
皆是衆生想 다 중생의 생각일 뿐이니
悉能分別知 남김없이 분별해서 안다네.

廣博諸世界 크고 넓은 모든 세계가
無量無有邊 헤아릴 수 없고 끝닿은 데가 없다지만
知種種是一 가지가지가 하나임을 알며
知一是種種 하나가 가지가지임을 안다네.

普賢諸佛子 보현의 모든 불자여
能以普賢智 능히 보현의 지혜로
了知諸刹數 모든 세계의 수효를 아니
其數無邊際 그 수효가 끝닿은 경계가 없다네.

知諸世界化 모든 세계가 변하여 바뀜과
刹化衆生化 부처 세계가 변하여 바뀜과 중생이 변하여 바뀜과
法化諸佛化 법이 변하여 바뀜과 모든 부처도 변하여 바뀜을 알아서
一切皆究竟 모든 것이 다 끝까지 이른다네.

一切諸世界 일체 모든 세계의
微細廣大刹 매우 작은 세계와 광대한 세계를
種種異莊嚴 가지가지로 다르게 장엄하였으니
皆由業所起 다 업으로 말미암아 일어난 것이라네.

無量諸佛子 헤아릴 수 없는 모든 불자여
善學入法界 선근을 배워 법계에 들어가시라
神通力自在 자재하고 신통한 힘으로
普徧於十方 시방에 두루두루 하다네.

衆生數等劫 중생의 수와 평등한 겁 동안
說彼世界名 저 세계의 이름을 말한다 해도
亦不能令盡 역시 말로는 다할 수 없으니
唯除佛開示 오직 부처님이 열어 보인 것은 제외한 것이라네.

世界及如來 세계 및 여래의
種種諸名號 가지가지의 모든 이름은
經於無量劫 헤아릴 수 없는 겁이 지나도록
說之不可盡 말해도 다할 수 없다네.

何況最勝智 하물며 가장 뛰어난 지혜와
三世諸佛法 삼세 모든 부처님의 모든 법이
從於法界生 법계를 좇아 생하는 것이니
充滿如來地 충만한 여래의 지위뿐이겠는가.

淸淨無礙念 청정하고 막힘이나 걸림 없는 생각과
無邊無礙慧 끝없고 막힘이나 걸림 없는 지혜로
分別說法界 법계를 분별해서 설하면
得至於彼岸 저 언덕에 이를 수 있을 것이라네.

過去諸世界 과거 모든 세계의
廣大及微細 광대하고 또 미세함과
修習所莊嚴 닦아서 익힌 장엄한 것들을
一念悉能知 한 생각에 남김없이 안다네.

其中人師子 그 가운데 인사자가
修佛種種行 부처님의 가지가지 행을 닦아서
成於等正覺 등정각을 이루어
示現諸自在 자재한 모든 것을 나타내 보인다네.

如是未來世 이와 같은 미래의 세상에
次第無量劫 차례를 따른 헤아릴 수 없는 겁 동안
所有人中尊 계신 인중존을
菩薩悉能知 보살이 모두 능히 안다네.

所有諸行願 소유하신 모든 행과 원과
所有諸境界 소유하신 모든 경계를
如是勤修行 이와 같게 부지런히 수행하면
於中成正覺 그 가운데 바른 깨우침을 이룬다네.

亦知彼衆會 또한 모인 대중과
壽命化衆生 수명과 가르쳐 이끌 수 있는 중생을 알고
以此諸法門 이 모든 법의 문으로
爲衆轉法輪 중생을 위해 법륜을 굴린다네.

菩薩如是知 보살이 이와 같음을 안 뒤에
住普賢行地 보현보살이 행하던 자리에 머물며
智慧悉明了 지혜를 남김없이 밝게 깨달아 알고
出生一切佛 모든 부처님을 출생한다네.

現在世所攝 현재 세상에 속한
一切諸佛土 일체 모든 부처님 국토
深入此諸刹 이 모든 세계에 깊이 들어가
通達於法界 법계를 통달한다네.

彼諸世界中 그 모든 세계 가운데
現在一切佛 현재 모든 부처님이
於法得自在 법의 자재함을 얻으셨으니
言論無所礙 언론에도 막힘이나 걸림이 없다네.

亦知彼衆會 또한 저 대중의 모임과
淨土應化力 청정한 국토가 응하여 바뀌는 힘을 알고
盡無量億劫 헤아릴 수 없는 억겁이 다하도록
常思惟是事 항상 이러한 일을 사유한다네.

調御世間尊 조어 세간존이
所有威神力 가지고 있는 위엄과 신통한 힘과
無盡智慧藏 다함이 없는 지혜의 장을
一切悉能知 남김없이 모두 능히 안다네.

出生無礙眼 막힘이나 걸림이 없는 눈과
無礙耳鼻身 막힘이나 걸림이 없는 귀와 코와 몸과
無礙廣長舌 막힘이나 걸림이 없는 넓고 긴 혀를 출생해서
能令衆歡喜 대중을 환희하게 한다네.

最勝無礙心 가장 뛰어난 막힘이나 걸림이 없는 마음이
廣大普清淨 광대하고 두루 청정하며
智慧徧充滿 지혜가 두루 충만하기에
悉知三世法 삼세의 법을 남김없이 안다네.

善學一切化 모든 변하여 바뀜과
刹化衆生化 세계가 변하여 바뀜과 중생이 변하여 바뀜과
世化調伏化 세계가 변하여 바뀜과 조복으로 변하여 바뀜과
究竟化彼岸 마지막까지 변하여 바뀌는 저 언덕을 선근으로 배운다네.

世間種種別 세간이 가지가지로 다름은
皆由於想住 모두 생각으로 말미암아 머무는 것이니
入佛方便智 부처님의 방편 지혜에 들어가면
於此悉明了 이 모든 것을 밝고 분명하게 깨달아 알 것이라네.

衆會不可說 대중의 모임을 말할 수 없음이니
一一爲現身 하나하나 몸을 나타내어
悉使見如來 모두 여래를 보게 하고
度脫無邊衆 끝없는 중생을 해탈하게 한다네.

諸佛甚深智 모든 부처님의 깊고 깊은 지혜는
如日出世間 밝은 해가 세간에 나타나는 것과 같기에
一切國土中 모든 국토 가운데
普現無休息 두루 나타나긴 하나 휴식이 없다네.

了達諸世間 모든 세간을 분명하게 깨우쳐 통달하니
假名無有實 빌린 이름이며 실상의 본바탕은 없기에
衆生及世界 중생이나 세계가
如夢如光影 꿈과 같고 빛의 그림자와 같다네.

於諸世間法 모든 세간 법에
不生分別見 분별하는 소견을 내지 말 것이니
善離分別者 선근으로 분별을 벗어난 자는
亦不見分別 또한 분별함을 보지 않는다네.

無量無數劫 헤아릴 수 없고 수 없는 겁이란
解之卽一念 이해하면 곧 한 생이며
知念亦無念 생각과 또한 생각이 없는 것임을 알면
如是見世間 이와 같은 세간을 볼 것이라네.

無量諸國土 헤아릴 수 없는 모든 국토를
一念悉超越 한 생각에 남김없이 뛰어넘어
經於無量劫 헤아릴 수 없는 겁을 지낸다 하더라도
不動於本處 본처는 움직이지 않는다네.

不可說諸劫 말할 수 없는 모든 겁이란
卽是須臾頃 곧 눈 깜짝할 동안의 일이니
莫見脩與短 길고 짧은 것을 보지 마라
究竟刹那法 마지막은 찰나의 법이라네.

心住於世間 마음은 세간에 머물고
世間住於心 세간은 마음에 머무니
於此不妄起 이를
二非二分別 둘과 둘이 아닌 분별로 망령되게 일으키지 마라.

衆生世界劫 중생과 세계와 겁과
諸佛及佛法 모든 부처님과 또 부처님 법은
一切如幻化 모두가 허깨비가 변하여 바뀌는 것과 같기에
法界悉平等 법계는 모두 평등하다네.

普於十方刹 시방세계에 두루
示現無量身 헤아릴 수 없는 몸을 나타내 보이지만
知身從緣起 몸이 서로 맺게 되는 인연으로 일어남을 알면
究竟無所著 마지막에는 집착할 것이 없다네.

依於無二智 둘이 없는 지혜에 의지해서
出現人師子 인사자가 나타나는 것이니
不著無二法 둘이 없는 법에도 집착하는 것이 없어야만
知無二非二 둘과 둘 아님이 없음을 알 것이라네.

了知諸世間 모든 세간이
如焰如光影 아지랑이와 같고 빛의 그림자와 같고
如響亦如夢 메아리와 같고 또한 꿈과 같고
如幻如變化 허깨비와 같고 변화하는 것과 같음을 깨달아 안다네.

如是隨順入 이와 같음을 거스르지 않고
諸佛所行處 모든 부처님이 행하시던 곳에 따라 들어가면
成就普賢智 보현의 지혜를 성취해서
普照深法界 깊은 법계를 두루 비출 것이라네.

衆生刹染著 중생과 세계에 물들고 집착하는
一切皆捨離 일체를 다 벗어나 버리고
而興大悲心 크게 가엾이 여기는 마음을 일으켜
普淨諸世間 모든 세간을 두루 청정하게 한다네.

菩薩常正念 보살은 항상 바른 생각으로
論師子妙法 논사자의 빼어난 법이
清淨如虛空 청정하고 허공과 같기에
而興大方便 큰 방편을 일으킨다네.

見世常迷倒 세상이 항상 어둡고 엎어짐을 보고
發心咸救度 마음을 일으켜 다 구하고 가르쳐 이끌 때
所行皆清淨 행하는 바가 다 청정해서
普徧諸法界 모든 법계에 두루두루 하다네.

諸佛及菩薩 모든 부처님과 보살과
佛法世間法 불법과 세간 법의
若見其眞實 그와 같은 그 진실함을 본다면
一切無差別 모든 것에 차별이 없을 것이라네.

如來法身藏 여래 법신의 장은
普入世間中 세간 가운데 두루 들어가고
雖在於世間 비록 세간에 있다고는 하지만
於世無所著 세간에 집착함이 없다네.

譬如清淨水 비유하면 청정한 물속에
影像無來去 그림자의 형상은 오고 감이 없는 것과 같이
法身徧世間 법신이 세간에 두루 한 것도
當知亦如是 또한 이와 같음을 당연히 알아야 한다네.

如是離染著 이와 같음에 물들고 집착함에서 벗어나면
身世皆清淨 몸과 세계가 빠짐없이 다 청정하고
湛然如虛空 그렇듯 맑음이 허공과 같기에
一切無有生 모든 것은 생함이 없다네.

知身無有盡 몸은 다함이 없으며
無生亦無滅 생도 없고 또한 멸도 없으며
非常非無常 항상 함도 아니고 항상 함이 없음도 아니지만
示現諸世間 모든 세간에 나타내 보인다네.

除滅諸邪見 모든 바르지 못한 견해를 없애 버리고
開示於正見 바른 견해를 열어 보이면
法性無來去 법의 성품은 오고 감이 없기에
不著我我所 나와 내 것에 집착하지 않는다네.

譬如工幻師 비유하면 공인된 마술쟁이가
示現種種事 가지가지의 일을 나타내 보이지만
其來無所從 오긴 오더라도 좇아 온 곳이 없고
去亦無所至 간다 하더라도 다다를 곳이 없다네.

幻性非有量 허깨비의 성품은 양이 아니고
亦復非無量 역시 차례를 좇아 헤아릴 수 없는 것도 아니지만
於彼大衆中 저 대중 가운데
示現量無量 양과 헤아릴 수 없는 양을 나타내 보인다네.

以此寂定心 이 적정한 마음으로
修習諸善根 모든 선근을 닦아 익히고
出生一切佛 모든 부처님을 출생하니
非量非無量 양도 아니고 헤아릴 수 없는 양도 아니라네.

有量及無量 양이 있다. 양이 헤아릴 수 없다고 함은
皆悉是妄想 남김없이 다 망령된 생각이니
了達一切趣 일체의 부류를 분명하게 깨우쳐 통하면
不著量無量 양과 헤아릴 수 없음에 집착하지 않는다네.

諸佛甚深法 모든 부처님의 깊고 깊은 법은
廣大深寂滅 광대하고 깊어서 적멸하니
甚深無量智 매우 깊고 헤아릴 수 없는 지혜만이
知甚深諸趣 깊고 깊게 다다른 모든 곳을 알 것이라네.

菩薩離迷倒 보살이 헤매고 엎어짐을 벗어나
心淨常相續 마음이 청정하며 항상 끊이지 않고 이어지며
巧以神通力 섬세하고 능숙하며 신통한 힘으로
度無量衆生 헤아릴 수 없는 중생을 괴로움에서 건져 즐거움으로 이끈다네.

未安者令安 편안하지 못한 자는 편안하게 하고
安者示道場 편안한 자에게 도량을 보이면서
如是徧法界 이와 같음이 법계에 두루 하지만
其心無所著 그 마음은 집착하는 것이 없다네.

不住於實際 실상의 본바탕이 되는 경계에 머물지 않으며
不入於涅槃 열반에 들어가는 것도 아니지만
如是徧世間 이와 같음이 세간에 두루 하기에
開悟諸群生 모든 중생이 지혜를 얻어 깨우침을 깨달아 얻게 한다네.

法數衆生數 법의 수효와 중생의 수효를
了知而不著 깨달아 알지만 집착하지 않고
普雨於法雨 법의 비를 두루 내려서
充洽諸世間 모든 세간을 넉넉하게 채운다네.

普於諸世界 모든 세계에 두루 하고
念念成正覺 생각마다 바른 깨우침을 이루며
而修菩薩行 보살행을 닦아서
未曾有退轉 잠깐이라도 물러나지 않는다네.

世間種種身 세간의 가지가지 몸을
一切悉了知 남김없이 모든 것을 깨달아 아니
如是知身法 몸의 법을 이와 같게 알면
則得諸佛身 곧 모든 부처님의 몸을 얻을 것이라네.

普知諸衆生 모든 중생과
諸劫及諸刹 모든 겁과 또 모든 세계를 두루 알기에
十方無涯際 시방의 끝없는 경계인
智海無不入 지혜의 바다로 들어간다네.

衆生身無量 중생의 몸은 헤아릴 수 없고
一一爲現身 하나하나의 몸을 나타내니
佛身無有邊 부처님의 몸이 끝없음을
智者悉觀見 지혜로운 자는 남김없이 본다네.

一念之所知 한순간에라도 알 수 있는
出現諸如來 모든 여래가 나타남을
經於無量劫 헤아릴 수 없는 겁을 지내면서
稱揚不可盡 칭찬하더라도 다할 수 없다네.

諸佛能現身 모든 부처님이 몸을 나타내고
處處般涅槃 곳곳마다 반열반에 드시니
一念中無量 한 생각 가운데 헤아릴 수 없으며
舍利各差別 법신의 자취인 사리도 각각 차별한다네.

如是未來世 이와 같은 미래 세상에
有求於佛果 부처의 열매를 구한 이들은
無量菩提心 헤아릴 수 없는 보리심을
決定智悉知 결정한 지혜로 남김없이 안다네.

如是三世中 이와 같은 삼세 가운데
所有諸如來 계시는 모든 여래를
一切悉能知 남김없이 모두 알아야지만
名住普賢行 보현의 행(十信.十住.十行)에 머문다고 이름한다네.

如是分別知 이와 같음을 분별해서
無量諸行地 헤아릴 수 없는 모든 행의 자리를 알고
入於智慧處 지혜의 처에 들어가야만
其輪不退轉 그 바퀴에서 물러남이 없다네.

微妙廣大智 작고 빼어난 광대한 지혜가
深入如來境 여래의 경계에 깊이 들어가서
入已不退轉 들어간 후에는 물러남이 없기에
說名普賢慧 이름을 보현보살의 지혜라 말한다네.

一切最勝尊 모든 것에서 가장 뛰어난 분이
普入佛境界 부처님의 경계에 두루 들어가
修行不退轉 수행해서 물러서지 않으면
得無上菩提 위 없는 보리를 얻을 것이라네.

無量無邊心 헤아릴 수 없고 끝없는 마음과
各各差別業 각각 차별한 업은
皆由想積集 다 생각으로 말미암아 쌓고 모으니
平等悉了知 모두 다 평등한 것임을 깨달아 아는 것이라네.

染汚非染汚 물들고 물들지 않음과
學心無學心 배우는 마음과 배울 것이 없는 마음과
不可說諸心 말로 할 수 없는 모든 마음을
念念中悉知 생각과 생각 가운데 모두 안다네.

了知非一二 하나도 둘도 아님을 깨달아 아니
非染亦非淨 물든 것도 아니고 또한 깨끗한 것도 아니며
亦復無雜亂 역시 차례를 좇아 섞여서 어지러운 것도 아니니
皆從自想起 다 자신의 생각을 좇아 일어난 것이라네.

如是悉明見 이와 같음을 모두 밝게 보는 것이니
一切諸衆生 일체 모든 중생의
心想各不同 마음과 생각이 각각 같지 않음이
起種種世間 가지가지로 세간에서 일어나는 것이라네.

以如是方便 이와 같은 방편으로
修諸最勝行 제일로 뛰어난 행으로 모두 닦아서
從佛法化生 부처님의 법을 좇아 변하고 바뀌어 나면
得名爲普賢 보현이라는 이름을 얻을 것이라네.

衆生皆妄起 중생이 다 망령되게
善惡諸趣想 선과 악의 모든 부류의 생각을 일으키기에
由是或生天 이로 말미암아 하늘에 나기도 하고
或復墮地獄 그와 같이 차례를 좇아 지옥에 떨어지기도 한다네.

菩薩觀世間 보살이 세간을 자세히 살펴서 들여다보니
妄想業所起 망령된 생각으로 업을 지어 일으키는 것이며
妄想無邊故 망령된 생각이 끝이 없기에
世間亦無量 세간 또한 헤아릴 수 없는 것이라네.

一切諸國土 일체 모든 국토가
想網之所現 생각의 그물로 나타나는 것이니
幻網方便故 방편이 허깨비와 같은 그물인 까닭으로
一念悉能入 한 생각에 다 능히 들어가는 것이라네.

眼耳鼻舌身 눈과 귀와 코와 혀와 몸과
意根亦如是 마음까지도 또한 이와 같기에
世間想別異 세간의 생각이 나누어져 다르지만
平等皆能入 평등하게 다 들어간다네.

一一眼境界 하나하나 눈의 경계에
無量眼皆入 헤아릴 수 없는 눈으로 다 들어가지만
種種性差別 가지가지로 차별된 성품은
無量不可說 헤아릴 수 없어 말로 할 수 없다네.

所見無差別 보는 것은 차별이 없고
亦復無雜亂 역시 차례를 따라 섞여서 어지러운 것도 없지만
各隨於自業 각각 자신의 업을 따라
受用其果報 그 과보를 받는 것이라네.

普賢力無量 보현의 힘은 헤아릴 수 없고
悉知彼一切 저 일에 모든 것을 남김없이 알며
一切眼境界 눈의 경계 모든 것에
大智悉能入 큰 지혜로 능히 다 들어간다네.

如是諸世間 이와 같은 모든 세간을
悉能分別知 남김없이 분별해서 알고
而修一切行 행하는 모든 것을 닦아서
亦復無退轉 역시 차례를 좇아 물러남이 없다네.

佛說衆生說 부처님이 말하고 중생이 말하고
及以國土說 또 국토가 말하고
三世如是說 삼세도 이와 같음을 말하는
種種悉了知 가지가지를 남김없이 깨달아 안다네.

過去中未來 과거 가운데 미래이며
未來中現在 미래 가운데 현재이기에
三世互相見 삼세가 서로 마주 보고 있음을
一一皆明了 하나하나 빠짐없이 밝게 깨우쳐 안다네.

如是無量種 이와 같은 헤아릴 수 없는 종류로

開悟諸世間 모든 세간을 지혜로 깨우침을 깨닫게 하지만

一切智方便 일체 지혜의 방편

邊際不可得 그 끝의 경계는 얻을 수가 없다네.

대방광불화엄경 제50권

37. 여래출현품(1)
如來出現品第三十七之一

1) 출현하시는 법

이때 세존께서 미간의 백호상으로부터 큰 광명을 놓으니, 이름이 '여래 출현'이며, 헤아릴 수 없는 백천 억 나유타 아승기 광명이 권속이 되고 그 광명이 시방의 모든 허공 법계와 세계의 모든 곳을 두루 비추며, 오른쪽으로 열 번을 돌아 여래의 헤아릴 수 없는 자재하심을 나타내고 수 없는 모든 대중 보살이 깨우침을 깨닫고 일체 시방의 세계를 흔들며, 일체 모든 악도의 괴롭힘을 없애 버리고 일체 모든 마궁전의 빛을 가리며, 일체 모든 부처님 여래께서 보리의 자리에 앉아 등정각을 이루시고 일체 도량에 모인 대중을 나타내시며, 이러한 일을 하시고는 보살 대중을 오른쪽으로 돌고 여래성기묘덕(如來性起妙德) 보살의 정수리에 들어갔다.

때에 이 도량에 있는 일체 대중이 몸과 마음이 기쁨에 들뜨고 큰 환희를 내면서 이와 같은 생각을 하였다.

"매우 신기하고 극히 드문 일이다. 지금 여래께서 큰 광명을 놓으시니, 반드시 매우 깊고 깊은 큰 법문을 마땅히 널리 펴서 설할 것이다."

爾時 世尊從眉間白毫相中放大光明 名 如來出現 無量百千億那由他阿僧祇光明以爲眷屬 其光普照十方盡虛空法界一切世界 右遶十帀 顯現如來無量自在 覺悟無數諸菩薩衆 震動一切十方世界 除滅一切諸惡道苦 映蔽一切諸魔宮殿 顯示一切諸佛如來坐菩提座成等正覺及以一切道場衆會 作是事已 而來右遶菩薩衆會 入如來性起妙德菩薩頂 時 此道場一切大衆身心踊躍 生大歡喜 作如是念 甚奇希有 今者如來放大光明 必當演說甚深大法

이때 여래성기묘덕 보살이 연꽃 자리 위에서 오른쪽 어깨를 드러내고 오른쪽 무릎을 꿇고 합장하면서 일심으로 부처님을 향해 게송으로 말했다.

爾時 如來性起妙德菩薩於蓮華座上 偏袒右肩 右跪合掌 一心向佛而說頌言

正覺功德大智出 바른 깨우침의 공덕으로 큰 지혜에서 나와
普達境界到彼岸 경계를 통달하고 저 언덕에 이르니
等於三世諸如來 삼세의 모든 여래와 평등하기에
是故我今恭敬禮 이러한 까닭으로 내가 지금 공손히 섬기어 예를 올립니다.

已昇無相境界岸 모양이나 상태가 없는 경계의 언덕에 오른 뒤
而現妙相莊嚴身 빼어난 모양이나 상태로 장엄한 몸을 나타내어
放於離垢千光明 더러움을 벗어나 천 개의 광명을 놓아
破魔軍衆咸令盡 마군의 대중을 다 부수어 버렸다네.

十方所有諸世界 시방에 있는 모든 세계를
悉能震動無有餘 남김없이 흔들어서 남음이 없지만
未曾恐怖一衆生 한 중생도 두렵게 한 적도 없으니
善逝威神力如是 선근으로 가신 위신의 힘은 이와 같다네.

虛空法界性平等 허공과 법계의 성품은 평등하기에
已能如是而安住 이미 이와 같음에 편안히 머무니
一切含生無數量 모든 중생의 수 없는 양과 같은
咸令滅惡除衆垢 악을 없애고 많은 더러움을 제거한다네.

苦行勤勞無數劫 고행하며 수 없는 겁 동안 부지런히 힘써서
成就最上菩提道 최상의 보리도를 성취하고
於諸境界智無礙 모든 경계에 대한 지혜가 막힘이나 걸림이 없기에
與一切佛同其性 일체 부처님과 더불어 그 성품이 같다네.

導師放此大光明 도사께서 이러한 큰 광명을 놓아
震動十方諸世界 시방의 모든 세계를 흔들고
已現無量神通力 헤아릴 수 없는 신통한 힘을 나타내며
而復還來入我身 차례를 좇아 되돌아와 나의 몸에 들어오는 것이라네.

決定法中能善學 결정한 법 가운데 선근을 배움으로
無量菩薩皆來集 헤아릴 수 없는 보살이 모두 와서 모여서는
令我發起問法心 법에 대한 물음을 일으켜 내가 발하게 하니
是故我今請法王 이러한 까닭으로 내가 이제 법왕에게 청하는 것이라네.

今此衆會皆淸淨 이 대중의 모임은 다 청정해서
善能度脫諸世間 선근으로 모든 세간을 바른길로 이끌어 해탈하게 하고
智慧無邊無染著 지혜는 끝이 없고 물들거나 집착함이 없기에
如是賢勝咸來集 이와 같은 성현들이 와서 모인 것이라네.

利益世間尊導師 세간에 이익을 더하는 높으신 도사의
智慧精進皆無量 지혜와 정진은 다 헤아릴 수 없고
今以光明照大衆 지금 광명으로 대중을 비추어
令我問於無上法 나에게 위 없는 법을 묻게 하신다네.

誰於大仙深境界 누가 부처님의 깊은 경계를
而能眞實具開演 진실을 갖추고 연설을 시작하는 것이며
誰是如來法長子 누가 여래의 법 장자인지
世間尊導願顯示 세간의 도사께서 나타내 보이길 원합니다.

이때 여래가 곧바로 입으로부터 큰 광명을 놓으시니, 이름이 '막힘이나 걸림이 없고 두려움이 없음(無礙無畏)'이며, 백천 아승기 광명을 권속으로 삼고 시방을 다한 허공 등 법계와 일체 세계를 비추며, 오른쪽으로 열 번을 돌고 여래의 가지가지로 자재함을 나타내

고 헤아릴 수 없는 보살 대중이 깨우침을 깨달아 얻게 하고자 일체 시방세계를 흔들고 일체 모든 악도의 고통을 제거해 없애 버리며, 일체 모든 마궁전의 빛을 막아버리고 일체 모든 부처님 여래가 보리 좌에 앉아서 등정각을 이루는 것과 아울러 일체 도량에 모인 대중을 나타내어 보였다.

이러한 일을 마친 뒤에는 보살 대중의 모임에 와 오른쪽으로 돌아서 보현보살마하살의 입으로 들어가시니, 그 광명이 들어간 후에는 보현보살의 몸과 사자좌에 있던 본래 시간은 모든 보살의 몸이 앉은 것보다 몇백 갑절이나 지나가지만, 오직 여래의 사자좌는 제외한다.

爾時 如來卽於口中放大光明 名 無礙無畏 百千億阿僧祇光明以爲眷屬 普照十方盡虛空等法界一切世界 右遶十帀 顯現如來種種自在 開悟無量諸菩薩衆 震動一切十方世界 除滅一切諸惡道苦 映蔽一切諸魔宮殿 顯示一切諸佛如來坐菩提座成等正覺及以一切道場衆會 作是事已 而來右遶菩薩衆會 入普賢菩薩摩訶薩口 其光入已普賢菩薩身及師子座 過於本時及諸菩薩身座百倍 唯除如來師子之座

이때 여래성기묘덕 보살이 보현보살마하살에게 물었다.

"불자여! 부처님이 나타내 보이시는 광대한 신통 변화는 모든 보살이 빠짐없이 환희를 나게 하니, 사람의 생각으로는 미루어 알 수가 없습니다. 이는 무슨 상서로운 모양이나 상태입니까?"

보현보살이 말했다.

"불자여! 내가 지난 옛적에 모든 여래와 응공, 정등각을 보니, 이와 같은 광대한 신통 변화를 나타내 보이시고는 곧 여래께서 출현해 법문을 말씀하셨다. 내 생각으로는 지금 그 같은 모양이나 상태를 나타내시니, 당연히 그 법을 설할 것이다."

이 말을 설할 때 모든 대지가 흔들리고 헤아릴 수 없는 법을 묻는 광명을 내었다.

爾時 如來性起妙德菩薩問普賢菩薩摩訶薩言 佛子 佛所示現廣大神變 令諸菩薩皆生歡喜 不可思議 世莫能智 是何瑞相 普賢菩薩摩訶薩言 佛子 我於往昔見諸如來應 正等覺示現如是廣大神變 卽說如來出現法門 如我惟忖 今現此相 當說其法 說是語時 一切大地悉皆震動 出生無量問法光明

때맞추어 성기묘덕 보살이 물었고 보현보살이 말했다.

"불자여! 보살마하살은 어떻게 모든 부처님, 여래, 응공, 정등각이 출현하시는 법을 아십니까? 저를 위해 말씀해 주시길 원합니다."

"불자여! 헤아릴 수 없는 이 모든 백천 억 나유타 보살의 대중은 오래전부터 청정한 업을 닦아 생각함의 지혜를 성취하고 큰 장엄의 언덕 마지막까지 이르렀으며, 모든 부처님의 위엄 있고 엄숙한 몸가짐을 갖추었으며, 모든 부처님을 바르게 생각해서 일찍이 잊지 않았으며, 큰 자비로 일체중생을 자세히 살펴서 들여다보고 결정한 큰 보살의 신통한 경계를 깨달아 분명하게 알며, 이미 모든 부처님으로부터 신통한 힘을 얻어 일체 여래의 빼어난 법을 받게 되었다. 이와 같은 등의 헤아릴 수 없는 공덕을 갖춘 이들이 이미 와서 모인 것이다."

"불자여! 당신께서는 이미 헤아릴 수 없는 백천 억 나유타 부처님을 섬기어 받들고 공양해서 보살의 가장 빼어난 행을 성취하였으며, 삼매의 자재함을 얻어 모든 부처님의 비밀스러운 처소에 들어갔으며, 모든 불법을 알고 많은 의혹을 끊었으며, 모든 여래의 신통한 힘을 받아 중생의 근기를 알고 그들이 즐거워하는 것을 따라 진실한 해탈의 법을 설하고 부처님의 지혜를 거스르지 않고 따라 부처님 법을 설하여 저 피안에 이르게 하시니, 이와 같은 등의 헤아릴 수 없는 공덕이 있으십니다. 선근이십니다. 불자여! 원하건대 여래, 응공, 정등각의 출현하는 법과 몸의 모양이나 상태와 말과 소리와 마음의 뜻과 경계와 행한 바 행과 도를 이루는 것과 법륜을 굴림과 뿐만 아니라 반 열반에 들어감을 나타내어 보임과 보고 들어서 친근함을 생하는 선근 등, 이와 같은 등의 일을 원하건대 우리를 위해 다 설해주십시오."

時 性起妙德菩薩問普賢菩薩言 佛子 菩薩摩訶薩應云何知諸佛如來 應 正等覺出現之法 願爲我說 佛子 此諸無量百千億那由他菩薩衆會 皆久修淨業 念慧成就 到於究竟大莊嚴岸 具一切佛威儀之行 正念諸佛未曾忘失 大悲觀察一切衆生 決定了知諸大菩薩神通境界 已得諸佛神力所加 能受一切如來妙法 具如是等無量功德 皆已來集 佛子 汝已曾於無量百千億那由他佛所承事供養 成就菩薩最上妙行 於三昧門皆得自在 入一切佛秘密之處 知諸佛法 斷衆疑惑 爲諸如來神力所加 知衆生根 隨其所樂爲說眞實解脫之法 隨順佛智演說佛法到於彼岸 有如是等無量功德 善哉佛子 願說如來 應 正等覺出現之法 身相 言音 心意境界 所行之行 成道 轉法 乃至示現入般涅槃 見聞親近所生善根 如是等事 願皆爲說

때맞추어 여래성기묘덕보살이 이러한 뜻을 거듭 밝게 펴고자 보현보살을 향해 게송으로 말했다.

時 如來性起妙德菩薩欲重明此義 向普賢菩薩而說頌言

善哉無礙大智慧 선근의 막힘이나 걸림이 없는 큰 지혜여!

善覺無邊平等境 끝이 없고 평등한 경계를 선근으로 깨달았으니

願說無量佛所行 헤아릴 수 없는 부처님의 행을 원하건대 설해주십시오.

佛子聞已皆欣慶 불자들이 듣고 모두 기뻐할 것입니다.

菩薩云何隨順入 보살은 어떻게 거스르지 않고 따라 들어갔고

諸佛如來出興世 모든 부처님 여래는 세상에 어떻게 나오셨으며

云何身語心境界 어떤 것이 몸과 말과 뜻의 경계라 하고

及所行處願皆說 행하시던 곳을 원하건대 말씀해 주십시오.

云何諸佛成正覺 어떠한 것이 모든 부처님이 이루신 바른 깨우침이며

云何如來轉法輪 어떠한 것이 여래께서 법륜을 굴리는 것이며

云何善逝般涅槃 어떠한 것이 선근으로 반 열반에 가는 것입니까?

大衆聞已心歡喜 대중이 들으면 마음으로 환희할 것입니다.

若有見佛大法王 그와 같은 부처님이신 대 법왕을 보면

親近增長諸善根 친근해서 모든 선근을 늘리고 키우는

願說彼諸功德藏 저 모든 공덕의 장(如來地.二乘地)을 원하건대 설해주십시오.

衆生見已何所獲 중생이 보면 무엇을 얻게 되는지요.

若有得聞如來名 그와 같이 여래의 이름을 들어서 얻은

若現在世若涅槃 그와 같은 현재 세상이나 그와 같은 열반으로

於彼福藏生深信 저 언덕 복의 장에 대한 믿음을 내면

有何等利願宣說 어떠한 등등의 이익이 있는지 원하건대 말씀으로 베풀어 주십시오.

此諸菩薩皆合掌 이 모든 보살이 모두 합장하고
瞻仰如來仁及我 여래의 자애와 또 나를 우러러 사모함이니
大功德海之境界 큰 공덕 바다의 경계를
淨衆生者願爲說 중생을 청정하게 하는 자를 위해 말해주시길 원합니다.

願以因緣及譬諭 바라건대 인연이나 비유로
演說妙法相應義 빼어난 법의 모양이나 상태와 응하는 뜻을 설해주십시오.
衆生聞已發大心 중생이 듣고 난 뒤에는 큰마음을 일으켜서
疑盡智淨如虛空 의심을 끊고 청정한 지혜가 허공과 같을 것입니다.

如徧一切國土中 일체 국토 가운데 두루 한
諸佛所現莊嚴身 모든 부처님이 나타내신 장엄한 몸과 같이
願以妙音及因諭 바라건대 빼어난 음성과 인연이나 비유로
示佛菩提亦如彼 부처님의 보리도 역시 저 언덕과 같음을 보여주십시오.

十方千萬諸佛土 시방 천만의 모든 부처님 국토와
億那由他無量劫 억 나유타 헤아릴 수 없는 겁에
如今所集菩薩衆 지금 여기에 모인 보살 대중은
於彼一切悉難見 그 모든 곳에서라도 보기 어려울 것입니다.

此諸菩薩咸恭敬 이 모든 보살이 다 함께 공경하고
於微妙義生渴仰 빼어난 깊은 이치를 갈망하니
願以淨心具開演 바라건대 청정한 마음을 갖추고
如來出現廣大法 여래의 광대한 법을 연설해 주십시오.

이때 보현보살마하살이 여래성기묘덕보살 등 모든 보살 대중에게 가르침을 주고자 말했다.

爾時 普賢菩薩摩訶薩告如來性起妙德等諸菩薩大衆言

여래, 응공, 정등각이 출현하는 모양이나 상태

"불자여! 이 곳(處)은 사람의 생각으로는 미루어 헤아릴 수 없음이니, 말하자면 여래, 응공, 정등각께서는 헤아릴 수 없는 법으로 출현하신다. 무슨 까닭인가 하면, 한 가지의 인연이나 한 가지의 일을 가지고 여래가 출현해서 성취하는 것이 아니고 열 가지 헤아릴 수 없는 백천 아승기 일로 성취하기 때문이다."

"무엇이 열인가 하면, 이른바 과거에 헤아릴 수 없는 일체중생을 거두어들인 보리심으로 이루어지는 까닭이며, 과거에 헤아릴 수 없는 청정하고 특히 뛰어난 뜻의 즐거움으로 이루어지는 까닭이며, 과거에 헤아릴 수 없는 일체중생을 구하고 보호한 대자대비로 이루어지는 까닭이며, 과거에 헤아릴 수 없이 끊이지 않고 이어진 행과 원으로 이루어지는 까닭이며, 과거에 헤아릴 수 없는 모든 복과 지혜를 닦아서 마음에 싫어하고 만족함이 없는 것으로 이루어지는 까닭이며, 과거에 헤아릴 수 없는 공양과 모든 중생을 가르쳐 바른길로 이끄는 일로 이루어지는 까닭이며, 과거에 헤아릴 수 없는 지혜 방편의 청정한 도로 이루어지는 까닭이며, 과거에 헤아릴 수 없는 청정한 공덕의 장으로 이루어지는 까닭이며, 과거에 헤아릴 수 없는 도를 장엄한 지혜로 이루어지는 까닭이며, 과거에 헤아릴 수 없는 법과 이치를 통달하여 이루어지는 까닭이다."

"불자여! 이와 같음의 헤아릴 수 없는 아승기 법문이 원만하기에 여래를 이루는 것이다."

"불자여! 비유하면 삼천대천세계가 하나의 인연이지만 하나의 일로 성취할 수 있는 것이 아니고 헤아릴 수 없는 인연과 헤아릴 수 없는 일로 이루어지는 것과 같으니, 이른바 큰 구름을 일으켜 넓게 깔아 큰비를 내리고 4종의 바람 바퀴가 끊이지 않고 이어져 의지하게 되는 것이다.

4가지가 무엇인가 하면, 1은 이름이 '능지'이니, 이는 능히 큰물을 가지는 까닭이고 2는 이름이 '능소'이니, 이는 능히 큰물을 사라지게 하는 까닭이고 3은 이름이 '건립'이니, 이는 일체 모든 처소를 만들어 세우는 까닭이고 4는 이름이 '장엄'이니, 이는 장엄하여 넓게 까는 것이니, 섬세하고 능숙한 선근인 까닭이다. 이와 같음은 다 중생들이 더불어 하는 업과 보살들의 선근으로 말미암아 일어나는 것이니, 그 가운데 일체중생이 각각 마땅한 바를 따라 받아들이는 것이다."

"불자여! 이와 같은 등등의 헤아릴 수 없는 인연으로 삼천대천세계를 이룰 뿐만 아니라 법의 성품이 이와 같기에 생하게 하는 자도 없고 지어가게 하는 자도 없고 알게 할 자도 없고 이루게 할 자도 없지만, 저 세계를 성취하는 것과 같아서 여래의 출현도 역시 차례를 좇아(復) 이와 같은 하나의 인연이 아니며, 하나의 일도 아니지만, 성취하는 것이다. 헤아릴 수 없는 인연과 헤아릴 수 없는 일의 모양이나 상태로 성취하는 것이니, 이른바 과거 부처님의 처소에서 설함을 듣고 받아 지닌 큰 법의 구름과 비를 내림으로 인하여 능히 여래의 4가지 큰 지혜의 바람 바퀴를 일으키는 것이다."

"무엇이 4가지인가 하면, 1은 기억해 지니는 것이니, 이는 잊지 않은 다라니 큰 지혜의 바람 바퀴며, 일체 여래의 큰 법 구름과 비를 지니는 까닭이며, 2는 멈추고 관찰함을 출생하는 큰 지혜 바람 바퀴이니, 이는 일체 번뇌를 말려서 사라지게 하는 까닭이며, 3은 섬세하고 능숙한 선근으로 회향하는 큰 지혜의 바람 바퀴이니, 이는 일체 선근을 성취하는 까닭이며, 4는 더러움을 벗어난 차별된 장엄을 출생하는 큰 지혜의 바람 바퀴이니, 이는 과거에 가르쳐 이끈 모든 중생의 선근이 청정하여 여래의 세지 않는 선근의 힘을 성취한 까닭이다. 여래가 이와 같음으로 등정각을 이루시니, 법의 성품도 이와 같기에 생함도 없고 지어감도 없지만, 성취되는 것입니다."

"불자여! 이것이 여래, 응공, 정등각이 출현하는 제1의 모양이나 상태이니, 보살마하살은 당연히 이와 같음을 알아야 한다."

佛子 此處不可思議 所謂如來 應 正等覺以無量法而得出現 何以故 非以一緣 非以一事 如來出現而得成就 以十無量百千阿僧祇事而得成就 何等爲十 所謂 過去無量攝受一切衆生菩提心所成故 過去無量淸淨殊勝志樂所成故 過去無量救護一切衆生大慈大悲所成故 過去無量相續行願所成故 過去無量修諸福智心無厭足所成故 過去無量供養諸佛敎化衆生所成故 過去無量智慧方便淸淨道所成故 過去無量淸淨功德藏所成故 過去無量莊嚴道智所成故 過去無量通達法義所成故 佛子 如是無量阿僧祇法門圓滿 成於如來 佛子 譬如三千大千世界 非以一緣 非以一事 而得成就 以無量緣 無量事 方乃得成 所謂 興布大雲 降霔大雨 四種風輪相續爲依 其四者何 一名能持 能持大水故 二名 能消大水故 三名 建立 建立一切諸處所故 四名 莊嚴 莊嚴分布咸善巧故 如是皆由衆生共業及諸菩薩善根所起 令於其中一切衆生各隨所宜而得受用 佛子 如是等無量因緣乃成三千大千世界 法性如是 無有生者 無有作者 無有知者 無有成者 然彼世界而得成就 如來出現亦復如是 非以一緣 非以一事 而得成就 以無量因緣 無量事相 乃得成就 所謂 曾於過去佛所聽聞受持大法雲雨 因此能起如來四種大智風輪 何等爲四 一者念持不忘陀羅尼大智風輪 能持一切如來大法雲雨故

二者出生止觀大智風輪 能消竭一切煩惱故 三者善巧迴向大智風輪 能成就一切善根故 四者出生離垢差別莊嚴大智風輪 令過去所化一切衆生善根淸淨 成就如來無漏善根力故 如來如是成等正覺 法性如是 無生無作而得成就 佛子 是爲如來 正等覺出現第一相 菩薩摩訶薩應如是知

"차례를 따라(復次) 불자여! 비유하면 삼천대천세계가 막 이루어지려고 할 때 큰 구름이 내리니, 이름이 '홍주'이며, 일체 방처에서 능히 받지 못할뿐더러 능히 지닐 수도 없으니, 오직 대천세계가 이루어지려는 때만은 제외하는 것과 같다. 불자여! 여래, 응공, 정등각도 역시 차례를 좇아(復) 이와 같기에 큰 법 구름을 일으켜 큰 법 비를 내리니, 이름을 '여래의 출현을 성취한다.'라고 이른다."

"일체 이승은 마음의 본래 자리가 좁아서 받지 못할뿐더러 능히 지니지도 못하지만, 오직 큰 보살이 끊지 않고 이어가는 힘은 제외한다."

"불자여! 이것이 여래, 응공, 정등각이 출현하는 제2의 모양이나 상태이니, 보살마하살은 당연히 이와 같음을 알아야 한다."

復次 佛子 譬如三千大千世界將欲成時 大雲降雨 洪霔 一切方處所不能受 所不能持 唯諸大千界將欲成時 佛子 如來 應 正等覺亦復如是 興大法雲 雨大法雨 名 成就如來出現 一切二乘心志狹劣所不能受 所不能持 唯除諸大菩薩心相續力 佛子 是爲如來 應 正等覺出現第二相 菩薩摩訶薩應如是知

"차례를 따라(復次) 불자여! 비유하면 중생들 업의 힘으로 인하여 큰 구름으로 비를 내리지만, 오더라도 온 곳이 없으며, 가더라도 이를 곳이 없는 것과 같아서 여래, 응공, 정등각도 역시 차례를 좇아(復) 이와 같기에 모든 보살이 지닌 선근의 힘을 쓴다. 이러한 까닭으로 법 구름을 일으켜서 큰 법 비를 내리지만, 이 역시 오더라도 온 곳이 없으며, 가더라도 이를 곳이 없다."

"불자여! 이것이 여래, 응공, 정등각이 출현하는 제3의 모양이나 상태이니, 보살마하살은 당연히 이와 같음을 알아야 한다."

復次 佛子 譬如衆生以業力故 大雲降雨 來無所從 去無所至 如來 應 正等覺亦復

如是 以諸菩薩善根力故 興大法雲 雨大法雨 亦無所從來 無所至去 佛子 是爲如來應 正等覺出現第三相 菩薩摩訶薩應如是知

"차례를 따라(復次) 불자여! 비유하면 큰 구름이 큰비를 내림에 대천세계의 모든 중생이 그 수효를 알지 못한다. 그와 같은 수효를 계산하고자 한다면 헛되이 미친 듯이 날뛸 뿐이니, 오직 대천세계의 주인이 되는 마혜수라만이 과거에 닦은 선근의 힘 때문에 한 방울이라도 놓치지 않고 분명하게 안다."

"불자여! 여래, 응공, 정등각도 역시 차례를 좇아(復) 이와 같기에 큰 법 구름을 일으켜서 큰 법 비를 내려도 일체중생과 성문과 독각은 알지 못하는 것이며, 그와 같이 헤아리고자 한다면 마음이 반드시 미친 듯이 날뛰어 어지러울 것이기에 오직 모든 세간의 주인인 보살마하살은 제외하니, 과거에 닦은 깨우친 지혜의 힘을 쓰는 까닭뿐만 아니라 한 문장, 한 글귀라도 중생의 마음에 들어감을 분명하게 깨달아 아는 까닭이다."

"불자여! 이것이 여래, 응공, 정등각이 출현하는 제4의 모양이나 상태이니, 보살마하살은 당연히 이와 같음을 알아야 한다."

復次 佛子 譬如大雲降霔大雨 大千世界一切衆生 無能知數 若欲筭計 徒令發狂 唯大千世界主摩醯首羅 以過去所修善根力故 乃至一滴無不明了 佛子 如來 應 正等覺亦復如是 興大法雲 雨大法雨 一切衆生 聲聞 獨覺所不能知 若欲思量 心必狂亂 唯除一切世間主 菩薩摩訶薩 以過去所修覺慧力故 乃至一文一句 入衆生心 無不明了 佛子 是爲如來 應 正等覺出現第四相 菩薩摩訶薩應如是知

"차례를 따라(復次) 불자여! 비유하면 큰 구름이 비를 내릴 때 큰 구름의 비가 있으니, 이름이 '능히 없애버림'이고 능히 불로 인한 재앙을 없애며, 큰 구름의 비가 있으니, 이름이 '능히 일어남'이고 큰물을 일으키며, 큰 구름의 비가 있으니, 이름이 '능히 멈춤'이고 능히 큰물을 멈추며, 큰 구름의 비가 있으니, 이름이 '능히 이룸'이고 일체 마니보배를 이루며, 큰 구름의 비가 있으니, 이름이 '능히 분별함'이고 삼천대천세계를 분별한다."

"불자여! 여래의 출현도 역시 차례를 좇아(復) 이와 같기에 큰 법의 구름을 일으켜서 큰 법의 비를 내리니, 큰 법의 비가 있어 이름을 '능히 멸함'이라 하고 일체중생의 번뇌를 없애며, 큰 법의 비가 있어 이름을 '능히 일으킴'이라 하고 일체중생의 선근을 일으키며, 큰 법의 비가 있어 이름을 '능히 멈춤'이라 하고 일체중생이 볼 때 의혹을 멈추게 하며, 큰 법의 비가 있어 이름을 '능히 이룸'이고 일체 지혜의 법보를 이루며, 큰 법의 비가 있어 이름을 '능히 분별함'이라 하고 일체중생이 좋아하는 마음을 분별한다."

"불자여! 이것이 여래, 응공, 정등각이 출현하는 제5의 모양이나 상태이니, 보살마하살은 당연히 이와 같음을 알아야 한다."

復次 佛子 譬如大雲降雨之時 有大雲雨 名爲 能滅 能滅火災 名爲 能起 能起大水 有大雲雨 名爲 能止 能止大水 有大雲雨 名爲 能成 能成一切摩尼諸寶 有大雲雨 名爲 分別分別 三千大千世界 佛子 如來出現亦復如是 興大法雲 雨大法雨 有大法雨 名爲 能滅 能滅一切衆生煩惱 有大法雨 名爲 能止 能止一切衆生見惑 有大法雨 名爲 能成 能成一切智慧法寶 有大法雨 名爲 分別 分別一切衆生心樂 佛子 是爲如來 應 正等覺出現第五相 菩薩摩訶薩應如是知

"차례를 따라(復次) 불자여! 비유하면 큰 구름이 한결같은 맛의 물을 내리지만, 그 내리는 곳을 따라 헤아릴 수 없이 차별하는 것과 같이 여래 출현도 역시 차례를 좇아(復) 이와 같기에 가엾이 여기는 한결같은 맛으로 법의 물을 내리지만, 마땅함을 따라 법을 설하여 헤아릴 수 없이 차별한다."

"불자여! 이것이 여래, 응공, 정등각이 출현하는 제6의 모양이나 상태이니, 보살마하살은 당연히 이와 같음을 알아야 한다."

復次 佛子 譬如大雲雨一味水 隨其所雨 無量差別 如來出現亦復如是 雨於大悲一味法水 隨宜說法 無量差別 佛子 是爲如來 應 正等覺出現第六相 菩薩摩訶薩應如是知

"차례를 따라(復次) 불자여! 비유하면 삼천대천세계가 비로소 처음 이루어질 때 먼저 색계의 모든 하늘 궁전을 이루고 다음에 욕계의 모든 하늘 궁전을 이루고 다음에 사람과 남은 중생이 머무를 모든 처소를 이룬다."

"불자여! 여래의 출현도 역시 차례를 좇아(復) 이와 같음으로 먼저 보살의 모든 행과 지혜를 일으키고 다음에 연각의 모든 행과 지혜를 일으키고 다음에 성문 선근의 모든 행과 지혜를 일으키고 다음에 그 나머지 중생의 유위(有爲)에 따른 선근과 모든 행과 지혜를 일으킨다."

"불자여! 비유하면 큰 구름이 한결같은 맛의 물을 내리지만, 모든 중생의 선근은 다름을 따르는 까닭으로 일어난 궁전이 가지가지로 같지 않다. 여래가 가엾이 여기는 큰마음의 한결같은 법의 비도 중생의 그릇을 따라 차별이 있다."

"불자여! 이것이 여래, 응공, 정등각이 출현하는 제7의 모양이나 상태이니, 보살마하살은 당연히 이와 같음을 알아야 한다."

復次 佛子 譬如三千大千世界初始成時 先成色界諸天宮殿 次成欲界諸天宮殿 次成於人及餘衆生諸所住處 佛子 如來出現亦復如是 先起菩薩諸行智慧 次起緣覺諸行智慧 次起聲聞善根諸行智慧 次起其餘衆生有爲善根諸行智慧 佛子 譬如大雲雨一味水 隨諸衆生善根異故 所起宮殿種種不同 如來大悲一味法雨 隨衆生器而有差別 佛子 是爲如來 應 正等覺出現第七相 菩薩摩訶薩應如是知

"차례를 따라(復次) 불자여! 비유하면 세계가 처음 이루어지고자 할 때 큰물이 생겨서 삼천대천세계에 가득하고 큰 연꽃이 나니, 이름이 '여래출현공덕보장엄'이며, 물 위를 두루 덮어서 빛으로 시방 모든 세계를 비추기에 때맞추어 마혜수라의 정거천 등이 이 연꽃을 보고는 곧 결정하고 이 겁 가운데 그러한 부처님이 나오실 것을 안다."

"불자여! 그 가운데 바람 바퀴가 일어나니, 이름은 '청정한 선근 광명'이고 능히 색계의 모든 하늘 궁전을 이루며, 바람의 바퀴가 일어남이 있으니, 이름은 '청정한 광명으로 장엄함'이고 욕계의 모든 하늘 궁전을 이루며, 바람의 바퀴가 일어남이 있으니, 이름은 '견고하고 빽빽해서 깨뜨릴 수 없음'이고 큰 철위산, 작은 철위산, 금강산을 이루며, 바람의 바퀴가 일어남이 있으니, 이름은 '뛰어나게 높음'이고 수미산을 이루며, 바람의 바퀴가 일어남이 있으니, 이름은 '흔들리지 않음'이고 열 가지 큰 산을 이루니, 무엇이 열인가 하면, 가타라산, 선인산, 복마산, 큰 복마산, 지쌍산, 니민다라산, 목진린타산, 마하목진린타산, 향산, 설산이다."

"바람의 바퀴가 일어남이 있으니, 이름은 '편안히 머무름'이고 능히 대지를 이루며, 바람의 바퀴가 일어남이 있으니, 이름은 '장엄'이고 땅에 있는 하늘 궁전, 용의 궁전, 건달바 궁전을 이루며, 바람의 바퀴가 일어남이 있으니, 이름은 '무진장'이고 삼천대천세계의 모든 바다를 이루며, 바람의 바퀴가 일어남이 있으니, 이름은 '광명이 두루 한 장'이고 삼천대천세계의 모든 마니보배를 이루며, 바람의 바퀴가 일어나니, 이름이 '견고한 근'이고 일체 모든 여의 나무를 능히 이룬다."

"불자여! 큰 구름이 내리는 한결같은 맛의 물이 분별이 없지만, 중생들의 선근은 같지 않기 때문에 바람의 바퀴가 같지 않으며, 바람의 바퀴가 차별하는 까닭으로 세계가 차별되는 것이다."

"불자여! 여래의 출현도 역시 차례를 좇아(復) 이와 같기에 모든 선근 공덕을 온전하게 갖추고 위 없는 큰 지혜의 광명을 놓으시니, 이름은 '여래의 종성을 끊지 않는 생각으로는 헤아릴 수 없는 지혜'이고 시방 일체 세계를 두루 비추고 모든 보살에게 일체 여래께서 관정의 수기를 주시면서 마땅히 바른 깨우침을 이루어 세상에 출현하리라 한다."

"불자여! 여래가 출현하시어 차례를 따라(復) 위 없는 큰 지혜 광명이 있으니, 이름은 '청정'이고 능히 여래의 새지 않고 다함이 없는 지혜를 이루며, 차례를 따라(復) 위 없는 큰 지혜 광명이 있으니, 이름은 '두루 비춤'이고 여래가 널리 법계에 들어가는 헤아릴 수 없는 지혜를 이루며, 차례를 따라(復) 위 없는 큰 지혜 광명이 있으니, 이름은 '부처의 종성을 지님'이고 여래의 흔들리지 않는 힘을 이루며, 차례를 따라(復) 위 없는 큰 지혜 광명이 있으니, 이름은 '뛰어나서 무너뜨릴 수 없음'이고 여래의 두려움 없고 무너짐 없는 지혜를 이루며, 차례를 따라(復) 위 없는 큰 지혜 광명이 있으니, 이름은 '일체 신통'이고 여래와 함께하지 않는 법과 일체 지혜의 지혜를 이루며, 차례를 따라(復) 위 없는 큰 지혜 광명이 있으니, 이름은 '변화를 출생함'이고 여래께서 보고 듣고 친근해서 생긴 선근으로 잃거나 무너지지 않는 지혜를 이룬다."

"차례를 따라(復) 위 없는 큰 지혜 광명이 있으니, 이름은 '거스르지 않고 두루 따라줌'이고 여래의 다함이 없는 복덕 지혜의 몸을 이루어서 일체중생을 위해 이익이 됨을 짓게 하며, 차례를 따라(復) 위 없는 큰 지혜 광명이 있으니, 이름은 '마지막이 없음'이고 여래의 깊고 깊은 빼어난 지혜를 이루어 깨달은 지혜를 따라 삼보의 종성이 영원히 끊어지지 않게 하며, 차례를 따라(復) 위 없는 큰 지혜 광명이 있으니, 이름은 '가지가지의 장엄'이고 여래의 자상한 모습으로 장엄하는 몸을 이루어 일체중생이 모두 환희를 내게 하며, 차례를 따라(復) 위 없는 큰 지혜 광명이 있으니, 이름은 '무너지지 않음'이고 여래의 법계와 허공계 등 특히 뛰어난 수행을 이루어 다함이 없게 한다."

"불자여! 여래의 가엾이 여기는 한결같은 한 맛의 물은 분별이 없지만, 모든 중생의 욕심과 좋아함이 같지 않은 것과 근성이 각각 다름으로 가지가지 큰 지혜의 바람 바퀴를 일으켜서 모든 보살이 여래가 출현의 법을 성취하게 한다."

"불자여! 일체 여래가 동일한 체성이고 큰 지혜 바퀴 가운데 가지가지의 지혜 광명을 출생하시니, 그대들은 마땅히 알아야 한다. 여래가 한 해탈 맛에서 헤아릴 수 없고 사람의 생각으로는 헤아려 알 수 없는 가지가지의 공덕을 출생하는 것을 두고 중생들이 생각하기를 이것은 여래의 신통한 힘으로 짓는 것이라 한다. 불자여! 이것은 여래의 신통한 힘으로 짓는 것이 아닐 뿐만 아니라 불자여! 한 보살이라도 부처님 계신 곳에서 선근을 심지 않고서는 여래의 일부분 지혜를 얻는다는 것은 있을 수 없는 일이며, 단지 부처님의 위엄과 공덕의 힘으로 중생들이 부처님의 공덕을 갖추게 하지만, 부처님 여래는 분별이 없기에 이룸도 없고 무너짐도 없고 지을 자가 없고 지을 법도 없다."

"불자여! 이것이 여래, 응공, 정등각이 출현하는 제8의 모양이나 상태이니, 보살마하살은 당연히 이와 같음을 알아야 한다."

復次 佛子 譬如世界初欲成時 有大水生 徧滿三千大千世界 生大蓮華 名 如來出現功德寶莊嚴 徧覆水上 光照十方一切世界 時 摩醯首羅 淨居天等見是華已 卽決定知於此劫中有爾所佛出興于世 佛子 爾時 其中有風輪起 名 善淨光明 能成色界諸天宮殿 有風輪起 名 淨光莊嚴 能成欲界諸天宮殿 有風輪起 名 堅密無能壞 能成大小諸輪圍山及金剛山 有風輪起 名 勝高 能成須彌山王 有風輪起 名 不動 能成十大山王 何等爲十 所謂 佉陀羅山 仙人山 伏魔山 大伏魔山 持雙山 尼民陀羅山 目眞鄰陀山 摩訶目眞鄰陀山 香山 雪山 有風輪起 名爲 安住 能成大地 有風輪起 名爲 莊嚴 能成地天宮殿 龍宮殿 乾闥婆宮殿 有風輪起 名 能成三千大千世界一切大海 有風輪起 名 普光明藏 能成三千大千世界諸摩尼寶 有風輪起 名 堅固根 能成一切諸如意樹 佛子 大雲所雨一味之水 無有分別 以衆生善根不同故 風輪不同 風輪差別故 世界差別 佛子 如來出現亦復如是 具足一切善根功德 放於無上大智光明 名 不斷如來種不思議智 普照十方一切世界 與諸菩薩一切如來灌頂之記 當成正覺出興於世 佛子 如來出現復有無上大智光明 名 清淨離垢 能成如來無漏無盡智 復有無上大智光明 名 普照 能成如來普入法界不思議智 復有無上大智光明 名 持佛種性 能成如來不傾動力 復有無上大智光明 名 迥出無能壞 能成如來無畏無壞智 復有無上大智光明 名 一切神通 能成如來諸不共法 一切智智 復有無上大智光明

名 出生變化 能成如來令見聞親近所生善根不失壞智 復有無上大智光明 名 普隨順 能成如來無盡福德智慧之身 爲一切衆生而作饒益 復有無上大智光明 名 不可究竟 能成如來甚深妙智 隨所開悟 令三寶種永不斷絶 復有無上大智光明 名 種種莊嚴 能成如來相好嚴身 令一切衆生皆生歡喜 復有無上大智光明 名 不可壞 能成如來法界 虛空界等殊勝壽命無有窮盡 佛子 如來大悲一味之水無有分別 以諸衆生欲樂不同 根性各別 而起種種大智風輪 令諸菩薩成就如來出現之法 佛子 一切如來同一體性 大智輪中出生種種智慧光明 佛子 汝等應知 如來於一解脫味出生無量不可思議種種功德 衆生念言 此是如來神力所造 佛子 此非如來神力所造 佛子 乃至一菩薩不於佛所曾種善根 能得如來少分智慧 無有是處 但以諸佛威德力故 令諸衆生具佛功德 而佛如來無有分別 無成無壞 無有作者 亦無作法 佛子 是爲如來 應 正等覺出現第八相 菩薩摩訶薩應如是知

"차례를 따라(復次) 불자여! 허공을 의지하여 4가지 바람의 바퀴를 일으켜서 물의 바퀴를 가지게 한다. 무엇을 4가지라 하는가. 1은 편안히 머무는 것이고 2는 항상 머무는 것이고 3은 마지막까지 이르는 것이며, 4는 견고함이다. 이 4가지 바람의 바퀴가 물의 바퀴를 가지고 물의 바퀴는 대지를 지니어 흩어지고 무너지지 않게 한다. 이러한 까닭으로 땅의 바퀴는 물의 바퀴를 의지하고 물의 바퀴는 바람의 바퀴를 의지하고 바람의 바퀴는 허공을 의지하고 허공은 의지할 데가 없는 것이라고 말하며, 비록 의지할 데가 없으나 삼천대천세계를 능히 머물게 한다."

"불자여! 여래의 출현도 역시 차례를 좇아(復) 이와 같기에 지혜 광명을 의지해서 부처님의 4가지 지혜의 바람 바퀴를 일으켜서 일체중생이 선근을 지니게 하니, 무엇이 4인가 하면, 이른바 중생을 두루 거두어 다 환희하게 하는 큰 지혜 바람 바퀴와 바른 법을 만들고 세워 모든 중생이 다 친밀하고 즐거움을 생하게 하는 큰 지혜의 바람 바퀴와 일체중생의 선근을 지키고 보호하는 큰 지혜의 바람 바퀴와 일체 방편을 갖추어 무루계를 통달하는 큰 지혜의 바람 바퀴이니, 이것이 4이다."

"불자여! 모든 부처님 세존이 사랑하는 큰마음으로 일체중생을 구하고 보호하시며, 가엾이 여기는 큰마음으로 일체중생을 가르치고 바른길로 이끌어서 해탈하게 해서 대자대비로 두루 널리 넉넉함을 더 하지만, 대자대비는 큰 방편으로서 섬세하고 능숙한 선근을 의지하고 큰 방편으로서 섬세하고 능숙한 선근은 여래의 출현을 의지하고 여래의 출현은 막힘이나 걸림이 없는 지혜의 광명을 의지하고 막힘이나 걸림이 없는 지혜의 광명은 의지할 데가 없다."

"불자여! 이것이 여래, 응공, 정등각이 출현하는 제9의 모양이나 상태이니, 보살마하살은 당연히 이와 같음을 알아야 한다."

復次 佛子 如依虛空起四風輪 能持水輪 何等爲四 一名 安住 二名 常住 三名 究竟 四名 堅固 此四風輪能持水輪 水輪能持大地令不散壞 是故說 地輪依水輪 水輪依風輪 風輪依虛空 虛空無所依 雖無所依 能令三千大千世界而得安住 佛子 如來出現亦復如是 依無礙慧光明起佛四種大智風輪 能持一切衆生善根 何等爲四 所謂 普攝衆生皆令歡喜大智風輪 建立正法令諸衆生皆生愛樂大智風輪 守護一切衆生善根大智風輪 具一切方便通達無漏界大智風輪 是爲四 佛子 諸佛世尊 大慈救護一切衆生 大悲度脫一切衆生 大慈大悲普徧饒益 然大慈大悲依大方便善巧 大方便善巧依如來出現 如來出現依無礙慧光明 無礙慧光明無有所依 佛子 是爲如來 應 正等覺出現第九相 菩薩摩訶薩應如是知

"차례를 따라(復次) 불자여! 비유하면 삼천대천세계를 이미 성취하고는 헤아릴 수 없는 가지가지의 중생에게 넉넉함을 더하게 하니, 이른바 물의 중생은 물을 얻어 넉넉함을 더하고 육지의 중생은 땅을 얻어 넉넉함을 더하고 궁전의 중생은 궁전을 얻어 넉넉함을 더하고 허공 중생, 곧 무색계는 허공을 얻어 넉넉함을 더하는 것과 같다."

"여래의 출현도 역시 차례를 좇아(復) 이와 같기에 가지가지로 헤아릴 수 없는 중생에게 넉넉함을 더하니, 이른바 부처를 보고 환희하는 자는 환희의 유익함을 얻고 청정한 계율에 머무는 자는 청정한 계율의 유익함을 얻고 모든 선정과 헤아릴 수 없음에 머무는 자는 성인이 세상으로 나가는 큰 신통의 유익함을 얻고 법문의 광명에 머무는 자는 인과가 무너지지 않는 유익함을 얻고 가지고 있는 광명에 머무는 자는 모든 법이 무너지지 않는 유익함을 얻는다. 이러한 까닭으로 여래의 출현은 헤아릴 수 없는 모든 중생을 유익하게 한다고 말한다."

"불자여! 이것이 여래, 응공, 정등각이 출현하는 제10의 모양이나 상태이니, 보살마하살은 당연히 이와 같음을 알아야 한다."

復次 佛子 譬如三千大千世界旣成就已 饒益無量種種衆生 所謂 水族衆生得水饒益 陵地衆生得地饒益 宮殿衆生得宮殿饒益 虛空衆生得虛空饒益 如來出現亦復如是 種種饒益無量衆生 所謂 見佛生歡喜者 得歡喜益 住淨戒者 得淨戒益 住諸禪定及無量者 得聖出世大神通益 住法門光明者 得因果不壞益 住無所有光明者 得一切法不壞益 是故說言 如來出現 饒益一切無量衆生 佛子 是爲如來 應 正等覺出現第十相 菩薩摩訶薩應如是知

"불자여! 보살마하살이 여래가 출현하는 것을 알면 곧 헤아릴 수 없음을 알게 됨이니, 이는 헤아릴 수 없는 행을 성취할 줄 아는 까닭이며, 곧 광대함을 아니, 이는 시방에 두루 함을 아는 까닭이며, 곧 오고 가는 것이 없음을 아는 것이니, 이는 생하고 머물고 없어짐에서 벗어난다는 것을 아는 까닭이다. 곧 행함도 없고 행할 것도 없음을 아니, 이는 마음이라는 의식, 마음으로 인식하는 작용에서 벗어난다는 것을 아는 까닭이며, 곧 몸이 없음을 아니, 이는 허공과 같은 것임을 아는 까닭이며, 곧 평등함을 아니, 이는 일체중생이 다 내가 없는 것임을 아는 까닭이다."

"곧 다함이 없음을 아니, 이는 모든 세계에 두루 해서 다하는 일이란 없는 것임을 아는 까닭이며, 곧 물러감이 없음을 아니, 이는 뒤의 경계는 끊임이 없는 것임을 아는 까닭이며, 곧 무너짐이 없음을 아니, 이는 여래의 지혜는 상대가 없는 것임을 아는 까닭이며, 곧 둘이 없음을 아니, 이는 평등하게 자세히 살펴서 들여다보고 하는 것과 하는 것이 없음을 아는 까닭이며, 곧 일체중생이 다 유익함을 얻게 됨을 아니, 이는 본래의 원으로 회향해서 만족해하는 까닭이다."

佛子 菩薩摩訶薩知如來出現 則知無量 知成就無量行故 則知廣大 知周徧十方故 則知無來去 知離生住滅故 則知無行 無所行 知離心 意 識故 則知無身 知如虛空故 則知平等 知一切衆生皆無我故 則知無盡 知徧一切刹無有盡故 則知無退 知盡後際無斷絶故 則知無壞 知如來智無有對故 則知無二 知平等觀察爲 無爲故 則知一切衆生皆得饒益 本願迴向自在滿足故

이때 보현보살마하살이 이러한 뜻을 거듭 펴려고 게송으로 말했다.

爾時 普賢菩薩摩訶薩欲衆明此義而說頌言

十力大雄最無上 십력 대웅의 가장 위 없음은
譬如虛空無等等 비유하면 허공과 같이 그 이상 더 할 수 없고
境界廣大不可量 경계가 광대해서 양으로서 알 수가 없으니
功德第一超世間 공덕은 제일이고 세간을 뛰어넘었다네.

十力功德無邊量 십력의 공덕은 끝이 없기에
心意思量所不及 마음이든 뜻이든 생각으로는 미치지 못하니
人中師子一法門 사람 가운데 사자의 한 법의 문을
衆生億劫莫能知 중생은 억겁이 지나도록 알지 못한다네.

十方國土碎爲塵 시방의 국토를 부수어 티끌로 만들어
或有筭計知其數 그와 같은 수효를 계산해서 그 수를 알 수 있지만
如來一毛功德量 여래의 한 털끝에 있는 공덕은
千萬億劫無能說 천만 억겁을 두고도 말할 수 없다네.

如人持尺量虛空 사람의 잣대를 가지고 허공을 헤아리는 것과 같이
復有隨行計其數 차례를 따른 행으로 그 수효를 계산한다지만
虛空邊際不可得 허공의 끝없는 경계는 얻을 수 없는 것과 같이
如來境界亦如是 여래의 경계 또한 이와 같다네.

或有能於刹那頃 그와 같은 찰나 사이에
悉知三世衆生心 삼세 중생의 마음을 남김없이 안다 하더라도
設經衆生數等劫 설령 중생의 수와 같은 겁을 지내더라고
不能知佛一念性 부처님 한순간의 성품은 알지 못한다네.

譬如法界徧一切 비유하면 법계가 일체에 두루 하지만
不可見取爲一切 볼 수 없고 취할 수 없는 것을 일체로 삼으니

十力境界亦復然 십력의 경계 역시 차례를 좇아 그러하기에
徧於一切非一切 일체에 두루 하지만 일체가 아니라네.

眞如離妄恒寂靜 진여는 허망함을 벗어나 항상 적정하고
無生無滅普周徧 생함이 없고 멸함도 없지만 널리 두루두루 하듯이
諸佛境界亦復然 모든 부처님의 경계 역시 차례를 좇아 그러하기에
體性平等不增減 체성이 평등해서 더하고 덜함이 없다네.

譬如實際而非際 비유하면 실질의 경계가 경계가 아니듯
普在三世亦非普 삼세에 두루 하지만 두루 하지 않듯
導師境界亦如是 도사의 경계 또한 이와 같기에
徧於三世皆無礙 삼세에 두루 하지만 막힘이나 걸림이 없다네.

法性無作無變易 법의 성품은 지음이 없고 변해서 바뀌는 것도 없고
猶如虛空本淸淨 마치 허공이 본래 청정한 것과 같이
諸佛性淨亦如是 모든 부처님의 성품이 청정함도 역시 이와 같으며
本性非性離有無 본래의 성품이 아니기에 있음과 없음을 벗어난다네.

法性不在於言論 법의 성품은 말과 글에 있지 않고
無說離說恒寂滅 말 없음과 말을 벗어나 항상 적멸하니
十力境界性亦然 십력 경계의 성품 또한 그러하기에
一切文辭莫能辯 모든 문장에 나타난 말로 판단할 수 없다네.

了知諸法性寂滅 모든 법의 성품이 적멸함을 깨달아 아는 것은
如鳥飛空無有迹 새가 허공에 날고 있지만, 자취가 없는 것과 같이
以本願力現色身 본래 원의 힘으로 색신을 나타내 보이는 것이기에
令見如來大神變 여래의 큰 신통 변화를 볼 수 있는 것이라네.

若有欲知佛境界 그와 같은 부처님의 경계를 알고자 한다면

當淨其意如虛空 당연히 그 뜻을 청정히 해서 허공과 같아야 하니
遠離妄想及諸取 이치에 어그러진 생각과 모든 취할 것에서 멀리 벗어나
令心所向皆無礙 마음이 향하는 모든 곳에 막힘이나 걸림이 없어야 한다네.

是故佛子應善聽 이러한 까닭으로 불자는 응당 선근으로 들어야 하니
我以少譬明佛境 내가 아주 적은 비유로 부처님의 경계를 밝게 하는 것은
十力功德不可量 십력의 공덕은 헤아려 알 수 없기에
爲悟衆生今略說 중생이 깨우침을 깨닫도록 간략하게 설하는 것이라네.

導師所現於身業 도사가 몸의 업을 나타냄과
語業心業諸境界 말의 업과 마음의 업과 모든 경계와
轉妙法輪般涅槃 빼어난 법륜을 굴리고 반열반에 대한
一切善根我今說 일체 선근을 내가 지금 설한다네.

譬如世界初安立 비유하면 세계가 처음 편안하게 세워질 때
非一因緣而可成 하나의 인연으로 이루어진 것이 아니며
無量方便諸因緣 헤아릴 수 없는 방편과 모든 인연으로
成此三千大千界 이 삼천대천세계가 이루어졌다네.

如來出現亦如是 여래 출현도 역시 이와 같아서
無量功德乃得成 헤아릴 수 없는 공덕으로 이루어진 것이니
刹塵心念尙可知 세계의 티끌 같은 마음의 생각은 안다 하더라도
十力生因莫能測 십력으로 생긴 인연은 헤아릴 수 없다네.

譬如劫初雲澍雨 비유하면 겁의 처음에 구름이 단비를 내려
而起四種大風輪 네 가지 큰바람 바퀴를 일으키듯
衆生善根菩薩力 중생의 선근과 보살의 힘으로
成此三千各安住 이 삼천에 각각 편안히 머무름을 이루었다네.

十力法雲亦如是 십력의 법 구름 또한 이와 같기에
起智風輪清淨意 지혜의 바람 바퀴의 청정한 뜻을 일으켜
昔所迴向諸衆生 오래전부터 회향해온 모든 중생을
普導令成無上果 두루 이끌어서 위 없는 과를 이루게 한다네.

如有大雨名洪澍 큰비가 있으니 이름이 홍주이고
無有處所能容受 받아 수용할 처가 없지만
唯除世界將成時 오직 세계가 장차 이루어지려 할 때
清淨虛空大風力 청정한 허공 큰바람의 힘은 제외할 것이라네.

如來出現亦如是 여래 출현 또한 이와 같기에
普雨法雨充法界 법 비를 두루 내려 법계에 가득하니
一切劣意無能持 일체 좁은 뜻으로는 지닐 수 없지만
唯除清淨廣大心 오직 청정하고 광대한 마음은 제외할 것이라네.

譬如空中澍大雨 비유하면 허공 가운데 단비를 크게 내리지만
無所從來無所去 좇아 나온 곳도 없으며, 가는 곳도 없고
作者受者悉亦無 짓은 자도 받은 자도 또한 모두 없지만
自然如是普充洽 자연히 이와 같음을 충분하게 두루 적셔준다네.

十力法雨亦如是 십력의 법 비 또한 이와 같기에
無去無來無造作 감도 없으며 옴도 없고 지어 만든 것도 없고
本行爲因菩薩力 본래의 행이 원인이 되어 보살의 힘으로
一切大心咸聽受 모든 큰마음은 다 듣고 받는다네.

譬如空雲澍大雨 비유하면 허공의 구름이 단비를 크게 내려
一切無能數其滴 일체가 그 빗방울의 수효를 셀 수 없지만
唯除三千自在王 오직 삼천 자재왕은 제외할 것이니
具功德力悉明了 공덕의 힘을 갖추어 다 분명하게 알기 때문이라네.

善逝法雨亦如是 선근으로 가신 법 비 또한 이와 같으니
一切衆生莫能測 모든 중생은 헤아리지 못하지만
唯除於世自在人 오직 세상의 자재인은 제외함이니
明見如觀掌中寶 손바닥 가운데 보배를 보듯 밝게 보기 때문이라네.

譬如空雲澍大雨 비유하면 허공의 구름에서 내리는 큰 단비를
能滅能起亦能斷 능히 없애고 일으키기도 하고 또한 끊기도 하며
一切珍寶悉能成 일체 진귀한 보배를 이루고
三千所有皆分別 삼천세계에 있는 것을 다 분별함과 같다네.

十力法雨亦如是 십력의 법 비 또한 이와 같기에
滅惑起善斷諸見 그와 같이 없애고 선근을 일으켜 모든 견해를 끊게 하고
一切智寶皆使成 일체 지혜의 보배를 이루게 하며
衆生心樂悉分別 중생의 마음이 좋아함을 따라 남김없이 분별한다네.

譬如空中雨一味 비유하면 허공 가운데 내리는 한 맛은
隨其所雨各不同 그 내리는 곳을 따라 각각 같지 않으니
豈彼雨性有分別 어찌 저 비의 성품을 분별할 수 있겠는가.
然隨物異法如是 물건이 다름을 따라 법도 이와 같다네.

如來法雨非一異 여래의 법 비도 하나와 다르지 않아
平等寂靜離分別 평등하고 적정하며 분별을 벗어났지만
然隨所化種種殊 변하여 바뀜을 따라 가지가지로 다르기에
自然如是無邊相 자연히 이와 같음의 끝없는 모양이나 상태라네.

譬如世界初成時 비유하면 세계가 처음 이루어지는 때
先成色界天宮殿 먼저 색계의 하늘 궁전을 이루고
次及欲天次人處 다음에 욕계와 다음에 하늘과 다음에 사람이 사는 곳에 이루며
乾闥婆宮最後成 건달바 궁이 가장 뒤에 이루어지는 것과 같다네.

如來出現亦如是 여래의 출현 또한 이와 같기에
先起無邊菩薩行 먼저 끝없는 보살행을 일으키고
次化樂寂諸緣覺 다음에 고요함을 좋아하는 모든 연각을 가르쳐 이끌고
次聲聞衆後衆生 다음에 성문의 대중이며 중생이 뒤라네.

諸天初見蓮華瑞 모든 하늘이 처음에 연화의 상서로움을 보고
知佛當出生歡喜 부처님이 현 세상에 나심을 알고 환희하니
水緣風力起世間 물의 인연과 바람의 힘으로 세간이 일어나고
宮殿山川悉成立 궁전과 산천 모든 것이 제대로 이루어진다네.

如來宿善大光明 여래의 지난 세상 선근의 큰 광명으로
巧別菩薩與其記 섬세하고 능숙한 선근이 다름을 따라 보살에게 수기를 주고
所有智輪體皆淨 가지고 있는 지혜 바퀴의 체가 다 청정해서
各能開示諸佛法 각각 모든 부처님의 법을 열어 보인다네.

譬如樹林依地有 비유하면 나무숲은 땅을 의지해 있고
地依於水得不壞 땅은 물을 의지해서 무너지지 않으며
水輪依風風依空 수륜은 바람을 의지하고 바람은 허공을 의지하지만
而其虛空無所依 그 허공은 의지할 것이 없는 것과 같다네.

一切佛法依慈悲 모든 부처님 법은 자비를 의지하고
慈悲復依方便立 자비는 차례를 좇아 방편을 의지해 세우며
方便依智智依慧 방편은 지(선악을 판단 처리하는 능력)를 의지하고 지는 혜(분별능력)를 의지하지만
無礙慧身無所依 막힘이나 걸림이 없는 지혜의 몸은 의지할 것이 없다네.

譬如世界旣成立 비유하면 세계가 이루어진 뒤에는
一切衆生獲其利 모든 중생이 이익을 얻으며
地水所住及空居 땅과 물에 머무는 것과 허공에 사는 것들과

二足四足皆蒙益 두 발, 네 발이 빠짐없이 이익을 입는다네.

法王出現亦如是 법왕이 출현함도 또한 이와 같기에
一切衆生獲其利 모든 중생이 이익을 얻으며
若有見聞及親近 그와 같이 보고 듣고 또 친근하면
悉使滅除諸惑惱 남김없이 모든 번뇌의 미혹함을 없애버린다네.

如來出現法無邊 여래가 출현하는 법은 끝이 없고
世間迷惑莫能知 세간은 미혹해서 알지 못하니
爲欲開悟諸含識 모든 함식(含識)들이 깨우침을 깨우치게 하고자
無譬諭中說其譬 비유할 수 없는 가운데 비유로 설한다네.

2) 몸의 업

여래의 몸 모양이나 상태

"불자여! 모든 보살마하살이 마땅히 어떻게 여래, 응공, 정등각의 몸을 보아야 하는가?"
佛子 諸菩薩摩訶薩應云何見如來 應 正等覺身

"불자여! 모든 보살마하살은 응당 헤아릴 수 없는 곳에서 여래의 몸을 보아야만 한다. 무슨 까닭인가 하면, 보살마하살은 하나의 법과 하나의 일과 하나의 몸과 하나의 국토와 하나의 중생에서 여래를 보는 것이 아니고 마땅히 모든 곳에서 두루 여래를 보아야 하기 때문이다."

"불자여! 비유하면 허공이 모든 색과 색이 아닌 곳에 두루 이르지만, 이르는 것도 아니고 이르지 않는 것도 아니다. 무슨 까닭인가 하면, 허공은 몸이 없는 까닭이다."

"여래의 몸도 또한 이와 같기에 모든 곳에 두루 하고 모든 중생에 두루 하고 모든 법에

두루 하고 모든 국토에 두루 하지만 이르는 것도 아니고 이르지 않는 것도 아니다. 무슨 까닭인가 하면, 여래의 몸은 몸이 없는 까닭이다. 그러나 중생을 위한 까닭으로 그 몸을 나타내 보인다.

불자여! 이것이 여래의 몸 제1 모양이나 상태이니, 모든 보살마하살은 응당 이와 같음을 보아야만 한다."

佛子 諸菩薩摩訶薩應於無量處見如來身 何以故 諸菩薩摩訶薩不應於一法 一事 一身 一國土 一衆生見於如來 應徧一切處見於如來 佛子 譬如虛空徧至一切色 非色處 非至 非不至 何以故 虛空無身故 如來身亦如是 徧一切處 徧一切衆生 徧一切法 徧一切國土 非至 非不至 何以故 如來身無身故 爲衆生故示現其身 佛子 是爲如來身第一相 諸菩薩摩訶薩應如是見

"차례를 따라(復次) 불자여! 비유하면 허공이 넓고 커서 색이 아니지만 일체 모든 색을 능히 나타내니, 그렇다고 허공은 분별함이 없고 또한 장난 같은 말도 없다. 여래의 몸도 역시 차례를 좇아(復) 이와 같은 지혜의 광명으로 널리 비추어 밝히는 까닭에 모든 중생이 세간과 출세간의 모든 선근의 업을 다 성취하지만, 여래의 몸은 분별이 없으며, 또한 장난 같은 말도 없으니, 무슨 까닭인가 하면, 본래부터 모든 집착과 모든 장난 같은 말을 영원히 끊어낸 까닭이다."

"불자여! 이것이 여래의 몸 제2 모양이나 상태이니, 모든 보살마하살은 응당 이와 같음을 보아야만 한다."

復次 佛子 譬如虛空寬廣非色 而能顯現一切諸色 而彼虛空無有分別亦無戱論 如來身亦復如是 以智光明普照明故 令一切衆生世 出世間善根業皆得成就 而如來身無有分別亦無戱論 何以故 從本已來 一切執著 一切戱論皆永斷故 佛子 是爲如來身第二相 諸菩薩摩訶薩應如是見

"차례를 따라(復次) 불자여! 비유하면 해가 뜨면 염부제의 헤아릴 수 없는 중생이 다 이익을 얻으니, 이른바 어둠을 깨트리고 밝은 것을 지어가며, 축축한 것을 말리고 초목이 나서 자라고 곡식을 성숙하게 하고 허공을 환하게 하고 연꽃을 피게 하며, 길을 가는 자에게는 길이 보이게 하고 집에 있는 자는 일에 힘쓰게 하니, 왜냐하면 해가 헤아릴 수 없는 광명을 두루 놓은 까닭이다.”

“불자여! 여래 지혜의 해도 역시 차례를 좇아(復) 이와 같은 헤아릴 수 없는 일로 중생에게 두루 이익이 되도록 하니, 이른바 악을 없애고 선을 나게 하며, 어리석음을 깨트리고 지혜를 얻게 하며, 큰 지혜로 구하고 보호하며, 크게 불쌍히 여김으로 고통을 벗어나 해탈하게 하며, 그와 같은 근과 힘과 깨우침을 늘리고 키우며, 깊은 믿음의 마음을 내어 탁한 마음을 벗어나고 버리며, 보고 들음을 얻어 원인과 결과를 무너지지 않게 하며, 하늘의 눈을 얻어 죽고 나는 것을 보게 하며, 마음에 막힘이나 걸림이 없어 선근을 무너지지 않게 하며, 지혜를 닦아 밝게 해서 깨달음의 꽃을 피우게 하며, 마음을 일으켜 본래의 행을 성취하게 하는 것이니, 왜냐하면 여래 지혜의 해와 같은 몸이 헤아릴 수 없는 광명을 놓아 두루 비추는 까닭이다.”

“불자여! 이것이 여래의 몸 제3 모양이나 상태이니, 모든 보살마하살은 응당 이와 같음을 보아야만 한다.”

復次 佛子 譬如日出於閻浮提 無量衆生皆得饒益 所謂 破闇作用 變濕令燥 生長草木 成熟穀稼 廓徹虛空 開敷蓮華 行者見道 居者辨業 何以故 日輪普放無量光故 佛子 如來智日亦復如是 以無量事普益衆生 所謂 滅惡生善 破愚爲智 大慈救護 大悲度脫 令其增長根 力 覺分 令生深信 捨離濁心 令得見聞 不壞因果 令得天眼 見歿生處 令心無礙 不壞善根 令智修明 開敷覺華 令其發心 成就本行 何以故 如來廣大智慧日身 放無量光普照耀故 佛子 是爲如來身第三相 諸菩薩摩訶薩應如是見

“차례를 따라(復次) 불자여! 비유하면 해가 뜨면 염부제에 앞서 수미산 등의 모든 큰 산왕을 비추고 다음에 흑산을 비추고 다음에 높은 벌판을 비추고 그런 후에 모든 대지를 두루 비춘다. 해가 생각을 지어가길, ‘내가 먼저 이것을 비추고 후에 저것을 비출 것이다.’라고 하지 않지만, 산과 땅은 높고 낮은 곳이 있는 까닭으로 비추는 일에 선과 후가 있는 것과 같다.”

“여래, 응공, 정등각도 역시 차례를 좇아(復) 이와 같기에 끝없는 법계의 지혜 바퀴를 성취해서 항상 막힘이나 걸림이 없는 지혜 광명을 놓아 먼저 보살마하살 등 모든 대 산왕을 비추고 다음에 연각을 비추고 다음에 성문을 비추고 다음에 결정된 선근의 중생을 비추고 그 마음의 그릇을 따라 광대한 지혜를 보이고 그러한 후에 모든 중생을 두루 비출 뿐만 아니라 바르지 못한 결정에 이르기까지 또한 다 두루 미친다. 미래에 이익이 될 인연을 지어가기 위해서 성숙하게 하는 까닭이지만, 여래의 지혜 해가 생각으로 지어가길, '내가 마땅히 먼저 보살의 큰 행을 비추고 후에 바르지 못한 결정을 내린 중생을 비출 것이다.'라고 하지 않고 다만 광명을 놓아 평등하게 두루 비추니, 막힘이나 걸림도 없으며, 분별할 것도 없다."

"불자여! 비유하면 해와 달이 때를 따라 나타나서 큰 산과 깊은 골짜기를 사사로움 없이 두루 비추는 것과 같이 여래의 지혜도 역시 차례를 좇아 이와(復) 같기에 일체를 두루 비추고 분별함이 없지만, 모든 중생의 근과 하고자 하는 욕망이 같지 않기 때문에 지혜 광명도 가지가지로 다르다."

"불자여! 이것이 여래의 몸 제4 모양이나 상태이니, 모든 보살마하살은 응당 이와 같음을 보아야만 한다."

復次 佛子 譬如日出於閻浮提 先照一切須彌山等諸大山王 次照黑山 次照高原 然後普照一切大地 日不作念 我先照此 後照於彼 但以山地有高下故 照有先後 如來應 正等覺亦復如是 成就無邊法界智輪 常放無礙智慧光明 先照菩薩摩訶薩等諸大山王 次照緣覺 次照聲聞 次照決定善根衆生 隨其心器示廣大智 然後普照一切衆生 乃至邪定亦皆普及 爲作未來利益因緣令成熟故 而彼如來大智日光不作是念 我當先照菩薩大行 乃至後照邪定衆生 但放光明平等普照 無礙無障 無所分別 佛子 譬如日月隨時出現 大山 幽谷普照無私 如來智慧亦復如是 普照一切無有分別 隨諸衆生根欲不同 智慧光明種種有異 佛子 是爲如來身第四相 諸菩薩摩訶薩應如是見

"차례를 따라(復次) 불자여! 비유하면 해가 뜨는 것을 태어나면서 눈이 먼 중생은 눈의 뿌리가 없는 까닭으로 이에 보는 일을 얻지 못할 것이니, 비록 보지는 못하지만, 햇빛으로 넉넉한 도움을 받는 바가 된다. 왜 그러한가 하면, 햇빛의 도움으로 인하여 낮과 밤의 시간을 알고 가지가지의 의복과 음식을 받아들여 몸을 알맞게 조절해서 많은 근심 걱정에서 벗어나게 하는 것과 같다."

"여래 지혜의 해도 역시 차례를 좇아(復) 이와 같기에 믿음이 없고 이해하는 것이 없고 계율을 훼손하고 보는 일을 헐어서 바르지 못한 목숨으로 살아가는, 눈이 먼 무리는 믿는 눈이 없는 까닭으로 모든 부처님 지혜의 해 바퀴를 보지 못한다. 비록 부처님 지혜의 해 바퀴를 보지 못하지만, 또한 지혜의 해로 인하여 넉넉한 도움을 받는 바가 된다. 왜 그러한가 하면, 부처님의 강력한 힘으로 중생들이 가지고 있는 몸의 고통과 모든 번뇌와 미래의 모든 고통이 되는 원인이 모두 사라져 없어지는 까닭이다."

"불자여! 여래에게 광명이 있으니, 이름이 '모든 공덕을 쌓음'이며, 광명이 있으니, 이름이 '청정하고 자재하게 비춤'이며, 광명이 있으니, 이름이 '크고 빼어난 음성을 냄'이며, 광명이 있으니, 이름이 '일체 말하는 법을 두루 이해하여 다른 이를 환희하게 함'이며, 광명이 있으니, 이름이 '모든 의심을 영원히 끊어 자재한 경계를 나타냄'이며, 광명이 있으니, 이름이 '머무름이 없는 지혜로 자재하게 두루 비춤'이며, 광명이 있으니, 이름이 '모든 말장난 같은 말을 영원히 끊어낸 자재한 지혜'이며, 광명이 있으니, 이름이 '마땅한 대로 빼어난 음성을 냄'이며, 광명이 있으니, 이름이 '청정하고 자재한 음성을 내어 국토를 장엄하고 중생을 성숙하게 하는 것'이다."

"불자여! 여래의 하나하나의 털구멍에서 이와 같은 등의 천 가지 광명을 놓아 오백 광명은 하방을 두루 비추고 오백 광명은 상방의 가지가지 세계 가운데 가지가지의 부처님 처소와 모든 보살 대중을 비춘다. 그 보살 등등이 이 광명을 보고 일시에 여래의 경계를 얻어 열 머리, 열 눈, 열 귀, 열 코, 열 혀, 열 몸, 열 손, 열 발, 열 지위, 열 지혜가 청정해지고 저 보살들이 먼저 성취한 모든 처와 모든 지위가 이 광명을 보고 점차로 다시 청정해지면서 모든 선근을 남김없이 다 성숙시켜서 일체 지혜에 이르고 이승에 머무는 자는 일체의 허물을 없애고 그 나머지 한 부분으로 태어나면서 눈이 먼 중생도 몸이 상쾌해지고 마음도 청정해지며, 부드럽게 조복되어 생각의 지혜를 닦으며, 지옥, 아귀, 축생의 길에 있는 중생들도 즐거움을 얻고 많은 고통에서 해탈하며, 목숨을 마치면 모두 천상의 인간으로 태어난다."

"불자여! 저 모든 중생은 무슨 인연과 무슨 신통한 힘으로 여기에 와서 태어나는지를 알지도 못하고 태어나면서 눈이 먼 소경이 생각으로 지어가길, '내가 범천이고 내가 변하여 바뀐 범천이다.'라고 한다. 그때 여래는 두루 자재한 삼매에 머물면서 육십 가지의 빼어난 음성을 내어 말씀하시길 '너희 등은 범천이 아니며, 변하여 바뀐 범천도 아니고 제석천왕이나 호세 사천왕이 지은 것도 아니며, 다 여래의 위엄과 신통의 힘이다.'라고 하신다."

"저 모든 중생이 이 말을 듣고는 부처님의 신통한 힘으로 지난 세상의 일들을 알고 크게 환희하는 까닭으로 자연스럽게 우담바라 꽃구름, 향 구름, 음악 구름, 옷구름, 덮개 구름, 당기 구름, 번기 구름, 가루 향 구름, 보배 구름, 사자 당기 반달 누각 구름, 노래 찬탄 구름 등 가지가지로 장엄한 구름을 내어 모두 존중하는 마음으로 여래에게 공양한다. 왜 그러한가 하면 모든 중생이 청정한 눈을 얻는 까닭으로 여래께서 그들에게 아뇩다라삼먁삼보리의 수기를 주기 때문이다."

"불자여! 여래 지혜의 해는 이와 같음을 태어나면서 눈이 먼 중생에게 이익이 되도록 해서 선근을 얻게 하고 또 온전하게 갖추고 성숙하게 한다."

"불자여! 이것이 여래의 몸 제5 모양이나 상태이니, 모든 보살마하살은 응당 이와 같음을 보아야만 한다."

復次 佛子 譬如日出 生盲衆生無眼根故 未曾得見 雖未曾見 然爲日光之所饒益 何以故 因此得知晝夜時節 受用種種衣服 飮食 令身調適離衆患故 如來智日亦復如是 無信 無解 毁戒 毁見 邪命自活生盲之類無信眼故 不見諸佛智慧日輪 雖不見佛智慧日輪 亦爲智日之所饒益 何以故 以佛威力 令彼衆生所有身苦及諸煩惱 未來苦因皆消滅故 佛子 如來有光明 名 積集一切功德 有光明 名 普照一切 有光明 名 淸淨自在照 有光明 名 出大妙音 有光明 名 普解一切語言法令他歡喜 有光明 名 示現永斷一切疑自在境界 有光明 名 無住智自在普照 有光明 名 永斷一切戱論自在智 有光明 名 隨所應出妙音聲 有光明 名 出淸淨自在音莊嚴國土成熟衆生 佛子 如來一一毛孔放如是等千種光明 五百光明普照下方 五百光明普照上方 種種刹中種種佛所諸菩薩衆 其菩薩等見此光明 一時皆得如來境界 十頭 十眼 十耳 十鼻 十舌 十身 十手 十足 十地 十智 皆悉淸淨 彼諸菩薩先所成就諸處諸地 見彼光明轉更淸淨 一切善根皆悉成熟 趣一切智 住二乘者 滅一切垢 其餘一分生盲衆生 身旣快樂 心亦淸淨 柔軟調伏 堪修念智 地獄 餓鬼 畜生諸趣所有衆生 皆得快樂 解脫衆苦 命終皆生天上人間 佛子 彼諸衆生不覺不知 以何因緣 以何神力而來生此 彼生盲者作如是念 我是梵天 我是梵天 是時 如來住普自在三昧 出六十種妙音而告之言 汝等非是梵天 亦非梵化 亦非帝釋護世所作 皆是如來威神之力 彼諸衆生聞是語已 以佛神力皆知宿命生大歡喜 心歡喜故 自然而出優曇華雲 香雲 音樂雲 衣雲 蓋雲 幢雲 幡雲 末香雲 寶雲 師子幢半月樓閣雲 歌詠讚歎雲 種種莊嚴雲 皆以尊重心供養如來 何以故 此諸衆生得淨眼故 如來與彼授阿耨多羅三藐三菩提記 佛子 如來智日如是利益生盲衆生 令得善根 具足成熟 佛子 是爲如來身第五相 諸菩薩摩訶薩應如是見

"차례를 따라(復次) 불자여! 비유하면 달 바퀴는 4가지 기이하고 특이한 이전에는 없던 법이 있으니, 무엇이 4인가 하면, 1은 모든 별의 광명을 가로막은 것이고 2는 때를 좇아 따라서 이지러졌다 가득 차는 것이고 3은 염부제의 청정하고 맑은 가운데 그림자로 나타나는 것이고 4는 모든 보는 자가 빠짐없이 눈앞에 마주하는 것과 같다는 것이다. 저 달 바퀴는 분별이 없고 장난 같은 논란거리도 없다."

"불자여! 여래의 몸이 달과 같음도 역시 차례를 좇아(復) 이와 같은 네 가지 기이하고 특이한 예전에 없던 법이 있으니, 무엇이 넷인가 하면, 이른바 빛이 가려진 모든 성문과 독각과 배우는 자와 배울 것이 없는 대중이 그들의 마땅함을 따라 수명이 길고 짧음이 같지 않음을 나타내 보이지만, 여래의 몸은 늘거나 줄어드는 일이 없고 모든 세계 청정한 중생의 마음, 이 마음의 보리 그릇에는 모든 그림자가 나타나는 것이고 모든 중생 가운데 여래와 마주 대하여 우러러보는 자는 다 이르길 여래가 오직 내 앞에 나타나신다고 하지만, 그들이 좋아하는 것을 따라 법을 설하고 그 지위를 따라 해탈을 얻게 하고 응당 바른 길의 가르침에 변하여 바뀜을 따라 부처님의 몸을 보게 하지만, 여래의 몸은 분별이 없고 말장난 같은 논란거리도 없으며, 지어가는 이익이 빠짐없이 마지막까지 이른다."

"불자여! 이것이 여래의 몸 제6 모양이나 상태이니, 모든 보살마하살은 응당 이와 같음을 보아야만 한다."

復次 佛子 譬如月輪有四奇特未曾有法 何等爲四 一者 映蔽一切星宿光明 二者 隨逐於時示現虧盈 三者 於閻浮提澄淨水中影無不現 四者 一切見者皆對目前 而此月輪無有分別 無有戲論 佛子 如來身月亦復如是 有四奇特未曾有法 何等爲四 所謂映蔽一切聲聞 獨覺 學 無學衆 隨其所宜 示現壽命脩短不同 而如來身無有增減 一切世界淨心衆生菩提器中 影無不現 一切衆生有瞻對者皆謂如來唯現我前 隨其心樂而爲說法 隨其地位令得解脫 隨所應化令見佛身 而如來身無有分別 無有戲論 所作利益皆得究竟 佛子 是爲如來身第六相 諸菩薩摩訶薩應如是見

"차례를 따라(復次) 불자여! 비유하면 삼천대천세계의 범천왕은 적은 방편으로 대천세계에 몸을 두루 나타내면 모든 중생은 빠짐없이 다 범왕이 현재 자기 앞에 있음을 보지만, 이 범왕은 역시 몸을 나누지 않고 가지가지의 몸도 없는 것과 같다."

"불자여! 모든 부처님 여래도 역시 차례를 좇아(復) 이와 같기에 분별도 없고 장난 같은 논란거리도 없고 몸을 나누지도 않고 가지가지의 몸도 없지만, 모든 중생이 마음으로 좋아하는 것을 따라 몸을 나타내 보이면서도 역시 그와 같은 몸을 나타낸다고 생각하지 않는다."

"불자여! 이것이 여래의 몸 제7 모양이나 상태이니, 모든 보살마하살은 응당 이와 같음을 보아야만 한다."

復次 佛子 譬如三千大千世界大梵天王 以少方便於大千世界普現其身 一切衆生皆見梵王現在己前 而此梵王亦不分身 無種種身 佛子 諸佛如來亦復如是 無有分別 無有戲論 亦不分身 無種種身 而隨一切衆生心樂示現其身 亦不作念現若干身 佛子 是爲如來身第七相 諸菩薩摩訶薩應如是見

"차례를 따라(復次) 불자여! 비유하면 의왕이 많은 약과 모든 주문의 논리를 알아 염부제 가운데 가지고 있는 약으로 다함이 없이 쓰고 차례를 좇아(復) 이전 세상의 모든 선근의 힘과 크고 밝은 주문의 힘을 방편으로 삼은 까닭에 의왕을 보는 중생들은 모두 병에서 벗어나며, 그 의왕이 자신의 명이 장차 다함을 알고 생각을 지어가 이르길 '내가 죽은 후에는 모든 중생이 의지할 데가 없을 것이니, 내가 이제 응당 이들을 위해 방편을 보일 것이다.'라고 한다. 이에 약을 만들어 몸에 바르고 밝은 주문의 힘을 가지고 명이 다한 후에도 몸이 흩어지지 않고 시들지도 않고 마르지도 않게 해서 태도나 몸가짐과 보고 듣는 것이 본래와 다르지 않고 병을 치료하면 모두 나았다."

"불자여! 여래, 응공, 정등각의 위 없는 의왕 역시 차례를 좇아(復) 이와 같기에 헤아릴 수 없는 백천 억 나유타 겁을 두고 법이라는 약을 단련하고 다스려서 성취하였고 섬세하고 능숙한 선근 방편과 크고 밝은 주문을 모두 닦고 배워서 빠짐없이 저 언덕에 이르렀고 모든 중생의 일체 번뇌와 병을 선근으로 능히 없애버리고 수명 또한 헤아릴 수 없는 겁에 머물고 몸이 청정하여 생각함이 없고 같은 움직임이 없으면서도 모든 불사를 멈추지 않았다. 곧 중생이 그를 보면 모든 번뇌와 병이 사라져 없어짐을 얻는다."

"불자여! 이것이 여래의 몸 제8 모양이나 상태이니, 모든 보살마하살은 응당 이와 같음을 보아야만 한다."

復次 佛子 譬如醫王善知衆藥及諸呪論 閻浮提中諸所有藥用無不盡 復以宿世諸善根力 大明呪力 爲方便故 衆生見者病無不愈 彼大醫王知命將終 作是念言 我命終後

一切衆生無所依怙 我今宜應爲現方便 是時 醫王合藥塗身 明呪力持 令其終後身不分散 不萎不枯 威儀視聽與本無別 凡所療治悉得除差 佛子 如來 應 正等覺無上醫王亦復如是 於無量百千億那由他劫 鍊治法藥已得成就 修學一切方便善巧大明呪力皆到彼岸 善能除滅一切衆生諸煩惱病及住壽命 經無量劫 其身淸淨無有思慮 無有動用 一切佛事未嘗休息 衆生見者諸煩惱病悉得消滅 佛子 是爲如來身第八相 諸菩薩摩訶薩應如是見

"차례를 따라(復次) 불자여! 비유하면 큰 바다에 큰 마니보배가 있으니, 이름이 '모든 광명을 모으는 비로자나 장'이고 그와 같은 어떤 중생이 그 광명의 빛과 닿으면 남김없이 그 색과 같고 그와 같이 보는 자는 눈이 청정해지고 그와 같은 광명이 비추는 곳을 따라 마니보배를 내리니, 이름이 '편안하고 즐거움'이며, 모든 중생이 괴로움을 벗어나 편안함에 젖어 드는 것과 같다."

"불자여! 여래의 몸도 역시 차례를 좇아(復) 이와 같기에 큰 보배 덩어리가 일체 공덕의 큰 지혜의 장이 되니, 어떤 중생이든 그와 같은 부처님 몸의 보배 지혜 광명이 비추면 부처님의 색과 같아지며, 그와 같음을 보는 자는 법의 눈이 청정해지고 그와 같은 광명이 비추는 곳을 따라 모든 중생이 빈궁한 괴로움을 벗어날 뿐만 아니라 부처 보리의 즐거움을 온전하게 갖춘다."

"불자여! 이것이 여래의 몸 제9 모양이나 상태이니, 모든 보살마하살은 응당 이와 같음을 보아야만 한다."

復次 佛子 譬如大海有大摩尼寶 名 集一切光明毘盧遮那藏 若有衆生觸其光者 悉同其色 若有見者 眼得淸淨 隨彼光明所照之處 雨摩尼寶 名爲 安樂 令諸衆生離苦調適 佛子 諸如來身亦復如是 爲大寶聚一切功德大智慧藏 若有衆生觸佛身寶智慧光者 同佛身色 若有見者 法眼淸淨 隨彼光明所照之處 令諸衆生離貧窮苦 乃至具足佛菩提樂 佛子 如來法身無所分別亦無戲論 而能普爲一切衆生作大佛事 佛子 是爲如來身第九相 諸菩薩摩訶薩應如是見

"차례를 따라(復次) 불자여! 비유하면 큰 바다에 큰 여의주 마니보배가 있으니, 이름이 모'든 세간을 장엄하는 장'이고 백만 공덕을 온전하게 갖추어 성취하고 머무는 곳마다 중생들의 재앙은 사라져 없어지고 소원을 만족하게 하지만, 복이 적은 중생은 이 여의마니 보배왕을 보지 못한다."

"여래 몸의 여의보배왕도 역시 차례를 좇아(復) 이와 같기에 모든 중생을 환희하게 한다고 이름하니, 그와 같이 그 몸을 보고 이름을 듣고 덕을 칭찬하면 모두 생사의 고통에서 영원히 벗어나고 설령 일체 세계의 모든 중생이 일시에 오로지 한 마음으로 여래를 보고자 하더라도 남김없이 다 보게 되고 원하는 것이 다 넉넉해진다."

"불자여! 부처님의 몸은 복이 적은 중생은 볼 수가 없지만, 여래의 자재한 신통한 힘으로 조복이 되는 중생은 제외한다. 그와 같이 중생이 부처님 몸을 보면 곧바로 선근을 심을 뿐만 아니라 바로 성숙하게 되고 성숙하게 되는 까닭으로 이에 여래의 몸을 보게 된다."

"불자여! 이것이 여래의 몸 제10 모양이나 상태이니, 모든 보살마하살은 응당 이와 같음을 보아야만 한다."

"그 마음이 헤아릴 수 없이 시방에 두루 한 까닭이며, 행하는 바가 막힘이나 걸림이 없기에 허공과 같은 까닭이며, 법계에 두루 들어가는 까닭이며, 실상의 본바탕이 되는 경계에 머무는 까닭이며, 나지도 않고 없어지지도 않는 까닭이며, 삼세에 평등하게 머무는 까닭이며, 모든 분별에서 영원히 벗어난 까닭이며, 후의 경계까지 다 함이 없는 서원에 머무는 까닭이며, 일체 세계를 청정히 하는 까닭이며, 한 분 한 분 부처의 몸을 장엄하는 까닭이다."

復次 佛子 譬如大海有大如意摩尼寶王 名 一切世間莊嚴藏 具足成就百萬功德 隨所住處 令諸衆生災患消除 所願滿足 然此如意摩尼寶王非少福衆生所能得見 如來身如意寶王亦復如是 名爲能令一切衆生皆悉歡喜 若有見身 聞名 讚德 悉令永離生死苦患 假使一切世界一切衆生 一時專心欲見如來 悉令得見 所願皆滿 佛子 佛身非身少福衆生所能得見 唯除如來自在神力所應調伏 若有衆生因見佛身徧種善根乃至成熟 爲成熟故 乃令得見如來身耳 佛子 是爲如來身第十相 諸菩薩摩訶薩應如是見 以其心無量徧十方故 所行無礙如虛空故 普入法界故 住眞實際故 無生無滅故 等住三世故 永離一切分別故 住盡後際誓願故 嚴淨一切世界故 莊嚴一一佛身故

이때 보현보살마하살이 이러한 이치를 거듭해서 펴기 위해 게송으로 말했다.
爾時 普賢菩薩摩訶薩 欲重明此義而說頌言

譬如虛空徧十方 비유하면 시방에 허공이 두루 하듯이
若色非色有非有 그와 같은 색과 색이 아님과 있음과 있음이 아님과
三世衆生身國土 삼세 중생의 몸과 국토는
如是普在無邊際 이와 같은 두루 있음이 끝닿은 경계가 없음과 같다네.

諸佛眞身亦如是 모든 부처님의 진실한 몸도 또한 이와 같아서
一切法界無不徧 일체 법계에 두루 하다. 그렇다고
不可得見不可取 얻을 수도 없고 볼 수도 없고 취할 수도 없지만
爲化衆生而現形 중생을 가르쳐 바른길로 이끌기 위해 형상을 나타낸다네.

譬如虛空不可取 비유하면 허공은 취할 수 있는 것이 아닌 것을
普使衆生造衆業 중생에게 많은 업을 짓게 하니
不念我今何所作 내가 지금 어떻게 업을 지어가는 것이며
云何我作爲誰作 내가 짓는다. 다른 누가 짓는다 할 수 있겠는가.

諸佛身業亦如是 모든 부처님 몸의 업도 역시 이와 같아서
普使群生修善法 중생들이 두루 선근의 법을 닦게 하지만
如來未曾有分別 여래에게는 있어 본 적이 없던 분별이거늘
我今於彼種種作 내가 지금 가지가지로 지어간다 할 수 있겠는가.

譬如日出閻浮提 비유하면 해가 염부제에 떠오르고
光明破闇悉無餘 광명으로 어둠을 깨뜨려 남음이 없게 하며
山樹池蓮地衆物 산과 나무와 연못과 연꽃과 땅의 많은 물건과
種種品類皆蒙益 가지가지의 종류가 빠짐없이 이익을 받는다네.

諸佛日出亦如是 모든 부처님의 해가 뜨는 것도 이와 같기에

生長人天衆善行 인간과 하늘 대중의 선근 행을 나고 자라게 하며
永除癡闇得智明 어리석은 어둠을 영원히 없애고 지혜의 광명을 얻어
恒受尊榮一切樂 늘 귀하고 높은 모든 즐거움을 받는다네.

譬如日光出現時 비유하면 해가 처음 뜰 때
先照山王次餘山 먼저 산왕을 비추고 다음에 낮은 산을 비추며
後照高原及大地 후에 넓은 들판과 대지를 비추듯
而日未始有分別 해는 처음부터 분별함이 없다네.

善逝光明亦如是 선근으로 가신 광명도 이와 같기에
先照菩薩次緣覺 먼저 보살을 비추고 다음에 연각을 비추며
後照聲聞及衆生 후에 성문을 비추고 중생을 비추듯
而佛本來無動念 부처님의 생각(善逝光明)은 본래 움직임이 없다네.

譬如生盲不見日 비유하면 태어나면서 눈이 먼 자는 해를 보지 못하지만
日光亦爲作饒益 햇빛은 이들을 위해 크고 넉넉함을 더해 주기에
令知時節受飮食 시절을 알아 음식을 받으며
永離衆患身安隱 많은 근심 걱정을 영원히 벗어나 몸을 편안하게 한다네.

無信衆生不見佛 믿음이 없는 중생은 부처를 보지 못하지만
而佛亦爲興義利 부처님은 이들을 위해 바른 이치를 일으켜
聞名及以觸光明 이름을 듣고 또 광명을 받으며
因此乃至得菩提 이러한 인연뿐만 아니라 보리를 얻은 데까지 이른다.

譬如淨月在虛空 비유하면 청정한 달이 허공에 있어서
能蔽衆星示盈缺 많은 별을 가리고 차고 이지러짐을 보이지만
一切水中皆現影 모든 물 가운데 빠짐없이 그림자를 나타내니
諸有觀瞻悉對前 보는 모든 이들이 자기 앞에 있다 한다네.

如來淨月亦復然 여래의 청정한 달도 역시 차례를 좇아 그러하기에
能蔽餘乘示脩短 나머지 승을 가리고는 길고 짧음을 보이며
普現天人淨心水 천인의 청정한 마음의 물에 두루 나타나시니
一切皆謂對其前 모든 이가 다 그 앞에 마주한다고 이른다네.

譬如梵王住自宮 비유하면 범천왕이 자신의 궁전에 머물면서
普現三千諸梵處 삼천의 모든 범천에 두루 나타내니
一切人天咸得見 모든 사람과 하늘이 다 함께 보고 있지만
悉不分身向於彼 나누지 않은 몸을 남김없이 저 언덕으로 향한다네.

諸佛現身亦如是 모든 부처님이 몸을 나타냄도 또한 이와 같기에
一切十方無不徧 일체 시방에 두루 하고
其身無數不可稱 그 몸이 수 없어서 일컬을 수 없지만
亦不分身不分別 또한 몸을 나누지 않고 분별하지도 않는다네.

如有醫王善方術 의왕이 선근의 방법과 기술을 알아서
若有見者病皆愈 그와 같이 보는 자들의 병을 다 낫게 하더니
命雖已盡藥塗身 비록 목숨을 다하지만, 몸에 약을 발라서
令其作務悉如初 그 지어가는 일에 힘을 써서 남김없이 처음과 같게 한다네.

最勝醫王亦如是 가장 뛰어난 의왕도 또한 이와 같아서
具足方便一切智 일체 지혜의 방편을 온전하게 갖추고
以昔妙行現佛身 예전과 같이 빼어난 행을 부처의 몸으로 나타내니
衆生見者煩惱滅 보는 중생들의 번뇌를 없앤다네.

譬如海中有寶王 비유하면 바다 가운데 있는 보배 왕이
普出無量諸光明 헤아릴 수 없는 광명을 두루 내놓으니
衆生觸者同其色 광명을 접한 중생은 그 색과 같아지고
若有見者眼淸淨 그와 같이 보는 자는 눈이 청정해진다네.

最勝寶王亦如是 가장 뛰어난 보배 왕도 또한 이와 같기에
觸其光者悉同色 그 빛을 접한 자는 남김없이 같은 색이 되고
若有得見五眼開 그와 같이 보는 것을 얻으면 다섯 가지 눈(肉眼, 天眼, 慧眼, 法眼, 佛眼)이 열려서
破諸塵闇住佛地 모든 티끌의 어둠을 깨뜨리고 부처의 자리에 머문다네.

譬如如意摩尼寶 비유하면 여의 마니보배로
隨有所求皆滿足 구하는 것을 따라 빠짐없이 만족하게 하지만
少福衆生不能見 복이 적은 중생이 볼 수 없다 해서
非是寶王有分別 보배 왕이 분별하는 것은 아니라네.

善逝寶王亦如是 선근으로 가신 보배 왕도 또한 이와 같기에
悉滿所求諸欲樂 구하는 대로 모든 욕망과 즐거움을 남김없이 만족하게 하지만
無信衆生不見佛 믿음이 없는 중생이 부처를 보지 못한다 해서
非是善逝心棄捨 부처님이 마음으로부터 버리는 것은 아니라네.

대방광불화엄경 제51권

37. 여래출현품(2)
如來出現品第三十七之二

3) 말의 업

여래 음성의 모양이나 상태

"불자여! 보살마하살은 응당 여래, 응공, 정등각의 음성이 어떠한지를 알아야만 한다."
佛子 菩薩摩訶薩云何知如來 應 正等覺音聲

"불자여! 보살마하살은 당연히 여래의 음성이 두루 이르는 것을 알아야만 하니, 이는 헤아릴 수 없는 모든 음성이 널리 두루 한 까닭이며, 당연히 여래의 음성은 그 마음의 즐거워함을 따라 환희하게 함을 알아야만 하니, 이는 설하는 법을 밝고 분명하게 하는 까닭이며, 당연히 여래의 음성은 그 믿음과 이해를 따라 모두 환희하게 함을 알아야만 하니, 이는 마음이 청량함을 얻은 까닭이며, 당연히 여래의 음성은 가르쳐서 바른길로 이끄는 때, 이 시기를 놓치지 않음을 알아야만 하니, 이는 당연히 듣는 자가 듣지 못하는 것이 없는 까닭이며, 당연히 여래의 음성은 나고 없어짐을 알아야만 하니, 이는 메아리와 같은 까닭이다."

"당연히 여래의 음성은 주인이 없음을 알아야만 하니, 이는 모든 업을 닦고 익혀서 일으키는 까닭이며, 당연히 여래의 음성은 깊고 깊은 것임을 알아야만 하니, 이는 헤아려 알기가 어려운 까닭이며, 당연히 여래의 음성은 바르지 못하고 구부러짐이 없음을 알아야만 하니, 이는 법계로부터 생하는 까닭이며, 당연히 여래의 음성은 끊어짐이 없음을 알아야만 하니, 이는 법계에 두루 들어간 까닭이며, 당연히 여래의 음성은 변하여 바뀜이 없음을 알아야만 하니, 이는 마지막까지 이르는 까닭이다."

"불자여! 보살마하살은 당연히 여래의 음성이 양이 있음도 아니고 헤아릴 수 없으며, 주인도 아니고 주인이 없는 것도 아니며, 보이는 것도 아니고 보이는 것이 없는 것도 아님을 알아야만 한다. 무슨 까닭인가?"

"비유하면 세계가 장차 무너지려고 할 때 주인도 없고 지을 것도 없지만, 법이 이와 같은 4가지 음성을 내니, 무엇이 4인가 하면, 1은 너희 등은 당연히 알아야만 한다. 초선(初禪)은 편안하고 즐겁기에 모든 악한 욕심을 벗어나 욕계를 뛰어넘었다고 말하니, 이는 중생이 듣고 자연히 초선을 성취해서 욕계의 몸을 버리고 범천에 나는 것이며, 2는 너희 등은 당연히 알아야만 한다. 2선(二禪)의 편안하고 즐거움은 견줄 것이 없고 자세히 볼 것도 없다고 말하니, 이는 중생이 듣고 자연히 2선을 성취해서 범천의 몸을 버리고 광음천에 나는 것이며, 3은 너희 등은 당연히 알아야만 한다. 3선(三禪)의 편안함과 즐거움은 잘못이나 허물이 없기에 광음천을 뛰어넘는다고 말하니, 이는 중생이 듣고 자연히 3선을 성취해서 광음천의 몸을 버리고 변정천에 나는 것이며, 4는 너희들은 당연히 알아야만 한다. 4선(四禪)의 적정이 변정천을 뛰어넘었다고 말하니, 이는 중생이 듣고 자연히 4선을 성취해서 변정천의 몸을 버리고 광과천에 나는 것이니, 이것이 4가지다."

"불자여! 이 모든 음성은 주인이 없고 지어감도 없으며, 분별이 없고 들어가는 것도 아니고 나가는 것도 아니지만, 여래의 공덕과 법의 힘으로 4가지 광대한 음성을 내니, 무엇이 4가지인가 하면, 1은 너희 등은 당연히 알아야만 한다. 일체 모든 행은 남김없이 다 괴로움이니, 이른바 지옥의 괴로움과 축생의 괴로움과 아귀의 괴로움과 덕이 없는 괴로움과 나와 내 것에 집착하는 괴로움과 모든 악행을 지어가는 괴로움이다."

"사람과 하늘에 나고자 한다면, 당연히 선근을 심어야만 하니, 사람과 하늘 가운데 나서 어려운 모든 곳을 벗어날 것이라 하면, 중생들이 듣고는 거꾸로 뒤바뀜을 벗어나 버리고 모든 선근을 닦아서 모든 어려운 곳을 벗어나 사람과 하늘 가운데 난다."

"2는 너희 등은 당연히 알아야만 한다. 일체 모든 행이란 많은 괴로움이 불길처럼 치솟아 뜨거운 철 구슬과 같기에 모든 행은 항상 함이 없어 없어지는 법이며, 열반은 적정하고 꾸밈이 없이 편안하고 즐겁기에 불같이 치솟는 괴로움을 벗어나 모든 번뇌를 사라지게 한다고 하면, 중생들이 듣고는 선근의 법을 부지런히 닦아서 성문승(聲聞乘)을 거스르지 않고 따르는 음성의 지혜(忍)를 얻는다."

"3은 너희 등은 당연히 알아야만 한다. 성문승(聲聞乘)은 다른 사람의 말을 따라 아는 것이므로 지혜가 좁고 못나며, 그보다 높은 법이 있으니, 이름이 '독각승(獨覺乘)'이고 스승을 말미암지 않고 깨달아 아는 것이니, '너희 등은 당연히 배워야만 한다.'고 하면, 뛰어난 도를 좋아하는 자가 이 소릴 듣고는 성문의 도를 버리고 독각승을 닦는다."

"4는 너희 등을 당연히 알아야만 한다. 이승(二乘)의 자리를 지나서 뛰어난 도가 있으니, 이름이 대승(大乘) 보살이 행하는 곳이며, 육바라밀을 거스르지 않고 따르는 것이며, 보살의 행을 끊지 않고 보리심을 버리지 않으며, 헤아릴 수 없이 나고 죽음에 처하지만, 피곤함과 싫어함이 없기에 이승을 초월해서 대승이 되고 제일의 승이고 뛰어난 승이고 가장 뛰어난 승이고 가장 높은 승이고 위 없는 승이고 모든 중생에게 이익이 되는 승이라 하니, 그와 같이 중생이 믿고 이해함이 광대하고 모든 근기가 용맹하고 강해서 옛적에 심은 선근이 모든 여래 신통의 힘을 받고 뛰어난 즐거움에 대한 욕심이 있어서 부처님의 과를 얻고자 희망할 것이라고 하면, 이 소리를 듣고는 보리심을 일으킨다."

"불자여! 이것이 여래 음성의 제1 모양이나 상태이니, 모든 보살마하살은 응당 이와 같음을 알아야만 한다."

佛子 菩薩摩訶薩應知如來音聲徧至 普徧無量諸音聲故 應知如來音聲隨其心樂皆令歡喜 說法明了故 應知如來音聲隨其信解皆令歡喜 心得淸淨故 應知如來音聲化不失時 所應聞者無不聞故 應知如來音聲無生滅 如呼響故 應知如來音聲無主 修習一切業所起故 應知如來音聲甚深 難可度量故 應知如來音聲無邪曲 法界所生故 應知如來音聲無斷絶 普入法界故 應知如來音聲無邊易 至於究竟故 佛子 菩薩摩訶薩應知如來音聲 非量 非無量 非主 非無主 非示 非無示 何以故 佛子 譬如世界將欲壞時 無主無作 法爾而出四種音聲 其四者何 一曰 汝等當知初禪安樂 離諸欲惡 超過欲界 衆生聞已 自然而得成就初禪 捨欲界身 生於梵天 二曰 汝等當知二禪安樂 無覺無觀 超於梵天 衆生聞已 自然而得成就二禪 捨梵天身 生光音天 三曰 汝等當知三禪安樂 無有過失 超光音天 衆生聞已 自然而得成就三禪 捨光音身 生徧淨天 四曰 汝等當知四禪寂靜 超徧淨天 衆生聞已 自然而得成就四禪 捨徧淨身 生廣果天 是爲四 佛子 此諸音聲無主無作 但從衆生諸善業力之所出生 佛子 如來音聲亦復如是 無主無作 無有分別 非入非出 但從如來功德法力 出於四種廣大音聲 其四者何 一曰 汝等當知一切諸行皆悉是苦 所謂 地獄苦 畜生苦 餓鬼苦 無福德苦 著我我所苦 作諸惡行苦 欲生人 天當種善根 生人 天中 離諸難處 衆生聞已 捨離顚倒 修諸善行 離諸難處 生人 天中 二曰 汝等當知一切諸行衆苦熾然 如熱鐵丸 諸行無常 是磨滅法 涅槃寂靜 無爲安樂 遠離熾然 消諸熱惱 衆生聞已 勤修善法 於聲聞乘得隨順

音聲忍 三曰 汝等當知聲聞乘者 隨他語解 智慧狹劣 更有上乘 名 獨覺乘 悟不由師 汝等應學 樂勝道者聞此音已 捨聲聞道 修獨覺乘 四曰 汝等當知過二乘位更有勝道 名爲 大乘 菩薩所行 順六波羅蜜 不斷菩薩行 不捨菩提心 處無量生死而不疲厭 過於二乘 名爲 大乘 第一乘 勝乘 最勝乘 上乘 無上乘 利益一切衆生乘 若有衆生信解廣大 諸根猛利 宿種善根 爲諸如來神力所加 有勝樂欲 希求佛果 聞此音已 發菩提心 佛子 如來音聲不從身出 不從心出 而能利益無量衆生 佛子 是爲如來音聲第一相 諸菩薩摩訶薩應如是知

"차례를 따라(復次) 불자여! 비유하면 메아리는 산의 계곡과 음성으로 일어나는 것이기에 형상이 없어 볼 수 없고 역시 분별도 없지만 모든 언어를 좇아 따르는 것처럼 여래의 음성도 역시 차례를 좇아(復) 이와 같기에 형상이 없어 볼 수 없으며, 처할 방향이 있지도 않고 처할 방향이 없는 것도 아니지만, 다만 중생의 욕심과 이해하는 인연을 따라 나는 것이기에 그 성품은 마지막까지 말할 수 없고 볼 수 없기에 널리 펴서 설할 수 없다."

"불자여! 이것이 여래 음성의 제2 모양이나 상태이니, 모든 보살마하살은 응당 이와 같음을 알아야만 한다."

復次 佛子 譬如呼響 因於山谷及音聲起 無有形狀 不可睹見 亦無分別 而能隨逐一切語言 如來音聲亦復如是 無有形狀 不可睹見 非有方所 非無方所 但隨衆生欲解緣出 其性究竟 無言無示 不可宣說 佛子 是爲如來音聲第二相 諸菩薩摩訶薩應如是知

"차례를 따라(復次) 불자여! 비유하면 모든 하늘에 큰 법의 북이 있으니, 이름은 '깨우침을 깨달아 앎'이고 그와 같은 모든 천자가 제멋대로 행할 때 허공 가운데서 소리를 내어 말하길 '너희 등은 응당 알아야만 한다. 모든 하고자 하는 즐거움은 남김없이 다 항상 함이 없고 허망하고 거꾸로 뒤바뀌면서 잠깐 사이에 변하고 무너진다. 다만 어리석은 자가 속임수로 그 자신에게 집착하는 것이니, 너희는 제멋대로 행하지 마라. 그와 같이 제멋대로 행하는 자는 모든 악의 부류에 떨어져 후에 뉘우치더라도 이를 수 없을 것이다.'라고 하면, 제멋대로 행하던 모든 하늘이 이 말을 듣고는 큰 근심과 두려움을 내어 자신의 궁전에서 누렸던 욕망과 즐거움을 버리고 천왕의 처소에 나아가 법을 구하고 도를 행한다."

"불자여! 저 하늘의 북소리는 주인도 없고 지음도 없고 일어남도 없고 멸함도 없지만, 헤아릴 수 없는 중생에게 이익이 되도록 하는 것과 같이, 여래도 역시 차례를 좇아(復) 이와 같기에 제멋대로인 중생을 깨우침을 깨달아 알도록 헤아릴 수 없는 빼어난 법의 음성을 내는 것이니, 이른바 집착이 없는 소리, 제 멋대로가 아닌 소리, 항상 함이 없는 소리, 괴로움의 소리, 내가 없는 소리, 깨끗하지 못한 소리, 적멸의 소리, 열반의 소리, 헤아릴 수 없는 자연의 지혜로운 소리, 무너트릴 수 없는 보살행의 소리, 모든 처에 이르는 여래의 효과나 보람이 없는 지혜의 자리 음성이다. 이러한 음성으로 법계를 두루 깨우치기에 수 없는 중생이 이 소리를 듣고는 모두 환희를 내어 부지런히 선근의 법을 닦아 각각 자신의 승(乘)에서 벗어남을 구하니, 이른바 그와 같이 성문승을 닦기도 하고 그와 같이 독각승을 닦기도 하고 그와 같이 보살의 위 없는 대승을 익히지만, 여래의 음성은 처하는 방향에 머물지 않으며, 말씀이 없으시다."

"불자여! 이것이 여래 음성의 제3 모양이나 상태이니, 모든 보살마하살은 응당 이와 같음을 알아야만 한다."

復次 佛子 譬如諸天有大法鼓 名爲 覺悟 若諸天子行放逸時 於虛空中出聲告言 汝等當知一切欲樂皆悉無常 虛妄顚倒 須臾變壞 但誑愚夫令其變著 汝莫放逸 若放逸者 墮諸惡趣 後悔無及 放逸諸天聞此音已 生大憂怖 捨自宮中所有欲樂 詣天王所求法行道 佛子 彼天鼓音 無主無作 無起無滅 而能利益無量衆生 當知如來亦復如是 爲欲覺悟放逸衆生 出於無量妙法音聲 所謂 無著聲 不放逸聲 無常聲 苦聲 不淨聲 寂滅聲 涅槃聲 無有量自然智聲 不可壞菩薩行聲 知一切處如來無功用智地聲 以此音聲徧法界中而開悟之 無數衆生聞是音已 皆生歡喜 勤修善法 各於自乘而求出離 所謂 或修聲聞乘 或修獨覺勝 或習菩薩無上大乘 而如來音 不住方所 無有言說 佛子 是爲如來音聲第三相 諸菩薩摩訶薩應如是知

"차례를 따라(復次) 불자여! 자재천왕에게는 하늘의 채녀(采女)가 있으니, 이름을 말하면 '선근의 입(善口)'이고, 그 입에서 하나의 음성이 나오면 곧바로 그 음성과 더불어 백천 가지로 함께 서로 응하고 하나하나의 음성 가운데서 차례로 백천 가지로 차별되는 소리가 있다."

"불자여! 저 선근의 입을 가진 채녀가 하나의 소리를 좇아(復) 이와 같은 헤아릴 수 없는 소리를 내는 것과 같으니, 응당 알아야만 한다. 여래도 역시 이와 같기에 하나의 소리 가운데 헤아릴 수 없는 소리를 내어 모든 중생이 마음으로 좋아함을 따라 차별하는 모든 것에 두루 이르러 남김없이 해탈을 얻게 한다."

"불자여! 이것이 여래 음성의 제4 모양이나 상태이니, 모든 보살마하살은 응당 이와 같음을 알아야만 한다."

復次 佛子 譬如自在天王有天采女 名曰 善口 於其口中出一音聲 其聲則與百千種樂而共相應 一一樂中復有百千差別音聲 佛子 彼善口女從口一聲 出於如是無量音聲 當知如來亦復如是 於一音中出無量聲 隨諸衆生心樂差別 皆悉徧至 悉令得解 佛子 是爲如來音聲第四相 諸菩薩摩訶薩應如是知

"차례를 따라(復次) 불자여! 비유하면 대범천왕이 범천의 궁전에 머물면서 범 음성을 내면 모든 범천의 대중이 다 듣고 그 음성이 대중 밖에서는 나지 않지만, 범천의 대중이 다 생각하기를 '대범천왕이 나만을 위해 말씀하신다'라고 하는 것과 같다."

"여래의 빼어난 음성도 역시 차례를 좇아(復) 이와 같아서 도량에 모인 대중이 모두 듣고 그 음성이 대중 밖에서 나는 것이 아니기에 근기가 성숙하지 않는 자는 듣지 못하는 까닭이 되고 듣는 자는 모두 생각하기를 '여래 세존이 나만을 위해 말씀하신다.'라고 한다."

"불자여! 여래의 음성은 나는 일도 없고 머무는 일도 없지만, 모든 일과 업을 성취한다."

"이것이 여래 음성의 제5 모양이나 상태이니, 모든 보살마하살은 응당 이와 같음을 알아야만 한다."

復次 佛子 譬如大梵天王住於梵宮出梵音聲 一切梵衆靡不皆聞 而彼音聲不出衆外 諸梵天衆咸生是念 大梵天王獨與我語 如來妙音亦復如是 道場衆會靡不皆聞 而其音聲不出衆外 何以故 根未熟者不應聞故 其聞音者皆作是念 如來世尊獨爲我說 佛子 如來音聲無出無住 而能成就一切事業 是爲如來音聲第五相 諸菩薩摩訶薩應如是知

"차례를 따라(復次) 불자여! 비유하면 많은 물이 다 같은 맛이지만 그릇이 다른 까닭을 따라 물에 차별은 있으나 물은 생각도 없고 역시 분별도 없는 것과 같다. 여래의 음성도 역시 차례를 좇아(復) 이와 같기에 오직 하나의 맛이며, 이른바 해탈의 맛이다. 중생의 마음 그릇이 다른 까닭으로 헤아릴 수 없이 차별은 하지만 생각이 없으며 분별도 없다."

"불자여! 이것이 여래 음성의 제6 모양이나 상태이니, 모든 보살마하살은 응당 이와 같음을 알아야만 한다."

復次 佛子 譬如衆水皆同一味 隨器異故水有差別 水無念慮亦無分別 如來言音亦復如是 唯是一味 謂解脫味 隨諸衆生心器異故無量差別 而無念慮亦無分別 佛子 是爲如來音聲第六相 諸菩薩摩訶薩應如是知

"차례를 따라(復次) 불자여! 비유하면 아나발타 용왕이 크고 빽빽한 구름을 일으켜 염부제에 두루 단비를 내려서 백 가지 곡식의 싹이 올라와 빠짐없이 생장하며, 강, 내, 천, 샘 등을 가득 채운다. 이 큰 빗물이 용왕의 몸과 마음을 좇아 나오는 것이 아니지만, 가지가지의 중생에게 넉넉한 이익을 주는 것과 같다."

"불자여! 여래, 응공, 정등각도 역시 차례를 좇아(復) 이와 같아서 큰 대비(大悲)의 구름을 일으켜서 시방세계에 두루 하고 위 없는 감로의 법 비를 내려서 일체중생이 다 환희를 내게 하고 선근의 법을 늘리고 키우며, 모든 승(乘)을 만족하게 한다."

"불자여! 여래의 음성은 밖으로부터 오지도 않고 안으로부터 나오지도 않지만, 능히 일체중생에게 이익되게 한다."

"이것이 여래 음성의 제7 모양이나 상태이니, 모든 보살마하살은 응당 이와 같음을 알아야만 한다."

復次 佛子 譬如阿那婆達多龍王興大密雲 徧閻浮提普霔甘雨 百穀苗稼皆得生長 江河泉池一切盈滿 此大雨水不從龍王身心中出 而能種種饒益衆生 佛子 如來 應 正等覺亦復如是 興大悲雲徧十方界 普雨無上甘露法雨 令一切衆生皆生歡喜 增長善法 滿足諸乘 佛子 如來音聲不從外來 不從內出 而能饒益一切衆生 是爲如來音聲第七相 諸菩薩摩訶薩應如是知

"차례를 따라(復次) 불자여! 비유하면 마나사 용왕이 장차 비를 내리고자 할 때 비는 내리지 않고 먼저 큰 구름을 일으켜서 허공을 가득 덮고 7일을 머문다. 그리고 모든 중생이 지어가기를 마지막까지 기다리니, 왜 그런가 하면, 대 용왕이 자비로운 마음이 있기에 모든 중생을 어지럽지 않게 하고 7일이 지난 후 미세한 비를 내려서 대지를 두루 윤택하게 하는 것과 같다."

"불자여! 여래, 응공, 정등각도 역시 차례를 좇아(復) 이와 같음을 앞으로 법 비로 내릴 때 곧바로 내리지 않고 먼저 법 구름을 일으켜서 중생을 성숙하게 하고 그 마음에 놀람과 두려움이 없게 해서 성숙해지기를 기다린 후에 감로의 법 비를 내려 깊고 깊은 빼어난 선근의 법을 널리 펴서 설하고 점차로 여래의 일체 지혜의 지혜인 위 없는 법의 맛을 만족하게 한다."

"불자여! 이것이 여래 음성의 제6 모양이나 상태이니, 모든 보살마하살은 응당 이와 같음을 알아야만 한다."

復次 佛子 譬如摩那斯龍王將欲降雨 未便卽降 先起大雲彌覆虛空凝停七日 待諸衆生作務究竟 何以故 彼大龍王有慈悲心 不欲惱亂諸衆生故 過七日已 降微細雨普潤大地 佛子 如來 應 正等覺亦復如是 將降法雨 未便卽降 先興法雲成熟衆生 爲欲令其心無驚怖 待其熟已 然後普降甘露法雨 演說甚深微妙善法 漸次令其滿足如來一切智智無上法味 佛子 是爲如來音聲第八相 諸菩薩摩訶薩應如是知

"차례를 따라(復次) 불자여! 비유하면 바다 가운데 대 용왕이 있으니, 이름은 '크게 장엄함'이고 큰 바다 가운데 비를 내릴 때 그와 같은 열 가지 장엄의 비를 내리고 그와 같은 백, 그와 같은 천, 그와 같은 백천 가지 장엄의 비를 내린다."

"불자여! 물은 분별이 없으나, 다만 생각으로 헤아릴 수 없는 용왕의 힘으로 그 바다를 장엄할 뿐만 아니라 백천의 헤아릴 수 없는 차별이 있는 것과 같다. 여래, 응공, 정등각도 역시 차례를 좇아(復) 이와 같은 모든 중생을 위해 법을 설할 때 그와 같은 열 가지 차별하는 소리로 설하고 그와 같이 백, 그와 같이 천, 그와 같이 백천, 그와 같이 팔만사천 음성으로 설하고 팔만사천의 행을 설할 뿐만 아니라 그와 같이 헤아릴 수 없는 백천 억 나유타 음성으로 각각 다르게 법을 설하여 듣는 자들을 다 환희하게 하니, 여래의 음성도 분별함이 없다. 다만 모든 부처님의 깊고 깊은 경계가 원만하고 청정하여 중생 근기의 마땅함을 따라 가지가지의 말소리를 내어 모두 환희하게 한다."

"불자여! 이것이 여래 음성의 제9 모양이나 상태이니, 모든 보살마하살은 응당 이와 같음을 알아야만 한다."

復次 佛子 譬如海中有大龍王 名 大莊嚴 於大海中降雨之時 或降十種莊嚴雨 或百或千 或百千種莊嚴雨 佛子 水無分別 但以龍王不思議力令其莊嚴 乃至百千無量差別 如來 應 正等覺亦復如是 爲諸衆生說法之時 或以十種差別音說 或百 或千 或以百千 或以八萬四千音聲說八萬四千行 乃至或以無量百千億那由他音聲各別說法 令其聞者皆生歡喜 如來音聲無所分別 但以諸佛於甚深法界圓滿淸淨 能隨衆生根之所宜 出種種言音皆令歡喜 佛子 是爲如來音聲第九相 諸菩薩摩訶薩應如是知

"차례를 따라(復次) 불자여! 비유하면 사갈라 용왕이 용왕의 큰 자재력을 나타내어 중생에게 넉넉한 이익이 되고 모두 환희하게 하고자, 사천하로부터 타화자재천에 이르기까지 큰 구름 그물을 일으켜서 두루 덮으니, 그 구름의 색상이 헤아릴 수 없이 차별된다. 늘 염부단금 광명 색, 비유리 광명 색, 백은 광명 색, 파려 광명 색, 모살라 광명 색, 마노 광명 색, 뛰어난 장 광명 색, 붉은 진주 광명 색, 헤아릴 수 없는 향 광명 색, 허물이 없는 옷 광명 색, 청정한 물의 광명 색, 가지가지 장엄하는 기물의 광명 색이다."

"이와 같은 구름의 그늘이 두루두루 펼쳐 덮어지고 이미 가득히 펼친 것에 가지가지 색의 번쩍이는 색의 광명을 내니, 이른바 염부단 금색 구름은 유리색 번쩍이는 광명을 내고 유리색 구름에서는 금색 번쩍이는 광명을 내고 은색 구름에서는 파려색 번쩍이는 광명을 내고 파려색 구름에서는 은색 번쩍이는 광명을 내고 모살라색 구름에서는 마노색 번쩍이는 광명을 내고 마노색 구름에서는 모살라색 번쩍이는 광명을 내고 뛰어난 장 보배 색 번쩍이는 구름에서는 붉은 진주색 번쩍이는 광명을 내고 붉은 진주색 구름에서는 뛰어난 장 보배색 번쩍이는 광명을 내고 헤아릴 수 없는 향 색 구름에서는 허물이 없는 옷 색 번쩍이는 광명을 내고 허물이 없는 옷색 구름에서는 헤아릴 수 없는 향 색 번쩍이는 구름을 내고 청정한 물색 구름에서는 가지가지 장엄 기물 색 번쩍이는 광명을 내고 가지가지 장엄 기물 색 구름에서는 청정한 물색 번쩍이는 광명을 내고 또한 가지가지 색 구름에서는 한 가지 색 번쩍이는 광명을 내고 한 가지 색 구름에서는 가지가지 색 번쩍이는 구름을 내고 차례로 저 구름 가운데 가지가지의 천둥소리를 내어서 중생의 마음을 따라 다 환희하게 한다. 이른바 그와 같은 천녀가 노래하는 소리와 같고 그와 같은 모든 하늘의 악기 소리와 같고 그와 같은 용녀가 노래하는 소리와 같고 그와 같은 건달바녀가 노래하는 소리와 같고 그와 같은 긴나라녀가 노래하는 소리와 같고 그와 같은 대지가 움직여 흔들리는 소리와 같고 그와 같은 바닷물이 치는 소리와 같고 그와 같은 맹수의 왕이 울부짖은 소리와 같고 그와 같은 보기 좋은 새가 우는 소리와 같고 또한 나머지 헤아릴 수 없는 가지가지의 음성과 같다."

"천둥소리가 움직여 흔들리고는 차례로 청량한 바람을 일으켜 모든 중생의 마음에 뜨거운 즐거움을 낸 후에는 가지가지의 모든 비를 내려 헤아릴 수 없는 중생에게 이익이 되고 편안함과 즐거움을 주면서 타화자재천을 좇아 지상에 이르기까지 일체 모든 곳에 내리는 비가 같지 않다."

"이른바 큰 바다에는 청정한 찬물을 내리니, 이름이 '끊이지 않음'이고 타화자재천에는 피리 등 가지가지의 악기 소리를 내리니, 이름이 '빼어난 아름다움'이고 화락천에는 큰 마니보배를 내리니, 이름이 '큰 광명을 놓음'이고 도솔천에는 큰 장엄 기물을 내리니, 아름이 '상투를 드리움'이고 야마천에는 크고 빼어난 꽃을 내리니, 이름이 '가지가지의 장엄 기물'이고 삼십 삼천에는 빼어난 많은 향을 내리니, 이름이 '뜻을 기쁘게 함'이고 사천왕천에는 하늘의 보배 옷을 내리니, 이름이 '두루 뒤집어 덮음'이고 용왕의 궁에는 붉은 진주를 내리니, 이름이 '광명이 솟아남'이고 아수라의 궁에는 모든 병사와 무기를 내리니, 이름이 '원수와 적을 항복시킴'이고 북울단월에는 가지가지의 꽃을 내리니, 이름이 '열어서 널리 펴는 것'이고 나머지 삼천하도 남김없이 또한 이와 같다. 그러나 각각 그곳을 따라 내리는 비가 같지 않으니, 비록 용왕의 마음은 마음이 평등해서 저것과 이것이 없으나, 다만 중생의 선근이 같지 않기 때문에 비가 차별이 있다."

"불자여! 여래, 응공, 정등각의 위 없는 법왕도 역시 차례를 좇아(復) 이와 같기에 바른 법으로 중생을 교화하고자 할 때 먼저 몸 구름을 펴서 법계를 차례로 덮고 그 좋아함을 따라 나타내는 것이 같지 않으니, 이른바 그와 같은 중생을 위해서 생하는 몸의 구름을 나타내고 그와 같은 중생을 위해서 변화하는 몸의 구름을 나타내고 그와 같은 중생을 위해서 힘을 가진 몸의 구름을 나타내고 그와 같은 중생을 위해서 색이 있는 몸의 구름을 나타내고 그와 같은 중생을 위해서 서로 좋아하는 몸의 구름을 나타내고 그와 같은 중생을 위해서 복덕이 있는 몸의 구름을 나타내고 그와 같은 중생을 위해서 지혜로운 몸의 구름을 나타내고 그와 같은 중생을 위해서 모든 힘으로 무너뜨릴 수 없는 몸의 구름을 나타내고 그와 같은 중생을 위해서 두려움 없는 몸의 구름을 나타내고 그와 같은 중생을 위해서 법계 몸의 구름을 나타낸다."

"불자여! 여래가 이와 같은 등의 헤아릴 수 없는 몸의 구름으로 시방의 모든 세계를 두루 덮고 모든 중생이 즐거워하는 바가 각각 다름을 따라 가지가지의 광명으로 번쩍이는 빛을 나타내어 보이니, 이른바 그와 같은 중생을 위해서 광명으로 번쩍이는 빛을 나타내니, 이름이 '끝없는 광명'이고 그와 같은 중생을 위해서 광명으로 번쩍이는 빛을 나타내니, 이름이 '부처님의 비밀스러운 법에 들어감'이고 그와 같은 중생을 위해서 광명으로 번쩍이는 빛을 나타내니, 이름이 '그림자가 광명을 나타냄'이고 그와 같은 중생을 위해서 광명으로 번쩍이는 빛을 나타내니, 이름이 '광명이 빛나게 비춤'이고 그와 같은 중생을 위해서 광명으로 번쩍이는 빛을 나타내니, 이름이 '다함이 없는 다라니 문에 들어감'이고 그와 같은 중생을 위해서 광명으로 번쩍이는 빛을 나타내니, 이름이 '바른 생각으로 어지럽지 않음'이고 그와 같은 중생을 위해서 광명으로 번쩍이는 빛을 나타내니, 이름이 '마지막까지 무너지지 않음'이고 그와 같은 중생을 위해서 광명으로 번쩍이는 빛을 나타내니, 이름이 '거스르지 않고 모든 부류에 들어감'이고 그와 같은 중생을 위해서 광명으로 번쩍이는 빛을 나타내니, 이름이 '모든 원을 만족하게 해서 다 환희하게 함'이다."

"불자여! 여래, 응공, 정등각이 이와 같은 등의 헤아릴 수 없는 광명으로 번쩍이는 빛을 나타내어 차례로 중생의 마음이 좋아함을 따라 헤아릴 수 없는 삼매의 천둥소리를 내어놓으니, 이른바 선근으로 깨우친 지혜 삼매의 천둥소리와 불꽃처럼 치솟는 허물을 벗어난 바다 삼매의 천둥소리와 일체 법에 자재한 삼매의 천둥소리와 금강륜 삼매의 천둥소리와 수미산 당기 삼매의 천둥소리와 해인 삼매의 천둥소리와 태양 등불 삼매의 천둥소리와 중생들이 두루 환희하는 삼매의 천둥소리와 다함이 없는 장 삼매의 천둥소리와 무너지지 않는 해탈력 삼매의 천둥소리이다."

"불자여! 여래의 몸 구름 가운데 이와 같은 등의 헤아릴 수 없는 차별된 삼매의 천둥소리를 내고는 장차 법 비를 내리고자 할 때 먼저 상서로운 모양이나 상태를 나타내어 중생이 깨우치도록 하니, 이른바 막힘이나 걸림 없는 큰 자비심을 좇아 여래의 큰 지혜 바람 바퀴를 나타내니, 이름이 '모든 중생이 생각으로 알 수 없는 환희심을 내어 기뻐하게 함'이고 이 같은 모양이나 상태를 나타낸 후 모든 보살과 모든 중생의 몸과 더불어 마음이 다 청량함을 얻게 하고 그런 후에 여래의 큰 법의 몸 구름과 큰 자비의 구름과 생각으로 헤아려 알 수 없는 큰 구름을 좇아 헤아릴 수 없는 광대한 법 비를 내려서 모든 중생의 믿은 마음을 청정하게 한다. 이른바 보리도량에 앉은 보살을 위해서 큰 법 비를 내리니, 이름은 '법계가 차별 없음'이고 마지막 몸 보살을 위해서 큰 법 비를 내리니, 이름은 '보살이 노니는 여래의 비밀스러운 가르침'이고 한 번의 생에 얽매인 보살을 위해서 큰 법 비를 내리니, 이름은 '청정하고 두루 한 광명'이고 정수리에 물 붓은 보살을 위해서 큰 법 비를 내리니, 이름은 '여래의 장엄 기물로 장엄함'이고 인, 결정된 지혜를 얻은 보살을 위해서 큰 법 비를 내리니, 이름은 '공덕 보배 지혜의 꽃이 피어 대비의 행을 끊지 않음'이다."

"십주, 십행, 십회향의 보살을 위해서 큰 법 비를 내리니, 이름은 '눈앞에서 변화하는 깊고 깊은 문에 들어가서 보살행을 행하지만 쉼이 없고 피곤함과 싫어함이 없음'이고 처음 마음을 일으킨 보살을 위해서 큰 법 비를 내리니, 이름은 '여래의 큰 자비행을 출생해서 중생을 구하고 보호함'이고 독각승(獨覺乘)을 구하는 중생을 위해서 큰 법 비를 내리니, 이름은 '연기법을 깊이 알아서 두 개의 가장자리를 벗어나 무너지지 않은 해탈의 과를 얻음'이고 성문승을 구하는 중생을 위해서 큰 법 비를 내리니, 이름은 '큰 지혜의 검으로 모든 번뇌와 원수를 끊어 버림'이고 선근을 쌓아서 결정과 결정하지 않은 중생에게 큰 법 비를 내리니, 이름은 '능히 가지가지의 법문을 성취해서 큰 환희를 내게 함'이다."

"불자여! 여래, 응공, 등정각은 그 마음이 평등하기에 법에 인색하지 않으며, 중생들의 욕망이 같지 않음을 따라서 법 비에 차별이 있음을 보인다."

"이것이 여래 음성의 제10 모양이나 상태이니, 모든 보살마하살은 응당 이와 같음을 알아야만 한다."

復次 佛子 譬如娑竭羅龍王 欲現龍王大自在力 饒益衆生咸令歡喜 從四天下乃至他化自在天處 興大雲網周帀彌覆 其雲色相無量差別 或閻浮檀金光明色 或毘琉璃光明色 或白銀光明色 或玻瓈光明色 或牟薩羅光明色 或瑪瑙光明色 或勝藏光明色 或赤眞珠光明色 或無量香光明色 或無垢衣光明色 或清淨水光明色 或種種莊嚴具光明色 如是雲網周帀彌布 旣彌布已 出種種色電光 所謂 閻浮檀金色雲出琉璃色電光 琉璃色雲出金色電光 銀色雲出玻瓈色電光 玻瓈色雲出銀色電光 牟薩羅色雲出瑪瑙色電光 瑪瑙色雲出牟薩羅色電光 勝藏普色雲出赤眞珠色電光 赤眞珠色雲出勝藏寶色電光 無量香色雲出無垢衣色電光 無垢衣色雲出無量香色電光 清淨水色雲出種種莊嚴具色電光 種種莊嚴具色雲出清淨水色電光 乃至種種色雲出一色電光 一色雲出種種色電光 復於彼雲中出種種雷聲 隨衆生心皆令歡喜 所謂 或如天女歌詠音 或如諸天妓樂音 或如龍女歌詠音 或如乾闥婆女歌詠音 或如緊那羅女歌詠音 或如大地震動聲 或如海水波潮聲 或如獸王哮吼聲 或如好鳥鳴囀聲 及餘無量種種音聲 旣震雷已 復起涼風 令諸衆生心生悅樂 然後乃降種種諸雨 利益安樂無量衆生 從他

化天至於地上 於一切處所雨不同 所謂 於大海中雨淸冷水 名 無斷絕 於他化自在天雨簫笛等種種樂音 名爲 美妙 於化樂天雨大摩尼寶 名 放大光明 於兜率天雨大莊嚴具 名爲 垂髻 於夜摩天雨大妙華 名 種種莊嚴具 於三十三天雨衆妙香 名爲 悅意 於四天王天雨天寶衣 名爲 覆蓋 於龍王宮雨赤眞珠 名 涌出光明 於阿修羅宮雨諸兵仗名 降伏怨敵 於北鬱單越雨種種華 名曰 開敷 餘三天下悉亦如是 然各隨其處 所雨不同 雖彼龍王其心平等無有彼此 但以衆生善根異故 雨有差別 佛子 如來 應 正等覺無上法王亦復如是 欲以正法敎化衆生 先布身雲彌覆法界 隨其樂欲爲現不同 所謂 或爲衆生現生身雲 或爲衆生現化身雲 或爲衆生現力持身雲 或爲衆生現色身雲或爲衆生現相好身雲 或爲衆生現福德身雲 或爲衆生現智慧身雲 或爲衆生現諸力不可壞身雲 或爲衆生現無畏身雲 或爲衆生現法界身雲 佛子 如來以如是等無量身雲普覆十方一切世界 隨諸衆生所樂 各別示現種種光明電光 所謂 或爲衆生現光明電光 名 無所不至 或爲衆生現光明電光 名 無邊光明 或爲衆生現光明電光 名 入佛秘密法 或爲衆生現光明電光 名 影現光明 或爲衆生現光明電光 名 光明照耀 或爲衆生現光明電光 名 入無盡陀羅尼門 或爲衆生現光明電光 名 正念不亂 或爲衆生現光明電光 名 究竟不壞 或爲衆生現光明電光 名 順入諸趣 或爲衆生現光明電光 名 滿一切願皆令歡喜 佛子 如來 應 正等覺現如是等無量光明電光已 復隨衆生心之所樂出生無量三昧雷聲 所謂 善覺智三昧雷聲 明盛離垢海三昧雷聲 一切法自在三昧雷聲 金剛輪三昧雷聲 須彌山幢三昧雷聲 海印三昧雷聲 日燈三昧雷聲 無盡藏三昧雷聲 不壞解脫力三昧雷聲 佛子 如來身雲中出如是等無量差別三昧雷聲已 將降法雨先現瑞相開悟衆生 所謂 從無障礙大慈悲心 現於如來大智風輪 名 能令一切衆生生不思議歡喜適悅 此相現已 一切菩薩及諸衆生 身之與心皆得淸涼 然後從如來大法身雲 大慈悲雲 大不思議雲 雨不思議廣大法雨 令一切衆生身心淸淨 所謂 爲坐菩提場菩薩雨大法雨 名 法界無差別 爲最後身菩薩雨大法雨 名 菩薩遊戲如來秘密敎 爲一生所繫菩薩雨大法雨 名 淸淨普光明 爲灌頂菩薩雨大法雨 名 如來莊嚴具所莊嚴爲得忍菩薩雨大法雨 名 功德寶智慧華開敷不斷菩薩大悲行 爲住向行菩薩雨大法雨名 入現前變化甚深門而行菩薩行無休息無疲厭 爲初發心菩薩雨大法雨 名 出生如來大慈悲行救護衆生 爲求獨覺乘衆生雨大法雨 名 深知緣起法遠離二邊得不壞解脫果 爲求聲聞乘衆生雨大法雨 名 以大智慧劍斷一切煩惱怨 爲積集善根決定 不決定衆生雨大法雨 名 能令成就種種法門生大歡喜 佛子 諸佛如來隨衆生心 雨如是等廣

大法雨 充滿一切無邊世界 佛子 如來 應 正等覺其心平等 於法無吝 但以衆生根欲不同 所雨法雨示有差別 是爲如來音聲第十相 諸菩薩摩訶薩應如是知

"차례를 따라(復次) 불자여! 응당 알아야만 한다. 여래의 음성은 열 가지 헤아릴 수 없음이 있으니, 무엇이 열인가 하면, 이른바 허공계가 헤아릴 수 없음과 같으니, 이는 일체처에 이르는 까닭이며, 법계가 헤아릴 수 없음과 같으니, 이는 두루두루 한 까닭이며, 중생계가 헤아릴 수 없음과 같으니, 이는 모든 마음을 기쁘게 하는 까닭이며, 모든 업이 헤아릴 수 없음과 같으니, 이는 그 과보를 설하는 까닭이며, 번뇌가 헤아릴 수 없음과 같으니, 이는 모두 없애는 까닭이며, 중생의 말소리가 헤아릴 수 없음과 같으니, 이는 아는 것을 따라 듣게 하는 까닭이며, 중생이 이해하고자 함이 헤아릴 수 없음과 같으니, 이는 널리 살펴서 들여다보고 구하여 바른길로 이끄는 까닭이며, 삼세가 헤아릴 수 없음과 같으니, 이는 변제의 경계가 끝없는 까닭이며, 지혜가 헤아릴 수 없음과 같으니, 이는 일체를 분별하는 까닭이며, 부처님의 경계가 헤아릴 수 없음과 같으니, 이는 부처님의 경계에 들어가는 까닭이다."

"불자여! 여래 응공, 정등각의 음성이 이와 같은 등의 아승기 헤아릴 수 없음을 성취하는 것이니, 모든 보살마하살은 응당 이와 같음을 알아야만 한다."

復次 佛子 應知如來音聲有十種無量 何等爲十 所謂 如虛空界無量 至一切處故 如法界無量 無所不徧故 如衆生界無量 令一切心喜故 如諸業無量 說其果報故 如煩惱無量 悉令除滅故 如衆生言音無量 隨解令聞故 如衆生欲解無量 普觀救度故 如三世無量 無有邊際故 如智慧無量 分別一切故 如佛境界無量 入佛法界故 佛子 如來 應正等覺音聲成就如是等阿僧祇無量 諸菩薩摩訶薩應如是知

이때 보현보살마하살이 거듭해서 이 뜻을 밝히고자 게송으로 말했다.

爾時 普賢菩薩摩訶薩 欲重明此義而說頌言

三千世界將壞時 삼천세계가 무너지려고 할 때

衆生福力聲告言 중생들 복의 힘으로 이어 말하길

四禪寂靜無諸苦 네 가지 선(色界禪定)은 적정해서 모든 괴로움이 없다 하니
令其聞已悉離欲 듣는 자들이 모든 욕심에서 남김없이 벗어나게 한다네.

十力世尊亦如是 십력의 세존도 역시 이와 같아서
出妙音聲徧法界 빼어난 음성을 내어 법계에 두루 하고
爲說諸行苦無常 모든 행은 괴로움이고 항상 함이 없음을 설하시니
令其永度生死海 그들에게 생사의 바다를 건너게 한다네.

譬如深山大谷中 비유하면 깊은 산골짜기에
隨有音聲皆響應 음성을 따라 다 메아리가 응하듯이
雖能隨逐他言語 비록 다른 이의 언어를 따르지만
而響畢竟無分別 메아리는 끝까지 분별이 없다네.

十力言音亦復然 십력의 말과 소리도 역시 차례를 따라 그러하고
隨其根熟爲示現 그 근기의 성숙함을 따라 나타내 보이며
令其調伏生歡喜 그들이 조복하고 환희하게 하나
不念我今能演說 내가 지금 능히 설한다고 하지 않는다네.

如天有鼓名能覺 하늘에 북이 있으니 이름이 능각이며
常於空中震法音 항상 공중에 법의 소리를 흔들어
誡彼放逸諸天子 제멋대로인 하늘을 가르쳐 삼가게 하고
令其聞已得離著 그 말을 듣고는 집착에서 벗어나게 한다네.

十力法鼓亦如是 십력의 법 북도 역시 이와 같아서
出於種種妙音聲 가지가지의 빼어난 음성을 내어
覺悟一切諸群生 일체 모든 중생이 깨우침을 깨달아 얻어
令其悉證菩提果 남김없이 다 보리의 과를 증득하게 한다네.

自在天王有寶女 자재천왕에게 보배 여자가 있으니

口中善奏諸音樂 입으로 모든 아름다운 음악을 하고
一聲能出百千音 하나의 음성에 백천 가지의 소리를 내며
一一音中復百千 하나하나의 소리 가운데 차례를 따라 백천의 소리라네.

善逝音聲亦如是 선근으로 가신 음성도 또한 이와 같아서
一聲而出一切音 하나의 음성에 일체 소리를 내어
隨其性欲有差別 그 성품의 욕심을 따라 차별이 있어서
各令聞已斷煩惱 각각 들음에 번뇌를 끊어낸다네.

譬如梵王吐一音 비유하면 범왕이 한 소리를 토해내면
能令梵衆皆歡喜 범천의 많은 대중을 능히 환희하게 하니
音唯及梵不出外 소리는 오로지 범천에만 이르고 밖으로는 나가지 않으니
一一皆言己獨聞 하나하나가 다 말하기를 혼자만 듣는다고 한다네.

十力梵王亦復然 십력의 범왕 역시 차례를 따라 이와 같아서
演一言音充法界 말 한 번이 법계에 가득하고
唯霑衆會不遠出 대중의 모임만 적시고 밖으로 멀리 나가지 않지만
以無信故未能受 믿음이 없는 까닭으로 받지 못한다네.

譬如衆水同一性 비유하면 많은 물은 동일한 성품이며
八功德味無差別 여덟 가지 공덕이 맛은 차별이 없지만
因地在器各不同 지위로 인하여 그릇이 있음이 각각 다르기에
是故令其種種異 이러한 까닭으로 가지가지로 다르다네.

一切智音亦如是 일체 지혜의 소리도 또한 이와 같아서
法性一味無分別 법의 성품이 하나의 맛이라 분별이 없지만
隨諸衆生行不同 모든 중생의 행을 따라 같지 않기에
故使聽聞種種異 이러한 까닭으로 소리를 들음이 가지가지로 다르다네.

譬如無熱大龍王 비유하면 열없는 대 용왕이
降雨普洽閻浮地 비를 두루 내려 염부제의 땅을 적시고
能令草樹皆生長 풀과 나무를 능히 나서 자라게 하지만
而不從身及心出 몸과 마음을 좇아 나오는 것은 아니라네.

諸佛妙音亦如是 모든 부처님의 빼어난 소리도 또한 이와 같아서
普雨法界悉充洽 법계에 두루 내려 남김없이 다 충분히 적시고
能令生善滅諸惡 선근을 내고 모든 악을 능히 없애지만
不從內外而得有 안팎을 좇지 않고 얻음이 있다네.

譬如摩那斯龍王 비유하면 마나사 용왕이
興雲七日未先雨 구름을 일으켜 7일 동안 비를 내리지 않고
待諸衆生作務竟 중생이 하던 일을 마칠 때까지 기다렸다가
然後始降成利益 그런 후에 비를 내려 이익을 이루게 한다네.

十力演義亦如是 십력이 뜻을 펼침도 또한 이와 같아서
先化衆生使成熟 먼저 중생을 가르쳐 바른길로 이끌어 성숙하게 하고
然後爲說甚深法 그런 후에 깊고 깊은 법을 말해서
令其聞者不驚怖 듣는 자가 놀라거나 두렵지 않게 한다네.

大莊嚴龍於海中 크게 장엄한 용이 바다 가운데
霔於十種莊嚴雨 열 가지 장엄한 비를 내리고
或百或千百千種 그와 같이 백, 천, 그와 같이 백천 가지이며
水雖一味莊嚴別 물은 비록 하나의 맛이지만 장엄이 다르다네.

究竟辯才亦如是 마지막까지의 변재도 또한 이와 같아서
說十二十諸法門 십, 이십, 모든 법의 문을 설하고
或百或千至無量 그와 같이 백, 그와 같이 천과 헤아릴 수 없음에 이르도록
不生心念有殊別 마음과 생각을 내지 않지만, 차별이 있다네.

最勝龍王娑竭羅 가장 뛰어난 사갈라 용왕이
興雲普覆四天下 구름을 일으켜 사천하를 두루 덮고
於一切處雨各別 일체 처에 각각 다르게 비를 내리지만
而彼龍心無二念 용의 마음은 두 생각이 없다네.

諸佛法王亦如是 모든 부처님의 법왕도 또한 이와 같아서
大悲身雲徧十方 대비의 몸 구름이 시방에 두루 하고
爲諸修行雨各異 모든 수행을 위한 비가 각각 다르지만
而於一切無分別 모든 것에 대해서 분별은 없다네.

4) 마음의 업

여래 마음의 모양이나 상태

"불자여! 모든 보살마하살은 여래, 응공, 정등각의 마음을 어떻게 알아야만 하는가."
"불자여! 여래의 마음과 뜻이나 의식은 함께 얻을 수가 없으나, 다만 응당 지혜가 헤아릴 수 없음을 바탕으로 여래의 마음을 알아야만 한다."
"비유하면 허공은 모든 물건의 의지 처가 되지만 허공은 의지할 처가 없으니, 여래의 지혜도 역시 차례를 좇아(復) 이와 같아서 모든 세간(有立五蘊)과 출세간(不立五蘊)의 지혜를 의지할 처로 삼지만, 여래의 지혜는 의지할 처가 없는 것과 같다."
"불자여! 이것이 여래 마음의 제1 모양이나 상태가 됨이니, 보살마하살은 응당 이와 같음을 알아야만 한다."
佛子 諸菩薩摩訶薩應云何知如來 應 正等覺心 佛子 如來心 意 識俱不可得 但應以智無量故 知如來心 譬如虛空爲一切物所依 而虛空無所依 如來智慧亦復如是 爲一切世間 出世間智所依 而如來智無所依 佛子 是爲如來心第一相 諸菩薩摩訶薩應如是知

"차례를 따라(復次) 불자여! 비유하면 법계는 모든 성문과 독각과 보살의 해탈을 항상 내지만, 법계는 더하거나 덜함이 없다. 여래의 지혜도 역시 차례를 좇아(復) 이와 같아서 모든 세간과 출세간의 가지가지 지혜를 내지만, 여래의 지혜는 더하거나 덜함이 없다."

"불자여! 이것이 여래 마음의 제2 모양이나 상태가 됨이니, 보살마하살은 응당 이와 같음을 알아야만 한다."

復次 佛子 譬如法界常出一切聲聞 獨覺 菩薩解脫 而法界無增減 如來智慧亦復如是 恒出一切世間 出世間種種智慧 而如來智無增減 佛子 是爲如來心第二相 諸菩薩摩訶薩應如是知

"차례를 따라(復次) 불자여! 비유하면 큰 바다의 물이 사천하의 땅과 팔십억의 작은 섬 땅속으로 흐르고 땅을 파면 물을 얻지만 큰 바다가 물을 낸다고 분별하지 않는 것과 같다. 부처님 지혜의 바닷물도 역시 차례를 좇아(復) 이와 같기에 모든 중생의 마음 가운데로 흘러서 들어가니, 그와 같은 중생이 경계를 자세히 살펴서 들여다보고 법의 문을 닦고 익히면 곧바로 지혜가 청정해지고 분명하게 깨우쳐 알 것이다. 여래의 지혜는 평등하고 둘이 없으며, 분별이 없으나, 중생의 마음과 행은 다른 까닭으로 얻은 지혜 또한 각각 같지 않다."

"불자여! 이것이 여래 마음의 제3 모양이나 상태가 됨이니, 보살마하살은 응당 이와 같음을 알아야만 한다."

復次 佛子 譬如大海 其水潛流四天下地及八十億諸小洲中 有穿鑿者無不得水 而彼大海不作分別 我出於水 佛智海水亦復如是 流入一切衆生心中 若諸衆生觀察境界 修習法門 則得智慧淸淨明了 而如來智平等無二 無有分別 但隨衆生心行異故 所得智慧各各不同 佛子 是爲如來心第三相 諸菩薩摩訶薩應如是知

"차례를 따라(復次) 불자여! 비유하면 큰 바다에 보배 구슬 네 개가 있고 헤아릴 수 없는 덕을 갖추어서 능히 바닷속의 모든 진귀한 보배를 내니, 그와 같은 큰 바다에 보배 구슬이 없으면 하나의 보배도 또한 얻을 수가 없다. 무엇이 넷인가 하면, 1은 이름을 모아서 쌓은 보배이고 2는 이름이 다함이 없는 장이고 3은 이름이 불같이 치솟음을 멀리 벗어남이고 4는 이름을 온전하게 갖춘 장이다."

"불자여! 이 네 가지 보배 구슬을 모든 범부나 모든 용신 등은 다 얻지를 못한다. 왜 그러한가 하면, 사갈라 용왕이 이 보배 구슬이 단정하고 장엄하다고 해서 궁중의 깊고 은밀한 곳에 간직하는 까닭이다."

"불자여! 여래, 응공, 정등각의 큰 지혜 바다도 역시 차례를 좇아(復) 이와 같아서 그 가운데 네 가지 큰 지혜 보배 구슬이 있어서 헤아릴 수 없는 복과 지혜의 공덕을 온전하게 갖추었다. 이로 말미암아 모든 중생과 성문과 독각과 배움과 배울 것이 없는 자와 보살들의 지혜 보배를 내니, 무엇이 넷인가 하면, 이른바 섬세하고 능숙한 방편으로 물들거나 집착이 없는 큰 지혜 보배와 인위적인 꾸밈과 있는 그대로 인위적인 꾸밈이 없는 법을 선근으로 분별하는 큰 지혜 보배와 헤아릴 수 없는 법을 분별해서 설하더라도 법의 성품을 깨트리지 않는 큰 지혜 보배와 때와 때가 아님을 알아서 그르치거나 잃지 않는 큰 지혜 보배를 이른다."

"그와 같은 여래의 큰 지혜 바다에 이 네 가지 보배 구슬이 없다면 한 명의 중생도 대승에 들어갈 수 없을뿐더러 끝내는 이 처가 없다. 그러므로 이 네 가지 지혜 보배를 복 없는 중생은 볼 수가 없으니, 무슨 까닭인가 하면, 여래의 깊고 비밀스러운 장에 두기 때문이다."

"이 네 가지 지혜 보배는 평균적이면서 정직하고 곧으며 깨끗하고 빼어나게 좋아서 모든 보살 대중에게 두루 이익이 되도록 하고 그들이 남김없이 지혜 광명을 얻게 한다."

"불자여! 이것이 여래 마음의 제4 모양이나 상태가 됨이니, 보살마하살은 당연히 이와 같음을 알아야만 한다."

復次 佛子 譬如大海有四寶珠 具無量德 能生海內一切珍寶 若大海中無此寶珠 乃至一寶亦不可得 何等爲四 一名 積集寶 二名 無盡藏 三名 遠離熾然 四名 具足莊嚴 佛子 此四寶珠 一切凡夫 諸龍神等悉不得見 何以故 娑竭龍王以此寶珠端嚴方正置於宮中深密處故 佛子 如來 應 正等覺大智慧海亦復如是 於中有四大智寶珠 具足無量福智功德 由此能生一切衆生聲聞 獨覺 學 無學位 及諸菩薩智慧之寶 何等爲四 所謂 無染著巧方便大智慧寶 善分別有爲無爲法大智慧寶 分別說無量法而不壞法性大智慧寶 知時非時未曾誤失大智慧寶 若諸如來大智海中無此四寶 有一衆生得入大乘 終無是處 此四智寶 薄福衆生所不能見 何以故 置於如來深密藏故 此四智寶 平均正直 端潔妙好 普能利益諸菩薩衆 令其悉得智慧光明 佛子 是爲如來心第四相 諸

菩薩摩訶薩應如是知

"차례를 따라(復次) 불자여! 비유하면 큰 바다에 거센 불길처럼 광명을 내는 네 개의 큰 보배가 그 바닥에 넓게 깔려있으니, 성품이 극히 맹렬하고 항상 많은 강으로부터 흘러들어오는 헤아릴 수 없는 큰물을 빨아들이는 까닭으로 큰 바다가 더하거나 줄어드는 일은 없으니, 무엇이 4인가 하면, 1은 태양의 장이고 2는 젖은 것을 벗어남이고 3은 불꽃이고 4는 남음이 없이 다함이다."

"불자여! 그와 같은 바다에 이 네 가지 보배가 없으면 사천에서부터 유정(有頂.色究竟天)에 이르기까지 그 가운데는 남김없이 물에 잠길 것이다."

"불자여! 태양의 장 보배 광명이 바다에 비치면 물이 변해서 젖이 되고 윤택해짐을 벗어나는 보배 광명이 비치면 젖이 변해서 진한 유즙이 되고 불꽃 빛 큰 보배 광명이 비치면 그 유즙이 연유로 변하고 남음이 없이 다하는 큰 보배 광명이 비치면 연유가 변해서 제호(醍醐.우유에 갈분을 타서 미음 같이 쑨 죽)가 되니, 불길이 거세면 모든 것이 다하고 남음이 없는 것과 같다."

"불자여! 여래, 응공, 정등각의 큰 지혜 바다도 역시 차례를 좇아(復) 이와 같아서 네 가지 큰 지혜 보배가 있기에 헤아릴 수 없는 위덕 광명을 온전하게 갖추며, 이 지혜 보배 광명이 비치면 모든 보살뿐만 아니라 모두에게 이르도록 여래의 큰 지혜를 얻게 되니, 무엇이 넷인가 하면, 이른바 모든 선근을 흩어지게 하는 물결을 없애는 큰 지혜 보배와 모든 법에 대한 사랑을 제거하는 큰 보배 지혜와 자비의 빛으로 두루 비추는 큰 지혜 보배와 여래와 더불어 평등하고 끝이 없으며, 공을 들인 보람이 없는 큰 지혜 보배이다."

"불자여! 모든 보살이 도를 돕는 모든 법을 닦아서 모을 때 선근을 흩어지게 하는 헤아릴 수 없는 파도를 일으키면 일체 세간과 천인과 아수라가 능히 무너트리지 못하지만, 여래는 모든 선근을 흩어지게 하는 파도를 없애는 큰 지혜 보배 광명으로 그 보살을 비추어 모든 선근을 흩어지게 하는 파도를 버리고 이를 마음의 한 경계로 삼아 삼매에 머물게 한다."

"또 모든 법에 대한 애착을 없애는 큰 지혜 보배 광명으로 그 보살을 비추어 삼매의 맛에 대한 집착을 버리고 벗어나게 하며, 광대한 신통을 일으키게 한다."

"또 지혜의 빛으로 두루 비추는 큰 지혜 보배 광명으로 그 보살을 비추어 일어난 광대한 신통을 버리게 하며, 크고 밝은 좋은 결과의 행에 머물게 한다."

"또 여래와 더불어 평등하고 끝없으며, 좋은 결과가 없는 큰 지혜 보배 광명으로 그 보살을 비추어 일어난 크고 밝은 좋은 결과의 행을 버리게 할 뿐만 아니라 여래의 평등한 지위를 얻게 해서 모든 좋은 결과를 쉬게 하며, 남음이 없게 한다."

"불자여! 그와 같은 여래의 이 네 가지 지혜 보배 광명의 비춤이 없으면 한 명의 보살도 여래의 자리를 얻을 수 없다."

"불자여! 이것이 여래 마음의 제5 모양이나 상태가 됨이니, 보살마하살은 당연히 이와 같음을 알아야만 한다."

復次 佛子 譬如大海 有四熾然光明大寶布在其底 性極猛熱 常能飮縮百川所注無量大水 是故大海無有增減 何等爲四 一名 日藏 二名 離潤 三名 火焰光 四名 盡無餘 佛子 若大海中無此四寶 從四天下乃至有頂 其中所有悉被漂沒 佛子 此日藏大寶光明照觸 海水悉變爲乳 離潤大寶光明照觸 其乳悉變爲酪 火焰光大寶光明照觸 其酪悉變爲酥 盡無餘大寶光明照觸 其酥變成醍醐 如火熾然 悉盡無餘 佛子 如來 應正等覺大智慧亦復如是 有四種大智慧寶 具足無量威德光明 此智寶光觸諸菩薩 乃至令得如來大智 何等爲四 所謂 滅一切散善波浪大智慧寶 除一切法愛大智慧寶 慧光普照大智慧寶 與如來平等無邊無功用大智慧寶 佛子 諸菩薩修集一切助道法時起無量散善波浪 一切世間天 人 阿修羅所不能壞 如來以滅一切散善波浪大智慧寶光明觸彼菩薩 令捨一切散善波浪 持心一境 住於三昧 又以除一切法愛大智慧寶光明觸彼菩薩 令捨離三昧味著 起廣大神通 又以慧光普照大智慧寶光明觸彼菩薩 令捨所起廣大神通 住大明功用行 又以與如來平等無邊無功用大智慧寶光明觸彼菩薩 令捨所起大明功用行 乃至得如來平等地 息一切功用 令無有餘 佛子 若無如來此四智寶大光照觸 乃至有一菩薩得如來地 無有是處 佛子 是爲如來心第五相 諸菩薩摩訶薩應如是知

"차례를 따라(復次) 불자여! 물의 경계로부터 위로 비상비비상천에 이르기까지 그 가운데 있는 대천 국토와 욕계와 색계와 무색계 중생이 있는 곳들이 모두 허공을 의지해서 일어나고 허공을 의지해서 머무니, 왜 그러한가 하며, 허공이 널리 두루 한 까닭이다. 비록 허공이 삼계를 두루 둘러싸고 있지만, 분별이 없기 때문이다."

"불자여! 여래의 지혜도 역시 차례를 좇아(復) 이와 같아서 그와 같은 성문의 지혜와 그와 같은 독각의 지혜와 그와 같은 보살의 지혜와 그와 같은 인위적으로 꾸미는 행의 지혜와 그와 같은 인위적인 꾸밈이 없이 있는 그대로의 지혜가 모두 여래의 지혜를 의지해서 일어나고 여래의 지혜에 머문다. 무슨 까닭인가 하면, 여래의 지혜는 일체에 두루 한 까닭이다. 비록 차례를 좇아(復) 헤아릴 수 없는 지혜로 두루 둘러싸지만, 분별이 없기 때문이다."

"불자여! 이것이 여래 마음의 제6 모양이나 상태가 됨이니, 보살마하살은 당연히 이와 같음을 알아야만 한다."

復次 佛子 如從水際 上至非想非非想天 其中所有大千國土 欲 色 無色衆生之處 莫不皆依虛空而起 虛空而住 何以故 虛空普徧故 雖彼虛空 普容三界而無分別 佛子 如來智慧亦復如是 若聲聞智 若獨覺智 若菩薩智 若有爲行智 若無爲行智 一切皆依如來智起 如來智住 何以故 如來智慧徧一切故 雖復普容無量智慧而無分別 佛子 是爲如來心第六相 諸菩薩摩訶薩應如是知

"차례를 따라(復次) 불자여! 눈 덮인 산 정상에 약 나무가 있으니, 이름이 '다함이 없는 뿌리'이며, 약 나무뿌리가 16만 8천 유순 아래 있는 금강 땅의 바퀴와 물 바퀴의 경계가 다 한 곳에서 생하니, 저 약 나무가 그와 같이 뿌리가 날 때 염부제에 있는 모든 나무의 뿌리가 생하고 그와 같은 줄기가 날 때 염부제에 있는 모든 나무의 줄기가 생하고 가지나 잎이나 꽃이나 열매도 남김없이 다 이와 같다. 이 약왕 나무뿌리는 줄기를 능히 생하고 줄기는 능히 뿌리를 생하여 뿌리가 다함이 없기에 이름을 '다함이 없는 뿌리'라고 이른다."

"불자여! 저 약왕 나무는 일체 처에서 나고 크지만, 오직 두 곳에서만큼은 나서 자랄 수 있는 이익을 지어가지 못하니, 이른바 지옥이라는 깊은 구덩이와 물 바퀴의 속이다. 그렇다고 그곳에서 처음부터 싫어하거나 버리지는 않는다."

"불자여! 여래 지혜의 큰 약왕 나무도 역시 차례를 좇아(復) 이와 같아서 과거에 일으킨 일체 지혜를 성취하는 선근의 법으로 일체 모든 중생계를 두루 덮어서 모든 악한 길의 괴로움을 없애 버리니, 가엾이 여기는 광대한 마음과 원을 뿌리로 삼고 일체 여래의 진실한 지혜의 종성 가운데 나서 견고하고 움직임이 없는 섬세하고 능숙한 선근 방편을 줄기로 삼고 법계에 두루 하는 지혜와 모든 바라밀을 가지로 삼고 선정 해탈의 모든 큰 삼매를 잎으로 삼고 모든 다라니 변재와 보리 분법을 꽃으로 삼고 마지막까지 변함이 없는 모든 부처님의 해탈을 열매로 삼는다."

"불자여! 여래 지혜의 큰 약왕 나무가 무슨 까닭으로 다함이 없는 뿌리란 이름을 얻었는가 하면, 마지막까지 쉬지 않는 까닭이며, 보살의 행을 끊지 않는 까닭이며, 보살의 행이 곧 여래의 성품이며, 여래의 성품이 곧 보살의 행인 까닭으로 이름을 얻으니, 다함이 없는 뿌리이다."

"불자여! 여래 지혜의 큰 약왕 나무에서 뿌리가 날 때 모든 보살이 중생을 버리지 않는 대자대비한 뿌리가 나고 줄기가 날 때는 모든 보살의 견고한 정진과 깊은 마음의 줄기가 늘어서 자라고 가지가 날 때는 모든 보살의 일체 모든 바라밀 가지를 거듭 자라게 하고 잎이 날 때는 모든 보살이 청정한 계행과 청정한 수행 공덕의 적은 욕심으로 만족함을 아는 잎이 나고 자라게 하며, 꽃이 필 때 일체 보살이 모든 선근을 갖추고 좋은 모양이나 상태로 장엄하는 꽃을 피우고 열매를 맺을 때는 모든 보살이 나 없음이란 인가(無生忍) 뿐만 아니라 모든 부처님의 관정을 인가하는 열매를 얻게 한다."

"불자여! 여래 지혜의 큰 약왕 나무는 오직 두 곳에서만큼은 나서 자랄 수 있는 이익을 지어가지 못하니, 이른바 이승(二乘)의 인위적인 꾸밈이 없다는 깊은 구덩이에 떨어짐과 선근을 무너뜨리는 바르지 못한 큰 견해와 탐심과 애욕의 빠진 중생의 그릇(五蘊)이다. 그렇다고 이 두 곳을 싫어하거나 버리지는 않는다."

"불자여! 여래의 지혜는 늘거나 줄어드는 일이 없으니, 선근의 뿌리로 편안히 머물면서 생함에 쉼이 없는 까닭이다."

"불자여! 이것이 여래 마음의 제7 모양이나 상태가 됨이니, 보살마하살은 당연히 이와 같음을 알아야만 한다."

復次 佛子 如雪山頂有藥王樹 名 無盡根 彼藥樹根從十六萬八千由旬下盡金剛地水輪際生 彼藥王樹若生根時 令閻浮提一切樹根生 若生莖時 令閻浮提一切樹莖生枝 葉 華 果悉皆如是 此藥王樹 根能生莖 莖能生根 根無有盡 名 無盡根 佛子 彼藥王樹於一切處皆令生長 唯於二處不能爲作生長利益 所謂 地獄深阬及水輪中 然亦於彼初無厭捨 佛子 如來智慧大藥王樹亦復如是 以過去所發成就一切智慧善法 普覆一切諸衆生界 除滅一切諸惡道苦廣大悲願而爲其根 於一切如來眞實智慧種性中生堅固不動善巧方便而爲其莖 徧法界智 諸波羅蜜以爲其枝 禪定 解脫 諸大三昧以爲其葉 摠持 辯才 菩提分法以爲其華 究竟無變諸佛解脫以爲其果 佛子 如來智慧大

藥王樹 何故得名爲 無盡根 以究竟無休息故 不斷菩薩行故 菩薩行卽如來性 如來性卽菩薩行 是故得名爲 無盡根 佛子 如來智慧大藥王樹 其根生時 令一切菩薩生不捨衆生大慈悲根 其莖生時 令一切菩薩增長堅固精進深心莖 其枝生時 令一切菩薩增長一切諸波羅蜜枝 其葉生時 令一切菩薩生長淨戒頭陀功德少欲知足葉 其華生時令一切菩薩具諸善根相好莊嚴華 其果生時 令一切菩薩得無生忍乃至一切佛灌頂忍果 佛子 如來智慧大藥王樹唯於二處不能爲作生長利益 所謂 二乘墮於無爲廣大深阬及壞善根非器衆生溺大邪見貪愛之水 然亦於彼曾無厭捨 佛子 如來智慧無有增減以善根安住 生無休息故 佛子 是爲如來心第七相 諸菩薩摩訶薩應如是知

"차례를 따라(復次) 불자여! 비유하면 삼천대천세계의 겁 화가 일어날 때 모든 초목과 모든 숲뿐만 아니라 철위산과 큰 철위산이 남김없이 모두 타버리고 남은 것이 없는 것과 같다."

"불자여! 가령 어떤 사람이 손으로 마른 풀을 불 구덩이에 던지면 어떻게 생각하는가? 타겠는가 타지 않겠는가? 답해서 말하기를 아니라고 할 것이다."

"불자여! 던져넣은 풀이 타지 않는다 하더라도 여래 지혜로 삼세 모든 중생과 모든 국토와 일체 겁의 수와 일체 모든 법을 분별해서 다 알겠지만, 그와 같음을 모른다고 말하면 이는 옳은 처사가 아니다. 무슨 까닭인가 하면, 지혜를 평등하게 남김없이 다 통달한 까닭이다."

"불자여! 이것이 여래 마음의 제8 모양이나 상태가 됨이니, 보살마하살은 당연히 이와 같음을 알아야만 한다."

復次 佛子 譬如三千大千世界劫火起時 焚燒一切草木叢林 乃至鐵圍 大鐵圍山皆悉熾然無有遺餘 佛子 假使有人手執乾草投彼火中 於意云何 得不燒不 答言 不也佛子 彼所投草容可不燒 如來智慧分別三世一切衆生 一切國土 一切劫數 一切諸法無不知者 若言不知 無有是處 何以故 智慧平等悉明達故 佛子 是爲如來心第八相諸菩薩摩訶薩應如是知

"차례를 따라(復次) 불자여! 비유하면 바람의 재앙이 세계를 무너뜨릴 때 큰바람이 일어나니, 이름을 '흩어져 무너짐(散壞)'이라 말하며, 이 큰바람이 불어서 삼천대천세계와 철위산 등을 무너트리고 다 부수어 가루로 만든다."

"차례를 따라(復次) 큰바람이 있으니, 이름이 '능히 막힘이나 걸림(能障)'이라 하고 삼천대천세계를 두루 돌며 흩어져 무너트리는 바람을 막아서 나머지가 다른 세계에 이르지 못하게 한다."

"불자여! 그와 같은 능히 막힘이나 걸림이라는 바람이 없었다면 시방세계가 많이 무너졌을 것이다."

"여래, 응공, 정등각도 역시 차례를 좇아(復) 이와 같은 큰 지혜의 바람이 있으니, 이름이 '능히 없앰(能滅)'이고 일체 모든 큰 보살의 번뇌와 습기를 없애며, 큰 지혜의 바람이 있으니, 이름이 '섬세하고 능숙함을 가짐(巧持)'이고 근기가 미숙한 보살을 섬세하고 능숙하게 붙들어서 능멸이란 큰 지혜의 바람으로 모든 번뇌와 습기를 끊지 못하게 한다."

"불자여! 그와 같은 여래의 섬세하고 능숙한 지혜의 바람이 없으면 헤아릴 수 없는 보살이 성문이나 벽지불의 자리에 떨어지지만, 이 지혜로 말미암아 보살이 이승(二乘)의 지위를 초월해서 여래의 마지막 자리에 편안히 머문다."

"불자여! 이것이 여래 마음의 제9 모양이나 상태가 됨이니, 보살마하살은 당연히 이와 같음을 알아야만 한다."

復次 佛子 譬如風災壞世界時 有大風起 名曰 散壞 能壞三千大千世界 鐵圍山等皆成碎末 復有大風 名爲 能障 周帀三千大千世界障散壞風 佛子 若令無此能障大風十方世界無不壞盡 如來 應 正等覺亦復如是 有大智風 名爲 能滅 能滅一切諸大菩薩煩惱習氣 有大智風 名爲 巧持 巧持其根未熟菩薩不令能滅大智風輪斷其一切煩惱習氣 佛子 若無如來巧持智風 無量菩薩皆墮聲聞 辟支佛地 由此智故 令諸菩薩超二乘地 安住如來究竟之位 佛子 是爲如來心第九相 諸菩薩摩訶薩應如是知

"차례를 따라(復次) 불자여! 여래의 지혜는 이르지 못하는 처가 없으니, 무슨 까닭인가 하면, 여래의 지혜를 갖추지 않은 중생이 하나도 없으나, 다만 허망한 생각으로 거꾸로 뒤바뀜과 집착으로는 증득하지 못하는 것이니, 그와 같은 허망한 생각을 벗어나면 모든 지혜와 자연의 지혜와 막힘이나 걸림이 없는 지혜가 곧 앞에 나타남을 얻기 때문이다."

"불자여! 비유하면 큰 경서가 있으니, 그 양이 삼천대천세계와 같다. 곧 삼천대천세계 가운데 일을 글로 옮기면 일체를 빠짐없이 다하니, 이른바 큰 철위산 가운데 일을 글로 옮기면 양이 큰 철위산과 같고 대지 가운데 일을 글로 옮기면 양이 대지와 같고 중천 세계 가운데 일을 글로 옮기면 양이 중천 세계와 같고 소천 세계 가운데 일을 글로 옮기면 양이 소천 세계와 평등하니, 이와 같은 사천하와 큰 바다와 수미산과 땅의 궁전과 욕계의 공거천 궁전과 색계의 궁전과 무색계의 궁전을 하나하나 글로 옮기면 그 양이 평등하다."

"이 큰 경서가 비록 차례를 좇아(復) 양이 대천세계와 평등하나, 전체가 하나의 티끌 속에 있고 하나의 티끌 속과 같이 모든 티끌도 다 역시 이와 같다."

"때맞추어 어떤 한 사람이 지혜를 밝게 통달하여 온전하게 갖추고는 청정한 천안을 성취하고 이 경서가 티끌 속에 있기에 모든 중생에게 이익을 주지 못함을 보고 생각하기를 '내가 응당 정진의 힘으로 티끌을 부수어 이 경서를 내어서 모든 중생에게 이익을 줄 것이다.'라고 한다. 그리고는 즉시 방편을 일으켜서 티끌을 깨트리고 큰 경서를 내어 모든 중생이 두루 넉넉한 이익을 받게 하니, 하나의 티끌과 같이 모든 티끌도 응당 남김없이 그렇게 함을 알아야만 한다."

"불자여! 여래의 지혜도 역시 차례를 좇아(復) 이와 같아서 헤아릴 수 없고 막힘이나 걸림이 없기에 모든 중생에게 두루 이익이 되게 하며, 중생들 몸속에 온전하게 갖추고 있으나, 다만 모든 어리석은 평범한 사내는 헛된 생각에 집착함으로 알지 못하고 깨닫지 못해서 이익을 얻지 못한다."

그때 여래께서 막힘이나 걸림이 없는 청정한 지혜의 눈으로 법계의 모든 중생을 두루 살펴서 들여다보고는 이렇게 말씀하셨다.

"이상하고 이상하다. 이 모든 중생이 여래의 지혜를 온전하게 갖추고 있으면서도 어찌 어리석고 어두우며, 미혹해서 알지 못하고 보지 못하는가? 내 마땅히 성인의 도를 가르쳐서 이들이 헛된 생각과 집착에서 영원히 벗어나게 하고 스스로 자신의 몸 가운데 여래의 광대한 지혜가 부처와 더불어 다름이 없음을 보게 할 것이다."

"그리고 곧 중생들이 성인의 도를 닦아서 허망한 생각을 벗어나게 하고 허망한 생각에서 벗어난 후에는 여래의 헤아릴 수 없는 지혜를 얻어서 모든 중생에게 이익이 되게 하고 편안하게 할 것이다."

"불자여! 이것이 여래 마음의 제10 모양이나 상태가 됨이니, 보살마하살은 당연히 이와 같음을 알아야만 한다."

復次 佛子 如來智慧無處不至 何以故 無一衆生而不具有如來智慧 但以妄想顚倒

執著而不證得 若離妄想 一切智 自然智 無礙智則得現前 佛子 譬如有大經卷 量等三千大千世界 書寫三千大千世界中事 一切皆盡 所謂 書寫大鐵圍山中事 量等大鐵圍山 書寫大地中事 量等大地 書寫中千世界中事 量等中千世界 書寫小千世界中事 量等小千世界 如是 若四天下 若大海 若須彌山 若地天宮殿 若欲界空居天宮殿 若色界宮殿 若無色界宮殿 一一書寫 其量悉等 此大經卷雖復量等大千世界 而全住在一微塵中 如一微塵 一切微塵皆亦如是 時 有一人智慧明達 具足成就淸淨天眼 見此經卷在微塵內 於諸衆生無少利益 卽作是念 我當以精進力 破彼微塵 出此經卷 令得饒益一切衆生 作是念已 卽起方便 破彼微塵 出此大經 令諸衆生普得饒益 如於一塵一切微塵應知悉然 佛子 如來智慧亦復如是 無量無礙 普能利益一切衆生 具足在於衆生身中 但諸凡愚妄想執著 不知不覺 不得利益 爾時 如來以無障礙淸淨智眼 普觀法界一切衆生而作是言 奇哉 奇哉 此諸衆生云何具有如來智慧 愚癡迷惑 不知不見我當敎以聖道 令其永離妄想執著 自於身中得見如來廣大智慧與佛無異 卽敎彼衆生修習聖道 令離妄想 離妄想已 證得如來無量智慧 利益安樂一切衆生 佛子 是爲如來心第十相 諸菩薩摩訶薩應如是知

"불자여! 보살마하살은 응당연히 이와 같은 등등의 헤아릴 수 없고 막힘이나 걸림이 없으며, 사람의 생각으로는 알 수 없는 광대한 모양이나 상태로 여래, 응공, 정등각의 마음을 안다."

佛子 菩薩摩訶薩應以如是等無量無礙不可思議廣大相 知如來 應 正等覺心

이때 보현보살마하살이 이러한 뜻을 거듭 밝히고자 게송으로 말했다.

爾時 普賢菩薩摩訶薩 欲重明此義而說頌言

欲知諸佛心 모든 부처님 마음을 알고자 한다면
當觀佛智慧 응당 부처님의 지혜를 자세히 들여다보아야 하니
佛智無依處 부처님의 지혜는 의지할 처가 없음이니
如空無所依 허공과 같이 의지할 것이 없다네.

衆生種種樂 중생의 가지가지 즐거움과
及諸方便智 모든 방편 지혜에 이르기까지
皆依佛智慧 다 부처님 지혜에 의지하지만
佛智無依止 부처님 지혜는 의지하여 머물 곳이 없다네.

聲聞與獨覺 성문과 더불어 독각과
及諸佛解脫 모든 부처님의 해탈이
皆依於法界 다 법계에 의지하지만
法界無增減 법계는 늘고 주는 일이 없다네.

佛智亦如是 부처님의 지혜 역시 이와 같기에
出生一切智 일체 지혜를 내지만
無增亦無減 더함도 없고 역시 덜함도 없으며
無生亦無盡 생함도 없고 역시 다함도 없다네.

如水潛流地 땅속 깊이 흐르는 물이기에
求之無不得 구하고자 한다면 얻을 수는 있으나
無念亦無盡 생각도 없고 역시 다할 것도 없는 것과 같이
功力徧十方 공들인 힘이 시방에 두루 하다네.

佛智亦如是 부처의 지혜도 역시 이와 같기에
普在衆生心 중생의 마음에 두루 있어서
若有勤修行 그와 같이 수행만 하면
疾得智光明 빠르게 지혜 광명을 얻을 것이라네.

如龍有四珠 용에게 네 개의 구슬이 있으니
出生一切寶 일체 보배를 내기는 하나
置之深密處 깊고 은밀한 곳에 두기에
凡人莫能見 평범한 사람은 볼 수가 없다네.

佛四智亦然 부처님의 네 가지 지혜도 역시 그러하기에
出生一切智 일체 지혜를 내기는 하나
餘人莫能見 나머지 사람은 볼 수가 없고
唯除大菩薩 오직 큰 보살만은 제외한다네.

如海有四寶 바다에 네 가지 보배가 있으니
能飮一切水 모든 물을 마셔서
令海不流溢 바다가 넘치지 않게 하며
亦復無增減 역시 차례를 좇아 더하는 것도 덜함도 없는 것과 같다네.

如來智亦爾 여래의 지혜도 역시 그러하기에
息浪除法愛 파도를 쉬게 하고 법에 대한 애착을 없애며
廣大無有邊 광대함이 끝이 없기에
能生佛菩薩 능히 부처와 보살을 낸다네.

下方至有頂 아래로부터 정수리까지 이르고
欲色無色界 욕계와 색계와 무색계가
一切依虛空 모두 허공을 의지했지만
虛空不分別 허공은 분별하지 않는다네.

聲聞與獨覺 성문과 더불어 독각과
菩薩衆智慧 보살 대중의 지혜가
皆依於佛智 빠짐없이 부처님 지혜에 의지하지만
佛智無分別 부처님의 지혜는 분별이 없다네.

雪山有藥王 눈 덮인 산에 약왕이 있으니
名爲無盡根 이름이 다함이 없는 뿌리라 하고
能生一切樹 모든 나무의
根莖葉華實 뿌리와 줄기와 잎과 꽃과 열매를 낸다네.

佛智亦如是 부처님의 지혜 또한 이와 같아서
如來種中生 여래의 씨앗 가운데서 나고
既得菩提已 보리를 얻은 후에는
復生菩薩行 차례를 좇아 보살의 행을 낸다네.

如人把乾草 사람이 마른 풀을 가지고
置之於劫燒 세계가 타는 겁 화에 넣으면
金剛猶洞然 금강도 텅 비어버리는 것과 같이
此無不燒理 이것이 타지 않을 리는 없다네.

三世劫與刹 삼세의 겁과 세계와
及其中衆生 또 그 가운데의 중생과
彼草容不燒 저 풀이 타지 않는다 하더라도
此佛無不知 부처님은 이를 아신다네.

有風名散壞 큰바람이 있으니, 이름이 흩어져 무너짐이라 하고
能壞於大千 능히 대천을 무너뜨리니
若無別風止 그와 같음을 다른 바람이 멈추지 않으면
壞及無量界 헤아릴 수 없는 세계를 무너뜨릴 것이라네.

大智風亦爾 큰 지혜의 바람도 역시 그와 같기에
滅諸菩薩惑 모든 보살의 의혹을 없애고
別有善巧風 섬세하고 능숙한 선근의 바람이 따로 있어서
令住如來地 다들 여래의 지위에 머물게 한다네.

如有大經卷 큰 경서가 있으니
量等三千界 그 양이 삼천계와 같고
在於一塵內 하나의 티끌 속에 있으며
一切塵悉然 모든 티끌이 남김없이 그러하다네.

有一聰慧人 총명한 사람이 있어서
淨眼悉明見 청정한 눈으로 모두 밝게 보고
破塵出經卷 티끌을 부수어 경서를 내니
普饒益衆生 중생에게 이익을 두루 더한다네.

佛智亦如是 부처님의 지혜 또한 이와 같아서
徧在衆生心 중생의 마음에 두루 있고
妄想之所纏 망령된 생각에 얽힘이 되어
不覺亦不知 깨우치지 못하고 알지 못한다네.

諸佛大慈悲 모든 부처님의 큰 자비는
令其除妄想 허망한 생각을 없애게 하니
如是乃出現 이와 같음을 이렇듯 나타내어
饒益諸菩薩 모든 보살에게 넉넉한 이익을 더한다네.

대방광불화엄경 제52권

37. 여래출현품(3)
如來出現品第三十七之三

5) 출현하는 경계와 행과 보리

"불자여! 보살마하살은 응당 여래, 응공, 정등각의 경계를 어떻게 알아야만 하는가."

"불자여! 보살마하살은 막힘이나 걸림이 없는 지혜로 모든 세간의 경계가 여래의 경계임을 알아야만 하며, 모든 삼세의 경계와 모든 세계의 경계와 모든 법의 경계와 모든 중생의 경계와 진여의 차별이 없는 경계와 법계의 막힘이나 걸림 없는 경계와 실상의 본바탕이 되는 경계와 끝이 없는 경계와 허공의 분량이 없는 경계와 경계가 없는 경계가 여래의 경계임을 알아야만 한다."

"불자여! 모든 세간의 경계가 헤아릴 수 없는 것과 같이 여래의 경계도 또한 헤아릴 수 없으며, 모든 삼세의 경계가 헤아릴 수 없는 것과 같이 여래의 경계도 또한 헤아릴 수 없을 뿐만 아니라 경계가 없는 경계가 헤아릴 수 없는 것과 같이 여래의 경계도 또한 헤아릴 수 없으며, 경계가 없는 경계가 일체 처에 없는 것과 같이 여래의 경계도 또한 이와 같기에 일체 처에 없다."

"불자여! 보살마하살은 응당 마음의 경계가 여래의 경계임을 알아야만 하니, 마음의 경계가 헤아릴 수 없고 끝이 없으며, 얽힘도 없고 해탈도 없는 것과 같이 여래의 경계도 또한 헤아릴 수 없고 끝이 없으며, 얽힘도 없고 해탈도 없는 것임을 알아야만 한다. 왜 그러한가 하면, 이와 같고 이와 같은 사유를 하며, 분별함으로 이와 같고 이와 같은 헤아릴 수 없음을 나타내는 까닭이다."

"불자여! 큰 용왕이 마음을 따라 비를 내린다고는 하지만, 그 비는 안으로부터 나오는 것이 아니고 밖으로부터 오는 것도 아니듯이, 여래의 경계도 역시 차례를 좇아(復) 이와 같기에 이와 같은 사유와 분별을 따라서 곧 이와 같음을 헤아릴 수 없이 나타내지만, 모두 온 곳이 없다."

"불자여! 큰 바닷물이 모두 용왕 마음의 힘을 좇아 일어나는 것과 같이 모든 부처님 여래의 일체 지혜의 바다도 역시 차례를 좇아(復) 이와 같아서 다 여래의 옛적 큰 원으로부터 생하여 일어난다."

佛子 菩薩摩訶薩應云何知如來 應 正等覺境界 佛子 菩薩摩訶薩以無障無礙智慧知一切世間境界是如來境界 知一切三世境界 一切刹境界 一切法境界 一切衆生境界 眞如無差別境界 法界無障礙境界 實際無邊際境界 虛空無分量境界 無境界境界是如來境界 佛子 如一切世間境界無量 如來境界亦無量 如一切三世境界無量 如來境界亦無量 乃至 如無境界境界無量 如來境界亦無量 如無境界境界一切處無有 如來境界亦如是一切處無有 佛子 菩薩摩訶薩應知心境界是如來境界 如心境界無量無邊 無縛無脫 如來境界亦無量無邊 無縛無脫 何以故 以如是如是思惟分別 如是如是無量顯現故 佛子 如大龍王隨心降雨 其雨不從內出 不從外出 如來境界亦復如是 隨於如是思惟分別 則有여시無量顯現 於十方中悉無來處 佛子 如大海水 皆從龍王心力所起 諸佛如來一切智海亦復如是 皆從如來往昔大願之所生起

"불자여! 일체 지혜의 바다가 헤아릴 수 없고 끝없으며, 사람의 생각으로는 헤아려 알 수 없고 말로 할 수는 없지만, 내 이제 간략하게 비유로 말할 것이니, 그대는 자세히 들어라."

"불자여! 이 염부제에 2천 5백의 강이 흘러서 큰 바다에 흘러 들어가고 서구야니에는 5천의 강이 있어서 큰 바다에 흘러 들어가고 동불바제에 7천 5백의 강이 흘러서 큰 바다에 흘러 들어가고 북울단월에는 1만의 강이 흘러서 큰 바다에 들어간다."

"불자여! 이 사천하에서 이와 같은 2만 5천의 강이 계속해서 끊어지지 않고 큰 바다로 흘러 들어가니, 그대의 뜻은 어떠한가. 물이 많겠는가. 적겠는가?"

답해서 말했다.

"매우 많겠습니다."

佛子 一切智海無量無邊 不可思議 不可言說 然我今者略說譬諭 汝應諦聽 佛子 此閻浮提有二千五百河流入大海 西拘耶尼有五千河流入大海 東弗婆提有七千五百河流入大海 北鬱單越有一萬河流入大海 佛子 此四天下 如是二萬五千河相續不絶流入大海 於意云何 此水多不 答言 甚多

"불자여! 차례를 따라(復有) 십 광명 용왕이 큰 바다 가운데 내리는 물은 전보다 배나 많고 백 광명 용왕이 큰 바다 가운데 내리는 물은 차례를 좇아(復) 전보다 배가 되고 대장엄 용왕과 마나사 용왕과 뇌진 용왕과 난타발난타 용왕과 무량광명 용왕과 연주부단 용왕과 대승 용왕과 대분신 용왕과 이와 같은 등의 80억 모든 대 용왕이 각각 큰 바다에 내리는 물은 남김없이 다 차례차례로 이전보다 배를 뛰어넘으며, 사갈라 용왕 태자는 이름이 '염부당'이고 큰 바다에 내리는 물은 차례를 좇아(復) 이전보다 배가 된다."

"불자여! 십 광명 용왕의 궁전 가운데 물이 흘러서 큰 바다에 들어가는 것은 차례를 좇아(復) 이전보다 배가 되고 백 광명 용왕의 궁전 가운데 물이 흘러서 큰 바다에 흘러 들어가는 것은 차례를 좇아(復) 이전보다 초과해서 배가 되고 대 장엄 용왕과 마나사 용왕과 뇌진 용왕과 난타발난타 용왕과 무량광명 용왕과 연주부단 용왕과 대승 용왕과 대분신 용왕과 이와 같은 등의 80억 모든 대 용왕의 궁전이 각각 다르며, 그 가운데 있는 물이 흘러서 큰 바다에 들어가는 것은 차례차례로 이전 것보다 배를 뛰어넘으며, 사갈라 용왕 태자의 염부당 궁전 가운데 물이 큰 바다에 흘러 들어가는 것은 차례를 좇아(復) 이전보다 초과해서 배가 된다."

"불자여! 사갈라 용왕이 계속해서 큰 바다에 내리는 물은 차례를 좇아(復) 이전보다 배가 되고 사갈라 용왕의 궁전에서 물이 솟아올라 바다에 들어가는 물은 차례를 좇아(復) 이전보다 배가 되고 그 솟아오르는 물은 감유리 색이고 물이 솟아 나오는 때가 있으니, 이러한 까닭으로 큰 바다의 조수가 때를 잃지 않는다."

"불자여! 이와 같은 큰 바다의 물은 헤아릴 수 없고 많은 보배가 헤아릴 수 없이 많으며, 중생이 헤아릴 수 없고 의지하고 있는 대지도 역시 차례를 좇아(復) 헤아릴 수 없다."

"불자여! 그대의 뜻은 어떠한가? 저 큰 바다는 헤아릴 수 있겠는가? 헤아릴 수 없겠는가?"

답으로 말했다.

"실로 헤아릴 수 없으며, 비유할 수도 없습니다."

佛子 復有十光明龍王 雨大海中水倍過前 百光明龍王 雨大海中水復倍前 大莊嚴龍王 摩那斯龍王 雷震龍王 難陀跋難陀龍王 無量光明龍王 連霔不斷龍王 大勝龍王 大奮迅龍王 如是等八十億諸大龍王 各雨大海 皆悉展轉倍過於前 娑竭羅龍王太子名 閻浮幢 雨大海中水復倍前 佛子 十光明龍王宮殿中水流入大海 復倍過前 百光明龍王宮殿中水流入大海 復倍過前 大莊嚴龍王 摩那斯龍王 雷震龍王 難陀跋難陀龍王 無量光明龍王 連霔不斷龍王 大勝龍王 大奮迅龍王 如是等八十億諸大龍王 宮殿

各別 其中有水流入大海 皆悉展轉倍過於前 娑竭羅龍王太子閻浮幢宮殿中水流入大海 復倍過前 佛子 娑竭羅龍王連雨大海 水復倍前 其娑竭羅龍王宮殿中水涌出入海復倍於前 其所出水紺琉璃色 涌出有時 是故大海潮不失時 佛子 如是大海 其水無量衆寶無量 衆生無量 所依大地亦復無量 佛子 於汝意云何 彼大海爲無量不 答言 實爲無量 不可爲諭

"불자여! 이 큰 바다를 헤아릴 수 없음은 여래 지혜 바다의 헤아릴 수 없음에 백 분의 일에도 미치지 못하고 천분의 일에도 미치지 못할 뿐만 아니라 우파니사타분의 일에도 미치지 못하니, 다만 중생의 마음을 따라서 비유를 하지만 부처님의 경계는 비유로 미칠 수 있는 것이 아니다."

"불자여! 보살마하살은 응당 여래 지혜의 바다가 헤아릴 수 없음을 알아야 하니, 이는 처음 마음을 일으킬 때부터 모든 보살의 행을 닦아서 끊지 않는 까닭이고 응당 보배 덩어리가 헤아릴 수 없음을 알아야 하니, 이는 모든 보리의 분법과 세 가지 보배의 종성을 끊지 않는 까닭이고 응당 머무는 중생이 헤아릴 수 없음을 알아야 하니, 이는 모든 학과 무학과 성문과 독각이 받아서 쓰는 까닭이고 응당 머무는 자리가 헤아릴 수 없음을 알아야 하니, 이는 처음 환희지에서 마지막까지 막힘이나 걸림이 없는 자리에 이른 모든 보살이 거하는 곳이기 때문이다."

"불자여! 보살마하살이 헤아릴 수 없는 지혜에 들어가 모든 중생에게 이익이 되게 하려는 까닭이니, 여래, 응공, 정등각의 경계가 응당 이와 같음을 알아야만 한다."

佛子 此大海無量於如來智海無量 百分不及一 千分不及一 乃至優波尼沙陀分不及其一 但隨衆生心爲作譬諭 而佛境界非譬所及 佛子 菩薩摩訶薩應知如來智海無量從初發心修一切菩薩行不斷故 應知寶聚無量 一切菩提分法 三寶種不斷故 應知所住衆生無量 一切學 無學 聲聞 獨覺所受用故 應知住地無量 從初歡喜地乃至究竟無障礙地諸菩薩所居故 佛子 菩薩摩訶薩爲入無量智慧利益一切衆生故 於如來 應 正等覺境界應如是知

이때 보현보살마하살이 이 같은 뜻을 거듭 밝히고자 게송으로 말했다.

爾時 普賢菩薩摩訶薩 欲重明此義而說頌言

如心境界無有量 마음의 경계를 헤아릴 수 없는 것과 같이
諸佛境界亦復然 모든 부처님의 경계 역시 차례를 좇아 그러하니
如心境界從意生 마음의 경계가 뜻을 좇아 난 것과 같이
佛境如是應觀察 부처님의 경계가 응당 이와 같음을 관찰해야 한다네.

如龍不離於本處 용왕이 본래의 처를 벗어나지 않듯이
以心威力霔大雨 마음의 위력으로 큰비를 내리니
雨水雖無來去處 빗물이 비록 오고 가는 곳이 없어도
隨龍心故悉充洽 용의 마음을 따르는 까닭에 모두 충분하게 적신다네.

十力牟尼亦如是 십력의 모니 또한 이와 같아서
無所從來無所去 좇아 온 데도 없으며 갈 데도 없으나
若有淨心則現身 그와 같은 청정한 마음이면 곧 몸을 나타내어
量等法界入毛孔 법계와 평등한 양이 털구멍에 들어간다네.

如海珍奇無有量 바다의 기이한 보배가 헤아릴 수 없듯이
衆生大地亦復然 중생과 대지 역시 차례를 좇아 그러하며
水性一味等無別 물의 성품은 한 맛이라 평등하고 다름이 없으니
於中生者各蒙利 그 가운데 생하는 자는 각각 이익을 받는다네.

如來智海亦如是 여래의 지혜 바다 역시 이와 같아서
一切所有皆無量 있는 모든 것이란 다 헤아릴 수 없기에
有學無學住地人 학과 무학과 지위에 머무는 사람은
悉在其中得饒益 남김없이 그 가운데 있어서 넉넉한 이익을 얻는다네.

"불자여! 보살마하살은 응당 여래, 응공, 정등각의 행을 어떻게 알아야 하는가."

"불자여! 보살마하살은 당연히 막힘이나 걸림이 없는 행이 여래의 행임을 알아야 하고, 당연히 진여의 행이 여래의 행임을 알아야 한다."

"불자여! 진여는 이전의 경계에서 나지도 않고 이후의 경계에서 움직이지도 않고 현재에 일어나지도 않듯이 여래의 행도 또한 이와 같기에 생함도 없고 움직임도 없고 일어남도 없다."

"불자여! 법계는 양도 아니고 헤아릴 수 없는 양도 아니니, 모양이나 상태가 없는 까닭이다. 여래의 행도 또한 이와 같아서 양이 있는 것도 아니고 헤아릴 수 없는 양도 아니니, 모양이나 상태가 없는 까닭이다."

"불자여! 비유하면 새가 허공을 날면서 백 년이 지난다 하더라도 이미 지나간 곳과 아직 지나가지 않는 곳을 다 헤아릴 수 없는 것과 같으니, 무슨 까닭인가 하면, 허공계란 끝닿은 경계가 없는 까닭이다. 여래의 행도 또한 이와 같아서 가령 어떤 사람이 백천 억 나유타 겁이 지나도록 분별하고 널리 펴서 설했다 하더라도 이미 설했거나 설하지 않는 것을 헤아릴 수 없으니, 무슨 까닭인가 하면, 여래의 행은 끝닿은 경계가 없는 까닭이다."

"불자여! 여래, 응공, 정등각은 막힘이나 걸림이 없는 행에 머무시기에 머무는 곳이 없지만, 모든 중생을 위해서 두루 행하는 바를 나타내어 그들이 일체 모든 막힘이나 걸림에서 뛰쳐나오게 한다."

"불자여! 비유하면 금시조왕이 허공을 날아 행함에 날개를 편 채 바람을 타고 빙빙 돌아 날면서 청정한 눈으로 바다 안의 모든 용궁전을 자세히 살펴서 들여다보고 용맹한 힘을 떨쳐서 좌우 날개로 바닷물을 양쪽으로 가르고 남녀의 용 중에 목숨이 다한 용을 움켜잡은 것과 같다."

"여래, 응공, 정등각의 금시조왕도 역시 차례를 좇아 이와 같기에 막힘이나 걸림 없는 행에 머무시기에 청정한 부처 눈으로 법계의 모든 궁전 가운데 모든 중생을 자세히 살펴서 들여다보고 그와 같은 선근을 일찍이 심어서 이미 성숙한 자가 있으면, 여래가 용맹하게 십력을 떨쳐서 잡념을 버리고 바른 지혜로 마주한 모양이나 상태를 비추어 보며, 두 날개로 나고 죽은 애착의 큰 바다를 두드려서 양쪽으로 열고 잡아서 취하고는 불법 가운데 두어 일체 망령된 생각과 장난 같은 논란거리를 끊어 버리고 여래의 분별이 없고 막힘이나 걸림 없는 행에 편안히 머물게 한다."

"불자여! 비유하면 해와 달이 짝이 없이 홀로 허공을 돌면서 중생에게 이익이 되도록 하면서도 내가 어디에서부터 와서 어느 곳으로 가는지 생각하지 않는 것과 같다. 모든 부처님 여래도 역시 차례를 좇아(復) 이와 같기에 성품이 본래 적멸하여 분별이 없으나 모든 법계에 다님을 나타내 보이면서 중생에게 넉넉한 이익이 되고자 하는 까닭으로 모든 불사를 지어가면서 쉬지 않는다. 그러면서도 이와 같은 말장난 같은 논란거리와 분별을 내어 내가 어디에서부터 와서 어디로 향해 간다는 생각을 내지 않는다."

"불자여! 보살마하살은 당연히 이와 같은 등등의 헤아릴 수 없는 방편과 헤아릴 수 없는 성품의 모양이나 상태로 여래, 응공, 정등각이 행하시는 행을 알아야 하고 보아야 한다."

佛子 菩薩摩訶薩應云何知如來 應 正等覺行 佛子 菩薩摩訶薩應知無礙行是如來行 應知眞如行是如來行 佛子 如眞如 前際不生 後際不動 現在不起 如來行亦如是不生 不動 不起 佛子 如法界 非量 非無量 無形故 如來行亦如是 非量 非無量 無形故 佛子 譬如鳥飛虛空 經於百年 已經過處 未經過處皆不可量 何以故 虛空界無邊際故 如來行亦如是 假使有人經百千億那由他劫分別演說 已說 未說皆不可量 何以故 如來行無邊際故 佛子 如來 應 正等覺住無礙行 無有住處 而能普爲一切衆生示現所行 令其見已 出過一切諸障礙道 佛子 譬如金翅鳥王 飛行虛空 迴翔不去 以淸淨眼觀察海內諸龍宮殿 奮勇猛力 以左右翅鼓揚海水悉令兩闢 知龍男女命將盡者而搏取之 如來 應 正等覺翅鳥王亦復如是 住無礙行 以淨佛眼觀察法界諸宮殿中一切衆生 若曾種善根已成熟者 如來奮勇猛十力 以止觀兩翅鼓揚生死大愛水海 使其兩闢而攝取之 置佛法中 令斷一切妄想戲論 安住如來無分別無礙行 佛子 譬如日月 獨無等侶 周行虛空 利益衆生 不作是念 我從何來 而至何所 諸佛如來亦復如是 性本寂滅 無有分別 示現遊行一切法界 爲欲饒益諸衆生故 作諸佛事無有休息 不生如是戲論分別 我從彼來 而向彼去 佛子 菩薩摩訶薩應以如是等無量方便 無量性相 知見如來 應 正等覺所行之行

이때 보현보살이 거듭해서 이 뜻을 밝히고자 게송으로 말했다.

爾時 普賢菩薩欲重明此義而說頌言

譬如眞如不生滅 비유하면 진여는 나고 없어짐이 아니니

無有方所無能見 방위가 없기에 볼 수가 없고

大饒益者行如是 큰 요익자의 행도 이와 같아서

出過三世不可量 삼세를 초월해 나아가 헤아릴 수 없다네.

法界非界非非界 법계는 경계가 아니고 경계가 아닌 것도 아니며
非是有量非無量 양이 있음도 아니고 헤아릴 수 없는 양도 아니니
大功德者行亦然 큰 공덕자의 행도 또한 그러하기에
非量無量無身故 양과 헤아릴 수 없는 양이 아닌 것은 몸이 없는 까닭이라네.

如鳥飛行億千歲 새가 억천 년을 날아다닌다 해도
前後虛空等無別 이전과 이후의 허공은 같아서 다름이 없으니
衆劫演說如來行 많은 겁을 두고 여래의 행을 널리 펴서 설하더라도
已說未說不可量 이미 설하고 설하지 않는 것을 헤아릴 수 없다네.

金翅在空觀大海 금시조가 허공에서 큰 바다를 살펴서 들여다보고
闢水搏取龍男女 물을 갈라 치고 용의 남녀를 움켜잡듯이
十力能拔善根人 십력도 선근을 지닌 사람을 뽑아내어
令出有海除衆惑 생사의 바다를 벗어나 중생들의 의혹을 없앤다네.

譬如日月遊虛空 비유하면 해와 달이 허공에 떠다니면서
照臨一切不分別 일체를 비추지만, 분별하지 않듯이
世尊周行於法界 세존이 법계에 두루 행하시며
教化衆生無動念 중생을 가르쳐 바른길로 들게 하지만 움직인다는 생각이 없다네.

"불자여! 보살마하살은 응당 여래, 응공, 정등각의 바른 깨우침 이룬 것을 어떻게 알아야 하는가."

"불자여! 보살마하살은 응당 여래가 바른 깨우침을 이루시고 일체의 뜻을 들여다보지 않으며, 법에 평등해서 의혹이 없고 둘이 없으며, 모양이나 상태도 없고 행도 없으며, 멈춤도 없고 헤아릴 수 없으며, 경계도 없고 두 개의 끝 가장자리를 벗어나 중도에 머물며, 모든 글자와 말을 넘어섰음을 알아야 한다."

"모든 중생의 마음과 생각으로 행해지는 것과 근성과 하고자 하는 즐거움과 번뇌와 배워 익힌 물든 기운을 알아야 하니, 중요한 점을 들어 말하면 한 생각 가운데 삼세 일체 모든 법을 남김없이 알아야 한다는 것이다."

"불자여! 비유하면 큰 바다는 사천하 가운데 모든 중생의 색신을 두루 나타낸다. 이러한 까닭으로 다 함께 큰 바다라고 말하듯이, 모든 부처님의 보리도 역시 차례를 좇아(復) 이와 같기에 모든 중생의 마음과 생각과 근성과 하고자 하는 즐거움을 두루 나타내지만 나타내는 것이 없는 까닭으로 이름 붙여 말하길 '모든 부처님의 보리'라 한다."

"불자여! 모든 부처님의 보리는 모든 문자로도 표현해서 낼 수 없으며, 모든 음성으로도 미칠 수 없으며, 모든 언어로도 말할 수 없으나, 다만 응하는 바를 따라 방편으로 열어 보인다."

"불자여! 여래, 응공, 정등각이 바른 깨우침을 이룰 때 모든 중생의 분량과 같은 몸을 얻으며, 모든 법의 분량과 같은 몸을 얻으며, 모든 세계의 분량과 같은 몸을 얻으며, 모든 삼세의 분량과 같은 몸을 얻으며, 모든 부처님의 분량과 같은 몸을 얻으며, 모든 언어의 분량과 같은 몸을 얻으며, 진여의 분량과 같은 몸을 얻으며, 법계의 분량과 같은 몸을 얻으며, 허공계의 분량과 같은 몸을 얻으며, 막힘이나 걸림 없는 경계의 분량과 같은 몸을 얻으며, 모든 서원의 분량과 같은 몸을 얻으며, 모든 행의 분량과 같은 몸을 얻으며, 적멸과 열반계의 분량과 같은 몸을 얻는다."

"불자여! 얻은 몸과 같이 언어와 마음도 역시 차례를 좇아(復) 이와 같기에 이와 같은 등등의 헤아릴 수 없고 수 없는 청정한 삼륜을 얻는다."

"불자여! 여래께서 바른 깨우침을 이룰 때 그 몸 가운데 모든 중생이 바른 깨우침 이루는 것을 두루 볼뿐만 아니라 모든 중생이 열반에 드는 것을 두루 보니, 이를 같은 성품이라 이르면 성품이 없는 것이니, 무슨 등등의 성품이 없는 것인가? 이른바 모양이나 상태가 없는 성품이며, 다함이 없는 성품이며, 생함이 없는 성품이며, 없어짐이 없는 성품이며, 내가 없는 성품이며, 내가 아님이 없는 성품이며, 중생이 없는 성품이며, 중생 아님이 없는 성품이며, 보리가 없는 성품이며, 법계가 없는 성품이며, 허공이 없는 성품이며, 역시 차례를 좇아(復) 바른 깨우침을 이룸이 없는 성품이니, 모든 법의 성품이 없음을 아는 까닭으로 일체 지혜를 얻어서 크게 가엾이 여기며, 계속해서 중생을 구하고 바른길로 이끈다."

"불자여! 비유하면 허공은 모든 세계가 이루어지거나 무너지거나 어떻든 간에 늘고 줄어드는 것이 없다. 무슨 까닭인가 하면, 허공은 나는 일이 없는 까닭이다. 모든 부처님의 보리도 역시 차례를 좇아(復) 이와 같기에 그와 같은 바른 깨우침을 이루거나 이루지 못하거나 역시 더하거나 감하는 것이 없으니, 무슨 까닭인가 하면, 보리는 모양이나 상태가 없고 모양이나 상태가 아님도 없으며, 하나도 없고 가지가지도 없는 까닭이다."

"불자여! 가령 어떤 사람이 항하의 모래와 같은 마음을 바꾸어 변하게 하고 하나하나의 마음에 항하의 모래와 같은 부처를 변화시켜 만들더라도 모두 색이 없고 형상도 없고 모양이나 상태도 없으며, 이와 같은 항하의 모래와 같은 등등의 겁이 다하도록 쉬는 일이 없다면, 불자여 그대의 뜻은 어떠한가? 그 사람의 마음을 바꾸어 변하게 하고 여래를 변화시켜 지어가는 일은 얼마나 있겠는가?"

여래성기묘덕보살이 말했다.

"내가 이해하기로는 어진 이가 말씀하신 뜻이, 변하여 바뀜과 더불어 변하여 바뀌지 않음이 평등해서 다름이 없습니다. 그런데 어떻게 얼마나 있겠느냐고 물으십니까?"

보현보살이 말했다.

"선근이로다. 선근이구나. 불자여! 그대가 말한 것과 같이 가령 모든 중생이 한 생각 가운데 남김없이 모두 바른 깨우침을 이룬다 하더라도 이루지 못함과 더불어 평등하기에 다름이 없으니, 무슨 까닭인가 하면, 보리는 모양이나 상태가 없는 까닭이다. 그와 같이 모양이나 상태가 없으면 곧 더함도 없고 덜함도 없다. 불자여! 보살마하살은 응당 등정각을 이루는 것이 보리와 같아서 하나의 모양이나 상태이며, 모양이나 상태가 없음을 알아야 한다."

"여래께서 바른 깨우침을 이룰 때 하나의 모양이나 상태, 이 방편의 선근으로 깨우친 지혜의 삼매에 들어가고 들어가서는 바른 깨우침을 이룬 하나의 광대한 몸에 모든 중생의 수와 같은 몸을 나타내어 그 몸 가운데 머물고 바른 깨우침을 이룬 하나의 광대한 몸과 같이 일체 바른 깨우침을 이룬 하나의 광대한 몸도 남김없이 또한 이와 같다."

"불자여! 여래는 이와 같은 등의 바른 깨우침을 이루는 문이 헤아릴 수 없다. 이러한 까닭으로 응당 여래가 나타내는 몸은 헤아릴 수 없음을 알아야 하며, 헤아릴 수 없는 까닭으로 여래의 몸을 설하면 헤아릴 수 없는 경계라 하며, 중생계와 같다고 한다."

"불자여! 보살마하살은 응당 여래의 몸 하나의 털구멍 속에 모든 중생의 수효와 같은 모든 부처의 몸이 있음을 알아야 하니, 무슨 까닭인가 하면, 바른 깨우침을 이룬 여래의 몸은 마지막까지 생하고 멸함이 없는 까닭이며, 하나의 털구멍이 법계에 두루 하듯이 모든 털구멍도 남김없이 또한 이와 같기에 마땅히 적은 허공 어디에라도 부처의 몸이 있음을 알아야 한다. 왜냐하면, 여래께서 바른 깨우침을 이루는 것은 미치지 않는 곳이 없기 때문이며, 그 능한 것을 따르고 그 세력을 따라서 도량의 보리수 아래 사자좌 위에서 가지가지의 몸으로 바른 깨우침을 이루는 까닭이다."

"불자여! 보살마하살은 응당 자신의 마음 생각마다 항상 부처님이 바른 깨우침을 이루는 것을 알아야 하니, 무슨 까닭인가 하면, 모든 부처님과 여래께서 이 마음을 벗어나지 않고 바른 깨우침을 이루는 까닭이며, 자신의 마음과 같이 모든 중생의 마음도 역시 차례를 좇아(復) 이와 같기에 모든 여래가 있고 바른 깨우침을 이루어 광대하고 두루 하며, 처하지 않는 곳이 없고 벗어남도 없으며, 끊이지 않아서 헤아릴 수 없는 방편의 법문에 들어간다."

"불자여! 보살마하살은 응당 이와 같은 바른 깨우침을 이루는 것을 알아야 한다."

佛子 諸菩薩摩訶薩應云何知如來 應 正等覺成正覺 佛子 菩薩摩訶薩應知如來成正覺 於一切義無所觀察 於法平等無所疑惑 無二無相 無行無止 無量無際 遠離二邊 住於中道 出過一切文字言說 知一切衆生心念所行 根性欲樂 煩惱染習 擧要言之 於一念中悉知三世一切諸法 佛子 譬如大海普能印現四天下中一切衆生色身形像 是故共說以爲大海 諸佛菩提亦復如是 普現一切衆生心念 根性樂欲而無所現 是故說名諸佛菩提 佛子 諸佛菩提 一切文字所不能宣 一切音聲所不能及 一切言語所不能說 但隨所應方便開示 佛子 如來 應 正等覺成正覺時 得一切衆生量等身 得一切法量等身 得一切刹量等身 得一切三世量等身 得一切佛量等身 得一切語言量等身 得眞如量等身 得法界量等身 得虛空界量等身 得無礙界量等身 得一切願量等身 得一切行量等身 得寂滅涅槃界量等身 佛子 如所得身 言語及心亦復如是 得如是等無量無數淸淨三輪 佛子 如來成正覺時 於其身中普見一切衆生成正覺 乃至普見一切衆生入涅槃 皆同一性 所謂 無性 無何等性 所謂 無相性 無盡性 無生性 無滅性 無我性 無非我性 無衆生性 無非衆生性 無菩提性 無法界性 無虛空性 亦復無有成正覺性 知一切法皆無性故 得一切智 大悲相續 救度衆生 佛子 譬如虛空 一切世界若成若壞常無增減 何以故 虛空無生故 諸佛菩提亦復如是 若成正覺 不成正覺 亦無增減 何以故 菩提無相 無非相 無一 無種種故 佛子 假使有人能化作恒河沙等心 一一心復化作恒河沙等佛 皆無色 無形 無相 如是盡恒河沙等劫無有休息 佛子 於汝意云何彼人化心 化作如來 凡有幾何 如來性起妙德菩薩言 如我解於仁所說義 化與不化等

無有別 云何問言凡有幾何 普賢菩薩言 善哉善哉 佛子 如汝所說 設一切衆生 於一念中悉成正覺 與不成正覺等無有異 何以故 菩提無相故 若無有相 則無增無減 佛子 菩薩摩訶薩應如是知成等正覺同於菩提一相無相 如來成正覺時 以一相方便入善覺智三昧 入已 於一成正覺廣大身 現一切衆生數等身住於身中 如一成正覺廣大身 一切成正覺廣大身悉亦如是 佛子 如來有如是等無量成正覺門 是故應知如來所現身無有量 以無量故 說如來身爲無量界 等衆生界 佛子 菩薩摩訶薩應知如來身一毛孔中有一切衆生數等諸佛身 何以故 如來成正覺身究竟無生滅故 如一毛孔徧法界 一切毛孔悉亦如是 當知無有少許處空無佛身 何以故 如來成正覺 無處不至故 隨其所能隨其勢力 於道場菩提樹下師子座上 以種種身成等正覺 佛子 菩薩摩訶薩應知自心念念常有佛成正覺 何以故 諸佛如來不離此心成正覺故 如自心 一切衆生心亦復如是 悉有如來成等正覺 廣大周徧 無處不有 不離不斷 無有休息 入不思議方便法門 佛子 菩薩摩訶薩應如是知如來成正覺

이때 보현보살마하살이 이 뜻을 거듭해서 밝히고자 게송을 말했다.
爾時 普賢菩薩摩訶薩 欲重明此義而說頌言

正覺了知一切法 일체 법의 바른 깨우침을 깨달아 아니
無二離二悉平等 둘이 없고 둘을 벗어나 모두 평등하며
自性清淨如虛空 자신의 성품이 청정하기가 허공과 같아
我與非我不分別 나와 나 아닌 것을 분별하지 않는다네.

如海印現衆生身 바다에 중생의 몸을 나타내듯이
以此說其爲大海 이를 큰 바다라 말을 하며
菩提普印諸心行 보리로 두루 모든 마음의 행을 도장 찍으니
是故說名爲正覺 이러한 까닭으로 말하길 바른 깨우침이라 이름 붙인다네.

譬如世界有成敗 비유하면 세계가 이루어지고 무너지더라도
而於虛空不增減 허공은 더하거나 덜함이 없는 것과 같이

一切諸佛出世間 일체 모든 부처님이 세간에 나오시지만
菩提一相恒無相 보리는 하나의 모양이나 상태이며 항상 모양이나 상태가 없다네.

如人化心化作佛 사람의 마음이 바뀌고 변해서 부처를 지어가지만
化與不化性無異 변하여 바뀜과 변하여 바뀌지 않는 성품은 다름이 없고
一切衆生成菩提 모든 중생이 보리를 이루지만
成與不成無增減 이루든 이루지 않든 더하고 덜함은 없다네.

佛有三昧名善覺 부처님의 삼매를 이름 붙여 선근의 깨우침이며
菩提樹下入此定 보리수 아래서 이 선정에 들고
放衆生等無量光 헤아릴 수 없는 중생 수와 같은 광염을 놓아
開悟群品如蓮敷 연꽃이 피듯 중생들이 깨우침을 깨달아 얻게 한다네.

如三世劫刹衆生 삼세 겁의 세계와 중생
所有心念及根欲 그들이 마음에 가지고 있는 생각과 근성과 욕망으로
如是數等身皆現 이와 같은 수 등의 몸을 다 나타내니
是故正覺名無量 이러한 까닭으로 바른 깨우침을 헤아릴 수 없음이라 이름한다네.

6) 법륜, 열반, 이익

"불자여! 보살마하살은 응당 여래, 응공, 정등각의 법륜 굴리심을 어떻게 알아야 하는가."

"불자여! 보살마하살은 응당 이와 같음을 알아야 하니, 여래는 마음의 자재한 힘으로 일어남도 없고 굴림도 없이 법륜을 굴리니, 이는 모든 법이 항상 일어남이 없음을 아는 까닭이고 삼종의 굴림을 끊어 버릴 것은 응당 끊어 버리고 법륜을 굴림이니, 이는 모든 법이 치우친 견해에서 벗어남을 아는 까닭이고 욕심의 경계와 경계가 아닌 것을 벗어나 법륜을 굴리니, 이는 모든 법이 허공의 경계에 들어감을 아는 까닭이고 말없이 법륜을 굴리니, 이는 모든 법이란 설할 수 없음을 아는 까닭이고 마지막까지 적멸을 굴리니, 이는

일체 법이 열반의 성품임을 아는 까닭이다."

"모든 문자와 모든 말로 법륜을 굴리니, 이는 여래의 음성이 이르지 않는 곳이 없는 까닭이며, 소리가 메아리와 같음을 알고 법륜을 굴리니, 이는 모든 법의 진실한 성품을 분명하게 깨우쳐 아는 까닭이며, 하나의 소리 가운데 모든 소리를 내어서 법륜을 굴리니, 이는 결국에 주인이 없는 까닭이며, 남기는 것도 없고 다함이 없는 법륜을 굴리니, 이는 안이나 밖이나 집착함이 없는 까닭이다."

"불자여! 비유하면 모든 문자와 언어를 미래의 겁이 다하도록 말해도 다 할 수 없는 것처럼, 부처님이 법륜을 굴리는 일도 역시 차례를 좇아(復) 이와 같기에 모든 문자를 제대로 정리해서 나타내 보이기가 쉽지 않으며, 다할 수 없다."

"불자여! 여래의 법륜이 남김없이 다 일체 언어와 문자 가운데 들어갔지만, 머무는 곳이 없으니, 비유하면 글자가 모든 일과 모든 말과 모든 산수와 모든 세간과 출세간의 처에 두루 들어가지만, 머무는 곳이 없는 것과 같다. 여래의 음성도 역시 차례를 좇아(復) 이와 같기에 모든 처와 모든 중생과 모든 법과 모든 업과 모든 과보 가운데 두루 들어가지만, 머무는 곳이 없다. 모든 중생의 가지가지 언어가 남김없이 다 여래의 법륜을 벗어나지 않으니, 무슨 까닭인가 하면, 말과 음성의 실상이 곧 법륜이기 때문이다. "

"불자여! 보살마하살은 여래가 법륜을 굴림은 응당 이와 같은 것임을 알아야 한다."

佛子 菩薩摩訶薩應云何知如來 應 正等覺轉法輪 佛子 菩薩摩訶薩應如是知如來以心自在力無起無轉而轉法輪 知一切法恒無起故 以三種轉斷所應斷而轉法輪 知一切法離邊見故 離欲際 非際而轉法輪 入一切法虛空際故 無有言說而轉法輪 知一切法不可說故 究竟寂滅而轉法輪 知一切法涅槃性故 一切文字 一切語言而轉法輪 如來音聲無處不至故 知聲如響而轉法輪 了於諸法眞實性故 於一音中出一切音而轉法輪 畢竟無主故 無遺無盡而轉法輪 內外無著故 佛子 譬如一切文字語言 盡未來劫說不可盡 佛轉法輪亦復如是 一切文字安立顯示 無有休息 無有窮盡 佛子 如來法輪悉入一切語言文字而無所住 譬如書字 普入一切事 一切語 一切筭數 一切世間出世間處而無所住 如來音聲亦復如是 普入一切處 一切衆生 一切法 一切業 一切報中而無所住 一切衆生種種語言 皆悉不離如來法輪 何以故 言音實相卽法輪故 佛子 菩薩摩訶薩於如來轉法輪應如是知

"차례를 따라(復次) 불자여! 보살마하살이 여래가 굴리는 법륜을 알고자 하려거든 응당 여래의 법륜이 출생한 처를 알아야 하니, 어떠한 등등이 여래의 법륜이 출생한 곳인가."

"불자여! 여래는 모든 중생의 마음과 행과 욕망과 즐거움의 헤아릴 수 없는 차별을 따라 그와 같은 음성을 내어 법륜을 굴린다."

"불자여! 여래, 응공, 정등각은 삼매가 있으니, 이름이 '마지막까지 막힘이나 걸림이 없고 두려움이 없음'이고 이 삼매에 들고 난 후에는 바른 깨우침을 이룬 하나하나의 몸과 하나하나의 입에서 각각 모든 중생 수와 같은 말과 소리를 내고 하나하나의 말과 소리 가운데 많은 소리를 온전하게 갖추고 각각 차별해서 법륜을 굴리며, 모든 중생이 다 환희를 내게 한다. 이와 같음으로 법륜을 굴림을 아는 자는 마땅히 알아야 할 것이니, 이 사람이 곧 모든 불법을 거스르지 않고 따르는 것이며, 이와 같음을 알지 못하면 곧 순하게 따르는 것이 아니다."

"불자여! 모든 보살마하살은 응당 이와 같음으로 부처님의 법륜 굴리심을 알아야 하니, 헤아릴 수 없는 중생 세계에 두루 들어가는 까닭이다."

復次 佛子 菩薩摩訶薩欲知如來所轉法輪 應知如來法輪所出生處 何等爲如來法輪所出生處 佛子 如來 隨一切衆生心行 欲樂無量差別 出若干音聲而轉法輪 佛子 如來 應 正等覺有三昧 名 究竟無礙無畏 入此三昧已 於成正覺一一身 一一口 各出一切衆生數等言音 一一音中衆音具足 各各差別而轉法輪 今一切衆生皆生歡喜 能如是知轉法輪者 當知此人則爲隨順一切佛法 不如是知 則非隨順 佛子 諸菩薩摩訶薩應如是知佛轉法輪 普入無量衆生界故

이때 보현보살마하살이 이러한 뜻을 거듭 밝히고자 게송으로 말했다.

爾時 普賢菩薩摩訶薩 欲重明此義而說頌言

如來法輪無所轉 여래의 법륜은 굴리는 바가 없고

三世無起亦無得 삼세를 두고 일어남도 없으며 또한 얻을 것도 없음이니

譬如文字無盡時 비유하면 문자가 다하는 때가 없는 것처럼

十力法輪亦如是 십력의 법륜도 또한 이와 같다네.

如字普入而無至 글자가 두루 들어가도 이르는 것이 없듯이
正覺法輪亦復然 바른 깨우침의 법륜도 역시 차례를 좇아 그러하기에
入諸言音無所入 모든 말에 들어가도 들어간 곳이 없으나
能令衆生悉歡喜 중생들을 남김없이 환희하게 한다네.

佛有三昧名究竟 부처님에게 삼매가 있으니 이름이 구경이고
入此定已乃說法 이 선정에 들어서 법을 설하며
一切衆生無有邊 모든 중생이 끝은 없으나
普出其音令悟解 그 소리를 두루 내어 깨우침을 깨닫게 한다네.

一一音中復更演 하나하나의 소리 가운데 차례를 좇아 다시
無量言音各差別 헤아릴 수 없는 말을 각각 차별해서 널리 펴니
於世自在無分別 세상에 자재하여 분별은 없으나
隨其欲樂普使聞 그 하고자 하는 욕심을 따라 두루 듣게 한다네.

文字不從內外出 문자는 안과 밖을 좇아 나오지 않으며
亦不失壞無積聚 또한 무너지고 쌓이지도 않지만
而爲衆生轉法輪 중생을 위해서 법륜을 굴리니
如是自在甚奇特 이와 같은 자재함이 매우 뛰어나다네.

여래, 응공, 정등각의 반열반

"불자여! 보살마하살은 응당 여래, 응공, 정등각의 반열반을 어떻게 알아야 하는가."

"불자여! 보살마하살이 여래의 큰 열반을 알고자 한다면, 마땅히 근본이 되는 자신의 성품을 알아야 하니, 진여의 열반과 같이 여래의 열반도 또한 이와 같으며, 실상의 본바탕이 되는 열반과 같이 여래의 열반도 또한 이와 같으며, 법계의 열반과 같이 여래의 열반도 또한 이와 같으며, 허공의 열반과 같이 여래의 열반도 또한 이와 같으며, 법 성품의 열반과 같이 여래의 열반도 또한 이와 같으며, 욕심을 벗어난 열반과 같이 여래의 열반도

또한 이와 같으며, 모양이나 상태가 없는 열반과 같이 여래의 열반도 또한 이와 같으며, 나의 성품이 되는 경계의 열반과 같이 여래의 열반도 또한 이와 같으며, 모든 법의 성품인 경계의 열반과 같이 여래의 열반도 또한 이와 같으며, 진여 경계의 열반과 같이 여래의 열반도 또한 이와 같음이니, 무슨 까닭인가 하면, 열반은 생함도 없고 나옴도 없는 까닭이다. 그와 같은 법이 생함도 없고 나옴도 없으면 곧 멸함이 없는 것이다."

"불자여! 여래는 보살을 위해서 모든 여래의 마지막 열반을 말하지 않으며, 또한 그들을 위해 그 일을 나타내 보이지 않으니, 왜인가 하면 모든 여래가 그 앞에 항상 머물러 있음을 보게 하고 한 생각 가운데 과거, 미래 모든 부처님의 원만한 색상이 모두 현재와 같음을 보게 하며, 또한 둘과 둘이 아닌 모양이나 상태를 일으키지 않게 않게 하니, 무슨 까닭인가 하면, 보살마하살은 일체 모든 생각(想)에 집착함을 영원히 벗어난 까닭이다."

"불자여! 모든 부처님 여래가 중생들이 기쁘고 즐거움을 나게 하려는 까닭으로 세상에 출현하고 중생들이 그리워하고 따르게 하려는 까닭으로 열반을 나타내 보이지만, 여래는 참으로 세상에 나오심도 없고 또 열반도 없으니, 무슨 까닭인가 하면, 여래는 항상 청정한 법계에 머무시면서 중생의 마음을 따라서 나타내 보이기 때문이다."

"불자여! 비유하면 해가 떠서 세간을 두루 비치듯이 일체 청정한 물그릇 가운데 그림자를 나타내고 많은 곳에 두루두루 하지만, 오거나 가는 일이 없으며, 그와 같은 그릇 하나가 깨지면 그림자를 나타내지 않는다."

"불자여! 그대의 뜻은 어떠한가? 그림자가 나타나지 않음은 해의 허물인가? 아닌가?"

"아닙니다. 다만 그릇이 깨짐으로 인한 것이지, 해의 허물이 아닙니다."

"불자여! 여래 지혜의 해도 역시 차례를 좇아(復) 이와 같기에 법계에 두루 나타내지만, 전도 없고 후도 없으며, 모든 중생의 청정한 마음 그릇 가운데 부처님이 나타나는 것이니, 마음 그릇이 항상 청정하면 항상 부처님을 보지만, 그와 같은 마음이 탁하고 그릇이 깨지면 곧 부처님을 보지 못한다."

"불자여! 그와 같은 중생이 열반으로 도를 얻을 만한 자가 있으면 여래가 곧 이들을 위해서 열반을 나타내 보이지만, 실상의 본바탕에서 보면 여래는 나는 일도 없고 없어지는 일도 없고 열반하는 일도 없다."

"불자여! 비유하면 큰불이 모든 세간에서 불붙이는 일을 하니, 그와 같은 시기에 한 곳에서 그 불이 없어지면 어떻게 생각하는가? 모든 세간의 불이 다 꺼지지 않겠는가?"

"꺼지지 않습니다."

"불자여! 여래, 응공, 정등각도 역시 차례를 좇아(復) 이와 같아서 모든 세계에 불사를 지어가니, 그와 같이 한 세계의 일을 끝내고 열반에 드심을 보이면 일체 세계의 모든 여래가 남김없이 다 열반하지 않겠는가."

"불자여! 보살마하살은 응당 이와 같은 여래, 응공, 정등각의 큰 반열반을 알아야 한다."

佛子 菩薩摩訶薩應云何知如來 應 正等覺般涅槃 佛子 菩薩摩訶薩欲知如來大涅槃者 當須了知根本自性 如眞如涅槃 如來涅槃亦如是 如實際涅槃 如來涅槃亦如是 如法界涅槃 如來涅槃亦如是 如虛空涅槃 如來涅槃亦如是 如法性涅槃 如來涅槃亦如是 如離欲際涅槃 如來涅槃亦如是 如無相際涅槃 如來涅槃亦如是 如我性際涅槃 如來涅槃亦如是 如一切法性際涅槃 如來涅槃亦如是 如眞如際涅槃 如來涅槃亦如是 何以故 涅槃無生無出故 若法無生無出 則無有滅 佛子 如來不爲菩薩說諸如來究竟涅槃 亦不爲彼示現其事 何以故 爲欲令見一切如來常住其前 於一念中見過去 未來一切諸佛色相圓滿皆如現在 亦不起二 不二想 何以故 菩薩摩訶薩永離一切諸想著故 佛子 諸佛如來爲令衆生生欣樂故 出現於世 欲令衆生生戀慕故 示現涅槃 而實如來無有出世 亦無涅槃 何以故 如來常住淸淨法界 隨衆生心示現涅槃 佛子 譬如日出 普照世間 於一切淨水器中影無不現 普徧衆處而無來往 或一器破便不現影 佛子 於汝意云何 彼影不現爲日咎不 答言 不也 但由器壞 非日有咎 佛子 如來智日亦復如是 普現法界無前無後 一切衆生淨心器中佛無不現 心器常淨常見佛身 若心濁器破則不得見 佛子 若有衆生應以涅槃而得度者 如來則爲示現涅槃 而實如來無生 無歿 無有滅度 佛子 譬如火大 於一切世間能爲火事 或時一處其火息滅 於意云何 豈一切世間火皆滅耶 答言 不也 佛子 如來 應 正等覺亦復如是 於一切世界施作佛事 或於一世界能事已畢示入涅槃 豈一切世界諸佛如來悉皆滅度 佛子 菩薩摩訶薩應如是知如來 應 正等覺大般涅槃

"차례를 따라(復次) 불자여! 비유하면 요술쟁이가 요술 부리는 방법을 밝게 알고 요술의 힘으로 삼천대천세계의 모든 국토와 성읍과 취락에 허깨비와 같은 몸을 나타내 보이고 요술의 힘을 가지고 많은 겁 동안 머물면서 나머지 처에 요술 부림을 마치고 몸을 숨기고는 나타나지 않으면 불자여! 그대의 뜻은 어떠한가."

"그 요술쟁이가 한 곳에 몸을 숨겨 나타나지 않음을 일체 처에 다 숨고 멸했다 할 수 있겠는가?"

"아닙니다."

"불자여! 여래, 응공, 등정각도 역시 차례를 좇아(復) 이와 같아서 선근으로 헤아릴 수 없는 지혜 방편의 가지가지 요술을 알며, 일체 법계에 그 몸을 두루 나타내어 지니고 항상 머물며, 미래의 경계가 다 할 때까지 하나, 그와 같은 하나의 처에서 중생의 마음을 따라 일을 마치고 열반을 나타내 보이면, 하나의 처에서 열반에 들어가는 이 일을 가지고 이르길 모든 곳에서 다 멸한다 할 수 있겠는가."

"불자여! 보살마하살은 응당 이와 같은 여래, 응공, 정등각의 큰 반열반을 알아야 한다."

復次 佛子 譬如幻師善明幻術 以幻術力 於三千大千世界一切國土 城邑 聚落示現幻身 以幻力持經劫而住 然於餘處 幻事已訖 隱身不現 佛子 於汝意云何 彼大幻師豈於一處隱身不現 便一切處皆隱滅耶 答言 不也 佛子 如來 應 正等覺亦復如是 善知無量智慧方便種種幻術 於一切法界普現其身 持令常住盡未來際 或於一處 隨衆生心 所作事訖 示現涅槃 豈以一處示入涅槃 便謂一切悉皆滅度 佛子 菩薩摩訶薩應如是知如來 應 正等覺大般涅槃

여래, 응공, 정등각이 열반을 보일 때의 부동삼매

"차례를 따라(復次) 불자여! 여래, 응공, 정등각이 열반을 보일 때 부동삼매에 들어가니, 이 삼매에 들고 난 뒤에는 하나하나의 몸에서 각각 헤아릴 수 없는 백천 억 나유타 큰 광명을 놓고 하나하나의 광명에서 각각 아승기 연꽃이 내며, 하나하나의 연꽃에서 각각 말로 할 수 없는 빼어난 보배 꽃의 꽃술이 있고 하나하나의 꽃술에 사자좌가 있으며, 하나하나의 자리 위에 다 여래가 결가부좌하고 앉으셨으니, 그 부처님 몸의 수효가 모든 중생의 수효와 같고 모두 가장 빼어난 공덕과 장엄을 갖추었으니, 이는 본래의 원력을 좇아 생한 것이다."

"그와 같은 중생이 선근으로 이루어진 자라면 부처님의 몸을 보고 곧 모든 가르침을 받는다. 그러나 부처님의 몸은 미래의 경계가 다 하도록 마지막까지 편안히 머물면서 마땅함을 따라서 모든 중생을 가르쳐 이끄는 일에 있어서 때를 놓치지 않는다."

"불자여! 여래의 몸은 방소가 없어서 실상도 허망함도 아니나, 다만 모든 부처님의 본래 서원의 힘으로 중생이 견디어 내고 가르침을 받을 만하면 곧 나타나시니, 보살은 응당 이와 같은 여래, 응공, 정등각의 큰 반열반을 알아야 한다."

"불자여! 여래가 헤아릴 수 없고 막힘이나 걸림이 없는 마지막까지의 법계와 허공계와 진여의 법 성품과 생함도 멸함도 없음과 또한 실상의 본바탕에 머물고 있으나, 모든 중생을 위해서 때를 따라 나타내 보이면서 본래의 원을 가진 까닭으로 쉼이 없으며, 모든 중생과 모든 세계와 모든 법을 버리지 않는다."

復次 佛子 如來 應 正等覺示涅槃時 入不動三昧 入此三昧已 於一一身各放無量百千億那由他大光明 一一光明各出阿僧祇蓮華 一一蓮華各有不可說妙寶蕊 一一華蕊有師子座 一一座上皆有如來結跏趺坐 其佛身數正與一切衆生數等 皆具上妙功德莊嚴 從本願力之所生起 若有衆生善根熟者 見佛身已 則皆受化 然彼佛身 盡未來際究竟安住 隨宜化度一切衆生未曾失時 佛子 如來身者 無有方處 非實非虛 但以諸佛本誓願力 衆生堪度則便出現 菩薩摩訶薩應如是知如來 應 正等覺大般涅槃 佛子 如來住於無量無礙究竟法界 虛空界 眞如法性無生無滅及以寶際 爲諸衆生隨時示現本願持故 無有休息 不捨一切衆生 一切刹 一切法

이때 보현보살마하살이 이 같은 뜻을 거듭 밝게 하고자 게송으로 말했다.

爾時 普賢菩薩摩訶薩 欲重明此義而說頌言

如日舒光照法界 해가 광명을 펼쳐서 법계를 비추지만
器壞水漏影隨滅 그릇이 깨져 물이 새면 그림자도 따라 없어지듯이
最勝智日亦如是 가장 뛰어난 지혜의 해도 역시 이와 같아서
衆生無信見涅槃 중생이 믿음이 없으면 열반을 본다네.

如火世間作火事 불이 세간에 불붙이는 일을 지어감에
於一城邑或時息 한 성읍이 그와 같은 시기에 불이 꺼지듯이
人中最勝徧法界 사람 가운데 가장 뛰어난 분도 법계에 두루 하시지만
化事訖處示終盡 변하여 바뀌는 일이 끝난 곳에서는 마침내 다함(涅槃)을 보인다네.

幻師現身一切刹 요술쟁이가 모든 세계에 몸을 나타내어
能事畢處則便謝 일이 끝난 곳에서 곧 물러나니
如來化訖亦復然 여래가 가르침을 마친 후 역시 차례를 좇아 그러하지만
於餘國土常見佛 나머지 국토에서는 항상 부처님을 본다네.

佛有三昧名不動 부처님의 삼매가 있으니 이름이 부동이고
化衆生訖入此定 중생을 가르치고 마친 뒤에 이 삼매에 들어가서
一念身放無量光 한 생각에 몸으로 헤아릴 수 없는 광명을 놓으시니
光出蓮華華有佛 광명에서 연꽃이 나오고 꽃에 부처님이 계신다네.

佛身無數等法界 부처님의 몸은 수 없어 법계와 같음을
有福衆生所能見 복 있는 중생들이 능히 보니
如是無數一一身 이와 같음으로 수 없는 하나하나의 몸은
壽命莊嚴皆具足 수명과 장엄을 온전하게 갖춘다네.

如無生性佛出興 생하는 성품이 없는 것과 같이 부처님이 나오시고
如無滅性佛涅槃 멸함이 없는 성품의 부처님 열반은
言辭譬諭悉皆斷 언사와 비유가 남김없이 다 끊어지는 것이기에
一切義成無與等 모든 뜻을 이루어 더불어 같이 할 자가 없다네.

여래, 응공, 정등각을 보고 듣고 친근히 하여 심은 선근

"불자여! 보살마하살은 응당 여래, 응공, 정등각을 보고 듣고 친근히 하여 심은 선근을 어떻게 알아야 하는가."

"불자여! 보살마하살은 응당 여래의 처소에서 보고 듣고 친근히 해서 심은 선근이 모두 헛되지 않음을 알아야 하니, 이는 다함이 없는 깨우침의 지혜를 내는 까닭이고 모든 막힘이나 걸림의 어려움에서 벗어나는 까닭이고 결정하고 마지막까지 이르는 까닭이고 헛되고 속임이 없는 까닭이고 모든 원이 만족스러운 까닭이고 인위적인 꾸밈의 행을 다하지

않는 까닭이고 꾸밈이 없는 있는 그대로의 지혜를 거스르지 않고 따르는 까닭이고 모든 부처님의 지혜를 내는 까닭이고 미래의 경계를 다 하는 까닭이고 모든 종의 뛰어난 행을 이루는 까닭이고 그 어떠한 결과가 없는 지혜의 지위에 이르는 까닭이다."

"불자여! 비유하면 장성한 남자가 금강을 조금이라도 먹으면 끝내는 소화를 하지 못하고 몸을 뚫고 밖으로 나오는 것과 같으니, 무슨 까닭인가 하면, 금강은 육신의 더러움과 더불어 같이 머물지 않는 까닭이다. 여래의 처소에 심은 적은 선근도 역시 차례를 좇아(復) 이와 같아서 인위적으로 꾸민 모든 행과 번뇌의 몸을 뚫고 지나가서 꾸밈이 없는 있는 그대로 마지막 지혜의 처에 이르게 하니, 무슨 까닭인가 하면, 이 적은 선근이 인위적으로 꾸민 모든 행의 번뇌와 더불어 같이 머물 수 없는 까닭이다."

"불자여! 가령 마른 풀을 수미산과 같이 쌓았더라도 그 가운데 불을 던지면 반드시 모두 타 버리는 것과 같으니, 무슨 까닭인가 하면, 불은 능히 태울 수 있는 까닭이며, 여래의 처소에 심은 아주 적은 선근도 역시 차례를 좇아(復) 이와 같아서 반드시 모든 번뇌를 태워 버리고 마지막에는 남음이 없는 열반(無餘涅槃)을 얻으니, 왜 그러한가 하면, 이 적은 선근의 성품이 마지막까지 가는 까닭이다."

"불자여! 비유하면 설산에 약왕 나무가 있으니, 이름이 '선근으로 보는 것(善見)'이라 말하고 그와 같이 보는 자는 청정한 눈을 얻고 그와 같이 듣는 자는 청정한 귀를 얻고 그와 같이 냄새를 맡은 자는 청정한 코를 얻고 그와 같이 맛을 보는 자는 청정한 혀를 얻고 그와 같이 감촉이 있는 자는 청정한 몸을 얻는다. 그와 같은 중생이 땅의 흙을 취하면 또한 병을 없애는 이익을 지어가는 것과 같다."

"불자여! 여래, 응공, 정등각의 위 없는 약왕도 역시 차례를 좇아(復) 이와 같기에 모든 넉넉한 이익을 중생에게 지어가니, 그와 같은 여래의 색신을 보면 눈이 청정한 눈을 얻고 그와 같은 이름을 들으면 청정한 귀를 얻고 그와 같은 계향 향기를 맡으면 청정한 코를 얻고 그와 같은 법을 맛보면 청정한 혀를 얻고 넓고 큰 혀를 갖추어 설하는 법을 알고 그와 같은 여래의 광명이 몸에 닿은 자는 청정한 몸을 얻어서 마지막까지 위 없는 법신을 얻고 그와 같은 여래를 잊지 않고 기억해 내는 자는 청정한 염불 삼매를 얻고 그와 같은 중생이 여래가 지나가신 토지나 또 탑 묘 등에 공양하여도 역시 선근을 갖추어서 일체 모든 번뇌와 근심을 제하고 없애버리고 현인과 성인의 즐거움을 얻는다."

"불자여! 내가 지금 그대에게 가르침을 줄 것이니, 설사 어떤 중생이 부처님을 보거나 들으면서도 막힘이나 걸림이 되는 업에 얽히고 뒤집혀서 믿고 좋아함을 내지 못하더라도 역시 선근을 심어서 헛되이 보내지 않을 뿐만 아니라 끝내는 열반에 들게 된다."

"불자여! 보살마하살은 응당 이와 같은 여래가 계신 곳에서 보고 듣고 친근히 하면 심은 선근(善根)으로 일체 모든 선근의 법이 아닌 것에서 벗어나 선근 법을 온전하게 갖출 것이다."

"불자여! 여래가 모든 비유로 가지가지의 일을 말하더라도 이 법은 비유로 말할 수 없으니, 무슨 까닭인가 하면, 마음과 지혜의 길이 끊어져서 생각으로는 헤아려 알 수 없는 까닭이니, 모든 부처님과 보살들은 단지 중생의 마음을 따르면서 이들을 기쁘게 하려고 비유를 들어 말하는 것뿐이며, 이것이 마지막은 아니다."

"불자여! 이 법문의 이름은 '여래의 비밀스러운 곳'이며, 또 이름이 '모든 세간이 알지 못하는 것'이며, 이름이 '여래의 법인에 들어감'이며, 이름이 '큰 지혜의 몸을 연다는 것'이며, 이름이 '여래의 씨앗이 되는 성품을 나타냄'이며, 이름이 '모든 보살을 성취함'이며, 이름이 '모든 세간이 무너트리지 못함'이며, 이름이 '한결같이 여래의 경계를 향해 따름'이며, 이름이 '일체 모든 중생계를 깨끗하게 함'이며, 이름이 '여래의 근본이 되는 실상의 본바탕으로 생각으로는 헤아려 알 수 없는 마지막까지의 법을 널리 펴서 설함'이라고 한다."

"불자여! 이 법문은 여래께서 나머지 중생에게는 말하지 않고 오직 대승으로 나아간 보살에게 말하는 것이며, 생각으로는 헤아려 알 수 없는 법에 오른 보살을 위해서 설하는 것이니, 이 법문은 모든 중생의 손으로는 잡을 수 없지만, 보살마하살만은 제외한다."

"불자여! 비유하면 전륜성왕이 가지고 있는 일곱 가지 보배와 같아서 이 보배로 말미암아 전륜왕임을 나타내 보이나, 이 보배는 중생의 손에는 잡히지 않거니와 오직 첫째 부인이 낳은 태자로서 전륜왕의 모양이나 상태를 갖춘 자는 제외하는 것이다. 그와 같은 전륜왕의 모양이나 상태를 따른 태자가 많은 덕을 갖추지 못하면 왕이 명을 다한 후에 이 모든 보배 등은 칠 일 가운데 다 흩어지고 없어진다."

"불자여! 이 진귀한 보배 경전도 역시 차례를 좇아(復) 이와 같아서 그 이외 중생의 손으로는 들어가지 않지만, 오직 여래의 참 아들로 여래의 가문에 태어나서 여래의 모양이나 상태와 모든 선근을 심은 자는 제외한다."

"불자여! 그와 같은 부처님의 참 아들이 없으면 이와 같은 법문은 오래지 않아 흩어져 없질 것이니, 왜냐하면 모든 이승(二乘)은 이 경을 듣지 못하거늘 하물며 어떻게 받아 지니고 소리 내어 읽고 외우고 쓰고 분별해서 이해한다고 할 수 있겠는가. 오직 모든 보살만이 이와 같음을 할 수 있다. 이러한 까닭으로 보살마하살은 이 법문을 들으면 응당 크게 환희하며, 귀하고 소중히 여기는 마음으로 공경하게 머리 숙여 받아야 하니, 왜냐하면 보살마하살이 이 경을 믿고 좋아하면 아뇩다라삼먁삼보리심을 빨리 얻기 때문이다."

"불자여! 설령 어떤 보살이 헤아릴 수 없는 백천 억 나유타 겁을 두고 여섯 바라밀을 행하면서 가지가지의 보리 분법을 닦고 익히더라도 그와 같은 생각으로 헤아려 알 수 없는 여래의 큰 위덕이 있는 법문을 듣지 못하거나 그와 같은 시기에 듣고도 믿지 않고 알지 못하고 순하게 따르지 않고 들어가지 못한다면, 참된 보살이라는 이름을 얻지 못하니, 이는 여래의 가문에 태어나지 못하는 까닭이다."

"그와 같은 여래의 헤아릴 수 없고 사람의 생각으로는 헤아려 알 수 없으며, 막힘이나 걸림이 없는 지혜로운 법문을 듣고 듣고는 믿고 이해해서 거스르지 않고 깨우침을 따라 들어가면 마땅히 알아야 할 것이니, 이 사람은 여래의 가문에 태어나 모든 여래의 경계를 거스르지 않고 따르고 모든 보살의 법을 온전하게 갖추어 일체 지혜의 씨앗이 되는 경계에 머물고 일체 모든 세간의 법을 멀리 벗어나 모든 여래가 행한 바를 출생하고 모든 보살의 법 성품을 통달해서 부처님의 자재함에 대하여 의혹이 없고 스승이 없는 법에 머물면서 여래의 막힘이나 걸림이 없는 경계에 깊이 들어갈 것이다."

"불자여! 보살마하살이 이 법을 들으면 곧 평등한 지혜로 헤아릴 수 없는 법을 알고 곧 정직한 마음으로 모든 분별에서 벗어나고 곧 뛰어난 즐거움에 대한 욕심으로 모든 부처님이 나타남을 보고 곧 뜻으로 지어가는 힘으로 평등한 허공계에 들어가고 곧 자재한 생각으로 끝없는 법계를 행하고 곧 지혜의 힘으로 모든 공덕을 갖추고 곧 자연스러운 지혜로 모든 세간의 허물과 더러움에서 벗어나고 곧 보리심으로 일체 시방의 그물에 들어가고 곧 자세히 살펴서 크게 들여다봄으로 삼세 모든 부처님이 동일한 체와 성임을 알고 곧 선근 회향으로 이와 같은 법에 두루 들어가기는 하나, 들어가지 않으면서 들어가서 하나의 법이라도 속된 인연에 끌리지 않고 항상 하나의 법으로 모든 법을 자세히 들여다본다."

"불자여! 보살마하살이 이와 같은 공덕을 성취하고는 아주 적은 공의 힘을 지어도 스승 없이 자연스럽게 지혜를 얻는다."

佛子 菩薩摩訶薩應云何知於如來 應 正等覺見聞親近所種善根 佛子 菩薩摩訶薩應知於如來所見聞親近所種善根皆悉不虛 出生無盡覺慧故 離於一切障難故 決定至於究竟故 無有虛誑故 一切圓滿故 不盡有爲行故 隨順無爲智故 生諸佛智故 盡未來際故 成一切種勝行故 到無功用智地故 佛子 譬如丈夫 食少金剛 終竟不消 要穿其身 出在於外 何以故 金剛不與肉身雜穢而同止故 於如來所種少善根亦復如是 要穿

一切有爲諸行煩惱身過 到於無爲究竟智處 何以故 此少善根不與有爲諸行煩惱而共住故 佛子 假使乾草積同須彌 投火於中如芥子許 必皆燒盡 何以故 火能燒故 於如來所種少善根亦復如是 必能燒盡一切煩惱 究竟得於無餘涅槃 何以故 此少善根性究竟故 佛子 譬如雪山有藥王樹 名曰 善見 若有善見 眼得淸淨 若有聞者 耳得淸淨 若有嗅者 鼻得淸淨 若有嘗者 舌得淸淨 若有觸者 身得淸淨 若有衆生取彼地土 亦能爲作除病利益 佛子 如來 應 正等覺無上藥王亦復如是 能作一切饒益衆生 若有得見如來色身 眼得淸淨 若有得聞如來名號 耳得淸淨 若有得嗅如來戒香 鼻得淸淨 若有得嘗如來法味 舌得淸淨 具廣長說 解語言法 若有得觸如來光者 身得淸淨 究竟獲得無上法身 若於如來生憶念者 則得念佛三昧淸淨 若有衆生供養如來所經土地及塔廟者 亦具善根 滅除一切諸煩惱患 得賢聖樂 佛子 我今告汝 設有衆生見聞於佛 業障纏覆不生信樂 亦種善根無空過者 乃至究竟入於涅槃 佛子 菩薩摩訶薩應如是知於如來所見聞親近所種善根 悉離一切諸佛善法 具足善法 佛子 如來以一切譬諭說種種事 無有譬諭能說此法 何以故 心智路絶 不思議故 諸佛菩薩但隨衆生心 令其歡喜 爲說譬諭 非是究竟 佛子 此法門名爲 如來秘密之處 名一切世間所不能知 名 入如來印 名 開大智門 名 示現如來種性 名 成就一切菩薩 名 一切世間所不能壞 名一向隨順如來境界 名 能 淨一切諸衆生界 名 演說如來根本實性不思議究竟法 佛子 此法門 如來不爲餘衆生說 唯爲趣向大乘菩薩說 唯爲乘不思議乘菩薩說 此法門不入一切餘衆生手 唯除諸菩薩摩訶薩 佛子 譬如轉輪聖王所有七寶 因此寶故顯示輪王 此寶不入餘衆生手 唯除第一夫人所生太子 具足成就聖王相者 若轉輪王無此太子具衆德者 王命終後 此諸寶等於七日中悉皆散滅 佛子 此經珍寶亦復如是 不入一切餘衆生手 唯除如來法王眞子 生如來家 種如來相諸善根者 佛子 若無此等佛之眞子 如是法門不久散滅 何以故 一切二乘不聞此經 何況受持 讀誦 書寫 分別解說 唯諸菩薩乃能如是 是故 菩薩摩訶薩聞此法門應大歡喜 以尊重心恭敬頂受 何以故 菩薩摩訶薩信樂此經 疾得阿耨多羅三藐三菩提故 佛子 設有菩薩於無量百千億那由他劫行六波羅蜜 修習種種菩提分法 若未聞此如來不思議大威德法門 或時聞已不信不解 不順 不入 不得名爲眞實菩薩 以不能生如來家故 若得聞此如來無量不可思議無障無礙智慧法門 聞已信解 隨順悟入 當知此人生如來家 隨順一切如來境界 具足一切諸菩薩法 安住一切種智境界 遠離一切諸世間法出生 一切如來所行 通達一切菩薩法性 於佛自在心無疑惑 住無師法 深入如來無礙境界 佛子 菩薩摩訶薩聞此法

已 則能以平等智知無量法 則能以正直心離諸分別 則能以勝欲樂現見諸佛 則能以作意力入平等虛空界 則能以自在念行無邊法界 則能以智慧力具一切功德 則能以自然智離一切世間垢 則能以菩提心入一切十方網 則能以大觀察知三世諸佛同一體性 則能以善根迴向智普入如是法 不入而入 不於一法而有攀緣 恒以一法觀一切法 佛子 菩薩摩訶薩成就如是功德 少作功力 得無師自然智

이때 보현보살이 이러한 뜻을 거듭 펴고자 게송으로 말했다.
爾時 普賢菩薩欲重明此義而說頌言

見聞供養諸如來 모든 여래를 보고 듣고 이바지하면
所得功德不可量 얻는 공덕은 헤아릴 수가 없으니
於有爲中終不盡 인위적인 꾸밈 가운데 끝내 다하지 않고
要滅煩惱離衆苦 중요한 점은 번뇌를 없애고 많은 괴로움에서 벗어난다네.

譬人呑服少金剛 비유하면 사람이 적은 양의 금강을 삼키면
終竟不消要當出 끝내는 사라지지 않고 나올 것이니
供養十力諸功德 부처님에게 이바지한 모든 공덕도
滅惑必至金剛智 의혹을 없애고 반드시 금강 지혜에 이르게 한다네.

如乾草積等須彌 마른 풀을 수미산 같이 쌓는다 하더라도
投芥子火悉燒盡 겨자씨만 한 불씨로도 남김없이 태워 버리듯
供養諸佛少功德 모든 부처님께 이바지한 아주 적은 공덕도
必斷煩惱至涅槃 반드시 번뇌를 끊고 열반에 이르게 한다네.

雪山有藥名善見 설산에 이름이 선견이라는 약이 있어서
見聞嗅觸消衆疾 보고 듣고 맡고 닿은 많은 질병을 사라지게 하니
若有見聞於十力 그와 같은 십력을 보고 들음이 있으면
得勝功德到佛智 뛰어난 공덕을 얻어 부처님의 지혜에 이른다네.

이때 부처님의 신통한 힘과 법이 이와 같은 까닭으로 시방에 각각 열 갑 절이나 말할 수 없는 백천 억 나유타 세계가 여섯 가지로 흔들려 움직이니, 이른바 동에서 솟아 서에서 가라앉으며, 서에서 솟고 동에서 가라앉으며, 남에서 솟고 북에서 가라앉으며, 북에서 솟고 남에서 가라앉으며, 변두리에서 솟고 가운데서 가라앉으며, 가운데서 솟고 변두리에서 가라앉는다.

열여덟 가지의 모양이나 상태로 흔들려 움직이니, 이른바 흔들흔들, 두루 흔들흔들, 모두 두루 흔들흔들, 들썩들썩, 두루 들썩들썩, 모두 두루 들썩들썩, 불쑥불쑥, 두루 불쑥불쑥, 모두 두루 불쑥불쑥, 아우성, 두루 아우성, 모두 두루 아우성, 우당탕, 두루 우당탕, 모두 두루 우당탕, 와지끈, 두루 와지끈, 모두 두루 와지끈하는 것이다.

모든 하늘을 뛰어넘는 모든 꽃구름과 모든 덮개 구름과 당 구름과 번 구름과 향 구름과 머리 장식 구름과 바르는 향 구름과 장엄 기물 구름과 큰 광명 마니보배 구름과 모든 보살을 칭찬하는 구름과 말할 수 없는 보살들이 차별하는 몸 구름을 내리고 바른 깨우침을 이루는 구름과 생각으로 헤아려 알 수 없는 세계를 청정하게 장엄하는 구름과 여래의 언어 음성 구름을 내려서 끝없는 법계에 가득하였다.

이 사천하에서 여래의 신통한 힘으로 이와 같음을 나타내 보여 모든 보살을 환희하게 하듯이, 시방 일체 세계에도 두루 하고 남김없이 또한 이와 같았다.

爾時 佛神力故 法如是故 十方各有十不可說百千億那由他世界六種震動 所謂 東涌西沒 西涌東沒 南涌北沒 北涌南沒 邊涌中沒 中涌邊沒 十八相動 所謂 動 徧動 等徧動 起 徧起 等徧起 涌 徧涌 等徧涌 震 徧震 等徧震 吼 徧吼 等徧吼 擊 徧擊 等徧擊 雨出過諸天一切華雲 一切蓋雲 幢雲 幡雲 香雲 鬘雲 塗香雲 莊嚴具雲 大光明摩尼寶雲 諸菩薩讚歎雲 不可說菩薩各差別身雲 雨成正覺雲 嚴淨不思議世界雲 雨如來言語音聲雲 充滿無邊法界 如此四天下 如來神力如是示現 令諸菩薩皆大歡喜 周徧十方一切世界 悉亦如是

이때 시방으로 각각 팔십 갑절이나 말할 수 없는 백천 억 나유타 세계의 티끌 수와 같은 세계 밖에 각각 팔십 갑절이나 말할 수 없는 백천 억 나유타 세계의 티끌 수와 같은 여래가 계시니, 이름이 한가지로 '보현(普賢)'이며, 모두 앞에 나타나시어 이같이 말했다.

"선근이로다. 불자여! 부처님의 위엄스러운 힘을 받들어 법의 성품을 거스르지 않고 따라서 생각으로 헤아려 알 수 없는 여래가 출현하는 법을 널리 펴서 설하는구나."

"불자여! 시방의 팔십 갑절이나 말할 수 없는 백천 억 나유타 세계의 티끌 수와 이름이 같은 모든 부처님이 이 법을 설하시니, 내가 설한 바와 같이 시방세계 일체 모든 부처님도 역시 이와 같음을 설하신다."

"불자여! 이 모임 가운데 십만 부처 세계의 티끌 수와 같은 보살마하살이 모든 보살의 신통한 삼매를 얻었기에 나와 등등 더불어 모두에게 수기를 주니, 일생에 아뇩다라삼먁삼보리를 얻을 것이라 하고 부처 세계의 티끌 수와 같은 중생이 아뇩다라삼먁삼보리심을 일으키고 나뿐만 아니라 또한 수기를 주어 오는 세상에 말할 수 없는 부처 세계의 티끌 수와 같은 겁을 지나 모두 부처를 이루고 부처님의 특히 뛰어난 경계라는 한 가지로 이름을 얻고 나뿐만 아니라 미래의 모든 보살이 이 법을 듣게 하려는 까닭으로 다 함께 보호해 지닌다."

"이 사천하에서 가르치고 바른길로 이끈 중생과 같이 시방의 백천 억 나유타 수 없고 헤아릴 수 없을 뿐만 아니라 말할 수 없고 말로 이를 수 없는 법계와 허공계 등 모든 세계 가운데 가르쳐 바른길로 이끈 중생도 빠짐없이 또한 이와 같다."

是時 十方各過八十不可說百千億那由他佛刹微塵數世界外 各有八十不可說百千億那由他佛刹微塵數如來 同名 普賢 皆現其前而作是言 善哉 佛子 乃能承佛威力 隨順法性 演說如來出現不思議法 佛子 我等十方八十不可說百千億那由他佛刹微塵數同名諸佛皆說此法 如我所說 十方世界一切諸佛亦如是說 佛子 今此會中 십만佛刹微塵數菩薩摩訶薩 得一切菩薩神通三昧 我等皆與授記 一生當得阿耨多羅三藐三菩提 佛刹微塵數衆生 發阿耨多羅三藐三菩提心 我等亦與授記 於當來世經不可說佛刹微塵數劫 皆得成佛 同號 佛殊勝境界 我等爲令未來諸菩薩聞此法故 皆共護持 如此四天下所度衆生 十方百千億那由他無數無量 乃至不可說不可說法界虛空等一切世界中所度衆生 皆亦如是

이때 시방 모든 부처님의 위신의 힘인 까닭과 비로자나불의 본래 서원의 힘인 까닭과 법이 이와 같은 까닭과 선근의 힘인 까닭과 여래가 일으킨 지혜를 생각으로는 넘지 못하는 까닭과 여래가 인연에 응하여 때를 잃지 않는 까닭과 때를 따라 모든 보살이 깨우침을 깨달아 얻게 하는 까닭과 지난 옛적 지은 바를 잃거나 무너트리지 않는 까닭과 보현의 광대한 행과 원을 얻게 하려는 까닭과 모든 지혜를 자재하게 나타내려는 까닭으로 시방에 각각 열 갑 절이나 말할 수 없는 백천 억 나유타 부처 세계의 티끌 수와 같은 세계 밖에 있는 열 갑 절이나 말할 수 없는 백천 억 나유타 부처 세계의 티끌 수와 같은 보살들이 여기에 와서 시방의 모든 법계에 충만하시기에 보살의 광대한 장엄을 나타내 보이고 큰 광명 그물을 놓아 시방의 모든 세계를 흔들어 움직이게 하고 일체 모든 마군의 궁전을 무너뜨려 흩어지게 하고 일체 모든 악도의 괴로움을 없애서 사라지게 하고 모든 여래의 위덕을 나타내어 여래의 헤아릴 수 없는 차별 공덕의 법을 노래로 읊어 칭찬하고 가지가지의 모든 비를 두루 내려서 헤아릴 수 없는 차별된 몸을 나타내 보이고 헤아릴 수 없는 모든 불법을 받았다.

그리고는 부처님의 신통한 힘으로 각각 이렇게 말했다.

爾時 十方諸佛威神力故 毘盧遮那本願力故 法如是故 善根力故 如來起智不越念故 如來應緣不失時故 隨時覺悟諸菩薩故 往昔所作無失壞故 令得普賢廣大行故 顯現一切智自在故 十方各過不可說百千億那由他佛刹微塵數世界外 各有十不可說百千億那由他佛刹微塵數菩薩來詣於此 充滿十方一切法界 示現菩薩廣大莊嚴 放大光明網 震動一切十方世界 壞散一切諸魔宮殿 消滅一切諸惡道故 顯現一切如來威德 歌詠讚歎如來無量差別功德法 普雨一切種種雨 示現無量差別身 領受無量諸佛法 以佛神力各作是言

"선근이로다. 불자여! 여래의 무너트릴 수 없는 법을 능히 말하는구나. 불자여! 나뿐만 아니라 모두가 이름이 '보현'이다. 각각 광명이 두루 한 세계의 당기가 자재한 여래가 계신 곳에서 이곳에 왔으니, 모든 처소에서도 역시 이 법을 설하고 이와 같은 문구와 이와 같은 이치와 이와 같음을 베풀어 설함과 이와 같은 결정이 빠짐없이 다 이 같은 것이기에 늘어나는 것도 없고 덜어지는 것도 없다."

"나뿐만 아니라 모두가 부처님의 신통한 힘을 쓰는 까닭이며, 여래의 법을 얻은 까닭으로 와서 이 처소에 나아가 그대를 위해서 증명하는 것이니, 내가 이곳에서 오는 것처럼 시방의 허공과 법계에 가득한 모든 세계의 사천하도 역시 차례를 좇아(復) 이와 같다."

善哉 佛子 乃能說此如來不可壞法 佛子 我等一切皆名 普賢 各從普光明世界普幢自在如來所而來於此 彼一切處亦說是法 如是文句 如是義理 如是宣說 如是決定 皆

同於此 不增不減 我等皆以佛神力故 得如來法故 來詣此處爲汝作證 如我來此 十方等虛空徧法界一切世界諸四天下亦復如是

그때 보현보살이 부처님의 힘을 받들고 모든 보살 대중을 자세히 살펴서 들여다보고는 거듭해서 여래 출현의 광대한 위덕과 여래의 바른 법을 무너뜨릴 수 없음과 헤아릴 수 없는 선근이 모두 공(空)하지 않음과 모든 부처님이 세상에 나오심에 반드시 가장 뛰어난 모든 법을 갖춤과 선근으로 모든 중생의 마음을 따라 때를 잃지 않고 법을 설함과 보살들의 헤아릴 수 없는 법의 광명을 내는 일과 일체 모든 부처님의 자재한 장엄과 모든 여래와 하나의 몸이 다름이 없음과 본래의 큰 행을 좇아 일어나 생하는 바를 자세히 살펴서 들여다보고는 게송으로 말했다.

爾時 普賢菩薩承佛神力 觀察一切菩薩大衆 欲重明如來出現廣大威德 如來正法不可沮壞 無量善根皆悉不空 諸佛出世必具一切最勝之法 善能觀察諸衆生心 隨應說法未曾失時 生諸菩薩無量法光 一切諸佛自在莊嚴 一切如來一身無異 從本大行之所生起 而說頌言

一切如來諸所作 일체 여래가 지어가는 모든 것이
世間譬諭無能及 세간의 비유로는 미칠 수가 없지만
爲令衆生得悟解 중생들이 깨우침을 깨달아 알게 하려고
非諭爲諭而顯示 비유 아닌 비유로 나타낸다네.

如是微密甚深法 이와 같은 비밀스럽고 깊고 깊은 법은
百千萬劫難可聞 백천만 겁을 두고도 듣기 어려운 것이니
精進智慧調伏者 정진과 지혜로 조복한 자(不立五蘊者)는
乃得聞此秘奧義 이 같은 깊은 이치를 얻어들을 것이라네.

若聞此法生欣慶 그와 같은 법을 듣고 기쁨을 내면
彼曾供養無量佛 헤아릴 수 없는 부처님께 공양함이니

爲佛加持所攝受 부처님의 도움으로 거두어 주신 바가 되어
人天讚歎常供養 사람과 하늘이 찬탄하고 항상 이바지한다네.

此爲超世第一財 이것은 세상을 넘어선 제일의 재물이며
此能救度諸群品 이것은 모든 중생을 구하고 가르쳐서 바른길로 이끄는 것이며
此能出生清淨道 이것은 능히 청정한 도를 출생하는 것이니
汝等當持莫放逸 너희 등등은 마땅히 지니고 제멋대로 하지 마라.

대방광불화엄경 제53권

38. 이세간품(1)
離世間品第三十八之一

1) 이백 가지 물음

그때 세존께서 마갈제국 아란야 법 보리도량 가운데 보광명전의 연꽃으로 장엄한 사자좌에 앉으셨다. 빼어난 깨달음이 다 원만하시고 두 가지 행을 영원히 끊고 모양이나 상태가 없는 법을 통달하고 부처가 머무는 곳에 머물고 부처의 평등함을 얻어 막힘이나 걸림이 없는 곳에 이르렀고 굴릴 수 없는 법에 행하는 바가 막힘이나 걸림이 없고 생각으로는 헤아려 알 수 없는 것을 세워서 삼세를 두루 보시고 몸은 항상 모든 국토에 두루 가득하고 일체의 법을 지혜로 항상 밝게 통달하고 모든 행을 분명하게 깨달아 알아서 일체 의심을 다 하고 몸을 헤아릴 수 없고 모든 보살이 구하는 평등한 지혜로 부처님의 둘이 없는 마지막 저 언덕에 이르고 여래의 평등한 해탈을 온전하게 갖추고 가운데와 가장자리가 없는 부처님의 평등한 곳을 증득하였기에 법계와 동등하고 허공계와 같았다.

더불어 말할 수 없는 백천 억 나유타 세계의 티끌 수와 같은 보살마하살과 함께 하시니, 모두 일생에 아뇩다라삼먁삼보리를 얻는 이들이었다. 각각 다른 방위 가지가지의 국토를 좇아 나와서 함께 모이니, 모두 보살의 방편과 지혜를 갖추었다.

이른바 모든 중생을 선근(善根)으로 자세히 살펴서 들여다보고 방편의 힘으로 그들을 조복하여 보살의 법에 머물게 하고 모든 세계를 선근으로 자세히 살펴서 들여다보고 방편의 힘으로 두루 나아가게 하고 열반의 경계를 선근으로 자세히 살펴서 들여다보아 사유하고 양을 헤아려서 영원히 장난 거리의 논란과 분별을 벗어나고 빼어난 행을 닦아서 끊어짐이 없고 선근으로 중생을 능히 거두어들이고 선근으로 헤아릴 수 없는 모든 방편에 들어가서 모든 중생이 공해서 있는 것이 없음을 알면서도 업과를 무너뜨리지 않고 선근으로 중생의 마음과 모든 근의 경계와 방편이 가지가지로 차별됨을 알고 삼세의 불법을 남김없이 받아 지니고 스스로 분명하게 깨우침을 깨달아 얻어 차례를 좇아(復) 다른 이를 위해 설하고 세간과 출세간의 헤아릴 수 없는 모든 법에 선근으로 편안히 머물면서 그 진실을 알고 인위적임과 인위적이지 않은 일체 모든 법을 빠짐없이 선근으로 자세히 살펴서 들여다보아 둘이 아님을 알고 한 생각 가운데 능히 삼세 모든 부처님이 가지고 있는 지혜를 획득하고 생각과 생각 가운데 바른 깨우침 이루는 것을 나타내 보여 모든 중생이 마음을 일으켜 두루 이루게 하고 한 중생의 마음으로 인연한 바로 빠짐없이 모든 중생의 경계를 알고 비록 여래의 일체 지혜의 지위에 들어가지만, 보살행을 버리지 않고 모든 지어가는 업이 지혜 방편으로 지을 것이 없고 하나하나의 중생을 이해하여 헤아릴 수 없는 겁에 머물지만, 아승기 겁을 두고도 만나기 어려우며, 바른 법륜을 굴려서 중생을 조복시키고 다 헛되지 않게 하며, 삼세 모든 부처님의 청정한 행과 원을 빠짐없이 온전하게 갖추고 이와 같은 헤아릴 수 없는 공덕을 성취한 것은 모든 여래가 끝닿은 경계 없는 겁을 두고 설하여도 다할 수 없다.

그 이름을 말하면, 보현보살, 보안 보살, 보화 보살, 보혜 보살, 보견 보살, 보광 보살, 보관 보살, 보조 보살, 보당 보살, 보각 보살이다.

이와 같은 등등의 십 갑절 말할 수 없는 백천 억 나유타 부처 세계의 티끌 수와 같은 보살이 빠짐없이 보현의 행과 원을 성취해서 깊은 마음과 큰 원이 이미 다 원만하고 일체 모든 부처님이 세상에 출현하는 곳에 남김없이 다 나아가 법륜 굴리기를 청하고 선근으로 모든 부처님의 법안(法眼)을 받아 지니어 모든 부처님의 종성을 끊지 않고 선근으로 일체 모든 부처님이 세상에 나시어 수기하는 차례와 이름과 국토를 알고 등정각을 이루어 법륜을 굴리고 부처님이 없는 세계에 몸을 나타내어 부처를 이루고 물이든 모든 중생을 남김없이 다 청정하게 해서 모든 보살의 업으로 인한 막힘이나 걸림을 없애고 막힘이나 걸림이 없는 청정한 법계에 들어갔다.

爾時 世尊在摩竭提國阿蘭若法菩提場中普光明殿 坐蓮華藏師子之座 妙悟皆滿 二行永絶 達無相法 住於佛住 得佛平等 到無障處不可轉法 所行無礙 立不思議 普見三世 身恒充徧一切國土 智恒明達一切諸法 了一切行 盡一切疑 無能測身 一切菩薩等所求智 到佛無二究竟彼岸 具足如來平等解脫 證無中邊佛平等地 盡於法界等虛空界 與不可說百千億那由他佛剎微塵數菩薩摩訶薩俱 皆一生當得阿耨多羅三藐三菩提 各從他方種種國土而共來集 悉具菩薩方便智慧 所謂 善能觀察一切衆生 以方便力 令其調伏 住菩薩法 善能觀察一切世界 以方便力 普皆往詣 善能觀察涅槃境界 思惟籌量永離一切戲論分別 而修妙行無有間斷 善能攝受一切衆生 善入無量諸方便

法 知諸衆生空無所有而不壞業果 善知衆生心使 諸根境界方便 種種差別悉能受持三世佛法 自得解了 復爲他說 於世 出世無量諸法 皆善安住 知其眞實 於有爲 無爲一切諸法 悉善觀察 知無有二 於一念中 悉能獲得三世諸佛所有智慧 於念念中 悉能示現成等正覺 令一切衆生發心成道 於一衆生心之所緣 悉知一切衆生境界 雖入如來一切智地 而不捨菩薩行諸所作業 智慧方便而無所作 爲一一衆生住無量劫 而於阿僧祇劫難可値遇 轉正法輪調伏衆生皆不唐捐 三世諸佛淸淨行願悉已具足 成就如是無量功德 一切如來於無邊劫說不可盡 其名曰 普賢菩薩 普眼菩薩 普化菩薩 普慧菩薩 普見菩薩 普光菩薩 普觀菩薩 普照菩薩 普幢菩薩 普覺菩薩 如是等十不可說百千億那由他佛刹微塵數 皆悉成就普賢行願 深心大願皆已圓滿 一切諸佛出興世處悉能往詣請轉法輪 善能受持諸佛法眼 不斷一切諸佛種性 善知一切諸佛興世授記次第 名號 國土 成等正覺 轉於法輪 無佛世界現身成佛 能令一切雜染衆生皆悉淸淨能滅一切菩薩業障 入於無礙淸淨法界

그때 보현보살마하살이 광대한 삼매에 들어가시니, 이름이 '불화장엄'이고 이 삼매에 들어갔을 때 시방에 있는 모든 세계가 여섯 가지 열여덟 모양이나 상태로 흔들려 움직이면서 큰 소리 내는 것을 듣지 못하는 자가 없었다. 그러한 뒤에 삼매에서 일어나셨다.

爾時 普賢菩薩摩訶薩入廣大三昧 名 佛華莊嚴 入此三昧時 十方所有一切世界六種 十八相動 出大音聲靡不皆聞 然後從其三昧而起

십신, 십주, 십행, 십회향, 십지, 등각의 행을 물음

이때 보혜 보살은 대중이 모인 것을 알고 보현보살에게 물었다.

"불자시여! 원하건대 우리를 위해 널리 펴서 말해주십시오."

"무엇이 보살마하살의 의지함이 되며, 무엇이 기이한 생각이며, 무엇이 행이며, 무엇이 선지식이며, 무엇이 부지런한 정진이며, 무엇을 두고 마음이 편안하다는 것이며, 무엇을 중생이 성취하는 것이며, 무엇이 계행이며, 무엇이 스스로 수기를 아는 것이며, 무엇이 보살에 들어가는 것이며, 무엇이 여래로 들어가는 것이며, 무엇이 중생의 마음의 행에 들어가는 것이며, 무엇이 세계에 들어가는 것이며, 무엇이 겁에 들어가는 것이며, 무엇이 삼세를 설하는 것이며, 무엇이 삼세를 아는 것이며, 무엇이 싫어하고 피곤함이 없는 마음을 일으키는 것이며, 무엇이 차별하는 지혜이며, 무엇이 다라니이며, 부처님이 무엇을 널리 펴서 설하는 것이 됩니까?" (十信의 行)

"무엇이 보현의 마음을 일으키는 것이며, 무엇이 보현이 행하는 법이며, 무엇 등을 쓰는 까닭에 큰 사랑을 일으키는 것이며, 무엇이 보리심을 일으키는 인연이며, 무엇이 선지식에게 존중심을 일으키는 것이며, 무엇이 청정한 것이며, 무엇이 모든 바라밀이며, 무엇이 깨우침을 따르는 지혜이며, 무엇이 증명으로 아는 것이며, 무엇이 힘이며, 무엇이 평등한 것이며, 무엇이 불법의 진실한 뜻 구절이며, 무엇이 법을 설하는 것이며, 무엇이 가지는 것이며, 무엇이 변재이며, 무엇이 자재이며, 무엇이 집착이 없는 성품이며, 무엇이 지혜를 출생하는 것이며, 무엇이 변화하는 것입니까?" (十住의 行)

"무엇이 힘을 가지는 것이며, 무엇이 큰 기쁨과 위로를 받는 것이며, 무엇이 불법에 깊이 들어가는 것이며, 무엇이 의지가 의지하는 것이며, 무엇이 두려움 없는 마음을 일으키는 것이며, 무엇이 의혹이 없는 마음을 일으키는 것이며, 무엇이 생각으로 헤아려 알 수 없는 것이며, 무엇이 섬세하고 비밀스러운 말이며, 무엇이 섬세하고 능숙하게 분별하는 지혜이며, 무엇이 삼매에 들어가는 것이며, 무엇이 두루 들어가는 것이며, 무엇이 해탈문이며, 무엇이 신통이며, 무엇이 밝은 것이며, 무엇이 해탈이며, 무엇이 원림이며, 무엇이 궁전이며, 무엇이 즐거운 것이며, 무엇이 장엄하는 것이며, 무엇이 움직이지 않는 마음을 일으키는 것이며, 무엇이 깊은 마음을 버리지 않는 것이며, 무엇이 자세히 살펴서 들여다보는 것이며, 무엇이 법을 설하는 것이며, 무엇이 청정한 것이며, 무엇이 도장을 찍은 것이며, 무엇이 지혜의 광명이 비치는 것이며, 무엇이 그 이상 더 할 수 없는 곳에 머무르는 것이며, 무엇이 못났다는 마음이 없는 것이며, 무엇이 산처럼 거듭 더하는 마음이며, 무엇이 위 없는 보리에 들어가는 바다와 같은 지혜가 됩니까?" (十行의 行)

"무엇이 보배처럼 머무는 것이며, 무엇이 금강과 같은 대승 서원의 마음을 일으키는 것이며, 무엇이 크게 일으키는 것이며, 무엇이 마지막까지의 큰일이며, 무엇이 무너지지 않는 믿음이며, 무엇이 부처님으로부터 예언을 받는 것이며, 무엇이 선근 회향이며, 무엇이 지혜를 얻는 것이며, 무엇이 끝없는 광대한 마음을 일으키는 것이며, 무엇이 숨겨놓은 장이며, 무엇이 계율과 위의이며, 무엇이 자재한 것이며, 무엇이 막힘이나 걸림이 없는 작용이며, 무엇이 중생의 막힘이나 걸림이 없는 작용이며, 무엇이 세계의 막힘이나 걸림이 없는 작용이며, 무엇이 법의 막힘이나 걸림이 없는 작용이며, 무엇이 몸의 막힘이나 걸림이 없는 작용이며, 무엇이 원의 막힘이나 걸림이 없는 작용이며, 무엇이 경계의 막힘이나 걸림이 없는 작용이며, 무엇이 지혜의 막힘이나 걸림이 없는 작용이며, 무엇이 신통의 막힘이나 걸림이 없는 작용이며, 무엇이 신력의 막힘이나 걸림이 없는 작용이며, 무엇이 힘의 막힘이나 걸림이 없는 작용이며, 무엇이 즐겁게 노니는 것이며, 무엇이 경계이며, 무엇이 힘이며, 무엇이 두려움이 없는 것이며, 무엇이 함께하지 않는 법이며, 무엇이 업이며, 무엇이 몸입니까?" (十廻向의 行)

"무엇이 몸의 업이며, 무엇이 몸이며, 무엇이 말이며, 무엇이 말의 업을 청정하게 닦는 것이며, 무엇이 지키고 보호하는 것을 얻는 것이며, 무엇이 큰일을 갖추고 이루는 것이며, 무엇이 마음이며, 무엇이 마음을 일으키는 것이며, 무엇이 두루두루 한 마음이며, 무엇이 모든 근이며, 무엇이 깊은 마음이며, 무엇이 거듭 더하고 높이는 마음이며, 무엇이 부지런히 닦는 것이며, 무엇이 결정하고 깨닫는 것이며, 무엇이 결정한 깨우침으로 중생계에 들어가는 것이며, 무엇이 배워 익힌 기운이며, 무엇이 취하는 것이며, 무엇이 닦은 것이며, 무엇이 불법을 성취하는 것이며, 무엇이 불법의 도에서 물러나거나 잃는 것이며, 무엇이 생을 벗어나는 길이며, 무엇이 결정한 법이며, 무엇이 불법의 도를 출생하는 것이며, 무엇이 대장부의 이름이며, 무엇이 도이며, 무엇이 헤아릴 수 없는 도이며, 무엇이 도를 돕는 것이며, 무엇이 도를 닦은 것이며, 무엇이 도를 장엄하는 것이며, 무엇이 발이며, 무엇이 손이며, 무엇이 배이며, 무엇이 장이며, 무엇이 심장이며, 무엇이 갑옷을 입는 것이며, 무엇이 병장기이며, 무엇이 우두머리이며, 무엇이 눈이며, 무엇이 귀이며, 무엇이 코이며, 무엇이 혀이며, 무엇이 몸이며, 무엇이 뜻이며, 무엇이 행이며, 무엇이 머무는 것이며, 무엇이 앉은 것이며, 무엇이 눕는 것이며, 무엇이 머무를 곳이며, 무엇이 행할 곳입니까?" (十地의 行)

"무엇을 자세히 살펴서 들여다보는 것이며, 무엇이 자세히 살펴서 두루 들여다보는 것이며, 무엇이 격하고 빠른 것이며, 무엇이 사자 후이며, 무엇이 청정한 보시이며, 무엇이 청정한 계율이며, 무엇이 청정한 참음이며, 무엇이 청정한 정진이며, 무엇이 청정한 선정이며, 무엇이 청정한 지혜이며, 무엇이 청정하게 가엾이 여기는 것이며, 무엇이 청정한 기쁨이며, 무엇이 청정하게 버리는 것이며, 무엇이 이치이며, 무엇이 법이며, 무엇이 복덕으로 도를 돕는 기물이며, 무엇이 지혜의 도를 돕는 기물이며, 무엇이 밝게 만족하는 것이며, 무엇이 법을 구하는 것이며, 무엇이 법을 밝고 분명하게 깨우쳐 아는 것이며, 무엇이 법을 수행하는 것이며, 무엇이 마이며, 무엇이 마의 업이며, 무엇이 마의 업을 버리고 벗어나는 것이며, 무엇이 부처님을 보는 것이며, 무엇이 부처님의 업이며, 무엇이 교만한 업이며, 무엇이 지혜의 업이며, 무엇이 마가 거두어 가지는 것이며, 무엇이 부처님이 거두어 가지는 것이며, 무엇이 법이 거두어 가지는 것이며, 무엇이 도솔천에 머무르며 지어가는 업이며, 무슨 까닭으로 도솔천 궁에서 사라지는 것이며, 무슨 까닭으로 태에 처하는 것을 나타내는 것이며, 무엇이 미세한 부류를 나타내는 것이며, 무슨 까닭으로 처음 태어나는 것을 나타내는 것이며, 무슨 까닭으로 미소를 짓는 것이며, 무슨 까닭으로 일곱 걸음 걷는 것을 보이는 것이며, 무슨 까닭으로 동자의 지위를 나타내는 것이며, 무슨 까닭으로 내궁에 처함을 나타내는 것이며, 무슨 까닭으로 출가를 나타내는 것이며, 무슨 까닭으로 고통스러운 행을 보이는 것이며, 어떻게 도량으로 향해 나아가며, 어떻게 도량에 앉으며, 무엇이 도량에 앉을 때 기이하고 특이한 모양이나 상태이며, 무슨 까닭으로 마군이 항복하는 것을 보이는 것이며, 무엇이 여래의 힘을 이루는 것이며, 어떻게 법륜을 굴리는 것이며, 무슨 까닭으로 법륜을 굴림으로 인해서 백정법(白淨法)을 얻는 것이며, 무슨 까닭으로 여래, 응공, 정등각이 반열반하는 것을 보이는 것입니까?" (等覺의 行)

"불자시여! 이와 같은 법을 원하건대 우리를 위해 널리 펴서 설해주십시오."

爾時 普慧菩薩知衆已集 問普賢菩薩言 佛子 願爲演說 何等爲菩薩摩訶薩依 何等爲奇特想 何等爲行 何等爲善知識 何等爲勤精進 何等爲心得安隱 何等爲成就衆生 何等爲戒 何等爲自知授記 何等爲入菩薩 何等爲入如來 何等爲入衆生心行 何等爲入世界 何等爲入劫 何等爲說三世 何等爲入三世 何等爲發無疲厭心 何等爲差別智 何等爲陀羅尼 何等爲演說佛 何等爲發普賢心 何等爲普賢行法 以何等故而起大悲 何等爲發菩提心因緣 何等爲於善知識起尊重心 何等爲清淨 何等爲諸波羅蜜 何等爲智隨覺 何等爲證知 何等爲力 何等爲平等 何等爲佛法實義句 何等爲說法 何等爲持 何等爲辯才 何等爲自在 何等爲無著性 何等爲平等心 何等爲出生智慧 何等爲變化 何等爲力持 何等爲得大欣慰 何等爲深入佛法 何等爲依止 何等爲發無畏心 何等爲發無疑惑心 何等爲不思議 何等爲巧密語 何等爲巧分別智 何等爲入三昧 何等爲徧入 何等爲解脫門 何等爲神通 何等爲明 何等爲解脫 何等爲園林 何等爲宮殿 何等爲所樂 何等爲莊嚴 何等爲發不動心 何等爲不捨深大心 何等爲觀察 何等爲說法 何等爲清淨 何等爲忍 何等爲智光照 何等爲無等住 何等爲無下劣心 何等爲如山增上心 何等爲入無上菩提如海智 何等爲如寶住 何等爲發如金剛大乘誓願心 何等爲大發起 何等爲究竟大事 何等爲不壞信 何等爲授記 何等爲善根迴向 何等爲得智慧

何等爲發無邊廣大心 何等爲伏藏 何等爲律儀 何等爲自在 何等爲無礙用 何等爲衆生無礙用 何等爲刹無礙用 何等爲法無礙用 何等爲身無礙用 何等爲願無礙用 何等爲境界無礙用 何等爲智無礙用 何等爲神通無礙用 何等爲神力無礙用 何等爲力無礙用 何等爲遊戲 何等爲境界 何等爲力 何等爲無畏 何等爲不共法 何等爲業 何等爲身 何等爲身業 何等爲身 何等爲語 何等爲淨修語業 何等爲得守護 何等爲成辦大事 何等爲心 何等爲發心 何等爲周徧心 何等爲諸根 何等爲深心 何等爲增上深心 何等爲勤修 何等爲決定解 何等爲決定解入世界 何等爲決定解入衆生界 何等爲習氣 何等爲取 何等爲修 何等爲成就佛法 何等爲退失佛法道 何等爲離生道 何等爲決定法 何等爲出生佛法道 何等爲大丈夫名號 何等爲道 何等爲無量道 何等爲助道 何等爲修道 何等爲莊嚴度 何等爲足 何等爲腹 何等爲藏 何等爲心 何等爲被甲 何等爲器仗 何等爲首 何等爲眼 何等爲耳 何等爲鼻 何等爲舌 何等爲身 何等爲意 何等爲行 何等爲住 何等爲坐 何等爲臥 何等爲所住處 何等爲所行處 何等爲觀察 何等爲普觀察 何等爲奮迅 何等爲師子吼 何等爲淸淨施 何等爲淸淨戒 何等爲淸淨忍 何等爲淸淨精進 何等爲淸淨定 何等爲淸淨慧 何等爲淸淨慈 何等爲淸淨悲 何等爲淸淨喜 何等爲捨 何等爲義 何等爲法 何等爲福德助道具 何等爲智慧助道具 何等爲明足 何等爲求法 何等爲明了法 何等爲修行法 何等爲魔 何等爲魔業 何等爲捨離魔業 何等爲見佛 何等爲佛業 何等爲慢業 何等爲智業 何等爲魔所攝持 何等爲佛所攝持 何等爲法所攝持 何等爲住兜率天所作業 何故於兜率天宮歿 何故現處胎 何等爲現微細趣 何故現初生 何故現微笑 何故示行七步 何故現童子地 何故現處內宮 何故現出家 何故示苦行 云何往詣道場 云何坐道場 何等爲坐道場時奇特相 何故示降魔 何等爲成如來力 云何轉法輪 何故因轉法輪得白淨法 何故如來 應 正等覺示般涅槃 善哉 佛子 如是等法 願爲演說

2) 십신을 답함 10가지

그때 보현보살이 보혜 보살과 모든 보살에게 가르침을 주고자 말했다.
爾時 普賢菩薩告普慧等諸菩薩言

“불자여! 보살마하살은 열 가지 의지하는 것이 있으니, 무엇이 열인가 하면, 이른바 보리심에 의지하니, 이는 항상 잃거나 잊지 않으려는 까닭이며, 선지식에 의지하니, 이는 화목하게 어울려 하나같이 하려는 까닭이며, 선근에 의지하니, 이는 닦고 모으면서 거듭 더하고 키우려는 까닭이며, 바라밀을 의지하니, 이는 온전하게 갖추고 수행하려는 까닭이며, 모든 법에 의지하니, 이는 마지막까지 벗어나 나가려는 까닭이며, 큰 서원에 의지하니, 이는 보리를 거듭 더하고 키우려는 까닭이며, 모든 행에 의지하니, 이는 빠짐없이 두루 다 성취하려는 까닭이며, 모든 보살에게 의지하니, 이는 지혜가 같은 까닭이며, 모든 부처님께 공양함에 의지하니, 이는 몸과 마음을 청정하게 하려는 까닭이며, 모든 여래에게 의지하니, 이는 자비로운 아버지의 가르침 같이 끊지 않으려는 까닭이다.”

“이것이 열이며, 그와 같은 모든 보살이 이 법에 편안히 머물면 곧 여래의 위 없는 큰 지혜로 의지할 처를 얻는다.”

佛子 菩薩摩訶薩有十種依 何等爲十 所謂 以菩提心爲依 恒不忘失故 以善知識爲依 和合如一故 以善根爲依 修集增長故 以波羅蜜爲依 具足修行故 以一切法爲依 究竟出離故 以大願爲依 增長菩提故 以諸行爲依 普皆成就故 以一切菩薩爲依 同一智慧故 以供養諸佛爲依 信心淸淨故 以一切如來爲依 如慈父敎誨不斷故 是爲十 若諸菩薩安住此法 則得爲如來無上大智所依處

“불자여! 보살마하살은 열 가지 기이하고 특이한 모양이나 상태가 있으니, 무엇이 열인가 하면, 이른바 모든 선근을 자신의 선근이라는 생각을 내고 모든 선근을 보리의 종자라는 모양이나 상태를 내고 모든 중생이 보리의 그릇이라는 생각을 내며, 모든 원이 자신의 원이라는 생각을 내고 모든 법에서 벗어나 나가는 생각을 내고 모든 행이 자신의 행이라는 생각을 내고 일체의 법이 부처의 법이라는 생각을 내고 모든 말하는 법이 말의 도라는 생각을 내고 모든 부처가 자비로운 아버지라는 생각을 내고 모든 여래가 둘이 없다는 생각을 낸다.”

“이것이 열이며, 그와 같은 보살이 이 법에 편안히 머물면 곧 위 없는 섬세하고 능숙한 선근의 생각을 얻는다.”

佛子 菩薩摩訶薩有十種奇特想 何等爲十 所謂 於一切善根生自善根想 於一切善根生菩提種子想 於一切善根生生菩提器想 於一切願生自願想 於一切法生出離想

於一切行生自行想 於一切法生佛法想 於一切語言法生語言道想 於一切佛生慈父想 於一切如來生無二想 是爲十 若諸菩薩安住此法 則得無上善巧想

"불자여! 보살마하살은 열 가지 행이 있으니, 무엇이 열인가 하면, 이른바 모든 중생의 행이니, 이는 두루 성숙하게 하는 까닭이며, 모든 법을 구하는 행이니, 이는 함께 남김없이 다 닦고 배우는 까닭이며, 모든 선근의 행이니, 이는 모두 더하고 늘려서 키우는 까닭이며, 모든 삼매의 행이니, 이는 한결같은 마음으로 어지럽지 않은 까닭이며, 모든 지혜의 행이니, 이는 깨달아 알지 못하는 것이 없는 까닭이며, 모든 것을 닦고 익히는 행이니, 이는 닦지 못할 것이 없는 까닭이며, 모든 부처님의 행이니, 이는 남김없이 다 장엄하는 까닭이며, 모든 선근의 벗이 행하는 것이니, 이는 공경하고 공양하는 까닭이며, 모든 여래의 행이니, 이는 존중하고 받들어 섬기는 까닭이며, 모든 신통한 행이니, 이는 변화가 자재한 까닭이다."

"이것이 열이며, 그와 같은 모든 보살이 이 법에 편안히 머물면 곧 여래의 위 없는 큰 지혜의 행을 얻는다."

佛子 菩薩摩訶薩有十種行 何等爲十 所謂 一切衆生行 普令成熟故 一切求法行 咸悉修學故 一切善根行 悉使增長故 一切三昧行 一心不亂故 一切智慧行 無不了知故 一切修習行 無不能修故 一切佛刹行 皆悉莊嚴故 一切善友行 恭敬供養故 一切如來行 尊重承事故 是爲十 若諸菩薩安住此法 則得如來無上大智慧行

"불자여! 보살마하살은 열 가지 선지식이 있으니, 무엇이 열인가 하면, 이른바 보리심에 머물게 하는 선지식과 선근을 내게 하는 선지식과 바라밀을 행하게 하는 선지식과 모든 법을 이해하고 설하게 하는 선지식과 모든 중생을 성숙하게 하는 선지식과 결정한 변재를 얻게 하는 선지식과 모든 세간에 집착하지 않게 하는 선지식과 모든 겁을 두고 수행하지만 게으르지 않게 하는 선지식과 보현의 행에 편안히 머물게 하는 선지식과 모든 부처님이 지혜로 들어간 곳에 들어가게 하는 선지식이다."

"이것이 열이다."

佛子 菩薩摩訶薩有十種善知識 何等爲十 所謂 令住菩提心善知識 令生善根善知

識 令行諸波羅蜜善知識 令解說一切法善知識 令成熟一切衆生善知識 令得決定辯才善知識 令不著一切世間善知識 令於一切劫修行無厭倦善知識 令安住普賢行善知識 令入一切佛智所入善知識 是爲十

"불자여! 보살마하살은 열 가지 부지런한 정진이 있으니, 무엇이 열인가 하면, 이른바 모든 중생을 가르쳐 바른길로 이끄는 부지런한 정진과 모든 법에 깊이 들어가는 부지런한 정진과 모든 세계를 장엄해서 청정하게 하는 부지런한 정진과 모든 보살이 배운 것을 수행하는 부지런한 정진과 모든 중생의 악을 없애 버리는 부지런한 정진과 모든 삼악도의 괴로움을 그치고 쉬게 하는 부지런한 정진과 일체 많은 마를 꺾어서 부수어버리는 부지런한 정진과 원으로 모든 중생을 위해서 청정한 눈을 지어가는 부지런한 정진과 일체 모든 부처님께 공양하는 부지런한 정진과 모든 여래께서 남김없이 다 환희하시게 하는 부지런한 정진이다."

"이것이 열이며, 그와 같은 보살들이 이 법에 편안히 머물면 곧 여래의 위 없는 정진바라밀을 온전하게 갖춘다."

佛子 菩薩摩訶薩有十種勤精進 何等爲十 所謂 敎化一切衆生勤精進 深入一切法勤精進 嚴淨一切世界勤精進 修行一切菩薩所學勤精進 滅除一切衆生惡勤精進 止息一切三惡道苦勤精進 摧破一切衆魔勤精進 願一切衆生作淸淨眼勤精進 供養一切諸佛勤精進 令一切如來皆悉歡喜勤精進 是爲十 若諸菩薩安住此法 則得具足如來無上精進波羅蜜

"불자여! 보살마하살은 마음을 편안하게 하고 위로를 받는 열 가지가 있으니, 무엇이 열인가 하면, 이른바 스스로 보리심에 머물면서 또한 다른 이도 보리심에 머물게 해서 마음이 위로받고 편안해지며, 스스로 마지막까지 분하고 다툼을 벗어나며, 또한 다른 이도 분쟁을 벗어나게 해서 마음이 위로받고 편안해지며, 스스로 생사에 얽힌 평범한 사내의 법을 벗어나고 또한 다른 이도 생사에 얽힌 평범한 사내의 법을 벗어나게 해서 마음이 위로받고 편안해지며, 스스로 부지런히 선근을 닦고 또한 다른 이도 선근을 닦게 해서 마음이 위로받고 편안해지며, 스스로 바라밀 도에 머물면서 또한 다른 이도 바라밀 도에 머물게 해서 마음이 위로받고 편안해지며, 스스로 부처의 가문에 태어나고 또한 다른 이도 부처의 가문에 태어나게 해서 마음이 위로받고 편안해지며, 스스로 제 성품이 없는 진실한 법에 들어가고 또한 다른 이도 자신의 성품이 없는 진실한 법에 들어가게 해서 마음이 위로받고 편안해지며, 스스로 모든 부처님의 법을 비방하지 않고 또한 다른 이도 모든 부처님을 비방하지 않게 해서 마음이 위로받고 편안해지며, 스스로 모든 지혜와 보리의 원을 원만하게 하고 또한 다른 이도 모든 지혜와 보리의 원을 원만하게 해서 마음이 위로받고 편안해지며, 스스로 모든 여래의 다함이 없는 지혜의 장에 깊이 들어가고 또한 다른 이도 모든 여래의 다함이 없는 깊은 장에 들어가게 해서 마음이 위로받고 편안해지는 것을 얻는다."

"이것이 열이며, 그와 같은 모든 보살이 이처럼 법에 편안히 머물면 곧 여래의 위 없는 큰 지혜로 마음이 위로받고 편안함을 얻는다."

佛子 菩薩摩訶薩有十種心得安隱 何等爲十 所謂 自住菩提心 亦當令他住菩提心 心得安隱 自究竟離忿諍 亦當令他離忿諍 心得安隱 自離凡愚法 亦令他離凡愚法 心得安隱 自勤修善根 亦令他勤修善根 心得安隱 自住波羅蜜道 亦令他住波羅蜜道 心得安隱 自生在佛家 亦當令他生於佛家 心得安隱 自深入無自性眞實法 亦令他入無自性眞實法 心得安隱 自不誹謗一切佛法 亦令他不誹謗一切佛法 心得安隱 自滿一切智菩提願 亦令他滿一切智菩提願 心得安隱 自深入一切如來無盡智藏 亦令他入一切如來無盡智藏 心得安隱 是爲十 若諸菩薩安住此法 則得如來無上大智安隱

"불자여! 보살마하살은 중생을 성취하게 하는 열 가지가 있으니, 무엇이 열인가 하면, 이른바 보시로 중생을 성취하게 하고 색신(色身)으로 중생을 성취하게 하고 법을 설하여 중생을 성취하게 하고 함께 행하는 것으로 중생을 성취하게 하고 물들지 않은 것으로 중생을 성취하게 하고 보살의 행을 열어 보이는 것으로 중생을 성취하게 하고 모든 세계가 불같이 타오름을 나타내어 중생을 성취하게 하고 불법의 위엄과 덕을 나타내어 보이는 것으로 중생을 성취하게 하고 가지가지의 신통 변화로 중생을 성취하게 하고 가지가지의 비밀스럽고 섬세하며 능숙한 선근 방편으로 중생을 성취하게 하는 것이다."

"이것이 열이며, 보살은 이것으로 중생계를 성취한다."

佛子 菩薩摩訶薩有十種成就衆生 何等爲十 所謂 以布施成就衆生 以色身成就衆

生 以說法成就衆生 以同行成就衆生 以無厭著成就衆生 以開示菩薩行成就衆生 以熾然示現一切世界成就衆生 以示現佛法大威德成就衆生 以種種神通變現成就衆生 以種種微密善巧方便成就衆生 是爲十 菩薩以此成就衆生界

"불자여! 보살마하살은 열 가지 계가 있으니, 무엇이 열인가 하면, 이른바 보리심을 버리지 않는 계와 이승(二乘)의 지위에서 멀리 벗어나는 계와 모든 중생을 부처님의 법에 머물게 하는 계와 모든 보살이 배운 것을 닦는 계와 모든 법에서 얻을 것이 없는 계와 모든 선근으로 보리에 회향하는 계와 모든 여래의 몸에 집착하지 않는 계와 모든 법을 사유하면서도 취하고 집착함을 벗어난 계와 모든 근의 계와 의식의 계이다."

"이것이 열이며, 그와 같은 보살들이 이 같은 법에 편안히 머물면 곧 여래의 위 없는 광대한 지계바라밀을 얻는다."

佛子 菩薩摩訶薩有十種戒 何等爲十 所謂 不捨菩提心戒 遠離二乘地戒 觀察利益一切衆生戒 令一切衆生住佛法戒 修一切菩薩所學戒 於一切法無所得戒 以一切善根迴向菩提 戒不著一切如來身 戒思惟一切法離取著 戒諸根律儀戒 是爲十 若諸菩薩安住此法 則得如來無上廣大戒波羅蜜

"불자여! 보살마하살은 열 가지 수기를 받는 법이 있기에 보살이 이것으로 스스로 수기를 아니, 무엇이 열인가 하면, 이른바 특히 뛰어난 뜻으로 보리심을 일으키기에 스스로 수기를 알고 모든 보살의 행을 영원히 싫어하거나 버리지 않기에 스스로 수기를 알고 모든 겁에 머물며 보살행을 행하기에 수기를 알고 모든 부처님의 법을 닦기에 스스로 수기를 알고 모든 부처님의 가르치는 법을 한결같이 깊이 믿기에 스스로 수기를 알고 모든 선근을 닦아 다들 성취하게 하기에 스스로 수기를 알고 모든 중생을 부처님의 보리에 두기에 스스로 수기를 알고 모든 선지식과 화목하게 어울려서 둘이 없기에 스스로 수기를 알고 모든 선지식이 여래의 생각을 일으켜서 스스로 수기를 알고 보리의 본래 서원을 지키고 보호하기에 스스로 수기를 아는 것이다."

"이것이 열이다."

佛子 菩薩摩訶薩有十種受記法 菩薩以此自知受記 何等爲十 所謂 以殊勝意發菩

提心 自知受記 永不厭捨諸菩薩行 自知受記 住一切劫行菩薩行 自知受記 修一切佛法 自知受記 於一切佛教一向深信 自知受記 修一切善根皆令成就 自知受記 置一切衆生於佛菩提 自知受記 於一切善知識和合無二 自知受記 於一切善知識起如來想 自知受記 恒勤守護菩提本願 自知受記 是爲十

"불자여! 불자여! 보살마하살은 열 가지로 들어가는 것이 있어서 모든 보살이 들어가니, 무엇이 열인가 하면, 이른바 본래의 원에 들어가고 행에 들어가고 모인 무리에 들어가고 모든 바라밀에 들어가고 성취에 들어가고 차별하는 원에 들어가고 가지가지로 이해하는 것에 들어가고 불국토를 장엄하는 것에 들어가고 신통한 힘이 자재한 것에 들어가고 태어남을 받은 것, 이를 나타내 보이는 것에 들어가는 것이다."

"이것이 열이며, 보살이 이것으로 삼세의 모든 보살로 두루 들어가는 것이다."

佛子 菩薩摩訶薩有十種入 入諸菩薩 何等爲十 所謂 入本願 入行 入聚 入諸波羅蜜 入成就 入差別願 入種種解 入莊嚴佛土 入神力自在 入示現受生 是爲十 菩薩入此普入三世一切菩薩

"불자여! 보살마하살은 열 가지 들어가는 것이 있어서 모든 여래에게 들어가니, 무엇이 열인가 하면, 이른바 끝없이 바른 깨우침을 이루는 곳에 들어가고 끝없이 법륜을 굴리는 곳에 들어가고 끝없는 방편의 법에 들어가고 끝없이 차별하는 음성에 들어가고 끝없이 중생을 조복하는 곳에 들어가고 끝없는 신통의 힘이 자재한 곳에 들어가고 끝없이 가지가지로 차별하는 몸에 들어가고 끝없는 삼매에 들어가고 끝없는 힘과 두려움이 없는 곳에 들어가고 끝없이 열반을 나타내 보이는 곳에 들어간다."

"이것이 열이며, 보살이 이것으로 삼세의 모든 여래에게 들어가는 것이다."

佛子 菩薩摩訶薩有十種入 入諸如來 何等爲十 所謂 入無邊成正覺 入無邊轉法輪 入無邊方便法 入無邊差別音聲 入無邊調伏衆生 入無邊神力自在 入無邊種種差別身 入無邊三昧 入無邊力無所畏 入無邊示現涅槃 是爲十 菩薩入此普入三世一切如來

"불자여! 보살마하살은 열 가지 중생의 행에 들어가는 일이 있으니, 무엇이 열인가 하면, 이른바 모든 중생의 과거 행에 들어가고 모든 중생의 미래 행에 들어가고 모든 중생의 현재 행에 들어가고 모든 중생의 선근 행에 들어가고 모든 중생의 선근이 아닌 행에 들어가고 모든 중생의 마음 행에 들어가고 모든 중생의 근기 행에 들어가고 모든 중생이 이해하는 행에 들어가고 모든 중생의 번뇌와 배워 익힌 행에 들어가고 모든 중생을 가르쳐 바른길로 이끌고 조복(調伏)하는 때와 때가 아닌 행에 들어간다."

"이것이 열이며, 보살이 이것으로 모든 중생의 행에 두루 들어가는 것이다."

佛子 菩薩摩訶薩有十種入衆生行 何等爲十 所謂 入一切衆生過去行 入一切衆生未來行 入一切衆生現在行 入一切衆生善行 入一切衆生不善行 入一切衆生心行 入一切衆生根行 入一切衆生解行 入一切衆生煩惱習氣행 入一切衆生敎化調伏時非時行 是爲十 菩薩以此普入一切諸衆生行

"불자여! 보살마하살은 열 가지로 세계에 들어가는 것이 있으니, 무엇이 열인가 하면, 이른바 더러운 세계에 들어가고 깨끗한 세계에 들어가고 작은 세계에 들어가고 큰 세계에 들어가고 아주 작은 티끌 가운데 세계에 들어가고 분간하기 어려울 정도의 세계에 들어가고 거꾸로 뒤바뀐 세계에 들어가고 믿고 따르는 세계에 들어가고 부처님이 계시는 세계에 들어간다."

"이것이 열이며, 보살은 이것으로 시방의 모든 세계에 두루 들어가는 것이다."

佛子 菩薩摩訶薩有十種入世界 何等爲十 所謂 入染世界 入淨世界 入小世界 入大世界 入微塵中世界 入微細世界 入覆世界 入仰世界 入有佛世界 入無佛世界 是爲十 菩薩以此普入十方一切世界

"불자여! 보살마하살은 열 가지로 겁에 들어가는 것이 있으니, 무엇이 열인가 하면, 이른바 과거라는 겁에 들어가고 미래라는 겁에 들어가고 현재라는 겁에 들어가고 셀 수 있는 겁에 들어가고 헤아려 셀 수 없는 겁에 들어가고 셀 수 있는 겁이 곧 셀 수 없는 겁인 곳에 들어가고 셀 수 없는 것이 셀 수 있는 겁인 곳에 들어가고 모든 겁이 곧 겁이 아닌 곳에 들어가고 겁 아닌 것이 곧 모든 겁인 곳에 들어가고 모든 겁이 곧 한순간인 곳에 들어간다."

"이것이 열이며, 보살은 이것으로 모든 겁에 두루 들어가는 것이다."

佛子 菩薩摩訶薩有十種入劫 何等爲十 所謂 入過去劫 入未來劫 入現在劫 入可數劫 入不可數劫 入可數劫卽不可數劫 入不可數劫卽可數劫 入一切劫卽非劫 入非劫卽一切劫 入一切劫卽一念 是爲十 菩薩以此普入一切劫

"불자여! 보살마하살은 열 가지로 삼세를 말하는 것이 있으니, 무엇이 열인가 하면, 이른바 과거 세상에 과거 세상을 말하고 과거 세상에 미래 세상을 말하고 과거 세상에 현재 세상을 말하고 미래 세상에 과거 세상을 말하고 미래 세상에 현재 세상을 말하고 미래 세상이 다함이 없는 것을 말하고 현재 세상에 과거 세상을 말하고 현재 세상에 미래 세상을 말하고 현재 세상에 평등함을 말하고 현재 세상에 삼세가 곧 한순간임을 말한다."

"이것이 열이며, 보살이 이것으로 삼세를 두루 말하는 것이다."

佛子 菩薩摩訶薩有十種說三世 何等爲十 所謂 過去世說過去世 過去世說未來世 過去世說現在世 未來世說過去世 未來世說現在世 未來世說無盡 現在世說過去世 現在世說未來世 現在世說平等 現在世說三世卽一念 是爲十 菩薩以此普說三世

"불자여! 보살마하살은 열 가지로 삼세를 아는 일이 있으니, 무엇이 열인가 하면, 이른바 편안히 정해져 이루어지는 모든 것을 알고 모든 말을 알고 모든 의논하는 말을 알고 모든 법칙을 알고 일컬은 모든 것을 알고 모든 법령을 알고 빌려 쓴 그 이름을 알고 다함이 없는 그것을 알고 그 적멸을 알고 모든 것이 공한 것임을 안다."

"이것이 열이며, 보살이 이것으로 모든 삼세의 모든 법을 아는 것이다."

佛子 菩薩摩訶薩有十種知三世 何等爲十 所謂 知諸安立 知諸語言 知諸談議 知諸軌則 知諸稱謂 知諸制令 知其假名 知其無盡 知其寂滅 知一切空 是爲十 菩薩以此普知一切三世諸法

"불자여! 보살마하살은 피로하거나 싫어하지 않은 열 가지 마음을 일으키니, 무엇이 열인가 하면, 이른바 일체 모든 부처님께 공양하는 일에 피로하거나 싫어하지 않은 마음과 모든 법을 구하는 일에 피로하거나 싫어하지 않은 마음과 모든 선지식을 친근히 하는 일에 피로하거나 싫어하지 않은 마음과 모든 법을 구하는 일에 피로하거나 싫어하지 않은 마음과 바른 법을 듣는 일에 피로하거나 싫어하지 않은 마음과 바른 법을 베풀어 설하는 일에 피로하거나 싫어하지 않은 마음과 모든 중생을 가르쳐 바른길로 이끌고 조복하는 일에 피로하거나 싫어하지 않은 마음과 모든 중생을 부처님의 보리에 두는 일에 피로하거나 싫어하지 않은 마음과 하나하나의 세계에 말할 수 없고 말로는 이를 수 없는 겁이 지나도록 보살행을 행하지만, 피로하거나 싫어하지 않은 마음과 모든 세계에 두루 다녀도 피로하거나 싫어하지 않은 마음과 모든 불법을 자세히 들여다보고 사유하지만, 피로하거나 싫어하지 않은 마음이 없는 것이다."

"이것이 열이며, 그와 같은 모든 보살이 이 법에 편안히 머물면 곧 피로하거나 싫어하지 않은 여래의 위 없는 큰 지혜를 얻는다."

佛子 菩薩摩訶薩發十種無疲厭心 何等爲十 所謂 供養一切諸佛無疲厭心 親近一切善知識無疲厭心 求一切法無疲厭心 聽聞正法無疲厭心 宣說正法無疲厭心 敎化調伏一切衆生無疲厭心 置一切衆生於佛菩提無疲厭心 於一一世界經不可說不可說劫行菩薩行無疲厭心 遊行一切世界無疲厭心 觀察思惟一切佛法無疲厭心 是爲十 若諸菩薩安住此法 則得如來無疲厭無上大智

"불자여! 보살마하살은 열 가지 차별하는 지혜가 있으니, 무엇이 열인가 하면, 이른바 중생의 차별을 아는 지혜와 근기의 차별을 아는 지혜와 업과 과보의 차별을 아는 지혜와 태어남의 차별을 아는 지혜와 법계의 차별을 아는 지혜와 모든 부처님의 차별을 아는 지혜와 모든 법의 차별을 아는 지혜와 삼세의 차별을 아는 지혜와 모든 언어의 도를 차별하는 지혜이다."

"이것이 열이며, 그와 같은 모든 보살이 이 법에 편안히 머물면 곧 여래의 위 없는 광대한 차별 지혜를 얻는다."

佛子 菩薩摩訶薩有十種差別智 何等爲十 所謂 知衆生差別智 知諸根差別智 知業報差別智 知受生差別智 知世界差別智 知法界差別智 知諸佛差別智 知諸法差別智 三世差別智知 一切語言道差別智 是爲十 若諸菩薩安住此法 則得如來無上廣大差別智

"불자여! 보살마하살은 열 가지의 다라니가 있으니, 무엇이 열인가 하면, 이른바 들어서 지니는 다라니이니, 이는 모든 법을 가지고 잊거나 잃지 않는 까닭이며, 수행 다라니이니, 이는 실상의 본바탕을 섬세하고 능숙함으로 모든 법을 자세히 들여다보는 까닭이며, 사유 다라니이니, 이는 일체 모든 법의 성품을 깨달아 아는 까닭이며, 법의 광명 다라니이니, 이는 헤아릴 수 없는 모든 부처님의 법을 비추는 까닭이며, 삼매 다라니이니, 이는 현재 모든 부처님의 처소에서 두루 바른 법을 듣지만, 마음이 어지럽지 않은 까닭이며, 원만한 다라니이니, 이는 생각으로 헤아릴 수 없는 음성과 언어의 깨우침을 깨달아 아는 까닭이며, 삼세 다라니이니, 이는 생각으로 헤아려 알 수 없는 삼세의 모든 부처님 법을 널리 펴서 설하는 까닭이며, 막힘이나 걸림이 없는 귀를 출생하는 다라니이니, 이는 말로 할 수 없는 부처님이 설하신 법을 남김없이 다 듣는 까닭이며, 모든 부처님의 법 다라니이니, 이는 여래의 십력과 두려움 없는 곳에 머무는 까닭이다."

"이것이 열이며, 그와 같은 보살들이 이 법을 얻고자 한다면 마땅히 부지런히 닦아서 배워야 할 것이다."

佛子 菩薩摩訶薩有十種陀羅尼 何等爲十 所謂 聞持陀羅尼 持一切法不忘失故 修行陀羅尼 如實巧觀一切法故 思惟陀羅尼 了知一切諸法性故 法光明陀羅尼 照不思議諸佛法故 三昧陀羅尼 普於現在一切佛所聽聞正法心不亂故 圓音陀羅尼 解了不思議音聲語言故 三世陀羅尼 演說三世不可思議諸佛法故 種種辯才陀羅尼 演說無邊諸佛法故 出生無礙耳陀羅尼 不可說佛所說之法悉能聞故 一切佛法陀羅尼 安住如來力 無畏故 是爲十 若諸菩薩欲得此法 當勤修學

"불자여! 보살마하살은 열 가지의 부처님을 설하시니, 무엇이 열인가 하면, 이른바 바른 깨우침을 이루는 부처님과 원 부처님과 업보 부처님과 머물러 지니는 부처님과 열반한 부처님과 법계의 부처님과 마음의 부처님과 삼매의 부처님과 본래 성품의 부처님과 즐거움을 따르는 부처님이다."

"이것이 열이다." (十信의 佛)

佛子 菩薩摩訶薩說十種佛 何等爲十 所謂 成正覺佛 願佛 業報佛 住持佛 涅槃佛 法界佛 心佛 三昧佛 本性佛 隨樂佛 是爲十

3) 십주를 답함

(1) 발심주(發心住)

“불자여! 보살마하살은 열 가지 보현의 마음을 일으키니, 무엇이 열인가 하면, 이른바 크게 인자한 마음을 일으키니, 이는 모든 중생을 구하고 보호하기 위한 까닭이며, 가엾이 여기는 큰마음을 일으키니, 이는 모든 중생을 대신해서 고통을 받는 까닭이며, 일체를 보시하는 마음을 일으키니, 이는 가지고 있는 것을 남김없이 다 버리는 까닭이며, 모든 지혜를 생각함, 이를 으뜸으로 삼은 마음을 일으키니, 이는 즐거이 모든 부처님 법을 구하는 까닭이며, 공덕으로 장엄하는 마음을 일으키니, 이는 모든 보살의 행을 배우는 까닭이며, 금강과 같은 마음을 일으키니, 이는 모든 곳에 태어남을 잊거나 잃지 않는 까닭이며, 바다와 같은 마음을 일으키니, 이는 모든 백정법이 남김없이 다 흘러드는 까닭이며, 큰 산왕 같은 마음을 일으키니, 이는 모든 악한 말을 참고 받아들이는 까닭이며, 편안하고 위로하는 마음을 일으키니, 이는 모든 중생에게 두려워할 것이 없음을 베푸는 까닭이며, 반야바라밀을 성취하는 마음을 일으키니, 이는 모든 법이란 있지 않은 것을 섬세하고 능숙하게 들여다보는 까닭이다.”

“이것이 열이며, 그와 같은 보살들이 이 법에 편안히 머물면 보현의 섬세하고 능숙한 선근 지혜를 빠르게 성취할 것이다.”

佛子 菩薩摩訶薩發十種普賢心 何等爲十 所謂 發大慈心 救護一切衆生故 發大悲心 代一切衆生受苦故 發一切施心 悉捨所有故 發念一切智爲首心 樂求一切佛法故 發功德莊嚴心 學一切菩薩行故 發如金剛心 一切處受生不忘失故 發如海心 一切白淨法悉流入故 發如大山王心 一切惡言皆忍受故 發安隱心 施一切衆生無怖畏故 發般若波羅蜜究竟心 巧觀一切法無所有故 是爲十 若諸菩薩安住此心 疾得成就普賢善巧智

“불자여! 보살마하살은 열 가지 보현의 행하는 법이 있으니, 무엇이 열인가 하면, 이른바 미래의 모든 겁에 머물기를 원하는 보현의 행하는 법이며, 미래의 모든 부처님께 공양하고 공경하기를 원하는 보현의 행하는 법이며, 모든 중생이 보현보살의 행에 두기를 원하는 보현의 행하는 법이며, 모든 선근을 모아서 쌓기를 원하는 보현의 행하는 법이며, 모든 바라밀에 들어가기를 원하는 보현의 행하는 법이며, 모든 보살의 행을 만족하기를 원하는 보현의 행하는 법이며, 모든 세계를 장엄하길 원하는 보현의 행하는 법이며, 모든 부처님 세계에 태어나기를 원하는 보현의 행하는 법이며, 모든 법을 자세히 살펴서 들여다보기를 원하는 보현의 행하는 법이며, 모든 부처의 국토에서 위 없는 보리를 이루길 원하는 보현의 행하는 법이다."

"이것이 열이며, 그와 같은 모든 보살이 부지런히 이 법을 닦으면 만족스러운 보현의 행과 원을 빠르게 얻을 것이다."

佛子 菩薩摩訶薩有十種普賢行法 何等爲十 所謂 願住未來一切劫普賢行法 願供養恭敬未來一切佛普賢行法 願安置一切衆生於普賢菩薩行普賢行法 願積集一切善根普賢行法 願入一切波羅蜜普賢行法 願滿足一切菩薩行普賢行法 願莊嚴一切世界普賢行法 願生一切佛刹普賢行法 願善觀察一切法普賢行法 願於一切佛國土成無上菩提普賢行法 是爲十 若諸菩薩勤修此法 疾得滿足普賢行願

"불자여! 보살마하살은 크게 가엾이 여기는 마음으로 자세히 들여다보는 열 가지를 일으키니, 무엇이 열인가 하면, 이른바 중생이 의지할 것이 없고 믿을 것이 없음을 자세히 살펴서 들여다보고 크게 가엾이 여기는 마음을 일으키며, 중생의 성품이란 고르거나 순하지 못함을 자세히 살펴서 들여다보고 크게 가엾이 여기는 마음을 일으키며, 중생이 가난하기에 선근이 없음을 자세히 살펴서 들여다보고 크게 가엾이 여기는 마음을 일으키며, 중생이 길고 긴 밤 동안 잠자는 모습을 자세히 살펴서 들여다보고 크게 가엾이 여기는 마음을 일으키며, 중생이 선근의 법으로 행하지 못함을 자세히 살펴서 들여다보고 크게 가엾이 여기는 마음을 일으키며, 중생이 욕심으로 얽히고 얽히는 것을 자세히 살펴서 들여다보고 크게 가엾이 여기는 마음을 일으키며, 중생이 생사의 바다에 빠지는 것을 자세히 살펴서 들여다보고 크게 가엾이 여기는 마음을 일으키며, 중생이 질병으로 오랜 기간 고통에 얽혀 있음을 자세히 살펴서 들여다보고 크게 가엾이 여기는 마음을 일으키며, 중생이 선근의 법에 욕심이 없는 것을 자세히 살펴서 들여다보고 크게 가엾이 여기는 마음을 일으키며, 중생이 부처님의 법을 모두 잃어버림을 자세히 살펴서 들여다보고 크게 가엾이 여기는 마음을 일으킨다."

"이것이 열이며, 보살은 항상 이 마음으로 중생을 자세히 살펴서 들여다본다."

佛子 菩薩摩訶薩以十種觀衆生而起大悲 何等爲十 所謂 觀察衆生無依無怙而起大悲 觀察衆生性不調順而起大悲 觀察衆生貧無善根而起大悲 觀察衆生長夜睡眠而起大悲 觀察衆生行不善法而起大悲 觀察衆生欲縛所縛而起大悲 觀察衆生沒生死海而起大悲 觀察衆生長嬰疾苦而起大悲 觀察衆生無善法欲而起大悲 觀察衆生失諸佛法而起大悲 是爲十 菩薩恒以此心觀察衆生

"불자여! 보살마하살은 보리심을 일으키는 열 가지 인연이 있으니, 무엇이 열인가 하면, 이른바 모든 중생을 가르쳐서 바른길로 이끌고 조복하기 위한 까닭으로 보리심을 일으키며, 모든 중생의 고통 덩어리를 제거하여 없애기 위한 까닭으로 보리심을 일으키며, 모든 중생에게 온전하게 갖춘 편안함과 즐거움을 주기 위한 까닭으로 보리심을 일으키며, 모든 중생의 어리석음을 끊어내기 위한 까닭으로 보리심을 일으키며, 모든 중생에게 부처의 지혜를 주기 위한 까닭으로 보리심을 일으키며, 모든 부처님을 공경하고 공양하기 위한 까닭으로 보리심을 일으키며, 여래의 가르침을 따라 부처님이 환희하게 하기 위한 까닭으로 보리심을 일으키며, 모든 부처님의 색신과 좋은 모양이나 상태를 보기 위한 까닭으로 보리심을 일으키며, 모든 부처님의 광대한 지혜에 들어가기 위한 까닭으로 보리심을 일으키며, 모든 부처님의 십력과 두려움 없음을 나타내기 위한 까닭으로 보리심을 일으키니, 이것이 열이다." (發心住)

佛子 菩薩摩訶薩有十種發菩提心因緣 何等爲十 所謂 爲敎化調伏一切衆生故 發菩提心 爲除滅一切衆生苦聚故 發菩提心 爲與一切衆生具足安樂故 發菩提心 爲斷一切衆生愚癡故 發菩提心 爲與一切衆生佛智故 發菩提心 爲恭敬供養一切諸佛故 發菩提心 爲隨如來敎令佛歡喜故 發菩提心 爲見一切佛色身相好故 發菩提心 爲入一切佛廣大智慧故 發菩提心 爲顯現諸佛力無所畏故 發菩提心 是爲十

(2) 치지주(治持住)

"불자여! 그와 같은 보살이 위 없는 보리심을 일으키면 모든 지혜의 지혜를 깨우쳐 들어가게 되는 까닭이 되고 선지식을 친근히 하며, 공양할 때 응당 열 가지의 마음을 일으키게 되니, 무엇이 열인가 하면, 이른바 모시면서 넉넉히 보태주는 마음과 환희하는 마음과 어기지 않고 따르는 마음과 따로 구하지 않는 마음과 한결같은 마음과 같은 선근의 마음과 소원이 같은 마음과 여래의 마음과 원만한 행이 같은 마음을 일으키니, 이것이 열이다."

佛子 若菩薩發無上菩提心 爲悟入一切智智故 親近供養善知識時 應起十種心 何等爲十 所謂 起給侍心 歡喜心 無違心 隨順心 無異求心 一向心 同善根心 同願心 如來心 同圓滿行心 是爲十

"불자여! 그와 같은 보살마하살이 이와 같은 마음을 일으키면 곧 열 가지 청정한 것을 얻으니, 무엇이 열인가 하면, 이른바 깊은 마음이 청청함이니, 이는 마지막까지 이르도록 잃거나 무너짐이 없는 까닭이며, 색신이 청정함이니, 이는 그 마땅한 것을 따라 나타내 보이려는 까닭이며, 음성이 청정함이니, 이는 일체 모든 말을 분명하게 깨달아 통달하는 까닭이며, 변재가 청정함이니, 이는 선근으로 끝없는 모든 부처님의 법을 설하는 까닭이며, 지혜가 청정함이니, 이는 모든 어리석은 어둠을 버리고 벗어나는 까닭이며, 태어남이 청정함이니, 이는 보살의 자재한 힘을 온전하게 갖추는 까닭이며, 권속의 청정함이니, 이는 과거 함께 행하던 중생의 선근을 성취하는 까닭이며, 과보가 청정함이니, 이는 모든 업으로 인한 막힘이나 걸림을 제거해서 없애는 까닭이며, 큰 원이 청정함이니, 이는 모든 보살과 더불어 성품이 둘이 없는 까닭이며, 모든 행이 청정함이니, 이는 보현의 승(乘)을 벗어나 나아가는 까닭이다." (治持住)

佛子 若菩薩摩訶薩起如是心 則得十種清淨 何等爲十 所謂 深心清淨 到於究竟無失壞故 色身清淨 隨其所宜爲示現故 陰性清淨 了達一切諸語言故 辯才清淨 善說無邊諸佛法故 智慧清淨 捨離一切愚癡暗故 受生清淨 具足菩薩自在力故 眷屬清淨 成就過去同行衆生諸善根故 果報清淨 除滅一切諸業障故 大願清淨 與諸菩薩性無二故 諸行清淨 以普賢乘而出離故 是爲十

(3) 수행주(修行住)

“불자여! 보살마하살은 열 가지 바라밀이 있으니, 무엇이 열인가 하면, 이른바 보시바라밀(施波羅蜜)이니, 이는 모든 가지고 있는 것을 남김없이 버리는 까닭이며, 계바라밀(戒波羅蜜)이니, 이는 부처님의 계를 깨끗이 하는 까닭이며, 인욕바라밀(忍波羅蜜)이니, 이는 부처님의 인욕에 머무는 까닭이며, 정진바라밀(精進波羅蜜)이니, 이는 모든 지어가는 것에서 물러섬이 없는 까닭이며, 선바라밀(禪波羅蜜)이니, 이는 하나의 경계를 생각하는 까닭이며, 반야바라밀(般若波羅蜜)이니, 이는 모든 법을 실상의 본바탕대로 모든 법을 자세히 살펴서 들여다보는 까닭이며, 지혜바라밀(智波羅蜜)이니, 이는 부처님의 힘에 들어가는 까닭이며, 원바라밀(願波羅蜜)이니, 이는 보현의 모든 큰 원을 만족하게 하는 까닭이며, 신통바라밀(神通波羅蜜)이니, 이는 모든 자재한 쓰임새를 나타내 보이는 까닭이며, 법바라밀(法波羅蜜)이니, 이는 일체 모든 부처님의 법에 두루 들어가는 까닭이다.”

“그와 같은 모든 보살이 이 법에 편안히 머물면 곧 온전하게 갖춘 여래의 위 없는 큰 지혜 바라밀(如來無上大智波羅蜜)을 얻는다.”

佛子 菩薩摩訶薩有十種波羅蜜 何等爲十 所謂 施波羅蜜 悉捨一切諸所有故 戒波羅蜜 淨佛戒故 忍波羅蜜 住佛忍故 精進波羅蜜 一切所作不退轉故 禪波羅蜜 念一境故 般若波羅蜜 如實觀察一切法故 智波羅蜜 入佛力故 願波羅蜜 滿足普賢諸大願故 神通波羅蜜 示現一切自在用故 法波羅蜜 普入一切諸佛法故 是爲十 若諸菩薩安住此法 則得具足如來無上大智波羅蜜

“불자여! 보살마하살은 열 가지 지혜를 따라 깨우치는 것이 있으니, 무엇이 열인가 하면, 이른바 모든 세계의 헤아릴 수 없이 차별한 지혜를 따라 깨우치는 것과 모든 중생계가 생각으로 헤아려 알 수 없는 지혜를 따라 깨우치는 것과 일체 모든 법이란 하나가 가지가지로 들어가고 가지가지가 하나에 들어가는 지혜를 따라 깨우치는 것과 모든 법계를 광대한 지혜를 따라 깨우치는 것과 모든 허공계가 원만한 지혜를 따라 깨우치는 것과 모든 세계가 과거 세계에 들어가는 지혜를 따라 깨우치는 것과 모든 세계가 미래의 세계에 들어가는 지혜를 따라 깨우치는 것과 모든 세계가 현재 세계에 들어가는 지혜를 따라 깨우치는 것과 모든 여래의 헤아릴 수 없는 행과 원을 빠짐없이 다 하나의 지혜로 얻는 지혜를 따라 깨우치는 것과 삼세 모든 부처님이 다 같은 행으로 벗어나 나아감을 얻는 지혜를 따라 깨우치는 것이니, 이것이 열이다."

"그와 같은 모든 보살이 이 법에 편안히 머물면 곧 모든 법에 자재함을 얻어서 원하는 것을 다 만족하고 한 생각, 한순간에 능히 모든 부처님 법에 대한 깨우침을 분명하게 깨달아 알고 등정각을 이룰 것이다." (修行住)

佛子 菩薩摩訶薩有十種智隨覺 何等爲十 所謂 一切世界無量差別智隨覺 一切衆生界不可思議智隨覺 一切諸法一入種種種種入一智隨覺 一切法界廣大智隨覺 一切虛空界究竟智隨覺 一切世界入過去世智隨覺 一切世界入未來世智隨覺 一切世界入現在世智隨覺 一切如來無量行願皆於一智而得圓滿智隨覺 三世諸佛皆同一行而得出離智隨覺 是爲十 若諸菩薩安住此法 則得一切法自在光明 所願皆滿 於一念頃悉能解了一切佛法成等正覺

(4) 생귀주(生貴住)

"불자여! 보살마하살은 열 가지를 증득하여 아는 것이 있으니, 무엇이 열인가 하면, 이른바 모든 법이 헤아릴 수 없는 모양이나 상태인 것을 알며, 모든 법이 하나의 생각에 있는 것을 알며, 모든 중생이 마음으로 행하는 일에 막힘이나 걸림이 없는 것을 알며, 모든 중생의 모든 근이 평등한 것임을 알며, 모든 중생의 번뇌와 배워 익힌 행을 알며, 모든 중생의 마음의 행을 알며, 모든 중생의 선근 행과 선근이 아닌 행을 알며, 모든 보살의 원과 행이 머물러 지니고 변화하는 것을 알며, 모든 여래가 십력을 온전하게 갖추고 정등각 이루는 것을 안다.

이것이 열이며, 그와 같은 보살들이 이 법에 편안히 머물면 모든 법의 섬세하고 능숙한 선근 방편을 곧 얻는다." (生貴住)

佛子 菩薩摩訶薩有十種證知 何等爲十 所謂 知一切法一相 知一切法無量相 知一切法在一念 知一切衆生心行無礙 知一切衆生諸根平等 知一切衆生煩惱習氣行 知一切衆生心使行 知一切衆生善不善行 知一切菩薩願行自在住持變化 知一切如來具足十方成等正覺 是爲十 若諸菩薩安住此法 則得一切法善巧方便

(5) 방편구족주(方便具足住)

“불자여! 보살마하살은 열 가지의 힘이 있으니, 무엇이 열인가 하면, 이른바 모든 법의 제 성품에 들어가는 힘과 모든 법이 변하여 바뀌는 곳에 들어가는 힘과 모든 법이 허깨비와 같은 곳에 들어가는 힘과 모든 법이 모두 부처님 법에 들어가는 힘과 모든 법에 물들지 않는 힘과 모든 법을 깊고 밝게 아는 힘과 모든 선지식을 떠나거나 벗어나지 않고 존중하는 마음의 힘과 모든 선근으로 위 없는 지혜의 왕에 이르는 힘과 모든 부처님의 법을 깊이 믿고 비방하지 않는 힘과 모든 지혜의 마음으로 물러서지 않는 섬세하고 능숙한 선근의 힘이다.”

“이것이 열이며, 그와 같은 모든 보살이 이 법에 편안히 머물면 곧 여래의 위 없는 모든 힘을 갖춘다.” (方便具足住)

佛子 菩薩摩訶薩有十種力 何等爲十 所謂 入一切法自性力 入一切法如化力 入一切法如幻力 入一切法皆是佛法力 於一切法無染著力 於一切法甚明解力 於一切善知識恒不捨離尊重心力 令一切善根順至無上智王力 於一切佛法深信佛謗力 令一切智心不退善巧力 是爲十 若諸菩薩安住此法 則得如來無上諸力

(6) 정심주(淨心住)

“불자여! 보살마하살은 열 가지의 평등이 있으니, 무엇이 열인가 하면, 이른바 모든 중생의 평등함과 모든 법의 평등함과 모든 세계의 평등함과 모든 깊은 마음의 평등함과 모든 선근의 평등함과 모든 보살의 평등함과 모든 원의 평등함과 모든 바라밀의 평등함과 모든 행의 평등함과 모든 부처의 평등함이다.”

“이것이 열이며, 그와 같은 중생이 이 법에 편안히 머물면 모든 부처의 위 없는 평등한 법을 곧 얻을 것이다.”

佛子 菩薩摩訶薩有十種平等 何等爲十 所謂 於一切衆生平等 一切法平等 一切刹平等 一切深心平等 一切善根平等 一切菩薩平等 一切願平等 一切波羅蜜平等 一切行平等一切佛平等 是爲十 若諸菩薩安住此法 則得一切諸佛無上平等法

"불자여! 보살마하살은 열 가지 불법의 참된 이치로서의 글귀가 있으니, 무엇이 열인가 하면, 이른바, 모든 법은 단지 이름만 있는 것과 모든 법은 마치 허깨비와 같음과 모든 법은 마치 그림자와 같음과 모든 법은 단지 원인과 결과인 것과 모든 법의 업이 청정한 것과 모든 법이 문자로만 지어진 것과 모든 법이 진실한 경계인 것과 모든 법은 모양이나 상태가 없는 것과 모든 법의 제일가는 뜻과 모든 법의 법계인 것이다."

"이것이 열이며, 그와 같은 모든 보살이 이 법에 편안히 머물면 곧 선근으로 모든 지혜의 지혜인 위 없는 진실한 뜻에 들어갈 것이다." (淨心住)

佛子 菩薩摩訶薩有十種佛法實義句 何等爲十 所謂 一切法但有名 一切法猶如幻 一切法猶如影 一切法但緣起 一切法業淸淨 一切法但文字所作 一切法實際 一切法無相 一切法第一義 一切法法界 是爲十 若諸菩薩安住此法 則善入一切智智無上眞實義

(7) 불퇴주(不退住)

"불자여! 보살마하살은 열 가지의 법을 설하니, 무엇이 열인가 하면, 이른바 매우 깊은 법을 말하고 광대한 법을 설하고 가지가지의 법을 설하고 모든 지혜의 법을 설하고 바라밀을 순하게 따르는 법을 설하고 여래의 힘이 출생하는 법을 설하고 삼세의 모양이나 상태와 응하는 법을 설하고 보살이 물러나지 않게 하는 법을 설하고 부처님의 공덕을 찬탄하는 법을 설하고 모든 보살이 모든 부처님의 평등을 배워서 모든 여래의 경계, 이 경계의 모양이나 상태에 응하는 법을 설한다."

"이것이 열이며, 그와 같은 모든 보살이 이 법에 편안히 머물면 여래의 위 없는 섬세하고 능숙하게 설하는 법을 곧 얻을 것이다."

佛子 菩薩摩訶薩說十種法 何等爲十 所謂 說甚深法 說廣大法說種種法 說一切智法 說隨順波羅蜜法 說出生如來力法 說三世相應法 說令菩薩不退法 說讚歎佛功德法 說一切菩薩學一切佛平等 一切如來境界相應法 是爲十 若諸菩薩安住此法 則得如來無上巧說法

"불자여! 보살마하살은 가지는 것이 열 가지가 있으니, 무엇이 열인가 하면, 이른바 모아 놓은 모든 복덕과 선근을 가지고 모든 여래가 설한 법을 가지고 모든 비유를 가지고 모든 법이 향하는 이치의 문을 가지고 모든 다라니가 출생하는 문을 가지고 모든 의혹을 제거하는 법을 가지고 모든 보살이 성취하는 법을 가지고 모든 여래가 설한 평등 삼매의 문을 가지고 모든 법으로 밝게 비추는 문을 가지고 일체 모든 부처님의 신통으로 즐겁게 노니는 힘을 가진다."

"이것이 열이며, 그와 같은 모든 보살이 이 법에 편안히 머물면 여래의 큰 지혜에 머물러 지니는 힘을 곧 얻을 것이다." (不退住)

佛子 菩薩摩訶薩有十種持 何等爲十 所謂 持所集一切福德善根 持一切如來所說法 持一切譬諭 持一切法理趣門 持一切出生陀羅尼門 持一切除疑惑法 持成就一切菩薩法 持一切如來所說平等三昧門 持一切法照明門 持一切諸佛神通遊戲力 是爲十 若諸菩薩安住此法 則得如來無上大智住持力

(8) 동진주(童眞住)

"불자여! 보살마하살은 열 가지 변재(辯才)가 있으니, 무엇이 열인가 하면, 이른바 모든 법에 분별이 없는 변재와 모든 법에 짓는 것이 없는 변재와 모든 법에 집착이 없는 변재와 모든 법이란 공한 것을 아는 변재와 모든 법에 의심이 없는 변재와 모든 법으로 부처님의 힘을 주고 돕는 변재와 모든 법을 스스로 깨닫는 변재와 모든 법의 글과 구절을 차별하는 섬세하고 능숙한 선근 변재와 모든 법을 진실하게 말하는 변재와 모든 중생의 마음을 따라 환희하게 하는 변재이다."

"이것이 열이며, 그와 같은 모든 보살이 이 법에 편안히 머물면 여래의 위 없는 섬세하고 능숙한 빼어난 변재를 곧 얻을 것이다."

佛子 菩薩摩訶薩有十種辯才 何等爲十 所謂 於一切法無分別辯才 於一切法無所作辯才 於一切法無所著辯才 於一切法了達空辯才 於一切法無疑暗辯才 於一切法佛加被辯才 於一切法自覺悟辯才 於一切法文句差別善巧辯才 於一切法眞實說辯才 隨一切衆生心令歡喜辯才 是爲十 若諸菩薩安住此法 則得如來無上巧妙辯才

"불자여! 보살마하살은 열 가지 자재가 있으니, 무엇이 열이 되는가 하면, 이른바 모든 중생을 가르쳐 바른길로 이끌어서 조복시키는 자재와 모든 법을 두루 비추는 자재와 모든 선근의 행을 닦는 자재와 광대한 지혜의 자재와 의지할 것 없는 계율의 자재와 모든 선근으로 회향하는 보리의 자재와 정진해서 물러서지 않는 자재와 지혜로 모든 마를 꺾어서 깨뜨리는 자재와 즐거워하는 것을 따라 보리심을 일으키는 자재와 응당 가르쳐 바른길로 이끄는 바를 따라 바른 깨우침을 이루는 것을 나타내는 자재이다."

"이것이 열이며, 그와 같은 모든 보살이 이 법에 편안히 머물면 곧 여래의 위 없는 큰 지혜의 자재함을 얻을 것이다."(童眞住)

佛子 菩薩摩訶薩有十種自在 何等爲十 所謂 敎化調伏一切衆生自在 普照一切法自在 修一切善根行自在 廣大智自在 無所依戒自在 一切善根迴向菩提自在 精進不退轉自在 智慧摧破一切衆魔自在 隨所樂欲令發菩提心自在 隨所應化現成正覺自在 是爲十 若諸菩薩安住此法 則得如來無上大智自在

(9) 법왕자주(法王子住)

"불자여! 보살마하살은 집착함이 없는 것이 열 가지가 있으니, 무엇이 열인가 하면, 이른바 모든 세계에 집착함이 없고 모든 중생에게 집착함이 없고 모든 법에 집착함이 없고 모든 지어가는 일에 집착함이 없고 모든 선근에 집착함이 없고 모든 태어나는 곳에 집착함이 없고 모든 원에 집착함이 없고 모든 행에 집착함이 없고 모든 보살에게 집착함이 없고 모든 부처님께 집착함이 없다."

"이것이 열이며, 그와 같은 모든 보살이 이 법에 편안히 머물면 일체 많은 생각을 능히 빠르게 굴려서 위 없는 청정한 지혜를 곧 얻을 것이다."

佛子 菩薩摩訶薩有十種無著 何等爲十 所謂 於一切世界無著 於一切衆生無著 於一切法無著 於一切所作無著 於一切善根無著 於一切受生無著 於一切願無著 於一切行無著 於一切菩薩無著 於一切佛無著 是爲十 若諸菩薩安住此法 則能速轉一切衆想 得無上淸淨智慧

"불자여! 보살마하살은 열 가지 평등한 마음이 있으니, 무엇이 열인가 하면, 이른바 모든 공덕을 모으고 쌓은 평등한 마음과 모든 차별된 소원을 일으키는 평등한 마음과 모든 중생의 몸에 대한 평등한 마음과 모든 중생의 업보에 대한 평등한 마음과 모든 법에 대한 평등한 마음과 모든 깨끗하고 더러운 국토에 대한 평등한 마음과 모든 중생이 아는 것에 대한 평등한 마음과 모든 행에 대하여 분별이 없는 평등한 마음과 모든 부처님의 힘과 두려움이 없는 것에 대한 평등한 마음과 모든 여래의 지혜에 대하여 평등한 마음이다."

"이것이 열이며, 그와 같은 모든 보살이 이 가운데 편안히 머물면 여래의 위 없는 평등한 큰마음을 곧 얻을 것이다."(法王子住)

佛子 菩薩摩訶薩有十種平等心 何等爲十 所謂 積集一切功德平等心 發一切差別願平等心 於一切衆生身平等心 於一切衆生業報平等心 於一切法平等心 於一切淨穢國土平等心 於一切衆生解平等心 於一切行無所分別平等心 於一切佛力無畏平等心 於一切如來智慧平等心 是爲十 若諸菩薩安住其中 則得如來無上大平等心

(10) 관정주(灌頂住)

"불자여! 보살마하살은 열 가지 지혜를 출생하는 것이 있으니, 무엇이 열인가 하면, 이른바 모든 중생을 알고 지혜를 출생하며, 모든 부처 세계의 가지가지 차별을 알고 지혜를 출생하며, 시방의 그물이 똑같이 가지런한 것을 알고 지혜를 출생하며, 거꾸로 뒤바뀌고 우러르는 따위의 모든 세계를 알고 지혜를 출생하며, 모든 법, 이 법 하나의 성품과 가지가지의 성품과 광대한 성품을 알고 지혜를 출생하며, 모든 가지가지의 몸을 알고 지혜를 출생하며, 모든 세간의 거꾸로 뒤바뀐 허망한 생각이 모두 집착한 곳이 없음을 알고 지혜를 출생하며, 모든 법이란 마지막에는 모두 하나의 도로써 벗어나 나아가는 것을 알고 지혜를 출생하며, 여래의 신통한 힘으로 모든 법계에 들어가는 것을 알고 지혜를 출생하며, 삼세 모든 중생의 부처님 종자가 끊어지지 않음을 알고 지혜를 출생한다."

"이것이 열이며, 그와 같은 모든 보살이 이 법에 편안히 머물면 곧 모든 법을 분명하게 깨달아 통할 것이다."

佛子 菩薩摩訶薩有十種出生智慧 何等爲十 所謂 知一切衆生出生智慧 知一切佛刹種種差別出生智慧 知十方網分齊出生智慧 知覆仰等一切世界出生智慧 知一切法

一性種種性廣大住出生智慧 知一切種種身出生智慧 知一切世間顚倒妄想悉無所著出生智慧 知一切法究竟皆以一道出離出生智慧 知如來神力能入一切法界出生智慧知三世一切衆生佛種不斷出生智慧 是爲十 若諸菩薩安住此法 則於諸法無不了達

"불자여! 보살마하살은 열 가지 변화가 있으니, 무엇이 열인가 하면, 이른바 모든 중생의 변화와 모든 몸의 변화와 모든 세계의 변화와 모든 공양의 변화와 모든 음성의 변화와 모든 행과 원의 변화와 모든 중생을 교화하고 조복시키는 변화와 모든 바른 깨우침을 이루는 변화와 모든 법을 설하는 변화와 모든 도움과 힘을 받는 변화이다."

"이것이 열이며, 그와 같은 모든 보살이 이 법에 편안히 머물면 곧 온전하게 갖춘 모든 위 없는 변화의 법을 얻을 것이다."

佛子 菩薩摩訶薩有十種變化 何等爲十 所謂 一切衆生變化 一切身變化 一切刹變化 一切供養變化 一切音聲變化 一切行願變化 一切敎化調伏衆生變化 一切成正覺變化 一切說法變化 一切加持變化 是爲十 若諸菩薩安住此法 則得具足一切無上變化法

"불자여! 보살마하살은 열 가지 힘으로 유지함이 있으니, 무엇이 열인가 하면, 이른바 부처님의 힘으로 유지하고 법의 힘으로 유지하고 중생의 힘으로 유지하고 업의 힘으로 유지하고 행의 힘으로 유지하고 서원의 힘으로 유지하고 경계의 힘으로 유지하고 때의 힘으로 유지하고 선근의 힘으로 유지하고 지혜의 힘으로 유지한다."

"이것이 열이며, 그와 같은 모든 보살이 이 법에 편안히 머물면 곧 모든 법의 위 없는 자재한 힘으로 유지함을 얻을 것이다." (灌頂住)

佛子 菩薩摩訶薩有十種力持 何等爲十 所謂 佛力持 法力持 衆生力持 業力持 行力持 願力持 境界力持 時力持 善力持 智力持 是爲十 若諸菩薩安住此法 則於一切法得無上自在力持

대방광불화엄경 제54권

38. 이세간품(2)
離世間品第三十八之二

4) 십행을 답함

(1) 환희행(歡喜行)

"불자여! 보살마하살은 열 가지 크게 기뻐하고 위로하는 것이 있으니, 무엇이 열인가 하면, 이른바 이와 같은 마음을 일으킵니다. 미래의 세월이 다하도록 모든 부처님이 세상에 나오시면 내 마땅히 따라다니면서 받들어 모시고 환희할 것이다. 이와 같음을 사유하고는 마음으로 크게 기뻐하고 위로한다."

"차례를 좇아(復) 생각하기를 모든 여래가 세상에 나오시면 내 마땅히 위 없는 공양 기물로 남김없이 공경하고 공양할 것이다. 이와 같음을 사유하고는 마음으로 크게 기뻐하고 위로한다."

"차례를 좇아(復) 생각하기를 내가 모든 부처님이 계신 곳에서 공양을 일으킬 때 모든 여래가 반드시 나에게 법을 가르칠 것이니, 내가 깊은 마음으로 남김없이 받아 듣고 말씀하신 대로 수행하여 과거의 보살 지위에 반드시 나고 현재도 나고 미래에도 남을 얻을 반드시 것이다. 이와 같음을 사유하고는 마음으로 크게 기뻐하고 위로한다."

"차례를 좇아(復) 생각하기를 내가 마땅히 말할 수 없고 말로는 이를 수 없는 겁을 두고 보살의 행을 행하며, 항상 일체 모든 부처님과 보살과 더불어 같이 함을 얻을 것이다. 이와 같음을 사유하고는 마음으로 크게 기뻐하고 위로한다."

"차례를 좇아(復) 생각하기를 내가 옛적에 위 없는 큰 보리심을 내기 전에는 모든 두려움이 있었으니, 이른바 살아갈 수 없다는 것을 마주한 두려움과 나쁜 이름을 마주한 두려움과 죽음을 마주한 두려움과 악도에 떨어짐을 마주한 두려움과 대중의 위엄을 마주한 두려움 등이다. 한 번 마음을 일으킨 뒤부터는 남김없이 다 멀리 벗어나서 놀라지 않고 두려워하지 않으며, 억울하지 않고 근심, 걱정하지 않으며, 겁내지 않고 떨지 않으며, 모든 많은 마와 또 모든 외도가 무너뜨리지 못할 것이다. 이와 같음을 사유하고는 마음으로 크게 기뻐하고 위로한다."

"차례를 좇아(復) 생각하기를 내가 마땅히 모든 중생이 위 없는 보리를 이루게 하고 보리를 이룬 뒤에는 내 마땅히 부처님 계신 곳에서 보살행을 닦으며, 이 몸이 끝날 때까지 큰 믿음의 마음으로 응당 공양할 부처님께 모든 공양 기물을 일으켜 공양하고 또한 열반하신 뒤에는 각각 헤아릴 수 없는 탑을 일으켜 사리를 공양하고 또한 남기신 법을 받아 지니고 또 지키고 보호할 것이다. 이와 같음을 사유하고는 마음으로 크게 기뻐하고 위로한다."

"또 생각하기를 시방에 있는 모든 세계를 내가 마땅히 남김없이 다 위 없는 장엄으로 장엄하여 모든 가지가지의 기이하고 빼어난 것을 온전하게 갖추어 평등하면서 청정하게 하고 차례를 좇아(復) 가지가지의 큰 신통력을 가지고 진동시키며, 광명을 밝게 비추어 두루 하게 할 것이다. 이와 같음을 사유하고는 마음으로 크게 기뻐하고 위로한다."

"차례를 좇아(復) 생각하기를 내 마땅히 모든 중생의 의혹을 끊고 모든 중생의 욕망을 청정히 하고 모든 중생의 마음을 열고 모든 중생의 번뇌를 없애며, 모든 중생의 악한 길의 문을 닫고 모든 중생이 선근으로 이르는 문을 열게 하고 모든 중생의 어둠을 깨트리고 모든 중생에게 광명을 주고 모든 중생이 마라는 업에서 벗어나고 모든 중생을 편안하고 위로받는 곳에 이르게 할 것이다. 이와 같음을 사유하고는 마음으로 크게 기뻐하고 위로한다."

"보살마하살이 차례를 좇아(復) 생각하기를 모든 부처님과 여래는 우담 꽃 같아서 만나기가 어려우니, 헤아릴 수 없는 겁을 두고 한 번도 못 보지만, 내가 마땅히 미래 세상에서 여래를 보고자 하면 곧 볼 수 있고 모든 부처님과 여래께서 늘 나를 버리지 않고 늘 나의 처소에 머무시면서 내가 보는 일을 얻게 하며, 나를 위해 법을 설하여 끊어짐이 없게 하고 법을 들은 후에는 마음과 뜻이 청정하기에 아첨과 바르지 않음을 멀리 벗어나며, 꾸미지 않은 있는 그대로 바르게 하여 거짓이 없게 하며, 생각과 생각 가운데 늘 모든 부처님을 볼 것이다. 이와 같음을 사유하고는 마음으로 크게 기뻐하고 위로한다."

"차례를 따라(復) 생각하기를 내가 미래에 마땅히 부처를 이루고 부처님의 신통한 힘으로 일체 세계의 모든 중생을 위해서 각각 다르게 등정각 이루는 것을 나타내 보이고 청정하고 두려움이 없는 큰 사자 후를 하며, 본래의 큰 원으로 법계에 두루두루 해서 큰 법

북을 치고 큰 법 비를 내리고 큰 법 보시를 하고 헤아릴 수 없는 겁을 두고 항상 바른 법을 널리 펴서 설하더라도 가엾이 여기는 큰마음으로 몸과 말과 뜻의 업으로 피곤하거나 싫어함이 없게 할 것이다. 이와 같음을 사유하고는 마음으로 크게 기뻐하고 위로한다."

"불자여! 이것이 보살마하살의 열 가지 크게 기뻐하고 위로하는 것이니, 그와 같은 모든 보살이 이 법에 편안히 머물면 곧 위 없는 바른 깨우침을 이루는 지혜를 얻어서 크게 기뻐할 것이다."

佛子 菩薩摩訶薩有十種大欣慰 何等爲十 所謂 諸菩薩發如是心 盡未來世所有諸佛出興于世 我當皆得隨逐承事令生歡喜 如是思惟 心大欣慰 復作是念 彼諸如來出興於世 我當悉以無上供具恭敬供養 如是思惟 心大欣慰 復作是念 我於諸佛所興供養時 彼諸如來必示誨我法 我悉以深心恭敬聽受 如說修行 於菩薩地必得已生 現生當生 如是思惟 心大欣慰 復作是念 我當於不可說不可說劫行 菩薩行常與一切諸佛菩薩而得共俱 如是思惟 心大欣慰 復作是念 我於往昔未發無上大菩提心 有諸怖畏 所謂 不活畏 惡名畏 死畏 墮惡道畏 大衆威德畏 自一發心 悉皆遠離 不驚不恐 不畏不懼 不怯不怖 一切衆魔及諸外道所不能壞 如是思惟 心大欣慰 復作是念 我當令一切衆生成無上菩提 成菩提已 我當於彼佛所修菩薩行盡其形壽 以大信心興所應供佛諸供養具而爲供養 及涅槃後 各起無量塔供養舍利 及受持守護所有遺法 如是思惟 心大欣慰 又作是念 十方所有一切世界 我當悉以無上莊嚴而莊嚴之 皆令具足種種奇妙平等清淨 復以種種大神通力住持震動 光明照曜普使周徧 如是思惟 心大欣慰 復作是念 我當斷一切衆生疑惑 淨一切衆生欲樂 啓一切衆生心意 滅一切衆生煩惱 閉一切衆生惡道門 開一切衆生善趣門 破一切衆生黑闇 與一切衆生光明 令一切衆生離衆魔業 使一切衆生至安隱處 如是思惟 心大欣慰 菩薩摩訶薩復作是念 諸佛如來如優曇華 難可値遇 於無量劫莫能一見 我當於未來世欲見如來則便得見 諸佛如來常不捨我 恒住我所 令我得見 爲我說法無有斷絕 旣聞法已 心意清淨 遠離諂曲質直無僞 於念念中常見諸佛 如是思惟 心大欣慰 又作是念 我於未來當得成佛 以佛神力 於一切世界 爲一切衆生各別示現成等正覺清淨無畏大師子吼 以本大願周徧法界 擊大法鼓 雨大法雨 作大法施 於無量劫常演正法 大悲所持身 語 意業無有彼厭 如是思惟 心大欣慰 佛子 是爲菩薩摩訶薩十種大欣慰 若諸菩薩安住此法 則得無上成正覺智慧大欣慰

"불자여! 보살마하살은 열 가지 부처님의 법에 깊이 들어가는 것이 있으니, 무엇이 열인가 하면, 이른바 과거의 모든 세계에 들어가고 미래의 모든 세계에 들어가고 현재 세상의 세계 수와 세계의 행과 세계의 말과 세계의 청정함에 들어가고 모든 세계의 가지가지 성품에 들어가고 모든 중생의 가지가지 업보에 들어가고 모든 보살의 가지가지 행에 들어가고 과거 모든 부처의 차례를 알고 미래 모든 부처의 차례를 알고 현재 시방의 허공과 법계에 있는 모든 부처님 국토에 모인 대중에게 법을 설하여 조복시킴을 알고 세간 법과 성문법과 독각법과 보살의 법과 여래의 법을 알고 비록 모든 법을 알고는 있다지만, 분별이 없기에 가지가지의 법을 말하고 남김없이 법계에 들어가기는 하지만, 들어간 바가 없는 까닭으로 그 법과 같이 설하여 취하거나 집착하는 것이 없다."

"이것이 열이며, 그와 같은 모든 보살이 이 법에 편안히 머물면 곧 아뇩다라삼먁삼보리, 이 큰 지혜의 깊고 깊은 성품에 들어갈 것이다." (歡喜行)

佛子 菩薩摩訶薩有十種深入佛法 何等爲十 所謂 入過去世一切世界 入未來世一切世界 入現在世世界數 世界行 世界說 世界淸淨 入一切世界種種性 入一切衆生種種業報 入一切菩薩種種行 知過去一切佛次第 知未來一切佛次第 知現在十方虛空法界等一切諸佛 國土衆會 說法調伏 知世間法 聲聞法 獨覺法 菩薩法 如來法 雖知諸法皆無分別而說種種法 悉入法界無所入故 如其法說無所取著 是爲十 若諸菩薩安住此法 則得入於阿耨多羅三藐三菩提大智慧甚深性

(2) 요익행(饒益行)

"불자여! 보살마하살은 열 가지 의지가 있기에 보살이 이를 의지하여 보살의 행을 행하니, 무엇이 열인가 하면, 이른바 부처님께 공양하는 것을 의지하여 보살의 행을 행하고 모든 중생을 조복시키는 일에 의지하여 보살의 행을 행하고 모든 선지식과 친근히 하는 일에 의지하여 보살의 행을 행하고 모든 선근을 쌓아 모으는 일에 의지하여 보살의 행을 행하고 모든 부처의 국토를 깨끗이 장엄하는 일에 의지하여 보살의 행을 행하고 모든 중생을 버리지 않는 일에 의지하여 보살의 행을 행하고 모든 바라밀에 깊이 들어가는 일에 의지하여 보살의 행을 행하고 모든 보살의 원을 만족하게 하는 일에 의지하여 보살의 행을 행하고 헤아릴 수 없는 보리심에 의지하여 보살의 행을 행하고 모든 부처의 보리에 의지하여 보살의 행을 행한다."

"이것이 열이며, 보살은 이것을 의지하여 보살의 행을 행한다."(饒益行)

佛子 菩薩摩訶薩有十種依止 菩薩依此行菩薩行 何等爲十 所謂 依止供養一切諸佛 行菩薩行 依止調伏一切衆生 行菩薩行 依止親近一切善友 行菩薩行 依止積集一切善根 行菩薩行 依止嚴淨一切佛土 行菩薩行 依止不捨一切衆生 行菩薩行 依止深入一切波羅蜜 行菩薩行 依止滿足一切菩薩願 行菩薩行 依止無量菩提心 行菩薩行 依止一切佛菩提 行菩薩行 是爲十 菩薩依此行菩薩行

(3) 무위역행(無爲逆行)

"불자여! 보살마하살은 열 가지 두려움 없는 마음을 일으키니, 무엇이 열인가 하면, 이른바 모든 막힘이나 걸림이 되는 업을 없애는 일에 두려움 없는 마음을 일으키며, 부처님이 열반하신 후에 바른 법을 보호해 지니는 일에 두려움 없는 마음을 일으키며, 모든 마(魔)를 항복 받는 일에 두려움 없는 마음을 일으키며, 몸과 목숨을 아끼지 않는 일에 두려움 없는 마음을 일으키며, 모든 외도의 잘못된 논리를 꺾어 깨트리는 일에 두려움 없는 마음을 일으키며, 모든 중생을 기쁘게 하는 일에 두려움 없는 마음을 일으키며, 모든 중생을 환희하게 하는 일에 두려움 없는 마음을 일으키며, 일체 모든 모여있는 대중을 남김없이 다 기쁘게 하는 일에 두려움 없는 마음을 일으키며, 모든 하늘과 용과 야차와 건달바와 아수라와 가루라와 긴나라와 마후라가를 조복시키는 일에 두려움 없는 마음을 일으키며, 이승(二乘)의 지위를 벗어나 깊고 깊은 법에 들어가는 일에 두려움 없는 마음을 일으키며, 말할 수 없이 말로는 이를 수 없는 겁 동안 보살의 행을 행하면서 피곤하고 싫어함이 없는 일에 두려움 없는 마음을 일으킨다."

"이것이 열이며, 그와 같은 모든 보살이 이 법에 편안히 머물면 곧 여래의 위 없는 대 지혜의 두려움 없는 마음을 얻을 것이다."(無爲逆行)

佛子 菩薩摩訶薩有十種發無畏心 何等爲十 所謂 滅一切障礙業 發無畏心 於佛滅後護持正法 發無畏心 降伏一切魔 發無畏心 不惜身命 發無畏心 摧破一切外道邪論 發無畏心 令一切衆生歡喜 發無畏心 令一切衆會皆悉歡喜 發無畏心 調伏一切天 龍 夜叉 乾闥婆 阿修羅 迦樓羅 緊那羅 摩睺羅伽 發無畏心 離二乘地 入甚深法 發無畏

心 於不可說不可說劫行菩薩行 心無疲厭 發無畏心 是爲十 若諸菩薩安住此法 則得如來無上大智無所畏心

(4) 무굴요행. 무진행(無屈饒行. 無盡行)

"불자여! 보살마하살은 열 가지 막힘이나 걸림이 없는 마음으로 모든 불법에 대한 의혹이 없는 마음을 일으키니, 무엇이 열인가 하면, 이른바 보살마하살이 이와 같은 마음을 일으킨다. 내가 마땅히 보시로 모든 중생을 거두고 계와 인욕과 정진과 선정과 지혜와 자비희사(慈悲喜捨)로 모든 중생을 거둘 것이라는 이 마음을 일으킬 때 결정하고 의심이 없으니, 그와 같은 의심을 내면 옳지 않다. 이것이 제1 의심 없는 마음을 일으킴이다."

"보살마하살이 또 생각하기를 미래의 모든 부처님이 세상에 나오시면 내가 마땅히 모든 분을 받들어 섬기며, 공양할 것이라는 이 마음을 일으킬 때 결정하고 의심이 없으니, 그와 같은 의심을 내면 옳지 않다. 이것이 제2 의심 없는 마음을 일으킴이다."

"보살마하살이 또 생각하기를 내가 마땅히 가지가지의 기이하고 빼어난 광명의 그물로 두루두루 모든 세계를 장엄할 것이라는 이 마음을 일으킬 때 결정하고 의심이 없으니, 그와 같은 의심을 내면 옳지 않다. 이것이 제3 의심 없는 마음을 일으킴이다."

"보살마하살이 또 생각하기를 내가 마땅히 미래의 겁이 다하도록 보살행을 닦으면서 수 없고 일컬을 수 없고 생각할 수 없고 헤아릴 수 없고 말할 수 없고 말할 수 없이 말로는 이를 수 없는 것으로 모든 산수의 계산법을 초월해서 마지막까지 법계와 허공계의 모든 중생을 내가 마땅히 남김없이 다 위 없는 교화와 조복시키는 법으로 성숙하게 할 것이라는 이 마음을 일으킬 때 결정하고 의심이 없으니, 그와 같은 의심을 내면 옳지 않다. 이것이 제4 의심 없는 마음을 일으킴이다."

"보살마하살이 또 생각하기를 내가 마땅히 보살의 행을 닦아 큰 서원을 만족하게 하고 모든 지혜를 갖추며, 그 가운데 편안히 머물 것이라는 이 마음을 일으킬 때 결정하고 의심이 없으니, 그와 같은 의심을 내면 옳지 않다. 이것이 제5 의심 없는 마음을 일으킴이다."

"보살마하살이 또 생각하기를 내가 마땅히 모든 세간을 위해서 두루 보살의 행을 행하고 모든 법의 청정한 광명이 되어, 있는 모든 불법을 비출 것이라는 이 마음을 일으킬 때 결정하고 의심이 없으니, 그와 같은 의심을 내면 옳지 않다. 이것이 제6 의심 없는 마음을 일으킴이다."

"보살마하살이 또 생각하기를 내가 마땅히 모든 법은 다 부처님의 법인 것을 알고 중생의 마음을 따라 그들에게 널리 펴고 설하여 깨닫게 할 것이라는 이 마음을 일으킬 때 결정하고 의심이 없으니, 그와 같은 의심을 내면 옳지 않다. 이것이 제7 의심 없는 마음을 일으킴이다."

"보살마하살이 또 생각하기를 내가 마땅히 모든 법에 막힘이나 걸림이 없는 문을 얻고 모든 막힘이나 걸림이란 이득이 없음을 아는 까닭으로 마음이 이와 같음에 의혹이 없으며, 진실한 성품에 머물 뿐만 아니라 아뇩다라삼먁삼보리를 이룰 것이라는 이 마음을 일으킬 때 결정하고 의심이 없으니, 그와 같은 의심을 내면 옳지 않다. 이것이 제8 의심 없는 마음을 일으킴이다."

"보살마하살이 또 생각하기를 내가 마땅히 모든 법이 모두 출세간의 법인 것을 알고 모든 망령된 생각으로 거꾸로 뒤바뀜을 멀리 벗어나며, 하나의 장엄으로 스스로 장엄하지만, 장엄할 것이 없으면 이를 스스로 분명하게 깨달아 알고 타인으로 인하여 깨닫지 않을 것이라는 이 마음을 일으킬 때 결정하고 의심이 없으니, 그와 같은 의심을 내면 옳지 않다. 이것이 제9 의심 없는 마음을 일으킴이다."

"보살마하살이 또 생각하기를 내가 마땅히 모든 법에서 가장 바른 깨우침을 이룰 것이니, 이는 모든 망령된 생각으로 거꾸로 뒤바뀜을 벗어나는 까닭이며, 한 생각의 모양이나 상태의 지혜를 얻은 까닭이며, 그와 같은 하나와 그와 같은 다름을 얻을 수 없는 까닭이며, 모든 숫자를 벗어난 까닭이며, 마지막까지 항상 머물고 변하지 않는 까닭이며, 모든 말을 벗어난 까닭이며, 말로 할 수 없는 경계의 경계에 머물고자 하는 까닭이라고 하는 이 마음을 일으킬 때 결정하고 의심이 없으니, 그와 같은 의심을 내면 옳지 않다. 이것이 제10 의심 없는 마음을 일으킴이다."

"그와 같은 모든 보살이 이 법에 편안히 머물면 곧 모든 불법을 두고 마음으로 의심할 것이 없다."

佛子 菩薩摩訶薩發十種無疑心 於一切佛法心無疑惑 何等爲十 所謂 菩薩摩訶薩發如是心 我當以布施 攝一切衆生 以戒 忍 精進 禪定 智慧 慈 悲 喜 捨 攝一切衆生 發此心時 決定無疑 若生疑心 無有是處 是爲第一發無疑心 菩薩摩訶薩又作是念 未來諸佛出興于世 我當一切承事供養 發此心時 決定無疑 若生疑心 無有是處 是爲第二發無疑心 菩薩摩訶薩又作是念 我當以種種奇妙光明網 周徧莊嚴一切世界 發此

心時 決定無疑 若生疑心 無有是處 是爲第三發無疑心 菩薩摩訶薩又作是念 我當盡未來劫修菩薩行 無數 無量 無邊 無等 不可數 不可稱 不可思 不可量 不可說 不可說不可說 過諸算數 究竟法界 虛空界一切衆生 我當悉以無上敎化調伏法而成熟之 發此心時 決定無疑 若生疑心 無有是處 是爲第四發無疑心 菩薩摩訶薩又作是念 我當修菩薩行 滿大誓願 具一切智 安住其中 發此心時 決定無疑 若生疑心 無有是處 是爲第五發無疑心 菩薩摩訶薩又作是念 我當普爲一切世間行菩薩行 爲一切法淸淨光明 照明一切所有佛法 發此心時 決定無疑 若生疑心 無有是處 是爲第六發無疑心 菩薩摩訶薩又作是念 我當知一切法皆是佛法 隨衆生心 爲其演說 悉令開悟 發此心時 決定無疑 若生疑心 無有是處 是爲第七發無疑心 菩薩摩訶薩又作是念 我當於一切法得無障礙門 知一切障礙不可得故 其心如是 無有疑惑 住眞實性 乃至成於阿耨多羅三藐三菩提 發此心時 決定無疑 若生疑心 無有是處 是爲第八發無疑心 菩薩摩訶薩又作是念 我當知一切法莫不皆是出世間法 遠離一切妄想顚倒 以一莊嚴而自莊嚴而無所莊嚴 於此自了 不由他悟 發此心時 決定無疑 若生疑心 無有是處 是爲第九發無疑心 菩薩摩訶薩又作是念 我當於一切法成最正覺 離一切妄想顚倒故 得一念相應智故 若一若異不可得故 離一切數故 究竟無爲故 離一切言說故 住不可說境界際故 發此心時 決定無疑 若生疑心 無有是處 是爲第十發無疑心 若諸菩薩安住此法 則於一切佛法心無所疑

"불자여! 보살마하살은 사람의 생각으로 헤아려 알 수 없는 것이 있으니, 무엇이 열인가 하면, 이른바 모든 선근이 사람의 생각으로 헤아려 알 수 없는 것이며, 모든 서원이 사람의 생각으로 헤아려 알 수 없는 것이며, 모든 법이란 허깨비와 같음이 사람의 생각으로 헤아려 알 수 없는 것이며, 보리심을 일으켜 보살의 행을 닦고 선근을 잃지 않아서 분별할 것이 없음을 사람의 생각으로 헤아려 알 수 없는 것이며, 비록 모든 법에 깊이 들어가나 열반을 취하지 않는 것은 모든 원을 이루지 못한 까닭인 것을 사람의 생각으로 헤아려 알 수 없는 것이며, 보살의 도를 닦으면서 하늘에서 내려옴을 나타내 보이고 태에 들어가고 탄생하고 출가하고 고행하고 도량에 나아가 마군을 항복 받고 가장 빼어난 바른 깨우침을 이루고 바른 법륜을 굴리고 반열반에 들고 신통 변화가 자재하여 쉬지 않으며, 자비와 서원을 버리지 않고 중생을 구하고 보호하는 것을 사람의 생각으로 헤아려 알 수 없는 것이며, 비록 여래 십력의 신통한 변화의 힘을 나타내 보이면서도 법계와 같은 마음을 버리지 않고 중생을 가르쳐 바른길로 이끄는 것을 사람의 생각으로 헤아려 알 수 없는 것이며, 모든 법의 모양이나 상태가 없음이 이 모양이나 상태이며, 분별없는 것이 분별이고 분별이 분별없는 것이며, 있지 않음이 있는 것이고 있는 것이 있지 않음이며, 지음없는 것이 짓는 것이고 짓는 것이 지음이 없는 것이며, 말하지 않는 것이 말하는 것이고 말하는 것이 말하지 않는 것임을 아는 것이 사람의 생각으로 헤아려 알 수 없는 것이며, 마음이 보리와 더불어 평등한 것임을 알고 보리가 마음과 더불어 평등한 것임을 알며, 마음과 보리가 중생과 더불어 평등한 것임을 알지만, 역시 마음이 뒤바뀌고 생각이 뒤바뀌고 소견의 뒤바뀜을 내지 않는 것이 사람의 생각으로 헤아려 알 수 없는 것이며, 생각과 생각마다 멸진정(滅盡定)에 들어가 모든 번뇌를 다 하지만 실상의 본바탕이 되는 경계를 증득하지 않고 또한 유루(有漏)의 선근을 다하지 않으며, 비록 모든 법이 인위적이지 않고 꾸밈이 없음을 알지만 새는 것이 다함을 알고 새는 것이 없어지는 것도 알며, 비록 부처의 법이 곧 세간 법이고 세간 법이 곧 부처의 법인 것을 알지만, 부처의 법 가운데서 세간 법을 분별하지 않고 세간 법 가운데서 부처의 법을 분별하지 않기에 일체 모든 법이 남김없이 법계에 들어가는 까닭이 되고 모든 법이 다 둘이 없고 변하여 바뀌는 것이 없음을 아는 까닭이니, 이것이 열 번째 사람의 생각으로 헤아려 알 수 없는 일이다."

"불자여! 이것이 보살마하살의 열 가지 사람의 생각으로 헤아려 알 수 없는 것이며, 그와 같은 보살이 그 가운데 편안히 머물면 곧 일체 모든 부처님의 위 없고 헤아릴 수 없는 법을 얻을 것이다."

佛子 菩薩摩訶薩十種不可思議 何等爲十 所謂 一切善根 一切誓願 不可思議 知一切法如幻 不可思議 發菩提心修菩薩行 善根不失 無所分別 不可思議 雖深入一切法亦不取滅度 以一切願未成滿故 不可思議 修菩薩道而示現降神 入胎 誕生 出家 苦行 往詣道場 降伏衆魔 成最正覺 轉正法輪 入般涅槃 神變自在無有休息 不捨悲願救護衆生 不可思議 雖能示現如來十力神變自在 而亦不捨等法界心敎化衆生 不可思議 知一切法無相是相 相是無相 無分別是分別 分別是無分別 非有是有 有是非有無作是作 作是無作 非說是說 說是非說 不可思議 知心與菩提等 知菩提與心等 心及菩提與衆生等 亦不生心顚倒 想顚倒 見顚倒 不可思議 於念念中入滅盡定 盡一切漏而不證實際 亦不盡有漏善根 雖知一切法無漏 而知漏盡 亦知漏滅 雖知佛法卽世間法 世間法卽佛法 而不於佛法中分別世間法 不於世間法中分別佛法 一切諸法悉

入法界 無所入故 知一切法皆無二 無變易故 是爲第十不可思議 佛子 是爲菩薩摩訶薩十種不可思議 若諸菩薩安住其中 則得一切諸佛無上不可思議法

"불자여! 보살마하살은 열 가지 섬세하고 능숙한 비밀스러운 말이 있으니, 무엇이 열인가 하면, 이른바 모든 불경 가운데 섬세하고 능숙한 비밀스러운 말과 일체 태어나는 곳의 섬세하고 능숙한 비밀스러운 말과 모든 보살이 신통 변화와 등정각을 이루는 섬세하고 능숙한 비밀스러운 말과 모든 중생의 업과 과보에 대한 섬세하고 능숙한 비밀스러운 말과 모든 중생이 물들고 청정함을 일으키는 것에 대한 섬세하고 능숙한 비밀스러운 말과 모든 법이 마지막까지 막힘이나 걸림이 없는 문에 대한 섬세하고 능숙한 비밀스러운 말과 모든 허공계 하나하나의 처소에 빠짐없이 세계가 있으며, 이루어지기도 하고 무너지기도 하나, 빈 곳이 없는 것에 대한 섬세하고 능숙한 비밀스러운 말과 일체 법계의 모든 시방뿐만 아니라 미세한 처소에 이르기까지 남김없이 다 여래가 계시고 처음 탄생하는 것뿐만 아니라 부처를 이루고 반열반에 들어감을 나타내 보이지만, 법계에 가득함을 빠짐없이 분별하는 것에 대한 섬세하고 능숙한 비밀스러운 말과 모든 중생에게 평등한 열반이란 변함이 없는 것임을 보이는 까닭으로 큰 원을 버리지 않고 모든 지혜와 원이 원만함을 얻지는 못하나, 중생을 만족하게 하는 까닭인 섬세하고 능숙한 비밀스러운 말과 비록 다른 이로 말미암아 모든 법을 깨달아 얻는 것이 아님을 알지만, 선지식을 벗어나거나 버리지 않고 여래를 존경하며, 선지식과 더불어 화목하게 어울려 둘이 없고 모든 선근을 닦아 모으면서 종자를 심고 회향하여 편안히 머물고 같이 지어가고 같은 체성이며, 같이 벗어나 나아가고 같이 성취하는 섬세하고 능숙한 비밀스러운 말이다."

"이것이 열이며, 그와 같은 모든 보살이 이 가운데 편안히 머물면 곧 여래의 위 없는 섬세하고 능숙한 선근의 비밀스러운 말을 얻는다."

佛子 菩薩摩訶薩有十種巧密語 何等爲十 所謂 於一切佛經中 巧密語 於一切受生處 巧密語 於一切菩薩神通變現 成等正覺 巧密語 於一切一切衆生業報 巧密語 於一切衆生所起染淨 巧密語 於一切法究竟無障礙門 巧密語 於一切虛空界 一一方處悉有世界或成或壞 間無空處 巧密語 於一切法界 一切十方 乃至微細處 悉有如來示現初生 乃至成佛 入般涅槃 充滿法界悉分別見 巧密語 見一切衆生平等涅槃無變易故 而不捨大願 以一切智願未得圓滿令滿足故 巧密語 雖知一切法不由他悟 而不捨

離諸善知識 於如來所轉加尊敬 與善知識和合無二 於諸善根修集種植 迴向安住 同一所作 同一體性 同一出離 同一成就 巧密語 是爲十 若諸菩薩安住其中 則得如來無上善巧微密語

"불자여! 보살마하살은 섬세하고 능숙하게 분별하는 지혜가 있으니, 무엇이 열인가 하면, 이른바 모든 세계에 들어가는 섬세하고 능숙하게 분별하는 지혜와 모든 중생의 처소에 들어가는 섬세하고 능숙하게 분별하는 지혜와 모든 중생의 마음과 행에 들어가는 섬세하고 능숙하게 분별하는 지혜와 모든 중생의 근기에 들어가는 섬세하고 능숙하게 분별하는 지혜와 모든 중생의 업과 과보에 들어가는 섬세하고 능숙하게 분별하는 지혜와 모든 성문의 행에 들어가는 섬세하고 능숙하게 분별하는 지혜와 모든 독각의 행에 들어가는 섬세하고 능숙하게 분별하는 지혜와 모든 보살의 행에 들어가는 섬세하고 능숙하게 분별하는 지혜와 모든 세간의 법에 들어가는 섬세하고 능숙하게 분별하는 지혜와 모든 부처님 법에 들어가는 섬세하고 능숙하게 분별하는 지혜이다."

"이것이 열이며, 그와 같은 모든 보살이 그 가운데 편안히 머물면 곧 일체 모든 부처님의 위 없는 섬세하고 능숙한 선근으로 모든 법을 분별하는 지혜를 얻는다." (無屈饒行. 無盡行)

佛子 菩薩摩訶薩有十種巧分別智 何等爲十 所謂 入一切刹巧分別智 入一切衆生處巧分別智 入一切衆生心行巧分別智 入一切衆生根巧分別智 入一切衆生業報巧分別智 入一切聲聞行巧分別智 入一切獨覺行巧分別智 入一切菩薩行巧分別智 入一切世間法巧分別智 入一切佛法巧分別智 是爲十 若諸菩薩安住其中 則得一切諸佛無上善巧分別諸法智

(5) 이치난행(離癡亂行)

"불자여! 보살마하살은 열 가지 삼매에 들어가는 가는 것이 있으니, 무엇이 열인가 하면, 이른바 모든 세계에서 삼매에 들어가고 모든 중생의 몸에서 삼매에 들어가고 모든 법에서 삼매에 들어가고 모든 부처님을 보고 삼매에 들어가며, 모든 겁에 머물면서 삼매에 들어가고 삼매를 좇아 일어나 생각으로 헤아려 알 수 없는 몸을 나타내어 삼매에 들어가고 모든 부처님 몸에서 삼매에 들어가고 모든 중생이 평등함의 깨우침을 깨닫게 하는 것으로 삼매에 들어가고 한 생각 가운데 모든 보살의 삼매에 들어가는 지혜로 삼매에 들어가고 한 생각, 한순간에 막힘이나 걸림이 없는 지혜로 일체 모든 보살의 행과 원을 성취해서 쉬는 일이 없는 삼매에 들어간다."

"이것이 열이며, 그와 같은 모든 보살이 그 가운데 편안히 머물면 곧 일체 모든 부처님의 위 없는 섬세하고 능숙한 선근의 삼매 법을 얻는다."

佛子 菩薩摩訶薩有十種入三昧 何等爲十 所謂 於一切世界入三昧 於一切衆生身入三昧 於一切法入三昧 見一切佛入三昧 住一切劫入三昧 從三昧起現不思議身入三昧 於一切佛身入三昧 覺悟一切衆生平等入三昧 一念中入一切菩薩三昧智入三昧 一念中以無礙智成就一切諸菩薩行願無有休息入三昧 是爲十 若諸菩薩安住其中 則得一切諸佛無上善巧三昧法

"불자여! 보살마하살은 열 가지 두루 들어가는 일이 있으니, 무엇이 열인가 하면, 이른바 중생에게 두루 들어가고 국토에 두루 들어가고 세간의 가지가지 모양이나 상태에 두루 들어가고 불의 재앙에 두루 들어가고 물의 재앙에 두루 들어가고 부처에게 두루 들어가고 장엄에 두루 들어가고 여래의 끝없는 공덕의 몸에 두루 들어가고 모든 가지가지의 법을 설함에 두루 들어가고 모든 여래를 가지가지로 공양하는 곳에 두루 들어간다."

"이것이 열이며, 그와 같은 모든 보살이 그 가운데 편안히 머물면 곧 여래의 위 없는 큰 지혜에 두루 들어가는 법을 얻는다."

佛子 菩薩摩訶薩有十種徧入 何等爲十 所謂 衆生徧入 國土徧入 世間種種相徧入 火災徧入 水災徧入 佛徧入 莊嚴徧入 如來無邊功德身徧入 一切種種說法徧入 一切如來種種供養徧入 是爲十 若諸菩薩安住其中 則得如來無上大智徧入法

"불자여! 보살마하살은 열 가지 해탈문이 있으니, 무엇이 열인가 하면, 이른바 하나의 몸으로 모든 세계에 두루두루 하게 하는 해탈문과 모든 세계에서 헤아릴 수 없는 가지가지의 모양이나 상태를 나타내 보이는 해탈문과 모든 세계가 한 부처님 세계에 들어가게 하는 해탈문과 모든 중생계에 두루 널리 힘을 주고 도와서 지니게 하는 해탈문과 모든 부처님의 장엄한 몸으로 모든 세계를 가득 채우게 하는 해탈문과 자신의 몸 가운데 모든 세계를 보게 하는 해탈문과 한 생각, 한순간에 모든 세계로 나가게 하는 해탈문과 하나의 세계에서 모든 여래가 세상에 나타내 보이게 하는 해탈문과 하나의 몸으로 모든 법계를 가득 차게 하는 해탈문과 한 생각 가운데, 한순간에 모든 부처님이 즐겁게 행하시는 신통을 나타나게 하는 해탈문이다."

"이것이 열이며, 그와 같은 모든 보살이 그 가운데 편안히 머물면 곧 여래의 위 없는 해탈문을 얻을 것이다."

佛子 菩薩摩訶薩有十種解脫門 何等爲十 所謂 一身周徧一切世界解脫門 於一切世界示現無量種種色相解脫門 以一切世界入一佛剎解脫門 普加持一切衆生界解脫門 以一切佛莊嚴身充滿一切世界解脫門 於自身中見一切世界解脫門 一念中往一切世界解脫門 於一世界示現一切如來出世解脫門 一身充滿一切法界解脫門 一念中示現一切佛遊戲神通解脫門 是爲十 若諸菩薩安住其中 則得如來無上解脫門

"불자여! 보살마하살은 열 가지 신통이 있으니, 무엇이 열인가 하면, 이른바 지난 세월에 일어났던 일을 기억해서 생각하는 방편 지혜의 신통과 하늘의 귀로 막힘이나 걸림이 없는 방편 지혜의 신통과 다른 중생의 헤아릴 수 없는 마음의 행을 아는 방편 지혜의 신통과 하늘의 눈으로 자세히 살펴서 들여다보는 일에 막힘이나 걸림이 없는 방편 지혜의 신통과 중생의 마음을 따라 생각으로는 헤아려 알 수 없는 큰 신통력을 나타내는 방편 지혜의 신통과 하나의 몸으로 헤아릴 수 없는 세계를 두루 나타내는 방편 지혜의 신통과 한순간에 말할 수 없이 말로는 이를 수 없는 세계에 두루 들어가는 방편 지혜의 신통과 헤아릴 수 없는 장엄 기물을 내어 생각으로는 알 수 없는 세계에 두루 들어가는 방편 지혜의 신통과 말할 수 없이 변하여 바뀌는 몸을 나타내는 방편 지혜의 신통과 생각으로는 헤아려 알 수 없는 중생의 마음을 따라 말로는 할 수 없는 세계에서 아뇩다라삼먁삼보리 이루는 것을 나타내는 방편 지혜의 신통이다."

"이것이 열이며, 그와 같은 모든 보살이 그 가운데 편안히 머물면 곧 여래의 위 없는 섬세하고 능숙한 선근의 큰 신통을 얻어서 모든 중생을 위해 가지가지로 나타내 보이고 닦고 배우게 한다." (離癡亂行)

佛子 菩薩摩訶薩有十種神通 何等爲十 所謂 憶念宿命方便智通 天耳無礙方便智通 知他衆生不思議心行方便智通 天眼觀察無有障礙方便智通 隨衆生心現不思議大神通力方便智通 一身普現無量世界方便智通 一念徧入不可說不可說世界方便智通 出生無量莊嚴具莊嚴不思議世界方便智通 示現不可說變化身方便智通 隨不思議衆生心 於不可說世界現成阿耨多羅三藐三菩提方便智通 是爲十 若諸菩薩安住其中 則得如來無上大善巧神通 爲一切衆生種種示現 令其修學

(6) 선현행(善現行)

"불자여! 보살마하살은 열 가지 밝은 것이 있으니, 무엇이 열인가 하면, 이른바 모든 중생의 업보를 아는 섬세하고 능숙한 선근(善根) 지혜의 밝음과 모든 중생의 경계가 고요하고 청정하기에 모든 말장난 같은 말이 없음을 아는 섬세하고 능숙한 선근 지혜의 밝음과 모든 중생이 가지가지로 속된 인연에 끌리는 것이 오직 한 모양이나 상태이기에 모두 얻을 수가 없는 것이며, 모든 법이 다 금강과 같음을 아는 섬세하고 능숙한 선근 지혜의 밝음과 헤아릴 수 없이 미세하고 빼어난 음성으로 시방의 모든 세계에 들리게 하는 섬세하고 능숙한 선근 지혜의 밝음과 마음이 물드는 모든 것을 깨뜨리는 섬세하고 능숙한 선근 지혜의 밝음과 방편으로 태어나기도 하고 태어나지도 않음을 나타내는 섬세하고 능숙한 선근 지혜의 밝음과 모든 생각하고 느끼는 경계를 벗어나는 섬세하고 능숙한 선근 지혜의 밝음과 모든 법이 모양이나 상태가 있는 것도 아니고 모양이나 상태가 없는 것도 아니며, 하나의 성품이고 성품이 없음을 알기에 분별할 것이 없으나, 가지가지의 모든 법을 분명하게 깨달아 알기에 헤아릴 수 없는 겁을 두고 분별하고 널리 펴서 설하며, 법계에 머물면서 아뇩다라삼먁삼보리를 이루는 섬세하고 능숙한 선근 지혜의 밝음과 보살마하살이 모든 중생이 생하지만, 본래 생함이 없는 것을 알기에 태어나는 것을 얻을 수 없음을 분명하게 깨달아 아는 까닭으로 인도 알고 연도 알며, 일도 알고 경계도 알며, 행함도 알고 나는 것도 알고 없어짐도 알며, 말함도 알고 미혹함도 알고 미혹을 벗어남도 알며, 뒤바뀜도 알고 뒤바뀜을 벗어남도 알며, 물든 것도 알고 청정한 것도 알며, 생사도 알고 열반도 알며, 얻을 것도 알고 얻지 못할 것도 알며, 집착하는 것도 알고 집착이 없는 것도 알며, 머무는 것도 알고 움직이는 것도 알며, 가는 것도 알고 오는 것도 알며, 일어나는 것도 알고 일어나지 않는 것도 알며, 무너지는 것도 알고 잃는 것도 알며, 벗어나는 것도 알고 성숙함도 알고 모든 근을 알며, 조복시키는 것을 아니, 그 응하는 것을 따라 가지가지로 가르쳐 바른길로 이끌면서도 보살의 행할 바를 밝게 하여 망령되게 잃지 않는다."

"무슨 까닭인가 하면, 보살은 단지 중생의 이익을 위해서 아뇩다라삼먁삼보리를 일으키는 것이며, 다른 나머지를 위한 것이 아니며, 이러한 까닭으로 보살이 항상 중생을 가르쳐 바른길로 이끌면서도 몸이 피곤하지 않으며, 모든 세간에서 지어진 일을 어기지 않는다. 이를 이름 붙여 말하기를 '인연과 결과에 따른 섬세하고 능숙한 선근 지혜의 밝음'이라고 한다."

"보살마하살은 부처에게 집착하는 것이 없기에 집착하는 마음을 일으키지 않고 법에 집착하는 것이 없기에 집착하는 마음을 일으키지 않고 중생에게 집착하는 것이 없기에 집착하는 마음을 일으키지 않고 중생이 있는 것을 보지 않으면서도 가르쳐 바른길로 이끌고 조복시키며, 법을 설하지만, 또한 보살의 모든 행과 큰 자비와 큰 서원을 버리지 않고 부처님을 보고 법을 듣고 거스르지 않고 따라서 수행하며, 여래를 의지해서 모든 선근을 심으며, 공경 공양하면서도 쉬는 일이 없으며, 신통한 힘으로 시방의 헤아릴 수 없는 세계를 흔들어 놓고 그 마음이 광대하기가 법계와 평등한 까닭으로 가지가지의 법을 설하는 것을 알며, 중생의 수를 알고 중생의 차별을 알며, 괴로움이 나는 것을 알고 괴로움이 없어지는 것을 알며, 모든 행이 다 그림자와 같음을 알기에 보살의 행을 행하고 모든 생을 받는 근본을 영원히 끊어 버리고 단지 모든 중생을 구하고 보호하기 위해서 보살행을 행하지만, 행하는 것이 없으며, 일체 모든 부처님의 씨앗이 되는 성품을 순하게 따라서 큰 산왕과 같은 마음을 일으키며, 망령되게 뒤바뀐 모든 것을 알아서 모든 종자의 지혜로운 문에 들어가며, 지혜가 광대해서 움직일 수 없고 마땅히 바른 깨우침을 이루어 생사의 바다에서 모든 중생을 평등하게 가르쳐 바른길로 이끄는 섬세하고 능숙한 선근 지혜에 밝다."

"이것이 열이며, 그와 같은 모든 보살이 그 가운데 편안히 머물면 곧 여래의 위 없는 섬세하고 능숙한 선근 지혜의 큰 밝음을 얻는다."

佛子 菩薩摩訶薩有十種明 何等爲十 所謂 知一切衆生業報 善巧智明 知一切衆生境界 寂滅淸淨 無諸戲論 善巧智明 知一切衆生種種所緣唯是一相悉不可得 一切諸法皆如金剛 善巧智明 能以無量微妙音聲 普聞十方一切世界 善巧智明 普壞一切心所染著 善巧智明 能以方便示現受生或不受生 善巧智明 捨離一切想 受境界 善巧智

明 知一切法非相 非無相 一性無性 無所分別 而能了知種種諸法 於無量劫分別演說住於法界 成阿耨多羅三藐三菩提 善巧智明 菩薩摩訶薩知一切衆生生本無有生 了達受生不可得故 而知因 知緣 知事 知境界 知行 知生 知滅 知言說 知迷惑 知離迷惑 知離顚倒 知雜染 知淸淨 知生死 知涅槃 知可得 知不可得 知執著 知無執著 知住 知動 知去 知還 知起 知不起 知失壞 知出離 知成熟 知諸根 知調伏 隨其所應種種敎化 未曾忘失菩薩所行 何以故 菩薩但爲利益衆生故 發阿耨多羅三藐三菩提心無餘所爲 是故 菩薩常化衆生 身無疲倦 不違一切世間所作 是名 緣起善巧智明 菩薩摩訶薩於佛無著 不起著心 於法無著 不起著心 於刹無著 不起著心 於衆生無著不起著心 不見有衆生而行敎化調伏說法 然亦不捨菩薩諸行 大悲大願 見佛聞法 隨順修行 依於如來種種善根 恭敬供養無有休息 能以神力震動十方無量世界 其心廣大等法界故 知種種說法 知衆生數 知衆生差別 知苦生 知苦滅 知一切行皆如影像行菩薩行 永斷一切受生根本 但爲救護一切衆生 行菩薩行而無所行 隨順一切諸佛種性 發如大山王心 知一切虛妄顚倒 入一切種智門 智慧廣大不可傾動 當成正覺 於生死海平等濟渡一切衆生 善巧智明 是爲十 若諸菩薩安住其中 則得如來無上大善巧智明

"불자여! 보살마하살은 열 가지 해탈이 있으니, 무엇이 열인가 하면, 이른바 번뇌에서 해탈하는 것과 삿된 소견에서 해탈하는 것과 모든 집착에서 해탈하는 것과 온, 처, 계에서 해탈하는 것과 이승을 초월해서 해탈하는 것과 법이 생함이 없는 것에서 해탈하는 것과 모든 세간, 모든 세계, 모든 중생, 모든 법의 집착을 벗어나 해탈하는 것과 끝없이 머무는 것에서 해탈하는 것과 모든 보살의 행을 일으켜 여래와 분별이 없는 지위에 들어간 것에서 해탈하는 것과 한 생각 가운데 삼세를 아는 것에서 해탈하는 것이다."

"이것이 열이며, 그와 같은 모든 보살이 그 가운데 편안히 머물면 곧 부처의 일을 베풀어 모든 중생을 가르치고 바른길로 이끌어서 성숙하게 할 것이다." (善現行)

佛子 菩薩摩訶薩有十種解脫 何等爲十 所謂 煩惱解脫 邪見解脫 諸取解脫 蘊 界 處解脫 超二乘解脫 無生法忍解脫 於一切世間 一切刹 一切衆生 一切法離著解脫無邊住解脫 發起一切菩薩行入如來無分別地解脫 於一念中悉能了知一切三世解脫是爲十 若諸菩薩安住此法 則能施作無上佛事 敎化成熟一切衆生

(7) 무착행(無著行)

“불자여! 보살마하살은 열 가지 숲 동산이 있으니, 무엇이 열인가 하면, 이른바 나고 죽은 것이 보살의 숲 동산이니, 이는 싫어하고 버리는 것이 없는 까닭이며, 중생을 가르쳐 바른길로 이끄는 것이 보살의 숲 동산이니, 이는 피곤함이 없는 까닭이며, 모든 겁에 머무는 것이 보살의 숲 동산이니, 이는 모든 큰 행을 거두는 까닭이며, 청정한 세계가 보살의 숲 동산이니, 이는 스스로 머무는 곳이기 때문이며, 모든 마의 궁전이 보살의 숲 동산이니, 이는 대중을 항복 받는 까닭이며, 들은 법을 사유하는 것이 보살의 숲 동산이니, 이는 이치와 같이 자세히 살펴서 들여다보는 까닭이며, 육바라밀과 사섭의 일과 삼십칠 보리분법이 보살의 숲 동산이니, 이는 부처님의 경계를 이어받는 까닭이며, 십력과 사무소외와 십팔불공법 뿐만 아니라 모든 부처의 법이 보살의 숲 동산이니, 이는 다른 법을 생각하지 않는 까닭이며, 모든 보살의 위력과 자재한 신통을 나타내 보이는 것이 보살의 숲 동산이니, 이는 신통한 큰 힘으로 바른 법륜을 굴려서 중생을 조복시키는 일에 쉼이 없는 까닭이며, 한순간에 모든 곳에서 모든 중생을 위해 바른 깨우침 이루는 것을 보이는 것이 보살의 숲 동산이니, 이는 법신이 모든 허공계와 일체 세계에 두루 한 까닭이다.”

“이것이 열이며, 그와 같은 모든 보살이 그 가운데 편안히 머물면 곧 근심과 번뇌를 벗어난 여래의 위 없는 크고 편안하며 즐거운 행을 얻을 것이다.”

佛子 菩薩摩訶薩有十種園林 何等爲十 所謂 生死是菩薩園林 無厭捨故 敎化衆生是菩薩園林 不疲倦故 住一切劫是菩薩園林 攝諸大行故 淸淨世界是菩薩園林 自所止住故 一切魔宮殿是菩薩園林 降伏彼衆故 思惟所聞法是菩薩園林 如理觀察故 六波羅蜜 四攝事 三十七菩提分法是菩薩園林 紹繼慈父境界故 十力 四無所畏 十八不共乃至一切佛法是菩薩園林 不念餘法故 示現一切菩薩威力自在神通是菩薩園林 以大神力轉正法輪調伏衆生無有休息 一念於一切處爲一切衆生示成正覺是菩薩園林 法身周徧盡虛空一切世界故 是爲十 若諸菩薩安住此法 則得如來無上離憂惱 大安樂行

“불자여! 보살마하살은 열 가지 궁전이 있으니, 무엇이 열인가 하면, 이른바 보리심이 보살의 궁전이니, 이는 항상 잊지 않는 까닭이며, 열 가지 선업의 도와 복덕과 지혜가 보살의 궁전이니, 이는 욕계의 중생을 가르쳐 바른길로 이끄는 까닭이며, 네 가지 범천에 머무는 선정이 보살의 궁전이니, 이는 색계의 중생을 가르쳐 바른길로 이끄는 까닭이며, 정거천에 나는 것이 보살의 궁전이니, 이는 모든 번뇌에 물들지 않는 까닭이며, 무색계에 태어나는 것이 보살의 궁전이니, 이는 중생들이 어려운 곳에서 벗어나게 하는 까닭이며, 물들어 뒤섞인 세계에 태어남이 보살의 궁전이니, 이는 모든 중생의 번뇌를 끊게 하는 까닭이며, 내궁의 처자 권속을 나타내는 것이 보살의 궁전이니, 이는 옛적에 함께 수행하던 중생이 성취하는 까닭이며, 지금 전륜왕과 사천왕과 제석천왕과 범천왕이 보살의 궁전이니, 이는 자재한 마음을 가진 중생을 조복시키는 까닭이며, 모든 보살의 행에 머물면서 신통에 즐거이 노닐며, 다 자재함을 얻은 것이 보살의 궁전이니, 이는 모든 선정과 해탈과 삼매의 지혜에 선근으로 즐거이 노니는 까닭이며, 모든 부처님이 계신 곳에서 위 없는 자재와 모든 지혜 왕의 관정 수기가 보살의 궁전이니, 십력으로 장엄한 것에 머물면서 모든 법왕의 자재한 일을 지어가는 까닭이다."

"이것이 열이며, 그와 같은 모든 보살이 그 가운데 편안히 머물면 법의 관정, 곧 정수리에 물을 붓은 의식을 얻어서 모든 세간에 신통한 힘이 자재할 것이다." (無著行)

佛子 菩薩摩訶薩有十種宮殿 何等爲十 所謂 菩提心是菩薩宮殿 恒不忘失故 十善業道福德智慧是菩薩宮殿 敎化欲界衆生故 四梵住禪定是菩薩宮殿 敎化色界衆生故 生淨居天是菩薩宮殿一切煩惱不染故 生無色界是菩薩宮殿 令諸衆生離難處故 生雜染世界是菩薩宮殿 令一切衆生斷煩惱故 現處內宮妻子 眷屬是菩薩宮殿 成就往昔同行衆生故 現居輪王 護世 釋 梵是菩薩宮殿 爲調伏自在心衆生故 住一切菩薩行遊戲神通皆得自在是菩薩宮殿 善遊戲諸禪解脫三昧智慧故 一切佛所受無上自在 一切智王灌頂記是菩薩宮殿 住十力莊嚴作一切法王自在事故 是爲十 若諸菩薩安住其中則得法灌頂 於一切世間神力自在

(8) 난승행. 존중행(難勝行. 尊重行)

"불자여! 보살마하살은 열 가지 좋아함이 있으니, 무엇이 열인가 하면, 이른바 바른 생각을 좋아하니, 이는 마음이 어지럽게 흩어지지 않는 까닭이며, 지혜를 좋아하니, 이는 모든 법을 분별하는 까닭이며, 모든 부처님이 계신 곳에 가기를 좋아하니, 이는 법을 듣고 싫어함이 없는 까닭이며, 모든 부처님을 좋아하니, 이는 시방에 가득하고 경계가 끝이 없는 까닭이며, 보살의 자재함을 좋아하니, 이는 모든 중생을 위해 헤아릴 수 없는 문으로 몸을 나타내는 까닭이며, 모든 삼매의 문을 좋아하니, 이는 하나의 삼매 문으로 모든 삼매의 문에 들어가는 까닭이며, 다라니를 좋아하니, 이는 법을 지녀 잊지 않고 중생에게 전해주는 까닭이며, 막힘이나 걸림 없는 변재를 좋아하니, 이는 한 글월, 한 글귀를 말할 수 없는 겁을 두고 분별하여 널리 설하더라도 다함이 없는 까닭이며, 바른 깨우침 이루는 것을 좋아하니, 이는 모든 중생을 위해서 헤아릴 수 없는 문을 몸으로 나타내 보여서 바른 깨우침 이루는 것을 보이는 까닭이며, 법륜 굴리기를 좋아하니, 이는 모든 외도의 법을 꺾어버리는 까닭이다."

"이것이 열이며, 그와 같은 모든 보살이 이 법에 편안히 머물면 곧 일체 모든 부처님 여래의 위 없는 법의 즐거움을 얻을 것이다."

佛子 菩薩摩訶薩有十種所樂 何等爲十 所謂 樂正念 心不散亂故 樂智慧 分別諸法故 樂往詣一切佛所 聽法無厭故 樂諸佛 充滿十方無辨際故 樂菩薩 自在爲諸衆生以無量門而現身故 樂諸三昧門 於一三昧門入一切三昧門故 樂陀羅尼 持法不忘轉授衆生故 樂無礙辯才 於一文一句經不可說劫分別演說無窮盡故 樂成正覺 爲一切衆生以無量門示現於身成正覺故 樂轉法輪 摧滅一切異道法故 是爲十 若諸菩薩安住此法 則得一切諸佛如來無上法樂

"불자여! 보살마하살은 열 가지 장엄이 있으니, 무엇이 열인가 하면, 이른바 힘의 장엄이니, 이는 무너트릴 수 없는 까닭이며, 두려움이 없는 장엄이니, 이는 굴복할 수 있는 이가 없는 까닭이며, 뜻의 장엄이니, 이는 말로는 할 수 없는 뜻을 말하는 것이 다함이 없는 까닭이며, 법의 장엄이니, 이는 팔만 사천 법의 덩어리를 자세히 들여다보고 널리 설하면서 잊지 않는 까닭이며, 서원의 장엄이니, 이는 모든 보살의 처소에서 큰 서원을 일으키고 물러섬이 없는 까닭이며, 행의 장엄이니, 이는 보현의 행을 닦아서 벗어나 나가는 까닭이며, 세계의 장엄이니, 이는 모든 세계로 하나의 세계를 짓는 까닭이며, 두루 한 음성의 장엄이니, 이는 모든 부처의 세계에 두루두루 해서 법 비를 내리는 까닭이며, 힘을 가지고 유지하는 장엄이니, 이는 모든 겁에 수 없는 행을 행하여 끊어짐이 없는 까닭이며, 변화의 장엄이니, 한 중생의 몸에 모든 중생 수와 같은 평등한 몸을 나타내 보여서 모든 중생이 모든 지식과 견문을 얻게 하고 모든 지혜를 구해서 물러섬이 없는 까닭이다."

"이것이 열이며, 그와 같은 모든 보살이 이 법에 편안히 머물면 곧 여래의 위 없는 법의 모든 장엄을 얻을 것이다." (難勝行, 尊重行)

佛子 菩薩摩訶薩有十種莊嚴 何等爲十 所謂 力莊嚴 不可壞故 無畏莊嚴 無能伏故 義莊嚴 說不可說義無窮盡故 法莊嚴 八萬四千法聚觀察演說無忘失故 願莊嚴 一切菩薩所發弘誓無退轉故 行莊嚴 修普賢行而出離故 刹莊嚴 以一切刹作一刹故 普音莊嚴 周徧一切諸佛世界雨法雨故 力持莊嚴 於一切劫行無數行不斷絶故 變化莊嚴 於一衆生身示現一切衆生數等身 令一切衆生悉得知見 求一切智無退轉故 是爲十 若諸菩薩安住此法 則得如來一切無上法莊嚴

(9) 선법행(善法行)

"불자여! 보살마하살은 열 가지 흔들리지 않는 마음을 내니, 무엇이 열인가 하면, 이른바 가지고 있는 모든 것을 남김없이 다 버리지만 흔들리지 않는 마음과 모든 부처님 법을 생각하고 자세히 살펴서 들여다보지만 흔들리지 않는 마음과 모든 부처님을 잊지 않고 기억해서 생각하며, 공양하지만 흔들리지 않는 마음과 모든 중생에게 맹세코 해롭게 하지 않으려 하지만 흔들리지 않는 마음과 중생을 두루 거두어들이지만, 원수와 친한 이를 가리지 않아도 흔들리지 않는 마음과 모든 불법을 구해서 쉬지 않아도 흔들리지 않는 마음과 모든 중생 수와 같이 말할 수 없이 말로는 할 수 없는 겁에 보살의 행을 행하지만 고달프지 않고 물러서지 않는 흔들리지 않는 마음과 뿌리가 있는 믿음과 탁하지 않는 믿음과 청정한 믿음과 매우 청정한 믿음과 때를 벗어난 믿음과 밝게 통한 믿음과 모든 부처님을 공경 공양하는 믿음과 물러서지 않는 믿음과 다할 수 없는 믿음과 무너짐이 없는 믿음과 크게 환희하고 즐거워 날뛰는 믿음을 성취하지만 흔들리지 않는 마음과 모든 지혜를 내는 방편의 길을 성취하지만 흔들리지 않는 마음과 모든 보살의 행하는 법을 듣고는 믿고 비방하지 않는 흔들리지 않는 마음이다."

"이것이 열이며, 그와 같은 모든 보살이 이 법에 편안히 머물면 곧 위 없는 모든 지혜의 흔들리지 않는 마음을 얻을 것이다."

佛子 菩薩摩訶薩有十種不動心 何等爲十 所謂 於一切所有悉皆能捨不動心 思惟

觀察一切佛法不動心 憶念供養一切諸佛不動心 於一切衆生誓無惱害不動心 普攝衆生不揀怨親不動心 求一切佛法無有休息不動心 一切衆生數等不可說不可說劫 行菩薩行不生疲厭亦無退轉不動心 成就有根信 無濁信 淸淨信 極淸淨信 離垢信 明徹信 恭敬供養一切佛信 不退轉信 不可盡信 無能壞信 大歡喜踊躍信不動心 成就出生一切智方便道不動心 聞一切菩薩法信受不謗不動心 是爲十 若諸菩薩安住此法 則得無上一切智不動心

"불자여! 보살마하살은 열 가지 버리지 않는 깊고 큰마음이 있으니, 무엇이 열인가 하면, 이른바 모든 부처의 보리가 원만하게 이루어지는 것을 버리지 않는 깊고 큰마음과 모든 중생을 가르쳐 바른길로 이끌고 조복시키고 버리지 않는 깊고 큰마음과 모든 부처님의 종자와 상품을 끊지 않고 버리지 않는 깊고 큰마음과 모든 선지식과 친근함을 버리지 않는 깊고 큰마음과 모든 부처님을 공양하는 것을 버리지 않는 깊고 큰마음과 모든 대승의 공덕 법 구하는 것을 버리지 않는 깊고 큰마음과 모든 부처님의 처소에서 범행을 수행하고 청정한 계행을 보호해 지니면서 버리지 않는 깊고 큰마음과 모든 보살과 친근함을 버리지 않는 깊고 큰마음과 모든 불법을 구하는 일에 방편으로 보호해 지니는 것을 버리지 않는 깊고 큰마음과 모든 보살의 행과 원을 원만하게 하고 모든 불법을 모으며 버리지 않는 깊고 큰마음이다."

"이것이 열이며, 그와 같은 모든 보살이 그 가운데 편안히 머물면 곧 모든 불법을 버리지 않게 될 것이다." (善法行)

佛子 菩薩摩訶薩有十種不捨深大心 何等爲十 所謂 不捨成滿一切佛菩提深大心 不捨敎化調伏一切衆生深大心 不捨不斷一切諸佛種性深大心 不捨親近一切善知識深大心 不捨供養一切諸佛深大心 不捨專求一切大乘功德法深大心 不捨於一切佛所修行梵行護持淨戒深大心 不捨親近一切菩薩深大心 不捨求一切佛法方便護持深大心 不捨滿一切菩薩行願 集一切諸佛法深大心 是爲十 若諸菩薩安住其中 則能不捨一切佛法

(10) 진실행(眞實行)

"불자여! 보살마하살은 열 가지를 자세히 살펴서 들여다보는 지혜가 있으니, 무엇이 열인가 하면, 이른바 섬세하고 능숙한 선근으로 분별해서 모든 법을 설함에 이를 자세히 살펴서 들여다보는 지혜와 삼세의 모든 선근을 깨달아 아는 이것을 자세히 살펴서 들여다보는 지혜와 일체 모든 보살의 행이 자재하게 변화하는 것을 아는 이것을 자세히 살펴서 들여다보는 지혜와 모든 법의 이치와 문을 깨달아 아는 이것을 자세히 살펴서 들여다보는 지혜와 모든 부처의 위엄과 힘을 아는 이것을 자세히 살펴서 들여다보는 지혜와 모든 다라니 문을 아는 이것을 자세히 살펴서 들여다보는 지혜와 모든 세계에서 바른 법을 두루 설하는 이것을 자세히 살펴서 들여다보는 지혜와 모든 법계에 들어가는 것을 자세히 살펴서 들여다보는 지혜와 모든 시방의 생각으로는 헤아려 알 수 없음을 아는 이것을 자세히 살펴서 들여다보는 지혜와 모든 불법의 지혜 광명이 막힘이나 걸림이 없음을 아는 이것을 자세히 살펴서 들여다보는 지혜이다."

"이것이 열이며, 그와 같은 모든 보살이 그 가운데 편안히 머물면 곧 여래의 위 없는 자세히 살펴서 들여다보는 큰일을 얻을 것이다."

佛子 菩薩摩訶薩有十種智慧觀察 何等爲十 所謂 善巧分別說一切法智慧觀察 了知三世一切善根智慧觀察 了知一切諸菩薩行自在變化智慧觀察 了知一切諸法義門智慧觀察 了知一切諸佛威力智慧觀察 了知一切陀羅尼門智慧觀察 於一切世界普說正法智慧觀察 入一切法界智慧觀察 知一切十方不可思議智慧觀察 知一切佛法智慧光明無有障礙智慧觀察 是爲十 若諸菩薩安住其中 則得如來無上大智慧觀察

"불자여! 보살마하살은 열 가지 법을 설함이 있으니, 무엇이 열인가 하면, 이른바 모든 법이란 남김없이 다 원인과 결과를 좇아 생긴 것을 설하고 모든 법이란 남김없이 다 허깨비와 같음을 설하고 모든 법이란 남김없이 다 다툼이 없음을 설하고 모든 법이란 남김없이 다 끝이 없음을 설하고 모든 법이란 남김없이 다 의지하는 것이 없음을 설하고 모든 법이란 남김없이 다 금강과 같음을 설하고 모든 법이란 남김없이 다 여여함을 설하고 모든 법이란 남김없이 다 적정함을 설하고 모든 법이란 남김없이 다 벗어나 나아감을 설하고 모든 법이란 남김없이 다 한 가지 이치에 머무르면서 본래의 성품을 성취하는 것임을 설한다.”

“이것이 열이며, 그와 같은 모든 보살이 그 가운데 편안히 머물면 곧 섬세하고 능숙한 선근으로 모든 법을 설할 것이다.”

佛子 菩薩摩訶薩有十種說法 何等爲十 所謂 說一切法皆從緣起 說一切法皆悉如幻 說一切法無有乖諍 說一切法無有邊際 說一切法無所依止 說一切法猶如金剛 說一切法皆悉如如 說一切法皆悉寂靜 說一切法皆悉出離 說一切法皆住一義 本性成就 是爲十 若諸菩薩安住其中 則能善巧說一切法

“불자여! 보살마하살은 열 가지 청정함이 있으니, 무엇이 열인가 하면, 이른바 깊은 마음의 청정함으로 의심을 끊은 청정함과 바르지 못한 견해를 벗어난 청정함과 경계가 청정함과 모든 지혜를 구함이 청정함과 변재가 청정함과 두려움 없음이 청정함과 모든 보살의 지혜에 머무름이 청정함과 모든 보살의 계율을 받음이 청정함과 위 없는 보리와 32가지 복된 모양이나 상태와 백정법을 성취해서 모든 선근을 청정히 한다.”

“이것이 열이며, 그와 같은 모든 보살이 그 가운데 편안히 머물면 곧 모든 여래의 위 없는 청정한 법을 얻는다.”

佛子 菩薩摩訶薩有十種清淨 何等爲十 所謂 深心清淨 斷疑清淨 離見清淨 境界清淨 求一切智清淨 辯才清淨 無畏清淨 住一切菩薩智清淨 受一切菩薩律儀清淨 具足成就無上菩提 三十二種百福相 白淨法 一切善根清淨 是爲十 若諸菩薩安住其中 則得一切如來無上清淨法

보살마하살은 열 가지 도장 찍기(印)가 있으니

“불자여! 보살마하살은 열 가지 도장 찍기(印)가 있으니, 괴로움과 괴로움에 무너지는 괴로움과 행하는 괴로움을 알고 오로지 부처님을 법을 구하면서 게으르지 않고 보살행을 행하면서 피곤하거나 게으르지 않으며, 놀라지 않고 두려워하지 않으며, 의심하지 않고 떨지 않으며, 큰 원을 버리지 않고 일체 지혜를 구하며, 견고해서 물러섬이 없기에 마지막까지 아뇩다라삼먁삼보리를 마치니, 이것이 제1 도장 찍기이다.”

"보살마하살은 어떤 중생이 어리석고 일반적인 상식을 벗어나 거칠고 헤픈 나쁜 말로 서로를 헐뜯고 욕하며, 그와 같은 칼, 몽둥이, 깨진 질그릇, 돌로 해로움을 가하더라도 끝까지 그 경계로 보살의 마음을 버리지 않고 단지 참아내고 부드럽고 화목하게 오로지 불법만을 닦으며, 가장 뛰어난 도에 머물고 생을 벗어나는 자리에 들어가니, 이것이 제2 도장 찍기이다."

"보살마하살은 모든 지혜와 더불어 서로 응하는 부처님이 설하는 깊고 깊은 법을 듣고 자신의 지혜로 깊이 믿고 분명하게 알며, 이해하고 깨우침을 깨달아 들어가니, 이것이 제3 도장 찍기이다."

"보살마하살은 또 생각하기를 '내가 깊은 마음을 일으켜 모든 지혜를 구하고 내가 마땅히 부처를 이루어 아뇩다라삼먁삼보리를 얻을 것이며, 모든 중생이 오취(五趣)로 굴러다니면서 헤아릴 수 없는 고통을 받으니, 또한 마땅히 그들이 보리심을 일으켜 깊이 믿고 환희하게 하며, 부지런히 닦아 정진하고 견고해서 물러섬이 없게 할 것이다.'라고 하니, 이것이 제4 도장 찍기이다."

"보살마하살은 여래 지혜의 경계가 끝이 없음을 알고 똑같은 경계로 여래의 지혜를 재지 않으니, 이는 보살이 일찍이 헤아릴 수 없는 부처님이 계신 곳에서 여래 지혜의 경계가 끝이 없음을 들은 까닭이다. 그렇기에 똑같은 경계를 가지고 헤아리거나 재지 않으며, 모든 세간의 문자로 설한 것은 다 똑같이 정해진 경계가 있기에 여래의 지혜를 알지 못하니, 이것이 제5 도장 찍기이다."

"보살마하살은 아뇩다라삼먁삼보리로 가장 뛰어난 욕망과 깊고 깊은 욕망과 광대한 욕망과 큰 욕망과 가지가지의 욕망과 이길 수 없는 욕망과 위 없는 욕망과 견고한 욕망과 마와 외도의 그 권속들이 무너트릴 수 없는 욕망과 모든 지혜를 구하기 위해 물러서지 않는 욕망을 얻었으며, 보살이 이와 같은 욕망 등에 머물면서 위 없는 보리에서 끝까지 물러서지 않으니, 이것이 제6 도장 찍기이다."

"보살마하살은 보살의 행을 행하지만, 몸과 목숨을 돌아보지 않고 가로막거나 무너뜨리지 못하니, 이는 마음을 일으켜 모든 지혜로 나아가는 까닭이며, 모든 지혜의 성품이 항상 앞에 나타나는 까닭이며, 모든 부처님의 지혜 광명을 얻는 까닭으로 끝까지 부처의 보리를 버리지 않고 끝까지 선지식을 벗어나지 않으니, 이것이 제7 도장 찍기이다."

"보살마하살은 그와 같은 선남자와 선여인이 대승으로 나아가는 이를 보면 그가 불법 구하는 마음을 늘리고 키우게 하며, 모든 선근에 머물게 하고 모든 지혜의 마음을 거두어 지니게 하며, 위 없는 보리에서 물러서지 않게 하니, 이것이 제8 도장 찍기이다."

"보살마하살은 모든 중생이 평등심을 얻게 하고 모든 지혜의 길을 권하여 부지런히 닦게 하며, 크게 가엾이 여기는 마음으로 법을 설하고 이들이 아뇩다라삼먁삼보리에서 영원히 물러서지 않게 하니, 이것이 제9 도장 찍기이다."

"보살마하살이 삼세 모든 부처님과 더불어 선근이 같으므로 일체 모든 부처님의 종성을 끊지 않고 마지막까지 모든 지혜의 지혜에 이르게 하니, 이것이 제10 도장 찍기이다."

"불자여! 이것이 보살마하살의 열 가지 도장 찍기이니, 보살은 이것으로 아뇩다라삼먁삼보리를 빠르게 이루고 여래의 모든 법과 위 없는 지혜의 도장 찍기를 온전하게 갖춘다."

佛子 菩薩摩訶薩有十種印 何等爲十 所謂 菩薩摩訶薩知苦苦 壞苦 行苦 專求佛法不生懈怠 行菩薩行無有疲懈 不驚不畏 不恐不怖 不捨大願 求一切智堅固不退 究竟阿耨多羅三藐三菩提 是爲第一印 菩薩摩訶薩見有衆生愚癡狂亂 或以麤獘惡語而相毁辱 或以刀杖瓦石而加損害 終不以此境界捨菩薩心 但忍辱柔和 專修佛法 住最勝道 入離生位 是爲第二印 菩薩摩訶薩聞說與一切智相應甚深佛法 能以自智 深信忍可 解了趣入 是爲第三印 菩薩摩訶薩又作是念 我發深心求一切智 我當成佛得阿耨多羅三藐三菩提 一切衆生流轉五趣受無量苦 亦當令其發菩提心 深信歡喜 勤修精進 堅固不退 是爲第四印 菩薩摩訶薩知如來智無有邊際 不以齊限測如來智 菩薩曾於無量佛所聞如來智無有邊際故 能不以齊限測度 一切世間文字所說皆有齊限 悉不能知如來智慧 是爲第五印 菩薩摩訶薩於阿耨多羅三藐三菩提得最勝欲 甚深欲 廣欲 大欲 種種欲 無能勝欲 無上欲 堅固欲 衆魔外道幷其眷屬無能壞欲 求一切智不退轉欲 菩薩住如是等欲 於無上菩提畢竟不退 是爲第六印 菩薩摩訶薩行菩薩行 不顧身命 無能沮壞 發心趣向一切智故 一切智性常現前故 得一切佛智光明故 終不捨離佛菩提 終不捨離善知識 是爲第七印 菩薩摩訶薩若見善男子 善女人趣大乘者 令其增長求佛法心 令其安住一切善根 令其攝取一切智心 令其不退無上菩提 是爲第八印 菩薩摩訶薩令一切衆生得平等心 勸令勤修一切智道 以大悲心而爲說法 令於阿耨多羅三藐三菩提永不退轉 是爲第九印 菩薩摩訶薩與三世諸佛同一善根 不斷一切諸佛種性 究竟得至一切智智 是爲第十印 佛子 是爲菩薩摩訶薩十種印 菩薩以此速成阿耨多羅三藐三菩提 具足如來一切法無上智印

"불자여! 보살마하살은 열 가지 지혜의 광명으로 비추는 일이 있으니, 무엇이 열인가 하면, 이른바 아뇩다라삼먁삼보리를 반드시 이루는 것을 아는 이것을 지혜의 광명으로 비춤이며, 모든 부처님을 보는 이것을 지혜의 광명으로 비춤이며, 모든 중생이 이곳에서 죽어 저곳에서 나는 것을 보는 이것을 지혜의 광명으로 비춤이며, 모든 수다라 법문을 아는 이것을 지혜의 광명으로 비춤이며, 선지식을 의지해서 보리심을 일으키고 모든 선근을 모으는 이것을 지혜의 광명으로 비춤이며, 일체 모든 부처님을 나타내는 이것을 지혜의 광명으로 비춤이며, 모든 중생을 가르쳐 바른길로 이끌어 여래의 지위에 머물게 하는 이것을 지혜의 광명으로 비춤이며, 생각으로 헤아려 알 수 없는 넓고 큰 법문을 널리 펴서 설하는 이것을 지혜의 광명으로 비춤이며, 모든 섬세하고 능숙한 선근으로 일체 모든 부처님의 신통과 위엄을 분명하게 깨우쳐 아는 이것을 지혜의 광명으로 비춤이며, 일체 모든 바라밀을 만족하게 하는 이것을 지혜의 광명으로 비춤이다."

"이것이 열이며, 그와 같은 모든 보살이 이 법에 편안히 머물면 모든 부처님의 위 없는 지혜의 광명으로 비춤을 받을 것이다."

佛子 菩薩摩訶薩有十種智光明 何等爲十 所謂 知定當成阿耨多羅三藐三菩提智光照 見一切諸佛智光照 見一切衆生死此生彼智光照 解一切修多羅法門智光照 依善知識發菩提心集諸善根智光照 示現一切諸佛智光照 敎化一切衆生悉令安住如來地智光照 演說不可思議廣大法門智光照 善巧了知一切諸佛神通威力智光照 滿足一切諸波羅蜜智光照 是爲十 若諸菩薩安住此法 則得一切諸佛無上智光照

열 가지 그 이상 더 할 수 없을 정도에 머무름이 있기에 모든 중생과 성문과 독각은 모두 같은 것이 없으니

"불자여! 보살마하살은 열 가지 그 이상 더 할 수 없을 정도에 머무름이 있기에 모든 중생과 성문과 독각은 모두 같은 것이 없으니, 무엇이 열인가 하면, 이른바 보살마하살이 비록 실상의 본바탕이 되는 경계를 자세하게 들여다보지만 취하고 증득하지 않으니, 이는 모든 원을 만족하게 이루지 못한 까닭이며, 이는 그 이상 더 할 수 없을 정도에 머무르는 제1이다. "

"보살마하살이 법계와 평등한 모든 선근을 심지만, 그 가운데 조금도 집착하는 것이 없

으니, 이는 그 이상 더 할 수 없을 정도에 머무르는 제2다. "

"보살마하살은 보살의 행을 닦는 것이 변화와 같은 것임을 알기에 모든 법이란 남김없이 적멸한 까닭으로 부처의 법에 의혹을 내지 않으니, 이는 그 이상 더 할 수 없을 정도에 머무르는 제3이다."

"보살마하살이 비록 세간의 망령된 생각에서 벗어났으나, 뜻을 지어 말할 수 없는 겁을 두고 보살행을 행해서 큰 원을 만족하게 하고 중간에 피로하고 싫어하는 마음을 끝까지 일으키지 않으니, 이는 그 이상 더 할 수 없을 정도에 머무르는 제4이다."

"보살마하살은 모든 법을 취하고 집착함이 없기에 모든 법의 성품이 적멸한 까닭으로 열반을 증득하지 않는다. 무슨 까닭인가 하면, 모든 지혜의 도를 원만하게 이루지 못한 까닭이니, 이는 그 이상 더 할 수 없을 정도에 머무르는 제5다."

"보살마하살은 모든 겁이 다 겁이 아닌 것을 알지만, 참으로 모든 겁의 수를 말하니, 이는 그 이상 더 할 수 없을 정도에 머무르는 제6이다."

"보살마하살은 모든 법이 남김없이 다 지을 것이 없음을 알지만, 도를 지어 버리지 않고 모든 불법을 구하는 것이니, 이는 그 이상 더 할 수 없을 정도에 머무르는 제7이다."

"보살마하살은 삼계란 오직 마음뿐이며, 삼세가 오직 마음뿐인 것을 알지만, 그 마음이 헤아릴 수 없고 끝이 없음을 아니, 이는 그 이상 더 할 수 없을 정도에 머무르는 제8이다."

"보살마하살이 한 중생을 위해서 말로 할 수 없는 겁을 두고 보살행을 행하여 모든 지혜의 자리에 편안히 머물게 하며, 한 중생을 위하는 것과 같이 모든 중생을 위해서도 남김없이 역시 이와 같음으로 하여 피곤하고 싫어함을 내지 않으니, 이는 그 이상 더 할 수 없을 정도에 머무르는 제9이다."

"보살마하살이 비록 수행이 원만하지만, 보리를 증득하지 않으니, 왜냐하면 보살이 생각하기를 '내가 지어가는 일이란 본래 중생을 위한 것이다. 이러한 까닭으로 내가 응당 생사에 오래 처하여 방편으로 이익이 되도록 하여 모두 위 없는 부처의 도에 머물게 할 것이다.'라고 한다. 이는 그 이상 더 할 수 없을 정도에 머무르는 제10이다."

"불자여! 이것이 보살마하살이 열 가지 그 이상 더 할 수 없을 정도에 머무름을 이르니, 그와 같은 보살이 이 가운데 편안히 머물면 곧 위 없는 큰 지혜의 모든 불법에서 그 이상 더 할 수 없을 정도에 머무름을 얻을 것이다."

佛子 菩薩摩訶薩有十種無等住 一切衆生 聲聞 獨覺悉無與等 何等爲十 所謂 菩薩摩訶薩雖觀實際而不取證 以一切願未成滿故 是爲第一無等住 菩薩摩訶薩種等法界

一切善根 而不於中有少執著 是爲第二無等住 菩薩摩訶薩修菩薩行 知其如化 以一切法悉寂滅故 而於佛法不生疑惑 是爲第三無等住 菩薩摩訶薩雖離世間所有妄想 然能作意 於不可說劫行菩薩行 滿足大願 終不中起疲厭之心 是爲第四無等住 菩薩摩訶薩於一切法無所取著 以一切法性寂滅故 而不證涅槃 何以故 一切智道未成滿故 是爲第五無等住 菩薩摩訶薩知一切劫皆卽非劫 而眞實說一切劫數 是爲第六無等住 菩薩摩訶薩知一切法悉無所作 而不捨作道 求諸佛法 是爲第七無等住 菩薩摩訶薩知三界唯心 三世唯心 而了知其心無量無邊 是爲第八無等住 菩薩摩訶薩爲一衆生 於不可說劫行菩薩行 欲令安住一切智地 如爲一衆生 爲一切衆生悉亦如是 而不生疲厭 是爲第九無等住 菩薩摩訶薩雖修行圓滿 而不證菩提 何以故 菩薩作如是念 我之所作本爲衆生 是故我應久處生死 方便利益 皆令安住無上佛道 是爲第十無等住 佛子 是爲菩薩摩訶薩十種無等住 若諸菩薩安住其中 則得無上大智 一切佛法無等住

대방광불화엄경 제55권

38. 이세간품(3)
離世間品第三十八之三

4) 십행을 답함

"불자여! 보살마하살이 천하고 비열하지 않은 열 가지 마음을 일으키니, 무엇이 열이 되는가?"

"불자여! 보살이 이와 같은 생각을 하니, 내가 마땅히 모든 하늘의 마와 그 권속들을 항복 받을 것이라고 한다. 이것이 제1 천하고 비열하지 않은 마음이며, 또 생각으로 지어가길, 내가 마땅히 일체 외도 및 그 바르지 못한 법을 남김없이 다 깨트릴 것이라고 한다. 이것이 제2 천하고 비열하지 않은 마음이며, 또 생각으로 지어가길, 내가 마땅히 모든 중생에게 선근의 말로 비유를 열어서 환희하게 할 것이라고 한다. 이것이 제3 천하고 비열하지 않은 마음이며, 또 생각으로 지어가길, 내가 마땅히 법계에 두루두루 한 모든 바라밀 행을 원만하게 이룰 것이라고 한다. 이것이 제4 천하고 비열하지 않은 마음이며, 또 생각으로 지어가길, 내가 마땅히 모든 복덕의 장을 쌓아 모을 것이라고 한다. 이것이 제5 천하고 비열하지 않은 마음이며, 또 생각으로 지어가길, 위 없는 보리가 광대하여 이루기 어렵지만, 내가 마땅히 수행해서 모두 다 원만하게 할 것이라고 한다. 이것이 제6 천하고 비열하지 않은 마음이며, 또 생각으로 지어가길, 내가 마땅히 위 없는 가르침으로 바른길로 이끌고 위 없는 조복으로 모든 중생을 바른길로 이끌고 조복시킬 것이라고 한다. 이것이 제7 천하고 비열하지 않은 마음이며, 또 생각으로 지어가길, 모든 세계가 가지가지로 같지 않으니, 내가 마땅히 헤아릴 수 없는 몸으로 등정각을 이룰 것이라고 한다. 이것이 제8 천하고 비열하지 않은 마음이며, 또 생각으로 지어가길, 내가 보살행을 닦을 때 그와 같은 어떤 중생이 와서 나에게 손, 발, 귀, 코, 피, 살, 뼈, 골수, 처자, 코끼리, 말뿐만 아니라 임금의 자리까지 달라고 하더라도 이와 같은 모든 것을 남김없이 다 버리고 근심하고 후회하는 마음을 내지 않으며, 단지 모든 중생에게 이익이 되도록 하고 과보를 구하지 않으며, 가엾이 여기는 큰마음을 으뜸으로 삼고 큰 사랑을 원만하게 성취할 것이라고 한다. 이것이 제9 천하고 비열하지 않은 마음이며, 또 생각으로 지어가길, 삼세에 있는 일체 모든 부처님과 모든 불법과 모든 중생과 모든 국토와 모든 세계와 모든 삼세와 모든 허공계와 모든 법계와 모든 말로 베푼 세계와 모든 적멸의 열반계 등등의 모든 가지가지의 법을 내가 마땅히 한 생각에 서로 응하는 지혜로 남김없이 알고 남김없이 깨닫고 남김없이 보고 남김없이 증득하고 남김없이 닦고 남김없이 끊을 것이다. 그렇지만 그 가운데 분별이 없고 분별을 벗어나 가지가지의 차별이 없으며, 공덕도 경계도 없다. 있는 것도 아니고 없는 것도 아니며, 하나도 아니고 둘도 아니기에 둘이 아닌 지혜로 모든 것이 둘임을 알고 모양이나 상태가 없는 지혜로 모든 모양이나 상태를 알고 분별이 없는 지혜로 모든 분별을 알고 다름이 없는 지혜로 다른 모든 것을 알고 차별이 없는 지혜로 모든 차별을 알고 세간이 없는 지혜로 모든 세간을 알고 세상이 없는 지혜로 모든 세상을 알고 중생이 없는 지혜로 모든 중생을 알고 집착이 없는 지혜로 모든 집착을 알고 머무르는 곳이 없는 지혜로 모든 머무르는 곳을 알고 물드는 것이 없는 지혜로 모든 물드는 것을 알고 다함이 없는 지혜로 모든 다함을 알고 마지막 법계의 지혜로 모든 세계에 몸을 나타내 보이고 말과 소리를 벗어난 지혜로 말로는 할 수 없는 말과 소리를 보이고 자신의 하나뿐인 성품의 지혜로 자신의 성품이 없는 것에 들어가고 한 경계의 지혜로 가지가지의 경계를 나타내고 모든 법이란 말로 할 수 없음을 알지만, 크게 자재한 말을 나타내고 모든 지혜의 자리를 증득하여 모든 중생을 바른길로 이끌고 조복시키기 위해 모든 세간에 큰 신통과 변화를 나타낼 것이라고 한다. 이것이 제10 천하고 비열하지 않은 마음이다."

"불자여! 보살마하살이 열 가지, 천하고 비열하지 않은 마음을 일으킴이니, 그와 같은 보살이 이 마음에 편안히 머물면 곧 천하고 비열하지 않은 최상의 모든 부처님 법을 얻을 것이다."

佛子 菩薩摩訶薩發十種無下劣心 何等爲十 佛子 菩薩摩訶薩作如是念 我當降伏一切天魔及其眷屬 是爲第一無下劣心 又作是念 我當悉破一切外道及其邪法 是爲第二無下劣心 又作是念 我當於一切衆生善言開諭皆令歡喜 是爲第三無下劣心 又作是念 我當成滿徧法界一切波羅蜜行 是爲第四無下劣心 又作是念 我當積集一切福德藏 是爲第五無下劣心 又作是念 無上菩提廣大難成 我當修行悉令圓滿 是爲第六無下劣心 又作是念 我當以無上敎化 無上調伏 敎化調伏一切衆生 是爲第七無下劣心 又作是念 一切世界種種不同 我當以無量身成等正覺 是爲第八無下劣心 又作

是念 我修菩薩行時 若有衆生來從我乞手足 耳鼻 血肉 骨髓 妻子 象馬乃至王位 如是一切悉皆能捨 不生一念憂悔之心 但爲利益一切衆生 不求果報 以大悲爲首 大慈究竟 是爲第九無下劣心 又作是念 三世所有一切諸佛 一切佛法 一切衆生 一切國土 一切世間 一切三世 一切虛空界 一切法界 一切語言施設界 一切寂滅涅槃界 如是一切種種諸法 我當以一念相應慧 悉知悉覺 悉見悉證 悉修悉斷 然於其中無分別 離分別 無種種無差別 無功德 無境界 非有非無 非一非二 以不二智知一切二 以無相智知一切相 以無分別智知一切分別 以無異智知一切異 以無差別智知一切差別 以無世間智知一切世間 以無世智知一切世 以無衆生智知一切衆生 以無執著智知一切執著 以無住處智知一切住處 以無雜染智知一切雜染 以無盡智知一切盡 以究竟法界智於一切世界示現身 以離言音智示不可說言音 以一自性智入於無自性 以一境界智現種種境界 知一切法不可說 而現大自在言說 證一切智地 爲敎化調伏一切衆生故於一切世間示現大神通變化 是爲第十無下劣心 佛子 是爲菩薩摩訶薩發十種無下劣心 若諸菩薩安住此心 則得一切最上無下劣佛法

"불자여! 보살마하살은 아뇩다라삼먁삼보리에 산과 같이 거듭 더하고 더해서 위로 올라가는 열 가지 마음이 있으니, 무엇이 열이 되는가?"

"불자여! 보살마하살은 늘 뜻을 세워서 모든 지혜의 법을 부지런히 닦으니, 이것이 제1 산과 같이 거듭 더하고 더해서 위로 올라가는 마음이며, 항상 모든 법의 성품이란 공하여 얻을 것이 없음을 자세히 들여다보는 것이니, 이것이 제2 산과 같이 거듭 더하고 더해서 위로 올라가는 마음이며, 헤아릴 수 없는 겁을 두고 보살의 행을 행하여 모든 희고 청정한 법을 닦으며, 모든 희고 청정한 법에 머무는 까닭으로 여래의 헤아릴 수 없는 지혜를 알고 보는 것이니, 이것이 제3 산과 같이 거듭 더하고 더해서 위로 올라가는 마음이다."

"모든 부처의 법을 구하기 위한 까닭에 평등한 마음으로 선지식을 받들어 공양하기는 하나, 달리 바라는 것도 없고 법을 도둑질할 마음이 없으며, 오직 존중하고 일찍이 모든 있는 것에 뜻을 두지 않았기에 남김없이 능히 다 버리니, 이것이 제4 산과 같이 거듭 더하고 더해서 위로 올라가는 마음이며, 그와 같은 어떤 중생이 욕하고 훼방을 놓고 방망이로 때리고 칼로 살을 도려내고 몸을 괴롭힐 뿐만 아니라 명을 끊더라도 이와 같은 등등의 일을 남김없이 다 받으며, 끝까지 이러한 일로 인하여 마음이 흔들리거나 성내는 마음을 내지 않고 큰 자비와 큰 서원에서도 물러서거나 버리지 않으며, 다시 늘리고 키워서 쉬는 일이 없다. 왜 그러한가 하면, 보살이 모든 법에서 참으로 벗어나 버리는 일을 성취한 까닭이고 일체 모든 여래의 법을 증득하였기에 욕됨을 참고 부드럽게 어울림이 이미 자재한 까닭이니, 이것이 제5 산과 같이 거듭 더하고 더해서 위로 올라가는 마음이다."

"보살마하살이 키우고 늘려서 위를 더하는 큰 공덕을 성취하니, 이른바 거듭해서 위를 더하는 하늘의 공덕과 거듭해서 위를 더하는 사람의 공덕과 거듭해서 위를 더하는 색의 공덕과 거듭해서 위를 더하는 힘의 공덕과 거듭해서 위를 더하는 권속의 공덕과 거듭해서 위를 더하는 욕의 공덕과 거듭해서 위를 더하는 왕위의 공덕과 거듭해서 위를 더하는 자재의 공덕과 거듭해서 위를 더하는 복덕의 공덕과 거듭해서 위를 더하는 지혜의 공덕이다."

"비록 차례를 좇아(復) 이와 같은 공덕을 성취하지만, 끝까지 이러한 것에 물들고 집착하지 않으니, 이른바 맛에 집착하지 않고 욕에 집착하지 않고 재물에 집착하지 않고 권속에 집착하지 않고 다만 법을 깊이 좋아해서 법을 따라가고 법을 따라 머물고 법을 따라 나아가고 법을 따라 마지막까지 가고 법을 의지할 것으로 삼고 법을 구원으로 삼고 법을 귀의할 것으로 삼고 법을 집으로 삼고 법을 지키고 보호하고 법을 좋아하고 즐기며, 법을 바라고 법을 사유한다."

"불자여! 보살마하살이 비록 차례를 좇아(復) 가지가지 법의 즐거움을 갖추어 받더라도 항상 마군의 경계로부터 멀리 벗어난다. 왜 그런가 하면, 보살마하살은 과거의 세상에서도 이와 같은 마음을 일으켜, 나는 마땅히 모든 중생이 남김없이 다 많은 마의 경계로부터 영원히 벗어나고 부처님의 경계에 머물게 할 것이라고 한 까닭이니, 이것이 제6 산과 같이 거듭 더하고 더해서 위로 올라가는 마음이다."

"보살마하살이 아뇩다라삼먁삼보리를 구하기 위해서 헤아릴 수 없는 아승기 겁을 두고 보살의 도를 이미 행하여 부지런하고 게으르지 않았으니, 이르길 마치 내가 이제 비로소 아뇩다라삼먁삼보리심을 일으켜 보살의 행을 행하는 것과 같다고 하며, 역시 놀라지 않고 역시 무서워 떨지 않고 역시 두려워하지 않고 비록 한 생각, 한순간에 아뇩다라삼먁삼보리를 이루나 중생을 위한 까닭으로 헤아릴 수 없는 겁을 두고 보살행을 행하면서 쉼이 없으니, 이것이 제7 산과 같이 거듭 더하고 더해서 위로 올라가는 마음이다."

"보살마하살은 모든 중생의 성품이 화목하고 착하지 못해 조복시키기 어렵고 바른길로 가르쳐 이끌기 어려우며, 은혜를 알지 못할 뿐만 아니라 은혜를 갚을 줄도 모름을 안다. 이러한 까닭으로 이들을 위해 큰 서원을 일으키고 이들이 모두 마음의 뜻에 자재함을 얻으며, 행하는 것이 막힘이나 걸림이 없고 악한 생각을 버리고 벗어나 다른 곳에서도 번뇌를 내지 않게 하니, 이것이 제8 산과 같이 거듭 더하고 더해서 위로 올라가는 마음이다."

"보살마하살이 차례를 좇아(復) 생각하기를 타인으로 인해서 내가 보리심을 일으키는 것이 아니며, 또한 타인이 나의 수행을 돕도록 기다리는 것도 아니고 내가 스스로 마음을 일으켜 모든 불법을 모으며, 스스로 힘을 써서 미래의 겁이 다하도록 보살 도를 행하여 아뇩다라삼먁삼보리를 이루는 것이다. 이러한 까닭으로 내가 이제 보살행을 닦아서 마땅히 자신의 마음을 청정히 하고 타인의 마음도 청정하게 하며, 또한 마땅히 자신의 경계를 알고 또한 타인의 경계도 알며, 내가 마땅히 삼세 모든 부처님과 더불어 경계를 남김없이 평등하게 할 것이라고 하니, 이것이 제9 산과 같이 거듭 더하고 더해서 위로 올라가는 마음이다."

"보살마하살이 이와 같음을 자세하게 들여다보는 일을 짓지만, 법 하나라도 보살의 행을 닦음이 없고 법 하나라도 보살의 행을 원만하게 하는 것이 없으며, 법 하나라도 모든 중생을 가르쳐 바른길로 이끌고 조복시킴이 없고 법 하나라도 일체 모든 부처님께 공경 공양함이 없으며, 법 하나라도 아뇩다라삼먁삼보리를 이미 이루었다거나 지금도 이룬다거나 앞으로도 이루는 것이 없으며, 법 하나라도 이미 말했다거나 지금 말하고 있다거나 앞으로도 말할 것이 없으며, 법을 설하는 자와 또한 법을 함께 얻을 수 없지만, 또한 아뇩다라삼먁삼보리의 원을 버리지 않는다."

"왜 그러한가 하면, 보살이 모든 법을 구해도 얻을 수 있는 것이 아니지만, 이와 같음으로 아뇩다라삼먁삼보리를 출생한다. 이러한 까닭으로 법에서 비록 얻을 것이 없지만, 부지런히 닦아 익혀서 선근의 업을 더욱 늘리고 키우며, 청정하게 짝해서 다스리고 지혜를 원만하게 하며, 생각마다 거듭 늘리고 키워서 일체를 온전하게 갖추며, 그 마음이 이러해도 놀라지 않고 두려워하지 않으며, 그와 같은 모든 법이 다 적멸하다면 내가 무슨 이유로 위 없는 보리의 도를 구하고자 하겠나 라는 생각을 내니, 이것이 제10 산과 같이 거듭 더하고 더해서 위로 올라가는 마음이다."

"불자여! 이것으로 보살마하살은 아뇩다라삼먁삼보리에 대한 열 가지의 산과 같이 거듭 더하고 더해서 위로 올라가는 마음을 얻는다. 그와 같은 모든 보살이 그 가운데 편안히 머물면 곧 여래의 위 없는 큰 지혜의 산왕을 거듭 더하고 더해서 위로 올라가는 마음을 얻는다."

佛子 菩薩摩訶薩於阿耨多羅三藐三菩提 有十種如山增上心 何等爲十 佛子 菩薩

摩訶薩常作意勤修一切智法 是爲第一如山增上心 恒觀一切法本性空無所得 是爲第二如山增上心 願於無量劫行菩薩行 修一切白淨法 以住一切白淨法故 知見如來無量智慧 是爲第三如山增上心 爲求一切佛法故 等心敬奉諸善知識 無異希求 無盜法心 唯生尊重 未曾有意 一切所有悉皆能捨 是爲第四如山增上心 若有衆生罵辱 毁謗打棒 屠割 苦其形體 乃至斷命 如是等事悉皆能受 終不因此生動亂心 生瞋害心 亦不退捨大悲弘誓 更令增長無有休息 何以故 菩薩於一切法如實出離 捨成就故 證得一切諸如來法 忍辱柔和已自在故 是爲第五如山增上心 菩薩摩訶薩成就增上大功德 所謂 天增上功德 人增上功德 色增上功德 力增上功德 眷屬增上功德 欲增上功德 王位增上功德 自在增上功德 福德增上功德 智慧增上功德 雖復成就如是功德 終不於此而生染著 所謂 不著味 不著欲 不著財富 不著眷屬 但深樂法 隨法去 隨法住 隨法趣向 隨法究竟 以法爲依 以法爲救 以法爲歸 以法爲舍 守護法 愛樂法 希求法 思惟法 佛子 菩薩摩訶薩雖復具受種種法樂 而常遠離衆魔境界 何以故 菩薩摩訶薩於過去世發如是心 我當令一切衆生皆悉永離衆魔境界 住佛境界故 是爲第六如山增上心 菩薩摩訶薩爲求阿耨多羅三藐三菩提 已於無量阿僧祇劫行菩薩道精勤匪懈 猶謂 我今始發阿耨多羅三藐三菩提心 行菩薩行 亦不驚 亦不怖 亦不畏 雖能一念卽成阿耨多羅三藐三菩提 然爲衆生故 於無量劫行菩薩行無有休息 是爲第七如山增上心 菩薩摩訶薩知一切衆生性不和善 難調難度 不能知恩 不能報恩 是故爲其發大誓願 欲令皆得心意自在 所行無礙 捨離惡念 不於他所生諸煩惱 是爲第八如山增上心 菩薩摩訶薩復作是念 非他令我發菩提心 亦不待人助我修行 我自發心 集諸佛法 誓期自勉 盡未來劫行菩薩道 成阿耨多羅三藐三菩提 是故我今修菩薩行 當淨自心亦淨他心 當知自境界亦知他境界 我當悉與三世諸佛境界平等 是爲第九如山增上心 菩薩摩訶薩作如是觀 無有一法修菩薩行 無有一法滿菩薩行 無有一法敎化調伏一切衆生 無有一法供養恭敬一切諸佛 無有一法於阿耨多羅三藐三菩提已成 今成 當成 無有一法已說 今說 當說 說者及法俱不可得 而亦不捨阿耨多羅三藐三菩提願 何以故 菩薩求一切法皆無所得 如是出生阿耨多羅三藐三菩提 是故 於法雖無所得 而勤修習增上善業 淸淨對治 智慧圓滿 念念增長 一切具足 其心於此不驚不怖 不作是念 若一切法皆悉寂滅 我有何義求於無上菩提之道 是爲第十如山增上心 佛子 是爲菩薩摩訶薩於阿耨多羅三藐三菩提十種如山增上心 若諸菩薩安住其中 則得如來無上大智山王增上心

"불자여! 보살마하살은 열 가지 아뇩다라삼먁삼보리에 들어가는 바다와 같은 지혜가 있으니, 무엇이 열인가 하면, 이른바 일체 헤아릴 수 없는 중생계에 들어가는 것이니, 이것이 제1 바다와 같은 지혜이며, 모든 세계에 들어가지만, 분별을 일으키지 않으니, 이것이 제2 바다와 같은 지혜이며, 모든 허공계는 헤아릴 수 없고 막힘이나 걸림이 없음을 알고 시방의 차별된 모든 세계 그물에 두루 들어가니, 이것이 제3 바다와 같은 지혜이다."

"보살마하살은 법계에 선근으로 들어가니, 이른바 막힘이나 걸림이 없이 들어가며, 끊어지지 않고 들어가며, 항상 하지 않게 들어가며, 헤아릴 수 없이 들어가며, 생함이 없이 들어가며, 멸함이 없이 들어가며, 들어가는 모든 것을 남김없이 다 깨달아 아는 까닭으로 이것이 제4 바다와 같은 지혜이며, 보살마하살은 과거와 현재와 미래의 모든 부처님과 보살과 법사와 성문과 독각과 또한 모든 범부(凡夫)들이 모은 선근을 이미 과거에도 모았고 현재도 모으고 앞으로도 모으는 것과 삼세의 모든 부처님이 아뇩다라삼먁삼보리를 이미 이루었고 지금 이루고 앞으로 이룰 선근과 삼세 모든 부처님이 법을 설하여 모든 중생을 조복하여 이미 설했고 앞으로 설하여 가지고 있는 선근을 남김없이 모두 다 분명하게 깨달아 알고 깊게 믿으며, 기쁜 마음으로 따르고 원하는 대로 즐겁게 닦고 익힘에 싫어하고 만족함이 없으니, 이것이 제5 바다와 같은 지혜이다."

"보살마하살은 생각과 생각마다 지난 세상의 말로 할 수 없는 겁에 들어가지만, 일 겁 가운데 그와 같은 백억 부처님이 세상에 나오시고 그와 같은 천억 부처님이 세상에 나오시고 그와 같은 백천 억 부처님이 세상에 나오시고 그와 같이 수 없고 그와 같이 헤아릴 수 없고 그와 같이 끝이 없고 그와 같이 더 할 수 없을 정도이고 그와 같이 셀 수 없고 그와 같이 일컬을 수 없고 그와 같이 생각으로 헤아려 알 수 없고 그와 같이 헤아릴 수 없이 많고 그와 같이 말로 할 수 없고 그와 같이 말로 할 수 없이 말로는 이를 수 없는 산수를 뛰어넘어 모든 부처님 세존이 세상에 나시는 것과 또한 모든 부처님 도량에 모인 대중의 성문과 보살이 법을 설하여 모든 중생을 조복시킴과 목숨의 길고 짧음과 가르침의 법이 오래 머물고 잠시 머무는 등등의 이러한 것들을 남김없이 다 분명하게 보고 하나의 겁만 아니라 모든 겁도 다 또한 이와 같다. 부처님이 없는 겁에 있는 중생들이 아뇩다라삼먁삼보리의 선근을 심은 것도 또한 남김없이 다 깨달아 알고 그와 같은 중생의 선근이 성숙하여 미래 세상에 마땅히 부처님을 뵙게 될 것도 또한 남김없이 다 깨달아 알기에 이와 같은 과거 세상에 대한 말로 할 수 없이 말로는 이를 수 없는 겁을 자세히 들여다보지만, 마음에 싫어하고 만족함이 없으니, 이것이 제6 바다와 같은 지혜이다."

"보살마하살은 미래 세상에 들어가서 헤아릴 수 없고 끝이 없음을 자세히 들여다보고 분별하여 어느 겁에는 부처님이 있고 어느 겁에는 부처님이 없으며, 어느 겁에는 몇 분의 여래가 세상에 나오시니, 한 분 한 분 여래의 이름이 무엇이며, 어느 세계에 머물고 세계의 이름은 무엇이며, 중생은 얼마나 가르쳐 바른길로 이끌고 목숨은 얼마인지, 이와 같음을 자세 살펴서 들여다보기를 미래의 경계가 다 하도록 하여 남김없이 다 깨달아 알고 다하고 다함이 없으나 싫어하고 만족함이 없으니, 이것이 제7 바다와 같은 지혜이다."

"보살마하살은 현재 지금의 세상에 들어가서 자세히 들여다보고 사유해하여 생각마다 그 가운데 끝이 없는 종류를 두루 보며, 말로 할 수 없는 세계에 계신 모든 부처님이 위 없는 보리를 이미 이루고 지금 이루며, 앞으로 이루는 것을 보며, 도량에 나아가 보리수 아래 길하고 상서로운 풀을 깔고 앉아 마군을 항복 받고 아뇩다라삼먁삼보리를 이루며, 일어나서는 성중에 들어가고 천궁에도 올라가서 섬세하고 빼어난 법을 설하여 큰 법륜을 굴리며, 신통을 나타내어 보여서 중생을 조복시킬 뿐만 아니라 아뇩다라삼먁삼보리의 법을 청하여 부탁하고는 수명을 버리고 반열반에 들어가며, 열반에 들어서는 법장을 결집하여 세상에 오래 머물게 하고 불탑을 장엄하여 가지가지로 공양하고 또한 세계에 있는 중생들이 부처님을 만나 법을 듣고 받아 지녀서 읊고 외우며, 기억해서 생각하고 사유하여 지혜의 깨우침을 거듭 더하고 키우니, 이와 같음을 자세히 들여다보고 시방에 두루두루 하지만, 부처님 법에 어긋나고 그르치는 것이 없다. 무슨 까닭인가 하면, 보살마하살은 모든 부처님이란 남김없이 다 꿈과 같은 것임을 깨달아 알지만, 모든 부처님이 계신 곳에 나아가 공경 공양하니, 보살은 이때 자신에게 집착하지 않으며, 모든 부처님에게 집착하지 않으며, 세계에 집착하지 않으며, 대중의 모임에도 집착하지 않으며, 법을 설함에도 집착하지 않으며, 겁의 수에도 집착하지 않으나, 부처님을 보고 법을 듣고 세계를 자세히 들여다보고 모든 겁에 들어가서 싫어하고 만족함이 없으니, 이것이 제8 바다와 같은 지혜이다."

"보살마하살은 말할 수 없고 말로 이를 수 없는 겁 동안 하나하나의 겁 가운데 말할 수 없고 말로는 이를 수 없는 헤아릴 수 없는 모든 부처님에게 공양하고 공경하지만, 자신이 이곳에서 죽어 저곳에서 나는 것을 나타내 보여 삼계를 뛰어넘는 모든 공양 기물을 공양으로 삼으며, 아울러 보살 성문 모든 대중에게 공양하고 한 분 한 분의 여래가 열반에 드신 후에는 빠짐없이 위 없는 공양 기물로 사리에 공양하고 또한 은혜롭게 두루 보시의 행을 하여 중생을 만족하게 한다."

"불자여! 보살마하살은 생각으로 헤아려 알 수 없는 마음과 과보를 바라지 않는 마음과 마지막까지의 마음과 넉넉함을 더하는 마음으로 말할 수 없고 말로는 이를 수 없는 겁에 아뇩다라삼먁삼보리를 위하는 까닭으로 모든 부처님께 공양하고 중생에게 이익이 되도록 하고 바른 법을 보호해 지니며, 법을 널리 펴서 열어 보이니, 이것이 제9 바다와 같은 지혜이다."

"보살마하살은 모든 부처님의 처소와 모든 보살의 처소와 모든 법사의 처소에 한결같이 보살이 설하는 법과 보살이 배우는 법과 보살이 가르치는 법과 보살이 닦는 법과 보살의 청정한 법과 보살의 성숙한 법과 보살의 조복하는 법과 보살의 평등한 법과 보살의 벗어나는 법과 보살이 모두 지니는 법(總持)을 구한다. 이 법을 얻고는 받아 지녀서 읽고 외우고 분별하고 이해하고 말함에 싫어하고 만족함이 없으며, 헤아릴 수 없는 중생이 이 불법 가운데서 모든 지혜와 서로 응하는 마음을 일으키고 실상의 본바탕이 되는 모양이나 상태에 들어가 아뇩다라삼먁삼보리에서 물러서지 않게 하고 보살이 이와 같음을 말할 수 없고 말로는 이를 수 없는 겁을 두고도 만족함이 없으니, 이것이 제10 바다와 같은 지혜이다."

"불자여! 이것이 보살마하살이 열 가지로 아뇩다라삼먁삼보리에 들어가는 바다와 같은 지혜가 되는 것이니, 그와 같은 모든 보살이 이 법에 편안히 머물면 곧 일체 모든 부처님의 위 없는 큰 지혜의 바다를 얻을 것이다."

佛子 菩薩摩訶薩有十種入阿耨多羅三藐三菩提如海智 何等爲十 所謂 入一切無量衆生界 是爲第一如海智 入一切世界而不起分別 是爲第二如海智 知一切虛空界無量無礙 普入十方一切差別世界網 是爲第三如海智 菩薩摩訶薩善入法界 所謂 無礙入 不斷入 不常入 無量入 不生入 不滅入 一切入 悉了知故 是爲第四如海智 菩薩摩訶薩於過去 未來 現在諸佛 菩薩 法師 聲聞 獨覺及一切凡夫所集善根已集 現集 當集 三世諸佛於阿耨多羅三藐三菩提已成 今成 當成所有善根 三世諸佛說法調伏一切衆生已說 今說 當說所有善根 於彼一切皆悉了知 深信隨喜 願樂修習 無有厭足 是爲第五如海智 菩薩摩訶薩於念念中入過去世不可說劫 於一劫中 或百億佛出世 或千億佛出世 或百千億佛出世 或無數 或無量 或無邊 或無等 或不可數 或不可稱 或不可思 或不可量 或不可說 或不可說不可說 超過筭數諸佛世尊出興于世 及彼諸佛道場衆會聲聞 菩薩說法調伏 一切衆生壽命延促 法住久近 如是一切悉皆明見 如一劫 一切諸劫皆亦如是 其無佛劫所有衆生 有於阿耨多羅三藐三菩提種諸善根 亦悉了知 若有衆生善根熟已 於未來世當得見佛 亦悉了知 如是觀察過去世不可說不

可說劫 心無厭足 是爲第六如海智 菩薩摩訶薩入未來世 觀察分別一切諸劫無量無邊 知何劫有佛 何劫無佛 何劫有幾如來出世 一一如來名號何等 住何世界 世界名何 度幾衆生 壽命幾時 如是觀察 盡未來際皆悉了知 不可窮盡而無厭足 是爲第七如海智 菩薩摩訶薩入現在世觀察思惟 於念念中普見十方無邊品類不可說世界 皆有諸佛於無上菩提已成 今成 當成 往詣道場菩提樹下 坐吉祥草 降伏魔軍 成阿耨多羅三藐三菩提 從此起已 入於城邑 昇天宮殿 說微妙法 轉大法輪 示現神通 調伏衆生 乃至付囑阿耨多羅三藐三菩提法 捨於壽命 入般涅槃 入涅槃已 結集法藏令久住世 莊嚴佛塔種種供養 亦見彼世界所有衆生 值佛聞法 受持諷誦 憶念思惟 增長慧解 如是觀察普徧十方 而於佛法無有錯謬 何以故 菩薩摩訶薩了知諸佛皆悉如夢 而能往詣一切佛所恭敬供養 菩薩爾時 不著自身 不著諸佛 不著世界 不著衆會 不著說法 不著劫數 然見佛聞法 觀察世界 入諸劫數 無有厭足 是爲第八如海智 菩薩摩訶薩於不可說不可說劫一一劫中 供養恭敬不可說不可說無量諸佛 示現自身歿此生彼 以出過三界一切供具而爲供養 并及供養菩薩 聲聞 一切大衆 一一如來般涅槃後 皆以無上供具供養舍利 及廣行惠施滿足衆生 佛子 菩薩摩訶薩以不可思議心 不求報心 究竟心饒益心 於不可說不可說劫 爲阿耨多羅三藐三菩提故 供養諸佛 饒益衆生 護持正法開示演說 是爲第九如海智 菩薩摩訶薩於一切佛所 一切菩薩所 一切法師所 一向專求菩薩所說法 菩薩所學法 菩薩所敎法 菩薩修行法 菩薩淸淨法 菩薩成熟法 菩薩調伏法 菩薩平等法 菩薩出離法 菩薩總持法 得此法已 受持讀誦 分別解說 無有厭足令無量衆生 於佛法中 發一切智相應心 入眞實相 於阿耨多羅三藐三菩提得不退轉菩薩如是於不可說不可說劫無有厭足 是爲第十如海智 佛子 是爲菩薩摩訶薩十種入阿耨多羅三藐三菩提如海智 若諸菩薩安住此法 則得一切諸佛無上大智慧海

5) 십회향을 답함

(1) 구호일체중생이중생상회향(救護一切衆生離衆生相廻向)

"불자여! 보살마하살은 아뇩다라삼먁삼보리에 이르는 열 가지 보배와 같은 머무는 곳이 있으니, 무엇이 열이 되는가?"

"불자여! 보살마하살은 수 없는 세계의 모든 여래가 계시는 곳마다 나아가서 우러러 뵙고 머리를 숙여 예를 올리고 받들어 섬기어 공양하니, 이것이 제1 보배와 같은 머무름이며, 헤아릴 수 없는 여래의 처소에서 바른 법을 듣고 받아 지녀서 기억하고 잊지 않으며, 망령되게 잃지 않고 분별하여 사유하며, 깨우침의 지혜가 거듭 늘고 커지며, 이와 같음을 지어가는 일이 시방에 가득하니, 이것이 제2 보배와 같은 머무름이다."

"이 세계에서 죽어 나머지 다른 곳에서 태어남을 나타내지만, 부처님의 법에 미혹하는 것이 없으니, 이것이 제3 보배와 같은 머무름이며, 하나의 법으로부터 모든 법이 나오는 것을 알고 각각 분별하여 법을 설하지만, 모든 법의 가지가지 뜻이 끝에 가서는 한가지 뜻임을 아니, 이것이 제4 보배와 같은 머무름이며, 번뇌를 싫어하고 벗어남을 알며, 번뇌를 그치고 쉴 것을 알고 번뇌를 막고 보호할 줄을 알면서 보살행을 닦지만, 실상의 본바탕을 증득하지 않고 마지막에 원만한 실상의 본바탕이 되는 저 언덕에 이르며, 섬세하고 능숙한 선근 방편으로 배울 것을 배우고 옛적의 원과 행을 다 원만하게 이루지만 몸이 피로하지 않으니, 이것이 제5 보배와 같은 머무름이다."

"모든 보살이 마음으로 분별하는 모든 처소가 없는 것을 알면서도 또한 가지가지 처할 곳이 있음을 설하며, 비록 분별이 없고 지어갈 일도 없음을 알지만, 모든 중생을 조복시키기 위해서 수행도 하고 지어가는 일도 있으니, 이것이 제6 보배와 같은 머무름이며, 모든 법이란 다 동일한 성품인 것을 알지만, 이른바 성품이 없고 가지가지의 성품도 없으며, 헤아릴 수 없는 성품도 없고 셀 수 있는 성품이 없으며, 일컬어 헤아릴 수 있는 성품도 없고 색도 없고 모양이나 상태도 없으며, 그와 같이 하나거나 그와 같이 많다 이르는 것을 모두 얻을 수 없지만, 이것이 모든 부처님의 법임을 깨달아 알고 결정하며, 이것은 보살의 법이며, 이것은 독각의 법이며, 이것는 성문의 법이며, 이것은 범부의 법이며, 이것은 선근의 법이며, 이것은 선근의 법이 아니며, 이것은 세간의 법이며, 이것은 출세간의 법이며, 이것은 잘못이나 허물이 있는 법이며, 이것은 잘못이나 허물이 없는 법이며, 이것은 유루법이며, 이것은 무루법일 뿐만 아니라 이것은 인위적인 유위법이며, 이것은 있는 그대로의 무위법임을 아니, 이것이 제7 보배와 같은 머무름이다."

"보살마하살은 부처를 구하려 해도 얻을 수 없고 보살을 구하려 해도 얻을 수 없고 법을 구하려 해도 얻을 수 없고 중생을 구하려 해도 얻을 수 없으나, 중생을 조복하여 버리지 않으며, 모든 법에 바른 깨우침의 원을 이룬다. 무슨 까닭인가 하면, 보살마하살은 섬세하고 능숙한 선근으로 자세히 들여다보고 모든 중생의 분별을 알며, 모든 중생의 경계를 알고 방편으로 가르쳐 바른길로 이끌어서 열반을 얻게 하며, 중생을 가르쳐 바른길로 이끌려는 소원을 만족하기 위해서 불길이 솟듯 보살의 행을 닦은 까닭임을 아니, 이것이 제8 보배와 같은 머무름이다."

"보살마하살은 섬세하고 능숙한 선근으로 법을 설하며, 열반을 나타내 보이고 중생을 제도하기 위해 가지고 있는 방편이란, 모든 것이 다 마음의 생각으로 만들어 세운 것이며, 뒤바뀐 것도 아니고 또한 텅 빈 속임수가 아님을 아니, 무슨 까닭인가 하면, 보살은 일체 모든 법이란 삼세가 평등하여 여시여시와 같기에 움직이지 않고 실상의 본바탕이 되는 경계에 머물지도 않음을 깨달아 알며, 한 명의 중생이 이미 변하여 바뀜을 받았고 지금 변하여 바뀜을 받고 앞으로 변하여 바뀜을 받은 것을 보지 못하며, 또 수행할 것이 없음을 깨달아 알고 아주 적은 법이라도 그와 같이 나거나 없어지는 것을, 또 얻을 것이 없음을 알지만, 모든 법을 의지하여 원하는 것이 텅 비지 않는 것임을 아니, 이것이 제9 보배와 같은 머무름이다."

"보살마하살은 생각으로 헤아려 알 수 없고 헤아릴 수 없는 모든 부처님의 하나하나 처소에서 말할 수 없고 말로는 이를 수 없는 수기의 법을 들으니, 이름이 각각 다르고 겁의 수도 각각 같지 않다. 하나의 겁으로부터 말할 수 없고 말로는 이를 수 없는 겁에 이르기까지 항상 이와 같은 것임을 듣더라도 듣고는 수행하여 놀라지 않고 두려워하지 않으며, 아득하지 않고 의혹하지 않으니, 이는 여래의 지혜가 생각으로는 헤아려 알 수 없음을 아는 까닭이며, 여래의 수기(授記)라는 말이 둘이 없는 까닭이며, 자신의 행과 원이 특히 뛰어난 힘이 되는 까닭이며, 마땅히 가르침을 받아 아뇩다라삼먁삼보리를 이루어 법계의 평등한 모든 서원을 만족하게 하려는 까닭임을 아니, 이것이 제10 보배와 같은 머무름이다."

"불자여! 이것이 보살마하살이 아뇩다라삼먁삼보리에 열 가지 보배와 같이 머무르는 것이니, 그와 같은 모든 보살이 이 법에 편안히 머물면, 곧 모든 부처님의 위 없는 큰 지혜의 보배를 얻는다."

佛子 菩薩摩訶薩於阿耨多羅三藐三菩提 有十種如寶住 何等爲十 佛子 菩薩摩訶薩悉能往詣無數世界諸如來所 瞻覲頂禮 承事供養 是爲第一如寶住 於不思議諸如來所 聽聞正法 受持憶念 不令忘失 分別思惟 覺慧增長 如是所作充滿十方 是爲第二如寶住 於此刹歿 餘處現生 而於佛法無所迷惑 是爲第三如寶住 知從一法出一切法 而能各各分別演說 以一切法種種義究竟皆是一義故 是爲第四如寶住 知厭離煩惱 知止息煩惱 知防護煩惱 知除斷煩惱 修菩薩行不證實際 究竟到於實際彼岸 方便

善巧 善學所學 令往昔願行皆得成滿 身不疲倦 是爲第五如寶住 知一切衆生心所分別皆無處所 而亦說有種種方便 雖無分別 無所造作 爲欲調伏一切衆生而有修行 而有所作 是爲第六如寶住 知一切法皆同一性 所謂 無性 無種種性 無無量性 無可筭數性 無可稱量性 無色無相 若一若多皆不可得 而決定了知此是諸佛法 此是菩薩法 此是獨覺法 此是聲聞法 此是凡夫法 此是善法 此是不善法 此是世間法 此是出世間法 此是過失法 此是無過失法 此是有漏法 此是無漏法 乃至此是有爲法 此是無爲法 是爲第七如寶住 菩薩摩訶薩求佛不可得 求菩薩不可得 求法不可得 求衆生不可得 而亦不捨調伏衆生令於諸法成正覺願 何以故 菩薩摩訶薩善巧觀察 知一切衆生分別 知一切衆生境界 方便化導令得涅槃 爲欲滿足化衆生願 熾然修行菩薩行故 是爲第八如寶住 菩薩摩訶薩知善巧說法 示現涅槃 爲度衆生所有方便 一切皆是心想建立 非是顚倒 亦非虛誑 何以故 菩薩了知一切諸法三世平等 如如不動 實際無住 不見有一衆生已受化 今受化 當受化 亦自了知無所修行 無有少法若生若滅而可得者 而依於一切法 令所願不空 是爲第九如寶住 菩薩摩訶薩於不思議無量諸佛一一佛所 聞不可說不可說授記法 名號各異 劫數不同 從於一劫乃至不可說不可說劫常如是聞 聞已修行 不驚不怖 不迷不惑 知如來智不思議故 如來授記言無二故 自身行願殊勝力故 隨應受化令成阿耨多羅三藐三菩提滿等法界一切願故 是爲第十如寶住 佛子 是爲菩薩摩訶薩於阿耨多羅三藐三菩提十種如寶住 若諸菩薩安住此法 則得諸佛無上大智慧寶

"불자여! 보살마하살은 대승의 금강 같은 서원의 마음을 내니, 무엇이 열인가?"

"불자여! 보살마하살이 이와 같은 생각을 하길 '일체 모든 법은 끝닿은 경계가 없기에 다하여 없어지지 않는 것이니, 내가 마땅히 삼세를 다하는 지혜로 두루 다 깨우침을 깨달아 분명하게 알고 남음이 없게 할 것이다.'라고 한다. 이것이 제1 대승의 금강 같은 서원의 마음이다."

"보살마하살이 또 생각하기를 '하나의 털끝만 한 처에 헤아릴 수 없고 끝없는 중생이 있다. 하물며 모든 법계뿐이겠는가! 내가 마땅히 위 없는 열반으로 다 제도할 것이다.'라고 하니, 이것이 제2 대승의 금강 같은 서원의 마음이다."

"보살마하살이 또 생각하기를 '시방의 세계가 헤아릴 수 없고 끝이 없으며, 경계가 같지 않고 다하여 없어지지 않으니, 내가 마땅히 모든 불국토의 가장 좋은 장엄으로 이와 같은 모든 세계를 장엄하지만, 모든 장엄을 다 진실 되게 할 것이다.'라고 한다. 이것이 제3 대승의 금강 같은 서원의 마음이다."

"보살마하살이 또 생각하기를 '모든 중생은 헤아릴 수 없고 끝이 없으며, 경계가 같지 않고 다하여 없어지지 않으니, 내가 마땅히 모든 선근으로 그들에게 회향하여 위 없는 지혜의 광명을 비출 것이다.'라고 한다. 이것이 제4 대승의 금강 같은 서원의 마음이다."

"보살마하살이 또 생각하기를 '일체 모든 부처님은 헤아릴 수 없고 끝이 없으며, 경계가 같지 않고 다하여 없어지지 않으니, 내가 마땅히 심은 선근으로 회향하고 공양하지만, 남김없이 두루 하고 두루 하게 모자란 것이 없게 한 뒤에 내가 마땅히 아뇩다라삼먁삼보리를 이룰 것이다.'라고 한다. 이것이 제5 대승의 금강 같은 서원의 마음이다."

"불자여! 보살마하살이 모든 부처님을 보고 설하시는 법을 듣고 크게 즐거움과 기쁨을 내지만, 스스로 몸에 집착하지 않으며, 부처의 몸에 집착하지 않으며, 여래의 몸은 실상도 아니고 허상도 아니며, 있음도 아니고 없음도 아니며, 성품도 아니고 성품이 없는 것도 아니며, 색도 아니고 색이 없는 것도 아니며, 모양이나 상태도 아니고 모양이나 상태가 아닌 것도 아니며, 생도 아니고 멸도 아님을 안다. 참으로 있는 것이 없으나 또한 있는 것을 무너뜨리지는 않는다. 무슨 까닭인가 하면, 모든 성품과 모양이나 상태를 취하고 집착하지 않는 까닭이니, 이것이 제6 대승의 금강 같은 서원의 마음이다."

"불자여! 보살마하살은 그와 같은 중생이 꾸짖고 욕하고 훼방하고 몽둥이로 때리고 견딜 수 없게 손과 발을 자르고 귀와 코를 베고 눈을 뽑고 머리를 베더라도 이와 같은 모든 것을 참고 이러한 일로 인하여 성내고 해치려는 마음을 내지 않으며, 말할 수 없고 말로는 이를 수 없고 끝없는 겁을 두고 보살행을 닦아서 중생을 거두어 주고 그만두거나 버리지 않는다. 무슨 까닭인가 하면, 보살마하살은 일체 모든 법이 둘이 없음을 선근으로 자세히 들여다보고 마음이 흔들리지 않으며, 스스로 몸을 버려서 그 고통을 참으니, 이것이 제7 대승의 금강 같은 서원의 마음이다."

"불자여! 보살마하살이 또 생각하기를 '미래 세상 겁의 수가 헤아릴 수 없고 끝이 없으며, 정해진 경계가 없기에 다하여 없어지지 않지만, 내가 마땅히 저 겁이 다하도록 한 세계에서 보살의 도를 행하여 중생을 가르쳐 바른길로 이끌고 한 세계에서 한 것과 같이 모든 법계 허공계를 다하는 모든 세계도 역시 모두 이와 같음으로 하지만, 마음으로 놀라지 않고 무서워 떨지 않으며, 두려워하지 않게 할 것이다.'라고 한다. 무슨 까닭인가 하면,

보살의 도를 행함은 응당 법이란 이와 같기에 모든 중생을 위해서 수행하는 까닭이니, 이것이 제8 대승의 금강 같은 서원의 마음이다."

"불자여! 보살마하살이 또 생각하기를 '아뇩다라삼먁삼보리를 마음의 근본으로 삼으니, 마음이 그와 같이 청정하면 곧 모든 선근을 원만하게 하여 부처님 보리의 마음으로 자재를 얻어서 아뇩다라삼먁삼보리를 이루고자 하면 뜻을 따라 곧 이루고 집착하는 모든 인연을 끊고 한결같은 도에 머물고자 한다면 머물며, 내가 인연을 끊지 않는 것은 부처의 보리를 마지막까지 이루고자 하는 까닭이지만, 또한 위 없는 보리를 증득하지 않을 것이다.'라고 한다. 왜 그런가 하면 본래의 원을 가득 채우기 위해 모든 세계에서 보살의 행을 행하여 중생을 가르쳐 바른길로 이끌고자 하기 때문이다. 이것이 제9 대승의 금강 같은 서원의 마음이다."

"불자여! 보살마하살은 부처를 얻을 수 없으며, 보리를 얻을 수 없으며, 보살을 얻을 수 없으며, 모든 법을 얻을 수 없으며, 중생을 얻을 수 없으며, 마음을 얻을 수 없으며, 행을 얻을 수 없으며, 과거를 얻을 수 없으며, 미래를 얻을 수 없으며, 현재를 얻을 수 없으며, 모든 세간을 얻을 수 없으며, 유위와 무위를 얻을 수 없음을 안다."

"그러므로 보살은 이와 같은 적정에 머물며, 깊고 깊은 것에 머물며, 적멸에 머물며, 다툼이 없는 것에 머물며, 말이 없는 것에 머물며, 둘이 없는 것에 머물며, 그 이상 더 할 수 없는 곳에 머물며, 스스로 성품에 머물며, 이치와 같게 머물며, 해탈에 머물며, 열반에 머물며, 실상의 본바탕이 되는 경계에 머물지만, 역시 모든 큰 원을 버리지 않고 살바야의 마음을 버리지 않고 보살의 행을 버리지 않고 중생을 가르쳐 바른길로 이끄는 것을 버리지 않고 모든 바라밀을 버리지 않고 중생을 조복시킴을 버리지 않고 부처님 섬김을 버리지 않고 모든 법을 널리 펴고 설함을 버리지 않고 세계를 장엄하는 이것을 버리지 않는다."

"무슨 까닭인가 하면, 보살마하살이 큰 원을 일으킨 까닭으로 비록 차례를 좇아(復) 모든 법의 모양이나 상태를 분명하게 깨달아 알고 통하지만, 큰 자비의 마음이 점차로 늘고 커지며, 헤아릴 수 없는 공덕을 빠짐없이 갖추고 수행하여 모든 중생을 마음에서 벗어나거나 버리지 않기 때문이다. 무슨 까닭인가 하면, 일체 모든 법이란 있는 것이 아니지만, 범부는 어리석고 미혹하여 알지 못하고 깨닫지 못한다. 때문에 '내가 마땅히 깨우침을 얻게 해서 모든 법의 성품을 분명하게 비추어 알게 하는 것이니, 왜냐하면, 일체 모든 부처님은 적멸에 편안히 머무시지만, 크게 가엾이 여기는 마음으로 모든 세간에 법을 설하여 바른길로 이끄는 일에 쉼이 없음이니, 내가 어떻게 가엾이 여기는 큰마음을 버리겠는가. 또 내가 먼저 광대한 서원의 마음을 일으켰고 모든 중생에게 이익이 되기 위해 마음을 일으켰고 모든 선근을 쌓고 모으는 마음을 일으켰고 섬세하고 능숙한 선근으로 편안히 머무는 회향심을 일으켰으며, 깊고 깊은 지혜를 출생하는 마음을 일으켰고 모든 중생을 받아들이려는 마음을 일으켰고 모든 중생에게 평등한 마음을 일으켜 진실한 말과 텅 비어 속임이 없는 말로 모든 중생에게 위 없는 큰 법주기를 원하고 일체 모든 부처님의 종성을 끊어지지 않게 할 것이라고 하며, 지금 모든 중생이 해탈을 얻지 못하고 바른 깨우침을 이루지 못하고 부처의 법을 갖추지 못하고 큰 원을 가득 채우지 못했다. 그런데 어떻게 가엾이 여기는 마음을 버리겠는가.' 하니, 이것이 제10 대승의 금강 같은 서원의 마음이다."

"불자여! 이것이 보살마하살의 열 가지 대승의 금강 같은 서원의 마음을 일으킴이니, 그와 같은 모든 보살이 이 법에 편안히 머물면 곧 여래의 금강 성품으로서 위 없는 큰 신통지혜를 얻을 것이다."

佛子 菩薩摩訶薩發十種如金剛大乘誓願心 何等爲十 佛子 菩薩摩訶薩作如是念 一切諸法 無有邊際 不可窮盡 我當以盡三世智 普皆覺了 無有遺餘 是爲第一如金剛大乘誓願心 菩薩摩訶薩又作是念 於一毛端處有無量無邊衆生 何況一切法界 我當皆以無上涅槃而滅度之 是爲第二如金剛大乘誓願心 菩薩摩訶薩又作是念 十方世界無量無邊 無有齊限 不可窮盡 我當以諸佛國土最上莊嚴 莊嚴如是一切世界 所有莊嚴皆悉眞實 是爲第三如金剛大乘誓願心 菩薩摩訶薩又作是念 一切衆生 無量無邊無有齊限 不可窮盡 我當以一切善根 迴向於彼無上智光 照曜於彼 是爲第四如金剛大乘誓願心 菩薩摩訶薩又作是念 一切諸佛 無量無邊 無有齊限 不可窮盡 我當以所種善根迴向供養 悉令周徧 無所闕少 然後我當成阿耨多羅三藐三菩提 是爲第五如金剛大乘誓願心 佛子 菩薩摩訶薩見一切佛 聞所說法生大歡喜 不著自身 不著佛身解如來身非實非虛 非有非無 非性非無性 非色非無色 非相非無相 非生非滅 實無所有 亦不壞有 何以故 不可以一體性相而取著故 是爲第六如金剛大乘誓願心 佛子 菩薩摩訶薩 或有衆生訶罵毁呰 撾打楚撻 或截手足 或割耳鼻 或挑其目 或級其頭 如是一切皆能忍受 終不因此生恚害心 於不可說不可說無央數劫修菩薩行 攝受衆生恒無廢捨 何以故 菩薩摩訶薩發已善觀察一切諸法無有二相 心不動亂 能捨自身忍其苦故 是爲第七如金剛大乘誓願心 佛子 菩薩摩訶薩又作是念 未來世劫 無量無邊 無

有齊限 不可窮盡 我當盡彼劫 於一世界 行菩薩道敎化衆生 如一世界 盡法界 虛空界 一切世界悉亦如是 而心不驚 不怖 不畏 何以故 爲菩薩道法應如是 爲一切衆生而修行故 是爲第八如金剛大乘誓願心 佛子 菩薩摩訶薩又作是念 阿耨多羅三藐三菩提以心爲本 心若淸淨 則能圓滿一切善根 於佛菩提必得自在 欲成阿耨多羅三藐三菩提隨意卽成 若欲除斷一切取緣 住一向道 我亦能得 而我不斷 爲欲究竟佛菩提故 亦不卽證無上菩提 何以故 爲滿本願 盡一切世界行菩薩行化衆生故 是爲第九如金剛大乘誓願心 佛子 菩薩摩訶薩知佛不可得 菩提不可得 菩薩不可得 一切法不可得 衆生不可得 心不可得 行不可得 過去不可得 未來不可得 現在不可得 一切世間不可得 有爲無爲不可得 菩薩如是寂靜住 甚深住 寂滅住 無諍住 無言住 無二住 無等住 自性住 如理住 解脫住 涅槃住 實際住 而亦不捨一切大願 不捨薩婆若心 不捨菩薩行 不捨敎化衆生 不捨諸波羅蜜 不捨調伏衆生 不捨承事諸佛 不捨演說諸法 不捨莊嚴世界 何以故 菩薩摩訶薩發大願故 雖復了達一切法相 大慈悲心轉更增長 無量功德皆具修行 於諸衆生心不捨離 何以故 一切諸法皆無所有 凡夫愚迷不知不覺 我當令彼悉得開悟 於諸法性分明照了 何以故 一切諸佛安住寂滅 而以大悲心 於諸世間說法敎化曾無休息 我今云何而捨大悲 又我先發廣大誓願心 發決定利益一切衆生心 發積集一切善根心 發安住善巧迴向心 發出生甚深智慧心 發含受一切衆生心 發於一切衆生平等心 作眞實語 不虛誑語 願與一切衆生無上大法 願不斷一切諸佛種性 令一切衆生未得解脫 未成正覺 未具佛法 大願未滿 云何而欲捨離大悲 是爲第十如金剛大乘誓願心 佛子 是爲菩薩摩訶薩發十種如金剛大乘誓願心 若諸菩薩安住此法 則得如來金剛性無上大神通智

“불자여! 보살마하살은 열 가지 늘 크게 새로 시작함(發起)이 있으니, 무엇이 열이 되는가?”

“불자여! 보살마하살은 내가 마땅히 일체 모든 부처님을 공양하고 공경할 것이라는 이와 같은 생각을 하니, 이것이 제1 늘 크게 새로 시작함이며, 또 생각하기를 ‘내 마땅히 모든 보살이 가지고 있는 선근을 늘리고 키울 것이다.’라고 하니, 이것이 제2 늘 크게 새로 시작함이며, 또 생각하기를 ‘내 마땅히 모든 여래가 반열반 하신 뒤에 부처의 탑을 장엄하고 모든 꽃과 모든 머리 장식과 모든 향과 모든 바르는 향과 모든 가루 향과 모든 옷과 모든 덮개와 모든 당기와 모든 번기로 공양하고 부처님의 바른 법을 거두어 지니며 지키고 보호할 것이다.'라고 하니, 이것이 제3 늘 크게 새로 시작함이며, 또 생각하기를 '내 마땅히 모든 중생을 가르쳐 바른길로 이끌고 조복시켜 아뇩다라삼먁삼보리를 얻게 할 것이다.'라고 하니, 이것이 제4 늘 크게 새로 시작함이며, 또 생각하기를 '내 마땅히 위 없는 장엄으로 모든 국토와 모든 세계를 장엄할 것이다.'라고 하니, 이것이 제5 늘 크게 새로 시작함이다."

"또 생각하기를 '내 마땅히 크게 가엾이 여기는 마음을 일으켜 한 중생을 위해서 모든 세계 하나하나가 각각 미래 경계의 겁이 다하도록 보살행을 행하며, 한 중생을 위하는 것과 같이 모든 중생을 위하는 것도 역시 다 이와 같음으로 하고 모두 다 부처님의 위 없는 보리를 얻게 할 뿐만 아니라 한 생각도 피로하고 게으름을 내지 않을 것이다.'라고 하니, 이것이 제6 늘 크게 새로 시작함이다."

"또 생각하기를 '여래는 헤아릴 수 없고 끝이 없으니, 내 마땅히 한 분의 여래 처소에서 생각으로 헤아려 알 수 없는 겁이 지나도록 공경하고 공양할 것이며, 한 분의 여래에게 한 것과 같이 모든 여래에게도 역시 다 이와 같음으로 할 것이다.'라고 하니, 이것이 제7 늘 크게 새로 시작함이며, 또 생각하기를 '모든 여래가 열반하신 뒤에 내 마땅히 한 분 한 분의 여래가 가지고 있는 사리를 위해서 각각 보배 탑을 일으키고 그 높이와 크기가 말할 수 없는 모든 세계와 더불어 같게 하며, 부처님의 형상을 만들어 세워도 역시 차례를 좇아(復) 이와 같음으로 할 것이고 생각으로 헤아릴 수 없는 겁 동안에 모든 보배 당기와 번기와 일산과 향과 꽃과 의복으로 공양하지만, 싫어하고 게으른 마음을 내지 않을 것이니, 이는 부처님 법을 성취하기 위한 까닭이며, 모든 부처님께 공양하기 위함이며, 중생을 가르쳐 바른길로 이끌기 위함이며, 바른 법을 보호하여 열어 보이고 널리 펴서 설하기 위한 까닭이다.'라고 하니, 이것이 제8 늘 크게 새로 시작함이다."

"보살마하살이 또 생각하기를 '내 마땅히 선근으로 위 없는 보리를 이루고 모든 여래의 자리에 들어가서 모든 여래와 더불어 체와 성을 평등히 할 것이다.'라고 하니, 이것이 제9 늘 크게 새로 시작함이다."

"보살마하살이 차례를 좇아(復) 생각하기를 '내 마땅히 바른 깨우침을 이루고 모든 세계의 말할 수 없는 겁 동안에 바른 법을 널리 펴서 설하며, 생각으로는 헤아려 알 수 없는 자재한 신통을 나타내 보이지만, 몸과 말과 뜻에 피로함이나 게으름을 내지 않고 바른 법을 벗어나지 않으니, 이는 부처님의 힘을 유지하는 까닭이며, 모든 중생을 위해서 부지런히 큰 원을 행하는 까닭이며, 가엾이 여기는 큰마음을 으뜸으로 삼는 까닭이며, 가엾이 여기는 큰마음을 마지막까지 하는 까닭이며, 모양이나 상태가 없는 법을 통달하는 까닭이며, 진실한 말에 머무는 까닭이며, 모든 법이 다 적멸함을 얻은 까닭이며, 모든 중생이 얻을 수 없음을 알지만, 또한 모든 업으로 지어가는 것을 어기지 않는 까닭이며, 삼세 모든 부처님과 같은 몸인 까닭이며, 법계와 허공계에 두루두루 한 까닭이며, 모든 법이 모양이나 상태가 없음을 통달한 까닭이며, 불생불멸을 성취한 까닭이며, 모든 부처님 법을 온전하게 갖춘 까닭이며, 큰 서원의 힘으로 중생을 조복시키고 큰 불사를 지어 쉬지 않은 것이다.'라고 하니, 이것이 제10 늘 크게 새로 시작함이다."

"불자여! 이것이 보살마하살의 열 가지 늘 크게 새로 시작함(發起)이니, 그와 같은 모든 보살이 이 법에 편안히 머물면 보살의 행을 끊지 않고 여래의 위 없는 큰 지혜를 온전하게 갖춘다."

佛子 菩薩摩訶薩有十種大發起 何等爲十 佛子 菩薩摩訶薩作如是念 我當供養恭敬一切諸佛 是爲第一大發起 又作是念 我當長養一切菩薩所有善根 是爲第二大發起 又作是念 我當於一切如來般涅槃後 莊嚴佛塔 以一切華 一切鬘 一切香 一切塗香 一切末香 一切衣 一切蓋 一切幢 一切幡而供養之 受持守護彼佛正法 是爲第三大發起 又作是念 我當敎化調伏一切衆生 令得阿耨多羅三藐三菩提 是爲第四大發起 又作是念 我當以諸佛國土無上莊嚴 而以莊嚴一切世界 是爲第五大發起 又作是念 我當發大悲心 爲一衆生 於一切世界 一一各盡未來際劫行菩薩行 如一衆生 生爲一切衆生悉亦如是 皆令得佛無上菩提 乃至不生一念疲懈 是爲第六大發起 又作是念 彼諸如來無量無邊 我當於一如來所 經不思議劫恭敬供養 如於一如來 於一切如來悉亦如是 是爲第七大發起 菩薩摩訶薩又作是念 彼諸如來滅度之後 我當爲一一如來所有舍利各其寶塔 其量高廣與不可說諸世界等 造佛形像亦復如是 於不可思議劫以一切寶幢 幡蓋 香華 衣服而爲供養 不生一念厭倦之心 爲成就佛法故 爲供養諸佛故 爲敎化衆生故 爲護持正法開示演說故 是爲第八大發起 菩薩摩訶薩又作是念 我當以此善根成無上菩提 得入一切諸如來地 與一切如來體性平等 是爲第九大發起 菩薩摩訶薩復作是念 我當成正覺已 於一切世界不可說劫 演說正法 示現不可思議自在神通 身 語及意不生疲倦 不離正法 以佛力所持故 爲一切衆生勤行大願故 大慈爲首故 大悲究竟故 達無相法故 住眞實語故 證一切法皆寂滅故 知一切衆生悉不可得而亦不違諸業所作故 與三世佛同一體故 周徧法界 虛空界故 通達諸法無相故 成

就不生不滅故 具足一切佛法故 以大願力調伏衆生 作大佛事無有休息 是爲第十大發起 佛子 是爲菩薩摩訶薩十種大發起 若諸菩薩安住此法 則不斷菩薩行 具足如來無上大智

"불자여! 보살마하살은 마지막까지 해야 할 큰일이 있으니, 무엇이 열인가 하면, 이른바 모든 여래를 공경하고 공양하는 것이 마지막까지 해야 할 큰일이며, 중생을 생각하는 대로 모두 구하고 보호하는 것이 마지막까지 해야 할 큰일이며, 오로지 모든 불법을 구하는 것이 마지막까지 해야 할 큰일이며, 모든 선근을 쌓고 모으는 것이 마지막까지 해야 할 큰일이며, 모든 불법을 사유하는 것이 마지막까지 해야 할 큰일이며, 모든 서원을 만족하는 것이 마지막까지 해야 할 큰일이며, 모든 보살행을 성취하는 것이 마지막까지 해야 할 큰일이며, 모든 선지식을 받들어 섬기는 것이 마지막까지 해야 할 큰일이며, 모든 세계의 모든 여래의 처소에 나아가는 것이 마지막까지 해야 할 큰일이며, 일체 모든 부처님의 바른 법을 듣고 지니는 것이 마지막까지 해야 할 큰일이다."

"이것이 열이며, 그와 같은 모든 보살이 이 법에 편안히 머물면 곧 아뇩다라삼먁삼보리의 큰 지혜, 이 마지막 일을 얻는다." (救護一切衆生離衆生相廻向)

佛子 菩薩摩訶薩有十種究竟大事 何等爲十 所謂 恭敬供養一切如來究竟大事 隨所念衆生悉能救護究竟大事 專求一切佛法究竟大事 積集一切善根究竟大事 思惟一切佛法究竟大事 滿足一切誓願究竟大事 成就一切菩薩行究竟大事 奉事一切善知識究竟大事 往詣一切世界諸如來所究竟大事 聞持一切諸佛正法究竟大事 是爲十 若諸菩薩安住此法 則得阿耨多羅三藐三菩提大智慧究竟事

(2) 불괴회향(不壞廻向)

"불자여! 보살마하살은 열 가지 무너지지 않는 믿음이 있으니, 무엇이 열인가 하면, 이른바 모든 부처님에 대한 무너지지 않는 믿음과 모든 부처님 법에 대한 무너지지 않는 믿음과 모든 성스러운 스님에 대한 무너지지 않는 믿음과 모든 보살에 대한 무너지지 않는 믿음과 모든 선지식에 대한 무너지지 않는 믿음과 모든 중생에 대한 무너지지 않는 믿음과 모든 보살의 큰 서원에 대한 무너지지 않는 믿음과 모든 보살의 행에 대한 무너지지 않는 믿음과 모든 부처님을 공경하고 공양하는 것에 대한 무너지지 않는 믿음과 보살의 섬세하고 능숙한 비밀스러운 방편으로 모든 중생을 조복시킴에 무너지지 않는 것에 대한 무너지지 않는 믿음이다."

"이것이 열이며, 그와 같은 모든 보살이 이 법에 편안히 머물면 곧 모든 부처님의 위 없는 큰 지혜의 무너지지 않는 믿음을 얻는다."

佛子 菩薩摩訶薩有十種不壞信 何等爲十 所謂 於一切佛不壞信 於一切佛法不壞信 於一切聖僧不壞信 於一切菩薩不壞信 於一切善知識不壞信 於一切衆生不壞信 於一切菩薩大願不壞信 於一切菩薩行不壞信 於恭敬供養一切諸佛不壞信 於菩薩巧密方便敎化調伏一切衆生不壞信 是爲十 若諸菩薩安住此法 則得諸佛無上大智慧不壞信

"불자여! 보살마하살은 열 가지 수기(授記)를 얻음이 있으니, 무엇이 열인가 하면, 이른바 안으로 깊고 깊은 이해가 있기에 수기를 얻으며, 보살의 선근을 따라 거스르지 않고 일으켜 수기를 얻으며, 광대한 행을 닦아서 수기를 얻으며, 앞에 나타내서 수기를 얻으며, 앞에 나타내지 않는 것에서 수기를 얻으며, 자신의 마음으로 인하여 보리를 증득하여 수기를 얻으며, 인욕을 성취해서 수기를 얻으며, 중생을 가르치고 이끌어 조복시켜서 수기를 받으며, 모든 겁의 수를 마지막까지 해서 수기를 얻으며, 모든 보살행에 자재하기에 수기를 얻는다."

"이것이 열이며, 그와 같은 모든 보살이 이 법에 편안히 머물면 곧 모든 부처님 처소에서 수기를 얻는다." (不壞廻向)

佛子 菩薩摩訶薩有十種得授記 何等爲十 所謂 內有甚深解得授記 能隨順起菩薩諸善根得授記 修廣大行得授記 現前得授記 不現前得授記 因自心證菩提得授記 成就忍得授記 敎化調伏衆生得授記 究竟一切劫數得授記 一切菩薩行自在得授記 是爲十 若諸菩薩安住此法 則於一切諸佛所而得授記

(3) 등일체불회향(等一切佛廻向)

“불자여! 보살마하살은 열 가지 선근 회향이 있으며, 보살이 이것으로 말미암아 남김없이 다 회향하니, 무엇이 열이 되는가 하면, 이른바 나의 선근으로 선지식의 원과 함께 이와 같음을 성취하고 달리 성취하는 것이 없으며, 나의 선근으로 선지식의 마음과 함께 이와 같음을 성취하고 달리 성취하는 것이 없으며, 나의 선근으로 선지식의 행과 함께 이와 같음을 성취하고 달리 성취하는 것이 없으며, 나의 선근으로 선지식의 선근과 함께 이와 같음을 성취하고 달리 성취하는 것이 없으며, 나의 선근으로 선지식의 평등과 함께 이와 같음을 성취하고 달리 성취하는 것이 없으며, 나의 선근으로 선지식의 생각과 함께 이와 같음을 성취하고 달리 성취하는 것이 없으며, 나의 선근으로 선지식의 청정함과 함께 이와 같음을 성취하고 달리 성취하는 것이 없으며, 나의 선근으로 선지식의 머무는 바와 함께 이와 같음을 성취하고 달리 성취하는 것이 없으며, 나의 선근으로 선지식이 원만하게 이루는 것과 함께 이와 같음을 성취하고 달리 성취하는 것이 없으며, 나의 선근으로 선지식의 무너지지 않는 것과 함께 이와 같음을 성취하고 달리 성취하는 것이 없다.”

“이것이 열이며, 그와 같은 모든 보살이 이 법에 편안히 머물면 곧 위 없는 선근 회향을 얻을 것이다.”

佛子 菩薩摩訶薩有十種善根迴向 菩薩由此能以一切善根悉皆迴向 何等爲十 所謂 以我善根同善知識願 如是成就 莫別成就 以我善根同善知識心 如是成就 莫別成就 以我善根同善知識行 如是成就 莫別成就 以我善根同善知識善根 如是成就 莫別成就 以我善根同善知識平等 如是成就 莫別成就 以我善根同善知識念 如是成就 莫別成就 以我善根同善知識淸淨 如是成就 莫別成就 以我善根同善知識所住 如是成就 莫別成就 以我善根同善知識成滿 如是成就 莫別成就 以我善根同善知識不壞 如是成就 莫別成就 是爲十 若諸菩薩安住此法 則得無上善根迴向

“불자여! 보살마하살은 열 가지 지혜를 얻으니, 무엇이 열인가 하면, 이른바 보시에 자재하기에 지혜를 얻으며, 모든 불법을 깊이 알기에 지혜를 얻으며, 여래의 끝없는 지혜에 들어가므로 지혜를 얻으며, 모든 문답 가운데서 의심을 끊기에 지혜를 얻으며, 지혜를 얻는 자의 이치에 들어가므로 지혜를 얻으며, 모든 여래가 모든 불법 가운데 말과 소리의 섬세하고 능숙한 선근을 깊이 이해하기에 지혜를 얻으며, 부처님의 처소에 아주 적은 선근을 심어도 모든 백정법을 만족하고 여래의 헤아릴 수 없는 지혜를 잡기에 지혜를 얻으며, 보살의 생각으로는 헤아려 알 수 없는 곳에 머무름을 성취하므로 지혜를 얻으며, 한 생각, 한순간에 말로 할 수 없는 부처의 세계로 나가기에 지혜를 얻으며, 모든 부처님의 보리를 깨우치기에 모든 법계에 들어가 모든 부처님이 설하신 법을 듣고 받아 지녀서 모든 여래의 가지가지로 장엄하는 말과 소리에 깊이 들어가기에 지혜를 얻는다."

"이것이 열이며, 그와 같은 모든 보살이 이 법에 편안히 머물면 곧 모든 부처님의 위 없는 현재 증득하는 지혜를 얻는다." (等一切佛廻向)

佛子 菩薩摩訶薩有十種得智慧 何等爲十 所謂 於施自在得智慧 深解一切佛法得智慧 入如來無邊智得智慧 於一切問答中能斷疑得智慧 入於智者義得智慧 深解一切如來於一切佛法中言音善巧得智慧 深解於諸佛所種少善根必能滿足一切白淨法獲如來無量智得智慧 成就菩薩不思議住得智慧 於一念中悉能往詣不可說佛刹得智慧 覺一切佛菩提 入一切法界聞持一切佛所說法 深入一切如來種種莊嚴言音得智慧 是爲十 若諸菩薩安住此法 則得一切諸佛無上現證智

(4) 지일체처회향(至一切處廻向)

"불자여! 보살마하살은 열 가지 헤아릴 수 없고 끝없는 광대한 마음을 일으킴이 있으니, 무엇이 열인가 하면, 이른바 일체 모든 부처님이 계신 곳에서 헤아릴 수 없고 끝없는 광대한 마음을 일으키며, 모든 중생계를 자세히 살펴서 들여다보고 헤아릴 수 없고 끝없는 광대한 마음을 일으키며, 모든 세계와 모든 법계를 자세히 살펴서 들여다보고 헤아릴 수 없고 끝없는 광대한 마음을 일으키며, 모든 법이 다 허공과 같음을 자세히 살펴서 들여다보고 헤아릴 수 없고 끝없는 광대한 마음을 일으키며, 모든 보살의 광대한 행을 자세히 살펴서 들여다보고 헤아릴 수 없고 끝없는 광대한 마음을 일으키며, 삼세의 모든 부처님을 바르게 생각하고 헤아릴 수 없고 끝없는 광대한 마음을 일으키며, 생각으로는 헤아려 알 수 없는 모든 업과 과보를 보고 헤아릴 수 없고 끝없는 광대한 마음을 일으키며, 모든 부처의 세계를 깨끗이 장엄하고 헤아릴 수 없고 끝없는 광대한 마음을 일으키며, 모든 부처님의 큰 모임에 두루 들어가 헤아릴 수 없고 끝없는 광대한 마음을 일으키며, 모든 여래의 빼어난 음성을 자세히 살펴서 들여다보고 헤아릴 수 없고 끝없는 광대한 마음을 일으킨다."

"이것이 열이며, 그와 같은 모든 보살이 이 법에 편안히 머물면 곧 모든 불법의 헤아릴 수 없고 끝없는 광대한 지혜의 바다를 얻는다." (至一切處廻向)

佛子 菩薩摩訶薩有十種發無量無邊廣大心 何等爲十 所謂 於一切諸佛所 發無量無邊廣大心 觀一切衆生界 發無量無邊廣大心 觀一切剎 一切世 一切法界 發無量無邊廣大心 觀察一切法皆如虛空 發無量無邊廣大心 觀察一切菩薩廣大行 發無量無邊廣大心 正念三世一切諸佛 發無量無邊廣大心 觀不思議諸業果報 發無量無邊廣大心 嚴淨一切佛剎 發無量無邊廣大心 徧入一切諸佛大會 發無量無邊廣大心 觀察一切如來妙音 發無量無邊廣大心 是爲十 若諸菩薩安住此心 則得一切佛法無量無邊廣大智慧海

(5) 무진공덕장회향(無盡功德藏廻向)

"불자여! 보살마하살은 열 가지 복장(伏藏.二乘地.無量十方佛刹微塵數世界.如是如是.眞如.禪定.解脫.寂滅.三昧.涅槃.法界.般涅槃.善根思惟)이 있으니, 무엇이 열인가 하면, 이른바 모든 법이 공덕의 행을 일으키는 복장임을 알며, 모든 법이 바르게 사유하는 복장임을 알며, 모든 법이 다라니로 밝게 비치는 복장임을 알며, 모든 법이 변재로 널리 펴서 여는 복장임을 알며, 모든 법이 말할 수 없는 선근으로 깨우치는 진실한 복장임을 알며, 모든 부처님의 자재한 신통으로 자세히 살펴서 들여다보고 나타내 보이는 복장임을 알며, 모든 법이 섬세하고 능숙한 선근으로 평등함을 내는 복장임을 알며, 모든 법이 모든 부처님을 항상 볼 수 있는 복장임을 알며, 생각으로 헤아려 알 수 없는 모든 겁이 모두 허깨비와 같이 머무는 것을 선근으로 다 분명하게 아는 복장임을 알며, 모든 부처와 보살들이 환심을 일으켜 믿은 마음을 내는 복장임을 안다."

"이것이 열이며, 그와 같은 모든 보살이 이 법에 편안히 머물면 곧 일체 모든 부처님의 위 없는 지혜의 법장을 얻어 능히 모든 중생을 조복시킬 것이다." (無盡功德藏廻向)

佛子 菩薩摩訶薩有十種伏藏 何等爲十 所謂 知一切法是起功德行藏 知一切法是正思惟藏 知一切法是陀羅尼照明藏 知一切法是辯才開演藏 知一切法是不可說善覺

眞實藏 知一切佛自在神通是觀察示現藏 知一切法是善巧出生平等藏 知一切法是常見一切諸佛藏 知一切不思議劫是善了皆如幻住藏 知一切諸佛菩薩是發生歡喜淨信藏 是爲十 若諸菩薩安住此心 則得一切諸佛無上智慧法藏 悉能調伏一切衆生

⑹ 수순견고일체선근회향. 수순평등선근회향(隨順堅固一切善根廻向. 隨順平等善根廻向)

"불자여! 보살마하살은 열 가지 율의(律儀.法 자리에 따른 몸가짐.禮儀)가 있으니, 무엇이 열인가 하면, 이른바 모든 부처님의 법에 비방을 내지 않는 율의와 모든 부처님이 계신 곳에서 믿고 즐거워하는 마음을 무너뜨리지 않는 율의와 모든 보살의 처소에서 존중하고 공경을 일으키는 율의와 모든 선지식이 있는 곳에서 끝까지 사랑하고 좋아하는 마음을 버리지 않는 율의와 모든 성문, 독각에 대해 기억하여 생각하는 마음을 내지 않는 율의와 모든 보살의 도에서 물러나야 할 멀리 벗어나는 율의와 중생을 해롭게 하는 마음을 일으키지 않는 율의와 모든 선근을 닦아서 마지막까지 다하는 율의와 모든 마를 모두 항복시키는 율의와 모든 바라밀을 빠짐없이 만족하게 하는 율의다."

"이것이 열이며, 그와 같은 모든 보살이 이 법에 편안히 머물면 곧 위 없는 큰 지혜의 율의를 얻는다." (隨順堅固一切善根廻向, 隨順平等善根廻向)

佛子 菩薩摩訶薩有十種律儀 何等爲十 所謂 於一切佛法不生誹謗律儀 於一切佛所信樂心不可壞律儀 於一切菩薩所起尊重恭敬律儀 於一切善知識所終不捨愛樂心律儀 於一切聲聞獨覺不生憶念心律儀 遠離一切退菩薩道律儀 不起一切損害衆生心律儀 修一切善根皆令究竟律儀 於一切魔悉能降伏律儀 於一切波羅蜜皆令滿足律儀 是爲十 若諸菩薩安住此法 則得無上大智律儀

⑺ 등수순일체중생회향. 수순등관중생회향(等隨順一切衆生廻向. 隨順等觀衆生廻向)

"불자여! 보살마하살은 열 가지 자재함이 있으니, 무엇이 열인가 하면, 이른바 생명에 속박이나 장애 없이 마음대로 인 것이니, 이는 말할 수 없는 겁을 두고 목숨이 머무는 까닭이며, 마음에 속박이나 장애 없이 마음대로 인 것이니, 이는 아승기 모든 삼매에 능히 들어가는 까닭이며, 재물에 속박이나 장애 없이 마음대로 인 것이니, 이는 헤아릴 수 없는 장엄 기물로 모든 세계를 장엄하는 까닭이며, 업에 속박이나 장애 없이 마음대로 인 것이니, 이는 때를 따라 갚음을 받는 까닭이며, 생을 받음에 속박이나 장애 없이 마음대로 인 것이니, 이는 모든 세계에서 태어남을 보이는 까닭이며, 이해하는 일에 속박이나 장애 없이 마음대로 인 것이니, 이는 모든 세계에 부처님이 가득함을 보는 까닭이며, 원에 속박이나 장애 없이 마음대로 인 것이니, 이는 욕심을 따르면서도 때를 따라 모든 세계 가운데서 바른 깨우침을 이루는 까닭이며, 신통한 힘에 속박이나 장애 없이 마음대로 인 것이니, 이는 모든 신통 변화를 나타내 보이는 까닭이며, 법에 속박이나 장애 없이 마음대로 인 것이니, 이는 끝이 없는 모든 법문을 보이는 까닭이며, 지혜에 속박이나 장애 없이 마음대로 인 것이니, 이는 생각마다 여래의 십력과 두려움 없음을 나타내 보여 바른 깨우침을 이루는 까닭이다."

"이것이 열이며, 그와 같은 모든 보살이 이 법에 편안히 머물면 곧 일체 모든 부처님의 모든 바라밀과 지혜와 신통한 힘과 보리의 자재함을 얻는다." (等隨順一切衆生廻向, 隨順等觀衆生廻向)

佛子 菩薩摩訶薩有十種自在 何等爲十 所謂 命自在 於不可說劫住壽命故 心自在 智慧能入阿僧祇諸三昧故 資具自在 能以無量莊嚴莊嚴一切世界故 業自在 隨時受報故 受生自在 於一切世界示現受生故 解自在 於一切世界見佛充滿故 願自在 隨欲隨時於諸佛刹中成正覺故 神力自在 示現一切大神變故 法自在 示現無邊諸法門故 智自在 於念念中示現如來十力 無畏 成正覺故 是爲十 若諸菩薩安住此法 則得圓滿一切諸佛諸波羅蜜智慧神力菩提自在

대방광불화엄경 제56권

38. 이세간품(4)
離世間品第三十八之四

(8) 진여상회향(眞如相廻向)

"불자여! 보살마하살은 막힘이나 걸림이 없는 열 가지 작용이 있으니, 무엇이 열인가 하면, 이른바 중생에 막힘이나 걸림이 없는 작용과 국토에 막힘이나 걸림이 없는 작용과 법에 막힘이나 걸림이 없는 작용과 몸에 막힘이나 걸림이 없는 작용과 원에 막힘이나 걸림이 없는 작용과 경계에 막힘이나 걸림이 없는 작용과 지혜에 막힘이나 걸림이 없는 작용과 신통에 막힘이나 걸림이 없는 작용과 신통한 힘에 막힘이나 걸림이 없는 작용과 힘에 막힘이나 걸림이 없는 작용이다."

佛子 菩薩摩訶薩有十種無礙用 何等爲十 所謂 衆生無礙用 國土無礙用 法無礙用 身無礙用 願無礙用 境界無礙用 智無礙用 神通無礙用 神力無礙用 力無礙用

"불자여! 어떠한 것을 두고 보살마하살이 중생에 막힘이나 걸림이 없는 작용이라 하는가?"

佛子 云何爲菩薩摩訶薩衆生等無礙用

"불자여! 보살마하살은 중생에게 막힘이나 걸림 없는 열 가지 작용이 있으니, 무엇이 열인가 하면, 이른바 모든 중생이, 중생이 없음을 아는 막힘이나 걸림 없는 작용과 모든 중생은 단지 생각으로 유지되는 것을 아는 막힘이나 걸림 없는 작용과 모든 중생을 위해서 법을 말하면서 때를 잃지 않는 막힘이나 걸림 없는 작용과 모든 중생계를 두루 변화시켜서 나타내는 막힘이나 걸림 없는 작용과 모든 중생을 하나의 털구멍 가운데 두지만, 비좁지 않은 막힘이나 걸림 없는 작용과 모든 중생을 위해서 다른 방위의 모든 세계를 나타내 보여 모두 보게 하는 막힘이나 걸림 없는 작용과 모든 중생에게 제석, 범천, 사천왕의 모든 하늘의 몸을 나타내는 막힘이나 걸림 없는 작용과 모든 중생에게 성문과 벽지불의 적정(寂靜) 위의를 나타내는 막힘이나 걸림 없는 작용과 모든 중생에게 보살의 행을 나타내는 막힘이나 걸림 없는 작용과 모든 중생에게 모든 부처님의 색신과 좋은 모양이나 상태에 모든 지혜의 힘과 정등각 이룸을 나타내는 막힘이나 걸림 없는 작용이니, 이것이 열이다."

佛子 菩薩摩訶薩有十種衆生無礙用 何等爲十 所謂 知一切衆生無衆生無礙用 知一切衆生但想所持無礙用 爲一切衆生說法未曾失時無礙用 普化現一切衆生界無礙用 置一切衆生於一毛孔中而不迫隘無礙用 爲一切衆生示現他方一切世界令其悉見無礙用 爲一切衆生示現釋 梵 護世諸天身無礙用 爲一切衆生示現聲聞 辟支佛寂靜威儀無礙用 爲一切衆生示現菩薩行無礙用 爲一切衆生示現諸佛色身相好 一切智力成等正覺無礙用 是爲十

"불자여! 보살마하살은 국토에 막힘이나 걸림 없이 작용하는 열 가지가 있으니, 이른바 모든 세계를 하나의 세계로 만드는 막힘이나 걸림이 없는 작용과 모든 세계를 하나의 털구멍에 넣는 막힘이나 걸이 없는 작용과 모든 세계가 다함이 없음을 아는 막힘이나 걸이 없는 작용과 하나의 몸으로 결가부좌하고 앉은 것이 모든 세계에 가득 차는 막힘이나 걸림이 없는 작용과 하나의 몸에 모든 세계를 나타내는 막힘이나 걸림이 없는 작용과 모든 세계를 흔들어 움직이게 하면서 중생들을 공포에 떨지 않게 하는 막힘이나 걸이 없는 작용과 모든 세계의 장엄 기물로 하나의 세계를 장엄하는 막힘이나 걸림이 없는 작용과 한 세계의 장엄 기물로 모든 세계를 장엄하는 막힘이나 걸림이 없는 작용과 한 분의 여래와 한 대중의 모임으로 모든 부처의 세계에 두루 함을 중생에게 나타내 보이는 막힘이나 걸림이 없는 작용과 모든 작은 세계, 중간 세계, 큰 세계, 넓은 세계, 깊은 세계, 우러르는 세계, 뒤집힌 세계, 기울어진 세계, 바른 세계가 모든 방위의 그물로 두루두루 하기에 헤아릴 수 없이 차별하고 이것으로 모든 중생에게 두루 보여주는 막힘이나 걸림이 없는 작용이니, 이것이 열이다."

佛子 菩薩摩訶薩有十種衆生國土無礙用 何等爲十 所謂 一切刹作一刹無礙用 一

切刹入一毛孔無礙用 知一切刹無有盡無礙用 一身結跏趺坐充滿一切刹無礙用 一身中現一切刹無礙用 震動一切刹不令衆生恐怖無礙用 以一切刹莊嚴具莊嚴一刹無礙用 以一刹莊嚴具莊嚴一切刹無礙用 以一如來一衆會徧一切佛刹示現衆生無礙用 一切小刹 中刹 大刹 廣刹 深刹 仰刹 覆刹 側刹 正刹 徧諸方網 無量差別 以此普示一切衆生無礙用 是爲十

"불자여! 보살마하살은 법에 막힘이나 걸림이 없는 열 가지 작용이 있으니, 무엇이 열인가 하면, 이른바 하나의 법이 모든 법에 들어가고 모든 법이 하나의 법에 들어가지만, 중생이 마음으로 이해하는 것을 어기지 않는 막힘이나 걸림이 없는 작용과 반야바라밀을 좇아 모든 법을 나오게 하며, 타인을 위해 풀어서 설명하고 깨우침을 깨닫게 하는 막힘이나 걸림이 없는 작용과 모든 법이란 문자에서 벗어나는 것임을 알지만, 중생들이 다 깨달음을 증득해 들어가게 하는 막힘이나 걸림이 없는 작용과 모든 법이 하나의 모양이나 상태에 들어가는 것을 알지만, 헤아릴 수 없는 법의 모양이나 상태를 널리 펴서 설하는 막힘이나 걸이 없는 작용과 모든 법이 말과 소리에서 벗어나는 것을 알지만, 타인을 위해 끝없는 법문을 널리 펴서 설하는 막힘이나 걸림이 없는 작용과 모든 법에 선근으로 넓은 문의 글자 바퀴를 굴리는 막힘이나 걸림이 없는 작용과 모든 법이 하나의 법문에 들어가도 서로 어기지 않으며, 말할 수 없는 겁을 설하여도 다함이 없는 막힘이나 걸림이 없는 작용과 모든 법이 남김없이 다 불법에 들어가서 중생들이 깨우침을 깨달아 얻게 하는 막힘이나 걸림이 없는 작용과 모든 법이 끝닿은 경계가 없음을 아는 막힘이나 걸림이 없는 작용과 모든 법이 막힘이나 걸림이 되는 경계가 없음을 아는 것이 마치 허깨비의 그물처럼 헤아릴 수 없이 차별됨을 헤아릴 수 없는 겁을 두고 중생을 위해 설하여도 다할 수 없는 막힘이나 걸림이 없는 작용이니, 이것이 열이다."

佛子 菩薩摩訶薩有十種法無礙用 何等爲十 所謂 知一切法入一切 一法入一切法而亦不違衆生心解無礙用 從般若波羅蜜出生一切法 爲他解說悉令開悟無礙用 知一切法離文字 而令衆生皆得悟入無礙用 知一切法入一相 而能演說無量法相無礙用 知一切法離言說 能爲他說無邊法門無礙用 於一切法善轉普門字輪無礙用 以一切法入一法門而不相違 於不可說劫說不窮盡無礙用 以一切法悉入佛法 令諸衆生皆得悟解無礙用 知一切法無有邊際無礙用 知一切法無障礙際 猶如幻網無量差別 於無量

劫爲衆生說不可窮盡無礙用 是爲十

"불자여! 보살마하살은 몸에 막힘이나 걸림이 없는 열 가지 작용이 있으니, 무엇이 열인가 하면, 이른바 모든 중생의 몸을 자신의 몸에 넣는 막힘이나 걸림이 없는 작용과 자신의 몸을 모든 중생의 몸에 넣는 막힘이나 걸림이 없는 작용과 모든 부처의 몸을 한 부처의 몸에 넣는 막힘이나 걸림이 없는 작용과 한 부처의 몸을 모든 부처의 몸에 넣는 막힘이나 걸림이 없는 작용과 모든 세계를 자신의 몸에 넣는 막힘이나 걸림이 없는 작용과 한 몸이 모든 삼세의 법에 두루 가득하여 중생을 나타내 보이는 막힘이나 걸림이 없는 작용과 한 몸에 끝없는 몸을 나타내 보여서 삼매에 들어가게 하는 막힘이나 걸림이 없는 작용과 한 몸에 중생의 수와 같은 몸을 나타내 보여서 바른 깨우침을 이루는 막힘이나 걸림이 없는 작용과 모든 중생의 몸에 한 중생의 몸을 나타내며, 한 중생의 몸에 모든 중생의 몸을 나타내는 막힘이나 걸림이 없는 작용과 모든 중생의 몸에 법신을 나타내 보이고 법신에 모든 중생의 몸을 나타내 보이는 막힘이나 걸림이 없는 작용이니, 이것이 열이다."

佛子 菩薩摩訶薩有十種身無礙用 何等爲十 所謂 以一切衆生身入己身無礙用 以己身入一切衆生身無礙用 一切佛身入一佛身無礙用 一佛身入一切佛身無礙用 一切刹入己身無礙用 以一身充徧一切三世法示現衆生無礙用 於一身示現無邊身入三昧無礙用 於一身示現衆生數等身成正覺無礙用 於一切衆生身現一衆生身 於一切衆生身現一切衆生身無礙用 於一切衆生身示現法身 於法身示現一切衆生身無礙用 是爲十

"불자여! 보살마하살은 원에 막힘이나 걸림이 없는 열 가지 작용이 있으니, 무엇이 열인가 하면, 이른바 모든 보살의 원을 자신의 원으로 삼는 막힘이나 걸림이 없는 작용과 모든 부처님의 보리를 이루는 서원의 힘으로 자신이 바른 깨우침을 이루었다고 나타내는 막힘이나 걸림이 없는 작용과 가르쳐서 바른길로 이끌 중생을 따라 스스로 아뇩다라삼먁삼보리를 이루는 막힘이나 걸림이 없는 작용과 모든 끝이 없는 겁의 경계에 큰 원이 끊어지지 않는 막힘이나 걸림이 없는 작용과 식견의 몸을 멀리 벗어나고 지혜의 몸에 집착하지 않으면서도 자재한 원으로 모든 몸을 나타내는 막힘이나 걸림이 없는 작용과 자신의 몸을 버리고 타인의 원을 만족하게 이루어주는 막힘이나 걸림이 없는 작용과 모든 중생을 가르쳐서 바른길로 이끌지만, 큰 서원을 버리지 않는 막힘이나 걸림이 없는 작용과 모든 겁을 두고 보살의 행을 행하지만, 큰 원이 끊어지지 않는 막힘이나 걸림이 없는 작용과 하나의 털구멍에 바른 깨우침 이루는 것을 나타내어 원의 힘으로 모든 부처님 국토에 두루 하며, 말할 수 없이 말로는 이를 수 없는 세계에서 한 명 한 명의 중생을 위해서도 이와 같음을 나타내 보이는 막힘이나 걸림이 없는 작용과 한 구절의 법을 설하여도 법계에 가득하고 바른 법 구름을 크게 일으키며, 해탈의 번갯불로 비추고 실상의 법다운 천둥소리로 진동시키며, 감로의 비를 내려서 큰 서원의 힘으로 일체 모든 중생 세계를 충분히 적셔주는 막힘이나 걸림이 없는 작용이니, 이것이 열이다."

佛子 菩薩摩訶薩有十種願無礙用 何等爲十 所謂 以一切菩薩願作自願無礙用 以一切佛成菩提願力示現自成正覺無礙用 隨所化衆生自成阿耨多羅三藐三菩提無礙用 於一切無辨際劫大願不斷無礙用 遠離識身 不著智身 以自在願現一切身無礙用 捨棄自身成滿他願無礙用 普敎化一切衆生而不捨大願無礙用 於一切劫行菩薩行而大願不斷無礙用 於一毛孔現成正覺 以願力故 充徧一切諸佛國土 於不可說不可說世界 爲一一衆生如是示現無礙用 說一句法徧一切法界 興大正法雲 耀解脫電光 震實法雷音 雨甘露味雨 以大願力充洽一切諸衆生界無礙用 是爲十

"불자여! 보살마하살은 경계에 막힘이나 걸림이 없는 열 가지 작용이 있으니, 무엇이 열인가 하면, 이른바 법계의 경계에 있으면서 중생의 경계를 버리지 않는 막힘이나 걸림이 없는 작용과 부처의 경계에 있으면서 마의 경계를 버리지 않는 막힘이나 걸림이 없는 작용과 열반의 경계에 있으면서 생사의 경계를 버리지 않는 막힘이나 걸림이 없는 작용과 모든 지혜의 경계에 들어가서 보살의 종성 경계를 끊지 않는 막힘이나 걸림이 없는 작용과 적정의 경계에 머물면서도 흩어지고 어지러운 경계를 버리지 않는 막힘이나 걸림이 없는 작용과 가는 것도 없으며, 오는 것도 없고 말장난도 없고 형상도 없고 체성도 없고 말도 없는 허공과 같은 경계에 머물면서도 모든 중생의 장난 같은 말의 경계를 버리지 않는 막힘이나 걸림이 없는 작용과 모든 힘과 해탈의 경계에 있으면서도 모든 방소의 경계를 버리지 않는 막힘이나 걸림이 없는 작용과 중생의 경계가 없는 경계에 들어가더라도 중생을 가르쳐 바른길로 이끄는 모든 것을 버리지 않는 막힘이나 걸림이 없는 작용과 선정, 해탈, 신통, 밝은 지혜, 적정의 경계에 머물면서도 모든 세계에 태어남을 버리지 않는 막힘이나 걸림이 없는 작용과 여래의 모든 행으로 장엄한 바른 깨우침을 이루는 경계에 머물면서도 모든 성문과 벽지불의 적정한 위의(威儀)를 나타내는 막힘이나 걸림이 없는 작용이니, 이것이 열이다."

佛子 菩薩摩訶薩有十種境界無礙用 何等爲十 所謂 在法界境界而不捨衆生境界無礙用 在佛境界而不捨魔境界無礙用 在涅槃境界而不捨生死境界無礙用 入一切智境界而不斷菩薩種性境界無礙用 住寂靜境界而不捨散亂境界無礙用 住無去 無來 無戲論 無相狀 無體性 無言說 如虛空境界而不捨一切衆生戲論境界無礙用 住諸力解脫境界而不捨一切諸方所境界無礙用 入無衆生際境界而不捨敎化一切衆生無礙用 住禪定解脫 神通明智 寂靜境界而於一切世界示現受生無礙用 住如來一切行莊嚴成正覺境界而現一切聲聞 辟支佛寂靜威儀無礙用 是爲十

"불자여! 보살마하살은 지혜에 막힘이나 걸림 없는 열 가지 작용이 있으니, 무엇이 열인가 하면, 이른바 다함이 없는 변재에 막힘이나 걸림 없는 작용과 일체 모든 것을 지니고 잊지 않는 막힘이나 걸림 없는 작용과 결정할 것은 결정해서 알고 모든 중생의 모든 근을 결정해서 설하는 막힘이나 걸림 없는 작용과 한 생각, 한순간에 막힘이나 걸림 없는 지혜로 모든 중생의 마음이 행하는 것을 아는 막힘이나 걸림 없는 작용과 모든 중생의 욕심과 좋아함과 잠버릇과 배워 익힌 것과 번뇌의 병을 알고 그 응함을 따라 약을 주는 막힘이나 걸림 없는 작용과 한 생각에 여래의 십력에 들어가는 막힘이나 걸림 없는 작용과 막힘이나 걸림 없는 지혜로 삼세 모든 겁과 또 그 가운데의 중생을 아는 막힘이나 걸림 없는 작용과 생각과 생각마다 바른 깨우침 이룬 것을 나타내어 중생에게 나타내 보이지만, 끊어내지 않는 막힘이나 걸림 없는 작용과 한 중생의 생각으로 모든 중생의 업을 아는 막힘이나 걸림 없는 작용과 한 중생의 음성으로 모든 중생의 말을 이해하는 막힘이나 걸림 없는 작용이니, 이것이 열이다."

佛子 菩薩摩訶薩有十種智無礙用 何等爲十 所謂 無盡辯才無礙用 一切摠持無有忘失無礙用 能決定知 決定說一切衆生諸根無礙用 於一念中以無礙智知一切衆生心之所行無礙用 知一切衆生欲樂 隨眠 習氣 煩惱病 隨應授藥無礙用 一念能入如來十力無礙用 以無礙智知三世一切劫及其中衆生無礙用 於念念中現成正覺示現衆生無有斷絶無礙用 於一衆生想知一切衆生業無礙用 於一衆生音解一切衆生語無礙

用 是爲十

“불자여! 보살마하살은 신통에 막힘이나 걸림 없는 열 가지 작용이 있으니, 무엇이 열인가 하면, 이른바 한 몸에 모든 세계의 몸을 나타내 보이는 막힘이나 걸림 없는 작용과 한 부처님의 대중 모임에 모든 부처님의 대중 모임 가운데서 설하는 법을 듣고 받아들이는 막힘이나 걸림 없는 작용과 한 중생의 생각 가운데서 말할 수 없이 위 없는 보리를 성취하고 모든 중생의 마음을 열고 깨우치게 하는 막힘이나 걸림 없는 작용과 한 소리로 모든 세계의 차별된 말과 소리로 모든 중생이 각각 깨우침을 분명하게 깨닫게 하는 막힘이나 걸림 없는 작용과 한 생각, 한순간에 이전 경계의 모든 겁에 가지고 있던 업의 결과를 가지가지로 차별함을 나타내어 모든 중생이 남김없이 다 알고 보게 하는 막힘이나 걸림 없는 작용과 하나의 작은 티끌에 광대한 부처 세계의 헤아릴 수 없는 장엄을 나타나게 하는 막힘이나 걸림 없는 작용과 모든 세계를 장엄하고 온전하게 갖추게 하는 막힘이나 걸림 없는 작용과 모든 삼세에 두루 들어가는 막힘이나 걸림 없는 작용과 큰 광명의 법을 놓아 일체 모든 부처님의 보리와 중생의 행과 원을 나타내는 막힘이나 걸림 없는 작용과 모든 하늘, 용, 야차, 건달바, 아수라, 가루라, 긴나라, 마후라가, 제석, 범천, 호세천, 성문, 독각, 보살과 여래의 십력과 보살의 선근을 지키고 보호하는 막힘이나 걸림 없는 작용이니, 이것이 열이다.”

佛子 菩薩摩訶薩有十種神通無礙用 何等爲十 所謂 於一身示現一切世界身無礙用 於一佛衆會聽受一切佛衆會中所說法無礙用 於一衆生心念中成就不可說無上菩提開悟一切衆生心無礙用 以一音現一切世界差別言音 令諸衆生各得解了無礙用 一念中現盡前際一切劫所有業果種種差別 令諸衆生悉得知見無礙用 令一切世界具足莊嚴無礙用 普入一切三世無礙用 放大法光明現一切諸佛菩提 衆生行願無礙用 善守護一切天 龍 夜叉 乾闥婆 阿修羅 迦樓羅 緊那羅 摩睺羅伽 釋 梵 護世 聲聞 獨覺 菩薩 所有如來十力 菩薩善根無礙用 是爲十 若諸菩薩得此無礙用 則能普入一切佛法

“불자여! 보살마하살은 신통한 힘에 막힘이나 걸림 없는 열 가지 작용이 있으니, 무엇이 열인가 하면, 이른바 말로 할 수 없는 세계를 한 티끌 가운데 두는 막힘이나 걸림 없는 작용과 한 티끌 가운데 법계와 같은 모든 세계를 나타내는 막힘이나 걸림 없는 작용과 큰 바닷물을 남김없이 한 털구멍에 넣고 시방세계를 두루두루 오고 가면서도 중생을 접하여도 번거롭게 하지 않는 막힘이나 걸림 없는 작용과 말로 할 수 없는 세계를 자신의 몸 가운데로 들여서 모든 신통한 일을 나타내 보이는 막힘이나 걸림 없는 작용과 하나의 털로 셀 수 없는 금강위산을 얽어매서 모든 세계를 돌아다녀도 중생들이 무서움과 두려움을 내지 않게 하는 막힘이나 걸림 없는 작용과 말로 할 수 없는 겁으로 한 겁을 짓고 하나의 겁으로 말로 할 수 없는 겁을 지어 그 가운데 이루어지고 무너지는 차별을 나타내 보이지만, 중생들의 마음에 무서움과 두려움을 없게 하는 막힘이나 걸림 없는 작용과 모든 세계가 물로 인한 재앙, 불로 인한 재앙, 바람으로 인한 재앙 등 가지가지의 변화로 무너짐을 나타내지만, 모든 중생을 괴롭히지 않는 막힘이나 걸림 없는 작용과 모든 세계가 세 가지 재앙으로 무너질 때 모든 중생의 생활 도구를 남김없이 보호해 지녀서 잃거나 빠져서 부족함이 없게 하는 막힘이나 걸림 없는 작용과 헤아려 알 수 없는 세계를 한 손에 가지고 헤아릴 수 없는 세계 밖으로 던져버리지만, 중생들이 놀라거나 두려운 생각을 없게 하는 막힘이나 걸림 없는 작용과 모든 세계가 허공과 같음을 설하여 모든 중생이 다 깨우침을 깨달아 얻게 하는 막힘이나 걸림 없는 작용이니, 이것이 열이다."

佛子 菩薩摩訶薩有十種神力無礙用 何等爲十 所謂 以不可說世界置一塵中無礙用 於一塵中現等法界一切佛刹無礙用 以一切大海水置一毛孔 周旋往返十方世界 而於衆生無所觸嬈無礙用 以不可說世界內自身中 示現一切神通所作無礙用 以一毛繫不可數金剛圍山 持以遊行一切世界 不令衆生生恐怖心無礙用 以不可說劫作一劫 一劫作不可說劫 於中示現成壞差別 不令衆生心有恐怖無礙用 於一切世界現水 火 風災種種變壞以不惱衆生無礙用 一切世界三災壞時 悉能護持一切衆生資生之具不令損缺無礙用 以一手持不思議世界 擲不可說世界之外 不令衆生有驚怖想無礙用 說一切刹同於虛空 令諸衆生悉得悟解無礙用 是爲十

"불자여! 보살마하살은 힘에 막힘이나 걸림 없는 열 가지 작용이 있으니, 무엇이 열인가 하면, 이른바 중생의 힘에 막힘이나 걸림 없는 작용이니, 이는 가르치고 바른길로 이끌어 조복시키고 버리지 않는 까닭이며, 세계의 힘에 막힘이나 걸림 없는 작용이니, 이는 말로 할 수 없는 장엄을 나타내 보이고 장엄하는 까닭이며, 법의 힘에 막힘이나 걸림 없는 작용이니, 이는 모든 몸으로 몸이 없는 것에 들어가는 까닭이며, 겁의 힘에 막힘이나 걸림 없는 작용이니, 이는 수행을 끊지 않는 까닭이며, 부처의 힘에 막힘이나 걸림 없는 작용이니, 이는 수면(睡眠.煩惱)을 깨우쳐 깨달음을 깨우치게 하는 까닭이며, 행의 힘에 막힘이나 걸림 없는 작용이니, 이는 모든 보살의 행을 거두어 지니는 까닭이며, 여래의 힘에 막힘이나 걸림 없는 작용이니, 이는 모든 중생을 제도해서 해탈하게 하는 까닭이며, 스승이 없는 힘에 막힘이나 걸림 없는 작용이니, 이는 스스로 모든 법을 깨우치는 까닭이며, 모든 지혜의 힘에 막힘이나 걸림 없는 작용이니, 이는 모든 지혜로 바른 깨우침을 이루는 까닭이며, 가엾이 여기는 마음의 큰 힘에 막힘이나 걸림 없는 작용이니, 이는 모든 중생을 버리지 않는 까닭이며, 이것이 열이다.

불자여! 이와 같은 이름이 보현보살의 열 가지 막힘이나 걸림 없는 작용이니, 그와 같은 열 가지 막힘이나 걸림이 없는 것을 얻으면, 아뇩다라삼먁삼보리를 이루거나 이루지 않더라도 뜻에 따라 어기지 않으며, 비록 바른 깨우침을 이루어도 또한 보살의 행을 끊지 않는다. 왜냐하면, 보살마하살이 큰 서원을 일으키고 끝없는 작용의 문에 막힘이나 걸림 없이 들어가 섬세하고 능숙한 선근으로 나타내 보이는 까닭이다." (眞如相廻向)

佛子 菩薩摩訶薩有十種力無礙用 何等爲十 所謂 衆生力無礙用 敎化調伏不捨離故 刹力無礙用 示現不可說莊嚴而莊嚴故 法力無礙用 令一切身入無身故 劫力無礙用 修行不斷故 佛力無礙用 覺悟睡眠故 行力無礙用 攝取一切菩薩行故 如來力無礙用 度脫一切衆生故 無師力無礙用 自覺一切諸法故 一切智力無礙用 以一切智成正覺故 大悲力無礙用 不捨一切衆生故 是爲十 佛子 如是名爲 菩薩摩訶薩十種無礙用 若有得此十無礙用者 於阿耨多羅三藐三菩提欲成 不成 隨意無違 雖成正覺而亦不斷行菩薩行 何以故 菩薩摩訶薩發大誓願 入無邊無礙用門 善巧示現故

(9) 무박무착해탈회향(無縛無着解脫廻向)

"불자여! 보살마하살은 열 가지 즐겁게 노니는 것이 있으니, 무엇이 열인가 하면, 이른바 중생의 몸으로 세계의 몸을 만들면서도 중생의 몸을 무너뜨리지 않으니, 이것이 바로 보살이 즐겁게 노니는 것이며, 세계의 몸으로 중생의 몸을 지으면서도 세계의 몸을 무너뜨리지 않으니, 이것이 바로 보살이 즐겁게 노니는 것이며, 부처님의 몸에 성문과 독각의 몸을 나타내 보여도 여래의 몸을 줄거나 잃지 않게 하는 것이니, 이것이 바로 보살이 즐겁게 노니는 것이며, 성문과 독각의 몸으로 여래의 몸을 나타내 보여도 성문과 독각의 몸을 늘리고 키우지 않으니, 이것이 바로 보살이 즐겁게 노니는 것이며, 보살의 행을 닦는 몸에 바른 깨우침을 이루는 몸을 나타내 보여도 보살의 행을 닦는 몸을 끊지 않으니, 이것이 바로 보살이 즐겁게 노니는 것이며, 바른 깨우침을 이룬 몸에 보살의 행을 닦은 몸을 나타내 보여도 보리를 이루는 몸을 줄이지 않으니, 이것이 바로 보살이 즐겁게 노니는 것이며, 열반의 세계에 생사의 세계를 나타내 보여도 생사에 집착하지 않으니, 이것이 바로 보살이 즐겁게 노니는 것이며, 생사의 세계에 열반을 나타내 보여도 또한 마지막까지 열반에 들지 않으니, 이것이 바로 보살이 즐겁게 노니는 것이며, 삼매에 들어서 가고 머물고 앉고 눕는 모든 업을 나타내 보여도 삼매의 정수를 버리지 않으니, 이것이 바로 보살이 즐겁게 노니는 것이며, 부처님 한 분의 처소에 있으면서 법을 듣고 받아 지녀도 그 몸은 동요하지 않고 삼매의 힘으로 말로 할 수 없는 모든 부처님의 모임 가운데 각각 몸을 나타내면서도 역시 몸을 나누지도 않으며, 역시 선정에서 일어나지 않으며, 법을 듣고 받아 지니며, 이러한 일이 뒤를 이어 끊어지지 않으며, 이와 같은 생각과 생각마다 하나하나 삼매의 몸에서 말할 수 없이 말로는 이를 수 없는 몸을 출생하고 이와 같은 차례를 따라 모든 겁이 다하지만, 보살의 삼매 몸은 다해서 없앨 수 없으니, 이것이 바로 보살이 즐겁게 노니는 것이다."

"이것이 열이며, 그와 같은 모든 보살이 이 법에 편안히 머물면 곧 여래의 위 없는 큰 지혜로 즐겁게 노니는 것을 얻는다."

佛子 菩薩摩訶薩有十種遊戲 何等爲十 所謂 以衆生身作刹身 而亦不壞衆生身 是菩薩遊戲 以刹身作衆生身 而亦不壞於刹身 是菩薩遊戲 於佛身示現聲聞 獨覺身 而不損減如來身 是菩薩遊戲 於聲聞 獨覺身示現如來身 而不增長聲聞 獨覺身 是菩薩遊戲 於菩薩行身示現成正覺身 而亦不斷菩薩行身 是菩薩遊戲 於成正覺身示現修菩薩行身 而亦不減成菩提身 是菩薩遊戲 於涅槃界示現生死身 而不著生死 是菩薩遊戲 於生死界示現涅槃 亦不究竟入於涅槃 是菩薩遊戲 入於三昧而示現行 住 坐 臥一切業 亦不捨三昧正受 是菩薩遊戲 在一佛所聞法受持 其身不動 而以三昧力 於不可說諸佛會中各各現身 亦不分身 亦不起定 而聞法受持相續不斷 如是念念於一一三昧身各出生不可說不可說三昧身 如是次第一切諸劫猶可窮盡 而菩薩三昧身

不可窮盡 是菩薩遊戲 是爲十 若諸菩薩安住此法 則得如來無上大智遊戲

"불자여! 보살마하살은 경계가 열 가지 있으니, 무엇이 열인가 하면, 이른바 법계의 문을 나타내 보여서 중생들을 들어가게 하는 이것이 보살의 경계이며, 모든 세계의 헤아릴 수 없는 빼어난 장엄을 나타내 보여서 중생들을 들어가게 하는 이것이 보살의 경계이며, 모든 중생의 세계에 변하여 바뀐 몸으로 가서 남김없이 다 방편으로 열어서 깨우치게 하는 이것이 보살의 경계이며, 여래의 몸으로 보살의 몸을 내고 보살의 몸으로 여래의 몸을 내는 이것이 보살의 경계이며, 허공계(虛空界)에 세계를 나타내고 세계에 허공계를 나타내는 이것이 보살의 경계이며, 생사계에서 열반계를 나타내고 열반계에서 생사계를 나타내는 이것이 보살의 경계이며, 한 중생의 말 가운데 모든 불법의 말을 나타내는 이것이 보살의 경계이며, 끝이 없는 몸으로 한 몸을 만들어 나타내며, 한 몸으로 모든 차별한 몸을 만드는 이것이 보살의 경계이며, 한 몸으로 모든 법계에 가득 차는 이것이 보살의 경계이며, 한 생각, 한순간에 모든 중생이 보리심을 일으켜 각각 헤아릴 수 없는 몸을 나타내어 등정각을 이루는 이것이 보살의 경계이다."

"이것이 열이며, 그와 같은 모든 보살이 이 법에 편안히 머물면 곧 여래의 위 없는 큰 지혜의 경계를 얻을 것이다."

佛子 菩薩摩訶薩有十種境界 何等爲十 所謂 示現無邊法界門 令衆生得入 是菩薩境界 示現一切世界無量妙莊嚴 令衆生得入 是菩薩境界 化往一切衆生界 悉方便開悟 是菩薩境界 於如來身出菩薩身 於菩薩身出如來身 是菩薩境界 於虛空界現世界 於世界現虛空界 是菩薩境界 於生死界現涅槃界 於涅槃界現生死界 是菩薩境界 於一衆生語言中 出生一切佛法語言 是菩薩境界 以無邊身現作一身 一身作一切差別身 是菩薩境界 以一身充滿一切法界 是菩薩境界 於一念中 令一切衆生發菩提心 各現無量身成等正覺 是菩薩境界 是爲十 若諸菩薩安住此法 則得如來無上大智境界

"불자여! 보살마하살은 열 가지 힘이 있으니, 무엇이 열인가 하면, 이른바 깊은 마음의 힘이니, 이는 모든 세간의 정이 섞이지 않는 까닭이며, 거듭 위로 더하는 깊은 마음의 힘이니, 이는 모든 부처님의 법을 버리지 않는 까닭이며, 방편의 힘이니, 이는 모든 지은 것이 마지막까지 다하는 까닭이며, 지혜의 힘이니, 이는 모든 마음의 행을 깨달아 아는 까닭이며, 원의 힘이니, 이는 모든 구하는 바를 만족하게 하는 까닭이며, 행의 힘이니, 이는 미래의 경계가 다 하도록 끊어지지 않는 까닭이며, 법에 오르는 힘이니, 이는 모든 법에 오르는 것을 내지만, 대승(大乘)을 버리지 않는 까닭이며, 신통 변화의 힘이니, 이는 하나 하나의 털구멍 가운데 모든 청정한 세계와 모든 여래께서 세상에 나심을 나타내 보이는 까닭이며, 보리의 힘이니, 이는 모든 중생이 마음을 일으켜 부처를 이루고 끊어짐이 없게 하는 까닭이며, 법륜을 굴리는 힘이니, 한 구절의 법을 설하여도 모든 중생의 근과 욕심에 남김없이 다 맞게끔 하는 까닭이다."

"이것이 열이며, 그와 같은 모든 보살이 이 법에 편안히 머물면 곧 모든 부처님의 위 없는 모든 지혜의 열 가지 힘을 얻을 것이다." (無縛無着解脫迴向)

佛子 菩薩摩訶薩有十種力 何等爲十 所謂 深心力 不雜一切世情故 增上深心力 不捨一切佛法故 方便力 諸有所作究竟故 智力 了知一切心行故 願力 一切所求令滿故 行力 盡未來際不斷故 乘力 能出生一切乘 而不捨大乘故 神變力 於一一毛孔中 各各示現一切淸淨世界一切如來出興世故 菩提力 令一切衆生發心成佛無斷絶故 轉法輪力 說一句法悉稱一切衆生諸根性欲故 是爲十 若諸菩薩安住此法 則得諸佛無上一切智十力

(10) 법계무량회향(法界無量迴向)

"불자여! 보살마하살은 두려움 없음이 열 가지가 있으니, 무엇이 열인가?"

"불자여! 보살마하살은 모든 말과 말씀을 들어서 지니고는 이와 같은 생각을 하길 '설령 헤아릴 수 없고 끝없는 중생들이 시방으로부터 와서 백천 가지 큰 법을 나에게 묻더라도 나는 그 물음에 조금이라도 답하기 어려운 모양이나 상태를 보이지 않으니, 보이지 않는 까닭으로 두려운 마음이 없고 끝내는 크게 두려워하지 않는 언덕에 이르며, 그들이 묻는 대로 모두 대답하지만, 의혹을 끊고 겁내거나 약함이 없다.'라고 하니, 이것이 보살의 제1 두려움 없음이다."

"불자여! 보살마하살은 여래의 막힘이나 걸림 없는 정수리에 물 붓는 변재를 얻고 모든 문자와 말로 비밀을 열어 보이는 마지막 저 언덕에 이르고는 이와 같은 생각을 하길 '설령 헤아릴 수 없고 끝없는 중생들이 시방으로부터 와서 헤아릴 수 없는 법을 나에게 묻더라도 나는 그 물음에 조금이라도 답하기 어려운 모양이나 상태를 보이지 않으니, 보이지 않는 까닭으로 두려움이 없는 마음을 얻고 끝내는 크게 두려워하지 않는 언덕에 이르게 하며, 그들이 묻는 대로 모두 대답해서 의심을 끊고 두려움에 떨지 않게 할 것이다.'라고 하는 이것이 보살의 제2 두려움 없음이다."

"불자여! 보살마하살은 모든 법이 공한 것임을 알고 나를 벗어나고 나의 것을 벗어나며, 지을 것도 없고 지을 자도 없으며, 아는 자도 없고 산 사람도 없으며, 양육하는 자도 없고 보특가라도 없으며, 온, 계, 처를 벗어나고 모든 바르지 못한 견해를 영원히 벗어나 허공과 같다는 마음으로 이와 같은 생각을 하길 '중생들이 아주 적은 모양이나 상태라도 나의 몸과 말과 뜻으로 손해를 보지 않을 것이다. 왜냐하면, 보살은 나와 나의 것을 영원히 벗어난 까닭이며, 모든 법이 아주 적은 성품의 모양이나 상태가 있음을 보지 않는 까닭이니, 보지 않기에 두려운 마음이 없고 마침내는 크게 두려움이 없는 언덕에 이르며, 견고하고 용맹해서 깨뜨리지 못할 것이다.'라고 하니, 이것이 보살의 제3 두려움 없음이다."

"불자여! 보살마하살은 부처님의 힘으로 보호되고 부처님의 힘을 가졌기에 부처님의 위의에 머물러 행하는 것이 진실하고 변하여 바뀌는 것이 없다. 그렇기에 이와 같은 생각을 하길 '나의 작은 행동 하나라도 중생들에게 꾸짖은 모양이나 상태를 보이지 않으니, 보지 않는 까닭으로 두려운 마음이 없고 대중 가운데서 편안히 법을 말할 것이다.'라고 하니, 이것이 보살의 제4 두려움 없음이다."

"불자여! 보살마하살은 몸과 말과 뜻의 업이 모두 청정하며, 깨끗하고 부드럽기에 모든 악을 멀리 벗어난다. 그렇기에 생각하기를 '나는 몸과 말과 뜻으로 하는 일이 조금도 꾸짖은 모양이나 상태가 있는 것을 보이지 않으니, 보이지 않는 까닭으로 마음에 두려움 없음을 얻어서 중생이 불법에 머물게 할 것이다.'라고 하니, 이것이 보살의 제5 두려움 없음이다."

"불자여! 보살마하살은 금강역사와 하늘, 용, 야차, 건달바, 아수라, 제석, 범왕, 사천왕들이 항상, 자리를 지키고 모시며, 모든 여래께서 보호하고 버리지 않는다. 보살마하살이 이와 같은 생각을 하길 '나와 많은 마와 외도와 다른 견해가 있는 중생이 능히 내게 와서 보살의 도를 행함에 막힘이나 걸림이 되는 모양이나 상태를 조금이라도 보이지 않으니, 보이지 않는 까닭으로 마음에 두려움 없음을 얻어서 마침내는 두려움이 없는 큰 언덕에 이르고 즐겁고 기쁜 마음을 일으켜 보살의 행을 행하게 할 것이다.'라고 하니, 이것이 보살의 제6 두려움 없음이다."

"불자여! 보살마하살은 제일가는 생각의 근본을 성취해서 마음에 잊어버리는 것이 없기에 부처님이 기뻐하신다. 그렇기에 이와 같은 생각을 하길 '여래께서 말씀하신 보리의 도를 구하는 문자와 구절의 법 가운데 나는 조금이라도 잊어버리는 모양이나 상태를 보이지 않으니, 보이지 않는 까닭으로 마음에 두려움이 없고 모든 여래의 바른 법을 받들어 지니고 보살의 행을 행할 것이다.'라고 하니, 이것이 보살의 제7 두려움 없음이다."

"불자여! 보살마하살은 지혜와 방편을 남김없이 다 통달해서 보살의 모든 힘을 다 원만하게 성취하고 모든 중생을 항상 부지런히 가르쳐 이끌고 늘 서원으로 부처의 보리를 마음에 두었지만, 중생을 가엾이 여기고 중생을 성취시키려 하는 까닭에 번뇌로 흐린 세상에 태어남을 나타내 보이지만 종족이 존귀하고 권속이 원만하기에 하고자 하는 일이 마음을 좇아 기뻐하고 좋아한다. 그러므로 이와 같은 생각을 하길 '내가 비록 이 권속과 더불어 같이 하지만, 모임이나 모양이나 상태를 조금도 탐내거나 집착하지 않으며, 내가 수행하는 선정, 해탈과 또한 모든 삼매와 총지, 변재와 보살의 도를 폐할 만한 것을 보이지 않는다. 왜냐하면, 보살마하살은 모든 법에 이미 자재하기에 저 언덕에 이르렀고 보살의 행을 닦으나 끊어지지 않게 하려 하며, 세간의 어떠한 경계도 보살의 도를 의심하게 하거나 어지럽게 하는 것을 보지 못하니, 보이지 않는 까닭으로 마음에 두려움이 없고 마침내는 크게 두려움이 없는 언덕에 이르고 큰 서원의 힘으로 모든 세계에 태어날 것이다.'라고 하니, 이것이 보살의 제8 두려움 없음이다."

"불자여! 보살마하살이 살바야의 마음을 잃지 않고 대승을 타고 보살의 행을 행하며, 모든 지혜와 큰마음의 세력으로 모든 성문과 독각의 적정 위의를 나타내 보인다. 그리고는 이와 같은 생각을 하길 '나는 마땅히 이승을 벗어나 나아가는 아주 적은 모양이나 상태를 보이지 않는다. 이러한 까닭으로 보이지 않기에 마음에 두려움이 없고 위 없는 그리고 크게 두려움 없는 언덕에 이르고 모든 승(乘)의 길을 두루 나타내지만, 끝내는 평등한 대승을 만족하게 할 것이다.'라고 하니, 이것이 보살의 제9 두려움 없음이다."

"불자여! 보살마하살은 희고 깨끗한 모든 법을 성취해서 선근을 온전하게 갖추고 신통을 원만하게 하였으며, 마침내는 부처님들의 보리에 머물러 모든 보살의 행을 만족하게 하였고 모든 부처님이 계신 곳에서 모든 지혜와 정수리에 물 붓는 수기를 받고도 항상 중생을 가르쳐 바른길로 이끌고 보살의 도를 행하며, 이와 같은 생각을 하니 '나는 한 명의 중생이라고 응당 성숙시킬만하지만, 부처님의 자재하심을 나타내지 못하기에 성숙한 모양이나 상태를 보지 못하는 까닭으로 보이지 않기에 마음에 두려움이 없고 마침내는 두려움이 없는 큰 언덕에 이르며, 보살의 행을 끊지 않고 보살의 원을 버리지 않으며, 가르쳐 바른길로 이끌만한 모든 중생을 따라 부처의 경계를 나타내어 가르쳐서 바른길로 이끌어 제도할 것이다.'라고 하니, 이것이 보살의 제10 두려움 없음이다."

"불자여! 이것이 보살하마하살의 열 가지 두려움 없음이며, 그와 같은 모든 보살이 이 법에 편안히 머물면 곧 부처님의 위 없이 큰 두려움 없음을 버리지 않는다."

佛子 菩薩摩訶薩有十種無畏 何等爲十 佛子 菩薩摩訶薩悉能聞持一切言說 作如是念 設有衆生無量無邊從十方來 以百千大法而問於我 我於彼問不見微少難可答相 以不見故 心得無畏 究竟到彼大無畏岸 隨其所問悉能酬對 斷其疑惑無有怯弱 是爲菩薩第一無畏 佛子 菩薩摩訶薩得如來灌頂無礙辯才 到於一切文字言音開示秘密究竟彼岸 作如是念 設有衆生無量無邊從十方來 以無量法而問於我 我於彼問不見微少難可答相 以不見故 心得無畏 究竟到彼大無畏岸 隨其所問悉能酬對 斷其疑惑無有恐懼 是爲菩薩第二無畏 佛子 菩薩摩訶薩知一切法空 離我 離我所 無作 無作者 無知者 無命者 無養育者 無補伽羅 離蘊 界 處 永出諸見 心如虛空 作如是念 不見衆生有微少相能損惱我身 語 意業 何以故 菩薩遠離我 我所故 不見諸法有少性相 以不見故 心得無畏 究竟到彼大無畏岸 堅固勇猛 不可沮壞 是爲菩薩第三無畏 佛子 菩薩摩訶薩佛力所護 佛力所持 住佛威儀 所行眞實 無有變易 作如是念 我不見有少分威儀 令諸衆生生訶責相 以不見故 心得無畏 於大衆中安隱說法 是爲菩薩第四無畏 佛子 菩薩摩訶薩身 語 意業皆悉淸淨 鮮白柔和 遠離衆惡 作如是念 我不自見身 語 意業而有少分可訶責相 以不見故 心得無畏 能令衆生住於佛法 是爲菩薩第五無畏 佛子 菩薩摩訶薩 金剛力士 天 龍 夜叉 乾闥婆 阿修羅 帝釋 梵王 四天王等常隨侍衛 一切如來護念不捨 菩薩摩訶薩作如是念 我不見有衆魔外道見有衆生能來障我行菩薩道少分之相 以不見故 心得無畏 究竟到彼大無畏岸 發歡喜心行菩薩行 是爲菩薩第六無畏 佛子 菩薩摩訶薩已得成就第一念根 心無忘失佛所悅可 作如是念 如來所說成菩提道文字句法 我不於中見有少分忘失之相 以不見故 心得無畏 受持一切如來正法行菩薩行 是爲菩薩第七無畏 佛子 菩薩摩訶薩智慧方便悉已通達 菩薩諸力皆得究竟 常勤敎化一切衆生 恒以願心繫佛菩提 而爲悲愍衆生故 成就衆生故 於煩惱濁世示現受生 種族尊貴 眷屬圓滿 所欲從心 歡娛快樂 而作是念 我雖與此眷屬聚會 不見少相而可貪著 廢我修行禪定 解脫 及諸三昧 摠持 辯才 菩薩道法 何以

故 菩薩摩訶薩於一切法已得自在到於彼岸 修菩薩行誓不斷絶 不見世間有一境界而能惑亂菩薩道者 以不見故 心得無畏 究竟到彼大無畏岸 以大願力於一切世界示現受生 是爲菩薩第八無畏 佛子 菩薩摩訶薩恒不忘失薩婆若心 乘於大乘行菩薩洐 以一切智大心勢力 示現一切聲聞 獨覺寂靜威儀 作是念言 我不自見當於二乘而取出離少分之相 以不見故 心得無畏 到彼無上大無畏岸 普能示現一切乘道 究竟滿足平等大乘 是爲菩薩第九無畏 佛子 菩薩摩訶薩成就一切諸白淨法 具足善根 圓滿神通究竟住於諸佛菩提 滿足一切諸菩薩行 於諸佛所受一切智灌頂之記 而常化衆生行菩薩道 作如是念 我不自見有一衆生應可成熟而不能現諸佛自在而成熟相 以不見故心得無畏 究竟到彼大無畏岸 不斷菩薩行 不捨菩薩願 隨所應化一切衆生現佛境界而化度之 是爲菩薩第十無畏 佛子 是爲菩薩摩訶薩十種無畏 則得諸佛無上大無畏而亦不捨菩薩無畏

"불자여! 보살마하살은 함께하지 않는 법(不共法) 열 가지가 있으니, 무엇이 열인가?"

"불자여! 보살마하살은 다른 자의 가르침을 말미암지 않고 자연히 육바라밀을 수행하니, 항상 즐거이 크게 보시하고 아끼는 생각을 내지 않으며, 항상 계율을 지니고 범하지 않으며, 인욕을 온전하게 갖추고 마음이 흔들리지 않으며, 크게 정진하기에 일찍이 물러섬이 없으며, 모든 선정에 선근으로 들어가서 영원히 흩어지거나 어지러움이 없으며, 지혜를 섬세하고 능숙하게 닦아서 나쁜 소견을 없애니, 이것이 제1 다른 자의 가르침에 말미암지 않으며, 바라밀의 도를 거스르지 않고 따르면서 육바라밀의 도를 닦아 행할 때 함께하지 않는 법이다."

"불자여! 보살마하살이 모든 중생을 두루 거두어 주니, 이른바 재물과 법으로 은혜로운 보시를 하며, 바른 생각이 눈앞에 나타나 화목한 얼굴로 사랑하는 말로 그 마음을 환희하게 하고 진실한 뜻을 보여서 모든 부처의 보리에 대한 깨우침을 깨달아 얻게 하며, 미워하고 의심 없이 이익을 평등하게 하니, 이것이 제2 다른 자의 가르침에 말미암지 않으며, 사섭도(四攝道)를 거스르지 않고 따라 부지런히 중생을 거두어 줄 때 함께 하지 않는 법이다."

"불자여! 보살마하살은 섬세하고 능숙한 선근 방편으로 회향하니, 이른바 과보를 구하지 않는 회향과 부처의 보리를 거스르지 않고 따르는 회향과 일체 세간에 집착하지 않는 선정 삼매의 회향과 모든 중생에게 이익을 주기 위한 회향과 여래의 지혜를 끊지 않기 위한 회향이니, 이것이 제3 다른 자의 가르침에 말미암지 않으며, 모든 중생을 위해서 선근을 새롭게 일으켜 부처님의 지혜를 구할 때 함께 하지 않는 법이다."

"불자여! 보살마하살은 섬세하고 능숙한 선근 방편으로 마지막까지 저 언덕에 이르고서도 마음으로는 항상 차례를 좇아(復) 모든 중생을 돌아보고 세속과 범부의 경계를 싫어하지 않고 이승을 벗어나 나가는 도를 즐기지 않으며, 자신의 좋아하는 것에 집착하지 않고 오직 가르쳐 바른길로 이끌고 제도하는 것을 부지런하게 하며, 선근으로 선정과 해탈에 능히 들어가고 나오면서 모든 삼매에 자재함을 얻고 생사에 오고 가기를 공원에서 노니는 것처럼 해하여 잠시라도 피곤하고 싫어하는 마음을 일으키지 않으며, 그와 같이 마궁에 머물고 그와 같이 석, 천, 범왕과 세간의 주인이 되어 태어나는 곳마다 그 몸을 나타내며, 그와 같은 외도의 무리 가운데 출가하지만, 항상 바르지 못한 모든 견해를 멀리 벗어나고 모든 세간의 문장에 나타나는 말과 문자를 새기는 것과 산수뿐만 아니라 즐기며 노닐고 춤추고 노래하는 법까지 나타내 보이지만, 자세하고 섬세하며 능숙하고 그와 같은 시기에 단정한 부인으로서 지혜와 재주가 세상에 제일이며, 모든 세간과 출세간의 일을 또한 남김없이 통달하고 저 언덕에 이르러 모든 중생이 좇아와 늘 우러르며, 비록 성문과 벽지불의 위의를 나타내도 대승의 마음을 잃지 않고 비록 생각과 생각 가운데 바른 깨우침을 이루는 것을 보이나 보살의 행을 끊지 않으니, 이것이 제4 다른 자의 가르침에 말미암지 않으며, 섬세하고 능숙한 선근 방편으로 마지막까지 저 언덕에 이를 때 함께 하지 않는 법이다."

"불자여! 보살마하살은 방편과 실상의 본바탕을 함께 행하는 도를 알고 지혜가 자재하여 마지막까지 이르니, 이른바 열반에 머물면서 생사를 나타내 보이고 중생이 없음을 알면서도 가르쳐 바른길로 이끄는 행을 부지런히 하고 마지막까지 적멸하면서도 번뇌를 일으켜 나타내고 하나의 견고하고 비밀스러운 지혜의 법신(法身)에 머물면서도 헤아릴 수 없는 중생의 몸을 두루 나타내고 항상 깊은 선정에 들어가 있으면서도 욕망을 받아들임을 보이고 삼계를 멀리 벗어났으면서도 중생을 버리지 않고 법의 즐거움을 즐기면서도 채녀의 노래와 노니는 것을 나타내고 비록 좋고 많은 모양이나 상태로 몸을 장엄하고도 추하고 천한 형상을 받아 보이고 항상 많은 선근을 쌓고 모아 잘못이나 허물이 없으면서도 지옥, 아귀, 축생에 태어남을 나타내고 비록 부처님 지혜의 저 언덕에 이르렀으면서도 보살의 지혜로운 몸을 버리지 않는다."

"보살마하살이 이와 같은 헤아릴 수 없는 지혜를 성취하여도 성문이나 독각이 알지 못하는 것을, 하물며 어린 중생들이 어찌 알겠는가. 이것이 제5 다른 자의 가르침에 말미암지 않으며, 방편과 실상의 본바탕을 모두 행할 때 함께 하지 않는 법이다."

"불자여! 보살마하살은 몸과 입과 뜻의 업으로 지혜를 따르는 행이 남김없이 다 청정하니, 이른바 크게 사랑하는 마음을 온전하게 갖추어 죽이려는 마음을 영원히 벗어났을 뿐만 아니라 바르게 이해하는 것을 온전하게 갖추고 바르지 못한 견해가 없는 것이니, 이것이 제6 다른 자의 가르침에 말미암지 않고 몸과 입과 뜻의 업이 지혜의 행을 따를 때 함께 하지 않는 법이다."

"불자여! 보살마하살은 크게 가엾이 여기는 마음을 온전하게 갖추어 모든 중생을 버리지 않고 모든 중생을 대신해서 모든 괴로움을 받으니, 이른바 지옥의 괴로움과 축생의 괴로움과 아귀의 괴로움까지도 이익을 주기 위한 까닭에 게으르고 피곤함을 내지 않고 단지 모든 중생을 제도해서 해탈하게 하며, 오욕의 경계에 물들지 않게 하고 항상 부지런히 모든 괴로움을 없애니, 이것이 제7 다른 자의 가르침에 말미암지 않고 항상 크게 가엾이 여기는 마음을 일으킬 때 함께 하지 않는 법이다."

"불자여! 보살마하살은 중생들이 늘 보기 좋아하는 범천왕, 제석천왕, 사천왕 등이 되어서 모든 중생이 보더라도 싫어하거나 만족함이 없게 한다. 왜냐하면, 보살마하살이 옛적부터 행하던 업이 청정하기에 잘못이나 허물이 없는 이러한 까닭으로 중생들이 보면서도 싫어하지 않지만 만족하지 않으니, 이것이 제8 다른 자의 가르침에 말미암지 않고 모든 중생이 남김없이 다 좋게 볼 때 함께 하지 않는 법이다."

"불자여! 보살마하살은 살바야에 대해 큰 서원으로 장엄하고 좋아하는 마음이 견고하기에 비록 범부나 성문이나 독각이나 험난한 곳에 처해도 끝내는 모든 지혜의 마음이 밝고 청정한 빼어난 보배에서 물러서지 않는다."

"불자여! 보배 구슬이 있으니, 이름은 '청정한 장엄'이며, 진흙탕 가운데 두어도 빛의 색이 변하지 않고 탁한 물을 남김없이 맑게 하는 것과 같으니, 보살마하살도 역시 차례를 좇아(復) 이와 같기에 비록 어리석은 범부의 탁한 곳에 섞이더라도 끝내는 모든 지혜를 구하는 청정한 보배 마음을 잃거나 무너뜨리지 않고 모든 악한 중생들이 망령되게 보는 것과 번뇌와 더럽고 탁한 모든 것에서 영원히 벗어나며, 모든 지혜를 구하는 청정한 마음의 보배를 구하고 얻게 하니, 이것이 제9 다른 자의 가르침에 말미암지 않고 어려움이 많은 곳에 처하더라도 모든 지혜의 마음 보배를 잃지 않을 때 함께 하지 않는 법이다."

“불자여! 보살마하살은 스스로 깨우친 경계의 지혜를 성취하고는 스승 없이 스스로 깨우침을 깨달아 마지막까지 자재하여 저 언덕에 이르며, 시기를 벗어난 법의 비단 띠를 머리에 둘러도 친근한 선근을 버리지 않으며, 모든 여래를 항상 즐거이 존중하니, 이것이 제10 다른 자의 가르침에 말미암지 않고 최상의 법을 얻어 선지식을 벗어나지 않고 부처님을 존중하는, 그 마음을 버리지 않을 때 함께 하지 않는 법이다.”

“불자여! 이것이 보살마하살의 열 가지 함께하지 않는 법이니, 그와 같은 모든 보살이 그 가운데 편안히 머물면 곧 여래의 위 없는 함께 하지 않는 광대한 법을 얻는다.”

佛子 菩薩摩訶薩有十種不共法 何等爲十 佛子 菩薩摩訶薩不由他敎 自然修行六波羅蜜 常樂大施 不生慳吝 恒持淨戒 無所毁犯 具足忍辱 心不動搖 有大精進 未曾退轉 善入諸禪 永無散亂 巧修智慧 悉除惡見 是爲第一不由他敎隨順波羅蜜道修六度不共法 佛子 菩薩摩訶薩普能攝受一切衆生 所謂 以財及法而行惠施 正念現前 和顔愛語 其心歡喜 示如實義 令得悟解諸佛菩提 無有憎嫌 平等利益 是爲第二不由他敎順四攝道勤攝衆生不共法 佛子 菩薩摩訶薩善巧迴向 所謂 不求果報迴向 順佛菩提迴向 不著一切世間禪定三昧迴向 爲利益一切衆生迴向 爲不斷如來智慧迴向 是爲第三不由他敎爲諸衆生發起善根求佛智慧不共法 佛子 菩薩摩訶薩到善巧方便究竟彼岸 心恒顧復一切衆生 不厭世俗凡愚境界 不樂二乘出離之道 不著己樂 唯勤化度 善能入出禪定解脫 於諸三昧悉得自在 往來生死如遊園觀 未曾暫起疲厭之心 或住魔宮 或爲釋天 梵王 世主 一切生處靡不於中而現其身 或於外道衆中出家 而恒遠離一切邪見 一切世間文詞 呪術 字印 筭數 乃至遊戲 歌舞之法 悉皆示現 無不精巧 或時示作端正婦人 智慧才能世中第一 於諸世間 出世間法能問能說 問答斷疑皆得究竟 一切世間 出世間事亦悉通達到於彼岸 一切衆生恒來瞻仰 雖現聲聞 辟支佛威儀 而不失大乘心 雖念念中示成正覺 而不斷菩薩行 是爲第四不由他敎方便善巧究竟彼岸不共法 佛子 菩薩摩訶薩善知權實雙行道 智慧自在 到於究竟 所謂 住於涅槃而是現生死 知無衆生而勤行敎化 究竟寂滅而現起煩惱 住一堅密智慧法身而普現無量諸衆生身 常入深禪定而示受欲樂 常遠離三界而不捨衆生 常樂法樂而現有采女歌詠嬉戲 雖以衆相好莊嚴其身而示受醜陋貧賤之形 常積集衆善無諸過惡而現生地獄畜生 餓鬼 雖已到於佛智彼岸而亦不捨菩薩智身 菩薩摩訶薩成熟如是無量智慧 聲聞 獨覺尙不能知 何況一切童蒙衆生 是爲第五不由他敎權實雙行不共法 佛子 菩薩摩訶薩身 口 意業 隨智慧行皆悉淸淨 所謂 具足大慈永離殺心 乃至具足正解無有邪

見 是爲第六不由他教身 口 意業隨智慧行不共法 佛子 菩薩摩訶薩具足大悲 不捨衆生 代一切衆生而受諸苦 所謂 地獄苦 畜生苦 餓鬼苦 爲利益苦 不生勞倦 唯專度脫一切衆生 未曾耽染五欲境界 常爲精勤滅除衆苦 是爲第七不由他教常起大悲不共法 佛子 菩薩摩訶薩常爲衆生之所樂見 梵王 帝釋 四天王等一切衆生見無厭足 何以故 菩薩摩訶薩久遠世來 行業淸淨無有過失 是故衆生見者無厭 是爲第八不由他敎一切衆生皆悉樂見不共法 佛子 菩薩摩訶薩於薩婆若大誓莊嚴志樂堅固 雖處凡夫 聲聞 獨覺險難之處 終不退失一切智心明淨妙寶 佛子 如有寶珠 名 淨莊嚴 置泥潦中光色不改 能令濁水悉皆澄淨 菩薩摩訶薩亦復如是 雖在凡愚雜濁等處 終不失壞求一切智淸淨寶心 而能令彼諸惡衆生遠離妄見 煩惱 穢濁 得求一切智淸淨心寶 是爲第九不由他敎在衆難處不失一切智心寶不共法 佛子 菩薩摩訶薩成就自覺境界智 無師自悟 究竟自在到於彼岸 離垢法繒以冠其首 而於善友不捨親近 於諸如來常樂尊重 是爲第十不由他敎得最上法不離善知識 不捨尊重佛不共法 佛子 是爲菩薩摩訶薩十種不共法 若諸菩薩安住其中 則得如來無上廣大不共法

"불자여! 보살마하살은 업이 열 가지 있으니, 어떠한 것이 열인가 하면, 이른바 모든 세계의 업이니, 이는 남김없이 청정하게 하는 까닭이며, 일체 모든 부처님의 업이니, 이는 남김없이 공양하는 까닭이며, 모든 보살의 업이니, 이는 씨앗이 같은 선근인 까닭이며, 모든 중생의 업이니, 이는 남김없이 가르치고 바른길로 이끌어서 변하여 바뀌는 까닭이며, 모든 미래의 업이니, 이는 미래의 경계가 다 하도록 거두어서 취하는 까닭이며, 모든 신통한 힘의 업이니, 이는 하나의 세계를 벗어나지 않고 모든 세계에 두루 이르게 하는 까닭이며, 모든 광명의 업이니, 이는 끝없는 색의 광명을 놓아서 하나하나의 광명 연화좌를 두고 각각의 자리에 보살이 결가부좌하고 앉아서 나타내 보이는 까닭이며, 모든 삼보의 종자를 끊이지 않게 하는 업이니, 이는 모든 부처가 열반한 후에 부처의 법을 지키고 보호하면서 머물러 지니는 까닭이며, 모든 변화하는 업이니, 이는 모든 세계에서 법을 말해 중생들을 가르치고 바른길로 이끄는 까닭이며, 모두 열반으로 이끄는 도움의 업이니, 이는 한 생각, 한순간에 모든 중생이 하고자 하는 마음을 따라 다 나타내 보이면서 원만하게 모든 소원을 이루게 하려는 까닭이다."

"이것이 열이며, 그와 같은 모든 보살이 이 법에 편안히 머물면 곧 여래의 위 없는 광대한 업을 얻을 것이다."

佛子 菩薩摩訶薩有十種業 何等爲十 所謂 一切世界業 悉能嚴淨故 一切諸佛業 悉能供養故 一切菩薩業 同種善根故 一切衆生業 悉能敎化故 一切未來業 盡未來際攝取故 一切神力業 不離一世界徧至一切世界故 一切光明業 放無邊色光明 一一光中有蓮華座 各有菩薩結跏趺坐而顯現故 一切三寶種不斷業 諸佛滅後 守護住持諸佛法故 一切變化業 於一切世界說法敎化諸衆生故 一切加持業 於一念中隨諸衆生心之所欲皆爲示現 令一切願悉成滿故 是爲十 若諸菩薩安住此法 則得如來無上廣大業

"불자여! 보살마하살은 열 가지 몸이 있으니, 무엇이 열인가 하면, 이른바 오지 않는 몸이니, 이는 모든 세간에 태어남을 받지 않는 까닭이며, 가지 않는 몸이니, 이는 모든 세간에서 구하려 해도 얻지 못하는 까닭이며, 실상의 본바탕과 같지 않은 몸이니, 이는 모든 세간에서 있는 그대로 얻는 까닭이며, 헛되지 않은 몸이니, 이는 실상의 본바탕 이치 그대로 세간을 보는 까닭이며, 다하지 않는 몸이니, 이는 미래의 경계가 다 하도록 끊어지지 않는 까닭이며, 견고한 몸이니, 이는 모든 마군들이 무너뜨리지 못하는 까닭이며, 흔들리지 않는 몸이니, 이는 마군과 외도가 흔들 수 없는 까닭이며, 모양이나 상태를 온전하게 갖춘 몸이니, 이는 청정한 백 가지 복이 되는 모양이나 상태를 나타내 보이는 까닭이며, 모양이나 상태가 없는 몸이니, 이는 법의 모양이나 상태를 마지막까지 하지만, 모든 모양이나 상태가 없는 까닭이며, 두루 이르는 몸이니, 이는 삼세 부처님들과 더불어 같은 몸인 까닭이다."

"이것이 열이며, 그와 같은 모든 보살이 이 법에 편안히 머물면 곧 여래의 위 없고 다함이 없는 몸을 얻는다." (法界無量迴向)

佛子 菩薩摩訶薩有十種身 何等爲十 所謂 不來身 於一切世間不受生故 不去身 於一切世間求不得故 不實身 一切世間如實得故 不虛身 以如實理示世間故 不盡身 盡未來際無斷絶故 堅固身 一切衆魔不能壞故 不動身 衆魔 外道不能動故 具常身 示現淸淨百福相故 無相身 法相究竟悉無相故 普至身 與三世佛同一身故 是爲十 若諸菩薩安住此法 則得如來無上無盡之身

6) 십지를 답함

(1) 환희지(歡喜地)

"불자여! 보살마하살은 열 가지 몸의 업이 있으니, 무엇이 열인가 하면, 이른바 하나의 몸이 모든 세계에 가득하게 차는 몸의 업과 모든 중생 앞에 남김없이 다 나타내 보이는 몸의 업과 모든 부류에 남김없이 다 태어남을 받은 몸의 업과 모든 세계에 노닐며 행하는 몸의 업과 모든 부처님의 대중 모임에 나가는 몸의 업과 한 손으로 모든 세계를 두루 덮는 몸의 업과 한 손으로 모든 세계의 금강위산을 잘게 부수어 티끌과 같이 만드는 몸의 업과 자신의 몸 가운데 모든 부처의 세계가 이루어지고 무너짐을 나타내어 중생에게 보이는 몸의 업과 하나의 몸에 모든 중생의 세계를 받아들이는 몸의 업과 자신의 몸 가운데 모든 청정한 세계의 모든 중생을 두루 나타내어 그 가운데서 부처를 이루는 몸의 업이다."

"이것이 열이며, 그와 같은 모든 보살이 이 법에 편안히 머물면 곧 여래의 위 없는 부처의 업을 얻어 모든 중생을 능히 깨우치게 할 것이다."

佛子 菩薩摩訶薩有十種身業 何等爲十 所謂 一身充滿一切世界身業 於一切衆生前悉能示現身業 於一切趣悉能受生身業 遊行一切世界身業 往詣一切諸佛衆會身業 能以一手普覆一切世界身業 能以一手磨一切世界金剛圍山碎如微塵身業 於自身中現一切佛刹成壞示於衆生身業 以一身容受一切衆生界身業 於自身中普現一切淸淨佛刹 一切衆生於中成道身業 是爲十 若諸菩薩安住此法 則得如來無上佛業 悉能覺悟一切衆生

"불자여! 보살마하살은 차례를 좇아(復) 역시 열 가지 몸이 있으니, 이른바 모든 바라밀의 몸이니, 이는 남김없이 다 바르게 수행하는 까닭이며, 네 가지로 받아주는 몸(四攝身)이니, 이는 모든 중생을 버리지 않는 까닭이며, 크게 가엾이 여기는 몸이니, 이는 모든 중생을 대신해서 헤아릴 수 없는 괴로움을 받으면서도 피곤하고 싫어함이 없는 까닭이며, 크게 사랑하는 몸이니, 이는 모든 중생을 구하고 보호하는 까닭이며, 복과 덕의 몸이니, 이는 모든 중생에게 이익을 주는 까닭이며, 지혜의 몸이니, 이는 모든 부처의 몸과 성품이 같은 까닭이며, 법의 몸이니, 이는 모든 부류에서 받는 태어남을 영원히 벗어난 까닭이며, 방편의 몸이니, 이는 일체 모든 곳에서 앞에 나타내 보이는 까닭이며, 신통한 힘의 몸이니, 이는 모든 신통 변화를 나타내 보이는 까닭이며, 보리의 몸이니, 이는 좋아하는 것을 따르고 때를 따라 바른 깨우침을 이루는 까닭이다."

"이것이 열이며, 그와 같은 모든 보살이 이 법에 편안히 머물면 곧 여래의 위 없는 큰 지혜의 몸을 얻는다."

佛子 菩薩摩訶薩復有十種身 何等爲十 所謂 諸波羅蜜身 悉正修行故 四攝身 不捨一切衆生故 大悲身 代一切衆生受無量苦無疲厭故 大慈身 救護一切衆生故 福德身 饒益一切衆生故 智慧身 與一切佛身同一性故 法身 永離諸趣受生故 方便身 於一切處現前故 神力身 示現一切神變故 菩提身 隨樂 隨時成正覺故 是爲十 若諸菩薩安住此法 則得如來無上大智慧身

"불자여! 보살마하살은 열 가지 말이 있으니, 이른바 부드러운 말이니, 이는 모든 중생을 편안하게 하려는 까닭이며, 달콤한 이슬과 같은 말이니, 이는 모든 중생을 청량하게 하려는 까닭이며, 속임이 없는 말이니, 이는 말하는 것이 다 실상의 본바탕과 같은 까닭이며, 진실한 말이니, 이는 꿈에서라도 거짓말이 없는 까닭이며, 광대한 말이니, 이는 모든 제석과 범천과 사천왕들이 존경하는 까닭이며, 깊고도 깊은 말이니, 이는 법의 성품을 나타내 보이는 까닭이며, 견고한 말이니, 이는 법을 말함에 다함이 없는 까닭이며, 정직한 말이니, 이는 말을 하면 쉽게 깨우쳐 아는 까닭이며, 가지가지의 말이니, 이는 때를 따라 나타내 보이는 까닭이며, 모든 중생이 깨우침을 깨달아 알게 하는 말이니, 이는 하고자 하는 즐거운 바를 따라 깨우침을 깨닫게 하려는 까닭이다."

"이것이 열이며, 그와 같은 모든 보살이 이 법에 편안히 머물면 곧 여래의 위 없는 섬세하고 빼어난 말을 얻을 것이다."

佛子 菩薩摩訶薩有十種語 何等爲十 所謂 柔軟語 使一切衆生皆安隱故 甘露語 令一切衆生悉淸涼故 不誑語 所有言說皆如實故 眞實語 乃至夢中無妄語故 廣大語 一切釋 梵 四天王等皆尊敬故 甚深語 顯示法性故 堅固語 說法無盡故 正直語 發言易了故 種種語 隨時示現故 開悟一切衆生語 隨其欲樂令解了故 是爲十 若諸菩薩安住此法 則得如來無上微妙語

"불자여! 보살마하살은 열 가지 청정하게 닦는 말의 업이 있으니, 무엇이 열인가 하면, 이른바 여래의 음성을 듣기 좋아하기에 청정하게 닦는 말의 업과 보살의 공덕을 말하는 것을 좋아하기에 청정하게 닦는 말의 업과 모든 중생이 듣기 싫어하는 말을 하지 않기에 청정하게 닦는 말의 업과 말의 네 가지 잘못이나 허물을 멀리 벗어나기에 청정하게 닦는 말의 업과 즐거움과 기쁨에 뛰면서 여래를 찬탄하기에 청정하게 닦는 말의 업과 여래의 탑이 있는 곳에서 부처의 참된 공덕을 찬탄하기에 청정하게 닦는 말의 업과 깊고 청정한 마음으로 중생에게 법을 보시하기에 청정하게 닦는 말의 업과 음악과 노래로 여래를 찬탄하기에 청정하게 닦는 말의 업과 모든 부처님이 계신 곳에서 바른 법을 듣고 몸과 목숨을 아끼지 않기에 청정하게 닦는 말의 업과 모든 보살과 모든 법사가 몸을 버리고 빼어난 법을 받들어 섬기기에 청정하게 닦는 말의 업이니, 이것이 열이다."

佛子 菩薩摩訶薩有十種淨修語業 何等爲十 所謂 樂聽聞如來音聲淨修語業 樂聞說菩薩功德淨修語業 不說一切衆生不樂聞語淨修語業 眞實遠離語四過失淨修語業 歡喜踊躍讚歎如來淨修語業 如來塔所高聲讚佛如實功德淨修語業 以深淨心施衆生法淨修語業 音樂歌頌讚歎如來淨修語業 於諸佛所聽聞正法不惜身命淨修語業 捨身承事一切菩薩及諸法師而受妙法淨修語業 是爲十

"불자여! 그와 같은 보살마하살이 열 가지 일로 청정하게 말의 업을 닦으면 열 가지로 지키고 보호함을 얻으니, 무엇이 열인가 하면, 이른바 천왕의 우두머리가 되어 모든 하늘의 무리로부터 지킴과 보호함을 받고 용왕의 우두머리가 되어 모든 용의 무리로부터 지킴과 보호함을 받고 야차왕의 우두머리가 되고 건달바왕의 우두머리가 되고 아수라왕의 우두머리가 되고 가루라왕의 우두머리가 되고 긴나라왕의 우두머리가 되고 마후라가왕의 우두머리가 되고 범왕의 우두머리가 되어 하나하나 자신의 무리가 지키고 보호하며, 여래 법왕이 우두머리가 되어 모든 법사가 남김없이 다 지키고 보호하니, 이것이 열이다."

佛子 若菩薩摩訶薩以此十事淨修語業 則得十種守護 何等爲十 所謂 天王爲首 一切天衆而爲守護 龍王爲首 一切龍衆而爲守護 夜叉王爲首 乾闥婆王爲首 阿修羅王爲首 伽樓羅王爲首 緊那羅王爲首 摩睺羅伽王爲首 梵王爲首 一一皆與自己徒衆而爲守護 如來法王爲首 一切法師皆悉守護 是爲十

"불자여! 보살마하살은 이 같은 지킴과 보호함을 얻고는 곧 열 가지 큰일을 성취하니, 무엇이 열인가 하면, 이른바 모든 중생을 다 즐겁고 기쁘게 하며, 모든 세계로 남김없이 향해 나가며, 일체 모든 근을 다 깨달아 알며, 모든 뛰어난 이해를 남김없이 다 청정하게 하며, 모든 번뇌를 다 끊게 하며, 모든 배워 익힌 기운을 다 버리고 벗어나며, 모든 하고자 하는 즐거움을 다 받고 깨끗하게 하며, 모든 깊은 마음을 남김없이 거듭 더하고 늘리며, 모든 법계에 남김없이 두루두루 하게 하며, 모든 열반을 두루 밝게 보게 하니, 이것이 열이다."

佛子 菩薩摩訶薩得此守護已 則能成辦十種大事 何等爲十 所謂 一切衆生皆令歡喜 一切世界悉能往詣 一切諸根皆能了知 一切勝解悉令淸淨 一切煩惱皆令除斷 一切習氣皆令捨離 一切欲樂皆令明潔 一切深心悉使增長 一切法界悉令周徧 一切涅槃普令明見 是爲十

"불자여! 보살마하살은 열 가지 마음이 있으니, 무엇이 열인가 하면, 이른바 큰 땅과 같은 마음이니, 이는 일체중생의 모든 선근을 유지하고 거듭 더하면서 키우는 까닭이며, 큰 바다와 같은 마음이니, 이는 모든 부처님의 헤아릴 수 없고 끝없는 큰 지혜의 법수(法水)가 남김없이 흘러 들어가는 까닭이며, 수미산과 같은 마음이니, 이는 모든 중생을 출세간에서 가장 높은 선근의 처에 두는 까닭이며, 마니보배와 같은 마음이니, 이는 즐겁게 하고자 하는 것을 청정하게 하여 잡스럽게 물드는 것이 없는 까닭이며, 금강과 같은 마음이니, 이는 결정하고 모든 법에 깊이 들어가는 까닭이며, 금강위산과 같은 마음이니, 이는 마와 외도가 흔들지 못하는 까닭이며, 연꽃과 같은 마음이니, 이는 모든 세간의 법에 물들이지 않는 까닭이며, 우담바라 같은 마음이니, 이는 모든 겁을 두고도 만나기 어려운 까닭이며, 밝은 해와 같은 마음이니, 이는 어둠의 막힘이나 걸림을 깨트리는 까닭이며, 허공과 같은 마음이니, 이는 헤아릴 수 없는 까닭이다."

"이것이 열이며, 그와 같은 모든 보살이 이 가운데 편안히 머물면 곧 여래의 위 없는 청정한 큰마음을 얻을 것이다."

佛子 菩薩摩訶薩有十種心 何等爲十 所謂 如大地心 能持 能長一切衆生諸善根故 如大海心 一切諸佛無量無邊大智法水悉流入故 如須彌山王心 置一切衆生於出世間最上善根處故 如摩尼寶王心 樂欲淸淨無雜染故 如金剛心決定深入一切法故 如金

剛圍山心 諸魔外道不能動故 如蓮華心 一切世法不能染故 如優曇鉢華心 一切劫中難値遇故 如淨日心 破闇障故 如虛空心 不可量故 是爲十 若諸菩薩安住其中 則得如來無上大淸淨心

"불자여! 보살마하살은 열 가지 마음을 일으키는 일이 있으니, 무엇이 열인가 하면, 이른바 내가 마땅히 모든 중생을 가르쳐서 바른길로 이끌어 해탈하게 할 것이라는 마음을 일으키며, 내가 마땅히 모든 중생의 번뇌를 끊게 할 것이라는 마음을 일으키며, 내가 마땅히 모든 중생이 배워 익힌 기운을 없애게 할 것이라는 마음을 일으키며, 내 마땅히 모든 의혹을 끊어낼 것이라는 마음을 일으키며, 내 마땅히 모든 중생의 괴로움과 번민을 제거해서 없앨 마음을 일으키며, 내 마땅히 모든 악도와 어려움을 없애려는 마음을 일으키며, 내 마땅히 모든 여래를 공경하고 따르려는 마음을 일으키며, 내 마땅히 모든 보살이 배우는 것을 선근으로 배우리라는 마음을 일으키며, 내 마땅히 모든 세간의 털끝만한 곳마다 모든 부처님이 바른 깨우침 이루는 일을 나타내리라는 마음을 일으키며, 내 마땅히 모든 세계에서 위 없는 법 북을 쳐서 중생들이 그 근기와 욕망을 따라 남김없이 깨우침을 깨달아 얻게 하려는 마음을 일으킨다."

"이것이 열이며, 그와 같은 모든 보살이 이 가운데 편안히 머물면 곧 여래의 위 없는 일을 하려는 큰마음을 일으킨다."

佛子 菩薩摩訶薩有十種發心 何等爲十 所謂 發我當度脫一切衆生心 發我當令一切衆生除斷煩惱心 發我當令一切衆生消滅習氣心 發我當斷除一切疑惑心 發我當除滅一切衆生苦惱心 發我當除滅一切一切惡道諸難心 發我當敬順一切如來心 發我當善學一切菩薩所學心 發我當於一切世間一一毛端處現一切佛成正覺心 發我當於一切世界擊無上法鼓 令諸衆生隨其根欲悉得悟解心 是爲十 若諸菩薩安住其中 則得如來無上大發起能事心

"불자여! 보살마하살은 열 가지 두루두루 한 마음이 있으니, 무엇이 열인가 하면, 이른바 모든 허공에 두루두루 한 마음이니, 이는 뜻을 일으킴에 광대한 까닭이며, 모든 법계에 두루두루 한 마음이니, 이는 끝없는 곳까지 깊이 들어가는 까닭이며, 모든 삼세에 두루두루 한 마음이니, 이는 한순간에 남김없이 알아 버리는 까닭이며, 모든 부처님이 나시는 곳에 두루두루 한 마음이니, 이는 태에 들고 탄생하고 출가하고 도를 이루어 법륜을 굴리고 열반에 드시는 것을 분명히 아는 까닭이며, 모든 중생에게 두루두루 한 마음이니, 이는 그 근성과 하고자 하는 욕망과 배워 익힌 기운을 남김없이 아는 까닭이며, 모든 지혜에 두루두루 한 마음이니, 이는 거스르지 않고 따라 법계를 깨우쳐 아는 까닭이며, 모든 곳에 끝없이 두루두루 한 마음이니, 이는 모든 허깨비와 같은 그물로 차별함을 아는 까닭이며, 모든 생함이 없는 것에 두루두루 한 마음이니, 이는 모든 법의 스스로 성품을 얻지 못한 까닭이며, 모든 막힘이나 걸림 없는 것에 두루두루 한 마음이니, 이는 자신의 마음과 타인의 마음에 머물지 않는 까닭이며, 모든 자재한 곳에 두루두루 한 마음이니, 이는 한 생각에 부처 이루는 것을 널리 나타내는 까닭이다."

"이것이 열이며, 그와 같은 모든 보살이 이 가운데 편안히 머물면 곧 헤아릴 수 없고 위없는 불법의 두루두루 한 장엄을 얻을 것이다."

佛子 菩薩摩訶薩有十種周徧心 何等爲十 所謂 周徧一切虛空心 發意廣大故 周徧一切法界心 深入無邊故 周徧一切三世心 一念悉知故 周徧一切佛出現心 於入胎 誕生 出家 成佛 轉法輪 般涅槃悉明了故 周徧一切衆生心 悉知根 欲 習氣故 周徧一切智慧心 隨順了知法界故 周徧一切無邊心 知諸幻網差別故 周徧一切無生心 不得諸法自性故 周徧一切無礙心 不住自心 他心故 周徧一切自在心 一念普現成佛故 是爲十 若諸菩薩安住其中 則得無量無上佛法周徧莊嚴

"불자여! 보살마하살은 열 가지 뿌리(根)가 있으니, 무엇이 열인가 하면, 이른바 즐겁고 기쁜 뿌리니, 이는 모든 부처님을 보고 믿음의 마음이 무너지지 않는 까닭이며, 희망의 뿌리니, 이는 들은 불법을 빠짐없이 깨달아 이해하는 까닭이며, 물러섬이 없는 뿌리니, 이는 모든 지어가는 일을 빠짐없이 마지막까지 이루는 까닭이며, 편안히 머무는 뿌리니, 이는 모든 보살의 행을 끊지 않는 까닭이며, 미세한 뿌리이니, 이는 반야바라밀의 섬세하고 빼어난 이치에 들어가는 까닭이며, 쉼이 없는 뿌리니, 이는 모든 중생의 일을 마지막까지 하는 까닭이며, 금강 같은 뿌리니, 이는 모든 법의 성품을 증득하여 아는 까닭이며, 금강 불꽃 뿌리니, 이는 모든 부처의 경계를 두루 비추는 까닭이며, 차별이 없는 뿌리니, 이는 모든 여래와 몸이 같은 까닭이며, 막힘이나 걸림 없는 뿌리니, 이는 여래의 십력에 깊이 들어가는 까닭이다."

"이것이 열이며, 그와 같은 모든 보살이 그 가운데 편안히 머물면 곧 여래의 위 없는 큰 지혜로 원만한 뿌리를 얻을 것이다."(歡喜地)

佛子 菩薩摩訶薩有十種根 何等爲十 所謂 歡喜根 見一切佛信不壞故 希望根 所聞佛法皆悟解故 不退根 一切作事皆究竟故 安住根 不斷一切菩薩行故 微細根 入般若波羅蜜微妙理故 不休息根 究竟一切衆生事故 如金剛根 證知一切諸法性故 金剛光焰根 普照一切佛境界故 無差別根 一切如來同一身故 無礙際根 深入如來十種力故 是爲十 若諸菩薩安住其中 則得如來無上大智圓滿故

(2) 이구지(離垢地)

"불자여! 보살마하살은 열 가지 깊은 마음이 있으니, 무엇이 열인가 하면, 이른바 모든 세간의 법에 물들지 않는 깊은 마음과 모든 이승(二乘)의 도에 섞이지 않는 깊은 마음과 모든 부처의 보리를 통달하는 깊은 마음과 모든 지혜의 지혜를 따르는 깊은 마음과 모든 마와 외도에 흔들리지 않는 깊은 마음과 모든 여래의 원만한 지혜를 깨끗이 닦는 깊은 마음과 모든 들은 법을 받아 지니는 깊은 마음과 모든 미세한 지혜(般若智)를 온전하게 갖추는 깊은 마음과 모든 부처의 법을 닦는 깊은 마음이다."

"이것이 열이며, 그와 같은 모든 보살이 그 가운데 편안히 머물면 곧 모든 지혜의 위 없이 청정한 깊은 마음을 얻는다."

佛子 菩薩摩訶薩有十種深心 何等爲十 所謂 不染一切世間法深心 不雜一切二乘道深心 了達一切佛菩提深心 隨順一切智智道深心 不爲一切衆魔外道所動深心 淨修一切如來圓滿智深心 受持一切所聞法深心 不著一切受生處深心 具足一切微細智深心 修一切諸佛法深心 是爲十 若諸菩薩安住其中 則得一切智無上淸淨深心

"불자여! 보살마하살은 열 가지 거듭 더하는 가장 빼어난 깊은 마음이 있으니, 무엇이 열인가 하면, 이른바 물러서지 않음에 거듭 더하는 가장 빼어난 깊은 마음이니, 이는 모든 선근을 쌓아 모으는 까닭이며, 의혹을 벗어남에 거듭 더하는 가장 빼어난 깊은 마음이니, 이는 모든 여래의 비밀스러운 말씀을 아는 까닭이며, 바르게 유지하는 것에 거듭 더하는 가장 빼어난 깊은 마음이니, 이는 큰 원과 큰 행으로 흐르는 까닭이며, 가장 뛰어남에 거듭 더하는 가장 빼어난 깊은 마음이니, 이는 모든 불법에 깊이 들어가는 까닭이며, 주인으로 삼은 일에 거듭 더하는 가장 빼어난 깊은 마음이니, 이는 모든 불법에 자재한 까닭이며, 광대함에 거듭 더하는 가장 빼어난 깊은 마음이니, 이는 가지가지의 법문에 두루 들어가는 까닭이며, 가장 높은 우두머리에 거듭 더하는 가장 빼어난 깊은 마음이니, 이는 모든 지은 바에 힘을 쓰는 까닭이며, 자재함에 거듭 더하는 가장 빼어난 깊은 마음이니, 이는 모든 삼매와 신통과 변화로 장엄하는 까닭이며, 편안히 머무름에 거듭 더하는 가장 빼어난 깊은 마음이니, 이는 본래의 원을 거두어 받아들인 까닭이며, 쉼이 없음에 거듭 더하는 가장 빼어난 깊은 마음이니, 이는 모든 중생을 성숙하게 하는 까닭이다."

"이것이 열이며, 그와 같은 모든 보살이 이 법에 편안히 머물면 곧 일체 모든 부처의 위없는 청정함에 거듭 더하는 가장 빼어난 깊은 마음을 얻을 것이다."

佛子 菩薩摩訶薩有十種增上深心 何等爲十 所謂 不退轉增上深心 積集一切善根故 離疑惑增上深心 解一切如來密語故 正持增上深心 大願大行所流故 最勝增上深心 深入一切佛法故 爲主增上深心 一切佛法自在故 廣大增上深心 普入種種法門故 上首增上深心 一切所作成辨故 自在增上深心 一切三昧神通變化莊嚴故 安住增上深心 攝受本願故 無休息增上深心 成熟一切衆生故 是爲十 若諸菩薩安住此法 則得一切諸佛無上增上深心

"불자여! 보살마하살은 열 가지 부지런히 닦는 것이 있으니, 무엇이 열인가 하면, 이른바 보시를 부지런히 닦는 것이니, 이는 모든 것을 버리고 갚음을 구하지 않는 까닭이며, 계율을 부지런히 닦는 것이니, 이는 두타의 고행으로 욕심이 없고 만족함을 알아서 속임이 없는 까닭이며, 참은 일을 부지런히 닦는 것이니, 이는 나라거나 남이라는 생각을 벗어나 모든 악을 참아서 마지막에는 성내고 해치는 마음을 내지 않는 까닭이며, 열심히 노력해서 부지런히 닦는 것이니, 이는 몸과 말과 뜻의 업이 조금도 흩어지거나 어지럽지 않고 모든 하는 일에서 물러서지 않기에 마지막까지 이르는 까닭이며, 선정을 부지런히 닦는 것이니, 이는 해탈과 삼매와 나타내는 신통으로 모든 욕망과 번뇌와 투쟁과 모든 권속을 벗어나는 까닭이며, 지혜를 부지런히 닦는 것이니, 이는 모든 공덕을 닦고 모으는 일에 게으름과 싫어함이 없는 까닭이며, 크게 사랑함을 부지런히 닦는 것이니, 이는 모든 중생이 자신의 성품이 없음을 아는 까닭이며, 크게 가엾이 여김을 부지런히 닦는 것이니, 이는 모든 법이 텅 빈 것을 알고 모든 중생을 대신해서 괴로움을 받지만, 피곤하고 싫어함이 없는 까닭이며, 여래의 십력을 깨달아 부지런히 닦는 것이니, 이는 막힘이나 걸림이 없음을 알고 중생에게 보이는 까닭이며, 물러섬이 없는 법륜을 부지런히 닦는 것이니, 이는 굴려서 모든 중생의 마음에 이르는 까닭이다."

"이것이 열이며, 그와 같은 모든 보살이 이 법에 편안히 머물면 곧 여래의 위 없는 큰 지혜로 부지런히 닦는 것을 얻을 것이다."

佛子 菩薩摩訶薩有十種勤修 何等爲十 所謂 布施勤修 悉捨一切 不求報故 持戒勤修 頭陀苦行 少欲知足 無所欺故 忍辱勤修 離自他想 忍一切惡 畢竟不生恚害心故 精進勤修 身 語 意業未曾散亂 一切所作皆不退轉 至究竟故 禪定勤修 解脫三昧 出現神通 離一切欲煩惱鬪諍諸眷屬故 智慧勤修 修習積聚一切功德無厭倦故 大慈勤修 知諸衆生無自性故 大悲勤修 知諸法空 普代一切衆生受苦無疲厭故 覺悟如來十力勤修 了達無礙示衆生故 不退法輪勤修 轉至一切衆生心故 是爲十 若諸菩薩安住此法 則得如來無上大智慧勤修

"불자여! 보살마하살은 열 가지 결정하고 이해함이 있으니, 무엇이 열인가 하면, 이른바 가장 높은 것을 결정하고 이해함이니, 이는 높고 귀중하게 여기는 선근의 씨앗을 심는 까닭이며, 장엄을 결정하고 이해함이니, 이는 가지가지의 장엄을 출생하는 까닭이며, 광대한 것을 결정하고 이해함이니, 이는 마음이 잠깐이라도 못나고 좁지 않은 까닭이며, 적멸을 결정하고 이해함이니, 이는 깊고 깊은 법의 성품에 들어가는 까닭이며, 널리 두루 함을 결정하고 이해함이니, 이는 일으킨 마음이 미치지 않는 곳이 없는 까닭이며, 머무름을 결정하고 이해함이니, 이는 부처의 힘으로 도움을 받는 까닭이며, 견고함을 결정하고 이해함이니, 이는 모든 마의 업을 꺾어버리는 까닭이며, 밝게 판단함을 결정하고 이해함이니, 이는 모든 업과 과보를 깨달아 아는 까닭이며, 앞에 나타난 것을 결정하고 이해함이니, 이는 마음대로 신통을 나타내는 까닭이며, 높게 이어감을 결정하고 이해함이니, 이는 모든 부처님이 계신 곳에서 수기를 얻는 까닭이며, 자재함을 결정하고 이해함이니, 이는 마음대로 때를 따라 부처를 이루는 까닭이다."

"이것이 열이며, 그와 같은 모든 보살이 이 법에 편안히 머물면 곧 여래의 위 없는 결정하고 이해함을 얻는다."

佛子 菩薩摩訶薩有十種決定解 何等爲十 所謂 最上決定解 種植尊重善根故 莊嚴決定解 出生種種莊嚴故 廣大決定解 其心未曾狹劣故 寂滅決定解 能入甚深法性故 普徧決定解 發心無所不及故 堪任決定解 能受佛力加持故 堅固決定解 摧破一切魔業故 明斷決定解 了知一切業報故 現前決定解 隨意能現神通故 紹隆決定解 一切佛所得記故 自在決定解 隨意 隨時成佛故 是爲十 若諸菩薩安住此法 則得如來無上決定解

"불자여! 보살마하살은 열 가지 결정하고 이해함으로 모든 세계를 아니, 무엇이 열인가 하면, 이른바 모든 세계가 하나의 세계에 들어감을 알고 한 세계가 모든 세계에 들어감을 알고 모든 세계에 한 여래의 몸과 하나의 연꽃 자리에 남김없이 다 두루 함을 알고 모든 세계가 다 허공과 같음을 알고 모든 세계가 부처의 장엄을 갖춘 것을 알고 모든 세계에 보살이 가득함을 알고 모든 세계가 하나의 털구멍에 들어감을 알고 모든 세계가 중생의 몸에 들어감을 알고 모든 세계에 한 부처님의 보리수와 한 부처님의 도량이 남김없이 다 두루 함을 알고 모든 세계에 한 음성이 두루 하여 모든 중생이 각각 다르게 깨달아 알고 마음으로 즐거워하고 기뻐함을 안다."

"이것이 열이며, 그와 같은 모든 보살이 이 법에 편안히 머물면 곧 여래의 위 없는 부처 세계의 넓고 큰 결정과 이해함을 얻는다."

佛子 菩薩摩訶薩有十種決定解知諸世界 何等爲十 所謂 知一切世界入一世界 知一世界入一切世界 知一切世界 一如來身 一蓮華座皆悉周徧 知一切世界皆如虛空 知一切世界具佛莊嚴 知一切世界菩薩充滿 知一切世界入一毛孔 知一切世界入一衆生身 知一切世界 一佛菩提樹 一佛道場皆悉周徧 知一切世界一音普徧 令諸衆生各別了知 心生歡喜 是爲十 若諸菩薩安住此法 則得如來無上佛刹廣大決定解

"불자여! 보살마하살은 열 가지 결정하고 이해함으로 중생계를 아니, 무엇이 열인가 하면, 이른바 모든 중생계의 본 성품이 실상의 본바탕 같지 않음을 알고 모든 중생계가 남김없이 다 한 중생의 몸에 들어감을 알고 모든 중생계가 남김없이 보살의 몸에 들어감을 알고 모든 중생계가 남김없이 다 여래의 장에 들어감을 알고 모든 중생의 몸이 모든 중생계에 두루 들어감을 알고 모든 중생계가 남김없이 다 모든 부처의 법 그릇이 될 것임을 알고 모든 중생계가 하고자 하는 바를 따라 제석, 범천, 사천왕의 몸을 나타냄을 알고 모든 중생계가 하고자 하는 바를 따라 성문, 독각의 적정한 위의를 나타내는 것을 알고 모든 중생계가 보살의 공덕으로 장엄한 몸을 나타내는 것을 알고 모든 중생계가 여래의 좋은 모양이나 상태와 적정한 위의를 나타내어 중생들이 깨우침을 깨닫게 하는 것을 안다."

"이것이 열이며, 그와 같은 모든 보살이 이 법에 편안히 머물면 곧 여래의 위 없는 큰 위력으로 결정하고 이해함을 얻는다." (離垢地)

佛子 菩薩摩訶薩有十種決定解知衆生界 何等爲十 所謂 知一切衆生界本性無實 知一切衆生界悉入一衆生身 知一切衆生界悉入菩薩身 知一切衆生界悉入如來藏 知一衆生身普入一切衆生界 知一切衆生界悉堪爲諸佛法器 知一切衆生界 隨其所欲 爲現釋 梵 護世身 知一切衆生界 隨其所欲 爲現聲聞 獨覺寂靜威儀 知一切衆生界 爲現菩薩功德莊嚴身 知一切衆生界 爲現如來相好寂靜威儀 開悟衆生 是爲十 若諸菩薩安住此法 則得如來無上大威力決定解

대방광불화엄경 제57권

38. 이세간품(5)
離世間品第三十八之五

(3) 발광지(發光地)

"불자여! 보살마하살은 열 가지 배워 익힌 기운이 있으니, 무엇이 열인가 하면, 이른바 보리심으로 배워 익힌 기운과 선근으로 배워 익힌 기운과 부처님을 보고 배워 익힌 기운과 청정한 세계에 태어나므로 배워 익힌 기운과 행으로 배워 익힌 기운과 서원으로 배워 익힌 기운과 바라밀로 배워 익힌 기운과 평등한 법을 생각하므로 배워 익힌 기운과 가지가지의 경계를 차별하므로 배워 익힌 기운이다."

"이것이 열이며, 그와 같은 모든 보살이 이 법에 편안히 머물면 곧 모든 배워 익힌 번뇌를 벗어나고 여래의 큰 지혜인 배워 익힌 기운이면서 배워 익힌 기운이 아닌 지혜를 얻는다."

佛子 菩薩摩訶薩有十種習氣 何等爲十 所謂 菩提心習氣 敎化衆生習氣 見佛習氣 於淸淨世界受生習氣 行習氣 願習氣 波羅蜜習氣 思惟平等法習氣 種種境界差別習氣 是爲十 若諸菩薩安住此法 則永離一切煩惱習氣 得如來大智習氣非習氣智

"불자여! 보살마하살은 열 가지 취하는 것이 있기에 모든 보살의 행을 끊지 않으니, 무엇이 열인가 하면, 이른바 모든 중생계를 취하니, 이는 마지막까지 가르쳐서 바른길로 이끄는 까닭이며, 모든 세계를 취함이니, 이는 마지막까지 장엄해서 청정하게 하는 까닭이며, 여래를 취함이니, 이는 보살행을 닦아서 공양하기 위한 까닭이며, 선근을 취함이니, 이는 모든 부처님의 좋은 모양이나 상태의 공덕을 쌓고 모으는 까닭이며, 크게 가엾이 여김을 취하니, 이는 모든 중생의 괴로움을 없애는 까닭이며, 크게 사랑함을 취함이니, 이는 모든 중생에게 일체 지혜의 즐거움을 주는 까닭이며, 바라밀을 취함이니, 이는 보살의 모든 장엄을 쌓고 모으는 까닭이며, 섬세하고 능숙한 선근 방편을 취함이니, 이는 일체 처에 다 나타내 보이는 까닭이며, 보리를 취함이니, 이는 막힘이나 걸림 없는 지혜를 얻는 까닭이며, 간략하게 말하면 보살이 모든 법을 취함이니, 이는 모든 처에 남김없이 밝은 지혜로 나타내어 분명하게 깨달아 아는 까닭이다."

"이것이 열이며, 그와 같은 모든 보살이 이 취함에 편안히 머물면 곧 모든 보살의 행을 끊지 않고 모든 여래의 위 없으며, 취할 바가 없는 법을 얻는다."

佛子 菩薩摩訶薩有十種取 以此不斷諸菩薩行 何等爲十 所謂 取一切衆生界 究竟敎化故 取一切世界 究竟嚴淨故 取如來 修菩薩行爲供養故 取善根 積集諸佛相好功德故 取大悲 滅一切衆生苦故 取大慈 與一切衆生一切智樂故 取波羅蜜 積集菩薩諸莊嚴故 取善巧方便 於一切處皆示現故 取菩提 得無礙智故 略說菩薩取一切法 於一切處悉以明智而現了故 是爲十 若諸菩薩安住此取 則能不斷諸菩薩行 得一切如來無上無所取法

"불자여! 보살마하살은 열 가지 닦는 것이 있으니, 무엇이 열인가 하면, 이른바 바라밀을 닦고 배움을 닦고 지혜를 닦고 이치를 닦고 법을 닦고 벗어나 나아감을 닦고 나타내 보임을 닦고 부지런히 행하며, 게으르지 않음을 닦고 정등각 이루는 것을 닦고 바른 법륜 굴림을 닦는다."

"이것이 열이며, 그와 같은 모든 보살이 이 가운데 편안히 머물면 곧 위 없는 닦음을 얻어서 모든 법을 닦는다."

佛子 菩薩摩訶薩有十種修 何等爲十 所謂 修諸波羅蜜 修學 修慧 修義 修法 修出離 修示現 修勤行匪懈 修成等正覺 修轉正法輪 是爲十 若諸菩薩安住其中 則得無上修修一切法

"불자여! 보살마하살은 열 가지 부처님의 법을 성취함이 있으니, 무엇이 열인가 하면, 이른바 선지식을 벗어나지 않고 부처님의 법을 성취하며, 부처의 말을 깊이 믿고 부처님의 법을 성취하며, 바른 법을 비방하지 않고 부처님의 법을 성취하며, 헤아릴 수 없고 다함이 없는 선근으로 회향하여 부처님의 법을 성취하며, 여래의 경계가 끝이 없음을 믿고 알고 부처님의 법을 성취하며, 모든 세계의 경계를 알고 부처님의 법을 성취하며, 법계의 경계를 버리지 않고 부처님의 법을 성취하며, 마의 경계를 멀리 벗어나 부처님의 법을 성취하며, 일체 모든 부처님의 경계를 바르게 생각하여 부처님의 법을 성취하며, 여래의 십력 경계를 구하여 부처님의 법을 성취한다."

"이것이 열이며, 그와 같은 모든 보살이 이 법에 편안히 머물면 곧 여래의 위 없는 큰 지혜를 얻는다."

佛子 菩薩摩訶薩有十種成就佛法 何等爲十 所謂 不離善知識成就佛法 深信佛語成就佛法 不謗正法成就佛法 以無量無盡善根迴向成就佛法 信解如來境界無邊際成就佛法 知一切世界境界成就佛法 不捨法界境界成就佛法 遠離諸魔境界成就佛法 正念一切諸佛境界成就佛法 樂求如來十方境界成就佛法 是爲十 若諸菩薩安住此法 則得成就如來無上大智慧

"불자여! 보살마하살은 불법에서 멀어지고 잃은 것이 있으니, 응당 멀리 벗어나야 하니, 무엇이 열인가 하면, 이른바 선지식을 가볍게 여기고 업신여기기에 불법에서 멀어지고 잃는 것이며, 생사의 괴로움을 두려워하기에 불법에서 멀어지고 잃는 것이며, 보살의 행을 닦기 싫어하기에 불법에서 멀어지고 잃는 것이며, 세간에서 즐겁게 머물지 않기에 불법에서 멀어지고 잃는 것이며, 삼매에 맛 들였기에 불법에서 멀어지고 잃는 것이며, 선근에 집착하기에 불법에서 멀어지고 잃는 것이며, 바른 법을 비방하기에 불법에서 멀어지고 잃는 것이며, 보살의 행을 끊기에 불법에서 멀어지고 잃는 것이며, 이승(二乘)의 도를 즐기기에 불법에서 멀어지고 잃는 것이며, 모든 보살을 싫어하고 원망하기에 불법에서 멀어지고 잃는 것이다."

"이것이 열이며, 그와 같은 모든 보살이 이 법에서 멀리 벗어나면 곧 보살의 생을 벗어난 도에 들어간다."

佛子 菩薩摩訶薩有十種退失佛法 應當遠離 何等爲十 所謂 輕慢善知識退失佛法 畏生死苦退失佛法 厭修菩薩行退失佛法 不樂住世間退失佛法 耽著三昧退失佛法 執取善根退失佛法 誹謗正法退失佛法 斷菩薩行退失佛法 樂二乘道退失佛法 嫌恨諸菩薩退失佛法 是爲十 若諸菩薩遠離此法 則入菩薩離生道

"불자여! 보살마하살은 열 가지 생을 벗어나는 길이 있으니, 무엇이 열인가 하면, 이른바 반야바라밀을 출생하여 항상 모든 중생을 자세히 살펴서 들여다보니, 이것이 제1이며, 모든 견해에서 멀리 벗어나 모든 견해에 묶인 중생을 가르쳐서 바른길로 이끌어 해탈하게 하니, 이것이 제2이며, 모든 모양이나 상태를 생각하지 않고 모든 모양이나 상태에 집착하는 중생을 버리지 않는 것이니, 이것이 제3이며, 삼계를 초월해 뛰어넘고도 늘 모든 세계에 있으니, 이것이 제4이며, 모든 번뇌를 영원히 벗어나고도 모든 중생과 함께 있으니, 이것이 제5이며, 탐욕을 벗어나는 법을 얻고도 크게 가엾이 여김으로 탐욕에 집착하는 모든 중생을 불쌍하게 여기니, 이것이 제6이며, 늘 적정을 즐기면서도 모든 권속을 나타내 보임이니, 이것이 제7이며, 세간에 태어남을 벗어나고도 이곳에서 죽어 저곳에서 나고 보살행을 일으키니, 이것이 제8이며, 모든 세간의 법에 물들지 않으면서도 세간에서 하는 일을 끊지 않으니, 이것이 제9이며, 부처의 보리가 앞에 나타났어도 보살의 모든 원과 행을 버리지 않으니, 이것이 제10이다."

"불자여! 이것이 보살마하살의 열 가지 생에서 벗어나는 길이니, 세간을 떠나서 세상과 함께하지 않지만, 그렇다고 이승(二乘)의 행과 섞이지도 않는다. 그와 같은 모든 보살이 이 법에 편안히 머물면 곧 보살의 결정하는 법을 얻는다."

佛子 菩薩摩訶薩有十種離生道 何等爲十 所謂 出生般若波羅蜜而恒觀察一切衆生 是爲一 遠離諸見而度脫一切見縛衆生 是爲二 不念一切相而不捨一切著相衆生 是爲三 超過三界而常在一切世界 是爲四 永離煩惱而與一切衆生共居 是爲五 得離欲法而常以大悲哀愍一切著欲衆生 是爲六 常樂寂靜而恒示現一切眷屬 是爲七 離世間生而死此生彼起菩薩行 是爲八 不染一切世間法而不斷一切世間所作 是爲九 諸佛菩提已現其前而不捨菩薩一切行願 是爲十 佛子 是爲菩薩摩訶薩十種離生道 出離世間 不與世共 而亦不雜二乘之行 若諸菩薩安住此法 則得菩薩決定法

"불자여! 보살마하살은 열 가지 결정하는 법이 있으니, 무엇이 열인가 하면, 이른바 여래의 종족 가운데 태어남을 결정하고 부처님의 경계 가운데 머무름을 결정하고 보살이 지어가는 일을 깨달아 아는 것을 결정하고 모든 바라밀에 편안히 머무름을 결정하고 여래의 대중 모임에 참여함을 결정하고 여래의 종성을 나타냄을 결정하고 여래의 힘에 편안히 머무름을 결정하고 부처님 보리에 깊이 들어감을 결정하고 모든 여래와 더불어 동일한 몸임을 결정하고 모든 여래와 머무는 것이 둘이 없음을 결정함이니, 이것이 열이다.”
(發光地)

佛子 菩薩摩訶薩有十種決定法 何等爲十 所謂 決定於如來種族中生 決定於諸佛境界中住 決定了知菩薩所作事 決定安住諸波羅蜜 決定得預如來衆會 決定能顯如來種性 決定安住如來力 決定深入佛菩提 決定與一切如來同一身 決定與一切如來所住無有二 是爲十

(4) 염혜지(焰慧地)

“불자여! 보살마하살은 열 가지 불법의 도를 생함이 있으니, 무엇이 열인가 하면, 이른바 선근의 벗을 따름이 불법의 도를 생하는 것이니, 이는 선근을 함께 심는 까닭이며, 깊은 마음으로 믿고 이해함이 불법의 도를 생하는 것이니, 이는 부처님의 자재함을 아는 까닭이며, 큰 서원을 세움이 불법의 도를 생하는 것이니, 이는 그 마음이 넓고 큰 까닭이며, 자신의 선근을 아는 것이 불법의 도를 생하는 것이니, 이는 업이란 잃지 않는 것임을 아는 까닭이며, 모든 겁을 두고 수행하나 만족하지 않음이 불법의 도를 생하는 것이니, 이는 미래의 경계가 다 하도록 하는 까닭이며, 아승기 세계에 다 나타내 보임이 불법의 도를 생하는 것이니, 이는 중생을 성숙시키는 까닭이며, 보살의 행을 끊지 않음이 불법의 도를 생하는 것이니, 이는 큰 자비를 더하고 키우는 까닭이며, 헤아릴 수 헤아릴 수 없는 마음이 불법의 도를 생하는 것이니, 이는 한 생각, 한순간에 모든 허공계에 두루 하는 까닭이며, 특히 뛰어난 행이 불법의 도를 생하는 것이니, 이는 본래 닦은 행을 잃거나 무너트리지 않는 까닭이며, 여래의 종성이 불법의 도를 생하는 것이니, 이는 모든 중생이 보리심을 내게 하고 모든 선근의 법을 밑천으로 삼아 가지는 까닭이다.”

“이것이 열이며, 그와 같은 모든 보살이 이 법에 편안히 머물면 곧 대장부라는 이름을 얻는다.”

佛子 菩薩摩訶薩有十種出生佛法道 何等爲十 所謂 隨順善友是出生佛法道 同種善根故 深心信解是出生佛法道 知佛自在故 發大誓願是出生佛法道 其心寬廣故 忍自善根是出生佛法道 知業不失故 一切劫修行無厭足是出生佛法道 盡未來際故 阿僧祇世界皆示現是出生佛法道 成熟衆生故 不斷菩薩行是出生佛法道 增長大悲故

無量心是出生佛法道 一念徧一切虛空界故 殊勝行是出生佛法道 本所修行無失壞故 如來種是出生佛法道 令一切衆生樂發菩提心 以一切善法資持故 是爲十 若諸菩薩安住此法 則得大丈夫名號

"불자여! 보살마하살은 열 가지 대장부의 이름이 있으니, 무엇이 열인가 하면, 이른바 이름이 '보리살타'이니, 보리의 지혜로 생긴 까닭이며, 이름이 '마하살타'이니, 대승에 편안히 머무는 까닭이며, 이름이 '제일 살타'라 하니, 제일의 법을 증득한 까닭이며, 이름이 '승살타'이니, 뛰어난 법을 깨우친 까닭이며, 이름이 '최고로 승한 살타'라 하니, 지혜가 가장 뛰어난 까닭이며, 이름이 '상살타'이니, 상 정진을 일으킨 까닭이며, 이름이 '위 없는 살타'이니, 위 없는 법을 열어 보이는 까닭이며, 이름이 '힘의 살타'라 하니, 십력을 널리 아는 까닭이며, 이름이 '그 이상 더 할 수 없는 살타'이니, 세간에서 견줄 자가 없는 까닭이며, 이름이 '생각으로 미루어 알 수 없는 살타'이니, 한 생각, 한순간에 부처를 이루는 까닭이다."

"이것이 열이며, 그와 같은 모든 보살이 이 이름을 얻으면 곧 보살의 도를 성취한다."

佛子 菩薩摩訶薩有十種大丈夫名號 何等爲十 所謂 名爲 菩提薩埵 菩提智所生故 名爲 摩訶薩埵 安住大乘故 名爲 第一薩埵 證第一法故 名爲 勝薩埵 覺悟勝法故 名爲 最勝薩埵 智慧最勝故 名爲 上薩埵 起上精進故 名爲 無上薩埵 開示無上法故 名爲 力薩埵 廣知十力故 名爲 無等薩埵 世間無比故 名爲 不思議薩埵 一念成佛故 是爲十 若諸菩薩得此名號 則成就菩薩道

"불자여! 보살마하살은 열 가지 도가 있으니, 무엇이 열인가 하면, 이른바 하나의 길이 보살의 도이니, 이는 홀로 하나의 보리심을 버리지 않는 까닭이며, 두 가지의 길이 보살의 도이니, 이는 지혜와 방편을 출생하는 까닭이며, 세 가지의 길이 보살의 도이니, 이는 텅빔과 모양이나 상태가 없음과 원이 없음을 행하여 삼계에 집착하지 않는 까닭이며, 네 가지 행이 보살의 도이니, 이는 죄를 뉘우치고 이로 인한 막힘이나 걸림을 없애며, 복덕을 따라 기뻐하고 공경하고 존중하며, 여래께 즐거이 청하여 섬세하고 능숙한 선근으로 회향하면서 쉼이 없는 까닭이며, 다섯 개의 근이 보살의 도이니, 이는 청정한 믿음에 편안히 머물면서 견고하기에 움직이지 않으며, 열심히 노력하는 큰마음을 일으켜서 마지막까지 지어가며, 한결같은 바른 생각으로 달리 속된 인연에 끌림이 없으며, 삼매에 들고 나는 방편을 교묘하게 알고 섬세하고 능숙한 선근으로 지혜의 경계를 분별하는 까닭이다."

"여섯 가지 통함이 보살의 도이니, 이른바 하늘의 눈(天眼)을 가지고 모든 세계에 있는 많은 색을 남김없이 다 보고 모든 중생이 이곳에서 죽어 저곳에서 나는 것을 아는 까닭이며, 하늘의 귀(天耳)로 모든 부처님이 설한 법을 남김없이 듣고 받들어 지니어 기억하고 중생들의 근기를 따라 널리 펴서 설하는 까닭이며, 타인의 마음을 아는 지혜(他心通)로 다른 자의 마음을 자재하게 알기에 막힘이나 걸림이 없는 까닭이며, 전생의 일을 통(宿命通)하기에 지난 세상의 모든 겁을 기억해서 알고 선근을 거듭 더하고 키우는 까닭이며, 뜻대로 가는 일을 통(神足通)하기에 응당 가르치고 이끌 중생에게 가지가지로 나타나 법을 좋아하게 하는 까닭이며, 번뇌를 끝마친 지혜(漏盡通)로 실상의 본바탕이 되는 경계를 증득하고 보살의 행을 일으켜 끊이지 않게 하는 까닭이다."

"일곱 가지 생각이 보살의 도이니, 이른바 부처님을 생각하는 것이니, 이는 하나의 털구멍에서 헤아릴 수 없는 부처님을 보고 모든 중생의 마음을 열어 깨우침을 깨닫게 하는 까닭이며, 법을 생각하는 것이니, 이는 한 여래의 대중 모임을 벗어나지 않고 모든 여래의 대중 모임 가운데서 빼어난 법을 직접 받들어 중생들의 근기와 욕망을 따라 설하여 깨우침을 깨달아 들어가게 하는 까닭이며, 출가한 자를 생각하는 것이니, 이는 항상 보는 일이 계속 이어져 끊이지 않고 쉼이 없기에 모든 세간에서 보살을 보는 까닭이며, 버림을 생각하는 것이니, 이는 모든 보살의 버리는 행을 깨달아 알고 광대하게 보시하는 마음을 거듭 더해서 키우는 까닭이며, 계를 생각하는 것이니, 이는 보리심을 버리지 않고 모든 선근으로 중생에게 회향하는 까닭이며, 하늘을 생각하는 것이니, 이는 항상 도솔타 천궁의 일생 보처보살을 기억하고 생각하는 까닭이며, 중생을 생각하는 것이니, 이는 지혜와 방편으로 가르치고 바른길로 이끌기에 두루 일체에 미치고 끊어지지 않는 까닭이다."

"보리의 더할 수 없는 여덟 가지의 도를 거스르지 않고 따르는 것이 보살의 도이니, 이른바 바른 견해(正見)의 도를 행하는 것이니, 이는 일체 모든 잘못된 견해를 벗어나는 까닭이며, 바른 생각(正思惟)을 일으키는 것이니, 이는 망령된 분별을 버리고 마음이 항상 모든 지혜를 거스르지 않고 따르는 까닭이며, 바른말(正語)을 행하는 것이니, 이는 말의 네 가지 허물을 벗어나 성인의 말을 거스르지 않고 따르는 까닭이며, 바른 업(正業)을 닦는 것이니, 이는 중생을 가르치고 이끌어서 조복시키는 까닭이며, 바른 명(正命)에 편안히 머무는 것이니, 이는 두타의 행으로 만족함을 알고 위의를 바르게 살피고 보리를 따라서 네 가지 성인이 되는 일을 행하며, 모든 잘못이나 허물로부터 영원히 벗어나는 까닭이며, 바른 정진(正精進)을 일으키는 것이니, 이는 모든 보살의 고행을 닦아서 부처의 십력에 들어가기에 막힘이나 걸림이 없는 까닭이며, 바르게 생각(正念)하는 것이니, 이는 모든 말과 음성을 기억해 지니고 세간의 흩어지고 어지러운 마음을 제거하여 없애는 까닭이며, 바른 선정(正定)이니, 이는 보살의 생각으로는 헤아려 알 수 없는 해탈문에 들어가서 하나의 삼매 가운데 일체 모든 삼매를 출생하는 까닭이다."

"아홉 가지 차례를 따라 선정에 들어가는 것이 보살의 도이니, 이른바 욕심과 성냄과 해치는 것을 벗어나 모든 말의 업으로 법을 설하여 막힘이나 걸림이 없으며, 알아차림(覺)과 자세히 들여다보는 것(觀)을 제거해서 없애버리지만, 일체 지혜의 알아차림과 자세히 들여보는 것으로 중생을 가르치고 바른길로 이끌며, 기쁨과 사랑을 버리고 벗어나도 모든 부처님을 보고 마음으로 크게 환희하며, 세간의 즐거움을 벗어나지만, 보살의 도를 거스르지 않고 따라서 즐거움을 출생하며, 이러한 것으로부터 움직이지 않고 색이 없는 선정(無色定)에 들어가지만, 역시 욕계와 색계에 생함을 받는 이것을 버리지 않으며, 비록 모든 생각과 받아들이는 것을 없애버린 선정에 머물지만, 또한 보살의 행을 쉬지 않는 까닭이다."

"부처님의 십력을 배우는 것이 보살의 도이니, 이른바 옳은 곳과 그른 곳을 아는 지혜의 선근과 모든 중생의 과거, 미래, 현재의 업보와 인과를 아는 지혜의 선근과 모든 중생의 상, 중, 하 근기가 같지 않음을 알기에 마땅함을 따라 법을 설하는 지혜의 선근과 모든 중생의 헤아릴 수 없는 성품을 아는 지혜의 선근과 모든 중생의 하, 중, 상의 이해를 따라 차별함을 알아서 법의 방편에 들어가는 지혜의 선근과 모든 세간과 모든 세계와 모든 삼세와 모든 겁에 두루 하기에 여래의 형상과 위의를 두루 나타내지만, 역시 보살이 행할 바를 버리지 않는 지혜의 선근과 일체 모든 선정 해탈과 또한 모든 삼매의 그와 같은 더러움과 그와 같은 청정함과 때와 더불어 때가 아님을 알아서 방편으로 모든 보살의 해탈문을 출생하는 지혜의 선근과 모든 중생이 모든 부류 가운데 이곳에서 죽고 저곳에서 나는 차별을 아는 지혜의 선근과 한 생각에 삼세 일체 겁의 수를 아는 지혜의 선근과 모든 중생이 하고자 하는 즐거움과 모든 번뇌와 의혹과 배워 익힌 기운을 다하고 없애는 지혜의 선근으로 모든 보살행을 버리고 벗어나지 않는다."

"이것이 열이며, 그와 같은 모든 보살이 이 법에 편안히 머물면 곧 여래의 위 없는 섬세하고 능숙한 방편의 도를 얻는다." (焰慧地)

佛子 菩薩摩訶薩有十種道 何等爲十 所謂 一道是菩薩道 不捨獨一菩提心故 二道是菩薩道 出生智慧及方便故 三道是菩薩道 行空 無相 無願 不著三界故 四行是菩薩道 懺除罪障 隨喜福德 恭敬尊重勸請如來 善巧迴向無有休息故 五根是菩薩道 安住淨信堅固不動 起大精進所作究竟 一向正念無異攀緣 巧知三昧入出方便 善能分別智慧境界故 六通是菩薩道 所謂 天眼 悉見一切世界所有衆色 知諸衆生死此生彼故 天耳 悉聞諸佛說法 受持憶念 廣爲衆生隨根演暢故 他心智 能知他心 自在無礙故 宿命念 憶知過去一切劫數 增長善根故 神足通 隨所應化一切衆生 種種爲現 令樂法故 無漏智 現證實際 起菩薩行不斷絶故 七念是菩薩道 所謂 念佛 於一毛孔見無量佛 開悟一切衆生心故 念法 不離一如來衆會 於一切如來衆會中親承妙法 隨諸衆生根性欲樂而爲演說 令悟入故 念僧 恒相續見無有休息 於一切世間見菩薩故 念捨 了知一切菩薩捨行 增長廣大布施心故 念戒 不捨菩提心 以一切善根迴向衆生故 念天 常憶念兜率陀天宮一生補處菩薩故 念衆生 智慧方便敎化調伏 普及一切無間斷故 隨順菩提八聖道是菩薩道 所謂 行正見道 遠離一切諸邪見故 起正思惟 捨妄分別 心常隨順一切智故 常行正語 離語四過 順聖言故 恒修正業 敎化衆生令調伏故 安住正命 頭陀知足 威儀審正 隨順菩提行四聖種 一切過失皆永離故 起正精進 勤修一切菩薩苦行 入佛十力無罣礙故 心常正念 悉能憶持一切言音 除滅世間散動心故 心常正定 善入菩薩不思議解脫門 於一三昧中出生一切諸三昧故 入九次第定是菩薩道 所謂 離欲恚害 而以一切語業說法無礙 滅除覺觀 而以一切智覺觀敎化衆生 捨離喜愛 而見一切佛 心大歡喜 離世間樂 而隨順出世菩薩道樂 從此不動 入無色定 而亦不捨欲 色受生 雖住滅一切想受定 而亦不息菩薩行故 學佛十力是菩薩道 所謂 善知是處 非處智 善知一切衆生去 來 現在業報因果智 善知一切衆生上 中 下根不同隨宜說法智 善知一切衆生種種無量性智 善知一切衆生軟 中 上解差別令入法方便智 徧一切世間 一切剎 一切三世 一切劫 普現如來形相威儀而亦不捨菩薩所行智 善知一切諸禪解脫及諸三昧若垢若淨 時與非時 方便出生諸菩薩解脫門智 知一切衆生於諸趣中死此生彼差別智 於一念中悉知三世一切劫數智 善知一切衆生樂欲 諸使惑習滅盡智 而不捨離諸菩薩行 是爲十 若諸菩薩安住此法 則得一切如來無上巧方便道

"불자여! 보살마하살은 헤아릴 수 없는 도와 헤아릴 수 없는 돕는 도와 헤아릴 수 없이 닦는 도와 헤아릴 수 없이 장엄하는 도가 있다."

佛子 菩薩摩訶薩有無量道 無量助道 無量修道 無量莊嚴道

(5) 난승지(難勝地)

"불자여! 보살마하살은 열 가지 헤아릴 수 없는 도가 있으니, 무엇이 열인가 하면, 이른바 허공이 헤아릴 수 없는 까닭으로 보살도 또한 헤아릴 수 없으며, 법계가 끝이 없는 까닭으로 보살도 또한 헤아릴 수 없으며, 중생계가 다함이 없는 까닭으로 보살도 또한 헤아릴 수 없으며, 세계의 경계가 없는 까닭으로 보살도 또한 헤아릴 수 없으며, 겁의 수를 다할 수 없는 까닭으로 보살도 또한 헤아릴 수 없으며, 모든 중생의 언어 법이 헤아릴 수 없는 까닭으로 보살도 또한 헤아릴 수 없으며, 여래의 몸이 헤아릴 수 없는 까닭으로 보살도 또한 헤아릴 수 없으며, 부처님의 음성이 헤아릴 수 없는 까닭으로 보살도 또한 헤아릴 수 없으며, 여래의 힘이 헤아릴 수 없는 까닭으로 보살도 또한 헤아릴 수 없으며, 모든 지혜의 지혜가 헤아릴 수 없는 까닭으로 보살도 또한 헤아릴 수 없으니, 이것이 열이다."

佛子 菩薩摩訶薩有十種無量道 何等爲十 所謂 虛空無量故 菩薩道亦無量 法界無邊故 菩薩道亦無量 衆生界無盡故 菩薩道亦無量 世界無際故 菩薩道亦無量 劫數不可盡故 菩薩道亦無量 一切衆生語言無量故 菩薩道亦無量 如來身無量故 菩薩道亦無量 佛音聲無量故 菩薩道亦無量 如來力無量故 菩薩道亦無量 一切智智無量故 菩薩道亦無量 是爲十

"불자여! 보살마하살은 열 가지 헤아릴 수 없이 돕는 도(助道)가 있으니, 무엇이 열인가 하면, 이른바 허공계가 헤아릴 수 없는 것처럼 보살이 모으는 돕는 도 또한 헤아릴 수 없으며, 법계가 끝이 없는 것처럼 보살이 모으는 돕는 도 또한 끝이 없으며, 중생계가 다함이 없는 것처럼 보살이 모으는 돕는 도 또한 다함이 없으며, 세계는 경계가 없는 것처럼 보살이 모으는 돕는 도 또한 경계가 없으며, 겁의 수효를 말로 다 할 수 없는 것처럼 보살이 모으는 돕는 도 또한 세간의 말로 다 할 수 없으며, 중생의 언어 법이 헤아릴 수 없는 것처럼 보살이 모으는 돕는 도가 지혜를 출생하여 언어의 법을 아는 것 또한 헤아릴 수 없으며, 여래의 몸이 헤아릴 수 없는 것처럼 보살이 모으는 돕는 도 또한 모든 중생과 모든 세계와 모든 세상과 모든 겁에 두루 한 것도 헤아릴 수 없으며, 부처의 음성이 헤아릴 수 없는 것처럼 보살이 한 음성을 내어 법계에 두루 하면 모든 중생이 듣지 못하는 자가 없는 까닭으로 모으는 돕는 도 또한 헤아릴 수 없으며, 부처의 힘이 헤아릴 수 없는 것처럼 보살이 여래의 힘을 받들어 모으는 돕는 도 또한 헤아릴 수 없으며, 모든 지혜의 지혜가 헤아릴 수 없는 것처럼 보살이 쌓고 모으는 돕는 도 또한 이와 같기에 헤아릴 수 없다."

"이것이 열이며, 그와 같은 모든 보살이 이 법에 편안히 머물면 곧 여래의 헤아릴 수 없는 지혜를 얻을 것이다." (難勝地)

佛子 菩薩摩訶薩有十種無量助道 所謂 如虛空界無量 菩薩集助道亦無量 如法界無邊 菩薩集助道亦無邊 如衆生界無盡 菩薩集助道亦無盡 如世界無際 菩薩集助道亦無際 如劫數說不可盡 菩薩集助道亦一切世間說不能盡 如衆生語言法無量 菩薩集助道出生智慧知語言法亦無量 如如來身無量 菩薩集助道徧一切衆生 一切剎 一切世 一切劫亦無量 如佛音聲無量 菩薩出一言音周徧法界 一切衆生無佛聞知故 所集助道亦無量 如佛力無量 菩薩承如來力積集助道亦無量 如一切智智無量 菩薩積集助道亦如是無有量 是爲十 若諸菩薩安住此法 則得如來無量智慧

(6) 현전지(現前地)

"불자여! 보살마하살은 열 가지 헤아릴 수 없이 닦는 도가 있으니, 무엇이 열인가 하면, 이른바 오지도 않고 가지도 않으면서 닦는 것이니, 이는 몸과 말과 뜻의 업으로 지어가지만 움직임이 없는 까닭이며, 더하지도 않고 덜지도 않으면서 닦는 것이니, 이는 본래부터 지닌 성품이 같은 까닭이다."

"있지도 않고 없지도 않게 닦는 것이니, 이는 자신의 성품이 없는 까닭이며, 허깨비와 같고 꿈과 같고 그림자와 같고 메아리와 같고 거울 가운데 형상과 같고 더울 때 아지랑이와 같고 물 가운데 달과 같이 닦는 것이니, 이는 모든 집착을 벗어난 까닭이며, 텅 비고 모양이나 상태가 없고 원도 없고 지어가는 것도 없이 닦는 것이니, 이는 삼계를 분명하게 보고 복과 덕을 모으면서 쉬지 않는 까닭이며, 말할 수 없이 언설(言說)이 없고 언설을 벗어나 닦는 것이니, 이는 베푸는 것을 갖추어 편안하고 확실하게 세워진 법을 멀리 벗어나는 까닭이며, 법계를 무너뜨리지 않고 닦는 것이니, 이는 지혜를 나타내어 모든 법을 아는 까닭이며, 진여의 실질적인 경계를 무너트리지 않고 닦는 것이니, 이는 진여의 실질적인 경계가 허공의 경계에 두루 들어가는 까닭이며, 광대한 지혜로 닦는 것이니, 이는 모든 지어가는 것이 있기에 힘이 다함이 없는 까닭이며, 여래의 십력과 사무소외와 모든 지혜의 지혜에 머물러 평등하게 닦는 것이니, 이는 모든 법을 나타내어 보이고 의혹이 없는 까닭이다."

"이것이 열이며, 그와 같은 모든 보살이 이 법에 편안히 머물면 곧 여래의 모든 지혜와 위 없는 섬세하고 능숙한 선근으로 닦는 것을 얻는다." (現前地)

佛子 菩薩摩訶薩有十種無量修道 何等爲十 所謂 不來不去修 身 語 意業無動作故 不增不減修 如本性故 非有非無修 無自性故 如幻如夢 如影如響 如鏡中像 如熱時焰 如水中月修 離一切執著故 空 無相 無願 無作修 明見三界而集福德不休息故 不可說 無言說 離言說修 遠離施設安立法故 不壞法界修 智慧現知一切法故 不壞眞如實際修 普入眞如實際虛空際故 廣大智慧修 諸所有作力無盡故 住如來十力 四無所畏 一切智智平等修 現見一切法無礙惑故 是爲十 若諸菩薩安住此法 則得如來一切智無上善巧修

(7) 원행지(遠行地)

"불자여! 보살마하살은 열 가지 장엄하는 도가 있으니, 무엇이 열이 되는가?"

"불자여! 보살마하살은 욕계를 떠나지 않고 색계와 무색계와 선정과 해탈과 모든 삼매에 들어가지만, 이로 인하여 저곳에 생함을 받지 않으니, 이것이 제1 장엄하는 도이며, 지혜가 앞에 나타나기에 성문의 도에 들어가지만, 이 도를 가지고 벗어나 나아감을 취하지 않으니, 이것이 제2 장엄하는 도가 된다."

"지혜가 앞에 나타나기에 벽지불의 도에 들어가지만, 크게 가엾이 여기는 큰마음을 일으켜 쉬지 않으니, 이것이 제3 장엄하는 도이며, 비록 인간과 하늘의 권속이 둘러싸고 백천의 채녀가 노래하고 춤을 추며 시중하지만, 잠시 잠깐이라도 선정과 해탈과 모든 삼매를 버리지 않으니, 이것이 제4 장엄하는 도가 된다."

"모든 중생과 함께 모든 즐거움을 욕심껏 받으며 서로 즐거워하지만, 잠깐이라도 보살의 평등한 삼매를 버리고 떠나지 않으니, 이것이 제5 장엄하는 도이며, 이미 모든 세간의 저 언덕에 이르렀기에 모든 세간의 법에 하나라도 집착하는 것이 없지만, 또한 중생을 가르치고 이끄는 행을 버리지 않으니, 이것이 제6 장엄하는 도이다."

"바른 도와 바른 지혜와 바른 견해에 편안히 머물면서 모든 삿된 도에 들어가는 것을 보이지만, 취하지 않음을 참으로 삼고 잡지 않음을 청정함으로 삼아서 중생들이 삿된 법에서 영원히 벗어나게 하니, 이것이 제7 장엄하는 도이며, 여래의 청정한 계를 항상 선근으로 보호해 지니고 몸과 말과 뜻의 업이 모든 잘못이나 허물을 벗어났지만, 계를 범하는 중생들을 가르치고 바른길로 이끌기 위해 모든 어리석은 장부의 행을 보이며, 비록 이미 청정한 복덕을 온전하게 갖추어 보살의 길에 머물지만, 모든 지옥, 축생, 아귀 및 모든 험난하고 빈궁한 등등의 처에 태어남을 보여서 중생들이 다 해탈을 얻게 하면서도 보살은 저러한 길에 태어나지 않으니, 이것이 제8 장엄하는 도가 된다."

"막힘이나 걸림이 없는 변재를 타인의 가르침으로 말미암지 않고 얻었으며, 지혜의 광명으로 모든 불법을 비추어 알지만, 모든 여래의 신통한 힘으로 가지게 되고 일체 모든 부처님과 더불어 법신이 같고 대인의 견고한 모든 밝고 깨끗한 비밀스러운 법을 성취하였지만, 평등한 모든 승(乘)에 편안히 머물고 모든 부처의 경계가 다 그 앞에 나타나서 모든 세간의 지혜 광명을 온전하게 갖추어 일체 모든 중생계를 비추어 보고 중생을 위해 법을 아는 스승이 되지만, 바른 법 구하기를 쉬지 않으며, 비록 중생에게 실질적으로 위 없는 스승이 되었지만, 아사리 화상을 존경하는 행을 보이니, 왜냐하면 보살마하살은 섬세하고 능숙한 선근 방편으로 보살의도에 머물며, 그 응하는 바를 따라 빠짐없이 나타내어 보이기 때문이니, 이것이 제9 장엄하는 도가 된다."

"선근을 온전하게 갖추고 모든 행을 마지막까지 성취하여 모든 여래께서 함께 관정하시는 것이며, 모든 법에 자재함이 저 언덕에 이르러 막힘이나 걸림 없는 법 비단으로 머리를 꾸몄으며, 그 몸이 모든 세계에 두루 이르러 여래의 막힘이나 걸림 없는 몸을 두루 나타내며, 법에 자재하여 마지막까지 이르렀으며, 막힘이나 걸림이 없는 법륜을 굴리며, 모든 보살의 자재한 법을 모두 성취하였지만, 중생을 위하는 까닭으로 모든 국토에 생(生) 받음을 나타내어 보이며, 삼세 모든 부처와 더불어 경계가 같지만, 보살행을 막지 않고 보살의 법을 버리지 않고 보살의 업을 게을리하지 않고 보살의 도를 벗어나지 않고 보살의 예의를 무너트리지 않고 보살의 다다름을 끊지 않고 보살의 섬세하고 능숙한 방편을 쉬지 않고 보살이 지어가는 일을 끊지 않고 보살이 생하고 이루어가는 작용을 싫어하지 않고 보살이 머물러 가지는 힘을 그치지 않으니, 왜냐하면 보살이 아뇩다라삼먁삼보리를 빨리 증득하여 모든 지혜의 문을 자세히 들여다보고 보살행을 닦아서 쉼이 없는 까닭이다."

"이것이 열이며, 그와 같은 모든 보살이 이 법에 편안히 머물면 곧 여래의 위 없는 큰 장엄의 도를 얻지만, 또한 보살의 도를 버리지 않는다."

佛子 菩薩摩訶薩有十種莊嚴道 何等爲十 佛子 菩薩摩訶薩不離欲界 入色界 無色界禪定解脫及諸三昧 亦不因此而受彼生 是爲第一莊嚴道 智慧現前 入聲聞道 不以此道而取出離 是爲第二莊嚴道 智慧現前 入辟支佛道 而起大悲無有休息 是爲第三莊嚴道 雖有人 天眷屬圍遶 百千采女歌舞侍從 未曾暫捨禪定解脫及諸三昧 是爲第四莊嚴道 與一切衆生受諸欲樂共相娛樂 乃至未曾於一念間捨離菩薩平等三昧 是爲第五莊嚴道 已到一切世間彼岸 於諸世法悉無所著 而亦不捨度衆生行 是爲第六莊嚴道 安住正道 正智 正見 而能示入一切邪道 不取爲實 不執爲淨 令彼衆生遠離邪法 是爲第七莊嚴道 常善護持如來淨戒 身 於 意業無諸過失 爲欲敎化犯戒衆生 示行一切凡愚之行 雖已具足清淨福德住菩薩趣 而示生於一切地獄 畜生 餓鬼及諸險難 貧窮等處 令彼衆生皆得解脫 而實菩薩不生彼趣 是爲第八莊嚴道 不由他敎 得無礙辯 智慧光明普能照了一切佛法 爲一切如來神力所持 與一切諸佛同一法身 成就一切堅固大人明淨密法 安住一切平等諸乘 諸佛境界皆現其前 具足一切世智光明 照見一切諸衆生界 能爲衆生作知法師 而示求正法未曾休息 雖實與衆生作無上師 而示行尊敬闍梨和尙 何以故 菩薩摩訶薩善巧方便住菩薩道 隨其所應皆爲示現 是爲第九莊嚴道 善根具足 諸行究竟 一切如來所共灌頂 到一切法自在彼岸 無礙法繒以冠其首 其身徧至一切世界 普現如來無礙之身 於法自在最上究竟 轉於無礙淸淨法輪 一切菩薩自在之法皆已成就 而爲衆生故 於一切國土示現受生 與三世諸佛同一境界 而不廢菩薩行 不捨菩薩法 不懈菩薩業 不離菩薩道 不弛菩薩儀 不斷菩薩取 不息菩薩巧方便 不絶菩薩所作事 不厭菩薩生成用 不止菩薩住持力 何以故 菩薩欲疾證阿耨多羅三藐三菩提 觀一切智門修菩薩行無休息故 是爲第十莊嚴道 若諸菩薩安住此法 則得如來無上大莊嚴道 亦不捨菩薩道

"불자여! 보살마하살은 열 가지 발(足)이 있으니, 무엇이 열인가 하면, 이른바 계를 유지하는 발이니, 이는 특히 뛰어난 큰 원을 남김없이 다 만족하게 이룬 까닭이며, 정진하는 발이니, 이는 모든 보리 분법을 모아서 물러서지 않는 까닭이며, 신통한 발이니, 이는 중생의 욕망을 따라 환희하게 하는 까닭이며, 신통한 발의 힘이니, 이는 하나라도 부처 세계를 떠나지 않고 모든 부처님 세계에 가는 까닭이다."

"깊은 마음의 발이니, 이는 원으로 특히 뛰어난 법을 모두 구하는 까닭이며, 견고한 서원의 발이니, 이는 모든 지어가는 것을 마지막까지 다하는 까닭이며, 순하게 따라주는 발이니, 이는 모든 존경할 만한 분의 가르침을 어기지 않는 까닭이며, 법을 좋아하는 발이니, 이는 모든 부처님께서 설한 법을 듣고 지니지만, 피곤해하거나 게을리하지 않는 까닭이며, 법 비의 발이니, 이는 대중을 위해 법을 설하지만, 겁내거나 약하지 않는 까닭이다."

"이것이 열이며, 그와 같은 모든 보살이 이 법에 편안히 머물면 곧 여래의 위 없고 가장 뛰어난 발을 얻어서 그와 같이 한 걸음을 옮기면 남김없이 모든 세계에 두루 이른다."

佛子 菩薩摩訶薩有十種足 何等爲十 所謂 持戒足 殊勝大願悉成滿故 精進足 集一切菩提分法不退轉故 神通足 隨衆生欲令歡喜故 神力足 不離一佛刹往一切佛刹故 深心足 願求一切殊勝法故 堅誓足 一切所作咸究竟故 隨順足 不違一切尊者敎故 樂法足 聞持一切佛所說法不疲懈故 法雨足 爲衆演說無怯弱故 修行足 一切諸惡悉遠離故 是爲十 若諸菩薩安住此法 則得如來無上最勝足 若一擧步 悉能徧至一切世界

"불자여! 보살마하살은 열 가지 손(手, 人)이 있으니, 무엇이 열인가 하면, 이른바 믿음이 깊은 손이니, 이는 부처님의 말씀을 한결같이 깨달아 알고 끝까지 받아 지니는 까닭이며, 보시하는 손이니, 이는 와서 구하고자 하는 자에게 빠짐없이 만족하게 하는 까닭이며, 먼저 뜻을 묻는 손이니, 이는 바른 손을 펴서 서로 영접하고 이끄는 까닭이며, 부처님께 공양하는 손이니, 이는 모든 복덕을 모으면서도 피로하고 싫어함이 없는 까닭이며, 많이 듣는 섬세하고 능숙한 선근의 손이니, 이는 모든 중생의 의혹을 끊어내는 까닭이며, 삼계를 초월하는 손이니, 이는 중생들을 욕심의 진흙 수렁에서 구해내는 까닭이며, 저 언덕에 두는 손이니, 네 가지 폭포 가운데의 중생을 구해내는 까닭이며, 바른 법을 아끼지 않는 손이니, 가지고 있는 빼어난 법을 남김없이 다 열어 보이는 까닭이며, 선근으로 많은 사물의 이치를 작용시키는 손이니, 이는 지혜의 약으로 몸과 마음의 병을 없애는 까닭이며, 항상 지혜로운 보배를 지니는 손이니, 이는 법의 광명을 놓아 번뇌의 어둠을 깨트리는 까닭이다."

"이것이 열이며, 그와 같은 모든 보살이 이 법에 편안히 머물면 곧 여래의 위 없는 손을 얻어 시방의 모든 세계를 덮는다." (遠行地)

佛子 菩薩摩訶薩有十種手 何等爲十 所謂 深信手 於佛所說 一向忍可 究竟受持故 布施手 有來求者 隨其所欲皆令充滿故 先意問訊手 舒展右掌相迎引故 供養諸佛手 集衆福德無疲厭故 多聞善巧手 悉斷一切衆生疑故 令超三界手 授與衆生拔出欲泥故 置於彼岸手 四暴流中救溺衆生故 不吝正法手 所有妙法悉以開示故 善用衆論手 以智慧藥滅身心病故 恒持智寶手 開法光明破煩惱闇故 是爲十 若諸菩薩安住此法 則得如來無上手 普覆十方一切世界

(8) 부동지(不動地)

"불자여! 보살마하살은 열 가지 배(腹)가 있으니, 무엇이 열인가 하면, 이른바 아첨과 이리저리 꼬인 것을 벗어난 배이니, 이는 마음이 청정한 까닭이며, 허깨비와 거짓을 떠난 배이니, 이는 성품이 꾸미지 않는 있는 그대로에 아주 바른 까닭이며, 허망하고 거짓이 없는 배이니, 이는 성품이 험하고 치우침이 없는 까닭이며, 속이고 빼앗은 것이 없는 배이니, 이는 모든 물건에 탐욕이 없는 까닭이며, 번뇌를 끊는 배이니, 이는 지혜를 갖춘 까닭이며, 청정한 마음의 배이니, 이는 모든 악에서 벗어난 까닭이며, 음식을 자세히 들여다보는 배이니, 이는 실상의 본바탕이 되는 법을 생각하는 까닭이며, 지음이 없음을 자세히 살펴서 들여다보는 배이니, 이는 원인과 결과로 깨우침을 깨닫는 까닭이며, 벗어나 나가는 모든 도에 대해 깨우침을 깨달아 아는 배이니, 이는 선근의 깊은 마음을 성숙하게 하는 까닭이며, 모든 가장자리의 허물과 견해를 영원히 벗어난 배이니, 이는 모든 중생이 부처님의 배에 들게 하는 까닭이다."

"이것이 열이며, 그와 같은 모든 보살이 이 법에 편안히 머물면 곧 여래의 위 없는 광대한 배를 얻어 모든 중생을 남김없이 받아들이게 될 것이다."

佛子 菩薩摩訶薩有十種腹 何等爲十 所謂 離諂曲腹 心淸淨故 離幻僞腹 性質直故 不虛假腹 無險詖故 無欺奪腹 於一切物無所貪故 斷煩惱腹 具智慧故 淸淨心腹 離諸惡故 觀察飮食腹 念如實法故 觀察無作腹 覺悟緣起故 覺悟一切出離道腹 善成熟

深心故 遠離一切邊見垢腹 令一切衆生得入佛腹故 是爲十 若諸菩薩安住此法 則得如來無上廣大腹 悉能容受一切衆生

"불자여! 보살마하살은 열 가지 장(藏.二乘地)이 있으니, 무엇이 열인가 하면, 이른바 부처님의 종자를 끊지 않는 것이 보살의 장이니, 이는 불법의 헤아릴 수 없는 위엄과 공덕을 열어 보이는 까닭이며, 법의 종자를 거듭 더하고 키우는 것이 보살의 장이니, 이는 지혜의 광대한 광명을 출생하는 까닭이며, 스님의 종자를 머물러 유지하는 것이 보살의 장이니, 이는 승이 물러섬이 없는 법륜에 들게 하려는 까닭이며, 바른 정(正定)의 중생이 깨우침을 깨닫게 하는 것이 보살의 장이니, 이는 선근으로 그때를 따라 한 생각도, 한순간도 뛰어넘지 않는 까닭이며, 정해지지 않는(不正) 중생을 마지막까지 성숙하게 하는 것이 보살의 장이니, 이는 원인이 서로 계속 이어져 끊어지지 않게 하는 까닭이며, 삿된 정(邪定)의 중생을 위해 크게 가엾이 여기는 큰마음을 일으키는 것이 보살의 장이니, 미래의 원인을 남김없이 다 성취하는 까닭이다."

"부처님의 십력을 가득히 채우고 원인을 무너트리지 않는 것이 보살의 장이니, 이는 마군을 항복 받고 감히 대적할 수 없는 선근을 갖춘 까닭이며, 가장 뛰어난 두려움 없는 대사자 후가 보살의 장이니, 이는 모든 중생을 환희하게 하는 까닭이며, 부처의 십팔불공법을 얻는 것이 보살의 장이니, 이는 지혜로 모든 처에 두루 들어가는 까닭이며, 모든 중생, 모든 세계, 모든 법, 모든 부처님을 두루 아는 것이 보살의 장이니, 이는 한순간에 분명하게 남김없이 다 보는 까닭이다."

"이것이 열이며, 그와 같은 모든 보살이 이 법에 편안히 머물면 곧 여래의 위 없는 선근으로 무너지지 않는 대 지혜의 장을 얻을 것이다."

佛子 菩薩摩訶薩有十種藏 何等爲十 所謂 不斷佛種是菩薩藏 開示佛法無量威德故 增長法種是菩薩藏 出生智慧廣大光明故 住持僧種是菩薩藏 令其得入不退法輪故 覺悟正定衆生是菩薩藏 善隨其時不逾一念故 究竟成熟不定衆生是菩薩藏 令因相續無有間斷故 爲邪定衆生發起大悲是菩薩藏 令未來因悉得成就故 滿佛十方不可壞因是菩薩藏 具降伏魔軍無對善根故 最勝無畏大師子吼是菩薩藏 令一切衆生皆歡喜故 得佛十八不共法是菩薩藏 智慧普入一切處故 普了知一切衆生 一切刹 一切法 一切佛是菩薩藏 於一念中悉明見故 是爲十 若諸菩薩安住此法 則得如來無上善根

不可壞大智慧藏

“불자여! 보살마하살은 열 가지 마음이 있으니, 무엇이 열인가 하면, 이른바 열심히 노력해서 나아가는 마음이니, 이는 모든 지어감을 마지막까지 이르게 하는 까닭이며, 게으르지 않은 마음이니, 이는 좋은 모양이나 상태와 복덕의 행을 쌓고 모으는 까닭이며, 크게 용맹하고 튼튼한 마음이니, 이는 일체 모든 마군을 꺾어서 부셔버리는 까닭이며, 이치대로 행하는 마음이니, 일체 모든 번뇌를 제거하여 없애는 까닭이며, 법륜을 굴림에서 물러섬이 없는 마음이니, 이는 보리에 이르기까지 쉬지 않는 까닭이며, 성품이 청정한 마음이니, 이는 마음이 움직이지 않는 것임을 알고 집착이 없는 까닭이며, 중생을 아는 마음이니, 이는 그 이해하고자 하는 욕심을 따라 벗어나 나가게 하는 까닭이며, 불법에 들게 하는 큰 범천에 머무는 마음이니, 이는 모든 중생이 가지가지로 이해하고자 하는 것을 알지만, 다른 승법(乘法)으로 구하고 보호하지 않는 까닭이며, 텅 비고 모양이나 상태가 없고 원 없고 지음도 없는 마음이니, 이는 삼계의 모양이나 상태를 보고 집착하지 않는 까닭이며, 만(卍)자 모양이나 상태의 금강처럼 견고한 뛰어난 장으로 장엄하는 마음이니, 이는 모든 중생의 수효와 같은 마가 오더라도 하나의 털끝만치도 움직이지 않는 까닭이다.”

“이것이 열이며, 그와 같은 모든 보살이 이 법에 편안히 머물면 곧 여래의 위 없는 큰 지혜 광명의 장 마음을 얻는다.” (不動地)

佛子 菩薩摩訶薩有十種心 何等爲十 所謂 精勤心 一切所作悉究竟故 不懈心 積集相好福德行故 大勇健心 摧破一切諸魔軍故 如理行心 除滅一切諸煩惱故 不退轉心 乃至菩提終不息故 性淸淨心 知心不動無所著故 知衆生心 隨其解欲令出離故 令入佛法大梵住心 知諸衆生種種解欲 不以別乘而救護故 空 無相 無願 無作心 見三界相不取著故 卍字相金剛堅固勝藏莊嚴心 一切衆生數等魔來乃至不能動一毛故 是爲十 若諸菩薩安住此法 則得如來無上大智光明藏心

(9) **선혜지**(善慧地)

“불자여! 보살마하살은 열 가지 갑옷을 입는 일이 있으니, 무엇이 열인가 하면, 이른바 크게 인자한 갑옷을 입는 것이니, 이는 모든 중생을 구하고 보호하려는 까닭이며, 크게 가엾이 여기는 갑옷을 입는 것이니, 이는 모든 괴로움을 참고 견디려는 까닭이며, 큰 원의 갑옷을 입는 것이니, 이는 모든 지어가는 일을 끝내려는 까닭이며, 회향하는 갑옷을 입는 것이니, 이는 모든 부처님의 장엄을 만들어 세우고자 하는 까닭이며, 복덕의 갑옷을 입는 것이니, 이는 모든 중생에게 이익이 되고자 하는 것이며, 지혜의 갑옷을 입는 것이니, 이는 모든 중생의 번뇌를 없애고자 하는 까닭이며, 섬세하고 능숙한 선근 방편의 갑옷을 입는 것이니, 이는 두루 한 선근의 문을 내고자 하는 까닭이며, 일체 지혜의 마음이 견고해서 흩어지고 어지럽지 않은 갑옷을 입는 것이니, 이는 나머지 승법(乘法)을 좋아하지 않는 까닭이며, 한마음으로 결정한 갑옷을 입는 것이니, 이는 모든 법으로부터의 의혹을 벗어나는 까닭이다."

"이것이 열이며, 그와 같은 모든 보살이 이 법에 편안히 머물면 곧 여래의 위 없는 갑옷을 입고 모든 마군을 남김없이 꺾어서 항복 받는다."

佛子 菩薩摩訶薩有十種被甲 何等爲十 所謂 被大慈甲 救護一切衆生故 被大悲甲 堪忍一切諸苦故 被大願甲 一切所作究竟故 被迴向甲 建立一切佛莊嚴故 被福德甲 饒益一切諸衆生故 被波羅蜜甲 度脫一切諸含識故 被智慧甲 滅一切衆生煩惱闇故 被善巧方便甲 生普門善根故 被一切智心堅固不散亂甲 不樂餘乘故 被一心決定甲 於一切法離疑惑故 是爲十 若諸菩薩安住此法 則被如來無上甲冑 悉能摧伏一切魔軍

"불자여! 보살마하살은 열 가지의 병장기가 있으니, 무엇이 열인가 하면, 이른바 보시하는 것이 보살의 병장기이니, 이는 모든 인색함을 꺾어서 부수는 까닭이며, 계를 유지하는 것이 보살의 병장기이니, 이는 모든 헐어버리고 어긋나게 하는 것을 버리는 까닭이며, 평등한 것이 보살의 병장기이니, 이는 모든 분별을 제거하고 끊어서 버리는 까닭이며, 지혜가 보살의 병장기이니, 이는 모든 번뇌를 없애서 사라지게 하는 까닭이며, 바르게 살아가는 것(正命)이 보살의 병장기이니, 이는 바르지 못한 삶으로부터 멀리 벗어나는 까닭이며, 섬세하고 능숙한 선근 방편이 보살의 병장기이니, 이는 모든 곳에 나타내 보이는 까닭이며, 간략하게 말하면 탐, 진, 치 등등의 모든 번뇌가 보살의 병장기이니, 이는 번뇌의 문으로 중생을 가르치고 바른길로 이끄는 까닭이며, 생사가 보살의 병장기이니, 이는 보살행을 끊지 않고 중생을 가르치고 바른길로 이끄는 까닭이며, 실상의 본바탕을 설하는 것이 보살의 병장기이니, 이는 모든 집착을 부수는 까닭이며, 모든 지혜가 보살의 병장기이니, 이는 보살이 행하는 문을 버리지 않는 까닭이다."

"이것이 열이며, 그와 같은 모든 보살이 이 법에 편안히 머물면 곧 모든 중생이 긴긴밤에 모아서 뭉친 번뇌를 제거해서 없애버린다." (善慧地)

佛子 菩薩摩訶薩有十種器仗 何等爲十 所謂 布施是菩薩器仗 摧破一切慳吝故 持戒是菩薩器仗 棄捨一切毁犯故 平等是菩薩器仗 斷除一切分別故 智慧是菩薩器仗 消滅一切煩惱故 正命是菩薩器仗 遠離一切邪命故 善巧方便是菩薩器仗 於一切處示現故 略說貪 瞋 癡等一切煩惱是菩薩器仗 以煩惱門度衆生故 生死是菩薩器仗 不斷菩薩行敎化衆生故 說如實法是菩薩器仗 能破一切執著故 一切智是菩薩器仗 不捨菩薩行門故 是爲十 若諸菩薩安住此法 則能除滅一切衆生長夜所集煩惱結使

(10) 법운지(法雲地)

"불자여! 보살마하살은 열 가지의 머리가 있으니, 무엇이 열인가 하면, 이른바 열반의 머리니, 이는 정수리를 볼 수 없는 까닭이며, 존경하는 머리니, 이는 모든 사람과 하늘이 공경하게 예를 올리는 까닭이며, 광대하면서 뛰어나게 이해하는 머리니, 이는 삼천세계에서 가장 뛰어난 까닭이며, 제일의 선근 머리니, 이는 삼계의 중생들이 다 함께 공양하는 까닭이며, 중생을 태우는 머리니, 정수리에 상투의 모양이나 상태를 성취하는 까닭이며, 타인을 가볍게 여기거나 업신여기지 않는 머리니, 이는 일체 처에서 항상 존경받고 뛰어난 까닭이며, 반야바라밀의 머리니, 이는 모든 공덕의 법을 기르고 키우는 까닭이며, 방편 지혜와 서로 응하는 머리니, 이는 모두 같은 종류의 몸을 두루 나타내는 까닭이며, 모든 중생을 가르치고 바른길로 이끄는 머리니, 이는 모든 중생을 제자로 삼는 까닭이며, 모든 부처님의 법안을 지키고 보호하는 머리니, 이는 삼보의 종자를 끊어지지 않게 하는 까닭이다."

"이것이 열이며, 그와 같은 모든 보살이 이 법에 편안히 머물면 곧 여래의 위 없는 큰 지혜의 머리를 얻을 것이다."

佛子 菩薩摩訶薩有十種首 何等爲十 所謂 涅槃首 無能見頂故 尊敬首 一切人 天所

敬禮故 廣大勝解首 三千界中最爲勝故 第一善根首 三界衆生咸供養故 荷戴衆生首 成就頂上肉髻相故 不輕賤他首 於一切處常尊勝故 般若波羅蜜首 長養一切功德法故 方便智相應首 普現一切同類身故 敎化一切衆生首 以一切衆生爲弟子故 守護諸佛法眼首 能令三寶種不斷絶故 是爲十 若諸菩薩安住此法 則得如來無上大智慧首

"불자여! 보살마하살은 열 가지의 눈이 있으니, 무엇이 열인가 하면, 이른바 육신의 눈이니, 이는 모든 색을 보는 까닭이며, 하늘의 눈이니, 이는 모든 중생의 마음을 보는 까닭이며, 총명한 눈이니, 이는 모든 중생의 모든 근과 경계를 보는 까닭이며, 법의 눈이니, 이는 모든 법의 참된 모양이나 상태를 보는 까닭이며, 부처의 눈이니, 이는 여래의 십력을 보는 까닭이며, 지혜의 눈이니, 이는 모든 법을 알고 보는 까닭이며, 광명의 눈이니, 이는 부처님의 광명을 보는 까닭이며, 생사에서 나가는 눈이니, 이는 열반을 보는 까닭이며, 막힘이나 걸림 없는 눈이니, 이는 보는 바가 막힘이나 걸림이 없는 까닭이며, 일체 지혜의 눈이니, 이는 넓은 법계의 문을 보는 까닭이다."

"이것이 열이며, 그와 같은 모든 보살이 이 법에 편안히 머물면 곧 여래의 위 없는 큰 지혜의 눈을 얻는다."

佛子 菩薩摩訶薩有十種眼 何等爲十 所謂 肉眼 見一切色故 天眼 見一切衆生心故 慧眼 見一切衆生諸根境界故 法眼 見一切法如實相故 佛眼 見如來十方故 智眼 知見諸法故 光明眼 見佛光明故 出生死眼 見涅槃故 無礙眼 所見無障故 一切智眼 見普門法界故 是爲十 若諸菩薩安住此法 則得如來無上大智慧眼

"불자여! 보살마하살은 열 가지의 귀가 있으니, 무엇이 열인가 하면, 이른바 칭찬하는 소리를 들으면 탐욕과 애정을 제거해서 끊고 헐뜯는 소리를 들으면 성냄을 제거해서 끊고 이승(二乘)을 설함을 들으면 집착하지도 구하지도 않고 보살의 도를 들으면 환희하면서 뛰놀고 지옥 등등의 괴로운 처를 들으면 자비한 마음을 일으켜서 큰 서원을 내고 사람과 하늘의 뛰어나고 빼어난 소리를 들으면 모든 것이 항상 함이 없는 법임을 알고 모든 부처님의 공덕을 찬탄함을 들으면 부지런히 힘써 노력해서 원만하게 하고 육바라밀과 사섭법 등을 들으면 마음을 일으켜 수행하고 원으로 저 언덕에 이르고자 하고 시방세계의 모든 음성을 들으면 남김없이 다 메아리와 같음을 알아서 말로 할 수 없는 깊고 깊은 빼어난 이치에 들어가고 보살마하살이 처음으로 마음 일으킴을 좇아 도량에 이르기까지 항상 법을 듣고 잠시라도 쉬지 않고 중생을 가르치고 바른길로 이끄는 일을 놓지 않는다."

"이것이 열이며, 그와 같은 모든 보살이 이 법에 편안히 머물면 곧 여래의 위 없는 큰 지혜의 귀를 얻는다."

佛子 菩薩摩訶薩有十種耳 何等爲十 所謂 聞讚歎聲 斷除貪愛 聞毁呰聲 斷除瞋恚 聞說二乘 不著不求 聞菩薩道 歡喜踊躍 聞地獄等諸苦難處 起大悲心 發弘誓願 聞說人 天勝妙之事 知彼皆是無常之法 聞有讚歎諸佛功德 勤加精進 令速圓滿 聞說六度 四攝等法 發心修行 願到彼岸 聞十方世界一切音聲 悉知如響 入不可說甚深妙義 菩薩摩訶薩從初發心乃至道場 常聞正法未曾暫息 而恒不捨化衆生事 是爲十 若諸菩薩成就此法 則得如來無上大智慧耳

"불자여! 보살마하살은 열 가지의 코가 있으니, 무엇이 열인가 하면, 이른바 모든 더러운 물건의 냄새를 맡지만, 더럽다 하지 않으며, 모든 향기를 맡지만, 향기롭다 하지 않으며, 향기와 더러움을 맡지만, 마음이 평등하며, 향기도 아니고 더러움이 아닌 것을 맡지만, 마음이 평온하고 집착이 없는 편안함에 머물며, 그와 같은 중생의 의복과 침구 및 모든 몸에서 나는 향기와 더러움을 맡지만, 탐냄과 성냄과 어리석음 등등의 행이 평등함을 알며, 그와 같이 깊이 감추어 둔 모든 초목 등등의 향기를 맡지만, 눈앞에 마주 대하듯 분명하게 다스려 알며, 아래로 아비지옥에 이르고 위로는 정수리에 이른 중생의 향기를 맡지만, 그들이 과거에 행한 행을 알며, 그와 같이 모든 성문의 보시, 지계, 다문과 혜와 향을 맡지만, 일체 지혜의 마음에 머물러 흩어지거나 움직이지 않게 하며, 그와 같이 모든 보살행의 향기를 맡기에 평등한 지혜로 여래의 지위에 들어가며, 모든 부처님 지혜의 경계 향을 맡지만, 역시 보살행을 막거나 버리지 않는다."

"이것이 열이며, 그와 같은 모든 보살이 이 법을 성취하면 곧 여래의 헤아릴 수 없고 끝없는 청정한 코를 얻는다."

佛子 菩薩摩訶薩有十種鼻 何等爲十 所謂 聞諸臭物不以爲臭 聞諸香氣不以爲香 香臭俱聞 其心平等 非香非臭 安住於捨 若聞衆生衣服 臥具及其肢體所有香臭 則能知彼貪 恚 愚癡等分之行 若聞諸伏藏草木等香 皆如對目前 分明辨了 若聞下至阿鼻

地獄 上至有頂衆生之香 皆如彼過去所行之行 若聞諸聲聞布施 持戒 多聞慧香 住一切智心 不令散動 若聞一切菩薩行香 以平等慧入如來地 聞一切佛智境界香 亦不廢捨諸菩薩行 是爲十 若諸菩薩成就此法 則得如來無量無邊淸淨鼻

"불자여! 보살마하살은 열 가지의 혀가 있으니, 무엇이 열인가 하면, 이른바 다함이 없는 중생의 행을 널리 펴서 열어 보이는 혀와 다함이 없는 법의 문을 널리 펴서 열어 보이는 혀와 부처님의 다함이 없는 공덕을 널리 펴서 열어 보이는 혀와 널리 펴서 설하는 변재가 다함이 없는 혀와 대승을 돕는 도를 널리 열어 넓히는 혀와 시방을 두루 덮은 혀와 일체 부처님 세계를 두루 비추는 혀와 널리 중생을 깨달아 알게 하는 혀와 모든 부처님을 환희하게 하는 혀와 모든 마와 외도를 항복 받고 생사 번뇌를 제거하여 없애고 열반에 이르게 하는 혀이다."

"이것이 열이며, 그와 같은 모든 보살이 이 법을 성취하면 곧 여래의 모든 부처님 국토를 두루 덮는 위 없는 혀를 얻는다."

佛子 菩薩摩訶薩有十種舌 何等爲十 所謂 開示演說無盡衆生行故 開示演說無盡法門舌 讚歎諸佛無盡功德舌 演暢辭辯無盡舌 開闡大乘助道舌 徧覆十方虛空舌 普照一切佛刹舌 普使衆生悟解舌 悉令諸佛歡喜舌 降伏一切諸魔外道 除滅一切生死煩惱 令至涅槃舌 是爲十 若諸菩薩成就此法 則得如來徧覆一切諸佛國土無上舌

"불자여! 보살마하살은 열 가지의 몸이 있으니, 무엇이 열인가 하면, 이른바 사람의 몸이니, 이는 모든 사람을 가르치고 바른길로 이끌기 위한 까닭이며, 사람이 아닌 몸이니, 이는 지옥, 축생, 아귀를 가르치고 바른길로 이끌기 위한 까닭이며, 하늘의 몸이니, 이는 욕계, 색계, 무색계의 중생을 가르치고 바른길로 이끌기 위한 까닭이며, 배우는 몸이니, 이는 배우는 자리를 나타내는 까닭이며, 배울 것이 없는 몸이니, 이는 아라한의 지위를 나타내 보이는 까닭이며, 독각의 몸이니, 이는 가르치고 이끌어서 벽지불의 지위에 들게 하는 까닭이며, 보살의 몸이니, 이는 대승을 성취하게 하려는 까닭이며, 여래의 몸이니, 지혜의 물로 정수리에 물을 붓는 까닭이며, 뜻으로 생하는 몸이니, 섬세하고 능숙한 선근으로 태어나는 까닭이며, 꾸미지 않는 무루법(無漏法)의 몸이니, 이는 공들인 작용이 없기에 모든 중생의 몸으로 나타내 보이려는 까닭이다."

"이것이 열이며, 그와 같은 모든 보살이 이 법을 성취하면 곧 여래의 위 없는 몸을 얻는다."

佛子 菩薩摩訶薩有十種身 何等爲十 所謂 人身 爲教化一切諸人故 非人身 爲教化地獄 畜生 餓鬼故 天身 爲教化欲界 色界 無色界衆生故 學身 示現學地故 無學身 示現阿羅漢地故 獨覺身 教化令入辟支佛地故 菩薩身 令成就大乘故 如來身 智水灌頂故 意生身 善巧出生故 無漏法身 以無功用示現一切衆生身故 是爲十 若諸菩薩成就此法 則得如來無上之身

"불자여! 보살마하살은 열 가지 생각(意)이 있으니, 무엇이 열인가 하면, 이른바 가장 빼어난 머리의 생각이니, 이는 모든 선근을 일으키는 까닭이며, 편안히 머무는 생각이니, 깊은 믿음의 마음이 견고해서 흔들리지 않는 까닭이며, 깊이 들어가는 생각이니, 이는 부처님의 법을 순하게 따라 깊이 이해하는 까닭이며, 안으로 분명히 깨달아 아는 생각이니, 이는 모든 중생심의 즐거움을 아는 까닭이며, 어지럽지 않은 생각이니, 이는 모든 번뇌에 섞이지 않는 까닭이며, 밝고 청정한 생각이니, 이는 객진(客塵) 번뇌가 물들이지 못하는 까닭이며, 중생을 선근으로 자세히 들여다보는 생각이니, 이는 한 생각도 때를 놓침이 없는 까닭이며, 할 일을 선근으로 선택하는 생각이니, 이는 한 곳이라도 허물이 생기지 않는 까닭이며, 모든 근을 은밀하게 보호하는 생각이니, 이는 조복시켜서 흩어지고 달아나지 않게 하는 까닭이며, 삼매에 선근으로 들어가는 생각이니, 이는 부처의 삼매에 깊이 들어가 나와 내 것이 없는 까닭이다."

"이것이 열이며, 그와 같은 모든 보살이 이 법에 편안히 머물면 곧 모든 부처님의 위 없는 생각을 얻을 것이다."

佛子 菩薩摩訶薩有十種意 何等爲十 所謂 上首意發起一切善根故 安住意深信堅固不動故 深入意 隨順佛法而解故 內了意 知諸衆生心樂故 無亂意 一切煩惱不雜故 明淨意 客塵不能染著故 善觀衆生意 無有一念失時故 善擇所作意 未曾一處生過故 密護諸根意 調伏不令馳散故 善入三昧意 深入佛三昧無我 我所故 是爲十 若諸菩薩安住此法 則得一切佛無上意

“불자여! 보살마하살은 열 가지의 행이 있으니, 무엇이 열인가 하면, 이른바 법을 듣는 행이니, 이는 법을 좋아하는 까닭이며, 법을 말하는 행이니, 이는 중생에게 이익이 되도록 하는 까닭이며, 탐냄, 성냄, 어리석음, 두려움 등에서 벗어나는 행이니, 이는 자신의 마음을 조복시키는 까닭이며, 욕계의 행이니, 이는 욕계의 중생을 가르치고 바른길로 이끌기 위한 까닭이며, 색계와 무색계의 삼매행이니, 이는 빨리 움직여서 되돌아오게 하는 까닭이며, 법과 이치로 나아가 향하는 행이니, 이는 지혜를 빨리 얻는 까닭이며, 모든 곳에 태어나는 행이니, 이는 자재하게 중생을 가르치고 바른길로 이끄는 까닭이며, 모든 부처 세계의 행이니, 이는 모든 부처님께 예배하고 공양하는 까닭이며, 열반의 행이니, 이는 생사가 계속 이어짐을 끊지 않는 까닭이며, 모든 불법을 만족하게 이루는 행이니, 이는 보살 법의 행을 버리지 않는 까닭이다.”

“이것이 열이며, 그와 같은 모든 보살이 이 법에 편안히 머물면 곧 여래의 오고 감이 없는 행을 얻는다.”

佛子 菩薩摩訶薩有十種行 何等爲十 所謂 聞法行 愛樂於法故 說法行 利益衆生故 離貪 恚 癡怖畏行 調伏自心故 欲界行 敎化欲界衆生故 色 無色界三昧行 令速轉還故 趣向法義行 速得智慧故 一切生處行 自在敎化衆生故 一切佛刹行 禮拜供養諸佛故 涅槃行 不斷生死相續故 成滿一切佛法行 不捨菩薩法行故 是爲十 若諸菩薩安住此法 則得如來無來無去行

“불자여! 보살마하살은 열 가지의 머무름이 있으니, 무엇이 열인가 하면, 이른바 보리심에 머무름이니, 이는 잠시라도 잃거나 잊어버리지 않는 까닭이며, 바라밀에 머무름이니, 이는 돕는 도를 싫어하지 않는 까닭이며, 법을 설함에 머무름이니, 이는 지혜를 거듭 더하고 키우는 까닭이며, 아란야에 머무름이니, 이는 큰 선정을 얻는 까닭이며, 모든 지혜를 순하게 따라 두타를 족하게 알고 네 성인의 종자에 머무름이니, 이는 욕심은 적고 일이 적은 까닭이며, 여래를 친근히 함에 머무름이니, 이는 부처의 위의(威儀)를 배우는 까닭이며, 신통이 출생하는 곳에 머무름이니, 이는 큰 지혜를 원만하게 하는 까닭이며, 지혜를 얻는 곳에 머무름이니, 수기를 만족하게 받는 까닭이며, 도량에 머무름이니, 이는 힘과 두려움 없음과 모든 불법을 온전하게 갖추는 까닭이다.”

“이것이 열이며, 그와 같은 모든 보살이 이 법에 편안히 머물면 곧 일체 지혜의 위 없음에 머무름을 얻을 것이다."

佛子 菩薩摩訶薩有十種住 何等爲十 所謂 菩提心住 曾不忘失故 波羅蜜住 不厭助道故 說法住 增長智慧故 阿蘭若住 證大禪定故 隨順一切智頭陀知足四聖種住 少欲少事故 深信住 荷負正法故 親近如來住 學佛威儀故 出生神通住 圓滿大智故 得忍住 滿足授記故 道場住 具足力 無畏 一切佛法故 是爲十 若諸菩薩安住此法 則得一切智無上住

"불자여! 보살마하살은 열 가지의 앉은 일이 있으니, 무엇이 열인가 하면, 이른바 전륜왕이 앉은 일이니, 이는 열 가지 선근의 도를 일으키는 까닭이며, 사천왕이 앉은 일이니, 이는 모든 세간에 부처의 법을 자재하게 편안히 세우는 까닭이며, 제석천왕이 앉은 일이니, 이는 모든 중생의 뛰어난 주인이 되는 까닭이며, 범천왕이 앉은 일이니, 이는 자신과 타인의 마음에 자재함을 얻는 까닭이며, 사자가 앉은 일이니, 이는 법을 능히 설하는 까닭이며, 바른 법대로 앉은 일이니, 이는 총지와 변재의 힘으로 열어 보이는 까닭이며, 견고하게 앉은 일이니, 이는 서원이 마지막까지 이르는 까닭이며, 큰 사랑으로 앉은 일이니, 이는 악한 중생을 모두 기쁘게 하는 까닭이며, 크게 가엾이 여기고 앉은 일이니, 이는 모든 고통을 참고 싫어함이 없는 까닭이며, 금강으로 앉은 일이니, 이는 모든 마와 외도를 항복 받는 까닭이다."

"이것이 열이며, 그와 같은 모든 보살이 이 법에 편안히 머물면 곧 여래의 위 없는 바른 깨우침에 앉은 일을 얻는다."

佛子 菩薩摩訶薩有十種坐 何等爲十 所謂 轉輪王坐 興十善道故 四天王坐 於一切世間自在安立佛法故 帝釋坐 與一切衆生爲勝主故 梵天坐 於自他心得自在故 師子坐 能說法故 正法坐 以摠持辯才力而開示故 堅固坐 誓願究竟故 大慈坐 令惡衆生悉歡喜故 大悲坐 忍一切苦不疲厭故 金剛坐 降伏衆魔及外道故 是爲十 若諸菩薩安住此法 則得如來無上正覺坐

"불자여! 보살마하살은 열 가지의 눕는 일이 있으니, 무엇이 열인가 하면, 이른바 적정에 누움이니, 이는 몸과 마음이 욕심이 없고 산뜻한 것이며, 선정에 누움이니, 이는 이치와 같이 수행하는 까닭이며, 삼매에 누움이니, 이는 몸과 마음이 부드러운 까닭이며, 범천에 누움이니, 이는 나와 남을 번거롭게 하지 않는 까닭이며, 선근 업에 누움이니, 이는 후에 뉘우치지 않는 까닭이며, 바른 믿음에 누움이니, 이는 치우치지 않는 까닭이며, 바른 도에 누움이니, 이는 선근의 벗이 깨우침을 열어주는 까닭이며, 빼어난 서원에 누움이니, 이는 섬세하고 능숙한 선근으로 회향하는 까닭이며, 모든 일을 마치고 누움이니, 이는 지어가는 일을 다 마친 까닭이며, 모든 공들인 작용을 버린 누움이니, 이는 모든 것이 배워 익힌 버릇인 까닭이다."

"이것이 열이며, 그와 같은 모든 보살이 이 법에 편안히 머물면 곧 여래의 위 없는 큰 법에 누움을 얻어 모든 중생을 다 깨우치게 한다."

佛子 菩薩摩訶薩有十種臥 何等爲十 所謂 寂靜臥 身心憺怕故 禪定臥 如理修行故 三昧臥 身心柔軟故 梵天臥 不惱自他故 善業臥 於後不悔故 正信臥 不可傾動故 正道臥 善友開覺故 妙願臥 善巧迴向故 一切事畢臥 所作成辦故 捨諸功用臥 一切慣習故 是爲十 若諸菩薩安住此法 則得如來無上大法臥 悉能開悟一切衆生

"불자여! 보살마하살은 열 가지 머물 곳이 있으니, 무엇이 열인가 하면, 이른바 큰 사랑을 머물 곳으로 삼으니, 이는 모든 중생에게 마음이 평등한 까닭이며, 크게 가엾이 여김을 머물 곳으로 삼으니, 이는 배우지 못함을 업신여기지 않는 까닭이며, 크게 기뻐함을 머물 곳으로 삼으니, 이는 모든 근신 걱정에서 벗어난 까닭이며, 크게 버림을 머물 곳으로 삼으니, 이는 유위와 무위에 평등한 까닭이며, 모든 바라밀을 머물 곳으로 삼으니, 이는 보리심을 으뜸으로 삼는 까닭이며, 모든 것이 공함을 머물 곳으로 삼으니, 이는 섬세하고 능숙한 선근으로 자세히 살펴서 들여다보는 까닭이며, 모양이나 상태가 없음을 머물 곳으로 삼으니, 이는 바른 자리에서 나가지 않는 까닭이며, 원 없음을 머물 곳으로 삼으니, 이는 생 받음을 자세히 들여다보는 까닭이며, 생각하는 지혜를 머물 곳으로 삼으니, 이는 법을 알아서 원만하게 이루는 까닭이며, 모든 법이 평등함을 머물 곳으로 삼으니, 이는 수기를 받는 까닭이다."

"이것이 열이며, 그와 같은 모든 보살이 이 법에 편안히 머물면 곧 여래의 위 없고 막힘이나 걸림이 없는 머물 곳을 얻는다."

佛子 菩薩摩訶薩有十種所住處 何等爲十 所謂 以大慈爲所住處 於一切衆生心平

等故 以大悲爲所住處 不輕未學故 以大喜爲所住處 離一切憂惱故 以大捨爲所住處 於有爲 無爲平等故 以一切波羅蜜爲所住處 菩提心爲首故 以一切空爲所住處 善巧觀察故 以無相爲所住處 不出正位故 以無願爲所住處 觀察受生故 以念慧爲所住處 忍法成滿故 以一切法平等爲所住處 得授記別故 是爲十 若諸菩薩安住此法 則得如來無上無礙所住處

"불자여! 보살마하살은 열 가지 행하는 곳이 있으니, 무엇이 열인가 하면, 이른바 바르게 생각하는 것을 행할 곳으로 삼으니, 이는 생각하는 곳이 만족한 까닭이며, 모든 부류를 행할 곳으로 삼으니, 이는 바른 깨우침으로 나아가는 까닭이며, 지혜를 행할 곳으로 삼으니, 이는 부처님의 환희를 얻는 까닭이며, 바라밀을 행할 곳으로 삼으니, 이는 모든 지혜의 지혜를 만족하는 까닭이며, 사섭을 행할 곳으로 삼으니, 이는 중생을 가르치고 바른길로 이끄는 까닭이며, 생사를 행할 곳으로 삼으니, 이는 선근을 모으는 까닭이며, 모든 중생과 잡담하고 말장난하는 것을 행할 곳으로 삼으니, 이는 응함을 따라 가르치고 이끌어서 영원히 벗어나게 하는 까닭이며, 신통을 부릴 곳으로 삼으니, 이는 모든 중생의 모든 근의 경계를 아는 까닭이며, 섬세하고 능숙한 선근 방편으로 행할 곳으로 삼으니, 이는 반야바라밀과 서로 응하는 까닭이며, 도량을 두고 행할 곳으로 삼으니, 이는 모든 지혜를 이루고도 보살의 행을 끊지 않는 까닭이다."

"이것이 열이며, 그와 같은 모든 보살이 이 법에 편안히 머물면 곧 여래의 위 없는 큰 지혜의 행할 곳을 얻는다." (法雲地)

佛子 菩薩摩訶薩有十種所行處 何等爲十 所謂 以正念爲所行處 滿足念處故 以諸趣爲所行處 正覺法趣故 以智慧爲所行處 得佛歡喜故 以波羅蜜爲所行處 滿足一切智智故 以四攝爲所行處 敎化衆生故 以生死爲所行處 積集善根故 以與一切衆生雜談戱爲所行處 隨應敎化令永離故 以神通爲所行處 知一切衆生諸根境界故 以善巧方便爲所行處 般若波羅蜜相續故 以道場爲所行處 成一切智而不斷菩薩行故 是爲十 若諸菩薩安住此法 則得如來無上大智慧所行處

7) 인이 원만하고 결과가 만족함을 답함.

"불자여! 보살마하살은 열 가지를 자세히 살펴서 들여다보는 것이 있으니, 무엇이 열인가 하면, 이른바 모든 업을 알고 자세히 살펴서 들여다보는 것이니, 이는 미세하게 남김없이 보는 까닭이며, 모든 부류를 알고 자세히 살펴서 들여다보는 것이니, 이는 중생을 취하지 않는 까닭이며, 모든 근을 알고 자세히 살펴서 들여다보는 것이니, 이는 근이 없음을 분명하게 알아서 통달하는 까닭이며, 모든 법을 알고 자세히 살펴서 들여다보는 것이니, 이는 법계를 깨트리지 않는 까닭이며, 불법을 보고자 자세히 살펴서 들여다보는 것이니, 이는 부처 눈을 부지런히 닦는 까닭이며, 지혜를 얻고자 자세히 살펴서 들여다보는 것이니, 이는 이치대로 법을 설하는 까닭이며, 생이 없음을 자세히 살펴서 들여다보는 것이니, 이는 불법을 분명하게 깨달아 알고 결정하는 까닭이며, 물러서지 않는 자리를 자세히 살펴서 들여다보는 것이니, 이는 모든 번뇌를 없애고 삼계와 이승의 자리를 초월해 나가는 까닭이며, 정수리에 물 붓은 지위를 자세히 살펴서 들여다보는 것이니, 이는 모든 불법에 자재하기에 움직이지 않는 까닭이며, 선근으로 깨우친 지혜의 삼매를 자세히 살펴서 들여다보는 것이니, 이는 시방의 모든 곳에서 불사를 베풀어 짓는 까닭이다."

"이것이 열이며, 그와 같은 모든 보살이 이 법에 편안히 머물면 곧 여래의 위 없는 크게 자세히 살펴서 들여다보는 지혜를 얻는다."

佛子 菩薩摩訶薩有十種觀察 何等爲十 所謂 知諸業觀察 微細悉見故 知諸趣觀察 不取衆生故 知諸根觀察 了達無根故 知諸法觀察 不壞法界故 見佛法觀察 勤修佛眼故 得智慧觀察 如理說法故 無生忍觀察 決了佛法故 不退地觀察 滅一切煩惱 超出三界 二乘地故 灌頂地觀察 於一切佛法自在不動故 善覺智三昧觀察 於一切十方施作佛事故 是爲十 若諸菩薩安住此法 則得如來無上大觀察智

"불자여! 보살마하살은 열 가지를 두루 자세히 살펴서 들여다보는 것이 있으니, 무엇이 열인가 하면, 이른바 일체 모두 와서 구하는 자를 두루 자세히 살펴서 들여다보는 것이니, 이는 어긋남이 없는 마음으로 그 뜻을 만족하게 하려는 까닭이며, 계를 범한 모든 중생을 두루 자세히 살펴서 들여다보는 것이니, 이는 여래의 청정한 계 가운데 편안히 두려는 까닭이며, 해를 가하는 모든 중생의 마음을 두루 자세히 살펴서 들여다보는 것이니,

이는 여래의 참은 힘 가운데 편안히 두려는 까닭이며, 게으른 모든 중생을 두루 자세히 살펴서 들여다보는 것이니, 이는 부지런히 공부에 힘쓰게 해서 대승이라는 짐을 버리지 않게 하려는 까닭이며, 마음이 어지러운 모든 중생을 두루 자세히 살펴서 들여다보는 것이니, 이는 여래의 모든 지혜의 지위에 머물면서 흔들리지 않게 하는 까닭이며, 모든 악한 지혜를 두루 자세히 살펴서 들여다보는 것이니, 이는 의혹을 제거하고 있다는 견해를 깨트리는 까닭이며, 평등한 모든 선근의 벗을 두루 자세히 살펴서 들여다보는 것이니, 이는 그 가르침을 순하게 따라 부처님의 법에 머무는 까닭이며, 들은 모든 법을 두루 자세히 살펴서 들여다보는 것이니, 이는 최상의 이치를 빠르게 증득하는 까닭이며, 끝없는 모든 중생을 두루 자세히 살펴서 들여다보는 것이니, 이는 크게 가엾이 여기는 힘을 항상 버리지 않는 까닭이며, 모든 부처님의 법을 두루 자세히 살펴서 들여다보는 것이니, 이는 모든 지혜를 빠르게 성취하는 까닭이다."

"이것이 열이며, 그와 같은 모든 보살이 이 법에 편안히 머물면 곧 여래의 위 없는 큰 지혜로 두루 자세히 살펴서 들여다봄을 얻는다."

佛子 菩薩摩訶薩有十種普觀察 何等爲十 所謂 普觀一切諸來求者 以無違心滿其意故 普觀一切犯戒衆生 安置如來淨戒中故 普觀一切害心衆生 安置如來忍力中故 普觀一切懈怠衆生 勸令精勤不捨荷負大乘擔故 普觀一切亂心衆生 令住如來一切智地無散動故 普觀一切惡慧衆生 令除疑惑破有見故 普觀一切平等善友 順其敎命住佛法故 普觀一切所聞之法 疾得證見最上義故 普觀一切無邊衆生 常不捨離大悲力故 普觀一切諸佛之法 速得成就一切智故 是爲十 若諸菩薩安住此法 則得如來無上大智慧普觀察

"불자여! 보살마하살은 열 가지의 기운을 성하게 떨치고 일어남이 있으니, 무엇이 열인가 하면, 이른바 소의 기운을 성하게 떨치고 일어남이니, 이는 모든 하늘, 용, 야차, 건달바 등의 모든 대중을 덮어서 가리려는 까닭이며, 코끼리 왕의 기운을 성하게 떨치고 일어남이니, 이는 선근으로 마음을 부드럽게 잡아서 모든 중생을 짊어지려는 까닭이며, 용왕의 기운을 성하게 떨치고 일어남이니, 이는 큰 법 구름을 일으키고 해탈의 번개 빛을 번쩍이며, 실상의 이치로 진동시켜 모든 근과 힘과 각분과 선정과 해탈과 삼매의 감로 비를 내리려는 까닭이며, 가루라 왕의 기운을 성하게 떨치고 일어남이니, 이는 탐애의 물을 말리고 어리석음의 껍데기를 깨트리며, 번뇌의 모든 악한 독룡을 잡아서 쳐내고 생사의 고통 바다에서 나오게 하려는 까닭이며, 큰 사자 왕의 기운을 성하게 떨치고 일어남이니, 이는 두려움 없는 평등한 큰 지혜에 편안히 머물러 이를 병장기로 삼아 모든 마와 외도를 굴복시키려는 까닭이다."

"용맹함의 기운을 성하게 떨치고 일어남이니, 이는 생사의 전장 가운데 모든 번뇌의 원한을 꺾어서 없애려는 까닭이며, 큰 지혜의 기운을 성하게 떨치고 일어남이니, 이는 온, 처, 계와 또 모든 원인과 결과를 알아서 모든 법을 열어 보이려는 까닭이며, 다라니의 기운을 성하게 떨치고 일어남이니, 이는 생각하는 지혜의 힘으로 법을 가지고 잊지 않으며, 중생의 근기를 따라 말하여 베풀려는 까닭이며, 변재의 기운을 성하게 떨치고 일어남이니, 이는 막힘이나 걸림이 없고 빠르게 모든 것을 분별해서 다 이익을 받고 기쁘게 하려는 까닭이며, 여래의 기운을 성하게 떨치고 일어남이니, 이는 모든 지혜의 지혜와 도를 돕는 법을 남김없이 성취하고 한 생각에 서로 응하는 지혜로 얻을 것은 얻고 깨달을 것은 다 깨닫고 사자좌에 앉아 마와 원수를 항복 받고 아뇩다라삼먁삼보리를 이루려는 까닭이다."

"이것이 열이며, 그와 같은 모든 보살이 이 법에 편안히 머물면 곧 모든 부처님의 일체 법에 위 없이 자재한 기운을 성하게 떨치고 일어남을 얻는다."

佛子 菩薩摩訶薩有十種奮迅 何等爲十 所謂 牛王奮迅 映蔽一切天 龍 夜叉 乾闥婆等諸大衆故 象王奮迅 心善調柔 荷負一切諸衆生故 龍王奮迅 興大法密雲 耀解脫電光 震如實義雷 降諸根 力 覺分 禪定 解脫 三昧甘露雨故 大金翅鳥王奮迅 竭貪愛水 破愚癡殼 搏撮煩惱諸惡毒龍 令出生死大苦海故 大師子王奮迅 安住無畏平等大智以爲器仗 摧伏衆魔及外道故 勇健奮迅 能於生死大戰陣中摧滅一切煩惱怨故 大智奮迅 知蘊 界 處及諸緣起 自在開示一切法故 陀羅尼奮迅 以念慧力持法不忘 隨衆生根爲宣說故 辯才奮迅 無礙迅疾分別一切 咸令受益心歡喜故 如來奮迅 一切智智助道之法皆悉成滿 以一念相應慧 所應得者一切皆得 所應悟者一切皆悟 坐師子座降魔怨敵 成阿耨多羅三藐三菩提故 是爲十 若諸菩薩安住此法 則得諸佛於一切法無上自在奮迅

"불자여! 보살마하살은 열 가지 사자 후(獅子吼)가 있으니, 무엇이 열인가 하니, 이른바 내가 반드시 등정각을 이룰 것이라고 외치니, 이는 보리심의 사자 후이며, 내 마땅히 모든 중생 가운데 도를 얻지 못한 자는 도를 얻게 할 것이며, 해탈하지 못한 자를 해탈하게 하며, 열반하지 못한 자를 열반을 얻게 할 것이라고 하니, 이는 크게 가엾이 여기는 큰 사자 후이며, 내 마땅히 불, 법, 승의 종자가 끊어지지 않게 할 것이라고 하니, 이는 여래의 은혜를 갚은 큰 사자 후이며, 내 마땅히 모든 부처님 세계를 청정하게 장엄할 것이라고 하니, 이는 견고한 서원을 마지막까지 다하는 대 사자 후이며, 내 마땅히 모든 악한 길과 또 모든 어려운 곳을 제거하고 없앨 것이라고 하니, 이는 스스로 청정한 계를 가지는 대 사자 후이며, 내 마땅히 모든 부처님의 몸과 말과 뜻과 좋은 모양이나 상태의 장엄을 만족하게 할 것이라고 하니, 이는 복을 구함에 싫어함이 없는 대 사자 후이다."

"내 마땅히 모든 부처님께서 가지신 지혜를 원만하게 이룰 것이라고 하니, 이는 지혜를 구하지만 싫어함이 없는 대 사자 후이며, 내 마땅히 모든 마와 또 모든 마의 업을 제거하여 없앨 것이라고 하니, 이는 바른 행을 닦아서 모든 번뇌를 끊는 대 사자 후이며, 내 마땅히 일체 모든 법이란 나도 없고 중생도 없고 수명도 없고 보특가라도 없고 공과 모양이나 상태가 없고 원도 없음을 분명하게 깨달아 알고 청정하기가 허공같이 할 것이라고 하니, 이는 무생법인(無生法忍)의 대 사자 후이며, 마지막에 태어나는 보살이 일체 모든 부처님 국토를 진동시켜 다 장엄하여 청정하게 함이니, 이때 모든 제석천왕, 범천왕, 사천왕들이 와서 찬탄하기를 오직 원하건대 보살은 생함이 없는 법으로 태어남을 나타내시라 하면, 보살이 곧 막힘이나 걸림이 없는 지혜의 눈으로 세간의 모든 중생 가운데 나 같은 자가 없음을 살펴보고 왕궁에 태어나서 일곱 걸음을 걸으면서 크게 사자 후를 한다. 곧 나는 세간에서 가장 뛰어나고 제일이며, 내가 마땅히 생사의 끝닿은 경계를 영원히 끝낼 것이라고 하니, 이는 말한 대로 대 사자 후를 지어가는 것이다."

"이것이 열이며, 그와 같은 모든 보살이 이 법에 편안히 머물면 곧 여래의 위 없는 대 사자 후를 얻는다."

佛子 菩薩摩訶薩有十種師子吼 何等爲十 所謂 唱言 我當必定成正等覺 是菩提心大師子吼 我當令一切衆生 未度者度 未脫者脫 未安者安 未涅槃者令得涅槃 是大悲大師子吼 我當令佛 法 僧種無有斷絶 是報如來恩大師子吼 我當嚴淨一切佛刹 是究竟堅誓大師子吼 我當除滅一切惡道及諸難處 是自持淨戒大師子吼 我當滿足一切諸佛身 語及意相好莊嚴 是求福無厭大師子吼 我當成滿一切諸佛所有智慧 是求智無厭大師子吼 我當除滅一切衆魔及諸魔業 是修正行斷諸煩惱大師子吼 我當了知一切

諸法無我 無衆生 無壽命 無補伽羅 空 無相 無願 淨如虛空 是無生法忍大師子吼 最後生菩薩震動一切諸佛國土悉令嚴淨 是時 一切釋 梵 四天咸來讚請 唯願菩薩以無生法而現受生 菩薩則以無礙慧眼普觀世間 一切衆生無如我者 卽於王宮示現誕生自行七步大師子吼 我於世間最勝第一 我當永盡生死邊際 是如說而作大師子吼 是爲十 若諸菩薩安住此法 則得如來無上大師子吼

대방광불화엄경 제58권

38. 이세간품(6)
離世間品第三十八之六

8) 까닭이 원만하고 만족스러운 결과의 답을 얻음

"불자여! 보살마하살은 열 가지 청정한 보시(施)가 있으니, 무엇이 열인가 하면, 이른바 평등한 보시니, 이는 중생을 가리지 않는 까닭이며, 뜻을 따르는 보시니, 이는 그들이 원하는 소원을 채워주는 까닭이며, 어지럽지 않은 보시니, 이는 이익을 얻게 하는 까닭이며, 마땅함을 따르는 보시니, 이는 상, 중, 하를 아는 까닭이며, 머무름 없는 보시니, 이는 과보를 구하지 않는 까닭이며, 활짝 열고 버리는 보시니, 이는 평온하고 집착이 없는 마음인 까닭이며, 모든 것을 보시하는 것이니, 이는 마지막까지 청정한 까닭이며, 보리로 회향하는 보시니, 이는 유위와 무위를 멀리 벗어나는 까닭이며, 중생을 가르치고 바른길로 이끄는 보시니, 이는 도량에 이르도록 버리지 않는 까닭이며, 세 바퀴가 청정한 보시니, 이는 주는 자, 받는 자, 또 베푸는 물건을 바른 생각으로 자세히 살펴서 들여다보고는 허공과 같이하는 까닭이다."

"이것이 열이며, 그와 같은 모든 보살이 이 법에 편안히 머물면 곧 여래의 위 없는 청정하고 광대한 보시를 얻는다."

佛子 菩薩摩訶薩有十種清淨施 何等爲十 所謂 平等施 不揀衆生故 隨意施 滿其所願故 不亂施 令得利益故 隨宜施 知上 中 下故 不住施 不求果報故 開捨施 心不戀著故 一切施 究竟清淨故 迴向菩提施 遠有爲 無爲故 教化衆生施 乃至道場不捨故 三輪清淨施 於施者 受者及以施物正念觀察如虛空故 是爲十 若諸菩薩安住此法 則得如來無上清淨廣大施

"불자여! 보살마하살은 열 가지 청정한 계(戒)가 있으니, 무엇이 열인가 하면, 이른바 몸이 청정한 계이니, 이는 세 가지 악한 것으로부터 몸을 보호하는 까닭이며, 말이 청정한 계이니, 이는 말의 네 가지 허물에서 벗어나는 까닭이며, 마음이 청정한 계이니, 이는 탐욕과 성냄과 바르지 못한 견해를 벗어난 까닭이며, 배우는 모든 곳을 깨트리지 않는 청정한 계이니, 이는 모든 인간과 천상에서 존경받는 주인이 되는 까닭이며, 보리심을 지키고 보호하는 청정한 계이니, 소승을 좋아하지 않는 까닭이며, 여래께서 금하는 것을 지키고 보호하는 청정한 계이니, 이는 작은 죄라도 큰 두려움을 내는 까닭이며, 은밀하게 보호해 지니는 청정한 계이니, 이는 선근으로 계를 깨트린 중생을 빼내는 까닭이며, 모든 악을 짓지 않는 청정한 계이니, 이는 모든 선근의 법을 서원하고 닦는 까닭이며, 바르지 않는 모든 견해를 멀리 벗어난 청정한 계이니, 이는 계에 집착이 없는 까닭이며, 모든 중생을 지키고 보호하는 청정한 계이니, 이는 크게 가엾이 여김을 일으킨 까닭이다."

"이것이 열이며, 그와 같은 모든 보살이 이 법에 편안히 머물면 곧 여래의 위 없고 청정한 계를 얻는다."

佛子 菩薩摩訶薩有十種清淨戒 何等爲十 所謂 身清淨戒 護身三惡故 語清淨戒 離語四過故 心清淨戒 永離貪 瞋 邪見故 不破一切學處清淨戒 於一切人 天 中作尊主故 守護菩提心清淨戒 不樂小乘故 守護如來所制清淨戒 乃至微細罪生大怖畏故 隱密護持清淨戒 善拔犯戒衆生故 不作一切惡清淨戒 誓隨一切善法故 遠離一切有見清淨戒 於戒無著故 守護一切衆生清淨戒 發起大悲故 是爲十 若諸菩薩安住此法 則得如來無上無過失清淨戒

"불자여! 보살마하살은 열 가지 청정한 참음(忍)이 있으니, 무엇이 열인가 하면, 이른바 헐뜯고 욕하는 것을 꾸짖는 것으로 편안히 받아들이는 청정한 참음이니, 이는 모든 중생을 지키고 보호하려는 까닭이며, 칼과 몽둥이를 편안히 받아들이는 청정한 참음이니, 이는 선근으로 나와 남을 보호하려는 까닭이며, 화를 내서 해치지 않는 청정한 참음이니, 이는 그 마음이 움직이지 않는 까닭이며, 천함을 따지지 않는 청정한 참음이니, 이는 윗사람이 되어 너그러운 까닭이며, 돌아와 의지하는 자를 다 구하는 청정한 참음이니, 이는 자신의 목숨을 버리는 까닭이며, 나라는 교만함을 버리는 청정한 참음이니, 이는 후에 배우는 이들을 업신여기지 않는 까닭이며, 해치고 상처를 입힘에 성내지 않는 청정한 참음이니, 이는 허깨비와 같음을 자세히 살펴서 들여다보는 까닭이며, 범하고 해치는 일이 있어도 보복하지 않는 청정한 참음이니, 이는 나와 남을 보지 않는 까닭이며, 번뇌를 따르지 않는 청정한 참음이니, 이는 모든 경계를 벗어난 까닭이며, 보살의 진실한 지혜를 따라 모든 법이란 생멸이 없음을 아는 청정한 참음이니, 이는 다른 이의 가르침으로 인하지 않고 모든 지혜의 경계에 들어가는 까닭이다."

"이것이 열이며, 그와 같은 모든 보살이 이 가운데 편안히 머물면 곧 일체 모든 부처님과 다른 이의 깨우침을 말미암지 않고 깨우침을 깨달아 아는 위 없는 법의 참음을 얻는다."

佛子 菩薩摩訶薩有十種淸淨忍 何等爲十 所謂 安受呰辱淸淨忍 護諸衆生故 安受刀杖淸淨忍 善護自他故 不生恚害淸淨忍 其心不動故 不責卑賤淸淨忍 爲上能寬故 有歸咸救淸淨忍 捨自身命故 遠離我慢淸淨忍 不輕未學故 殘毁不瞋淸淨忍 觀察如幻故 有犯無報淸淨忍 不見自他故 不隨煩惱淸淨忍 離諸境界故 隨順菩薩眞實智一切法無生淸淨忍 不由他敎 入一切智境界故 是爲十 若諸菩薩安住其中 則得一切諸佛不由他悟無上法忍

"불자여! 보살마하살은 열 가지 청정한 정진(精進)이 있으니, 무엇이 열인가 하면, 이른바 몸을 따르는 청정한 정진이니, 이는 모든 부처님과 보살과 스승과 어른을 받들어 섬기고 공양하고 복 밭을 귀중하게 여기며, 물러서지 않는 까닭이며, 말을 따르는 청정한 정진이니, 들은 법을 따라 다른 이들을 위해 넓게 법을 설하며, 부처님의 공덕을 찬탄하면서도 피곤하고 게으름 피우지 않는 까닭이며, 뜻을 따르는 청정한 정진이니, 선근으로 자, 비, 희, 사와 선정과 해탈과 또 모든 삼매에 들고 나면서 쉼이 없는 까닭이며, 정직한 마음을 따르는 청정한 정진이니, 이는 속이지 않고 아첨하지 않고 곡해하지 않고 거짓이 없으며, 모든 것을 부지런히 닦고 물러섬이 없는 까닭이며, 거듭 더하는 뛰어난 마음을 따르는 청정한 정진이니, 이는 항상 더 없는 최상의 지혜를 구하며 희고 깨끗한 법을 갖추길 원하는 까닭이다."

"헛되게 버리지 않음을 따르는 청정한 정진이니, 이는 보시, 지계, 인욕, 다문 및 제멋대로 하지 않음을 거두어 지니면서 보리에 이르기까지 쉬지 않는 까닭이며, 모든 마를 꺾어서 항복 받음을 따르는 청정한 정진이니, 이는 탐욕, 성냄, 어리석음, 바르지 못한 견해, 모든 번뇌, 얽힘, 덮임 등을 모두 없애는 까닭이며, 지혜 광명을 원만하게 이룸을 따르는 청정한 정진이니, 이는 베푸는 모든 일을 남김없이 선근으로 자세히 살펴서 들여다보고 마지막까지 다하고 이루게 해서 후에 후회하지 않게 하며, 모든 부처님의 불공법(不共法)을 얻는 까닭이며, 오는 것도 가는 것도 없음을 따르는 청정한 정진이니, 실상의 본바탕이 되는 지혜를 얻고 법계의 문에 들어가 몸과 말과 뜻이 평등하며, 모양이나 상태가 모양이나 상태가 아님을 분명하게 깨우쳐 알기에 집착이 없는 까닭이며, 법의 광명을 성취함을 따르는 청정한 정진이니, 모든 지위를 초월하여 부처님의 정수리에 물 붓는 의식을 얻고, 번뇌가 없는 무루(無漏)의 몸으로 죽고 남을 보여서 출가의 도를 이루고 법을 설하여 열반함을 보이며, 이와 같은 보현의 일을 온전하게 갖추는 까닭이다."

"이것이 열이며, 그와 같은 모든 보살이 이 법에 편안히 머물면 곧 여래의 위 없는 큰 청정한 정진을 얻는다."

佛子 菩薩摩訶薩有十種清淨精進 何等爲十 所謂 身清淨精進 承事供養諸佛菩薩及諸師長 尊重福田不退轉故 語清淨精進 隨所聞法廣爲他說 讚佛功德無疲倦故 意清淨精進 善能入出慈 悲 喜 捨 禪定 解脫及諸三昧無休息故 正直心清淨精進 無誑無諂 無曲無僞 一切勤修無退轉故 增勝心清淨精進 志常趣求上上智慧 願具一切白淨法故 不唐捐清淨精進 攝取布施 戒 忍 多聞及不放逸乃至菩提無中息故 摧伏一切魔清淨精進 悉能除滅貪欲 瞋恚 愚癡 邪見 一切煩惱 諸纏蓋故 成滿智慧光清淨精進 有所施爲悉善觀察 咸使究竟 不令後悔 得一切佛不共法故 無來無去清淨精進 得如實智 入法界門 身 語及心皆悉平等 了相非相 無所著故 成就法光清淨精進 超過諸地 得佛灌頂 以無漏身而示歿生 出家 成道 說法 滅度 具足如是普賢事故 是爲十若諸菩薩安住此法 則得如來無上大清淨精進

"불자여! 보살마하살은 열 가지의 청정한 선정(禪定)이 있으니, 무엇이 열인가 하면, 이른바 항상 즐겁게 출가하는 청정한 선정이니, 이는 가지고 있는 모든 것을 버리는 까닭이며, 참된 선지식을 얻는 청정한 선정이니, 이는 바른 도를 가르치고 보이는 까닭이며, 아란야에 머물면서 바람과 비 등을 참은 청정한 선정이니, 이는 나와 내 것을 벗어나는 까닭이며, 번거롭고 혼잡한 중생을 벗어나는 청정한 선정이니, 이는 항상 적정함을 좋아하는 까닭이며, 마음의 업이 고르고 부드러운 청정한 선정이니, 이는 모든 근을 지키고 보호하는 까닭이며, 마음과 지혜가 적멸의 선정이니, 이는 모든 음성과 모든 선정의 자극이 어지럽지 않은 까닭이며, 도를 깨우치는 청정한 선정이니, 이는 모든 것을 자세히 살펴서 들여다보고 빠짐없이 증득함을 나타내는 까닭이며, 맛에 집착함을 벗어나는 청정한 선정이니, 이는 욕계를 버리지 않는 까닭이며, 신통과 밝음을 새롭게 일으키는 청정한 선정이니, 이는 모든 중생의 근기와 성품을 아는 까닭이며, 자재고 즐겁게 노니는 청정한 선정이니, 이는 부처님의 삼매에 들어가서 내가 없음을 아는 까닭이다."

"이것이 열이며, 그와 같은 모든 보살이 이 법에 편안히 머물면 곧 여래의 위 없는 큰 청정한 선정을 얻는다."

佛子 菩薩摩訶薩有十種淸淨禪 何等爲十 所謂 常樂出家淸淨禪 捨一切所有故 得眞善友淸淨禪 示敎正道故 住阿蘭若忍風雨等淸淨禪 離我 我所故 離憒鬧衆生淸淨禪 常樂寂靜故 心業調柔淸淨禪 守護諸根故 心智寂滅淸淨禪 一切音聲 諸禪定刺不能亂故 覺道方便淸淨禪 觀察一切皆現證故 離於味著淸淨禪 不捨欲界故 發起通明淸淨禪 知一切衆生根性故 自在遊戲淸淨禪 入佛三昧 知無我故 是爲十 若諸菩薩安住其中 則得如來無上大淸淨禪

"불자여! 보살마하살은 열 가지 일의 이치를 밝게 분별하는 청정한 지혜가 있으니, 무엇이 열인가 하면, 이른바 모든 인을 알아 일의 이치를 밝게 분별하는 청정한 지혜이니, 이는 과보를 깨트리지 않는 까닭이며, 모든 연(緣)을 알아 일의 이치를 밝게 분별하는 청정한 지혜이니, 이는 화목하게 어울림을 어기지 않는 까닭이며, 끊어짐도 없고 항상 하지 않음을 알아 일의 이치를 밝게 분별하는 청정한 지혜이니, 이는 원인과 결과가 다 실상의 본바탕과 같음을 분명하게 깨달아 통달해서 아는 까닭이며, 모든 견해를 빼버리고 일의 이치를 밝게 분별하는 청정한 지혜이니, 이는 중생의 모양이나 상태를 취하고 버리지 않는 까닭이며, 모든 중생의 마음으로 행함을 자세히 살펴서 들여다보고는 일의 이치를 밝게 분별하는 청정한 지혜이니, 이는 허깨비와 같음을 분명하게 깨달아 아는 까닭이다."

"광대한 변재로 일의 이치를 밝게 분별하는 청정한 지혜이니, 이는 모든 법을 분별해서 묻고 대답하는 일에 막힘이나 걸림이 없는 까닭이며, 모든 마와 외도와 성문과 독각이 알지 못하는 일의 이치를 밝게 분별하는 청정한 지혜이니, 이는 모든 여래의 지혜에 깊이 들어가는 까닭이며, 모든 부처님의 섬세하고 빼어난 법의 몸을 보고 모든 중생의 본 성품이 청정함을 보고 모든 법이 다 남김없이 적멸함을 보고 모든 세계가 허공과 같음을 보는 일의 이치를 밝게 분별하는 청정한 지혜이니, 이는 모든 모양이나 상태가 다 막힘이나 걸림이 없는 까닭이며, 모든 다라니와 변재와 방편과 바라밀에 대한 일의 이치를 밝게 분별하는 청정한 지혜이니, 이는 가장 뛰어난 모든 지혜를 얻는 까닭이며, 한 생각과 서로 응하는 금강 지혜로 모든 법의 평등함을 분명하게 깨우쳐 아는 일의 이치를 밝게 분별하는 청정한 지혜이니, 이는 모든 법에서 가장 높은 지혜를 얻는 까닭이다."

"이것이 열이며, 그와 같은 모든 보살이 그 가운데 편안히 머물면 곧 여래의 막힘이나 걸림 없는 큰 지혜를 얻는다."

佛子 菩薩摩訶薩有十種淸淨慧 何等爲十 所謂 知一切因淸淨慧 不壞果報故 知一切緣淸淨慧 不違和合故 知不斷不常淸淨慧 了達緣起皆如實故 拔一切見淸淨慧 於衆生相無取捨故 觀一切衆生心行淸淨慧 了知如幻故 廣大辯才淸淨慧 分別諸法 問答無礙故 一切諸魔 外道 聲聞 獨覺所不能知淸淨慧 深入一切如來智故 見一切佛微妙法身 見一切衆生本性淸淨慧 見一切法皆悉寂滅 見一切剎同於虛空淸淨慧 知一切相皆無礙故 一切摠持 辯才 方便波羅蜜淸淨慧 令得一切最勝智故 一念相應金剛智了一切法平等淸淨慧 得一切法最尊智故 是爲十 若諸菩薩安住其中 則得如來無障礙大智慧

"불자여! 보살마하살은 열 가지 청정한 사랑(慈)이 있으니, 무엇이 열인가 하면, 이른바 평등한 마음의 청정한 사랑이니, 이는 중생을 두루 끌어들여 거두고 고르지 않는 까닭이며, 이익을 주는 청정한 사랑이니, 이는 하는 일을 모두 기쁘게 하는 까닭이며, 중생을 거두어 나와 같이하는 청정한 사랑이니, 이는 마지막까지 생사에서 나오게 하는 까닭이며, 세간을 버리지 않는 청정한 사랑이니, 이는 마음으로 항상 선근을 모으는 생각을 하는 까닭이며, 해탈에 이르게 하는 청정한 사랑이니, 이는 중생의 일체 모든 번뇌를 제거하여 두루 없애는 까닭이며, 보리를 출생하는 청정한 사랑이니, 이는 모든 중생이 보리 구하는 마음을 내게 하는 까닭이며, 세간에 막힘이나 걸림이 없는 청정한 사랑이니, 이는 큰 광명을 놓아 평등하게 두루 비추는 까닭이며, 허공에 가득한 청정한 사랑이니, 이는 중생을 구하고 보호함에 가지 않는 곳이 없는 까닭이며, 법의 인연에 청정한 사랑이니, 이는 여여한 진실의 법을 증득한 까닭이며, 연이 없는 청정한 사랑이니, 보살의 생사를 벗어난 성품에 들어가는 까닭이다."

"이것이 열이며, 그와 같은 모든 보살이 이 법에 편안히 머물면 곧 여래의 위 없는 광대한 청정한 사랑을 얻을 것이다."

佛子 菩薩摩訶薩有十種清淨慈 何等爲十 所謂 等心清淨慈 普攝衆生無所揀擇故 饒益清淨慈 隨有所作皆令歡喜故 攝物同己清淨慈 究竟皆令出生死故 不捨世間清淨慈 心常緣念集善根故 能至解脫清淨慈 普使衆生除滅一切諸煩惱故 出生菩提清淨慈 普使衆生發求一切智心故 世間無礙清淨慈 放大光明平等普照故 充滿虛空清淨慈 救護衆生無處不至故 法緣清淨慈 證於如如眞實法故 無緣清淨慈 入於菩薩離生性故 是爲十 若諸菩薩安住此法 則得如來無上廣大清淨慈

"불자여! 보살마하살은 열 가지 가엾이 여기(悲)는 청정함이 있으니, 무엇이 열인가 하면, 이른바 더불어 할 무리가 없기에 가엾이 여기는 청정함이니, 이는 혼자 그 마음을 일으키는 까닭이며, 피로하고 싫어함을 모르기에 가엾이 여기는 청정함이니, 이는 모든 중생을 대신해서 괴로움을 받지만, 피로함을 느끼지 않는 까닭이며, 어려운 곳에 태어나기에 가엾이 여기는 청정함이니, 이는 중생을 가르치고 바른길로 이끌기 위한 까닭이며, 좋은 곳에 태어나기에 가엾이 여기는 청정함이니, 이는 항상 함이 없음을 나타내 보이는 까닭이며, 바르지 못하게 결정하는 중생을 가엾이 여기는 청정함이니, 이는 오랜 겁을 보내도록 큰 서원을 버리지 않는 까닭이며, 자신의 즐거움에 집착하지 않기에 가엾이 여기는 청정함이니, 이는 중생에게 두루 즐거움을 주는 까닭이며, 은혜 갚음을 구하지 않기에 가엾이 여기는 청정함이니, 이는 마음을 깨끗하게 닦는 까닭이며, 거꾸로 뒤바뀜을 제거하기에 가엾이 여기는 청정함이니, 이는 실상의 본바탕이 되는 법을 설하는 까닭이다."

"보살마하살은 모든 법의 본래 성품이 청정함을 알아서 물들지 않고 집착하지 않으며, 열나는 번뇌도 없지만, 객진번뇌(客塵煩惱)로 인하여 괴로움 받는 이와 같음을 알고는 모든 중생을 가엾이 여기는 마음을 일으키니, 이는 이름이 '본래 성품이 청정함'이며, 허물없이 청정하고 광명한 법을 말하는 까닭이다."

"보살마하살은 모든 법이 허공 가운데 새의 발자취와 같음을 알기에 중생들이 어리석어서 밝게 비추어 자세히 들여다보지 못함을 알고 크게 가엾이 여기는 마음을 일으키니, 이는 이름이 '진실한 지혜'이며, 그들을 위해 열반의 법을 열어 보이는 까닭이다."

"이것이 열이며, 그와 같은 모든 보살이 이 법에 편안히 머물면 곧 여래의 위 없는 광대하고 청정한 가엾이 여김을 얻는다."

佛子 菩薩摩訶薩有十種清淨悲 何等爲十 所謂 無儔伴清淨悲 獨發其心故 無疲厭清淨悲 代一切衆生受苦 不以爲勞故 難處受生清淨悲 爲度衆生故 善趣受生清淨悲 示現無常故 爲邪定衆生清淨悲 歷劫不捨弘誓故 不著己樂清淨悲 普與衆生快樂故 不求恩報清淨悲 修潔其心故 能除顚倒清淨悲 說如實法故 菩薩摩訶薩知一切法本性清淨 無染著 無熱惱 以客塵煩惱故而受衆故 如是知已 於諸衆生而起大悲 名 本性清淨 爲說無垢清淨光明法故 菩薩摩訶薩知一切法如空中鳥迹 衆生癡翳不能照了 觀察於彼 起大悲心 名 眞實智 爲其開示涅槃法故 是爲十 若諸菩薩安住此法 則得如來無上廣大清淨悲

"불자여! 보살마하살은 열 가지 청정한 기쁨(喜)이 있으니, 무엇이 열인가 하면, 이른바 보리심을 내는 청정한 기쁨과 가진 것을 남김없이 버리는 청정한 기쁨과 파계한 중생을 버리지 않고 가르치고 바른길로 이끌어서 성취하게 하는 청정한 기쁨과 악을 짓는 중생을 받아들여 서원으로 구하고 가르치고 이끄는 청정한 기쁨과 몸을 버리고 법을 구함에 후회하는 마음을 내지 않는 청정한 기쁨과 자신의 욕망과 즐거움을 버리고 법의 즐거움을 즐기는 청정한 기쁨과 모든 중생이 살림살이의 즐거움을 버리고 법의 즐거움을 좋아하게 하는 청정한 기쁨과 모든 부처님을 보고 공경 공양하는 일에 만족함을 모르고 법계가 평등한 청정한 기쁨과 모든 중생이 선정, 삼매, 해탈을 사랑하고 좋아하여 들고 나게 하는 청정한 기쁨과 보살의 도를 순하게 따르면서 모든 고행을 갖추고 행하여 모니의 적정 부동과 위 없는 선정과 지혜를 증득하는 청정한 기쁨이다."

"이것이 열이며, 그와 같은 모든 보살이 이 법에 편안히 머물면 곧 여래의 위 없는 광대하고 청정한 기쁨을 얻는다."

佛子 菩薩摩訶薩有十種清淨喜 何等爲十 所謂 發菩提心清淨喜 悉捨所有清淨喜 不嫌棄破戒衆生 而敎化成就清淨喜 能忍受造惡衆生 誓願救度清淨喜 捨身求法不生悔心清淨喜 自捨欲樂 常樂法樂清淨喜 令一切衆生捨資生樂 常樂法樂清淨喜 見一切佛恭敬供養無有厭足 法界平等清淨喜 令一切衆生愛樂禪定 解脫 三昧遊戲入出清淨喜 心樂具行順菩薩道一切苦行 證得牟尼寂靜不動無上定慧清淨喜 是爲十 若諸菩薩安住此法 則得如來無上廣大清淨喜

"불자여! 보살마하살은 열 가지 평온하고 집착이 없는 상태(捨)의 청정함이 있으니, 무엇이 열인가 하면, 이른바 모든 중생이 공경하고 공양하지만, 애착하지 않는 평온하고 집착이 없는 상태의 청정함과 모든 중생이 업신여기고 헐뜯어도 화를 내지 않는 평온하고 집착이 없는 상태의 청정함과 세간을 항상 다녀도 세간의 여덟 가지 법에 물들지 않는 평온하고 집착이 없는 상태의 청정함과 법 그릇이 될만한 중생을 시기에 따라 가르치고 바른길로 이끌며, 법 그릇이 되지 못하는 자라 하더라도 싫어하지 않는 평온하고 집착이 없는 상태의 청정함과 이승(二乘)을 배우는 자, 배울 것이 없는 자의 법을 구하지 않는 평온하고 집착이 없는 상태의 청정함과 마음으로 항상 모든 하고자 하는 즐거움과 번뇌를 순하게 따르는 법을 멀리 벗어나는 평온하고 집착이 없는 상태의 청정함과 이승(二乘)의 생사를 벗어나는 것에 대해 찬탄하지 않는 평온하고 집착이 없는 상태의 청정함과 모든 세간의 말과 열반이 아닌 말과 욕심을 벗어나지 않는 말과 이치에 순하게 따르지 않는 말과 시끄럽게 하는 말을 멀리 벗어나고 성문의 말, 독각의 말과 간략하게 말하면 보살의 도를 얽히게 하고 걸림이 되는 모든 말을 멀리 벗어나는 평온하고 집착이 없는 상태의 청정함과 그와 같은 중생이 근기가 성숙하여 생각하는 지혜를 일으키지만, 최상의 법을 알지 못하기에 때맞추어 가르치고 바른길로 이끄는 평온하고 집착이 없는 상태의 청정함과 그와 같은 중생을 보살이 예전에 가르치고 이끌어서 부처의 지위에 이르러 조복시킬 수 있었기에 그도 또한 때를 기다리는 평온하고 집착이 없는 상태의 청정함과 보살마하살이 저 두 사람에게 높은 것도 없고 낮은 것도 없으며, 취함도 없고 버리는 것도 없어서 모든 가지가지의 분별을 멀리 벗어나고 항상 바른 선정에 머물러 실상의 본바탕이 되는 법에 들어가 마음으로 감히 인가하는 평온하고 집착이 없는 상태의 청정함이다."

"이것이 열이며, 그와 같은 모든 보살이 그 가운데 편안히 머물면 곧 여래의 위 없는 광대하고 평온하고 집착이 없는 상태의 청정함을 얻는다."

佛子 菩薩摩訶薩有十種淸淨捨 何等爲十 所謂 一切衆生恭敬供養 不生愛著淸淨捨 一切衆生輕慢毁辱 不生瞋恚淸淨捨 常行世間 不爲世間八法所染淸淨捨 於法器衆生待時而化 於無法器亦不生嫌淸淨捨 不求二乘學 無學法淸淨捨 心常遠離一切欲樂 順煩惱法淸淨捨 不歎二乘 厭離生死淸淨捨 遠離一切世間語 非涅槃語 非離欲語 不順理語 惱亂他語 聲聞獨覺語 略說乃至一切障菩薩道語皆悉遠離淸淨捨 或有衆生 根已成熟發生念慧而未能知最上之法 待時方化淸淨捨 或有衆生 菩薩往昔已曾敎化至於佛地方可調伏 彼亦待時淸淨捨 菩薩摩訶薩於彼二人 無高無下 無取無

捨 遠離一切種種分別 恒住正定 入如實法 心得堪忍淸淨捨 是爲十 若諸菩薩安住其中 則得如來無上廣大淸淨捨

"불자여! 보살마하살은 열 가지 혜택(義)이 있으니, 무엇이 열인가 하면, 이른바 많이 듣는 혜택이니, 이는 견고하게 수행하는 까닭이며, 법의 혜택이니, 이는 섬세하고 능숙한 선근 사유로 가려내는 까닭이며, 공(空)한 혜택이니, 이는 제일의로 공한 까닭이며, 적정의 혜택이니, 이는 모든 중생의 시끄러움을 벗어난 까닭이며, 말로 할 수 없는 혜택이니, 이는 모든 말에 집착이 없는 까닭이며, 실상의 본바탕과 같은 혜택이니, 이는 삼세 평등을 분명하게 깨달아 통하는 까닭이며, 법계의 혜택이니, 이는 일체 모든 법이 하나의 맛인 까닭이며, 진여의 혜택이니, 이는 모든 여래를 따라 들어가는 까닭이며, 실상의 본바탕이 되는 혜택이니, 이는 마침내 실상의 본바탕과 같음을 깨달아 아는 까닭이며, 대 열반의 혜택이니, 이는 모든 괴로움을 없애고 보살의 모든 행을 닦는 까닭이다."

"이것이 열이며, 그와 같은 모든 보살이 이 법에 편안히 머물면 곧 모든 지혜의 위 없는 혜택을 얻을 것이다."

佛子 菩薩摩訶薩有十種義 何等爲十 所謂 多聞義 堅固修行故 法義 善巧思擇故 空義 第一義空故 寂靜義 離諸衆生諠憒故 不可說義 不著一切語言故 如實義 了達三世平等故 法界義 一切諸法一味故 眞如義 一切如來順入故 實際義 了知究竟如實故 大般涅槃義 滅一切苦而修菩薩諸行故 是爲十 若諸菩薩安住此法 則得一切智無上義

"불자여! 보살마하살은 열 가지 법(法)이 있으니, 무엇이 열인가 하면, 이른바 진실한 법이니, 이는 설함과 같이 수행하는 까닭이며, 취함을 벗어난 법이니, 이는 취할 것을 능히 취할 것과 취할 것을 남김없이 벗어난 까닭이며, 다툼이 없는 법이니, 이는 모든 의혹과 다툼이 없는 까닭이며, 적멸의 법이니, 이는 모든 뜨거운 번뇌를 제거해서 없애는 까닭이며, 하고자 하는 욕구을 벗어난 법이니, 이는 모든 탐욕을 빠짐없이 다 끊는 까닭이며, 분별이 없는 법이니, 이는 속된 인연에 끌림과 분별을 영원히 쉬는 까닭이며, 생함이 없는 법이니, 이는 마치 허공과 같이 움직이지 않는 까닭이며, 꾸밈이 없는 무위의 법이니, 이는 나고 머물고 없어지는 모든 모양이나 상태를 벗어난 까닭이며, 본 성품의 법이니, 이는 제 성품이 물들지 않고 청정한 까닭이며, 모든 오파리열반법(二乘涅槃法)을 버리는 법이니, 모든 보살의 행을 내어 닦아 익히고 끊지 않는 까닭이다."

"이것이 열이며, 그와 같은 모든 보살이 그 가운데 편안히 머물면 곧 여래의 위 없는 광대한 법을 얻는다."

佛子 菩薩摩訶薩有十種法 何等爲十 所謂 眞實法 如說修行故 離取法 能取 所取 悉離故 無諍法 無有一切惑諍故 寂滅法 滅除一切熱惱故 離欲法 一切貪欲皆斷故 無分別法 攀緣分別永息故 無生法 猶如虛空不動故 無爲法 離生 住 滅諸相故 本性法 自性無染淸淨故 捨一切烏波提涅槃法 能生一切菩薩行 修習不斷故 是爲十 若諸菩薩安住其中 則得如來無上廣大法

"불자여! 보살마하살은 열 가지 복과 덕의 도를 돕는 기물이 있으니, 무엇이 열인가 하면, 이른바 중생에게 권해서 보리심을 일으키게 하는 것이 보살의 복과 덕의 도를 돕는 기물이니, 이는 삼보의 종자를 끊지 않는 까닭이며, 열 가지 회향을 순순히 따르는 것이 보살의 복과 덕의 도를 돕는 기물이니, 이는 모든 선근의 법이 아닌 것을 끊고 모든 선근의 법을 모으는 까닭이며, 지혜로 권하고 가르치는 것이 보살의 복과 덕의 도를 돕는 기물이니, 이는 삼계의 복덕을 초월해 나가는 까닭이며, 피곤하고 게으른 마음이 없는 것이 보살의 복과 덕의 도를 돕는 기물이니, 이는 마지막까지 모든 중생을 도탈(不立五蘊不離證得)하게 하는 까닭이며, 안팎으로 가지고 있는 것을 남김없이 버리는 것이 보살의 복과 덕의 도를 돕는 기물이니, 이는 모든 물건에 집착함이 없는 까닭이다."

"좋은 모양이나 상태를 가득 채우기 위해 정진에서 물러서지 않는 것이 보살의 복과 덕의 도를 돕는 기물이니, 이는 크게 베푸는 문을 열어놓고 보시하기를 헤아릴 수 없는 까닭이며, 상, 중, 하 삼품의 선근을 위 없는 보리로 회향하여 마음으로 가볍게 생각하지 않는 것이 보살의 복과 덕의 도를 돕는 기물이니, 이는 섬세하고 능숙한 선근 방편으로 서로 응하는 까닭이며, 바르지 못하게 결정하고 좁고 못나며, 선하지 못한 중생에게 큰 자비를 내어 천하게 여기지 않는 것이 보살의 복과 덕의 도를 돕는 기물이니, 이는 항상 대인의 넓은 서원의 마음을 일으키는 까닭이다."

"모든 여래를 공경하고 공양하며, 모든 보살에게 여래라는 생각을 일으켜서 모든 중생이 기쁜 생각을 내게 함이 보살의 복과 덕의 도를 돕는 기물이니, 이는 본래의 소원을 지켜서 지극히 견고하게 하는 까닭이며, 보살마하살이 아승기 겁을 두고 선근을 쌓았기에 스스로 위 없는 보리를 취하여 증득함이 손안에 있는 듯이 하지만, 모두 일체중생에게 베풀어 주면서 마음에 근심 걱정이 없으며, 또한 후회와 억울함도 없고 그 마음이 광대하여 허공계와 평등한 것이 보살의 복과 덕의 도를 돕는 기물이니, 이는 큰 지혜를 일으켜서 큰 법을 증득한 까닭이다."

"이것이 열이며, 그와 같은 모든 보살이 그 가운데 편안히 머물면 곧 여래의 위 없는 복과 덕이 모인 것을 온전하게 갖출 것이다."

佛子 菩薩摩訶薩有十種福德助道具 何等爲十 所謂 勸衆生起菩提心 是菩薩福德助道具 不斷三寶種故 隨順十種迴向 是菩薩福德助道具 斷一切不善法 集一切善法故 智慧誘誨 是菩薩福德助道具 超過三界福德故 心無疲倦 是菩薩福德助道具 究竟度脫一切衆生故 悉捨內外一切所有 是菩薩福德助道具 於一切物無所著故 爲滿足相好精進不退 是菩薩福德助道具 開門大施無所限故 上 中 下三品善根 悉以迴向無上菩提 心無所輕 是菩薩福德助道具 善巧方便相應故 於邪定 下劣 不善衆生 皆生大悲 不懷輕賤 是菩薩福德助道具 常起大人弘誓心故 恭敬供養一切如來 於一切菩薩起如來想 令一切衆生皆生歡喜 是菩薩福德助道具 守本志願極堅牢故 菩薩摩訶薩於阿僧祇劫積集善根 自欲取證無上菩提如在掌中 然悉捨與一切衆生 心無憂惱亦無悔恨 其心廣大等虛空界 此是菩薩福德助道具 起大智慧證大法故 是爲十 若諸菩薩安住其中 則具足如來無上廣大福德聚

"불자여! 보살마하살은 열 가지 지혜를 돕는 도의 기물이 있으니, 무엇이 열인가 하면, 이른바 많이 들은 참된 선지식을 친근히 하여 공경하고 공양하고 존중해서 예를 올리고 가지가지를 거스르지 않고 따르며, 그 가르침을 어기지 않는 것이 1이니, 이는 모든 것이 정직하고 거짓이 없는 까닭이다."

"교만함으로부터 영원히 벗어나고 항상 겸손하게 공경하며, 몸과 말과 뜻의 업이 거칠고 난폭하지 않으며, 부드럽고 화목하며, 선근으로 순하게 따르며, 거짓이 없고 왜곡됨이 없는 것이 2이니, 이는 그 몸이 감히 부처님의 법 그릇이 될만한 까닭이며, 생각하는 지혜가 깨우침을 따르고 일찍이 흩어지거나 어지럽지 않으며, 매우 부끄럽게 여기고 부드러우며, 마음이 편안해서 움직이지 않고 항상 여섯 가지 생각하는 것을 기억하며, 여섯 가지로 공경하고 여섯 가지 견고한 법을 따라 머무는 것이 3이니, 이는 열 가지 지혜(世俗智.法智.類智.苦智.集智.滅智.道智.他心智.盡智.無生智)를 방편으로 삼는 까닭이며, 법을 좋아하고 이치를 좋아하기에 법을 즐거움으로 삼고 항상 듣기를 좋아하며, 싫어하고 족함이 없으며, 세상의 논리와 세상의 그러한 말을 버리며, 또 버리고는 마음을 오로지 하여 출세간(不立五蘊)의 말을 듣고 받아들이며, 소승을 멀리 벗어나고 대승의 지혜에 들어가는 것이 4이니, 이는 일심으로 기억하여 생각하고 흩어지거나 어지럽지 않은 까닭이다."

"육바라밀을 오로지 마음으로 짊어지며, 네 가지 범천에 머무는 행(慈悲喜捨)을 성취하고 밝은 법을 거스르지 않고 따라서 선근으로 남김없이 수행하며, 지혜로운 사람에게 부지런히 청하여 묻고 악한 부류에서 멀리 벗어나며, 선근의 도로 돌아 향하고 마음으로 항상 즐겁게 바른 생각을 자세히 살펴서 들여다보며, 자신의 마음을 조복시키고 다른 자의 뜻을 지키고 보호하는 것이 5이니, 이는 견고하게 진실한 행을 수행하는 까닭이며, 항상 벗어나 나아감을 좋아하고 삼유에 집착하지 않으며, 항상 자신의 마음을 알아채고 악한 마음을 갖지 않으며, 세 가지 각(貪瞋癡)이 끊어지고 세 가지 업을 모두 선근으로 결정하고 마음의 스스로 성품을 깨달아 아는 것이 6이니, 이는 자신이나 타인이나 마음을 청정하게 하는 까닭이다."

"자세히 살펴서 들여다보니, 오온(五蘊.色受想行識)이란 다 허깨비와 같은 일과 같고 계는 독사와 같고 처는 무리가 비어있는 것과 같으며, 일체 모든 법이란 허깨비와 같고 아지랑이 같으며, 물속의 달과 같고 꿈과 같고 그림자와 같고 메아리와 같고 본뜬 형상과 같고 공중에 그려진 그림과 같고 빙빙 도는 불 바퀴와 같고 무지개의 빛과 같고 해와 달의 광명과 같아서 모양이나 상태도 없고 형세도 없고 항상 함도 아니고 끊어짐도 아니며, 오는 것도 아니고 가는 것도 아니며, 또한 머무는 곳도 없는 것이니, 이와 같음을 자세히 살펴서 들여다보고는 일체 법이란 생함도 없고 멸함도 없음을 아는 것이 7이니, 이는 모든 법의 성품이란 텅 비고 고요한 것임을 아는 까닭이다."

"보살마하살은 모든 법이란 나도 없고 중생도 없고 수명으로 사는 자도 없고 보특가라도 없고 마음도 없고 경계도 없고 탐, 진, 치도 없고 몸도 없고 물질도 없고 주인도 없고 모실 것도 없고 집착할 것도 없고 행할 것도 없으니, 이와 같은 일체가 모두 있는 것이 없기에 남김없이 다 적멸로 돌아감을 듣고 이를 깊이 믿고 의심하지 않으며, 비방하지 않는 것이 8이니, 이는 능히 원만하게 아는 것을 성취한 까닭이다."

"보살마하살은 모든 근을 선근으로 꼭 맞게 하여 이치와 같이 수행하고 항상 자세히 들여다보는 일에 머물며, 마음이 적정하여 모든 흔들리는 생각을 단 하나라도 생하지 않기에 나도 없고 사람도 없고 지음도 없고 행함도 없고 내 생각을 헤아림도 없고 내 업을 헤아림도 없고 흉터도 없고 상처의 흔적도 없고 또한 이러한 인식에 따른 아는 것도 없고 몸과 말과 뜻의 업이 오는 일도 없으며, 가는 일도 없고 정진도 없고 용맹함도 없으며, 모든 중생과 일체 모든 법에 마음이 다 평등하기에 머물 것이 없으며, 이 언덕도 아니고 저 언덕도 아님을 자세히 들여다보는 것이니, 이것과 저것의 성품을 벗어나서 좇아 온 곳도 없으며, 이르러 갈 곳도 없으며, 항상 지혜로 이와 같음을 사유하는 것이 9이니, 이는 분별하는 모양이나 상태의 저 언덕에 이른 까닭이다."

"보살이 원인과 결과의 법을 보는 까닭으로 법이 청정함을 보고 법이 청정함을 보았기에 국토가 청정함을 보고 국토가 청정함을 보았기에 허공이 청정함을 보고 허공이 청정함을 보았기에 법계가 청정함을 보고 법계가 청정함을 보았기에 지혜가 청정함을 본다. 이것이 10이며, 행을 닦아 모든 지혜를 쌓고 모으는 까닭이다."

"불자여! 이것이 보살마하살의 열 가지 지혜를 돕는 도의 기물이니, 그와 같은 보살이 이 법에 편안히 머물면 곧 여래의 모든 법에 막힘이나 걸림 없는 청정하고 섬세하고 빼어난 지혜의 무리를 얻을 것이다."

佛子 菩薩摩訶薩有十種智慧助道具 何等爲十 所謂 親近多聞眞善知識 恭敬供養尊重禮拜 種種隨順 不違其敎 是爲一 一切正直無虛矯故 永離憍慢 常行謙敬 身 語意業無有麤獷 柔和善順 不僞不曲 是爲二 其身堪作佛法器故 念慧隨覺未曾散亂 慚愧柔和 心安不動 常憶六念 常行六敬 常隨順住六堅固法 是爲三 與十種智爲方便故 法樂 樂義 以法爲樂 常樂聽聞無有厭足 捨離世論及世言說 專心聽受出世間語 遠離小乘 入大乘慧 是爲四 一心憶念無散動故 六波羅蜜心專荷負 四種梵住行已成熟 隨順明法悉善修行 聰敏智人皆勤請問 遠離惡趣 歸向善道 心常愛樂 正念觀察 調伏己情 守護他意 是爲五 堅固修行眞實行故 常樂出離 不著三有 恒覺自心 曾無惡念 三覺已絶 三業皆善 決定了知心之自性 是爲六 能令自他心淸淨故 觀察五蘊皆如幻事 界如毒蛇 處如空聚 一切諸法如幻 如焰 如水中月 如夢 如影 如響 如像 如空中畫 如旋火輪 如虹霓色 如日月光 無相無形 非常非斷 不來不去 亦無所住 如是觀察 知一切法無生無滅 是爲七 知一切法性空寂故 菩薩摩訶薩聞一切法無我 無衆生 無壽者 無補伽羅 無心 無境 無貪瞋癡 無身 無物 無主 無待 無著 無行 如是一切皆無所

有 悉歸寂滅 聞已深信 不疑不謗 是爲八 以能成就圓滿解故 菩薩摩訶薩善調諸根 如理修行 恒住止觀 心意寂靜 一切動念皆悉不生 無我 無人 無作 無行 無計我想 無計我業 無有瘡疣 無有瘢痕 亦無於此所得之忍 身 語 意業無來無去 無有精進亦無勇猛 觀一切衆生 一切諸法 心皆平等而無所住 非此岸 非彼岸 此彼性離 無所從來 無所至去 常以智慧如是思惟 是爲九 到分別相彼岸處故 菩薩摩訶薩見緣起法故見法清淨 見法清淨故見國土清淨 見國土清淨故見虛空清淨 見虛空清淨故見法界清淨 見法界清淨故見智慧清淨 是爲十 修行積集一切智故 佛子 是爲菩薩摩訶薩十種智慧助道具 若諸菩薩安住此法 則得如來一切法無障礙清淨微妙智慧聚

“불자여! 보살마하살은 열 가지 환하게 만족함이 있으니, 무엇이 열인가 하면, 이른바 모든 법을 선근으로 분별하여 환하게 만족함과 모든 법에 집착하지 않기에 환하게 만족함과 뒤바뀐 소견을 벗어났기에 환하게 만족함과 지혜의 광명으로 모든 근을 비추기에 환하게 만족함과 바른 정진을 섬세하고 능숙하게 일으키기에 환하게 만족함과 참 이치를 따라 지혜에 깊이 들어가기에 환하게 만족함과 번뇌 업을 없애고 다하는 지혜와 생함이 없는 지혜를 성취하기에 환하게 만족함과 하늘 눈의 지혜로 두루 자세하게 들여다보기에 환하게 만족함과 전생의 일을 아는 생각으로 지난 경계의 청정함을 알기에 환하게 만족함과 생사가 없어진 신통한 지혜로 중생의 번뇌를 끊기에 환하게 만족함이다.”

“이것이 열이며, 그와 같은 보살이 이 법에 편안히 머물면 곧 여래의 모든 불법에서 위없는 큰 광명을 얻을 것이다.”

佛子 菩薩摩訶薩有十種明足 何等爲十 所謂 善分別諸法明足 不取著諸法明足 離顚倒見明足 智慧光照諸法明足 巧發起正精進明足 能深入眞諦智明足 滅煩惱業成就盡智無生智明足 天眼智普觀察明足 宿住念知前際淸淨明足 漏盡神通智斷衆生諸漏明足 是爲十 若諸菩薩安住此法 則得如來於一切佛法無上大光明

“불자여! 보살마하살은 열 가지 법을 구함이 있으니, 무엇이 열인가 하면, 이른바 곧은 마음으로 법을 구하는 것이니, 이는 아첨하고 속이는 일이 없는 까닭이며, 정진하는 법을 구하는 것이니, 이는 게으르고 건방지고 거만함에서 멀리 벗어난 까닭이며, 언제나 한결

같이 법을 구하는 것이니, 이는 몸의 목숨을 아끼지 않는 까닭이며, 모든 중생의 번뇌를 제거하기 위해 법을 구하는 것이니, 이는 명예와 이익과 공경을 위한 것이 아닌 까닭이며, 나와 남과 모든 중생의 넉넉한 보탬이 되기 위해 법을 구하는 것이니, 이는 단지 자신의 이익만을 위한 것이 아닌 까닭이며, 지혜에 들어가기 위해 법을 구하는 것이니, 이는 문자를 좋아하지 않는 까닭이며, 생사에서 나오기 위해 법을 구하는 것이니, 이는 세간의 즐거움을 탐내지 않는 까닭이며, 중생을 가르치고 바른길로 이끌기 위해 법을 구하는 것이니, 이는 보리심을 일으키기 위한 까닭이며, 모든 중생의 의심을 끊기 위해 법을 구하는 것이니, 이는 의심이 없는 까닭이며, 불법을 만족하기 위해 법을 구하는 것이니, 이는 나머지 승(乘)을 좋아하지 않는 까닭이다."

"이것이 열이며, 그와 같은 보살이 이 법에 편안히 머물면 곧 다른 이의 가르침으로 말미암지 않고 모든 불법의 큰 지혜를 얻는다."

佛子 菩薩摩訶薩有十種求法 何等爲十 所謂 直心求法 無有諂誑故 精進求法 遠離懈慢故 一向求法 不惜身命故 爲斷一切衆生煩惱求法 不爲名利恭敬故 爲饒益自他一切衆生求法 不但自利故 爲入智慧求法 不樂文字故 爲出生死求法 不貪世樂故 爲度衆生求法 發菩提心故 爲斷一切衆生疑求法 令無猶豫故 爲滿足佛法求法 不樂餘乘故 是爲十 若諸菩薩安住此法 則得不由他敎一切佛法大智慧

"불자여! 보살마하살은 열 가지 밝게 깨달아 알고 마치는 법이 있으니, 무엇이 열인가 하면, 이른바 세속을 거스르지 않고 따라서 선근을 낳고 키우는 이것이 아이 같은 범부가 밝게 깨달아 알고 마치는 법이다. 막힘이나 걸림이 없고 무너지지 않는 믿음을 얻어 법의 성품을 깨닫는 이것이 믿는 마음을 따라 행하는 사람이 밝게 깨달아 알고 마치는 법이다."

"부지런히 법을 닦고 익히며, 법을 거스르지 않고 따라서 머무는 이것이 법을 따라 행하는 사람이 밝게 깨달아 알고 마치는 법이다. 여덟 가지 바르지 못한 것으로부터 멀리 벗어나고 팔정도를 향하는 이것이 제8 지(不動地)의 사람이 밝게 깨달아 알고 마치는 법이다."

"많이 묶여있는 것을 제거하여 없애고 생사의 번뇌를 끊고 참된 이치를 보는 이것이 수다원(十信)의 사람이 밝게 깨달아 알고 마치는 법이다. 맛이 근심 걱정임을 자세히 들여다보고 오고 감이 없음을 아는 이것이 사다함(十住)의 사람이 밝게 깨달아 알고 마치는 법이다. 삼계를 좋아하지 않고 번뇌가 다 함을 구하여 태어나는 법에 한순간도 애착을 내지 않는 이것이 아나함(十行)의 사람이 밝게 깨달아 알고 마치는 법이다."

"육신통을 얻고 팔 해탈을 얻어서 구정(九定.色界4禪定.無色界4禪定.滅盡定)과 사변(四辯.4無礙辯)을 남김없이 다 성취하는 이것이 아라한(十迴向)의 사람이 밝게 깨달아 알고 마치는 법이다. 언제나 한결같이 원인과 결과를 자세히 살펴서 들여다보고 마음이 항상 적정하며 만족함을 알기에 일이 적고 원인을 스스로 이해하고 깨우침을 깨닫는 것이 다른 사람을 말미암지 않으며, 가지가지의 신통과 지혜를 성취하는 이것이 벽지불(辟支佛)의 사람이 밝게 깨달아 알고 마치는 법이다. 지혜가 광대하고 모든 근이 이익에 밝으며, 모든 중생을 가르치고 바른길로 이끌길 좋아하며, 복덕과 지혜의 도를 돕는 법을 닦아서 여래의 십력과 두려움 없음과 모든 공덕을 온전하게 갖추고 원만하게 하는 이것이 보살이 밝게 깨달아 알고 마치는 법이다."

"이것이 열이며, 그와 같은 보살이 이 법에 편안히 머물면 곧 여래의 위 없는 큰 지혜의 밝게 깨달아 아는 법을 얻는다."

佛子 菩薩摩訶薩有十種明了法 何等爲十 所謂 隨順世俗生長善根 是童蒙凡夫明了法 得無礙不壞信 覺法自性 是隨信行人明了法 勤修習法 隨順法住 是隨法行人明了法 遠離八邪 向八正道 是第八人明了法 除滅衆結 斷生死漏 見眞實諦 是須陀洹人明了法 觀味是患 知無往來 是斯陀含人明了法 不樂三界 求盡有漏 於受生法乃至一念不生愛著 是阿那含人明了法 獲六神通 得八解脫 九定 四辯悉皆成就 是阿羅漢人明了法 性樂觀察一味緣起 心常寂靜 知足少事 解因自得 悟不由他 成就種種神通智慧 是辟支佛人明了法 智慧廣大 諸根明利 常樂度脫一切衆生 勤修福智助道之法 如來所有十力 無畏 一切功德具足圓滿 是菩薩人明了法 是爲十 若諸菩薩安住此法 則得如來無上大智明了法

"불자여! 보살마하살은 열 가지 수행법이 있으니, 무엇이 열인가 하면, 이른바 모든 선지식을 공경하고 존중하는 수행법과 항상 모든 하늘의 깨우침을 깨닫는 수행법과 모든 부처님이 계신 곳에서 항상 부끄러운 마음을 가지는 수행법과 중생을 딱하고 가엾이 여기어 생사를 버리지 않는 수행법과 일은 반드시 마지막까지 이르고 마음에 변동이 없는 수행법과 대승의 마음을 일으키는 모든 보살 대중을 오로지 한마음으로 따르면서 부지런히 배우는 수행법과 바르지 못한 견해로부터 멀리 벗어나고 바른 도를 부지런히 구하는 수행법과 모든 마와 번뇌의 업을 꺾어서 깨트리는 수행법과 모든 중생의 근성이 뛰어나고 못함을 알아서 법을 설하여 부처님 지위에 머물게 하는 수행법과 끝없고 광대한 법계에 편안히 머물면서 번뇌를 제거하여 없애고 몸을 청정하게 하는 수행법이다."

"이것이 열이며, 그와 같은 보살이 그 가운데 편안히 머물면 곧 여래의 위 없는 수행법을 얻는다."

佛子 菩薩摩訶薩有十種修行法 何等爲十 所謂 恭敬尊重諸善知識修行法 常爲諸天之所覺悟修行法 於諸佛所常懷慚愧修行法 哀愍衆生不捨生死修行法 事必究竟心無變動修行法 專念隨逐發大乘心諸菩薩衆精勤修學修行法 遠離邪見勤求正道修行法 摧破衆魔及煩惱業修行法 知諸衆生根性勝劣而爲說法令住佛地修行法 安住無量廣大法界除滅煩惱令身淸淨修行法 是爲十 若諸菩薩安住其中 則得如來無上修行法

"불자여! 보살마하살은 열 가지 요사스러운 마(魔)가 있으니, 무엇이 열인가 하면, 이른바 오온이라는 요사스러운 마이니, 이는 모든 가지려고 하는 마음을 내는 까닭이며, 번뇌라는 요사스러운 마이니, 이는 항상 물드는 까닭이며, 업이라는 요사스러운 마이니, 이는 막힘이나 걸림이 되는 까닭이며, 마음이라는 요사스러운 마이니, 이는 높은 오만함을 일으키는 까닭이며, 죽음이라는 요사스러운 마이니, 이는 태어난 곳을 버리는 까닭이며, 하늘이라는 요사스러운 마이니, 이는 교만한 마음만을 쫓는 까닭이며, 선근이라는 요사스러운 마이니, 이는 항상 집착하고 가지려는 까닭이며, 삼매라는 요사스러운 마이니, 이는 오래도록 맛을 들이는 까닭이며, 선지식이라는 요사스러운 마이니, 이는 집착하는 마음을 일으키는 까닭이며, 보리의 법을 아는 지혜의 요사스러운 마이니, 이는 버리려 하지 않는 까닭이다."

"이것이 열이며, 보살마하살은 방편을 내어서 빨리 벗어남을 구해야 할 것이다."

佛子 菩薩摩訶薩有十種魔 何等爲十 所謂 蘊魔 生諸取故 煩惱魔 恒雜染故 業魔 能障礙故 心魔 起高慢故 死魔 捨生處故 天魔 自憍縱故 善根魔 恒執取故 三昧魔 久耽味故 善知識魔 起著心故 菩提法智魔 不願捨離故 是爲十 菩薩摩訶薩應作方便速求遠離

"불자여! 보살마하살은 열 가지 마(魔)의 업(業)이 있으니, 무엇이 열인가 하면, 이른바 보리심을 망각하고 모든 선근만을 닦는 것이 마의 업이다."

"악한 마음으로 보시하고 성내는 마음으로 계를 가지고 악한 성품의 사람을 버리고 게으른 자를 멀리하고 가볍고 오만하고 마음이 어지럽고 나무라고 불평만 일삼는 악한 지혜가 마의 업이다."

"깊고 깊은 법에 대해서 인색한 마음을 내고 가르치고 이끌만한 자가 있더라도 그들을 위해 법을 설하지 않고 그와 같은 재물과 이익과 공경과 공양을 얻으면 이것이 비록 법의 그릇이 아니지만, 굳이 법을 설하는 것이 마의 업이다."

"모든 바라밀을 즐거이 듣지 않으려 하고 듣더라도 수행하지 않으며, 비록 수행하더라도 게으른 생각을 많이 내고 매우 게으른 까닭으로 뜻이 좁고 못나기에 위 없는 큰 보리의 법을 구하지 않는 것이 마의 업이다."

"선지식은 멀리하고 악한 지식은 가까이하며, 즐겁게 이승(二乘)을 구해서 태어남을 좋아하지 않고 열반을 높여 숭상하고는 하고자 하는 욕심, 곧 공부를 벗어나 적정한 것이 마의 업이다."

"보살에게 성내는 마음을 일으키고 악한 눈으로 보고 허물과 흠을 찾아내서 그 잘못과 더러움을 말하여 가지고 있는 재물과 이익으로 공양함을 끊게 하는 것이 마의 업이다."

"바른 법을 비방하고 듣기를 좋아하지 않고 가령 들음을 얻더라도 갑자기 미워하고 싫어하는 마음을 내며, 법을 설하는 사람을 보고 존중하는 마음을 내지 않으며, 자신의 말만 옳다 하고 다른 이의 말은 그르다 하는 것이 마의 업이다."

"세상의 논리를 배워 섬세하고 능숙하게 글과 말을 짓기 좋아하며, 이승을 분명하게 열어 깊은 법을 은밀하게 뒤집고 그와 같은 빼어난 이치를 사람이 아닌 것에 주고 멀리 보리를 벗어나고 바르지 못한 도에 머무는 것이 마의 업이다."

"이미 해탈을 얻었기에 편안한 자는 항상 가까이하면서 해탈을 얻지 못해 편안하지 못한 자는 가까이하지 않고 가르치고 바른길로 이끌지도 않는 것이 마의 업이다."

"교만함이 거듭 더해지고 늘어나 공경하는 마음이 없고 중생들을 번잡하게 하며, 바른 법과 진실한 지혜를 구하지 않고 그 마음이 악하기에 깨우침을 깨닫게 하기 어려운 것이 마의 업이다."

"이것이 열이며, 보살마하살은 응당 빨리 멀리 벗어나고 부처님의 업을 부지런히 구해야만 한다."

佛子 菩薩摩訶薩有十種魔業 何等爲十 所謂 忘失菩提心修諸善根 是爲魔業 惡心布施 瞋心持戒 捨惡性人 遠懈怠者 輕慢亂意 譏嫌惡慧 是爲魔業 於甚深法心生慳吝 有堪化者而不爲說 若得財利恭敬供養 雖非法器而强爲說 是爲魔業 不樂聽聞諸波羅蜜 假使聞說而不修行 雖亦修行多生懈怠 以懈怠故 志意狹劣 不求無上大菩提法 是爲魔業 遠善知識 近惡知識 樂求二乘 不樂受生 志尙涅槃離欲寂靜 是爲魔業 於菩薩所起瞋恚心 惡眼視之 求其罪釁 說其過惡 斷彼所有財利供養 是爲魔業 誹謗正法不樂聽聞 假使得聞便生毁呰 見人說法不生尊重 言自說是 餘說悉非 是爲魔業 樂學世論巧術文詞 開闡二乘 隱覆深法 或以妙義授非其人 遠離菩提住於邪道 是爲魔業 已得解脫 已安隱者常樂親近而供養之 未得解脫 未安隱者不肯親近亦不敎化 是爲魔業 增長我慢 無有恭敬 於諸衆生多行惱害 不求正法眞實智慧 其心蔽惡難可開悟 是爲魔業 是爲十 菩薩摩訶薩應速遠離 勤求佛業

"불자여! 보살마하살은 열 가지 요사스러운 마의 업에서 벗어나 버리는 것이 있으니, 무엇이 열인가 하면, 이른바 선지식을 가까이 모시고 공경하고 공양하는 것이 요사스러운 마의 업에서 벗어나 버리는 것이며, 스스로 높이지 않고 스스로 칭찬하지 않는 것이 요사스러운 마의 업에서 벗어나 버리는 것이며, 부처님의 깊은 법을 믿고 알아서 비방하지 않는 것이 요사스러운 마의 업에서 벗어나 버리는 것이며, 모든 지혜의 마음을 잠깐이라도 잊지 않는 것이 요사스러운 마의 업에서 벗어나 버리는 것이며, 빼어난 행을 부지런히 닦고 항상 제멋대로 하지 않는 것이 요사스러운 마의 업에서 벗어나 버리는 것이며, 모든 보살의 바른 법을 항상 구하는 것이 요사스러운 마의 업에서 벗어나 버리는 것이며, 법을 널리 펴서 항상 설하여도 피곤하고 피로하지 않는 것이 요사스러운 마의 업에서 벗어나 버리는 것이며, 시방의 일체 모든 부처님께 귀의하여 구하고 보호하려는 생각을 일으키는 것이 요사스러운 마의 업에서 벗어나 버리는 것이며, 일체 모든 부처님이 신통한 힘으로 힘을 주고 도움 주는 것을 믿고 기억하며, 생각하는 것이 요사스러운 마의 업에서 벗어나 버리는 것이며, 모든 보살과 더불어 선근을 함께 심고 평등하고 둘이 없음이 요사스러운 마의 업에서 벗어나 버리는 것이다."

"이것이 열이며, 그와 같은 모든 보살이 이 법에 편안히 머물면 곧 모든 마도에서 벗어난다."

佛子 菩薩摩訶薩有十種捨離魔業 何等爲十 所謂 近善知識恭敬供養 捨離魔業 不自尊擧 不自讚歎 捨離魔業 於佛深法信解不謗 捨離魔業 未曾忘失一切智心 捨離魔業 勤修妙行恒不放逸 捨離魔業 常求一切菩薩藏法 捨離魔業 恒演說法 心無疲倦 捨離魔業 歸依十方一切諸佛 起救護想 捨離魔業 信受憶念一切諸佛 神力加持 捨離魔業 與一切菩薩同種善根 平等無二 捨離魔業 是爲十 若諸菩薩安住此法 則能出離一切魔道

"불자여! 보살마하살은 열 분의 부처님을 보는 일이 있으니, 무엇이 열인가 하면, 이른바 세간에 머물면서 바른 깨우침을 이룬 부처님의 집착이 없음을 보며, 서원의 부처님이 태어남을 보며, 업보 부처님의 깊은 믿음을 보며, 머물러 유지하는 부처의 순한 따름을 보며, 열반하는 부처가 깊이 들어감을 보며, 법계의 부처가 두루 이르심을 보며, 마음의 부처가 편안히 머무심을 보며, 삼매의 부처가 헤아릴 수 없고 의지할 처가 없음을 보며, 본 성품의 부처를 분명하게 깨달아 편안하게 머무는 마음을 보며, 즐거움을 따르는 부처가 두루 받아들임을 본다."

"이것이 열이며, 그와 같은 모든 보살이 이 법에 편안히 머물면 곧 항상 위 없는 여래를 볼 것이다."

佛子 菩薩摩訶薩有十種見佛 何等爲十 所謂 於安住世間成正覺佛無著見 願佛出生見 業報佛深信見 住持佛隨順見 涅槃佛深入見 法界佛普至見 心佛安住見 三昧佛無量無依見 本性佛明了見 隨樂佛普受見 是爲十 若諸菩薩安住此法 則常得見無上如來

"불자여! 보살마하살은 열 가지 부처의 업이 있으니, 무엇이 열인가 하면, 이른바 때를 따라 열어서 인도하는 것이 부처의 업이니, 이는 바른 수행을 하게 하려는 까닭이며, 꿈속에서 보게 하는 것이 부처의 업이니, 이는 지난 세상의 선근을 깨닫게 하려는 까닭이며, 다른 이에게 듣지 못하던 경을 널리 펴서 설하는 것이 부처의 업이니, 이는 지혜가 생겨서 의심을 끊게 하려는 까닭이며, 얽히고 얽힌 것을 뉘우치고 벗어나 나가는 법을 설하는 것이 부처의 업이니, 이는 의심에서 벗어나게 하려는 까닭이며, 그와 같은 중생이 아끼려는 마음뿐만 아니라 악한 지혜의 마음과 이승의 마음과 해를 끼치는 마음과 교만한 마음에 이르기까지 일으키면 여래가 보기 좋은 많은 모양이나 상태로 장엄한 몸을 나타내는 것이 부처의 업이니, 이는 과거의 선근을 낳고 기르기 위한 까닭이다."

"바른 법을 만나기 어려울 때 두루 널리 펴서 법을 설하고 그들이 듣고는 다라니의 지혜와 신통의 지혜를 얻게 하여 헤아릴 수 없는 중생을 두루 이익되게 하는 것이 부처의 업이니, 이는 뛰어난 이해가 청정한 까닭이며, 그와 같은 요사스러운 마의 일이 일어나면 방편으로 허공계와 평등한 소리를 내고 남을 해롭게 하지 않는 법을 말하여 다스리고 깨닫게 하면 모든 요사스러운 마가 듣고는 위엄의 빛이 쉬고 없어지는 것이 부처의 업이니, 이는 특히 뛰어난 본심의 즐거움으로 위덕이 커지는 까닭이며, 그 마음에 틈이 없기에 항상 스스로 지키고 보호하여 이승의 바른 지위에 증득해 들어가지 않으며, 그와 같은 중생의 근성이 성숙하지 못하면 끝내는 해탈의 경계를 설하지 않는 것이 부처의 업이니, 이는 본래 원의 힘으로 지어가는 까닭이다."

"생사에 묶인 번뇌와 일체 모든 것에서 벗어나 보살의 행을 닦고 계속 이어지게 하며, 끊어지지 않게 하고 자비한 큰마음으로 중생을 거두어서 행을 일으키고 끝내는 해탈하게 하는 것이 부처의 업이니, 이는 보살이 행을 닦아 끊지 않게 하려는 까닭이다."

"보살마하살은 자신과 중생들이 본래 적멸함을 알기에 놀라지 않고 두려워하지 않으며, 복과 지혜를 부지런히 닦아서 만족함이 없고 비록 모든 법이란 지어지는 것이 없음을 알지만, 모든 법의 제 모양이나 상태를 버리지 않으며, 비록 모든 경계에 대한 탐욕을 영원히 벗어났지만, 부처의 육신을 보길 좋아하며, 비록 다른 이의 깨우침으로 인하지 않고 법에 깨달아 들어가지만, 가지가지의 방편으로 모든 지혜를 구하며, 비록 모든 국토가 다 허공과 같음을 알지만, 모든 부처의 세계를 즐겁게 장엄하며, 비록 사람도 없고 나도 없음을 항상 자세히 들여다보고는 있지만, 중생을 가르치고 바른길로 이끄는 일에 피곤해 하거나 싫어함이 없으며, 비록 법계가 본래 움직이지 않지만, 신통과 지혜의 힘으로 많은 변화를 나타내며, 비록 모든 지혜의 지혜를 성취하였지만, 보살의 행 닦기를 쉬지 않고 비록 모든 법이 말로 할 수 없음을 알지만, 청정한 법륜을 굴려서 대중의 마음을 기쁘게 하며, 비록 모든 부처님의 신력을 나타내 보이지만, 보살의 몸을 싫어하거나 버리지 않으며, 비록 큰 반열반에 들어감을 나타내지만, 모두 처에 태어남을 나타내 보여서 이와 같은 방편과 실상의 본바탕을 쌍으로 행하는 법을 짓는 것이 부처의 업이다."

"이것이 열이며, 그와 같은 모든 보살이 그 가운데 편안히 머물면 곧 다른 이의 가르침을 인하지 않고 위 없고 스승이 없는 광대한 업을 얻을 것이다."

佛子 菩薩摩訶薩有十種佛業 何等爲十 所謂 隨時開導 是佛業 令正修行故 夢中令見 是佛業 覺昔善根故 爲他演說所未聞經 是佛業 令生智斷疑故 爲悔纏所纏者說出離法 是佛業 令離疑心故 若有衆生起慳吝心 乃至惡慧心 二乘心 損害心 疑惑心 散動心 憍慢心 爲現如來衆相莊嚴身 是佛業 生長過去善根故 於正法難遇時 廣爲說法令其聞已 得陀羅尼智 神通智 普能利益無量衆生 是佛業 勝解淸淨故 若有魔事起能以方便現虛空界等聲 說不損惱他法以爲對治 令其開悟 衆魔聞已爲光歇滅 是佛業 志樂殊勝 威德大故 其心無間 常自守護 不令證入二乘正位 若有衆生根性未熟終不爲說解脫境界 是佛業 本願所作故 生死結漏一切智離 修菩薩行相續不斷 以大悲心攝取衆生 令其起行究竟解脫 是佛業 不斷修行菩薩行故 菩薩摩訶薩了達自身及以衆生本來寂滅不驚不怖而勤修福智無有厭足 雖知一切法無有造作而亦不捨諸法自相 雖於諸境界永離貪欲而常樂瞻奉諸佛色身 雖知不由他悟入於法而種種方便求一切智 雖知諸國土皆如虛空而常樂莊嚴一切佛刹 雖恒觀察無人 無我而敎化衆生無有疲厭 雖於法界本來不動而以神通智力現衆變化 雖已成就一切智智而修菩薩行無有休息 雖知諸法不可言說而轉淨法輪令衆心喜 雖能示現諸佛神力而不厭捨菩薩之身 雖現入於大般涅槃而一切處示現受生 能作如是權實雙行法 是佛業 是爲十 若諸菩薩安住其中 則得不由他敎無上無師廣大業

"불자여! 보살마하살은 열 가지 건방지고 거만한 업이 있으니, 무엇이 열인가 하면, 이른바 승과 부모와 사문과 바라문이 바른 도에 머물며, 바른 도를 향하는 이들이 귀중하게 여기는 복 밭을 공경하지 않는 것이 건방지고 거만한 업이며, 그와 같은 법사가 가장 뛰어난 법을 얻어서 대승을 타고 벗어나는 중요한 길을 알며, 다라니를 얻어서 결집된 광대한 경전의 법을 널리 펴서 설함을 쉬지 않지만, 그 처소에서 교만한 마음을 높이 일으키고 또 설하는 법을 공손히 섬기지 않는 것이 건방지고 거만한 업이며, 대중이 모인 가운데 빼어난 법을 설함을 듣고도 찬탄하지 않으면서 또 사람들이 믿지 못하게 하는 것이 건방지고 거만한 업이다."

"교만함을 좋아하고 이를 지나치게 일으키면서 스스로 높다 하고 남을 업신여기며, 제 허물을 보지 않고 자신의 잘못을 알지 못함이 건방지고 거만한 업이며, 교만함을 좋아하여 지나치고또 더 지나친 교만함을 일으켜서 덕 있는 사람을 보고 응당 칭찬할만하지만, 칭찬하지 않고 다른 이가 칭찬하는 것을 기뻐하지 않는 것이 건방지고 거만한 업이며, 그와 같은 법사가 사람들에게 법을 설하는 것을 보고 이것이 옳은 법이고 옳은 계율이며, 진실한 부처님의 말씀인 것을 알면서도 그 사람을 싫어하고 법까지도 미워하면서 스스로 비방하고 다른 이도 비방하게 만드는 것이 건방지고 거만한 업이다."

"스스로 높은 자리를 구하고 스스로 법사라 칭하면서 응당 공양을 받아야 하고 응당 일하지 않아야 한다 하며, 나이 든 노인과 오랫동안 수행한 사람을 보고도 일어나 영접하지도 않고 받들어 섬기지도 않는 것이 건방지고 거만한 업이며, 덕 있는 사람을 보고 얼굴을 찡그리고 기뻐하지 않으며, 말이 거칠고 상대방의 잘못이나 허물만을 찾는 것이 건방지고 거만한 업이다."

"총명하고 지혜가 있고 법을 아는 사람을 보고도 친근하게 공경하고 공양하려 하지 않으며, 무엇이 선이고 무엇이 선이 아니며, 무엇이 응당 지어야 할 것이고 무엇이 응당 짓지 않아야 할 것이며, 무슨 업을 지으며, 긴긴 밤중에 가지가지의 이익과 편안한 즐거움을 얻는 것인가를 묻지 않으며, 어리석고 거칠고 난폭함으로 나라는 교만함을 감추는 까닭으로 끝끝내 벗어날 중요한 도를 보지 못하는 것이 건방지고 거만한 업이며, 차례를 좇은(復) 중생이 교만한 마음으로 뒤바뀌어 부처님이 세상에 나시어도 친근히 해서 공경하고 공양하지 않으며, 친근한 선근을 일으키지 못하고 예전의 선근을 없애버리고 응당 말하지 말아야 할 것을 말하고 응당 다투지 않아야 할 것을 다투며, 오는 세상에 반드시 험난한 구렁에 빠져서 백천 겁을 두고도 부처님을 만나지 못할 것이다. 하물며 어찌 법을 들을 수 있겠는가. 단지 일찍이 보리심을 일으킨 까닭으로 끝끝내 나는 스스로 깨우침을 깨달아 얻은 것이라고 하는 것이 건방지고 거만한 업이다."

"이것이 열이다."

佛子 菩薩摩訶薩有十種慢業 何等爲十 所謂 於師 僧 父母 沙門 婆羅門 住於正道 向正道者 尊重福田所而不恭敬是慢業 或有法師獲最勝法 乘於大乘 知出要道 得陀羅尼 演說契經廣大之法無有休息 而於其所起高慢心 及於所說法不生恭敬 是慢業 於衆會中聞說妙法 不肯歎美令人信受 是慢業 好起過慢 自高陵物 不見己失 不知自短 是慢業 好起過過慢 見有德人應讚不讚 見他讚歎不生歡喜 是慢業 見有法師爲人說法 知是法 是律 是眞實 是佛語 爲嫌其人亦嫌其法 自起誹謗亦令他謗 是慢業 自求高座 自稱法師 應受供給 不應執事 見有耆舊久隨行人不起逢迎 不肯承事 是慢業

見有德人 颦蹙不喜 言辭麤獷 伺其過失 是慢業 見有聰慧知法之人 不肯親近恭敬供養 不肯諮問 何等爲善 何等不善 何等應作 何等不應作 作何等業 於長夜中而得種種利益安樂 愚癡頑很 我慢所呑 終不能見出要之道 是慢業 復有衆生慢心所覆 諸佛出世不能親近恭敬供養 新善不起 舊善消滅 不應說而說 不應諍而諍 未來必墮險難深阬 於百千劫尙不值佛 何況聞法 但以曾發菩提心故 終自醒悟 是慢業 是爲十

"그와 같은 모든 보살이 이 건방지고 거만한 업을 벗어나면 열 가지 지혜의 업을 얻으니, 무엇이 열인가 하면, 이른바 업과 과보를 믿고 이해하기에 인과 과를 무너뜨리지 않는 것이 지혜의 업이며, 보리심을 버리지 않고 항상 모든 부처님을 생각하는 것이 지혜의 업이며, 선지식을 친근히 하여 공경하고 공양하며, 마음으로 존중하면서 마침내 싫어하고 게으르지 않은 것이 지혜의 업이며, 법을 좋아하고 이치를 좋아하기에 만족함이 없으며, 바르지 못한 생각을 멀리 벗어나 바른 생각을 부지런히 닦는 것이 지혜의 업이며, 모든 중생이 건방지고 거만함을 벗어나고 모든 보살이 여래의 모양이나 상태를 일으키고 바른 법을 사랑하고 중하게 여김을 내 몸 아끼듯이 하고 여래를 존중하고 받들기를 자신의 목숨을 보호하듯이 하고 수행자에게 모든 부처님의 생각을 내는 것이 지혜의 업이다."

"몸과 말과 뜻의 업이 모두 선근으로 현인과 성인을 찬탄하고 보리를 순하게 따르는 것이 지혜의 업이며, 원인과 결과를 무너뜨리지 않고 바르지 못한 견해로부터 모두 벗어나며, 어둠을 부수고 밝음을 얻어서 모든 법을 비추는 것이 지혜의 업이며, 열 가지 회향을 따라 수행하고 바라밀을 어머니라는 생각을 내고 섬세하고 능숙한 선근 방편을 아버지라는 생각을 내어 깊고 청정한 마음으로 보리의 집에 들어가는 것이 지혜의 업이며, 보시, 계율, 많이 듣고 머물러 자세히 들여다보고 복과 지혜의 이와 같은 모든 도를 돕는 법을 부지런히 모아서 게으르지 않은 것이 지혜의 업이며, 한 가지 업이라 해도 부처님이 찬탄하고 모든 마와 번뇌와 투쟁을 깨뜨리며, 모든 막힘이나 걸림과 덮음과 묶어 매는 것과 얽힘을 벗어나고 모든 중생을 가르치고 바른길로 이끌어서 조복시키며, 지혜를 거스르지 않고 따라서 바른 법을 성취하고 부처 세계를 장엄하여 청정하게 하며, 육통과 삼명을 늘 새롭게 일으켜서 빠짐없이 부지런하게 닦고 물러남이 없는 것이 지혜의 업이다."

"이것이 열이며, 그와 같은 모든 보살이 그 가운데 편안히 머물면 곧 여래의 섬세하고 능숙한 선근 방편인 위 없는 큰 지혜의 업을 얻을 것이다."

若諸菩薩離此慢業 則得十種智業 何等爲十 所謂 信解業報 不壞因果 是智業 不捨菩提心 常念諸佛 是智業 近善知識恭敬供養 其心尊重終無厭怠 是智業 樂法 樂義無有厭足 遠離邪念 勤修正念 是智業 於一切衆生離於我慢 於諸菩薩起如來想 愛重正法如惜己身 尊奉如來如護己命 於修行者生諸佛想 是智業 身 語 意業無諸不善 讚美賢聖 隨順菩提 是智業 不壞緣起 離諸邪見 破闇得明 照一切法 是智業 十種迴向隨順修行 於諸波羅蜜起慈母想 於善巧方便起慈父想 以深淨心入菩提舍 是智業 施 戒 多聞 止觀 福慧 如是一切助道之法常勤積集無有厭倦 是智業 若有一業爲佛所讚 能破衆魔煩惱鬪諍 能離一切障 蓋 纏 縛 能敎化調伏一切衆生 能隨順智慧攝取正法 能嚴淨佛刹 能發起通明 皆勤修習無有懈退 是智業 是爲十 若諸菩薩安住其中 則得如來一切善巧方便無上大智業

"불자여! 보살마하살은 열 가지 마(魔)에 속절없이 잡히는 일이 있으니, 무엇이 열인가 하면, 이른바 게으른 마음이 마에 속절없이 잡히는 것이며, 뜻이 좁고 못난 마음이 마에 속절없이 잡히는 것이며, 매우 적은 행을 하고는 만족하다고 하는 마에 속절없이 잡히는 것이며, 하나는 받아들이고 나머지는 아니라고 하는 것이 마에 속절없이 잡히는 것이며, 큰 서원을 내지 못하는 것이 마에 속절없이 잡히는 것이며, 적멸에 처함을 즐거워하며, 번뇌를 제거하여 끊는 것이 마에 속절없이 잡히는 것이며, 생사를 영원히 끊는 것이 마에 속절없이 잡히는 것이며, 보살의 행을 버리는 것이 마에 속절없이 잡히는 것이며, 중생을 가르치고 바른길로 이끌지 않는 것이 마에 속절없이 잡히는 것이며, 바른 법을 비방하는 것이 마에 속절없이 잡히는 일이다."

"이것이 열이다."

佛子 菩薩摩訶薩有十種魔所攝持 何等爲十 所謂 懈怠心 魔所攝持 志樂狹劣 魔所攝持 於少行生足 魔所攝持 受一非餘 魔所攝持 不發大願 魔所攝持 樂處寂滅 斷除煩惱 魔所攝持 永斷生死 魔所攝持 捨菩薩行 魔所攝持 不化衆生 魔所攝持 疑謗正法 魔所攝持 是爲十

"그와 같은 모든 보살이 마에 속절없이 잡힘에서 벗어나 버리면 곧 열 가지 부처님이 거두어주고 지켜줌을 얻으니, 무엇이 열인가 하면, 이른바 비로소 처음 마음을 일으키면 부처님이 거두어주고 지켜주며, 생하고 생하는 가운데 보리심을 지니고 잊지 않으면 부처님이 거두어주고 지켜주며, 모든 마의 일을 깨달아 멀리 벗어나면 부처님이 거두어주고 지켜주며, 모든 바라밀을 듣고 말한 것과 같이 수행하면 부처님이 거두어주고 지켜주며, 생사의 고통을 알지만, 싫어하지 않으면 부처님이 거두어주고 지켜주며, 깊고 깊은 법을 자세히 살펴서 들여다보고 헤아릴 수 없는 과를 얻으면 부처님이 거두어주고 지켜주며, 모든 중생을 위해 이승(二乘)의 법을 설하지만, 그 승법(乘法)으로 해탈을 증득하고도 취하지 않으면 부처님이 거두어주고 지켜주며, 꾸밈이 없는 무위법(無爲法)을 자세히 들여다보고 그 가운데 머물지 않으며, 유위(有爲)와 무위(無爲)라는 이 두 가지 생각을 내지 않으면 부처님이 거두어주고 지켜주며, 생이 없는 처(無生處)에 이르고도 태어남을 받아들여 나타내면 부처님이 거두어주고 지켜주며, 비록 모든 지혜를 증득하고도 보살행을 일으켜서 보살의 종자를 끊어지지 않게 하면 부처님이 거두어주고 지켜주신다."

"이것이 열이며, 그와 같은 모든 보살이 그 가운데 편안히 머물면 곧 모든 부처님의 위없는 거두어주고 지켜주는 힘을 얻을 것이다."

若諸菩薩能棄捨此魔所攝持 則得十種佛所攝持 何等爲十 所謂 初始能發菩提之心 佛所攝持 於生生中持菩提心不令忘失 佛所攝持 覺諸魔事 悉能遠離 佛所攝持 聞諸波羅蜜 如說修行 佛所攝持 知生死苦而不厭惡 佛所攝持 觀甚深法 得無量果 佛所攝持 爲諸衆生說二乘法 而不證取彼乘解脫 佛所攝持 樂觀無爲法而不住其中 於有爲 無爲不生二想 佛所攝持 至無生處而現受生 佛所攝持 雖證得一切智 而起菩薩行不斷菩薩種 佛所攝持 是爲十 若諸菩薩安住其中 則得諸佛無上攝持力

"불자여! 보살마하살은 열 가지 법으로 거두어지고 지켜짐이 있으니, 무엇이 열인가 하면, 이른바 모든 행이 항상 함이 없는 것임을 알면 법으로 거두어지고 지켜지며, 모든 행이 괴로움인 것을 알면 법으로 거두어지고 지켜지며, 모든 행이 내가 없음을 알면 법으로 거두어지고 지켜지며, 모든 법이 적멸하고 열반인 것을 알면 법으로 거두어지고 지켜지며, 모든 법이 인연으로 생기고 인연이 없으면 생기지 않는 것을 알면 법으로 거두어지고 지켜지며, 바르게 사유하지 않는(五蘊思惟) 까닭으로 무명이 일어나고 무명이 일어나는 까닭으로 늙고 죽음이 일어남을 알며, 바르지 못한 사유가 없어지는 까닭으로(不立五

蘊思惟) 무명이 없어지고 무명이 없어지는 까닭으로 늙고 죽음이 없어짐을 알면 법으로 거두어지고 지켜지며, 삼해탈문을 알아서 성문승(聲聞乘)을 생하고 다툼이 없는 법을 증득하여 독각승(獨覺乘)이 생함을 알면 법으로 거두어지고 지켜지며, 육바라밀과 사섭법을 알아서 대승이 생하면 법으로 거두어지고 지켜지며, 모든 세계와 모든 법과 모든 중생과 모든 세간이 부처님의 지혜 경계인 것을 알면 법으로 거두어지고 지켜지며, 모든 생각을 끊고 모든 취함을 버리고 앞뒤의 경계를 벗어나 열반을 거스르지 않고 따름을 알면 법으로 거두어지고 지켜진다."

"이것이 열이며, 그와 같은 모든 보살이 그 가운데 편안히 머물면 곧 일체 모든 부처님의 위 없는 법으로 거두어지고 지켜짐을 얻는다."

佛子 菩薩摩訶薩有十種法所攝持 何等爲十 所謂 知一切行無常 法所攝持 知一切行苦 法所攝持 知一切行無我 法所攝持 知一切法寂滅涅槃 法所攝持 知諸法從緣起無緣則不起 法所攝持 知不正思惟故起於無明 無明起故乃至老死起 不正思惟滅故無明滅 無明滅故乃至老死滅 法所攝持 知三解脫門出生聲聞乘 證無諍法出生獨覺乘 法所攝持 知六波羅蜜 四攝法出生大乘 法所攝持 知一切刹 一切法 一切衆生 一切世是佛智境界 法所攝持 知斷一切念 捨一切取 離前後際 隨順涅槃 法所攝持 是爲十 若諸菩薩安住其中 則得一切諸佛無上法所攝持

"불자여! 보살마하살은 도솔천에 머무는 일로 열 가지 짓는 업이 있으니, 무엇이 열인가 하면, 이른바 욕계의 모든 천자를 위해 싫어해도 벗어나는 법을 말하길, 모든 자재함이란 다 항상 함이 없고 모든 쾌락은 남김없이 다 쇠해서 없어질 것이라고 하면서 모든 하늘을 권하여 보리심을 일으키게 하는 이것이 제1 짓는 업이다."

"색계의 모든 하늘을 위해 모든 선정과 해탈과 삼매에 들어가고 나오는 것을 설하지만, 그와 같음을 사랑하고 집착을 내며, 이 사랑과 집착으로 차례를 좇아(復) 몸이라는 견해와 바르지 못한 견해와 무명 등을 일으키면 곧 그들을 위해 실상과 같은 지혜를 설하고 그와 같은 모든 색과 색이 아닌 법에 뒤바뀌어 거꾸로 된 생각을 일으켜서 청정한 것으로 삼으면, 설함이 청정한 것이 아니며, 이는 다 항상 함이 없는 것이기에 그들에게 권하여 보리심을 일으키게 하는 이것이 제2 짓는 업이다."

"보살마하살이 도솔천에 머물면서 삼매에 들어가니, 이름이 '광명 장엄'이며, 몸으로 광명을 놓아 삼천대천세계를 두루 비추지만, 중생의 마음을 따라 가지가지의 소리로 이들을 위해 법을 설한다. 마침내 중생들이 듣고는 믿음의 마음이 청정해지며, 목숨을 마치고 도솔천에 태어나 보리심을 일으키게 하는 이것이 제3 짓는 업이다."

"보살마하살이 도솔천에 있으면서 막힘이나 걸림이 없는 눈으로 시방의 도솔천 가운데 있는 모든 보살을 보고 그 보살들도 또한 역시 이를 보며, 서로 보고서는 빼어난 법을 논하고 설하니, 이른바 모태에 내려와 처음 태어나고 출가하고 도량에 나아가 큰 장엄을 갖추고 차례를 좇아(復) 옛적을 따라 내려오며 행하던 일을 나타내 보이고 그 행으로 말미암아 큰 지혜와 공덕을 이루어 가지게 되며, 본래의 처를 벗어나지 않고 이와 같은 등등의 일을 나타내 보이는 이것이 제4 짓는 업이다."

"보살마하살이 도솔천에 머물면 시방의 모든 도솔천 궁의 모든 보살 대중이 다 와서 모이고 공경하고 둘러앉는다. 그때 보살마하살이 보살들의 소원을 만족하게 하고 환희를 내게 하려는 까닭으로 보살이 응당 머무는 바의 지위와 행할 바와 끊을 바와 닦을 바와 증득할 바를 따라 법문을 설하면, 모든 보살이 설하는 법을 듣고 다 크게 환희하며, 일찍이 없던 일을 얻고 각각 본래 있던 곳으로 돌아가는 이것이 제5 짓는 업이다."

"보살마하살이 도솔천에 머물 때 욕계의 주인이 되는 천마 파순(波旬)이 보살의 업을 무너트리고자 하는 까닭으로 권속을 둘러싸고 보살의 처소에 이르며, 이때 보살이 마군(魔軍)을 꺾어서 항복 받기 위한 까닭으로 금강도에 속한 반야바라밀의 방편과 섬세하고 능숙한 선근 지혜의 문에 머물면서 매우 부드럽고 매우 거친 두 가지의 말로 법을 설하고 천마 파순이 기회를 얻지 못하게 하면 천마 파순이 보살의 자재한 위력을 보고 다 아뇩다라사먁삼보리심을 일으키게 하는 이것이 제6 짓는 업이다."

"보살마하살이 도솔천 궁전에 머물면서 욕계의 모든 천자가 법을 듣는 것을 즐거워하지 않음을 알고 그때 보살이 큰 음성을 내어서 두루 말하길 '오른 보살이 마땅히 궁전 가운데서 보기 드문 일을 나타낼 것이니, 보려고 하는 자는 빨리 와서 모이'라고 하니, 때맞추어 모든 천자가 이 말을 듣고 헤아릴 수 없는 백천 억 나유타 대중이 다 와서 모이며, 그때 보살은 모든 하늘 대중이 모인 것을 보고 궁전 가운데서 모든 희유한 일을 나타내었다. 천자들이 보지 못하던 것을 보고는 매우 환희하고 그 마음을 취하며, 또 즐거운 가운데서 소리 내어 말하길, '모든 어진이여! 일체 모든 행은 남김없이 다 항상 함이 없고 일체 모든 법은 남김없이 다 내가 없기에 열반과 적멸이라' 하고 차례를 따라(復) 다시 말하길 '너희 등은 응당 보살의 행을 닦아서 마땅히 일체 지혜의 지혜를 원만하게 다 해야 할 것'이라고 하였다. 모든 천자가 이 법음을 듣고 걱정하고 찬탄하면서 싫어하는 생각을 내고도 모두 다 보리심을 일으키는 이것이 제7 짓는 업이다."

"보살마하살이 도솔천 궁에 머물면서 본래 있던 곳을 버리지 않고 시방의 헤아릴 수 없는 부처님 처소에 남김없이 다 나아가서 모든 여래를 보고 친근히 하여 예를 올리고 공경히 법을 들으며, 그때 모든 부처님이 보살에게 가장 높은 정수리에 물 붓는 법을 얻게 하려는 까닭으로 보살의 지위를 설하시니, 이름이 '일체 신통'이며, 한 생각, 한순간에 서로 응하는 지혜로 일체 가운데 가장 뛰어난 공덕을 온전하게 갖추고 모든 지혜의 지혜가 되는 자리에 들어가게 하니, 이것이 제8 짓는 업이다."

"보살마하살이 도솔천 궁에 머물면서 모든 여래에게 공양하고자 하는 까닭에 큰 신통의 힘으로 가지가지의 공양 기물을 일으키니, 이름이 '특히 뛰어난 즐거움'이며, 모든 법계, 허공계, 모든 세계에 두루 하여 모든 부처님께 공양하니, 그 세계 가운데 있는 헤아릴 수 없는 중생들이 이 공양을 보고 모두 아뇩다라삼먁삼보리심을 일으키니, 이것이 제9 짓는 업이다."

"보살마하살이 도솔천에 머물면서 헤아릴 수 없고 끝이 없는 허깨비와 같고 그림자와 같은 법문을 내어서 시방의 모든 세계에 두루 하며, 가지가지의 색과 가지가지의 모양이나 상태와 가지가지의 형체와 가지가지의 위의와 가지가지의 일과 업과 가지가지의 방편과 가지가지의 비유와 가지가지의 말을 나타내지만, 중생의 마음을 따라 환희하게 하니, 이것이 제10 짓는 업이다."

"불자여! 이것이 보살마하살이 도솔천에 머물면서 짓는 열 가지 업이니, 그와 같은 모든 보살이 이 법을 성취하면 나중에 인간에 태어난다."

佛子 菩薩摩訶薩住兜率天 有十種所作業 何等爲十 所謂 爲欲界諸天子說厭離法言 一切自在皆是無常 一切快樂悉當衰謝 勸彼諸天發菩提心 是爲第一所作業 爲色界諸天說入出諸禪解脫三昧 若於其中而生愛著 因愛復起身見 邪見 無明等者 則爲其說如實智慧 若於一切色 非色法起顚倒想 以爲淸淨 爲說不淨皆是無常 勸其令發菩提之心 是爲第二所作業 菩薩摩訶薩住兜率天 入三昧 名 光明莊嚴 身放光明 徧照三千大千世界 隨衆生心 以種種音而爲說法 衆生聞已 信心淸淨 命終生於兜率天中 勸其令發菩提之心 是爲第三所作業 菩薩摩訶薩在兜率天 以無障礙眼普見十方兜率天中一切菩薩 彼諸菩薩皆亦見此 互相見已 論說妙法 謂 降神母胎 初生 出家往詣道場 具大莊嚴 而復示現往昔已來所行之行 以彼行故成此大智 所有功德不離

本處 而能示現如是等事 是爲第四所作業 菩薩摩訶薩住兜率天 十方一切兜率天宮諸菩薩衆 皆悉來集 恭敬圍遶 爾時 菩薩摩訶薩欲令彼諸菩薩皆滿其願生歡喜故 隨彼菩薩所應住地 所行所斷 所修所證 演說法門 彼諸菩薩聞說法已 皆大歡喜 得未曾有 各還本土所住宮殿 是爲第五所作業 菩薩摩訶薩住兜率天時 欲界主天魔波旬 爲欲壞亂菩薩業故 眷屬圍遶詣菩薩所 爾時 菩薩爲摧伏魔軍故 住金剛道所攝般若波羅蜜方便善巧智慧門 以柔軟 麤獷二種語而爲說法 令魔波旬不得其便 魔見菩薩自在威力 皆發阿耨多羅三藐三菩提心 是爲第六所作業 菩薩摩訶薩住兜率天 知欲界諸天子不樂聞法 爾時 菩薩出大音聲 徧告之言 今日菩薩當於宮中現希有事 若欲見者宜速往詣 時 諸天子聞是語已 無量百千億那由他皆來集會 爾時 菩薩見諸天衆皆來集已 爲現宮中諸希有事 彼諸天子曾未見聞 既得見已 皆大歡喜 其心醉沒 又於樂中出聲告言 諸仁者 一切諸行皆悉無常 一切諸行皆悉是苦 一切諸法皆悉無我 涅槃寂滅 又復告言 汝等皆應修菩薩行 皆當圓滿一切智智 彼諸天子聞此法音 憂歎咨嗟而生厭離 靡不皆發菩提之心 是爲第七所作業 菩薩摩訶薩住兜率天宮 不捨本處 悉能往詣十方無量一切佛所 見諸如來親近禮拜恭敬聽法 爾時 諸佛欲令菩薩獲得最上灌頂法故 爲說菩薩地 名 一切神通 以一念相應慧 具足一切最勝功德 入一切智智位 是爲第八所作業 菩薩摩訶薩住兜率宮 爲欲供養諸如來故 以大神通力興起種種諸供養具 名 殊勝可樂 徧法界 虛空界 一切世界供養諸佛 彼世界中無量衆生見此供養皆發阿耨多羅三藐三菩提心 是爲第九所作業 菩薩摩訶薩住兜率天 出無量無邊如幻如影法門 周徧十方一切世界 示現種種色 種種相 種種形體 種種威儀 種種事業 種種方便 種種譬諭 種種言說 隨衆生心皆令歡喜 是爲第十所作業 佛子 是爲菩薩摩訶薩住兜率天十種所作業 若諸菩薩成就此法 則能於後下生人間

"불자여! 보살마하살이 도솔천에서 내려와 태어날 때 열 가지 일을 나타내니, 무엇이 열인가."

"불자여! 보살마하살이 도솔천에서 내려와 태어날 때 발바닥으로 큰 광명을 놓으니, 이름이 '안락 장엄'이며, 삼천대천세계의 모든 나쁜 부류에 두루 비추고 모든 어려운 곳의 중생들이 이 빛을 받으면 모든 괴로움을 벗어나 편안함과 즐거움을 얻으며, 편안함과 즐거움을 얻고는 장차 특별하고 뛰어난 대인이 세상에 나실 것을 아니, 이것이 첫째로 나타내는 일이다."

"불자여! 보살마하살이 도솔천에서 내려와 태어날 때 미간의 흰 털로 큰 광명을 놓으니, 이름이 '밝은 깨우침을 깨닫는 것'이며, 삼천대천세계에 두루 비추어 지난 세상에서 함께 수행하던 모든 보살의 몸을 비추고 보살들이 광명의 비춤을 받고는 보살이 장차 내려와 나실 것을 알며, 각각 헤아릴 수 없는 공양 기물을 일으켜 보살이 있는 곳으로 나아가서 공양하니, 이것이 둘째로 나타내는 일이다."

"불자여! 보살마하살이 도솔천에서 내려와 태어나려 할 때 바른 손바닥으로 큰 광명을 놓으니, 이름이 '청정한 경계'이며, 모든 삼천대천세계를 다 청정하게 장엄하고 그 가운데 이미 무루(無漏)를 얻는 벽지불로서 이 광명을 깨달은 이는 곧 목숨을 버리고 그와 같음을 깨닫지 못한 이는 광명의 힘으로 타방(他方)의 나머지 세계 가운데 옮겨 두며, 모든 마와 외도와 소견을 가진 중생도 역시 다 타방의 세계로 옮겨 두지만, 오직 부처님의 신력으로 힘을 받고 도움을 받으며, 가르침을 받아 바른길로 들어선 중생은 제외로 하니, 이것이 셋째로 나타내는 일이다."

"불자여! 보살마하살이 도솔천에서 내려와 태어나려 할 때 두 무릎으로 큰 광명을 놓으니, 이름이 '청정한 장엄'이며, 모든 하늘의 궁전을 두루 비추며, 아래로는 사천왕과 위로는 정거천에 이르기까지 두루 하고 모든 하늘 등등은 보살이 도솔천에서 장차 내려오실 것을 알고 함께 애틋하게 생각하며, 그리워하는 마음으로 슬프게 탄식하고 걱정하면서 가지가지의 꽃 머리 장식과 의복, 바르는 향, 가루 향, 번기, 일산, 기악을 지지고 보살에게 나아가 공경하고 공양하며, 따라 내려와서 열반에 으르니, 이것이 넷째로 일어나는 일이다."

"불자여! 보살마하살이 도솔천에서 내려와 태어나려 할 때 만(卍)자의 금강으로 장엄한 심장 가운데 큰 광명을 놓으니, 이름이 '이길 수 없는 당기'이며, 시방 모든 세계의 금강역사에게 비출 때 백억 금강역사들이 와서 모시고 또 따라다니면서 내려올 때부터 열반에까지 이르니, 이것이 다섯째로 나타내는 일이다."

"불자여! 보살마하살이 도솔천에서 내려와 태어나려 할 때 몸에 있는 모든 털구멍으로부터 큰 광명을 놓으니, 이름이 '중생을 분별함'이며, 모든 대천세계에 두루 비추면서 모든 보살의 몸에 닿고 또 모든 하늘과 세상 사람에게 닿기에 모든 보살 등이 생각하기를 '내가 응당 이곳에 머물면서 여래를 공양하고 중생을 가르치고 바른길로 이끌 것이다.'라고 하니, 이것이 여섯째로 나타내 보인 일이다."

"불자여! 보살마하살이 도솔천에서 내려와 태어나려 할 때 큰 마니보배 장 궁전에서 큰 광명을 놓으니, 이름이 '선근으로 머물며 자세히 들여다봄'이며, 이 보살이 태어날 처소인 왕궁을 비추고 그 광명이 비추면 모든 나머지 보살이 다 따라서 염부제에 내려와 그 집과 그 취락과 그 성읍에 태어나며, 중생들을 가르치고 바른길로 이끌고자 하니, 이것이 일곱째로 나타내 보이는 일이다."

"불자여! 보살마하살이 도솔천에서 내려와 태어나려 할 때 하늘 궁전과 모든 큰 누각의 장엄 가운데를 좇아서 큰 광명을 놓으니, 이름이 '일체 궁전 청정 장엄'이며, 태어날 어머니의 배를 비추고 광명이 비추면 보살의 어머니는 안으로 편안하고 쾌락하며, 모든 공덕을 온전하게 성취하며, 어머니의 배 가운데 자연히 광대한 누각이 있고 큰 마니보배로 장엄함이니, 이는 보살의 몸을 편안하게 처하고자 하는 까닭이니, 이것이 여덟째로 나타내 보이는 일이다."

"불자여! 보살마하살이 도솔천에서 내려와 태어나려 할 때 두 발바닥으로 큰 광명을 놓으니, 이름이 '선근으로 머무름'이며, 그와 같은 모든 천자와 또한 범천이 그 목숨을 마치려 할 적에 이 광명이 비추어 닿게 되면 모두 오래 살면서 보살에게 공양하고 처음 내려올 때부터 열반할 때까지 이르니, 이것이 아홉째로 나타내 보이는 일이다."

"불자여! 보살마하살이 도솔천에서 내려와 태어나려 할 때 좋은 모습을 따라 큰 광명을 놓으니, 이름이 '일안(日眼) 장엄'이며, 보살의 가지가지 업을 나타낼 때 모든 천인은 보살이 도솔천에 있음을 보기도 하고 태에 들어감을 보기도 하고 처음 탄생함을 보기도 하고 출가함을 보기도 하고 도를 이룸을 보기도 하고 마를 항복 받음을 보기도 하고 법륜을 굴림을 보기도 하고 열반에 드시는 것을 보기도 하니, 이것이 열째로 나타내 보이는 일이다."

"불자여! 보살마하살이 몸과 자리와 궁전과 누각 가운데 이와 같은 등등의 백만 아승기 광명을 놓아 가지가지 모든 보살의 업을 남김없이 나타내며, 이 업을 나타내고는 모든 공덕의 법을 온전하게 갖춘 까닭으로 도솔천을 좇아 내려와 인간으로 태어난다."

佛子 菩薩摩訶薩於兜率天將下生時 現十種事 何等爲十 佛子 菩薩摩訶薩於兜率天下生之時 從於足下放大光明 名 安樂莊嚴 普照三千大千世界一切惡趣諸難衆生 觸斯光者 莫不皆得離苦安樂 得安樂已 悉知將有奇特大人出興于世 是爲第一所示現事 佛子 菩薩摩訶薩於兜率天下生之時 從於眉間白毫相中放大光明 名曰 覺悟 普照三千大千世界 照彼宿世一切同行諸菩薩身 彼諸菩薩蒙光照已 咸知菩薩將欲下生 各各出興無量供具 詣菩薩所而爲供養 是爲第二所示現事 佛子 菩薩摩訶薩於兜率

天將下生時 於右掌中放大光明 名 清淨境界 悉能嚴淨一切三千大千世界 其中若有已得無漏諸辟支佛覺斯光者 卽捨壽命 若不覺者 光明力故 徙置他方 餘世界中一切諸魔及諸外道 有見衆生 皆亦徙置他方世界 唯除諸佛神力所持應化衆生 是爲第三所示現事 佛子 菩薩摩訶薩於兜率天將下生時 從其兩膝放大光明 名 淸淨莊嚴 普照一切諸天宮殿 下從護世 上至淨居 靡不周徧 彼諸天等 咸知菩薩於兜率天將欲下生 俱懷戀慕 悲歎憂惱 各持種種華鬘 衣服 塗香 末香 幡蓋 妓樂 詣菩薩所恭敬供養 隨逐下生乃至涅槃 是爲第四所示現事 佛子 菩薩摩訶薩在兜率天將下生時 於卍字金剛莊嚴心藏中放大光明 名 無能勝幢 普照十方一切世界金剛力士 時 有百億金剛力士皆悉來集 隨逐侍衛 始於下生 乃至涅槃 是爲第五所示現事 佛子 菩薩摩訶薩於兜率天將下生時 從其身上一切毛孔放大光明 名 分別衆生 普照一切大千世界 徧觸一切諸菩薩身 復觸一切諸天世人 諸菩薩等咸作是念 我應住此 供養如來 敎化衆生 是爲第六所示現事 佛子 菩薩摩訶薩於兜率天將下生時 從大摩尼寶藏殿中放大光明名 善住觀察 照此菩薩當生之處所託王宮 其光照已 諸餘菩薩皆共隨逐下閻浮提 若於其家 若其聚落 若其城邑而現受生 爲欲敎化諸衆生故 是爲第七所示現事 佛子 菩薩摩訶薩於兜率天臨下生時 從天宮殿及大樓閣諸莊嚴中放大光明 名 一切宮殿淸淨莊嚴 照所生母腹 光明照已 令菩薩母安隱快樂 具足成就一切功德 其母腹中自然而有廣大樓閣大摩尼寶而爲莊嚴 爲欲安處菩薩身故 是爲第八所示現事 佛子 菩薩摩訶薩於兜率天臨下生時 從兩足下放大光明 名爲 善住 若諸天子及諸梵天其命將終蒙光照觸皆得住壽 供養菩薩從初下生乃至涅槃 是爲第九所示現事 佛子 菩薩摩訶薩於兜率天臨下生時 從隨好中放大光明 名曰 眼莊嚴 示現菩薩種種諸業 時 諸人天或見菩薩住兜率天 或見入胎 或見初生 或見出家 或見成道 或見降魔 或見轉法輪或見入涅槃 是爲第十所示現事 佛子 菩薩摩訶薩於身 於座 於宮殿 於樓閣中 放如是等百萬阿僧祇光明 悉現種種諸菩薩業 現是業已 具足一切功德法故 從兜率天下生人間

대방광불화엄경 제59권

38. 이세간품(7)
離世間品第三十八之七

"불자여! 보살마하살이 태중에 처함을 나타내 보이는 열 가지 일이 있으니, 무엇이 열인가."

"불자여! 보살마하살은 마음이 작고 이해를 하지 못하는 모든 중생을 성취하게 하려는 까닭으로 중생이 이와 같은 생각을 일으키게 하니 '지금 이 보살이 자연히 변해서 바뀌는 것은 생함이 아니다.'라고 한다. 이는 지혜와 선근은 닦아서 얻는 것이 아니니, 이러한 까닭으로 보살이 태 가운데 있음을 나타내 보이는 이것이 첫째 일이다."

"보살마하살은 부모와 모든 권속과 지난 세상에서 함께 수행하던 중생의 선근이 태중에 있음을 나타내 보이니, 이는 무슨 까닭인가 하면, 그들이 다 응당 태중에 있음을 보고 가지고 있는 모든 선근을 성숙하기 때문이니, 이것이 두 번째 일이다."

"보살마하살이 어머니의 태중에 들어갈 때 바른 생각으로 바르게 알기에 미혹함이 없으며, 어머니의 태중에 머문 후에는 마음으로 항상 바른 생각을 하고 또한 어지럽게 뒤섞임이 없으니, 이것이 세 번째 일이다."

"보살마하살이 어머니의 태중에 있으면서 항상 법을 널리 펴고 설하기에 시방세계의 모든 큰 보살과 제석과 범천왕과 사천왕들이 다 와서 모이며, 헤아릴 수 없는 신통한 힘과 끝없는 지혜를 얻게 된다. 보살이 태중에 있으면서 이와 같은 변재와 뛰어난 작용을 성취하는 것이니, 이것이 네 번째 일이다."

"보살마하살이 어머니의 태중에 있으면서 대중의 모임을 모으고 본바탕의 원력으로 일체 모든 대중을 가르치고 바른길로 이끄시니, 이것이 다섯 번째 일이다."

"보살마하살이 사람 가운데서 부처를 이루려면 응당 사람 가운데 가장 뛰어나게 태어남을 갖추어야 이로써 어머니의 태중에 있음을 나타내 보이는 것이니, 이것이 여섯 번째 일이다."

"보살마하살이 어머니의 태중에 있기에 삼천대천세계의 중생이 보살 보기를 거울 속의 그 얼굴을 보는 것과 같다. 그때 큰마음의 하늘, 용, 야차, 건달바, 아수라, 가루라, 긴나라, 마후라가 등등의 사람인 듯 사람이 아닌 듯한 이들이 다 보살에게 이르러 공경하고 공양함이니, 이것이 일곱 번째 일이다."

"보살마하살이 어머니의 태중에 있기에 타방 세계에서 맨 마지막에 태어나는 모든 보살로서 어머니의 태에 있는 이들이 다 함께 모여서 크게 모은 법문(大集法門)을 말하니, 이름이 '광대한 지혜의 장'이며, 이것이 여덟 번째 일이다."

"보살마하살이 어머니의 태중에 있을 때 허물을 벗어난 장 삼매(離垢藏三昧)에 들고 삼매의 힘으로 어머니의 태 가운데 큰 궁전을 나타내니, 가지가지로 장엄하여 꾸민 것이 남김없이 다 빼어나게 좋으며, 도솔천 궁전에 비할 수는 없지만, 어머니의 몸은 편안하고 걱정이 없게 하니, 이것이 아홉 번째 일이다."

"보살마하살이 모태에 머물 때 큰 위력으로 공양 기물을 일으키니, 이름이 '큰 복덕을 여는 허물을 벗어난 장(開大福德離垢藏)'이며, 시방의 모든 세계에 두루 하여 일체 모든 부처님과 여래께 공양하고 모든 여래가 끝없는 보살이 머무는 처소에서 법계의 장을 널리 펴서 설하니, 이것이 열 번째 일이다."

"불자여! 이것이 보살마하살이 태에 있음을 나타내 보이는 열 가지 일이며, 그와 같은 모든 보살이 이 법을 분명하게 깨달아 통달하면 곧 매우 깊고 매우 작으면서 섬세한 뜻을 나타내 보일 것이다."

佛子 菩薩摩訶薩示現處胎 有十種事 何等爲十 佛子 菩薩摩訶薩爲欲成就小心劣解諸衆生故 不欲令彼起如是念 今此菩薩自然化生 智慧善根不從修得 是故菩薩示現處胎 是爲第一事 菩薩摩訶薩爲成熟父母及諸眷屬 宿世同行衆生善根 示現處胎何以故 彼皆應以見於處胎成熟所有諸善根故 是爲第二事 菩薩摩訶薩入母胎時 正念正知 無有迷惑 住母胎已 心恒正念 亦無錯亂 是爲第三事 菩薩摩訶薩在母胎中常演說法 十方世界諸大菩薩 釋 梵 四王皆來集會 悉令獲得無量神力 無邊智慧 菩薩處胎成就如是辯才 勝用 是爲第四事 菩薩摩訶薩在母胎中集大衆會 以本願力敎化一切諸菩薩衆 是爲第五事 菩薩摩訶薩於人中成佛 應具人間最勝受生 以此示現處於母胎 是爲第六事 菩薩摩訶薩在母胎中 三千大千世界衆生悉見菩薩 如明鏡中見其面像 爾時 大心天 龍 夜叉 乾闥婆 阿修羅 迦樓羅 緊那羅 摩睺羅伽 人 非人等 皆詣菩薩 恭敬供養 是爲第七事 菩薩摩訶薩在母胎中 他方世界一切最後生菩薩在母胎者 皆來共會 說大集法門 名 廣大智慧藏 是爲第八事 菩薩摩訶薩在母胎時 入離

垢藏三昧 以三昧力 於母胎中現大宮殿 種種嚴飾悉皆妙好 兜率天宮不可爲此 而令母身安隱無患 是爲第九事 菩薩摩訶薩在母胎時 以大威力興供養具 名 開大福德離垢藏 普徧十方一切世界 供養一切諸佛如來 彼諸如來咸爲演說無邊菩薩住處法界藏 是爲第十事 佛子 是爲菩薩摩訶薩示現處胎十種事 若諸菩薩了達此法 則能示現甚微細趣

"불자여! 보살마하살은 열 가지 매우 작으면서 섬세한 뜻이 있으니, 무엇이 열인가 하면, 이른바 어머니 태중에 있기에 처음 보리심을 일으키는 일뿐만 아니라 관정의 지위에 이르기까지 매우 작으면서 섬세한 뜻을 나타내 보이며, 어머니 태중에 있으면서 도솔천에 머무는 매우 작으면서 섬세한 뜻을 나타내 보이며, 어머니 태중에 있으면서 처음 탄생하는 매우 작으면서 섬세한 뜻을 나타내 보이며, 어머니 태중에 있으면서 동자의 지위에 대한 매우 작으면서 섬세한 뜻을 나타내 보이며, 어머니 태중에 있으면서 왕궁에 거처하는 매우 작으면서 섬세한 뜻을 나타내 보이며, 어머니 태중에 있으면서 출가하는 매우 작으면서 섬세한 뜻을 나타내 보이며, 어머니 태중에 있으면서 고행하다가 도량에 나아가 등정각을 이루는 매우 작으면서 섬세한 뜻을 나타내 보이며, 어머니 태중에 있으면서 법륜을 굴리는 매우 작으면서 섬세한 뜻을 나타내 보이며, 어머니 태중에 있으면서 반열반(般涅槃)에 들어가는 매우 작으면서 섬세한 뜻을 나타내 보이며, 어머니 태중에 있으면서 크게 매우 작으면서 섬세한 뜻을 나타내 보이니, 이른바 모든 보살행과 모든 여래의 자재한 신력의 헤아릴 수 없는 차별문이다."

"불자여! 이것이 보살마하살이 어머니의 태중에 있으면서 열 가지 매우 작고 섬세한 뜻이니, 그와 같은 모든 보살이 이 법에 편안히 머물면 곧 여래의 위 없는 큰 지혜의 매우 작고 섬세한 뜻을 얻을 것이다."

佛子 菩薩摩訶薩有十種甚微細趣 何等爲十 所謂 在母胎中 示現初發菩提心 乃至灌頂地 在母胎中 示現住兜率天 在母胎中 示現初生 在母胎中 示現童子地 在母胎中 示現處王宮 在母胎中 示現出家 在母胎中 示現苦行 往詣道場 成等正覺 在母胎中 示現轉法輪 在母胎中 示現般涅槃 在母胎中 示現大微細 謂 一切菩薩行一切如來自在神力無量差別門 佛子 是爲菩薩摩訶薩在母胎中十種微細趣 若諸菩薩安住此法 則得如來無上大智慧微細趣

"불자여! 보살마하살은 열 가지 생(生)이 있으니, 무엇이 열인가 하면, 이른바 어리석음을 멀리 벗어나고 바르게 생각하고 바르게 아는 생과 큰 광명 그물을 놓아 삼천대천세계를 두루 비추는 생과 가장 마지막에 머문 후에 다시는 뒤의 몸을 받지 않는 생과 나지도 않고 일어나지도 않는 생과 삼계가 허깨비와 같음을 아는 생과 시방세계에 몸을 두루 나타내는 생과 모든 지혜의 지혜로운 몸인 생과 모든 부처의 광명을 놓아 모든 중생이 두루 깨우침을 깨닫게 하는 몸으로서의 생과 큰 지혜로 자세히 살펴서 들여다보고는 삼매의 몸에 들어가는 생이다."

"불자여! 보살이 태어날 때 모든 부처 세계가 격하게 움직여 흔들리고 모든 중생을 해탈하게 하고 모든 악한 도를 제거하여 없애고 일체 모든 마를 막아버리고 헤아릴 수 없는 많은 보살이 모두 와서 모이게 한다."

"불자여! 이것이 보살마하살의 열 가지 태어남이니, 중생을 조복시키기 위한 까닭으로 이와 같음을 나타내 보이는 것이다."

佛子 菩薩摩訶薩有十種生 何等爲十 所謂 遠離愚癡正念正知生 放大光明網普照三千大千世界生 住最後有更不受後身生 不生不起生 知三界如幻生 於十方世界普現身生 證一切智智身生 放一切佛光明普覺悟一切衆生身生 入大智觀察三昧身生 佛子 菩薩生時 震動一切佛刹 解脫一切衆生 除滅一切惡道 映蔽一切諸魔 無量菩薩皆來集會 佛子 是爲菩薩摩訶薩十種生 爲調伏衆生故 如是示現

"불자여! 보살마하살은 열 가지 미소지으며 마음으로 스스로 서원하고 나타내 보이는 일이 있으니, 무엇이 열인가 하면, 이른바 보살마하살은 이러한 생각과 말을 한다."

"모든 세간은 욕심이라는 진흙탕 속에 빠져있으니, 나 한 사람을 제외하고는 힘써서 가르치고 바른길로 이끌 자가 없다고 하면서 이와 같음을 알고 난 후에는 환하게 기쁜 미소를 지으면서 스스로 서원(誓願.부처와 보살이 중생을 구원하고자 하는 소원 이루어지기를 기원하는 일)한다."

"차례를 좇아(復) 생각하고 말하기를 '모든 세간은 번뇌에 눈이 멀었고 오직 나 혼자만이 지금 지혜를 온전하게 갖추었다.'라고 하면서 이와 같음을 알고 난 후에는 환하게 기쁜 미소를 지으면서 스스로 서원한다."

"또 생각하고 말하기를 '내가 지금 이름을 빌려서 몸이라고 붙인 까닭으로 삼세에 가득한 위 없는 법의 여래 몸을 얻을 것이다.'라고 하면서 이와 같음을 알고 난 후에는 환하게 기쁜 미소를 지으면서 스스로 서원한다."

"보살이 그때 막힘이나 걸림이 없는 눈으로 시방에 두루 한 범천뿐만 아니라 대자재천에 이르기까지 모두 보고 생각하고 말하기를 '이러한 등등의 중생들이 다 자신에게 이르길 큰 지혜의 힘을 가지고 있다.'라고 하는 것이라 하면서 이와 같음을 알고 난 후에는 환하게 기쁜 미소를 지으면서 스스로 서원한다."

"보살이 그때 모든 중생이 오래도록 선근을 심었으나 지금은 다 물러서고 없앤 것을 자세히 들여다보고 이와 같음을 알고 난 후에는 환하게 기쁜 미소를 지으면서 스스로 서원한다."

"보살이 세간에 종자를 심은 것이 비록 적으나 열매가 매우 많은 것을 자세히 보고 이와 같음을 알고 난 후에는 환하게 기쁜 미소를 지으면서 스스로 서원한다."

"보살은 모든 중생이 부처님의 가르침을 입으면 반드시 이익을 얻는 것을 자세히 들여다보고 이와 같음을 알고 난 후에는 환하게 기쁜 미소를 지으면서 스스로 서원한다."

"보살은 지난 세월에 함께 수행하던 보살이 나머지 다른 일에 물들어 불법의 광대한 공덕을 얻지 못함을 자세히 보고 이와 같음을 알고 난 후에는 환하게 기쁜 미소를 지으면서 스스로 서원한다."

"보살이 지난 세상 가운데 모임에 함께 했던 하늘과 사람들이 지금은 오히려 범부의 처지에 있기에 버리지 못하고 벗어나지 못하면서 그렇다고 피로하고 싫어하지도 않는 것을 자세히 보고 이와 같음을 알고 난 후에는 환하게 기쁜 미소를 지으면서 스스로 서원한다."

"보살이 그때 모든 여래의 광명에 닿으면서 기쁨이 배가 되고 환하게 기쁜 미소를 지으면서 스스로 서원하니, 이것이 열이다."

"불자여! 보살이 중생을 조복시키기 위한 까닭으로 이와 같음을 나타내 보이는 것이다."

佛子 菩薩摩訶薩以十事故 示現微笑心自誓 何等爲十 所謂 菩薩摩訶薩念言 一切世間沒在欲泥 除我一人無能免濟 如是知已 熙怡微笑心自誓 復念言 一切世間煩惱所盲 唯我今者具足智慧 如是知已 熙怡微笑心自誓 又念言 我今因此假名身故 當得如來充滿三世無上法身 如是知已 熙怡微笑心自誓 菩薩爾時 以無障礙眼 徧觀十方所有梵天 乃至一切大自在天 作是念言 此等衆生 皆自謂爲有大智力 如是知已 熙怡微笑心自誓 菩薩爾時觀諸衆生 久種善根 今皆退沒 如是知已 熙怡微笑心自誓 菩薩觀見世間種子 所種雖少 獲果甚多 如是知已 熙怡微笑心自誓 菩薩觀見一切衆生 蒙

佛所教 必得利益 如是知已 熙怡微笑心自誓 菩薩觀見過去世中同行菩薩 染著餘事不得佛法廣大功德 如是知已 熙怡微笑心自誓 菩薩觀見過去世中同共集會諸天人等至今猶在凡夫之地 不能捨離 亦不疲厭 如是知已 熙怡微笑心自誓 菩薩爾時 爲一切如來光明所觸 倍加欣慰 熙怡微笑心自誓 是爲十 佛子 菩薩爲調伏衆生故 如是示現

"불자여! 보살마하살은 일곱 걸음을 행하여 보이는 일에 열 가지 까닭이 있으니, 무엇이 열인가 하면, 이른바 보살의 힘을 나타내고자 하는 까닭으로 일곱 걸음을 행하여 보이고 일곱 가지 재물로 보시함을 나타내고자 하는 까닭으로 일곱 걸음을 행하여 보이고 지신(地神)의 소원을 만족하게 하고자 하는 까닭으로 일곱 걸음을 행하여 보이고 삼계를 초월하는 모양이나 상태를 나타내고자 하는 까닭으로 일곱 걸음을 행하여 보이고 보살의 가장 뛰어난 행이 코끼리, 소, 사자의 행을 뛰어넘은 것을 나타내고자 하는 까닭으로 일곱 걸음을 행하여 보이고 금강지(金剛地)의 모양이나 상태를 나타내고자 하는 까닭으로 일곱 걸음을 행하여 보이고 중생에게 용맹한 힘을 주고 이를 나타내고자 하는 까닭으로 일곱 걸음을 행하여 보이고 일곱 가지 깨우침의 보배를 나타내고자 하는 까닭으로 일곱 걸음을 행하여 보이고 얻은 법이 다른 이의 가르침으로 인한 것이 아님을 나타내고자 하는 까닭으로 일곱 걸음을 행하여 보이고 세간에서 가장 뛰어나고 비할 데가 없음을 나타내고자 하는 까닭으로 일곱 걸음을 행하여 보이니, 이것이 열이다."

"불자여! 보살이 중생을 조복시키기 위한 까닭으로 이와 같음을 나타내 보이는 것이다."

佛子 菩薩摩訶薩以十事故 示行七步 何等爲十 所謂 現菩薩力故 示行七步 現施七財故 示行七步 滿地神願故 示行七步 現超三界相故 示行七步 現菩薩最勝行超過象王 牛王 師子王行故 示行七步 現金剛地相故 示行七步 現欲與衆生勇猛力故 示行七步 現修行七覺寶故 示行七步 現所得法不由他教故 示行七步 現於世間最勝無比故 示行七步 是爲十 佛子 菩薩爲調伏衆生故 如是示現

"불자여! 보살마하살은 동자의 지위에 있음을 나타내는 열 가지 까닭이 있으니, 무엇이 열인가 하면, 이른바 모든 세간의 문자와 산수와 도서와 인쇄와 가지가지의 업을 통달한 것을 나타내고자 하는 까닭으로 동자의 지위에 있음을 나타내며, 모든 세간의 코끼리,

말, 수레, 활, 살, 칼, 창과 가지가지의 업을 통달한 것을 나타내고자 하는 까닭으로 동자의 지위에 있음을 나타내며, 모든 세간의 글과 글씨와 농담과 이치를 헤아리는 말과 장기와 바둑과 놀이의 가지가지 일에 통달한 것을 나타내고자 하는 까닭으로 동자의 지위에 있음을 나타내며, 몸과 말과 뜻으로 지은 모든 잘못과 허물을 멀리 벗어났음을 나타내고자 하는 까닭으로 동자의 지위에 있음을 나타내며, 선정에 들고 열반에 머물며 시방의 헤아릴 수 없는 세계에 두루두루 함을 나타내고자 하는 까닭으로 동자의 지위에 있음을 나타낸다."

"가지고 있는 힘이 하늘, 용, 야차, 건달바, 아수라, 가루라, 긴나라, 마후라가, 제석, 범천왕, 사천왕, 사람과 사람이 아닌 등등을 뛰어넘었음을 나타내고자 하는 까닭으로 동자의 지위에 있음을 나타내며, 보살의 색상과 위엄과 광명이 모든 제석과 범천왕과 사천왕을 뛰어넘었음을 나타내고자 하는 까닭으로 동자의 지위에 있음을 나타내며, 하고자 하는 것을 즐기고 탐내는 중생들이 법의 즐거움에 환희하는 것을 나타내고자 하는 까닭으로 동자의 지위에 있음을 나타내며, 바른 법을 존중하고 부처님께 공양하며, 시방의 모든 세계에 두루두루 한 까닭으로 동자의 지위에 있으며, 부처님의 가피를 얻어 법의 광명이 닿은 것을 나타내고자 하는 까닭으로 동자의 지위에 있음을 나타내니, 이것이 열이다."

佛子 菩薩摩訶薩以十事故 現處童子地 何等爲十 所謂 爲現通達一切世間文字 筭計 圖書 印璽種種業故 處童子地 爲現通達一切世間象馬 車乘 弧失 劍戟種種業故 處童子地 爲現通達一切世間文筆 談論 博弈 嬉戲種種事故 處童子地 爲現遠離身語 意業諸過失故 處童子地 爲現入定住涅槃門 周徧十方無量世界故 處童子地 爲現其力超過一切天 龍 夜叉 乾闥婆 阿修羅 迦樓羅 緊那羅 摩睺羅伽 釋 梵 護世 人 非人等故 處童子地 爲現菩薩色相威光超過一切釋 梵 護世故 處童子地 爲令耽著欲樂衆生歡喜樂法故 處童子地 爲尊重正法 勤供養佛 周徧十方一切世界故 處童子地 爲現得不加被蒙法光明故 處童子地 是爲十

"불자여! 보살마하살이 동자의 지위를 나타내고는 열 가지 일을 위해 왕궁에 거처함을 나타내니, 무엇이 열인가 하면, 이른바 지난 세상에서 함께 수행하던 중생의 선근을 성숙하게 하고자 하는 까닭으로 왕궁에 거처함을 나타내 보이며, 모든 사람과 하늘이 오락기구를 즐기고 집착하기에 보살의 큰 위엄과 공덕의 즐거움을 나타내 보이고자 하는 까닭으로 왕궁에 거처함을 나타내 보이며, 다섯 가지 탁함에 있는 중생들의 마음을 순하게 하기 위한 까닭으로 왕궁에 거처함을 나타내 보이며, 보살의 큰 위덕의 힘으로 깊은 궁전에서도 삼매에 들어가는 것을 나타내기 위한 까닭으로 왕궁에 거처함을 나타내 보이며, 지난 세상에서 소원을 함께 하던 중생의 뜻을 만족하게 하려는 까닭으로 왕궁에 거처함을 나타내 보이며, 부모와 친척과 권속의 소원을 만족하게 하려는 까닭으로 왕궁에 거처함을 나타내 보이며, 악기의 즐거움으로 빼어난 소리를 내어 모든 여래에게 공양하려는 까닭으로 왕궁에 거처함을 나타내 보이며, 궁전 안에서 섬세하고 빼어난 삼매에 머무르면서 부처를 이룸으로부터 열반에 이르기까지를 다 나타내려는 까닭으로 왕궁에 거처함을 나타내 보이며, 모든 부처님의 법을 순하게 따르고 지키고 보호하기 위한 까닭으로 왕궁에 거처함을 나타내 보인다."

이것이 열이며, 맨 마지막에 몸을 받는 보살은 이와 같음으로 왕궁에 거처함을 나타내 보인 후에 출가하는 것이다.

佛子 菩薩摩訶薩現童子地已 以十事故現處王宮 何等爲十 所謂 爲令宿世同行衆生善根成熟故 現處王宮 爲顯示菩薩善根力故 現處王宮 爲諸人 天耽著樂具 示現菩薩大威德樂具故 現處王宮 順五濁世衆生心故 現處王宮 爲現菩薩大威德力能於深宮入三昧故 現處王宮 爲令宿世同願衆生滿其意故 現處王宮 欲令父母 親戚 眷屬滿所願故 現處王宮 欲以妓樂出妙法音供養一切諸如來故 現處王宮 欲於宮內住微妙三昧 始從成佛乃至涅槃皆示現故 現處王宮 爲隨順守護諸佛法故 現處王宮 是爲十 最後身菩薩如是示現處王宮已 然後出家

"불자여! 보살마하살은 출가를 나타내 보이는 열 가지 까닭이 있으니, 무엇이 열인가 하면, 이른바 집에 있는 것을 싫어하는 까닭으로 출가함을 나타내 보이고 집에 집착하는 중생에게 집을 버리게 하려는 까닭으로 출가함을 나타내 보이고 성인의 도를 순하게 따르고 믿고 좋아하게 하려는 까닭으로 출가함을 나타내 보이고 출가한 공덕을 널리 알리고 찬탄하기 위한 까닭으로 출가함을 나타내 보이고 두 가지 치우친 소견에서 벗어남을 나타내려는 까닭으로 출가함을 나타내 보이고 중생들이 탐욕의 즐거움과 나라는 즐거움을 벗어나게 하려는 까닭으로 출가함을 나타내 보이고 삼계에서 뛰어난 모양이나 상태에서 나옴을 나타내려는 까닭으로 출가함을 나타내 보이고 자재하여 남에게 속하지 않는 것임을 나타내려는 까닭으로 출가함을 나타내 보이고 마땅히 여래의 십력과 막힘이나 걸림이 없는 법을 나타내려는 까닭으로 출가함을 나타내 보이고 맨 나중의 보살은 법이 응당 그러한 까닭으로 출가함을 나타내 보인다."

"이것이 열이며, 보살이 이것으로 중생을 조복시키는 것이다."

佛子 菩薩摩訶薩以十事故 示現出家 何等爲十 所謂 爲厭居家故 示現出家 爲著家衆生令捨離故 示現出家 爲隨順信樂聖人道故 示現出家 爲宣揚讃歎出家功德故 示現出家 爲顯永離二邊見故 示現出家 爲令衆生離欲樂 我樂故 示現出家 爲先現出三界相故 示現出家 爲現自在不屬他故 示現出家 爲顯當得如來十力 無畏法故 示現出家 最後菩薩法應爾故 示現出家 是爲十 菩薩以此調伏衆生

"불자여! 보살마하살은 열 가지 일을 위하는 까닭으로 괴로운 행을 행함을 보이니, 무엇이 열인가 하면, 이른바 지혜가 못난 중생을 성취하게 하려는 까닭으로 괴로운 행을 행함을 보이고 바르지 못한 소견을 가진 중생을 빼내기 위한 까닭으로 괴로운 행을 행함을 보이고 업과 과보를 모르는 중생에게 업과 과보를 보게 하려는 까닭으로 괴로운 행을 행함을 보이고 물들어 섞인 세계를 거스르지 않고 따르면 법이 응당 그러한 까닭으로 괴로운 행을 행함을 보이고 수고로움을 참고 부지런히 도 닦는 것을 보이려는 까닭으로 괴로운 행을 행함을 보이고 중생에게 법을 즐거이 구하게 하려는 까닭으로 괴로운 행을 행함을 보이고 탐욕의 즐거움과 나라는 즐거움에 집착한 중생을 위하는 까닭으로 괴로운 행을 행함을 보이고 보살의 특히 뛰어난 행을 일으켜서 맨 마지막 생에 이르기까지 오직 부지런히 정진하고 버리지 않음을 나타내기 위한 까닭으로 괴로운 행을 행함을 보이고 중생들이 적정의 법을 좋아하여 선근을 더하고 키우게 하려는 까닭으로 괴로운 행을 행함을 보이고 모든 하늘과 세상 사람 가운데 성숙하지 못한 이들의 때를 기다려 성숙하게 하려는 까닭으로 괴로운 행을 행함을 보인다."

"이것이 열이며, 보살은 이 방편으로 모든 중생을 조복시키는 것이다."

佛子 菩薩摩訶薩爲十種事故 示行苦行 何等爲十 所謂 爲成就劣解衆生故 示行苦行 爲拔邪見衆生故 示行苦行 爲不信業報衆生令見業報故 示行苦行 爲隨順雜染世界法應爾故 示行苦行 示能忍劬勞勤修道故 示行苦行 爲令衆生樂求法故 示行苦行 爲著欲樂 我樂衆生故 示行苦行 爲顯菩薩起行殊勝 乃至最後生猶不捨勤精進故 示

行苦行 爲諸天 世人諸根未熟 待時成熟故 示行苦行 是爲十 菩薩以此方便調伏一切衆生

"불자여! 보살마하살이 도량에 나아가는 열 가지 일이 있으니, 무엇이 열인가 하면, 이른바 도량에 나아갈 때 모든 세계를 비추고 도량에 나아갈 때 모든 세계를 움직여 흔들고 도량에 나아갈 때 모든 세계에 두루 그 몸을 나타내고 도량에 나아갈 때 모든 보살과 지난 세상에서 함께 수행하던 중생을 깨우치고 도량에 나아갈 때 모든 도량의 모든 장엄을 나타내 보이고 도량에 나아갈 때 모든 중생의 마음이 하고자 하는 것을 따라 몸에 따르는 가지가지의 위의와 또한 보리수의 모든 장엄을 나타내고 도량에 나아갈 때 시방의 모든 여래가 나타남을 보이고 도량에 나아갈 때 발을 들고 놓을 적마다 삼매에 들어가서 생각과 생각마다 부처를 이루는 일이 막힘이나 걸림이 없음을 나타내어 보게 하고 도량에 나아갈 때 모든 하늘, 용, 야차, 건달바, 아수라, 가루라, 긴나라, 마후라가, 제석, 범천왕, 사천왕과 모든 왕이 서로 각각 알지 못하면서도 가지가지의 빼어나고 높은 공양을 일으키게 하고 도량에 나아갈 때 막힘이나 걸림 없는 지혜로 일체 모든 부처님과 여래가 모든 세계에서 보살의 행을 닦아 바른 깨우침 이루는 것을 자세히 들여다보게 하는 일이다."

"이것이 열이며, 보살이 이것으로 중생을 가르치고 바른길로 이끄는 것이다."

佛子 菩薩摩訶薩往詣道場有十種事 何等爲十 所謂 詣道場時 照耀一切世界 詣道場時 震動一切世界 詣道場時 於一切世界普現其身 詣道場時 覺悟一切菩薩及一切宿世同行衆生 詣道場時 示現道場一切莊嚴 詣道場時 隨諸衆生心之所欲 而爲現身種種威儀 及菩提樹一切莊嚴 詣道場時 現見十方一切如來 詣道場時 擧足 下足常入三昧 念念成佛無有超隔 詣道場時 一切天 龍 夜叉 乾闥婆 阿修羅 迦樓羅 緊那羅 摩睺羅伽 釋 梵 護世一切諸王各不相知 而興種種上妙供養 詣道場時 以無礙智 普觀一切諸佛如來於一切世界修菩薩行而成正覺 是爲十 菩薩以此敎化衆生

"불자여! 보살마하살은 도량에 앉을 때 열 가지 일이 있으니, 무엇이 열인가 하면, 이른바 도량에 앉을 때 가지가지의 모든 세계를 진동하며, 도량에 앉을 때 모든 세계를 평등하게 비추며, 도량에 앉을 때 모든 악한 부류의 고통을 없애며, 도량에 앉을 때 모든 세계가 금강으로 이루어지게 하며, 도량에 앉을 때 모든 부처님 여래의 사자좌를 자세히 들여다보며, 도량에 앉을 때 마음이 허공과 같아서 분별할 것이 없으며, 도량에 앉을 때 그 응하는 바를 따라 몸의 위의를 나타내며, 도량에 앉을 때 금강 삼매를 순하게 따라 편안히 머물며, 도량에 앉을 때 모든 여래의 신통한 힘으로 유지되는 청정한 빼어난 곳을 받으며, 도량에 앉을 때 자신의 선근 힘으로 모든 중생에게 힘을 주어 돕고 지키는 것이니, 이 것이 열이다."

佛子 菩薩摩訶薩坐道場有十種事 何等爲十 所謂 坐道場時 種種震動一切世界 坐道場時 平等照耀一切世界 坐道場時 除滅一切諸惡趣苦 坐道場時 令一切世界金剛所成 坐道場時 普觀一切諸佛如來師子之座 坐道場時 心如虛空 無所分別 坐道場時 隨其所應 現身威儀 坐道場時 隨順安住金剛三昧 坐道場時 受一切如來神力所持淸淨妙處 坐道場時 自善根力悉能加被一切衆生 是爲十

"불자여! 보살마하살이 도량에 앉을 때 기이하고 특별하여 지금까지 한 번도 있어 본 적이 없는 일이 있으니, 무엇이 열인가 하면, 이른바 보살마하살이 도량에 앉을 때 시방세계의 모든 여래가 다 그 앞에 나타나서 오른손을 들고 칭찬의 말로 '선근이로다. 선근이로다. 위 없는 도사'라고 하니, 이것이 제1 지금까지 한 번도 있어 본 적이 없는 일이다."

"불자여! 보살마하살이 도량에 앉을 때 모든 여래가 남김없이 다 보호하고자 하는 생각을 하시니, 그 위력을 주는 이것이 제2 지금까지 한 번도 있어 본 적이 없는 일이다."

"불자여! 보살마하살이 도량에 앉을 때 지난 세상에서 함께 수행하던 보살들이 남김없이 다 와서 둘러싸고 가지가지의 장엄 기물로 공경하고 공양하는 이것이 제3 지금까지 한 번도 있어 본 적이 없는 일이다."

"불자여! 보살마하살이 도량에 앉을 때 모든 세계의 초목과 숲과 무정물이 다 몸을 굽혀서 그림자를 낮추고 도량으로 향하는 이것이 제4 지금까지 한 번도 있어 본 적이 없는 일이다."

"불자여! 보살마하살이 도량에 앉을 때 삼매에 드니, 이름이 '법계를 자세히 살펴서 들여다보는 것'이며, 이 삼매의 힘이 보살의 일체 모든 행으로 남김없이 다 원만함을 얻는 이것이 제5 지금까지 한 번도 있어 본 적이 없는 일이다."

"불자여! 보살마하살이 도량에 앉을 때 다라니를 얻으니, 이름이 '허물을 벗어난 가장 빼어난 광명의 장'이며, 일체 모든 부처님 여래의 큰 구름을 따르는 법 비를 받는 이것이 제6 지금까지 한 번도 있어 본 적이 없는 일이다."

"불자여! 보살마하살이 도량에 앉을 때 위덕의 힘으로 가장 빼어난 공양 기물을 일으켜서 모든 세계에 두루 하기에 이를 모든 부처님에게 공양하는 이것이 제7 지금까지 한 번도 있어 본 적이 없는 일이다."

"불자여! 보살마하살이 도량에 앉을 때 가장 뛰어난 지혜에 머물며, 중생의 모든 근과 뜻의 행함을 남김없이 다 깨달아 알고 나타내는 이것이 제8 지금까지 한 번도 있어 본 적이 없는 일이다."

"불자여! 보살마하살이 도량에 앉을 때 삼매에 드니, 이름이 '선근의 깨우침'이며, 이 삼매의 힘으로 그 몸이 삼세의 모든 허공과 모든 세계를 충만하게 하는 이것이 제9 지금까지 한 번도 있어 본 적이 없는 일이다."

"불자여! 보살마하살이 도량에 앉을 때 허물을 벗어난 광명과 막힘이나 걸림 없는 큰 지혜를 얻어 그 몸이 업으로 삼세에 두루 들어가게 하는 이것이 제10 지금까지 한 번도 있어 본 적이 없는 일이다."

"불자여! 이것이 보살마하살이 도량에 앉을 때 기이하고 특별해서 지금까지 한 번도 있어 본 적이 없는 일이다."

佛子 菩薩摩訶薩坐道場時 有十種奇特未曾有事 何等爲十 佛子 菩薩摩訶薩坐道場時 十方世界一切如來皆現其前 咸擧右手而偁讚言 善哉善哉 無上導師 是爲第一未曾有事 菩薩摩訶薩坐道場時 一切如來皆悉護念 與其威力 是爲第二未曾有事 菩薩摩訶薩坐道場時 宿世同行諸菩薩衆悉來圍遶 以種種莊嚴具恭敬供養 是爲第三未曾有事 菩薩摩訶薩坐道場時 一切世界草木 叢林諸無情物 皆曲身低影 歸向道場 是爲第四未曾有事 菩薩摩訶薩坐道場時 入三昧 名 觀察法界 此三昧力能令菩薩一切諸行悉得圓滿 是爲第五未曾有事 菩薩摩訶薩坐道場時 得陀羅尼 名 最上離垢妙光海藏 能受一切諸佛如來大雲法雨 是爲第六未曾有事 菩薩摩訶薩坐道場時 以威德力興上妙供具 徧一切世界供養諸佛 是爲第七未曾有事 菩薩摩訶薩坐道場時 住最勝智 悉現了知一切衆生諸根意行 是爲第八未曾有事 菩薩摩訶薩坐道場時 入三昧 名 善覺 此三昧力能令其身充滿三世盡虛空界一切世界 是爲第九未曾有事 菩薩摩訶薩坐道場時 得離垢光明無礙大智 令其身業普入三世 是爲第十未曾有事 佛子 是爲菩薩摩訶薩坐道場時 十種奇特未曾有事

"불자여! 보살마하살이 도량에 앉았을 때 바른 이치를 자세히 살펴서 들여다보는 까닭으로 마를 항복 받음을 나타내 보이는 열 가지가 있으니, 무엇이 열인가 하면, 이른바 탁한 세상의 중생들이 싸움을 좋아하기에 보살의 위엄과 덕의 힘을 드러내고자 하는 까닭으로 항복 받는 마를 나타내 보이며, 모든 하늘과 세상 사람 중에서 의심을 가진 자의 의심을 끊게 하려는 까닭으로 항복 받는 마를 나타내 보이며, 모든 마군을 가르치고 바른 길로 이끌어서 조복시키기 위한 까닭으로 항복 받는 마를 나타내 보이며, 모든 하늘과 세상 사람 가운데 군대의 전쟁놀이를 좋아하는 이들이 와서 자세히 보게 하고 마음을 조복시키려는 까닭으로 항복 받는 마를 나타내 보이며, 보살이 가지고 있는 위력이 세상에서 대적할 수 있는 것이 없음을 드러내려는 까닭으로 항복 받는 마를 나타내 보이며, 모든 중생의 용맹한 힘을 일으키기 위한 까닭으로 항복 받는 마를 나타내 보이며, 말세의 모든 중생을 가엾이 여기는 까닭으로 항복 받는 마를 나타내 보일 뿐만 아니라 도량에 이르기까지 마치 마군이 와서 시끄럽게 하더라도 이후에 마의 경계를 초월했음을 나타내기 위한 까닭으로 항복 받는 마를 나타내 보이며, 번뇌의 작용은 매우 적고 못난 대신 자비와 선근의 세력이 강하고 성한 것임을 나타내기 위한 까닭으로 항복 받는 마를 나타내 보이며, 탁하고 악한 세계에서 행하는 법을 거스르지 않고 따르고자 하는 까닭으로 항복 받는 마를 나타내 보이니, 이것이 열이다."

佛子 菩薩摩訶薩坐道場時 觀十種義故 示現降魔 何等爲十 所謂 爲濁世衆生樂於鬪戰 欲顯菩薩威德力故 示現降魔 爲諸天 世人有懷疑者 斷彼疑故 示現降魔 爲敎化調伏諸魔軍故 示現降魔 爲欲令諸天 世人樂軍陣者 咸來聚觀 心調伏故 示現降魔 爲顯示菩薩所有威力世無能敵故 示現降魔 爲欲發起一切衆生勇猛力故 示現降魔 爲哀愍末世諸衆生故 示現降魔 爲欲顯示乃至道場猶有魔軍而來觸惱 此後乃得超魔境界故 示現降魔 爲顯煩惱業用羸劣 大慈善根勢力强盛故 示現降魔 爲欲隨順濁惡世界所行法故 示現降魔 是爲十

"불자여! 보살마하살은 열 가지 여래의 힘을 이루는 것이 있으니, 무엇이 열인가 하면, 이른바 모든 마와 번뇌의 업을 뛰어넘으려는 까닭으로 여래의 힘을 이루며, 모든 보살의 행을 온전하게 갖추고 모든 보살의 삼매 문에 즐겁게 노닐고자 하는 까닭으로 여래의 힘을 이루며, 모든 보살의 광대한 선정을 온전하게 갖추고자 하는 까닭으로 여래의 힘을 이루며, 모든 희고 청정한 도를 돕는 법을 원만하게 하려는 까닭으로 여래의 힘을 이루며, 모든 법의 지혜와 광명을 얻어 선근 사유의 분별을 얻으려는 까닭으로 여래의 힘을 이루며, 그 몸으로 모든 세계에 두루 하려는 까닭으로 여래의 힘을 이루며, 내어놓은 말과 음성이 모든 중생의 마음과 평등해지려는 까닭으로 여래의 힘을 이루며, 신통한 힘으로 모든 것에 함께 하려는 까닭으로 여래의 힘을 이루며, 삼세 부처님의 몸과 말과 뜻의 업과 평등하여 다르지 않으며, 한 생각, 한순간에 삼세의 법을 분명하게 알고자 하는 까닭으로 여래의 힘을 이루며, 선근으로 깨우치는 지혜의 삼매를 얻어 여래의 십력을 갖추는 것이니, 이른바 옳은 곳과 그른 곳을 아는 지혜의 힘뿐만 아니라 생사가 다하는 지혜의 힘(漏盡智力)을 갖추는 것이니, 이러한 까닭으로 여래의 힘을 이룬다."

"이것이 열이며, 그와 같은 모든 보살이 이 열 가지의 힘을 갖추면 곧 이름이 여래, 응공, 정등각이다."

佛子 菩薩摩訶薩有十種成如來力 何等爲十 所謂 超過一切衆魔煩惱業故 成如來力 具足一切菩薩行 遊戱一切菩薩三昧門故 成如來力 具足一切菩薩廣大禪定故 成如來力 圓滿一切白淨助道法故 成如來力 得一切法智慧光明 善思惟分別故 成如來力 其身周徧一切世界故 成如來力 所出言音悉與一切衆生心等故 成如來力 能以神力加持一切故 成如來力 與三世諸佛身 語 意業等無有異 於一念中了三世法故 成如來力 得善覺智三昧 具如來十力 所謂 是處 非處智力乃至漏盡智力故 成如來力 是爲十 若諸菩薩具此十力 則名 如來 應 正等覺

"불자여! 여래, 응공, 정등각이 큰 법륜을 굴리는 일에 열 가지가 있으니, 무엇이 열인가 하면, 이른바 하나는 청정한 네 가지 두려움 없는 지혜를 온전하게 갖추는 것이며, 둘은 네 가지 변재를 따르는 음성을 내는 것이며, 셋은 네 가지 참된 진실의 모양이나 상태를 선근으로 열어 밝히는 것이며, 넷은 부처님의 막힘이나 걸림이 없는 해탈을 거스르지 않고 따르는 것이며, 다섯은 중생들이 마음으로 청정하게 다 믿게 하는 것이며, 여섯은 말하는 것이 다 헛되지 않고 중생이 괴로워하는 독화살을 뽑아내는 것이며, 일곱은 크게 가엾이 여기는 원력으로 함께 하는 것이며, 여덟은 내는 음성을 따라서 시방의 모든 세계에 두루 한 것이며, 아홉은 아승기 겁을 두고 법을 말해서 끊어지지 않게 하는 것이며, 열은 설하는 법마다 근과 힘과 깨닫는 도와 선정과 해탈과 삼매의 법을 내는 일이다."

"불자여! 모든 부처님 여래가 법륜을 굴리는 일에 이와 같은 등등의 헤아릴 수 없는 종류의 일이 있다."

佛子 如來 應 正等覺轉大法輪有十種事 何等爲十 一者 具足清淨四無畏智 二者 出生四辯隨順音聲 三者 善能開闡四眞諦相 四者 隨順諸佛無礙解脫 五者 能令衆生心皆淨信 六者 所有言說皆不唐捐 能拔衆生諸苦毒箭 七者 大悲願力之所加持 八者 隨出音聲普徧十方一切世界 九者 於阿僧祇劫說法不斷 十者 隨所說法皆能生起根力 覺道 禪定 解脫 三昧等法 佛子 諸佛如來轉於法輪 有如是等無量種事

"불자여! 여래, 응공, 정등각이 법륜을 굴릴 때 중생의 마음 가운데 희고 청정한 법을 심어서 헛되게 지내는 일이 없게 하는 열 가지 까닭이 있으니, 무엇이 열인가 하면, 이른바 과거에 원력으로 인한 까닭이며, 가엾이 여김으로 유지하는 까닭이며, 중생을 버리지 않는 까닭이며, 지혜가 자재하기에 그들이 좋아함을 따라서 법을 말하는 까닭이며, 반드시 때에 응하고 또 잃지 않는 까닭이며, 마땅함을 따르고 망령되게 설하지 않는 까닭이며, 삼세를 아는 지혜의 선근으로 깨달아 아는 까닭이며, 그 몸이 가장 뛰어나고 비교할 만한 이가 없는 까닭이며, 말하는 것이 자재하기에 헤아릴 수가 없는 까닭이며, 지혜가 자재하기에 말하는 바를 따라 남김없이 열어서 깨우치는 까닭이니, 이것이 열이다."

佛子 如來 應 正等覺轉法輪時 以十事故 於衆生心中種白淨法 無空過者 何等爲十 所謂 過去願力故 大悲所持故 不捨衆生故 智慧自在 隨其所樂爲說法故 必應其時未曾失故 隨其所宜 無妄說故 知三世智 善了知故 其身最勝 無與等故 言辭自在 無能測故 智慧自在 隨所發言悉開悟故 是爲十

"불자여! 여래, 응공, 정등각이 불사를 짓고는 열 가지 바른 이치를 자세히 들여다보기 위한 까닭으로 반열반에 들어감을 보이니, 무엇이 열인가 하면, 이른바 모든 행이 실상의 본바탕으로 항상 함이 없음을 보이려는 까닭이며, 모든 인위적인 유위가 편안하게 위로받는 곳이 아님을 보이려는 까닭이며, 큰 열반이 편안하고 위로받는 곳이라 공포와 두려움이 없음을 보이려는 까닭이며, 모든 사람과 하늘의 색신에 즐겁게 집착하기에 색신이 항상 함이 없는 법임을 나타내어 원하건대 청정한 법의 몸에 머물게 하려는 까닭이며, 항상 함이 없는 힘을 가지고 가히 굴릴 수 없음을 보이려는 까닭이며, 모든 유위가 마음을 따라 머물지 않고 자재하지 못함을 보이려는 까닭이며, 모든 삼유가 다 허깨비가 변한 것과 같아서 견고할 수 없음을 보이려는 까닭이며, 열반의 성품은 마지막까지 굳건하기에 무너지지 않음을 보이려는 까닭이며, 모든 법이란 생함도 없고 일어남도 없으나 모이고 흩어지는 모양이나 상태가 있음을 보이려는 까닭이다."

"불자여! 모든 부처님 세존께서는 불사를 지은 후에는 소원을 만족하시고 법륜을 굴리시고 바른길로 이끌 수 있는 자는 가르쳐서 다 바른길로 이끄시고 그런 후에 모든 보살이 응당 높은 이름을 받은 이에게 수기를 주시고 수기를 마친 후에는 변하지 않는 큰 반열반에 들어가신다."

"불자여! 이것이 여래, 응공, 정등각이 열 가지 바른 이치를 자세히 들여다보기 위한 까닭으로 반열반에 들어감을 보이는 것이다."

佛子 如來 應 正等覺作佛事已 觀十種義故 示般涅槃 何等爲十 所謂 示一切行實無常故 示一切有爲非安隱故 示大涅槃是安隱處 無怖畏故 以諸人 天樂著色身 爲現色身是無常法 令其願住淨法身故 示無常力不可轉故 示一切有爲不隨心住 不自在故 示一切三有皆如幻化 不堅牢故 示涅槃性究竟堅牢 不可壞故 示一切法無生無起而有聚集 散壞相故 佛子 諸佛世尊作佛事已 所願滿已 轉法輪已 應化度者皆化度已 有諸菩薩應受尊號成記別已 法應如是入於不變大般涅槃 佛子 是爲如來 應 正等覺觀十義故 示般涅槃

9) 결론

"불자여! 이 법문의 이름은 '보살의 청정하고 광대한 행'이며, 헤아릴 수 없는 부처님이 함께 베풀어 설하신 것이다. 지혜 있는 자들이 헤아릴 수 없는 이치를 분명하게 깨우쳐 마치고 다 환희하게 하며, 모든 보살의 큰 원과 큰 행이 서로 계속 이어지게 하려는 것이다."

"불자여! 그와 같은 중생이 이 법을 듣고는 믿고 이해하며, 이해한 후에 수행하면 빠르게 아뇩다라삼먁삼보리를 반드시 얻을 것이니, 왜냐하면 말한 것과 같이 수행한 까닭이다."

"불자여! 그와 같은 보살들이 말한 것과 같이 수행하지 않으면 이 사람은 부처의 보리를 영원히 벗어난 것이니, 이러한 까닭으로 보살은 응당 말한 것과 같이 행하여야 한다."

"불자여! 이것이 모든 보살이 공덕을 행하는 곳이며, 결정한 뜻의 꽃이며, 모든 법에 두루 들어가는 것이며, 모든 지혜를 두루 생하는 것이며, 모든 세간을 뛰어넘고 이승의 도를 벗어나며, 일체 모든 중생과 더불어 하지 않으며, 남김없이 모든 법문을 비추어 분명하게 깨우쳐 알며, 중생이 세상을 나서는 선근을 더하고 키우며, 세간을 벗어난 법문품이다."

"응당 존중해야 하고 응당 들어야 하고 응당 외워 지녀야 하고 응당 사유해야 하고 응당 원해야 하고 응당 즐거워해야 하고 응당 수행해야 하니, 그와 같음을 이와 같음으로 하면 마땅히 이 사람은 빠르게 아뇩다라삼먁삼보리를 얻을 것이다."

佛子 此法門名 菩薩廣大淸淨行 無量諸佛所共宣說 能令智者了無量義皆生歡喜 令一切菩薩大願 大行皆得相續 佛子 若有衆生得聞此法 聞已信解 解已修行 必得疾成阿耨多羅三藐三菩提 何以故 以如說修行故 佛子 若諸菩薩不如說行 當知是人於佛菩提則爲永離 是故菩薩應如說行 佛子 此一切菩薩功德行處決定義華 普入一切法 普生一切智 超諸世間 離二乘道 不與一切諸衆生共 悉能照了一切法門 增長衆生出世善根 離世間法門品 應尊重 應聽受 應誦持 應思惟 應願樂 應修行 若能如是 當知是人疾得阿耨多羅三藐三菩提

"이 품을 말할 때 부처님의 신통한 힘과 이 법문이 이와 같은 까닭으로 시방의 헤아릴 수 없고 끝없는 아승기 세계가 크게 진동하고 큰 광명이 두루 비춘다."

그때 시방의 모든 부처님이 보현보살 앞에 나타나 칭찬하며 말씀하셨다.

"선근이로다. 선근이로다. 불자여! 모든 보살마하살이 공덕을 행하는 처와 결정된 꽃의 이치와 모든 불법에 두루 들어가는 것으로 출세간(不立五蘊.初發心)의 법문품을 말하였다. 불자여! 그대가 이미 선근으로 이 법을 배웠으며, 선근으로 이 법을 설하고 너의 위신력으로 이 법을 능히 보호해 지니고 나와 모든 부처님이 다 따라서 기뻐하니, 나와 모든 부처님이 너를 따라 기뻐하는 것과 같이 일체 모든 부처님도 또한 이와 같다."

"불자여! 나와 모든 부처님이 다 함께 같은 마음으로 이 경을 보호해 지니고 현재, 미래의 모든 보살 대중 가운데 듣지 못한 이들을 모두 듣게 할 것이다."

說此品時 佛神力故 及此法門法如是故 十方無量無邊阿僧祇世界皆大震動 大光普

照 爾時 十方諸佛皆現普賢菩薩前 讚言 善哉善哉 佛子 乃能說此諸菩薩摩訶薩功德行處決定義華普入一切佛法出世間法門品 佛子 汝已善學此法 善說此法 汝以威力護持此法 我等諸佛悉皆隨喜 如我等諸佛隨喜於汝 一切諸佛悉亦如是 佛子 我等諸佛悉共同心護持此經 令現在 未來諸菩薩衆未曾聞者皆當得聞

이때 보현보살마하살이 부처님의 위신력을 받들어 시방의 모든 대중과 법계를 자세히 살펴서 들여다보고는 게송으로 말했다.

爾時 普賢菩薩摩訶薩承佛神力 觀察十方一切大衆洎于法界而說頌言

於無量劫修苦行 헤아릴 수 없는 겁을 두고 고행을 닦으며
從無量佛正法生 헤아릴 수 없는 부처님의 바른 법을 좇아 태어나
令無量衆住菩提 헤아릴 수 없는 중생을 보리에 머물게 하는
彼無等行聽我說 그 이상 더 할 수 없는 행을 내가 말할 것이라네.

供無量佛而捨著 헤아릴 수 없는 부처님에게 이바지하여 집착을 버리고
廣度群生不作想 많은 중생을 가르치고 바른길로 이끌되 생각을 짓지 않으며
求佛功德心無依 부처님의 공덕을 구해도 마음에 의지함이 없으니
彼勝妙行我今說 그러한 뛰어나고 빼어난 행을 내 지금 설할 것이라네.

離三界魔煩惱業 삼계의 마와 번뇌의 업을 벗어나
具聖功德最勝行 성인의 공덕과 가장 뛰어난 행을 갖추고
滅諸癡惑心寂然 모든 어리석은 의혹을 없애고 마음이 고요하니
我今說彼所行道 내 이제 행하던 도를 설할 것이라네.

永離世間諸誑幻 세간의 모든 거짓과 허깨비의 속임수를 영원히 벗어나
種種變化示衆生 가지가지의 변화를 중생에게 보이며
心生住滅現衆事 마음이 나고 머물고 없어지는 많은 일을 나타내니
說彼所能令衆善 저 언덕의 많은 선근을 능히 말할 것이라네.

見諸衆生生⊠死 모든 중생은 태어남과 늙고 죽음과
煩惱憂橫所纏迫 번뇌와 근심과 횡액으로 얽히고 핍박받고 있는 것을
欲令解脫敎發心 해탈하기 위해 가르쳐서 마음을 일으키게 하고자 하니
彼功德行應聽受 공덕의 행을 응당 듣고 받아 들어야 한다네.

施戒忍進禪智慧 보시, 지계, 인욕, 정진, 선정, 지혜와
方便慈悲喜捨等 방편과 자비와 기뻐하고 버리는 일 등
百千萬劫常修行 백만 겁을 두고 항상 수행하니
彼人功德仁應聽 저 사람의 공덕을 어진 이는 응당 들으셔야 한다네.

千萬億劫求菩提 천만 억겁을 두고 보리를 구하지만
所有身命皆無吝 가지고 있는 몸과 목숨을 다 아끼지 않으며
願益群生不爲已 원으로 중생의 이익을 위함이고 나를 위함이 아니니
彼慈愍行我今說 자비와 가엾이 여기는 행을 내 지금 설할 것이라네.

無量億劫演其德 그 공덕은 헤아릴 수 없는 억겁을 두고 설한다 해도
如海一滴未爲少 바닷물 한 방울보다 적기에
功德無比不可諭 공덕이 비할 데 없고 비유할 수 없으나
以佛威神今略說 부처님의 위신력으로 지금 간략하게 설할 것이라네.

其心無高下 그 마음은 높고 낮음이 없고
求道無厭倦 도를 구함에 싫어함도 피곤함이 없으며
普使諸衆生 모든 중생에게 두루 하고
住善增淨法 선근의 법에 머물러 청정한 법을 거듭 더한다네.

智慧普饒益 지혜로 두루 넉넉하고 이익이 되게 하는 일은
如樹如河泉 나무 같고 강물과 못과 같고
亦如於大地 또한 대지와 같아서
一切所依處 모든 것이 의지하는 처라네.

菩薩如蓮華 보살은 연꽃과 같기에
慈根安隱莖 뿌리는 자비가 되고 편안하게 위로받음은 줄기이며
智慧爲衆蕊 지혜는 많은 꽃술이고
戒品爲香潔 계품은 깨끗한 향기라네.

佛放法光明 부처님이 법의 광명을 놓아
令彼得開敷 그 연꽃이 활짝 피어나니
不著有爲水 유위(五蘊)의 물이 묻지 않으며
見者皆欣樂 보는 이들이 다 기뻐한다네.

菩薩妙法樹 보살의 빼어난 법 나무는
生於直心地 바른 마음의 땅에서 나니
信種慈悲根 믿음은 씨앗이 되고 자비는 뿌리이며
智慧以爲身 지혜를 몸으로 삼고
方便爲枝幹 방편은 가지가 되며
五度爲繁密 다섯 바라밀은 빽빽하게 번성하고
定葉神通華 선정은 잎으로 신통은 꽃으로 피어나며
一切智爲果 일체 지혜는 열매로 맺힌다네.

最上力爲鳥 가장 최고의 힘은 새가 되고
垂陰覆三界 그늘을 드리워 삼계를 덮으며
菩薩師子王 보살의 사자 왕은
白淨法爲身 희고 깨끗한 법(不立五蘊不離證得)의 몸이 되었다네.

四諦爲其足 네 가지 참된 진실은 그 발이 되고
正念以爲頸 바른 생각은 목이 되며
慈眼智慧首 자비한 눈에 지혜의 머리에는
頂繫解脫繒 해탈의 비단 띠를 정수리에 매고
勝義空谷中 빈 골짜기 가운데(不立五蘊)서 뛰어난 이치로

吼法怖衆魔 사자 후하는 법에 많은 마가 놀란다네.

菩薩爲商主 보살은 상인의 대장이 되어
普見諸衆生 모든 중생을 두루 보니
在生死曠野 아득한 너른 들판에 생사가 있고
煩惱險惡處 번뇌와 험하고 악한 곳에 있으면서
魔賊之所攝 악마와 도적에게 잡히니
癡盲失正道 어리석음에 눈멀고 바른길을 잃는다네.

示其正直路 그들에게 바르고 곧은 길을 보여주고
令入無畏城 두려움이 없는 성에 들어가게 하니
菩薩見衆生 보살이 중생의
三毒煩惱病 삼독과 번뇌와 병과
種種諸苦惱 가지가지의 모든 괴로움에
長夜所煎迫 긴긴밤 다그침에 마음 졸이니
爲發大悲心 크게 가엾이 여기는 마음을 일으켜
廣說對治門 상대하고 다스릴 문을 넓게 설한다네.

八萬四千種 8만 4천 가지로
滅除衆苦患 많은 괴로움과 걱정 근심을 제거해 없애고
菩薩爲法王 보살을 법왕으로 삼아
正道化衆生 바른 도로 중생을 가르치고 이끌며
令遠惡修善 악함을 멀리하고 선근을 닦으며
專求佛功德 오로지 부처님의 공덕을 구하고
一切諸佛所 일체 모든 부처님의 처소에서
灌頂授尊記 정수리에 물 붓는 귀한 수기를 받는다네.

廣施衆聖財 성스러운 많은 재물을 넓게 보시하고
菩提分珍寶 보리에 이르는 귀중한 보배를

菩薩轉法輪 보살이 법륜으로 굴리니
如佛之所轉 부처님의 굴리심과 같으며
戒轂三昧輞 계는 바퀴 통이며 삼매는 바퀴의 테이고
智莊慧爲劍 지혜는 장엄이며 슬기는 검이 되어
旣破煩惱賊 번뇌라는 적을 뿌리까지 깨트리고
亦殄衆魔怨 또한 마와 원수를 모조리 부순다네.

一切諸外道 일체 모든 외도가
見之無不散 흩어져 없어지는 것을 보니
菩薩智慧海 보살의 지혜는 바다와 같고
深廣無涯際 깊고 넓으면서 그 경계가 없으며
正法味盈洽 바른 법의 맛이 흡족하게 그릇에 차고
覺分寶充滿 각분의 보배로 충만하며
大心無邊岸 큰마음은 끝없는 언덕이 되고
一切智爲潮 일체 지혜는 조수라네.

衆生莫能測 중생은 헤아릴 수 없고
說之不可盡 말로도 다 할 수 없으니
菩薩須彌山 보살의 수미산은
超出於世間 세간을 초월해 나아가서
神通三昧峯 신통과 삼매의 봉우리에
大心安不動 대승의 마음으로 편안하게 움직이지 않고
若有親近者 그와 같이 친근한 이들은
同其智慧色 그 지혜의 빛이 같다네.

逈絶衆境界 아득하게 먼 많은 경계를 끊었기에
一切無不睹 모든 것을 보지 못함이 없으며
菩薩如金剛 보살은 금강과 같아서
志求一切智 뜻으로 일체 지혜를 구하고

信心及苦行 믿은 마음과 괴로운 행은
堅固不可動 견고하여 움직일 수 없지만
其心無所畏 그 마음은 두려움이 없기에
饒益諸群生 모든 중생에게 넉넉한 이익이 된다네.

衆魔與煩惱 많은 마와 더불어 번뇌를
一切悉摧滅 남김없이 일체를 꺾어서 없애버리니
菩薩大慈悲 보살의 큰 자비가
譬如重密雲 비유하면 빽빽한 구름이 겹친 것과 같으며
三明發電光 세 가지의 밝은 것으로 번개 빛을 일으키고
神足震雷音 신족은 천둥소리이며
普以四辯才 네 가지의 두루 한 변재로
雨八功德水 여덟 가지 공덕의 물을 내린다네.

潤洽於一切 일체를 윤택하고 흡족하게 하며
令除煩惱熱 번뇌의 뜨거움을 제거하고
菩薩正法城 보살의 바른 법의 성이
般若以爲牆 반야를 담장으로 삼으며
慚愧爲深塹 매우 부끄럽게 여김은 해자가 되고
智慧爲卻敵 지혜는 망루로 삼으며
廣開解脫門 해탈문을 활짝 열어놓고
正念恒防守 바른 생각으로 항상 막아서 지키니
四諦坦王道 네 가지의 진실로 왕도를 평탄하게 하고
六通集兵仗 육신통의 병장기를 모아서
復建大法幢 차례를 좇아 큰 법의 당기를 세우고
周迴徧其下 그 아래 두루 돌아 모이게 하니
三有諸魔衆 삼유의 모든 마의 군중은
一切無能入 일체 들어 오지 못한다네.

菩薩迦樓羅 보살 가루라가
如意爲堅足 이와 같은 뜻을 견고한 발로 삼고
方便勇猛翅 방편의 용맹한 날개와
慈悲明淨眼 자비의 밝고 청정한 눈이
住一切智樹 모든 지혜의 나무에 머물며
觀三有大海 삼유의 큰 바다를 자세히 들여다보고
搏撮天人龍 하늘과 사람과 용을 취해서
安置涅槃岸 열반의 언덕에 편안히 둔다네.

菩薩正法日 보살의 바른 법 태양이
出現於世間 세간에 출현하니
戒品圓滿輪 계품의 원만한 수레바퀴는
神足速疾行 신족통으로 빠르게 구르고
照以智慧光 지혜의 광명을 비추니
長諸根力藥 모든 근과 힘의 약이 자라서
滅除煩惱闇 번뇌라는 어둠을 제거해 없애고
消竭愛欲海 애욕의 바닷물을 말려버린다네.

菩薩智光月 보살의 지혜인 광명의 달이
法界以爲輪 법계를 수레바퀴로 삼아
遊於畢竟空 끝내는 허공에 노닐기에
世間無不見 세간에 보지 못한 이가 없고
三界識心內 삼계를 아는 마음속에서는
隨時有增減 때를 따라 더하기도 줄기도 하며
二乘星宿中 이승의 별 가운데서는
一切無儔匹 모든 것이 맞설 짝이 없다네.

菩薩大法王 보살의 대 법왕은
功德莊嚴身 공덕으로 장엄한 몸에

相好皆具足 좋은 모양이나 상태를 온전하게 다 갖추고
人天悉瞻仰 하늘과 사람들이 남김없이 우러러 사모하며
方便淸淨目 청정한 눈은 방편으로
智慧金剛杵 금강저는 지혜로
於法得自在 법에 자재함을 얻어
以道化群生 도로써 중생을 가르치고 바른길로 이끈다네.

菩薩大梵王 보살의 대 범천왕은
自在超三有 자재하게 삼유를 초월하여
業惑悉皆斷 업과 의혹을 남김없이 다 끊어내고
慈捨靡不具 자비희사를 모두 갖추어
處處示現身 곳곳마다 몸을 나타내 보이며
開悟以法音 법의 음성으로 깨우침을 깨달아 열고
於彼三界中 저 삼계 가운데
拔諸邪見根 바르지 못한 모든 견해의 뿌리를 뽑는다네.

菩薩自在天 보살의 자재천은
超過生死地 생사의 지위를 초월해 지나가고
境界常淸淨 경계가 항상 청정하기에
智慧無退轉 지혜가 물러섬이 없으며
絶彼下乘道 저 하승의 도를 끊어 버리고
受諸灌頂法 모두 정수리에 물 붓는 법을 받아
功德智慧具 공덕과 지혜를 갖추어
名稱靡不聞 이름을 모든 곳에서 다 듣는다네.

菩薩智慧心 보살의 지혜로운 마음은
淸淨如虛空 청정하기가 허공과 같아서
無性無依處 성품도 없고 의지할 처가 없기에
一切不可得 모두 얻을 수 없으나

有大自在力 크게 자재한 마음이 있어서
能成世間事 세간의 일을 능히 이루고
自具淸淨行 청정한 행을 스스로 갖추고
令衆生亦然 중생들 또한 그러하게 한다네.

菩薩方便地 보살의 방편 자리가
饒益諸衆生 모든 중생에게 넉넉한 이익이 되고
菩薩慈悲水 보살의 자비로운 물은
澣滌諸煩惱 모든 번뇌를 씻어내며
菩薩智慧火 보살의 지혜로운 불은
燒諸惑習薪 의심에 익숙한 잡초를 불태워 버리고
菩薩無住風 보살은 머무름이 없는 바람으로
遊行三有空 삼유의 허공을 즐겁게 노닌다네.

菩薩如珍寶 보살은 진귀한 보배와 같기에
能濟貧窮厄 가난으로 인한 생활의 어려움과 괴로움을 구제하고
菩薩如金剛 보살은 금강과 같기에
能摧顚倒見 뒤바뀌어 거꾸로 된 견해를 능히 꺾고
菩薩如瓔珞 보살은 보배 구슬 목걸이 같기에
莊嚴三有身 삼유의 몸을 장엄하고
菩薩如摩尼 보살은 마니와 같기에
增長一切行 모든 행을 더하고 키운다네.

菩薩德如華 보살의 덕스러움은 꽃과 같기에
常發菩提分 항상 보리 분법(分法)을 일으키고
菩薩願如鬘 보살의 원은 머리 장식과 같기에
恒繫衆生首 항상 중생의 머리를 묶고
菩薩淨戒香 보살은 청정한 계의 향기와 같기에
堅持無缺犯 굳건하게 지녀서 범하거나 이지러짐이 없고

菩薩智塗香 보살의 지혜는 바르는 향과 같기에
普熏於三界 삼계에 두루 스며든다네.

菩薩力如帳 보살의 힘은 휘장과 같기에
能遮煩惱塵 번뇌의 티끌을 능히 막고
菩薩智如幢 보살의 지혜는 당기와 같기에
能摧我慢敵 나라는 오만함의 적을 능히 부러뜨리고
妙行爲繒綵 빼어난 행을 비단으로 삼아
莊嚴於智慧 지혜를 장엄하고
慚愧作衣服 부끄러움은 의복을 지어
普覆諸群生 모든 중생을 두루 덮어 준다네.

菩薩無礙乘 보살의 막힘이나 걸림 없는 승법으로
巾之出三界 생사라는 삼계에서 나가게 하고
菩薩大力象 보살은 코끼리의 큰 힘으로
其心善調伏 그 마음을 선근으로 조복시키고
菩薩神足馬 보살 신족의 말로
騰步超諸有 날아올라서 모든 있음을 뛰어넘고
菩薩說法龍 보살이 법을 설함은 용이
普雨衆生心 중생의 마음에 두루 비를 내림과 같다네.

菩薩優曇華 보살의 우담바라 꽃은
世間難值遇 세상에서는 만나기가 어렵고
菩薩大勇將 보살의 용맹스러운 큰 장수는
衆魔悉降伏 많은 마를 남김없이 항복 받고
菩薩轉法輪 보살이 굴리는 법륜은
如佛之所轉 부처님과 같고
菩薩燈破闇 보살이 등불로 어둠을 깨트려
衆生見正道 중생이 바른 도를 보게 한다네.

菩薩功德河 보살 공덕의 강은

恒順正道流 바른 도를 거스르지 않고 흐르며

菩薩精進橋 보살이 힘을 다해 나아가는 다리는

廣度諸群品 모든 중생을 바른길로 건너게 하고

大智與弘誓 큰 지혜와 더불어 넓은 서원은

共作堅牢船 함께 견고한 배를 만들어

引接諸衆生 모든 중생을 태우고

安置菩提岸 보리의 언덕에 편안히 서게 한다네.

菩薩遊戲園 보살이 즐겁게 노니는 동산은

眞實樂衆生 진실로 중생을 즐겁게 하고

菩薩解脫華 보살의 해탈 꽃은

莊嚴智宮殿 지혜로운 궁전을 장엄하고

菩薩如妙藥 보살의 빼어난 약은

滅除煩惱病 번뇌라는 병을 제거하여 없애고

菩薩如雪山 보살은 설산과 같기에

出生智慧藥 지혜의 약을 낸다네.

菩薩等於佛 보살은 부처님과 가지런하기에

覺悟諸群生 모든 중생이 깨우침을 깨닫게 하고

佛心豈有他 부처님의 마음과 다르지 않지만

正覺覺世間 바른 깨우침으로 세간을 깨우치게 한다네.

如佛之所來 부처님이 오시는 것과 같이

菩薩如是來 보살도 이와 같음으로 오며

亦如一切智 또한 일체 지혜도 이와 같기에

以智入普門 지혜로 두루 넓은 문에 들어간다네.

菩薩善開導 보살은 선근(不立五蘊不離證得.般若智)으로 길을 열어

一切諸群生 일체 모든 중생을 바른길로 이끌고
菩薩自然覺 보살은 자연스럽게
一切智境界 모든 지혜의 경계를 깨닫는다네.

菩薩無量力 보살의 헤아릴 수 없는 힘은
世間莫能壞 세간의 힘으로는 무너뜨릴 수 없고
菩薩無畏智 보살의 두려움 없는 지혜는
知衆生及法 중생과 법을 알게 한다네.

一切諸世間 일체 모든 세간의
色相各差別 색상을 각각 차등이 있게 구별하고
音聲及名字 음성 및 이름을
悉能分別知 남김없이 분별해서 안다네.

雖離於名色 비록 이름과 색을 벗어나
而現種種相 가지가지의 모양이나 상태를 나타내지만
一切諸衆生 일체 모든 중생이
莫能測其道 그 도를 헤아리지는 못한다네.

如是等功德 이와 같은 등의 공덕을
菩薩悉成就 보살이 남김없이 성취하고
了性皆無性 성품이란 성품이 없음을 분명하게 깨우쳐 알고
有無無所著 있음과 없음에 집착하는 것이 없다네.

如是一切智 이와 같은 지혜는
無盡無所依 다함도 없고 의지할 것도 없으니
我今當演說 내 지금 마땅히 널리 설하여
令衆生歡喜 중생을 즐겁고 기쁘게 할 것이라네.

雖知諸法相 비록 모든 법의 모양이나 상태가
如幻悉空寂 허깨비와 같고 남김없이 텅 비어 고요한 것임을 알지만
而以悲願心 가엾이 여기는 원의 마음과
及佛威神力 부처님의 위신의 힘으로
現神通變化 신통 변화와
種種無量事 가지가지의 헤아릴 수 없는 일을 나타내는 것이니
如是諸功德 이와 같은 모든 공덕을
汝等應聽受 그대들은 응당 듣고 받아들이길 바란다네.

一身能示現 하나의 몸으로
無量差別身 헤아릴 수 없이 차별된 몸을 나타내 보이니
無心無境界 마음도 없고 경계도 없이
普應一切衆 모든 대중을 두루 응한다네.

一音中具演 하나의 음성 가운데
一切諸言音 일체 모든 말과 소리를 갖추어 내고
衆生語言法 중생의 언어 법을
隨類皆能作 종류에 따라 빠짐없이 능히 만들어간다네.

永離煩惱身 번뇌의 몸을 영원히 벗어나
而現自在身 자재한 몸을 나타내고
知法不可說 법이란 말로는 할 수 없음을 알지만
而作種種說 가지가지의 말을 만든다네.

其心常寂滅 그 마음이 항상 적멸하기에
清淨如虛空 청정하기가 허공과 같고
而普莊嚴刹 세계를 두루 장엄하고
示現一切衆 모든 대중에게 나타내 보인다네.

於身無所著 몸에 집착함이 없으나
而能示現身 능히 몸을 나타내 보이고
一切世間中 모든 세간 가운데
隨應而受生 응함을 따라 생함을 받는다네.

雖生一切處 비록 일체 처에 생하지만
亦不住受生 또한 생함을 받는 곳에 머물지 않으며
知身如虛空 몸이 허공과 같음을 알지만
種種隨心現 마음을 따라 가지가지로 나타낸다네.

菩薩身無邊 보살의 몸은 끝이 없지만
普現一切處 일체 처에 두루 나타나서
常恭敬供養 항상 공경하고 공양하기를
最勝兩足尊 가장 뛰어난 부처님께 올린다네.

香華衆妓樂 향과 꽃과 풍류와
幢幡及寶蓋 당기와 번기와 보배 덮개를
恒以深淨心 항상 깊고 청정한 마음으로
供養於諸佛 모든 부처님께 공양한다네.

不離一佛會 한 부처님의 모임을 벗어나지 않고
普在諸佛所 모든 부처님이 계신 곳에 두루 있으면서
於彼大衆中 대중 가운데
問難聽受法 어려움을 묻고 법을 받아 듣는다네.

聞法入三昧 법을 듣고 삼매에 드니
一一無量門 하나하나가 헤아릴 수 없이 많은 문이고
起定亦復然 선정에서 일어남도 역시 차례를 좇아 그러하기에
示現無窮盡 끝없음과 다함이 없음을 나타내 보인다네.

智慧巧方便 지혜와 섬세하고 능숙한 방편으로
了世皆如幻 세간은 빠짐없이 다 허깨비와 같음을 분명하게 알지만
而能現世間 세간에 능히
無邊諸幻法 허깨비와 같은 끝없는 모든 법을 나타낸다네.

示現種種色 가지가지의 색을 나타내 보이고
示現心及語 마음과 말도 나타내며
入諸想網中 모든 생각의 그물 가운데 들어가지만
而恒無所著 항상 집착하는 바가 없다네.

或現初發心 늘 처음으로 마음을 일으키고
利益於世間 세간에 이익이 되게 하며
或現久修行 늘 오래도록 수행함이
廣大無邊際 광대하고 끝닿는 경계가 없고
施戒忍精進 보시와 계율과 인욕과 정진과
禪定及智慧 선정과 지혜와
四梵四攝等 네 가지 범천과 네 가지로 거두어주는 등등은
一切最勝法 모든 것 중에 가장 뛰어난 법이라네.

或現行成滿 늘 행을 원만하게 이루고
得忍無分別 인욕을 얻어 분별이 없음을 나타내고
或現一生繫 늘 일생을 매달리기에
諸佛與灌頂 모든 부처님이 머리에 물 부음을 나타내는 것이라네.

或現聲聞相 늘 성문의 모양이나 상태를 나타내고
或復現緣覺 늘 차례를 따른 연각을 나타내고
處處般涅槃 곳곳에서 반열반에 들지만
不捨菩提行 보리의 행을 버리지 않는다네.

或現爲帝釋 늘 제석천왕이 되어 나타나고
或現爲梵王 늘 범천왕이 되어 나타나고
或天女圍遶 늘 천녀들이 둘러싸고
或時獨宴默 늘 때를 맞춰 홀로 고요함을 즐긴다네.

或現爲比丘 늘 비구가 되어
寂靜調其心 그 마음을 적정하게 조복시켜서 나타내고
或現自在王 늘 자재 왕이 되어
統理世間法 세간의 이치가 되는 줄기를 나타낸다네.

或現巧術女 늘 섬세하고 능숙한 기술을 가진 여자를 나타내고
或現修善行 늘 선근 수행을 나타내고
或現受五欲 늘 오욕을 받아들임을 나타내고
或現入諸禪 늘 모든 선정에 드는 것을 나타낸다네.

或現初始生 늘 비로소 처음 태어남을 나타내고
或少或⊠死 늘 젊고 그와 같이 늙어서 죽으며
若有思議者 그와 같이 사유하는 자는
心疑發狂亂 마음에 의심이 일어나 사리 분별하지 못하고 혼란스러울 것이라네.

或現在天宮 늘 천궁에 있음을 나타내고
或現始降神 늘 비로소 천궁에서 내려옴을 나타내고
或入或住胎 늘 들어가고 늘 태에 머물며
成佛轉法輪 부처님의 법륜을 굴리기도 한다네.

或生或涅槃 늘 태어나고 늘 열반하고
或現入學堂 늘 배움의 집에 들어감을 나타내고
或在采女中 늘 채녀 가운데 있고
或離俗修禪 늘 세속을 벗어나 선정을 닦기도 한다네.

或坐菩提樹 늘 보리수 아래 앉아서
自然成正覺 자연스럽게 바른 깨우침을 이루고
或現轉法輪 늘 법륜 굴림을 나타내고
或現始求道 늘 비로소 도를 구함을 나타내기도 한다네.

或現爲佛身 늘 부처의 몸이 되어
宴坐無量剎 헤아릴 수 없는 세계에 즐겨 앉고
或修不退道 늘 물러서지 않는 도를 닦아서
積集菩提具 보리를 쌓고 모아서 갖춘다네.

深入無數劫 헤아릴 수 없는 깊은 겁에 들어가
皆悉到彼岸 남김없이 다 저 언덕에 이르니
無量劫一念 헤아릴 수 없는 겁이 한 생각이며
一念無量劫 한 생각이 헤아릴 수 없는 겁이라네.

一切劫非劫 모든 겁이 겁이 아니고
爲世示現劫 세상을 위해 겁을 보이니
無來無積集 오는 것도 없고 쌓아 모을 것도 없으나
成就諸劫事 모든 겁의 일을 성취한다네.

於一微塵中 하나의 티끌 가운데서
普見一切佛 모든 부처님을 두루 보니
十方一切處 시방의 모든 곳에
無處而不有 있지 않은 곳이 없다네.

國土衆生法 국토와 중생의 법을
次第悉皆見 차례를 따라 남김없이 다 보니
經無量劫數 헤아릴 수 없는 겁의 수를 지나더라도
究竟不可盡 끝내는 다할 수 없다네.

菩薩知衆生 보살이 중생을 알기에
廣大無有邊 광대하고 끝이 없으며
彼一衆生身 그 하나의 중생 몸이
無量因緣起 헤아릴 수 없는 인연으로 일어난다네.

如知一無量 하나가 헤아릴 수 없는 것과 같음을 알듯이
一切悉亦然 일체가 남김없이 다 그러하며
隨其所通達 그 통달한 것을 따라
敎諸未學者 배우지 못한 모든 자를 가르친다네.

悉知衆生根 중생의 근이
上中下不同 상, 중, 하로 모두 같지 않음을 알고
亦知根轉移 또한 근이 이리저리 움직여서
應化不應化 응하는 바를 따라 변하고 변하지 않음을 알기에
一根一切根 하나의 근과 모든 근이
展轉因緣力 이리저리 반복하는 힘으로
微細各差別 분간하기 어려울 정도로 각각 차별하는 것을
次第無錯亂 차례를 따라 섞여도 어지럽지 않다네.

又知其欲解 또 그 이해하고자 하는 것과
一切煩惱習 모든 번뇌와 배워 익힌 것을 알고
亦知去來今 또한 과거, 미래, 현재에
所有諸心行 가지고 있는 모든 마음의 행을 안다네.

了達一切行 모든 행이란
無來亦無去 오는 것도 없고 또한 가는 것도 없음을 분명하게 깨우쳐 알고
旣知其行已 이미 그 행을 알고 마친 후에는
爲說無上法 위 없는 법을 설한다네.

雜染淸淨行 섞이고 물든 것과 청정한 행을
種種悉了知 가지가지로 남김없이 깨달아 알고
一念得菩提 한 생각에 보리를 얻어
成就一切智 일체 지혜를 성취한다네.

住佛不思議 부처님은 생각으로 헤아려 알 수 없고
究竟智慧心 마침내는 지혜의 마음에 머물며
一念悉能知 한 생각에 남김없이
一切衆生行 모든 중생의 행을 능히 안다네.

菩薩神通智 보살의 신통한 지혜와
功力已自在 공들인 힘의 자재함은
能於一念中 한 생각 가운데
往詣無邊刹 끝없는 세계로 나아가 이른다네.

如是速疾往 이와 같음이 빠르게 가는 것은
盡於無數劫 수 없는 겁을 다하더라도
無處而不周 두루 하지 않은 곳이 없지만
莫動毫端分 털끝만큼도 움직이지 않는다네.

譬如工幻師 비유하면 요술쟁이가
示現種種色 가지가지의 색을 나타내는 것과 같이
於彼幻中求 그 허깨비 가운데서 구하면
無色無非色 색도 없고 색이 아닌 것도 없다네.

菩薩亦如是 보살 또한 이와 같기에
以方便智幻 방편과 지혜의 요술로
種種皆示現 가지가지를 빠짐없이 나타내 보여서
充滿於世間 세간에 가득하다네.

譬如淨日月 비유하면 깨끗한 해와 달의

皎鏡在虛空 햇빛과 달빛이 거울에 비친 듯 허공에 있기에

影現於衆水 많은 물에 그림자로 나타내지만

不爲水所雜 물과 섞이지는 않는다네.

菩薩淨法輪 보살의 청정한 법륜도

當知亦如是 역시 이와 같기에

現世間心水 마땅히 세간의 마음이 물에 나타남을 알지만

不爲世所雜 세간과 섞이지 않는다네.

如人睡夢中 잠자는 사람의 꿈 가운데

造作種種事 가지가지의 일을 사실인 듯 꾸며 만들면서

雖經億千歲 비록 억천 년을 보내더라도

一夜未終盡 하룻밤을 다하는 것보다 못하다네.

菩薩住法性 보살이 법의 성품에 머물며

示現一切事 모든 일을 나타내 보이면서

無量劫可極 헤아릴 수 없는 겁을 끝까지 다하지만

一念智無盡 한 생각의 지혜는 다하지 못한다네.

譬如山谷中 비유하면 산골짜기 가운데서나

及以宮殿間 궁전 사이에서나

種種皆響應 가지가지로 다 메아리에 응하지만

而實無分別 실상의 본바탕은 분별이 없다네.

菩薩住法性 보살이 법의 성품에 머물며

能以自在智 자재한 지혜로

廣出隨類音 종류를 따라 소리를 넓게 내지만

亦復無分別 역시 차례를 좇아 분별이 없다네.

如有見陽焰 어떤 이는 아지랑이를 보고
想之以爲水 마음의 모양이나 상태를 물로 삼아
馳逐不得飮 쫓아가지만 마시지는 못하고
展轉更增渴 반복해서 목만 더 마를 뿐이라네.

衆生煩惱心 중생이 번뇌로 가득한 마음은
應知亦如是 또한 이와 같음을 알고
菩薩起慈愍 보살이 자비와 불쌍히 여기는 마음을 일으켜
救之令出離 응당 구하여 벗어나 나가게 한다네.

觀色如聚沫 색이란 물거품 같음을 자세히 들여다보고
受如水上泡 받아들임은 물 위의 거품과 같으며
想如熱時焰 생각을 들여다보는 것은 뜨거울 때의 불꽃과 같고
諸行如芭蕉 모든 행은 파초와 같다네.

心識猶如幻 마음으로 아는 것은 마치 허깨비와 같고
示現種種事 가지가지의 일을 나타내 보이지만
如是知諸蘊 이와 같은 모든 오온을 알아서
智者無所著 지혜로운 자는 집착하는 것이 없다네.

諸處悉空寂 모든 처는 남김없이 공적하고
如機關動轉 기관이 움직여 굴러가는 것과 같으며
諸界性永離 모든 계의 성품을 영원히 벗어나지만
妄現於世間 허망하게 세간을 나타낸다네.

菩薩住眞實 보살이 진실에 머물면서
寂滅第一義 적멸의 제일 이치를
種種廣宣暢 가지가지로 넓게 펼쳐서 말하지만
而心無所依 마음은 의지하는 것이 없다네.

無來亦無去 오는 것도 없고 또한 가는 것도 없으며
亦復無有住 역시 차례를 좇아 머무름도 없지만
煩惱業苦因 번뇌와 업과 괴로움으로 인하여
三種恒流轉 세 가지가 항상 움직여 흐른다네.

緣起非有無 원인과 결과는 있음도 없음도 아니고
非實亦非虛 실상도 아니고 또한 빈 것도 아니니
如是入中道 이와 같은 중도에 들어가
說之無所著 말하지만 집착하는 바가 없다네.

能於一念中 능히 한 생각 가운데
普現三世心 삼세의 마음을 두루 나타내고
欲色無色界 욕계, 색계, 무색계의
一切種種事 가지가지 모든 일을 나타낸다네.

隨順三律儀 세 가지 율의를 거스르지 않고 따라서
演說三解脫 세 가지 해탈을 널리 펴서 설하며
建立三乘道 삼승의 도를 만들어 세우고
成就一切智 일체 지혜를 성취한다네.

了達處非處 처와 처가 아님과
諸業及諸根 모든 업 및 모든 근과
界解與禪定 경계와 이해와 더불어 선정과
一切至處道 일체 처에 이르는 길을 분명하게 깨우쳐 통달한다네.

宿命念天眼 숙명통을 생각하는 천안으로
滅除一切惑 일체 미혹함을 제거하여 없애더라도
知佛十種力 부처님의 열 가지 힘을
而未能成就 성취하지 못함을 안다네.

了達諸法空 모든 법이 공함을 분명하게 깨우쳐 알고 통하지만
而常求妙法 항상 빼어난 법을 구하며
不與煩惱合 번뇌와 더불어 합하지 않았으나
而亦不盡漏 역시 번뇌를 다 하지 않는다네.

廣知出離道 벗어나 나가는 도를 넓게 알고
而以度衆生 중생을 가르치고 바른길로 이끄는 것이며
於此得無畏 이것으로 두려움 없음을 얻어서
不捨修諸行 닦는 모든 행을 버리지 않는다네.

無謬無違道 그르침이 없고 어기지 않는 도와
亦不失正念 또한 바른 생각을 잃지 않으며
精進欲三昧 정진하고자 하는 삼매를
觀慧無損減 자세히 들여다보는 지혜는 줄지 않는다네.

三聚皆清淨 세 가지 취를 다 청정히 하고
三世悉明達 삼세를 남김없이 밝게 통달하지만
大慈愍衆生 중생을 큰 자비와 불쌍히 여김으로
一切無障礙 모든 막힘이나 걸림이 없다네.

由入此法門 이 법문에 들어감으로 인하여
得成如是行 이와 같은 행을 이루고
我說其少分 내가 설한 적은 부분은
功德莊嚴義 공덕으로 장엄한 뜻을 설한 것이라네.

窮於無數劫 수 없는 겁이 다하도록
說彼行無盡 행이란 다함이 없음을 설한 것이니
我今說少分 내가 지금 말한 적은 부분은
如大地一塵 대지의 티끌 하나와 같은 것이라네.

依於佛智住 부처님의 지혜에 머물러 의지하고 十信의 行法
起於奇特想 기이하고 특수한 생각을 일으켜
修行最勝行 가장 뛰어난 행을 수행하며
具足大慈悲 큰 자비를 온전하게 갖춘다네.

精勤自安隱 부지런하게 정진하여 스스로 편안함과 위로를 받으며
教化諸含識 모든 중생을 가르치고 바른길로 이끌어서
安住淨戒中 청정한 계 가운데 편안히 머무르며
具諸授記行 모든 수기의 행을 갖춘다네.

能入佛功德 부처님의 공덕과
衆生行及刹 중생의 행과 또 세계에 능히 들어가
劫世悉亦知 겁과 세상을 남김없이 알더라도
無有疲厭想 피곤하고 싫어하는 생각이 없다네.

差別智摠持 차별한 지혜와 모든 다라니와
通達眞實義 진실한 이치를 통달하고
思惟說無比 사유하고 설하는 것으로서 비할 데가 없음은
寂靜等正覺 적정의 바른 깨우침과 같다네.

發於普賢心 보현의 마음을 일으키고 十住의 行法
及修其行願 그 행과 원을 닦으며
慈悲因緣力 자비와 인연의 힘으로
趣道意清淨 도에 나아가는 마음이 청정하다네.

修行波羅蜜 바라밀을 닦아 행하고
究竟隨覺智 마지막까지 깨우침의 지혜를 따라
證知力自在 아는 힘을 자재하게 증득하고
成無上菩提 위 없는 보리를 이룬다네.

成就平等智 평등한 지혜를 성취하고
演說最勝法 가장 뛰어난 법을 널리 펴서 설하며,
能持具妙辯 빼어난 변재를 능히 갖추어
逮得法王處 법왕의 처를 뒤따라 잡는다네.

遠離於諸著 모든 집착으로부터 멀리 벗어나
演說心平等 평등한 마음을 널리 펴서 설하고
出生於智慧 지혜를 출생하며
變化得菩提 변화로 보리를 얻는다네.

住持一切劫 모든 겁에 머물러 유지하며 十行의 行法
智者大欣慰 지혜로운 자는 크게 기뻐하고
心入及依止 깊이 들어가 의지하지만
無畏無疑惑 두려움도 없고 의혹도 없다네.

了達不思議 생각으로 헤아려 알 수 없음을 분명하게 깨우쳐 통하고
巧密善分別 섬세하고 능숙하며 비밀스러운 선근으로 분별하며
善入諸三昧 선근으로 모든 삼매에 들어가서
普見智境界 지혜의 경계를 두루 본다네.

究竟諸解脫 모든 해탈을 마지막까지 하여
遊戲諸通明 모든 육통과 세 가지 밝음에 즐겁게 노닐며
纏縛悉永離 얽히고 얽힌 일에서 남김없이 다 영원히 벗어나고
園林恣遊處 정원의 숲에서 마음껏 노니는 일에 처한다네.

白法爲宮殿 흰 법을 궁전으로 삼고
諸行可欣樂 모든 행을 기쁘고 즐겁게
現無量莊嚴 헤아릴 수 없는 장엄으로 나타내지만
於世心無動 세간에 마음이 동하는 일이 없다네.

深心善觀察 깊은 마음을 선근으로 자세히 살펴서 들여다보고
妙辯能開演 빼어난 변재로 능히 법을 열어 널리 펴며
淸淨菩提印 청정한 보리를 인가함으로
智光照一切 지혜의 광명이 일체를 비춘다네.

所住無等比 머무는 곳의 평등함이 그 이상 더 할 수 없을 정도로 비할 데가 없고
其心不下劣 그 마음은 못나지가 않으며
⊠志如大山 세운 뜻이 큰 산과 같고
種德若深海 덕은 그와 같이 깊은 바다와 같다네.

如實安住法 실상의 본바탕인 법에 편안히 머물고 十迴向의 行法
被甲誓願心 갑옷을 입고 서원하는 마음과 같이
發起於大事 큰일을 일으켜서
究竟無能壞 마지막까지 무너지지 않는다네.

得授菩提記 보리의 수기를 받고
安住廣大心 광대한 마음으로 편안히 머물며
秘藏無窮盡 비밀의 장이 다하고 다함이 없기에
覺悟一切法 모든 법에 대한 깨우침을 깨달았다네.

世智皆自在 세간의 지혜에 빠짐없이 다 자재하기에
妙用無障礙 빼어난 작용으로 막힘이나 걸림이 없고
衆生一切刹 중생과 모든 세계와
及以種種法 가지가지의 법에도 막힘이나 걸림이 없다네.

身願與境界 몸과 서원과 더불어 경계와
智慧神通等 지혜와 신통 등에도 막힘이나 걸림이 없기에
示現於世間 세간에 나타내 보이는 것이
無量百千億 헤아릴 수 없는 백천 억이라네.

遊戲及境界 즐겁게 노니는 경계 또한
自在無能制 자재하고 억누를 수 없으며
力無畏不共 힘과 두려움 없음과 불공법으로
一切業莊嚴 모든 업을 장엄한다네.

諸身及身業 모든 몸과 몸의 업과 十地의 行法
語及淨修語 말과 청정하게 닦는 말의 업을
以得守護故 지키고 보호함을 얻는 까닭으로
成辨十種事 열 가지 일을 분별하고 이룬다네.

菩薩心發心 보살이 마음과 마음으로 일으키는 것은
及以心周徧 또한 마음에 두루두루 하고
諸根無散動 모든 근이 흩어지거나 움직이지 않기에
獲得最勝根 가장 뛰어난 근을 획득한다네.

深心增勝心 깊은 마음과 뛰어남이 더해지는 마음은
遠離於焰誑 아첨과 거짓에서 멀리 벗어나고
種種決定解 가지가지로 결정하고 깨우친 것으로
普入於世間 세간에 두루 들어간다네.

捨彼煩惱習 번뇌와 배워 익힌 것을 버리고
取玆最勝道 가장 뛰어난 도를 분명하게 취하며
巧修使圓滿 섬세하게 닦아 원만하면
逮成一切智 모든 지혜를 성취할 것이라네.

離退入正位 물러섬을 벗어난 바른 자리에 들어가
決定證寂滅 결정하여 적멸을 증득하고
出生佛法道 불법의 도를 출생하여
成就功德號 공덕이라는 이름을 성취한다네.

道及無量道 도와 헤아릴 수 없는 도와
乃至莊嚴道 또한 장엄하는 도에 이르기까지
次第善安住 차례를 따라 선근으로 편안히 머물지만
悉皆無所著 단 하나라도 집착하는 것이 없다네.

手足及腹藏 손과 발과 복장과
金剛以爲心 금강으로 마음이 되어
被以慈哀甲 사랑하는 갑옷을 입고
具足衆器仗 많은 병장기를 온전하게 갖춘다네.

智首明達眼 지혜의 머리와 밝고 환한 눈과
菩提行爲耳 보리의 행은 귀가 되고
淸淨戒爲鼻 청정한 계율은 코이니
滅闇無障礙 어둠을 없애고 막힘이나 걸림이 없다네.

辯才以爲舌 변재는 혀가 되고
無處不至身 처가 없지만, 몸은 이르지 않는 곳이 없으며
最勝智爲心 가장 뛰어난 지혜의 마음이 되어
行住修諸業 행하고 머무름에 모든 업을 닦는다네.

道場師子坐 도량의 사자좌에 앉아
梵臥空爲住 범천에 눕고 허공에 머물며
所行及觀察 행하는 일과 자세히 들여다보는 것으로
普照如來境 여래의 경계를 두루 비춘다네.

徧觀衆生行 중생의 행을 자세하게 두루 살펴서 들여다보며
奮迅及哮吼 빠르게 기운을 떨쳐내고 사자 후를 하며
離貪行淨施 탐욕을 떠나 보시를 하면서
捨慢持淨戒 오만함을 버리고 청정한 계를 지닌다네.

不瞋常忍辱 성내지 않으며 항상 욕된 일을 참고
不懈恒精進 게으르지 않으며 항상 정진하고
禪定得自在 선정의 자재를 얻고
智慧無所行 지혜로 행할 것이 없다네.

慈濟悲無倦 사랑으로 구제하고 가엾이 여기기에 게으름이 없고
喜法捨煩惱 즐거운 법으로 번뇌를 버리며
於諸境界中 모든 경계 가운데의
知義亦知法 뜻을 알고 또한 법을 안다네.

福德悉成滿 복덕을 남김없이 다 이루고
智慧如利劍 지혜는 날카로운 검과 같으며
普照樂多聞 두루 비추어 많이 들음을 좋아하기에
明了趣向法 법으로 향해 나아감을 밝게 깨우쳐 안다네.

知魔及魔道 마와 마도를 알기에
誓願咸捨離 서원으로 다 버리고 벗어나며
見佛與佛業 부처와 부처의 업을 보고
發心皆攝取 마음을 일으켜 빠짐없이 거두어 취한다네.

離慢修智慧 오만함을 벗어나 지혜를 닦고
不爲魔力持 마의 힘을 가지지 않으며
爲佛所攝持 부처님이 거두어주고 가지게 하며
亦爲法所持 역시 법으로 지켜준다네.

現住兜率天 도솔천에 머무름을 나타내고
又現彼命終 또 그곳에서 명을 마침을 나타내며
示現住母胎 어머니 태에 머무름을 나타내 보이고
示現微細趣 미세하게 이르고 다다르는 것을 나타내 보인다네.

現生及微笑 태어남과 미소를 보이고
亦現行七步 역시 일곱 걸음을 걸어서 나타내며
示修衆技術 많은 기술을 닦음을 보이고
亦示處深宮 또한 깊은 궁전에 처함을 보인다네.

出家修苦行 출가해서 고행을 닦고
往詣於道場 도량으로 향해 나아가며
端坐放光明 단정히 앉아 광명을 놓아
覺悟諸群生 모든 중생이 깨우침을 깨닫게 한다네.

降魔成正覺 마를 항복 받고 바른 깨우침을 이루며
轉無上法輪 위 없는 법륜을 굴리고
所現悉已終 이러한 모든 일을 남김없이 나타내고
入於大涅槃 큰 열반에 드신다네.

彼諸菩薩行 그러한 모든 보살의 행은
無量劫修習 헤아릴 수 없는 겁을 두고 닦고 익힌 것이며
廣大無有邊 광대하고 끝이 없기에
我今說少分 내 지금 적게나마 말하는 것이라네.

雖令無量衆 비록 헤아릴 수 없는 중생을
安住佛功德 부처님의 공덕에 편안히 머물게 하지만
衆生及法中 중생 및 법 가운데
畢竟無所取 끝끝내 취하는 것이 없다네.

具足如是行 이와 같은 행을 온전하게 갖추고
遊戲諸神通 즐겁게 노니는 모든 신통함은
毛端置衆刹 많은 세계를 털끝에 두고
經於億千劫 억천 겁을 두고 지낸다네.

掌持無量刹 한 손에 헤아릴 수 없는 세계를 가지고
徧往身無倦 두루 돌아다녀도 몸이 피로하지 않으며
還來置本處 돌아와서는 본래의 처소에 둔다 해도
衆生不知覺 중생들이 알고 깨우치지 못한다네.

菩薩以一切 보살이
種種莊嚴刹 가지가지로 장엄한 세계 모두를
置於一毛孔 하나의 털구멍에 두고
眞實悉令見 진실을 남김없이 보게 한다네.

復以一毛孔 차례를 쫓아 하나의 털구멍에
普納一切海 일체 바다를 두루 들여놓아도
大海無增減 큰 바다는 늘거나 줄어들지도 않고
衆生不嬈害 중생들을 번거롭게 하거나 해치지 않는다네.

無量鐵圍山 헤아릴 수 없는 철위산을
手執碎爲塵 손으로 잡아 부수어 티끌로 만들고
一塵下一刹 하나의 티끌 아래 하나의 세계를
盡此諸塵數 이 모든 티끌의 수를 다하고
以此諸塵刹 이 모든 티끌 수와 같은 세계를
復更末爲塵 차례를 좇아 다시 티끌을 만들어
如是塵可知 이와 같은 티끌을 안다 하더라도
菩薩智難量 보살의 지혜는 헤아리기 어렵다네.

於一毛孔中 하나의 털구멍 가운데
放無量光明 헤아릴 수 없는 광명을 놓아
日月星宿光 해와 달과 별들의 빛과
摩尼珠火光 마니 구슬 빛과 불빛과
及以諸天光 모든 하늘의 빛까지

一切皆映蔽 모든 것을 다 가려버리고
滅諸惡道苦 모든 악도의 괴로움을 없애는
爲說無上法 위 없는 법을 설한다네.

一切諸世間 일체 모든 세간에서
種種差別音 가지가지로 차별하는 소리를
菩薩以一音 보살의 한 가지 소리로
一切皆能演 일체를 다 두루 펼친다네.

決定分別說 결정하고 분별하여
一切諸佛法 일체 모든 부처님의 법을 설하고
普使諸群生 모든 중생이 두루
聞之大歡喜 듣고 크게 즐거워하면서 기쁘게 한다네.

過去一切劫 과거의 모든 겁을
安置未來今 미래와 지금에 편안히 두고
未來現在劫 미래와 현재의 겁을
迴置過去世 과거의 세상에 두어
示現無量刹 헤아릴 수 없는 세계가
燒然及成住 불에 타면서 이루어지고 머무는 것을 나타내 보이며
一切諸世間 일체 모든 세간이
悉在一毛孔 하나의 털구멍에 남김없이 다 있다네.

去來及現在 과거와 미래와 또한 현재
一切十方佛 모든 시방의 부처님이
靡不於身中 몸 가운데
分明而顯現 분명하고 명백하게 나타낸다네.

深知變化法 변화하는 법을 깊이 알고

善應衆生心 선근으로 중생의 마음을 따라 응하면서
示現種種身 가지가지의 몸을 나타내 보이지만
而皆無所著 단 하나라도 집착하는 것이 없다네.

或現於六趣 육취로 나타내고
一切衆生身 모든 중생의 몸으로 나타내고
梵釋護世身 범천, 제석, 사천왕의 몸으로 나타내고
諸天人衆身 모든 하늘과 사람의 몸으로 나타내고
聲聞緣覺身 성문과 연각의 몸으로 나타내고
諸佛如來身 모든 부처님 여래의 몸으로 나타내고
或現菩薩身 늘 보살의 몸을 나타내어
修行一切智 모든 지혜를 닦고 행한다네.

善入軟中上 하, 중, 상
衆生諸想網 중생의 모든 생각의 그물에 선근으로 들어가
示現成菩提 보리를 이룸과
及以諸佛刹 모든 부처님 세계를 나타내 보인다네.

了知諸想網 모든 생각의 그물을 깨달아 알지만
於想得自在 생각의 자재함을 얻고
示修菩薩行 보살의 행과
一切方便事 모든 방편의 일을 닦는 것을 보인다네.

示現如是等 이와 같은 등등의
廣大諸神變 광대한 모든 신통 변화를 나타내 보이지만
如是諸境界 이와 같은 모든 경계를
擧世莫能知 세상은 알지 못한다네.

雖現無所現 비록 나타내도 나타내는 것이 없고

究竟轉增上 마지막까지 거듭 더하여 위로 나아가며
隨順衆生心 중생의 마음을 거스르지 않고 따라
令行眞實道 진실한 도를 행하게 한다네.

身語及與心 몸과 말과 더불어 마음은
平等如虛空 평등하기가 허공과 같고
淨戒爲塗香 청정한 계는 바르는 향이며
衆行爲衣服 많은 행은 의복이라네.

法繒嚴淨髻 법의 비단 띠로 청정한 상투를 장엄하고
一切智摩尼 모든 지혜 마니보배의
功德靡不周 공덕이 두루두루 하며
灌頂昇王位 관정으로 왕위에 오른다네.

波羅蜜爲輪 바라밀을 바퀴로 삼고
諸通以爲象 환하게 통하는 모든 것을 코끼리로 삼고
神足以爲馬 신족을 말로 삼고
智慧爲明珠 지혜는 밝은 구슬로 삼는다네.

妙行爲采女 빼어난 행은 채녀로 삼고
四攝主藏臣 네 가지 거두어주는 주장의 신하들이고
方便爲主兵 방편은 주인이 되는 군사가 되고
菩薩轉輪王 보살은 전륜왕이라네.

三昧爲城郭 삼매는 성곽으로 되고
空寂爲宮殿 공적함은 궁전이 되고
慈甲智慧劍 자비는 갑옷이며 지혜는 검이고
念弓明利箭 생각은 활이며 밝은 이익은 화살이라네.

高張神力蓋 높고 넓은 신통한 힘은 덮개가 되고
迥建智慧幢 아득한 지혜의 당기를 세우고
忍力不動搖 인욕의 힘으로 동요하지 않기에
直破魔王軍 곧바로 마왕의 군대를 깨트린다네.

揔持爲平地 다라니를 평지로 삼고
衆行爲河水 많은 행을 강물로 삼으며
淨智爲涌泉 청정한 지혜는 솟아나는 샘이 되고
妙慧作樹林 빼어난 사리를 밝게 분별하는 지혜로 나무숲을 이룬다네.

空爲澄淨池 텅 빔은 맑고 청정한 연못이 되고
覺分菡萏華 각분은 연꽃 봉오리이며
神力自莊嚴 신통한 힘으로 스스로 장엄하고
三昧常娛樂 삼매를 늘 즐거움으로 삼는다네.

思惟爲采女 사유는 채녀로 삼고
甘露爲美食 감로는 맛좋은 음식으로 삼으며
解脫味爲漿 해탈은 맛좋은 장국으로 삼아서
遊戲於三乘 삼승에서 즐겁게 노닌다네.

此諸菩薩行 이 모든 보살의 행이
微妙轉增上 섬세하고 빼어나게 점차 거듭하여 늘고
無量劫修行 헤아릴 수 없는 겁을 두고 수행해도
其心不厭足 그 마음이 싫어하고 만족함이 없다네.

供養一切佛 모든 부처님께 공양하고
嚴淨一切刹 모든 세계를 청정하게 장엄하며
普令一切衆 모든 중생을 두루두루
安住一切智 일체 지혜에 편안히 머물게 한다네.

一切刹微塵 모든 세계의 미세한 티끌
悉可知其數 그 수효를 남김없이 다 알고
一切虛空界 일체 허공계도
一沙可度量 하나의 모래알처럼 헤아려 안다네.

一切衆生心 모든 중생의 마음도
念念可數知 생각과 생각마다 그 수를 알지만
佛子諸功德 불자의 모든 공덕은
說之不可盡 말로는 다할 수 없는 것이라네.

欲具此功德 이러한 공덕과
及諸上妙法 또한 빼어난 위 없는 법을 모두 갖추고자 하며
欲使諸衆生 모든 중생이
離苦常安樂 괴로움을 벗어나 늘 편안하고 즐겁게 하고자 한다네.

欲令身語意 몸과 말과 뜻으로
悉與諸佛等 모든 부처님과 더불어 남김없이 평등하게 하고자 한다면
應發金剛心 응당 금강의 마음을 일으켜
學此功德行 이 공덕의 행을 배워야 한다네.

대방광불화엄경 제60권

39. 입법계품(1)
入法界品第三十九之一

1) 근본 법회

그때 세존께서 실라벌국 서다림 급고독원의 크게 장엄한 누각에서 보살마하살 오백 인과 더불어 계시니, 보현보살과 문수사리보살이 우두머리가 되었다.

그 이름을 말하면 광염당보살, 수미당보살, 보당보살, 무애당보살, 화당보살, 이구당보살, 일당보살, 묘당보살, 이진당보살, 보광당보살이다. 十迴向의 자리

지위력보살, 보위력보살, 대위력보살, 금강지위력보살, 이진구위력보살, 정법일위력보살, 공덕산위력보살, 지광영위력보살, 보길상위력보살이다. 十行의 자리

지장보살, 허공장보살, 연화장보살, 보장보살, 일장보살, 정덕장보살, 법인장보살, 광명장보살, 제장보살, 연화덕장보살이다. 十住의 자리

선안보살, 정안보살, 이구안보살, 무애안보살, 보견안보살, 선관안보살, 련화안보살, 금강안보살, 보안보살, 허공안보살, 희안보살, 보안보살이다. 十信의 자리

천관보살, 보조법계지혜관보살, 도령관보살, 보조시방관보살, 일체불장관보살, 초출일체세간관보살, 보조관보살, 불가괴관보살, 지일체여래사자좌보살, 보조법계허공관보살이다. 第一地 歡喜地

범왕계보살, 용완계보살, 일체화불광명계보살, 도량계보살, 일체원해음보왕계보살, 일체불광명마니계보살, 시현일체허공 등상마니왕장엄계보살, 시현일체여래신변마니왕당망수부계보살, 출일체불전법륜음계보살, 설삼세일체명자음계보살이다. 第二地 離垢地

대광보살, 이구광보살, 보광보살, 이진광보살, 염광보살, 법광보살, 적정광보살, 일광보살, 자재광보살, 천광보살이다. 第三地 發光地

복덕당보살, 지혜당보살, 법당보살, 신통당보살, 광당보살, 화당보살, 마니당보살, 보리당보살, 범당보살, 보광당보살이다. 第四地 焰慧地

범음보살, 해음보살, 대지음보살, 세주음보살, 산상격음보살, 변일체법계음보살, 진일체법해뇌음보살, 항마음보살, 대비방편운뢰음보살, 식일체세간고안위음보살이다. 第五地 難勝地

법상보살, 승상보살, 지상보살, 복덕수미상보살, 공덕산호상보살, 명칭상보살, 보광상보살, 대자상보살, 지해상보살, 불종상보살이다. 第六地 現前地

광승보살, 덕승보살, 상승보살, 보명승보살, 법승보살, 월승보살, 허공승보살, 보승보살, 당승보살, 지승보살이다. 第七地 遠行地

사라자재왕보살, 법자재왕보살, 상자재왕보살, 범자재왕보살, 산자재왕보살, 중자재왕보살, 속질자재왕보살, 적정자재왕보살, 부동자재왕보살, 최승자재왕보살이다. 第八地 不動地

적정음보살, 무애음보살, 지진음보살, 해진음보살, 운음보살, 법광음보살, 허공음보살, 설일체중생선근음보살, 시일체대원음보살, 도량음보살이다. 第九地 善慧地

수미광각보살, 허공각보살, 이염각보살, 무애각보살, 선각보살, 보조삼세각보살, 광대각보살, 보명각보살, 법계광명각보살이다. 第十地 法雲地

이 모든 보살이 남김없이 보현의 행과 원을 다 성취하였기에 경계가 막힘이나 걸림이 없으니, 이는 일체 모든 부처 세계에 두루 한 까닭이며, 헤아릴 수 없는 몸을 나타내니, 이는 일체 모든 여래를 친근히 한 까닭이며, 청정한 눈이 막힘이나 걸림이 없으니, 이는 모든 부처님의 신통 변화한 일을 보는 까닭이며, 이르는 곳이 수, 양, 공간, 시간에 경계가 없으니, 이는 모든 여래가 바른 깨우침을 이루는 곳에 늘 두루 나아가는 까닭이며, 광명이 경계가 없으니, 이는 지혜의 광명으로 실상의 본바탕이 되는 법의 바다를 두루 비추는 까닭이며, 법문을 설함에 다함이 없으니, 이는 청정한 변재가 끝이 없는 겁을 두고 다하고 다할 수 없는 까닭이며, 허공계와 평등하니, 이는 지혜로 행하는 바가 남김없이 다 청정한 까닭이며, 의지할 것이 없으니, 이는 중생의 마음을 따라서 색신을 나타내는 까닭이며, 어리석음으로 인한 가리개를 제거하여 없애니, 이는 중생계에 중생이 없음을 분명하게 깨우친 까닭이며, 허공과 같은 지혜이니, 이는 큰 광명의 그물로 법계를 비추는 까닭이다.

또 오백의 성문과 함께 있으니, 모두 진제(眞諦)를 깨우치고 실상의 본바탕이 되는 경계를 증득했으며, 법의 성품에 깊이 들어가 영원히 중생의 바다에서 나왔으며, 부처님의 공덕을 의지해서 뭉치고 묶인 것에서 벗어났으며, 막힘이나 걸림 없는 곳에 머물기에 마치 마음이 고요하기가 허공과 같고 모든 부처님의 처소에서 영원히 의혹을 끊었으며, 부처의 지혜 바다에 깊은 믿음으로 들어가 이른 것이다.

또 헤아릴 수 없는 모든 세간의 주인들과 더불어 같이 하시니, 이는 다 일찍이 헤아릴 수 없는 부처님을 공양하였고 늘 모든 중생에게 이익이 되었으며, 청하지 않아도 벗이 되어 늘 부지런히 지키고 보호했으며, 서원을 버리지 않고 세간의 특히 뛰어난 지혜의 문에 들어갔으며, 부처님의 가르침을 좇아 일어나 부처님의 바른 법을 보호하며, 큰 서원을 일으켜서 부처님의 종자를 끊어지지 않게 하였으며, 여래의 집에 나서 모든 지혜를 구하였다.

爾時 世尊在室羅筏國逝多林給孤獨園大莊嚴重閣 與菩薩摩訶薩五百人俱 普賢菩薩 文殊師利菩薩而爲上首 其名曰 光焰幢菩薩 須彌幢菩薩 寶幢菩薩 無礙幢菩薩 華幢菩薩 離垢幢菩薩 日幢菩薩 妙幢菩薩 離塵幢菩薩 普光幢菩薩 地威力菩薩 寶威力菩薩 大威力菩薩 金剛智威力菩薩 離塵垢威力菩薩 正法日威力菩薩 功德山威力菩薩 智光影威力菩薩 普吉祥威力菩薩 地藏菩薩 虛空藏菩薩 蓮華藏菩薩 寶藏菩薩 日藏菩薩 淨德藏菩薩 法印藏菩薩 光明藏菩薩 臍藏菩薩 蓮華德藏菩薩 善眼菩薩 淨眼菩薩 離垢眼菩薩 無礙眼菩薩 普見眼菩薩 善觀眼菩薩 靑蓮華眼菩薩 金剛眼菩薩 寶眼菩薩 虛空眼菩薩 喜眼菩薩 普眼菩薩 天冠菩薩 普照法界智慧冠菩薩 道場冠菩薩 普照十方冠菩薩 一切佛藏冠菩薩 超出一切世間冠菩薩 普照冠菩薩 不可壞冠菩薩 持一切如來師子座冠菩薩 普照法界虛空冠菩薩 梵王髻菩薩 龍王髻菩薩 一切化佛光明髻菩薩 一切道場髻菩薩 一切願海音寶王髻菩薩 一切佛光明摩尼髻菩薩 示現一切虛空平等相摩尼王莊嚴髻菩薩 示現一切如來神變摩尼王幢網垂覆髻菩薩 出一切佛轉法輪音髻菩薩 說三世一切名字音髻菩薩 大光菩薩 離垢光菩薩 寶光菩薩 離塵光菩薩 焰光菩薩 法光菩薩 寂靜光菩薩 日光菩薩 自在光菩薩 天光菩薩 福德幢菩薩 智慧幢菩薩 法幢菩薩 神通幢菩薩 光幢菩薩 華幢菩薩 摩尼幢菩薩 菩提幢菩薩 梵幢菩薩 普光幢菩薩 梵音菩薩 海音菩薩 大地音菩薩 世主音菩薩 山相擊音菩薩 徧一切法界音菩薩 震一切法海雷音菩薩 降魔音菩薩 大悲方便雲雷音菩薩 息一切世間苦安慰音菩薩 法上菩薩 勝上菩薩 智上菩薩 福德須彌上菩薩 功德珊瑚上菩薩 名稱上菩薩 普光上菩薩 大慈上菩薩 智海上菩薩 佛種上菩薩 光勝菩薩 德勝菩薩 上勝菩薩 普明勝菩薩 法勝菩薩 月勝菩薩 虛空勝菩薩 寶勝菩薩 幢勝菩薩 智勝菩薩 娑羅自在王菩薩 法自在王菩薩 象自在王菩薩 梵自在王菩薩 山自在王菩薩 衆自在王菩薩 速疾自在王菩薩 寂靜自在王菩薩 不動自在王菩薩 勢力自在

王菩薩 最勝自在王菩薩 寂靜音菩薩 無礙音菩薩 地震音菩薩 海震音菩薩 雲音菩薩 法光音菩薩 虛空音菩薩 說一切衆生善根音菩薩 示一切大願音菩薩 道場音菩薩 須彌光覺菩薩 虛空覺菩薩 離染覺菩薩 無礙覺菩薩 善覺菩薩 普照三世覺菩薩 廣大覺菩薩 普明覺菩薩 法界光明覺菩薩 如是等菩薩摩訶薩五百人俱 此諸菩薩皆悉成就普賢行願 境界無礙 普徧一切諸佛刹故 現身無量 親近一切諸如來故 淨眼無障 見一切佛神變事故 至處無限 一切如來成正覺所恒普詣故 光明無際 以智慧光普照一切實法海故 說法無盡 淸淨辯才無邊際劫無窮盡故 等虛空界 智慧所行悉淸淨故 無所依止 隨衆生心現色身故 除滅癡翳 了衆生界無衆生故 等虛空智 以大光網照法界故 及與五百聲聞衆俱 悉覺眞諦 皆證實際 心入法性 永出有海 依佛功德 離結 使 縛 住無礙處 其心寂靜猶如虛空 於諸佛所永斷疑惑 於佛智海深信趣入 及與無量諸世主俱 悉曾供養無量諸佛 常能利益一切衆生 爲不請友 恒勤守護 誓願不捨 入於世間殊勝智門 從佛敎生 護佛正法 起於大願 不斷佛種 生如來家 求一切智

이때 모든 보살과 대덕 성문과 세간의 모든 왕과 또 그 권속들이 다 함께 이 같은 생각을 하였다.

"여래의 경계와 여래의 지혜로운 행과 여래의 가지(加持)와 여래의 힘과 여래의 두려움 없음과 여래의 삼매와 여래의 머무심과 여래의 자재하심과 여래의 몸과 여래의 지혜를 모든 세간의 하늘과 사람들이 통달할 수 없으며, 능히 따라 들어갈 수 없고 능히 믿고 이해할 수 없으며, 능히 깨우쳐 알 수 없으며, 능히 참고 받아들일 수 없으며, 능히 자세히 살펴서 들여다볼 수 없으며, 능히 골라 취할 수가 없으며, 능히 열어서 보일 수 없으며, 능히 펼쳐서 분명하게 할 수 없으며, 중생이 이해하고 분명하게 깨우쳐 알게 할 수 없다."

"오직 모든 부처님의 가피의 힘과 신통한 부처님의 힘과 부처님의 위덕의 힘과 부처님의 본래의 원력과 지난 세상 선근의 힘과 선지식들이 거두어주는 힘과 깊고 청정한 믿음의 힘과 크고 밝게 아는 힘과 보리에 다다르도록 향하는 청정한 마음의 힘과 일체 지혜를 구하는 광대한 원력은 제외한 것이다."

時 諸菩薩大德 聲聞 世間諸王幷其眷屬 咸作是念 如來境界 如來智行 如來加持 如來力 如來無畏 如來三昧 如來所住 如來自在 如來身 如來智 一切世間諸天及人無能通達 無能趣入 無能信解 無能了知 無能忍受 無能觀察 無能揀擇 無能開示 無

能宣明 無有能令 衆生解了 唯除諸佛加被之力 佛神通力 佛威德力 佛本願力 及其宿世善根之力 諸善知識攝受之力 深淨信力 大明解力 趣向菩提淸淨心力 求一切智廣大願力

"원하건대 세존께서 우리와 중생들 가지가지의 욕망과 가지가지의 이해와 가지가지의 지혜와 가지가지의 말과 가지가지의 자재함과 가지가지의 머무는 자리와 가지가지 근의 청정과 가지가지 뜻의 방편과 가지가지 마음의 경계와 가지가지 여래의 공덕을 의지함과 가지가지로 말씀하신 법을 듣고 받아들이며, 설한 법을 거스르지 않고 따라서 여래가 옛적에 모든 지혜를 구하던 마음과 지난 세상에 일으키신 보살의 큰 원과 지난 세상에서 청정하게 한 바라밀과 지난 세상에서 들어간 보살의 지위와 지난 세상에서 원만하게 한 보살의 수행과 지나 세상에서 성취한 방편과 지난 세상에서 닦던 도와 지난 세상에서 얻은 벗어나 나아가는 법과 지난 세상에서 지으신 신통한 일과 지난 세상에서 행하신 본래 일로서의 인연과 또한 바른 깨우침을 이루고 빼어난 법륜을 굴리고 부처의 국토를 청정하게 하고 중생을 조복시키고 모든 지혜의 법성(法城)을 열고 모든 중생에게 도를 보이고 모든 중생이 머무는 곳에 들어가고 모든 중생의 보시를 받고 모든 중생에게 보시의 공덕을 말하고 모든 중생에게 부처님이 나타내시는 이와 같은 등등의 법들을 원하건대 빠짐없이 말씀해주십시오."

唯願世尊隨順我等及諸衆生種種欲 種種解 種種智 種種語 種種自在 種種住地 種種根淸淨 種種意方便 種種心境界 種種依止如來功德 種種聽受諸所說法 顯示如來往昔趣求一切智心 往昔所起菩薩大願 往昔所淨諸波羅蜜 往昔所入菩薩諸地 往昔圓滿諸菩薩行 往昔成就方便 往昔修行諸道 往昔所得出離法 往昔所作神通事 往昔所有本事因緣 及成等正覺 轉妙法輪 淨佛國土 調伏衆生 開一切智法城 示一切衆生道 入一切衆生所住 受一切衆生所施 爲一切衆生說布施功德 爲一切衆生現諸佛影像 如是等法 願皆爲說

그때 세존께서 모든 보살이 마음에 생각하는 바를 아시고 크게 가엾이 여김(大悲)을 몸으로 삼고 크게 가엾이 여김을 문으로 삼고 크게 가엾이 여김을 으뜸으로 삼고 크게 가엾이 여김을 방편으로 삼아서 허공에 가득하게 하여 사자빈신삼매(師子頻申三昧)에 들어가셨다. 이 삼매에 들어가신 후에는 모든 세간이 청정하게 장엄이 되고 이때 크게 장엄된 누각은 끝닿은 경계가 없이 갑자기 넓어지고 금강은 땅이 되고 보배의 왕은 위를 덮고 헤아릴 수 없는 보배 꽃과 또 모든 마니로 그 가운데를 흩뿌려서 곳곳에 두루 가득 차게 하고 유리를 기둥으로 삼아 모든 보배가 합하여 이루어진 큰 빛 마니로 장엄하고 염부단금과 여의 보배 왕을 그 위에 얹어서 장엄해서 꾸미고 높게 솟는 누각을 두고 아득한 구름다리가 높고 큰 집으로 연결되고 추녀와 지붕이 서로 맞닿았고 창문과 문은 서로 마주보고 계단과 난간과 마루 등이 모두 갖추어져 있고 모든 것이 다 빼어난 보배로 장엄하였으니, 그 보배들이 사람과 하늘의 형상으로 되었고 견고하면서 빼어나게 좋은 것이 세간에서 제일이었다. 마니 보배 그물로 그 위를 가득히 덮었고 모든 문 하나마다 문 옆에 당기와 번기를 세워놓으니, 모두 광명을 놓아 법계에 두루 하고 계단과 난간은 그 수가 헤아릴 수 없고 모든 것이 이루 말할 수 없는 마니 보배로 되어 있었다.

爾時 世尊知諸菩薩心之所念 大悲爲身 大悲爲門 大悲爲首 以大悲法而爲方便 充徧虛空 入師子頻甲三昧 入此三昧已 一切世間普皆嚴淨 于時 此大莊嚴樓閣忽然廣博無有邊際 金剛爲地 寶王覆上 無量寶華及諸摩尼普散其中處處盈滿 琉璃爲柱 衆寶合成 大光摩尼之所莊嚴 閻浮檀金如意寶王周置其上以爲嚴飾 危樓逈帶 閣道傍出 棟宇相承 窗闥交映 階 墀 軒 檻種種備足 一切皆以妙寶莊嚴 其寶悉作人 天形像 堅固妙好 世中第一 摩尼寶網彌覆其上 於諸門側悉建幢幡 咸放光明普周法界道場之外 階登 欄楯 其數無量不可稱說 靡不咸以摩尼所成

이때 차례를 좇아(復) 부처님의 신통한 힘으로 서다림이 홀연히 커져서 말할 수 없는 부처 세계의 티끌 수와 같은 모든 부처님의 국토와 더불어 그 면적이 같아졌으며, 모든 빼어난 보배들이 그 사이사이를 장엄하였고 말로 할 수 없는 보배가 그 땅에 두루 깔렸으며, 아승기 보배를 담장으로 삼고 보배 다라수가 길 좌우를 장엄하였으며, 그 사이로는 헤아릴 수 없는 향내 가득한 냇가가 있어서 향수(香水)가 가득하게 흐르고 굽이쳐 흐름을 따라 모든 보배로 된 꽃이 물결을 따라 오른쪽으로 돌면서 부처님 법의 음성을 내고 생각으로는 헤아려 알 수 없는 보배로 된 분타리 꽃을 펼쳐서 물 위를 가득히 덮고 많은 보배 꽃나무들이 언덕에 줄지어 섰으며, 가지가지 정자의 수가 헤아릴 수 없이 많고 다 언덕 위로 차례를 따라 줄지어 서서 마니보배 그물로 가득하게 덮이어 있고 아승기 보배로 그 땅을 장엄하고 빼어난 많은 향을 많이 사르니, 향기가 가득하였다.

차례를 좇아(復) 헤아릴 수 없는 가지가지의 보배 당기를 세우니, 이른바 보배 향 당기와 보배 옷 당기와 보배 번 당기와 보배 비단 당기와 보배 꽃 당기와 보배 구슬 당기와 보배 머리 장식 꽃 당기와 보배 방울 당기와 마니보배 일산 당기와 큰 마니보배 당기와 광명이 두루 비추는 마니보배 당기와 모든 여래의 이름과 음성을 내는 마니왕 당기와 사자 마니왕 당기와 모든 여래의 본래 일을 말하는 바다 마니왕 당기와 일체 법계의 그림자를 나타내는 마니왕 당기들이 시방에 두루 하고 줄지어 서서 장엄하였다.

爾時 復以佛神力故 其逝多林忽然廣博 與不可說佛刹微塵數諸佛國土其量正等 一切妙寶間錯莊嚴 不可說寶徧布其地 阿僧祇寶以爲垣牆 寶多羅樹莊嚴道側 其間復有無量香河 香水盈滿 湍激洄澓 一切寶華隨流右轉 自然演出佛法音聲 不思議寶芬陀利華 菡萏芬敷 彌布水上 衆寶華樹列植其岸 種種臺榭不可思議 皆於岸上次第行列 摩尼寶網之所彌覆 阿僧祇寶放大光明 阿僧祇寶莊嚴其地 燒衆妙香 香氣氛氳 復建無量種種寶幢 所謂 寶香幢 寶衣幢 寶幡幢 寶繒幢 寶華幢 寶瓔珞幢 寶鬘幢 寶鈴幢 寶幢 摩尼寶蓋幢 大摩尼寶幢 光明徧照摩尼寶幢 出一切如來名號音聲摩尼王幢 師子摩尼王幢 說一切如來本事海摩尼王幢 現一切法界影像摩尼王幢 周徧十方 行列莊嚴

때맞추어 서다림 위 허공 가운데는 생각으로 헤아려 알 수 없는 하늘 궁전의 구름과 수 없는 향나무의 구름과 말로 할 수 없는 수미산의 구름과 말할 수 없는 놀이의 구름과 빼어난 소리를 내어 여래를 찬탄하는 말 할 수 없는 보배 연꽃의 구름과 말할 수 없는 보배 자리의 구름과 말할 수 없는 보배 자리를 펴고 보살이 그 위에 앉아 부처님의 공덕을 찬탄하고 말할 수 없는 모든 천왕의 형상을 닮은 마니보배 구름과 말로 할 수 없는 백진주 구름과 말로 할 수 없는 적진주 누각 장엄 기물을 갖춘 구름과 말할 수 없는 금강의 견고한 진주 구슬을 내리는 구름이 허공에 머무르면서 두루 가득하게 펴져있기에 보기 좋게 꾸며서 장엄하였다.

무슨 까닭인가 하면, 여래의 선근은 생각으로 헤아려 알 수 없는 까닭이며, 여래의 흰 법은 생각으로 헤아려 알 수 없는 까닭이며, 여래의 위엄과 힘은 생각으로 헤아려 알 수 없는 까닭이며, 여래가 한 몸으로 자재하게 변화하여 모든 세계에 두루 한 것은 생각으로 헤아려 알 수 없는 까닭이며, 여래가 신통한 힘으로 모든 부처님과 또한 부처님 국토의 장엄을 빠짐없이 그 몸에 들어가게 하는 것은 생각으로 헤아려 알 수 없는 까닭이며, 여래가 하나의 티끌 속에 모든 법계의 그림자를 나타내는 것은 생각으로 헤아려 알 수 없는 까닭이며, 여래가 하나의 털구멍 속에 과거의 모든 부처님을 나타내는 것은 생각으로 헤아려 알 수 없는 까닭이며, 여래가 하나하나의 광명을 놓는 대로 이를 따라 남김없이 다 일체 세계를 두루 비추는 것은 생각으로 헤아려 알 수 없는 까닭이며, 여래가 하나의 털구멍 가운데 모든 부처 세계의 티끌 수와 같은 변화의 구름을 일으켜 일체 모든 부처님 국토에 충만하게 하는 일을 생각으로 헤아려 알 수 없는 까닭이며, 여래가 하나의 털구멍 가운데서 모든 시방이 이루어지고 머물고 무너지는 겁을 두루 나타내는 것을 생각으로 헤아려 알 수 없는 까닭이다.

이 서다림 급고독원에서 부처님의 국토가 청정하게 장엄 되는 것을 보듯이, 시방의 일체 모든 법계와 허공계, 모든 세계도 이와 같음을 보는 것이니, 이른바 여래의 몸이 서다림에 머물기에 보살 대중의 모임이 남김없이 다 두루 가득함을 보는 것이며, 모든 장엄의 구름이 내리는 것을 두루 보는 것이며, 모든 보배 광명을 비추는 구름이 내리는 것을 두루 보는 것이며, 모든 마니보배를 내리는 구름을 두루 보는 것이며, 모든 장엄한 덮개를 내려 부처 세계를 가득 덮는 구름을 두루 보는 것이며, 모든 하늘의 몸이 구름으로 내리는 것을 두루 보는 것이며, 모든 꽃나무 구름이 내리는 것을 두루 보는 것이며, 모든 옷이 열리는 나무를 내리는 구름을 보는 것이며, 모든 보배 꽃 머리 장식과 영락을 내려 끊이지 않게 하고 모든 대지에 두루두루 한 구름을 보는 것이며, 모든 장엄 기물의 구름이 내리는 것을 두루 보는 것이며, 모든 중생의 형상과 같은 가지가지 향의 구름이 내리는 것을 두루 보는 것이며, 모든 섬세하고 빼어난 보배 꽃 그물이 끊어지지 않고 계속해서 구름이 되어 내리는 것을 두루 보는 것이며, 일체 모든 천녀가 보배 당기와 번기를 가지고 허공 가운데 두루두루 오고 가는 구름이 내리는 것을 보는 것이며, 모든 보배 연꽃 꽃잎 사이로 가지가지의 음악 소리가 자연히 나오는 구름을 두루 보는 것이며, 모든 사자좌가 보배 그물의 영락으로 장엄 된 구름이 내리는 것을 보는 것이다.

時 逝多林上虛空之中 有不思議天宮殿雲 無數香樹雲 不可說須彌山雲 不可說妓樂雲 出美妙音歌讚如來不可說寶蓮華雲 不可說寶座雲 敷以天衣菩薩坐上歎佛功德不可說諸天王形像摩尼寶雲 不可說白眞珠雲 不可說赤珠樓閣莊嚴具雲 不可說雨金

剛堅固珠雲 皆住虛空 周帀徧滿 以爲嚴飾 何以故 如來善根不思議故 如來白法不思議故 如來威力不思議故 如來能以一身自在變化徧一切世界不思議故 如來能以神力令一切佛及佛國莊嚴皆入其身不思議故 如來能於一微塵內普現一切法界影像不思議故 如來能於一毛孔中示現過去一切諸佛不思議故 如來隨放一一光明悉能徧照一切世界不思議故 如來能於一毛孔中出一切佛剎微塵數變化雲充滿一切諸佛國土不思議故 如來能於一毛孔中普現一切十方世界成 住 壞劫不思議故 如於此逝多林給孤獨園見佛國土淸淨莊嚴 十方一切盡法界 虛空界 一切世界亦如是見 所謂 見如來身住逝多林 菩薩衆會皆悉徧滿 見普雨一切莊嚴雲 見普雨一切寶光明照曜雲 見普雨一切摩尼寶雲 見普雨一切莊嚴蓋彌覆佛剎雲 見普雨一切天身雲 見普雨一切華樹雲 見普雨一切衣樹雲 見普雨一切寶鬘 瓔珞相續不絶周徧一切大地雲 見普雨一切莊嚴具雲 見普雨一切如衆生形種種香雲 見普雨一切微妙寶華網相續不斷雲 見普雨一切諸天女持寶幢幡於虛空中周旋來去雲 見普雨一切衆寶蓮華於華葉間自然而出種種樂音雲 見普雨一切師子座寶網瓔珞而爲莊嚴雲

이때 동방으로 말할 수 없는 부처 세계의 티끌 수와 같은 세계의 바다를 지나 그 밖에 세계가 있으니, 이름이 '황금 등불 구름 당기'이며, 부처님 명호는 '비로자나 승덕왕'이며, 그 부처님의 대중 가운데 보살이 있으니, 이름이 '비로자나 원광명'이다. 말할 수 없는 부처 세계의 티끌 수와 같은 보살들과 더불어 와서 부처님 처소로 함께 향하고 신력으로 남김없이 다 가지가지의 구름을 일으키니, 이른바 하늘 꽃구름, 하늘 향 구름, 하늘 가루향 구름, 하늘 머리 장식 꽃구름, 하늘 보배 구름, 하늘 장엄 기물 구름, 하늘 보배 일산 구름, 하늘의 섬세하고 빼어난 옷구름, 하늘 보배 당기와 번기 구름, 하늘의 모든 빼어난 보배의 모든 장엄 구름이 허공에 가득하였다.

부처님 처소에 이른 후에는 부처님 발에 이마가 땅에 닿도록 예를 올리고 동방에 보배로 장엄한 누각과 또한 시방을 두루 비추는 보배 연화장 사자좌를 바꿔 만들어 모든 보배 그물로 그 몸을 두르고 권속들과 더불어 결가부좌하고 앉았다.

爾時 東方過不可說佛剎微塵數世界海外有世界 名 金燈雲幢 佛號 毘盧遮那勝德王 彼佛衆中有菩薩 名 毘盧遮那願光明 與不可說佛剎微塵數菩薩俱 來向佛所 悉以神力興種種雲 所謂 天華雲 天香雲 天末香雲 天鬘雲 天寶雲 天莊嚴具雲 天寶蓋雲

天微妙衣雲 天寶幢幡雲 天一切妙寶諸莊嚴雲 充滿虛空 至佛所已 頂禮佛足 卽於東方化作寶莊嚴樓閣及普照十方寶蓮華藏師子之座 如意寶網羅覆其身 與其眷屬結跏趺坐

이때 남방으로 말할 수 없는 부처 세계의 티끌 수와 같은 세계의 바다를 지나 그 밖에 세계가 있으니, 이름이 '금강장'이며, 부처님 명호는 '보광명무승장왕'이며, 그 부처님의 대중 가운데 보살이 있으니, 이름이 '불가괴정진왕'이다. 말할 수 없는 부처 세계의 티끌 수와 같은 보살들과 더불어 와서 부처님 처소로 함께 향할 때 모든 보배 향 그물을 가지고 모든 보배 영락을 가지고 모든 보배 꽃띠를 가지고 모든 보배 머리 장식을 지니고 모든 금강 영락을 가지고 모든 마니보배 그물을 가지고 모든 보배 옷 띠를 가지고 모든 보배 영락 띠를 가지고 가장 뛰어난 광명 마니의 모든 띠를 가지고 모든 사자 마니보배 영락을 가지고 신통한 힘으로 일체 모든 세계 바다를 충만하게 하였다.

부처님 계신 곳에 이르러서는 부처님의 발에 이마가 땅에 닿도록 예를 올리고 남방에서 세간에 두루 비추는 마니보배로 장엄한 누각과 또한 시방을 두루 비추는 보배 연화장 사자좌를 바꿔 만들어 모든 보배 꽃 그물로 그 몸을 두르고 권속들과 더불어 결가부좌하고 앉았다.

南方過不可說佛刹微塵數世界海外有世界 名 金剛藏 佛號 普光明無勝藏王 彼佛衆中有菩薩 名 不可壞精進王 與不可說佛刹微塵數菩薩俱 來向佛所 持一切寶香網 持一切寶瓔珞 持一切寶華帶 持一切寶鬘帶 持一切金剛瓔珞 持一切摩尼寶網 持一切寶衣帶 持一切寶瓔珞帶 持一切最勝光明摩尼帶 持一切師子摩尼寶瓔珞 悉以神力充徧一切諸世界海 到佛所已 頂禮佛足 卽於南方化作徧照世間摩尼寶莊嚴樓閣及普照十方寶蓮華藏師子之座 以一切寶華網羅覆其身 與其眷屬結跏趺坐

서방으로 말할 수 없는 부처 세계의 티끌 수와 같은 세계의 바다를 지나 그 밖에 세계가 있으니, 이름이 '마니보등수미산당'이며, 부처님 명호는 '법계지등'이며, 그 부처님 대중 가운데 보살이 있으니, 이름이 '보승무상위덕왕'이다. 부처 세계의 티끌 수와 같은 보살들과 함께 와서 부처님 처소로 더불어 향할 때 신통한 힘으로 말할 수 없는 부처 세계의 티끌 수와 같은 가지가지의 바르는 향과 사루는 향의 수미산 구름과 말할 수 없는 부처 세계의 티끌 수와 같은 가지가지의 색 향수의 수미산 구름과 말할 수 없는 부처 세계의 티끌 수와 같은 모든 대지의 티끌과 같은 광명 마니왕 수미산 구름과 말할 수 없는 부처 세계의 티끌 수와 같은 가지가지의 불꽃 바퀴로 장엄한 당기 수미산 구름과 말할 수 없는 부처 세계의 티끌 수와 같은 가지가지의 색 금강장마니왕으로 장엄한 수미산 구름과 말할 수 없는 부처 세계의 티끌 수와 같은 모든 세계를 비추는 염부담금 마니보배 당기 수미산 구름과 말할 수 없는 부처 세계의 티끌 수와 같이 모든 법계를 나타내는 마니보배 수미산 구름과 말할 수 없는 부처 세계의 티끌 수와 같이 일체 모든 부처님의 좋은 모양이나 상태를 나타내는 마니보배왕 수미산 구름과 말할 수 없는 부처 세계의 티끌 수와 같이 모든 여래의 본래 일로서 인연을 나타내며, 모든 보살이 행하던 행을 설하는 마니보배왕 수미산 구름과 말할 수 없는 부처 세계의 티끌 수와 같은 모든 부처님께서 보리의 도량에 앉으심을 나타내는 마니보배왕 수미산 구름을 일으켜서 법계에 가득하였다.

부처님이 계신 곳에 이르러서는 부처님의 발에 이마가 땅에 닿도록 예를 올리고 서방에 모든 향왕 누각을 변화시켜 만들고 진주 보배 그물로 그 위를 가득히 덮었으며, 또한 제석의 그림자 당기 보배 연화장 사자좌를 변화시켜 만들고는 빼어난 색 마니의 그물로 그 몸을 두루 덮고 심왕 보배 관으로 머리를 장엄하고 권속들과 함께 결가부좌 하였다.

西方過不可說佛刹微塵數世界海外有世界 名 摩尼寶燈須彌山幢 佛號 法界智燈 彼佛衆中有菩薩 名 普勝無上威德王 與世界海微塵數菩薩俱 來向佛所 悉以神力興不可說佛刹微塵數種種塗香燒香須彌山雲 不可說佛刹微塵數種種色香水須彌山雲 不可說佛刹微塵數一切大地微塵等光明摩尼寶王須彌山雲 不可說佛刹微塵數種種光焰輪莊嚴幢須彌山雲 不可說佛刹微塵數種種色金剛藏摩尼王莊嚴須彌山雲 不可說佛刹微塵數普照一切世界閻浮檀摩尼寶幢須彌山雲 不可說佛刹微塵數現一切法界摩尼寶須彌山雲 不可說佛刹微塵數現一切諸佛相好摩尼寶王須彌山雲 不可說佛刹微塵數現一切如來本事因緣說諸菩薩所行之行摩尼寶王須彌山雲 不可說佛刹微塵數現一切佛坐菩提場摩尼寶王須彌山雲 充滿法界 至佛所已 頂禮佛足 卽於西方化作一切香王樓閣 眞珠寶網彌覆其上 及化作帝釋影幢寶蓮華藏師子之座 以妙色摩尼網羅覆其身 心王寶冠以嚴其首 與其眷屬結跏趺坐

북방으로 말할 수 없는 부처 세계의 티끌 수와 같은 세계의 바다를 지나 그 밖에 세계가 있으니, 이름이 '보배 옷 광명 당기'이며, 부처님 명호는 '조허공법계대광명'이며, 그 부처님의 대중 가운데 보살이 있으니, 이름이 '무애승장왕'이다. 세계 바다의 티끌 수와 같은 보살들과 함께 와서 부처님 처소로 더불어 향할 때 남김없이 신통한 힘으로 모든 보배 옷의 구름을 일으키니, 이른바 황색 보배 광명 옷의 구름과 가지가지의 향을 풍기는 옷의 구름과 태양 당기 마니왕 옷의 구름과 금빛 치성한 마니 옷의 구름과 모든 보배 불꽃 옷의 구름과 모든 별 모양의 가장 빼어난 마니 옷의 구름과 백옥 빛 마니옷의 구름과 광명으로 두루 비추는 매우 뛰어나고 아름다운 옷의 구름과 광명으로 두루 비추는 위세가 불같이 성한 마니 옷의 구름과 장엄 바다 마니옷의 구름이 허공에 두루 충만하였다.

부처님이 계신 곳에 이르러서는 부처님의 발에 이마가 땅에 닿도록 예를 올리고 북방에 마니보배 바다로 장엄한 누각과 또한 비유리 보배 연화장 사자좌를 변화시켜 만들고 사자 위덕 마니왕 그물을 몸에 두르고 청정한 보배 왕으로 상투에 구슬을 묶고 권속들과 더불어 결가부좌 하였다.

北方過不可說佛刹微塵數世界海外有世界 名 寶衣光明幢 佛號 照虛空法界大光明 彼佛衆中有菩薩 名 無礙勝藏王 與世界海微塵數菩薩俱 來向佛所 悉以神力興一切寶衣雲 所謂 黃色寶光明衣雲 種種香所熏衣雲 日幢摩尼王衣雲 金色熾然摩尼衣雲 一切寶光焰衣雲 一切星辰像上妙摩尼衣雲 白玉光摩尼衣雲 光明徧照殊勝赫奕摩尼衣雲 光明徧照威勢熾盛摩尼衣雲 莊嚴海摩尼衣雲 充滿虛空 至佛所已 頂禮佛足 卽於北方化作摩尼寶海莊嚴樓閣及毘琉璃寶蓮華藏師子之座 以師子威德摩尼王網羅覆其身 淸淨寶王爲髻明珠 與其眷屬結跏趺坐

동북방으로 말할 수 없는 부처 세계의 티끌 수와 같은 세계의 바다를 지나 그 밖에 세계가 있으니, 이름이 '모두 환희하는 청정한 광명 그물'이며, 부처님 명호는 '무애안'이며, 그 부처님의 대중 가운데 보살이 있으니, 이름이 '화현법계원월왕'이다. 세계 바다의 티끌 수와 같은 보살들과 함께 와서 부처님 처소로 향하고 남김없이 다 신통한 힘으로 보배 누각 구름과 향 누각 구름과 사르는 향 누각 구름과 꽃 누각 구름과 전단 누각 구름과 금강 누각 구름과 마니누각 구름과 금 누각 구름과 옷 누각 구름과 연화 누각 구름을 일으켜서 시방의 모든 세계를 덮었다.

부처님이 계신 곳에 이르러서는 부처님의 발에 이마가 땅에 닿도록 예를 올리고 동북방에서 모든 법계의 문 큰 마니누각과 그 이상 더 할 수 없는 향 왕 연화장 사자좌를 변화시켜 만들고 마니꽃 그물을 그 몸에 두르고 빼어난 보배 장마니 왕관을 쓰고 그 권속들과 결가부좌 하였다.

東北方過不可說佛刹微塵數世界海外有世界 名 一切歡喜淸淨光明網 佛號 無礙眼 彼佛衆中有菩薩 名 化現法界願月王 與世界海微塵數菩薩俱 來向佛所 悉以神力興寶樓閣雲 香樓閣雲 燒香樓閣雲 華樓閣雲 栴檀樓閣雲 金剛樓閣雲 摩尼樓閣雲 金樓閣雲 衣樓閣雲 蓮華樓閣雲 彌覆十方一切世界 至佛所已 頂禮佛足 卽於東北方化作一切法界門大摩尼樓閣及無等香王蓮華藏師子之座 摩尼華網羅覆其身 著妙寶藏摩尼王冠 與其眷屬結跏趺坐

동남방으로 말할 수 없는 부처 세계의 티끌 수와 같은 세계의 바다를 지나 그 밖에 세계가 있으니, 이름이 '향 구름 장엄한 당기'이며, 부처님 명호는 '용자재왕'이며, 그 부처님의 대중 가운데 보살이 있으니, 이름이 '법혜광염왕'이다. 세계 바다의 티끌 수와 같은 보살들과 함께 와서 부처님 처소로 향하고 남김없이 다 신통한 힘으로 금빛 원만한 광명 구름, 헤아릴 수 없는 보배 빛 원만한 광명 구름, 여래의 백호상 원만한 광명 구름, 가지가지의 보배 빛 원만한 광명 구름, 연화장 원만한 광명 구름, 많은 보배 나뭇가지의 원만한 광명 구름, 여래 정수리 상투 원만한 광명 구름, 염부단금 빛 원만한 광명 구름, 햇빛 원만한 광명 구름, 별빛과 달빛 원만한 광명의 구름을 일으켜서 허공에 가득하였다.

부처님이 계신 곳에 이르러서는 부처님의 발에 이마가 땅에 닿도록 예를 올리고 동남방에 비로자나 최상의 보배 광명 누각과 금강마니 연화장 사자좌를 변화시켜 만들고 많은 보배 불꽃 마니왕 그물로 그 몸을 두르고 권속들과 더불어 결가부좌 하였다.

東南方過不可說佛刹微塵數世界海外有世界 名 香雲莊嚴幢 佛號 龍自在王 彼佛衆中有菩薩 名 法慧光焰王 與世界海微塵數菩薩俱 來向佛所 悉以神力興金色圓滿光明雲 無量寶色圓滿光明雲 如來毫相圓滿光明雲 種種寶色圓滿光明雲 蓮華藏圓滿光明雲 衆寶樹枝圓滿光明雲 如來頂髻圓滿光明雲 閻浮檀金圓滿光明雲 日色圓滿光明雲 星月色圓滿光明雲 悉徧虛空 到佛所已 頂禮佛足 卽於東南方化作毘盧遮那最上寶光明樓閣 金剛摩尼蓮華藏師子之座 衆寶光焰摩尼王網羅覆其身 與其眷屬

結跏趺坐

서남방으로 말할 수 없는 부처 세계의 티끌 수와 같은 세계의 바다를 지나 그 밖에 세계가 있으니, 이름이 '햇빛 마니장'이며, 부처님 명호는 '보조제법지월왕'이며, 그 부처님의 대중 가운데 보살이 있으니, 이름이 '최파일체마군지당왕'이다. 세계 바다의 티끌 수와 같은 보살들과 함께 와서 부처님 처소로 향하고 모든 털구멍 가운데 허공계와 가지런한 불꽃 구름과 향 불꽃 구름과 보배 불꽃 구름과 금강 불꽃 구름과 사르는 향 불꽃 구름과 번개 빛 불꽃 구름과 비로자나 마니보배 불꽃 구름과 모든 금빛 불꽃 구름과 뛰어난 장마니왕 광명 불꽃 구름과 삼세 여래 바다와 같은 광명 불꽃 구름을 내놓으니, 하나하나가 다 털구멍 가운데를 좇아 나와 허공계에 두루 하였다.

부처님이 계신 곳에 이르러서는 부처님의 발에 이마가 땅에 닿도록 예를 올리고 서남방에 시방 법계를 비추는 광명 그늘 큰 마니보배 누각과 향 등 불꽃 보배 연화장 사자좌를 변화시켜 만들고 허물을 벗어난 장마니 그물로 그 몸을 덮고 모든 중생을 일으켜 향하게 하는 음성을 내놓는 마니 왕으로 장엄하고 꾸민 관을 쓰고는 권속들과 더불어 결가부좌하였다.

西南方過不可說佛刹微塵數世界海外有世界 名 日光摩尼藏 佛號 普照諸法智月王 彼佛衆中有菩薩 名 摧破一切魔軍智幢王 與世界海微塵數菩薩俱 來向佛所 於一切毛孔中出等虛空界華焰雲 香焰雲 寶焰雲 金剛焰雲 燒香焰雲 電光焰雲 毘盧遮那摩尼寶焰雲 一切金光焰雲 勝藏摩尼王光焰雲 等三世如來海光焰雲 一一皆從毛孔中出 徧虛空界 到佛所已 頂禮佛足 卽於西南方化作普現十方法界光明網大摩尼寶樓閣及香燈焰寶蓮華藏師子之座 以離垢藏摩尼網羅覆其身 著出一切衆生發趣音摩尼王嚴飾冠 與其眷屬結跏趺坐

서북방으로 말할 수 없는 부처 세계의 티끌 수와 같은 세계의 바다를 지나 그 밖에 세계가 있으니, 이름이 '비로자나 원 마니왕 장'이며, 부처님 명호는 '보배 광명 가장 뛰어난 수미왕'이며, 그 부처님의 대중 가운데 보살이 있으니, 이름이 '원 지혜 광명 당기'이다. 세계 바다의 티끌 수와 같은 보살들과 함께 와서 부처님의 처소로 향하고 생각과 생각 사이에 좋은 모양이나 상태의 모든 것과 모든 털구멍과 몸의 모든 부분과 삼세 모든 여래의 형상 구름과 모든 보살의 형상 구름과 모든 여래 대중 모임의 형상 구름과 모든 여래가 변화하는 몸의 형상 구름과 모든 여래의 본래 생하는 몸의 형상 구름과 모든 성문과 벽지불의 형상 구름과 모든 여래의 보리도량 형상 구름과 모든 세간 주인의 형상 구름과 모든 청정 국토의 형상 구름을 내놓아서 허공을 가득 채웠다.

부처님이 계신 곳에 이르러서는 부처님의 발에 이마가 땅에 닿도록 예를 올리고 서북방에 시방을 두루 비추는 마니보배로 장엄한 누각과 세간을 두루 비추는 보배 연화장 사자좌를 변화시켜 만들고 뛰어나기가 이를 데 없는 광명 진주 그물로 그 몸을 두르고 광명이 두루 한 마니보배 관을 쓰고 권속들과 더불어 결가부좌 하였다.

西北方過不可說佛刹微塵數世界海外有世界 名 毘盧遮那願摩尼王藏 佛號 普光明最勝須彌王 彼佛衆中有菩薩 名 願智光明幢 與世界海微塵數菩薩俱 來向佛所 於念念中 一切相好 一切毛孔 一切身分 皆出三世一切如來形像雲 一切菩薩形像雲 一切如來衆會形像雲 一切如來變化身形像雲 一切如來本生身形像雲 一切聲聞辟支佛形像雲 一切如來菩提場形像雲 一切如來神變形像雲 一切世間住形像雲 一切淸淨國土形像雲 充滿虛空 至佛所已 頂禮佛足 卽於西北方化作普照十方摩尼寶莊嚴樓閣及普照世間寶蓮華藏師子之座 以無能勝光明眞珠網羅覆其身 著普光明摩尼寶冠 與其眷屬結跏趺坐

하방으로 말할 수 없는 부처 세계의 티끌 수와 같은 세계의 바다를 지나 그 밖에 세계가 있으니, 이름이 '모든 여래의 빛이 원만하게 두루 비춤'이며, 부처님 명호는 '허공무애상지당기왕'이며, 그 부처님의 대중 가운데 보살이 있으니, 이름이 '파일체장용맹지왕'이다. 세계 바다의 티끌 수와 같은 보살들과 함께 와서 부처님의 처소로 향하며, 모든 털구멍 가운데서 모든 중생의 언어 바다 음성 구름을 내어놓으며, 모든 삼세 보살의 수행 방편 바다를 설하는 음성 구름을 내어놓으며, 모든 보살이 일으킨 원과 방편 바다를 설하는 음성 구름을 내어놓으며, 모든 보살이 청정한 바라밀을 원만하게 이루는 방편 바다를 설하는 음성 구름을 내어놓으며, 모든 보살의 원만한 행이 모든 세계에 두루 함을 설하는 음성 구름을 내어놓으며, 모든 보살이 자재한 작용을 성취하는 것을 설하는 음성 구름을 내어놓으며, 모든 여래가 도량에 나아가 마군의 무리를 깨트리고 가지런하게 바른 깨우침을 이루는 자재한 작용을 설하는 음성 구름을 내어놓으며, 모든 여래가 법륜을 굴려서 맺어놓은 경문(經門)의 이름 바다를 설하는 음성 구름을 내어놓으며, 모든 것에 응함을 따라 중생을 가르치고 바른길로 이끌며, 조복시키는 법의 방편 바다를 설하는 음성 구름을 내어놓으며, 모든 시기, 때를 따르고 선근을 따르며, 원력을 따라서 중생들이 지혜를 두루 증득하게 하는 방편 바다를 설하는 음성 구름을 내어놓았다.

부처님이 계신 곳에 이르러서는 부처님의 발에 이마가 땅에 닿도록 예를 올리고 하방에 모든 여래 궁전 형상을 나타내는 많은 보배로 장엄한 누각과 또한 모든 보배 연화장 사자좌를 변화시켜서 만들고 도량에 그림자를 두루 나타내는 마니보배 관을 쓰고 권속들과 더불어 결가부좌 하였다.

下方過不可說佛刹微塵數世界海外有世界 名 一切如來圓滿光普照 佛號 虛空無礙相智幢王 彼佛衆中有菩薩 名 破一切障勇猛智王 與世界海微塵數菩薩俱 來向佛所 於一切毛孔中 出說一切衆生語言海音聲雲 出說一切三世菩薩修行方便海音聲雲 出說一切菩薩所起願方便海吟聲雲 出說一切菩薩成滿淸淨波羅蜜方便海音聲雲 出說一切菩薩圓滿行徧一切刹音聲雲 出說一切菩薩成就自在用音聲雲 出說一切如來往詣道場破魔軍衆成等正覺自在用音聲雲 出說一切如來轉法輪契經門名號海音聲雲 出說一切隨應敎化調伏衆生法方便海音聲雲 出說一切隨時 隨善根 隨願力普令衆生證得智慧方便海音聲雲 到佛所已 頂禮佛足 卽於下方化作現一切如來宮殿形像衆寶莊嚴樓閣及一切寶蓮華藏師子之座 著普現道場影摩尼寶冠 與其眷屬結跏趺坐

상방으로 말할 수 없는 부처 세계의 티끌 수와 같은 세계의 바다를 지나 그 밖에 세계가 있으니, 이름이 '부처님의 종자 성품을 말해도 다할 수 없음'이며, 부처님 명호는 '보지륜광명음'이며, 그 부처님의 대중 가운데 보살이 있으니, 이름이 '법계차별원'이다. 세계 바다의 티끌 수와 같은 보살들과 함께 저 도량에서 일으키고 이 사바세계 석가모니 부처님에게로 향해 오면서 좋은 모양이나 상태의 모든 것과 모든 털구멍과 모든 몸의 부분과 모든 손가락과 발가락과 모든 장엄 기물과 모든 의복 가운데 비로자나 등 과거 일체 모든 부처님과 미래 일체 모든 부처님의 수기를 이미 얻고 수기를 얻지 못한 자와 현재 시방 모든 국토의 일체 모든 부처님과 또한 모인 대중을 나타내며, 또한 과거의 보시바라밀을 행함과 또한 보시를 받는 자의 모든 수행한 본래의 바다를 나타내며, 또한 지계바라밀을 행한 모든 수행의 본래 바다를 나타내며, 또한 과거에 인욕바라밀을 행함에 있어서 몸을 도려내어도 마음이 흔들리지 않는 모든 수행의 본래 바다를 나타내며, 또한 과거에 정진바라밀을 행함에 있어서 물러서지 않는 모든 수행의 본래 바다를 나타내며, 또한 과거에 모든 여래의 선바라밀 바다를 구해서 성취한 모든 수행의 본래 바다를 나타내며, 또한 과거에 모든 부처님이 굴리신 법륜과 성취한 법을 구함에 있어서 용맹한 마음을 일으켜 모든 것을 다 버리는 모든 수행의 본래 바다를 나타내며, 또한 과거에 즐겁게 모든 중생계를 가르치고 바른길로 이끄는 모든 수행의 본래 바다를 나타내며, 또한 과거에 일으킨 모든 보살의 큰 원으로 청정하게 장엄한 모든 수행의 본래 바다를 나타내며, 또한 과거에 보살이 이룬 것으로 역바라밀을 용맹하고 청정하게 하는 모든 수행의 본래 바다를 나타내며, 또한 과거 모든 보살이 닦는 원만한 지혜바라밀의 모든 수행의 본래 바다를 나타내어 이와 같은 모든 수행의 본래 바다를 광대한 법계에 가득 차게 하였다.

부처님이 계신 곳에 이르러서는 부처님의 발에 이마가 땅에 닿도록 예를 올리고 상방에 모든 금강장으로 장엄한 누각과 제청 금강왕으로 된 연화장 사자좌를 변화시켜 만들고 모든 보배 광명 마니왕 그물로 그 몸을 두루 덮고 삼세 여래의 이름을 널리 펴서 설하는 마니보배왕으로 상투에 꽂은 구슬로 삼고 권속들과 더불어 결가부좌 하였다.

上方過不可說佛刹微塵數世界海外有世界 名 說佛種性無有盡 佛號 普智輪光明音 彼佛衆中有菩薩 名 法界差別願 與世界海微塵數菩薩俱 發彼道場來向此娑婆世界釋迦牟尼佛所 於一切相好 一切毛孔 一切身分 一切肢節 一切莊嚴具 一切衣服中現毘盧遮那等過去一切諸佛 未來一切諸佛 已得授記 未授記者 現在十方一切國土一切諸佛幷其衆會 示現過去行檀那波羅蜜及其一切受布施者諸本事海 示現過去行尸波羅蜜諸本事海 示現過去行羼提波羅蜜割截肢體心無動亂諸本事海 示現過去行精進波羅蜜勇猛不退諸本事海 示現過去求一切如來禪波羅海而得成就蜜諸本事海 示現過去求一切佛所轉法輪所成就法發勇猛心一切皆捨波羅蜜諸本事海 示現過去樂見一切佛 樂行一切菩薩道 樂化一切衆生界諸本事海 示現過去所發一切菩薩大願淸淨莊嚴諸本事海 示現過去菩薩所成力波羅蜜勇猛淸淨諸本事海 示現過去一切菩薩所修圓滿智波羅蜜諸本事海 如是一切本事海 悉皆徧滿廣大法界 至佛所已 頂禮佛足 卽於上方化作一切金剛藏莊嚴樓閣及帝靑金剛王蓮華藏師子之座 以一切寶光明摩尼王網羅覆其身 以演說三世如來名摩尼寶王爲髻明珠 與其眷屬結跏趺坐

이와 같은 시방의 모든 보살과 이울러 그 권속들은 모두 보현보살의 행과 원 가운데를 좇아서 나왔기에 청정한 지혜의 눈으로 삼세 부처님을 보고 일체 모든 부처님 여래가 굴리신 법륜의 수다라 바다를 두루 들었으며, 모든 보살의 자재한 저 언덕에서 이미 이르렀으며, 생각과 생각마다 큰 신통 변화를 나타내어 일체 모든 부처님 여래를 친근히 하며, 하나의 몸으로 모든 세계와 모든 여래 대중이 모인 도량에 가득하였다.

하나의 티끌 속에 모든 세간의 경계를 나타내어 모든 중생을 가르치고 바른길로 이끌며, 모든 중생을 성취하게 하지만, 때를 잃지 않으며, 하나의 털구멍 가운데서 모든 여래의 법을 설한 음성을 내어놓으며, 모든 중생이 다 허깨비와 같음을 알며, 모든 부처님이 남김없이 다 그림자와 같음을 알며, 일체 모든 부류가 남김없이 꿈과 같음을 알며, 모든 업과 과보가 거울 속의 모양과 같음을 알며, 일체 모든 태어남을 일으키는 것이 더울 때의 아지랑이와 같음을 알며, 모든 세계가 다 변화와 같음을 알기에 여래의 십력과 두려움 없음을 성취하고 용맹하고 자재하게 사자 후를 하며, 끝없는 변재의 큰 바다에 들어가며, 모든 중생의 말 바다와 모든 법의 지혜를 얻으며, 허공과 법계에 다니지만 막힘이나 걸림이 없으며, 모든 법이 막힘이나 걸림이 없음을 알았다.

모든 보살의 신통한 경계로 이미 청정하고 용맹하게 정진하여 마군을 꺾어 항복시키고 늘 지혜로 삼세를 분명하게 깨우쳐 통달하고 모든 법이 마치 허공과 같기에 어기고 다툼이 없음을 알고 역시 취하고 집착함이 없으며, 비록 부지런히 정진하지만 모든 지혜가 마지막까지 올 것이 아님을 알고 방편의 지혜로 모든 법계에 들어가며, 평등한 지혜로 모든 국토에 들어가며, 자재한 힘으로 모든 세계가 거듭 반복하여 서로 들어가며, 모든 세계의 곳곳에 태어남을 받으며, 모든 세계의 가지가지 형상을 보며, 미세한 경계로 광대한 세계를 나타내며, 광대한 경계로 미세한 세계를 나타내며, 한 부처님 처소에서 모든 부처님의 위신력으로 가피(加被)을 얻어 시방을 두루 보고 미혹하는 일이 없으며, 찰나지 간에 남김없이 다 나아가니, 이와 같은 등등의 모든 보살이 서다림에 가득하였고 이는 모두 여래의 위엄과 신통한 힘이다.

如是十方一切菩薩幷其眷屬 皆從普賢菩薩行願中生 以淨智眼見三世佛 普聞一切諸佛如來所轉法輪 修多羅海 已得至於一切菩薩自在彼岸 於念念中現大神變 親近一切諸佛如來 一身充滿一切世界一切如來衆會道場 於一塵中普現一切世間境界 敎化成熟一切衆生未曾失時 一毛孔中出一切如來說法音聲 知一切衆生悉皆如幻 知一切佛悉皆如影 知一切諸趣受生悉皆如夢 知一切業報如鏡中像 知一切諸有生起如熱

時焰 知一切世界皆如變化 成就如來十力 無畏 勇猛自在 能師子吼 深入無盡辯才大海 得一切衆生言辭海諸法智 於虛空法界所行無礙 知一切法無有障礙 一切菩薩神通境界悉已淸淨 勇猛精進 摧伏魔軍 恒以智慧了達三世 知一切法猶如虛空 無有違諍 亦無取著 雖勤精進而知一切智終無所來 雖觀境界而知一切有悉不可得 以方便智入一切法界 以平等智入一切國土 以自在力令一切世界展轉相入於一切世界 處處受生 見一切世界種種形相 於微細境現廣大刹 於廣大境現微細刹 於一佛所一念之頃 得一切佛威神所加 普見十方無所迷惑 於刹那頃悉能往詣 如是等一切菩薩滿逝多林 皆是如來威神之力

이때 큰 성문의 모든 우두머리인 사리불과 대목건련과 마하가섭과 이파다와 수보리와 아누루타와 난타와 겁빈나와 가전연과 부루나들의 모든 큰 성문들이 서다림에 있었으나, 모두 다 여래의 신통한 힘과 여래의 좋은 모양이나 상태와 여래의 경계와 여래가 즐겁게 노니는 것과 여래의 신통 변화와 여래의 존귀한 뛰어남과 여래의 빼어난 행과 여래의 위덕과 여래가 머물러 계심과 여래의 청정한 세계 등을 단 하나도 보지 못하였다.

역시 차례를 좇아(復) 사람의 생각으로는 헤아려 알 수 없는 보살의 경계와 보살의 큰 모임과 보살이 두루 들어감과 보살이 널리 이르는 것과 보살이 널리 나아감과 보살의 신통 변화와 보살이 즐겁게 노니는 것과 보살의 권속과 보살의 방소와 보살이 장엄한 사자좌와 보살의 궁전과 보살이 머무는 거처와 보살이 들어간 삼매의 자재함과 보살이 자세히 살펴서 들여다보는 것과 보살의 기운이 뻗음과 보살의 용맹함과 보살의 공양과 보살의 수기와 보살의 성숙과 보살의 결단력과 튼튼함과 보살의 청정한 법의 몸과 보살의 원만한 지혜의 몸과 보살이 원하는 몸으로 나타내 보임과 보살이 색신을 성취함과 보살의 좋은 모양이나 상태를 모두 온전하게 갖추고 청정하게 함과 광명을 가지고 항상 많은 색으로 장엄함과 보살이 큰 광명의 그물을 놓은 것과 보살이 일으킨 변화의 구름과 보살의 몸이 시방에 두루 함과 보살의 모든 행이 원만한 것임을 보지 못하였다.

이와 같은 등등의 일을 모든 성문의 큰 제자들이 단 한 명도 보지 못했으니, 무슨 까닭인가 하면, 선근이 같지 않은 까닭이며, 본래 부처님을 볼 수 있는 자재한 선근을 닦고 익히지 않은 까닭이며, 본래 시방세계의 일체 모든 부처 세계의 청정한 공덕을 찬탄하지 않고 설하지 않은 까닭이며, 모든 부처님 세존의 가지가지 신통 변화를 본래 칭찬하지 않은 까닭이다.

본래부터 생사 가운데 헤매면서 아뇩다라삼먁삼보리심을 일으키지 않은 까닭이며, 본래부터 다른 이를 보리심에 머물게 하지 못한 까닭이며, 본래부터 여래의 종자를 끊어지지 않게 하지 못한 까닭이며, 본래부터 중생을 거두어주지 못한 까닭이며, 본래부터 다른 이에게 권하여 보살의 바라밀을 닦고 익히게 하지 못한 까닭이다.

본래부터 생사에 헤매고 있을 때 중생에게 권하여 가장 뛰어난 큰 지혜의 눈을 구하게 하지 못한 까닭이며, 본래부터 모든 지혜를 내는 모든 선근을 닦고 익히지 않은 까닭이며, 본래부터 여래가 세상을 벗어나는 모든 선근을 성취하지 않은 까닭이며, 본래부터 부처님의 세계를 청정하게 장엄하는 신통과 지혜를 얻지 못한 까닭이다.

본래 보살의 눈으로 아는 경계를 얻지 못한 까닭이며, 본래 세간을 뛰어넘어 나아감을 구하지 않고 보리의 모든 선근과 함께하지 않는 까닭이며, 본래 모든 보살의 모든 큰 원을 일으키지 않는 까닭이며, 본래부터 여래의 가피를 좇아 나지 않는 까닭이며, 본래부터 모든 법이란 허깨비와 같고 보살이 꿈과 같음을 알지 못한 까닭이며, 본래부터 모든 큰 보살의 광대한 환희를 얻지 못한 까닭이다.

이와 같은 것은 다 보현보살의 지혜로운 눈의 경계이기에 모든 이승(二乘)과 함께하지 않는 것이니, 이러한 인연으로 모든 큰 성문(聲聞)이 보지 못하고 알지 못하고 듣지 못하고 들어가지 못하고 얻지 못하고 생각하지 못하고 자세히 들여다보지 못하고 헤아리지 못하고 사유하지 못하고 분별하지 못한다. 이러한 까닭으로 비록 서다림 가운데 있으나, 여래의 모든 큰 신통 변화를 보지 못하는 것이다.

于時 上首諸大聲聞 舍利佛 大目揵連 摩訶迦葉 離波多 須菩提 阿누樓馱 難陀 劫賓那 迦旃延 富樓那等諸大聲聞 在逝多林皆悉不見如來神力 如來嚴好 如來境界 如來遊戲 如來神變 如來尊勝 如來妙行 如來威德 如來住持 如來淨刹 亦復不見不可思議菩薩境界 菩薩大會 菩薩普入 菩薩普至 菩薩普詣 菩薩神變 菩薩遊戲 菩薩眷屬 菩薩方所 菩薩莊嚴師子座 菩薩宮殿 菩薩住處 菩薩所入三昧自在 菩薩觀察 菩薩頻申 菩薩勇猛 菩薩供養 菩薩受記 菩薩成熟 菩薩勇健 菩薩法身淸淨 菩薩智身圓滿 菩薩願身示現 菩薩色身成就 菩薩諸相具足淸淨 菩薩常光衆色莊嚴 菩薩放大光網 菩薩起變化雲 菩薩身徧十方 菩薩諸行圓滿 如是等事 一切聲聞諸大弟子皆悉不見 何以故 以善根不同故 本不修習見佛自在善根故 本不讚說十方世界一切佛刹淸淨功德故 本不偁歎諸佛世尊種種神變故 本不於生死流轉之中發阿耨多羅三藐三

菩提心故 本不令他住菩提心故 本不能令如來種性不斷絶故 本不攝受諸衆生故 本不勸他修習菩薩波羅蜜故 本在生死流轉之時不勸衆生求於最勝大智眼故 本不修習生一切智諸善根故 本不成就如來出世諸善根故 本不得嚴淨佛刹神通智故 本不得諸菩薩眼所知境故 本不求超出世間不共菩提諸善根故 本不發一切菩薩諸大願故 本不從如來加被之所生故 本不知諸法如幻 菩薩如夢故 本不得諸大菩薩廣大歡喜故 如是皆是普賢菩薩智眼境界 不與一切二乘所共 以是因緣 諸大聲聞不能見 不能知 不能聞 不能入 不能得 不能念 不能觀察 不能籌量 不能思惟 不能分別 是故 雖在逝多林中 不見如來諸大神變

차례를 따라(復次) 모든 큰 성문(聲聞)이 이와 같은 선근이 없는 까닭이며, 이와 같은 지혜의 눈이 없는 까닭이며, 이와 같은 삼매가 없는 까닭이며, 이와 같은 해탈이 없는 까닭이며, 이와 같은 신통이 없는 까닭이며, 이와 같은 위덕이 없는 까닭이며, 이와 같은 세력이 없는 까닭이며, 이와 같은 자재함이 없는 까닭이며, 이와 같은 머물 곳이 없는 까닭이며, 이와 같은 경계가 없는 까닭이다. 이러한 까닭으로 이것을 능히 알지 못하고 보지 못하고 들어가지 못하고 증득하지 못하고 머물지 못하고 이해하지 못하고 자세히 들여다보지 못하고 참고 알아서 받아들이지 못하고 부류로 향해 나아가지 못하고 돌아다니지도 못한다.

또 역시 차례를 따라(復次) 타인을 위해 열어서 이해하도록 설하거나 칭찬하여 널리 나타내 보이거나 바른길로 이끌어서 다다를 곳을 권해 향하게 하거나 배우고 익히게 하거나 편안히 머물게 하거나 증득하여 들어가지 못하였다.

무슨 까닭인가 하면, 모든 큰 제자들이 성문승을 의지하여 벗어나는 까닭으로 성문의 도를 성취하였기 때문이며, 성문의 행에 만족하여 성문의 과에 편안히 머물고 있음과 없음의 진실에 결정한 지혜를 얻지 못하고 실상의 본바탕이 되는 경계에 항상 머물면서 마지막까지 적정하고 크게 가엾이 여김에서 멀리 벗어나 중생을 버리고 스스로 일에 머물면서 저 언덕의 지혜(如來智)를 쌓지 못하고 닦아 행하지 못하고 편안히 머물지 못하고 원으로 구하지도 못하고 성취하지 못하고 청정하지도 못하고 들어가지도 못하고 통달하지 못하고 알고 보지도 못하고 증거하여 얻지도 못하였기 때문에 서다림 안에 있으면서도 여래를 마주 보고 있지만, 이와 같은 광대한 신통 변화를 보지 못하였다.

復次 諸大聲聞無如是善根故 無如是智眼故 無如是三昧故 無如是解脫故 無如是神通故 無如是威德故 無如是勢力故 無如是自在故 無如是住處故 無如是境界故 是故於此不能知 不能見 不能入 不能證 不能住 不能解 不能觀察 不能忍受 不能趣向 不能遊履 又亦不能廣爲他人 開闡解說 偁揚示現 引導勸進 令其趣向 令其修習 令其安住 令其證入 何以故 諸大弟子依聲聞乘而出離故 成就聲聞道 滿足聲聞行 安住聲聞果 於無有諦得決定智 常住實際究竟寂靜 遠離大悲 捨於衆生 住於自事 於彼智慧 不能積集 不能修行 不能安住 不能願求 不能成就 不能淸淨 不能趣入 不能通達 不能知見 不能證得 是故 雖在逝多林中對於如來 不見如是廣大神變

"불자여! 항하의 언덕에 백천 억 헤아릴 수 없는 아귀가 있으니, 헐벗은 몸에 굶주리고 목마르고 온몸이 불에 타고 까마귀, 수리, 승냥이, 이리들이 몰려들어 다투고 할퀴고 목마름에 시달려 물을 마시고자 하지만, 비록 강가에 있으면서 물을 보지 못하고 설령 물을 보더라도 물이 마른 것을 본다. 무슨 까닭인가 하면, 깊고 두꺼운 업장에 덮인 까닭이다."

"큰 성문들도 역시 차례를 좇아(復) 이와 같기에 비록 차례를 좇아(復) 서다림 가운데 머물지만, 여래의 광대한 신력을 보지 못하는 것이니, 모든 지혜를 버리고 무명의 막이 그 눈을 덮은 까닭이며, 일찍이 그와 같은 지혜의 자리에 선근을 심지 못한 까닭이다."

"비유하면 어떤 사람이 큰 모임 가운데 편안하게 깊이 잠들어 있다가 갑자기 꿈에 수미산 정상에 제석천왕이 있는 선견의 큰 성을 보니, 궁전과 원림이 가지가지로 보기 좋게 장엄하고 천자와 천녀 백천 만억이 하늘 꽃을 흩뿌려서 그 땅에 두루 하고 가지가지의 옷나무가 빼어난 의복을 내어놓고 가지가지의 꽃나무에는 아름다운 꽃이 피고 모든 음악나무는 하늘의 음악을 들려주고 하늘의 모든 채녀는 그 가운데서 즐겁게 놀고 스스로 하늘 옷을 입고 그곳에 머물면서 두루두루 하지만, 그 큰 모임 가운데 일체 모든 사람은 비록 한곳에 있으나 알지도 못하고 보지도 못한다. 무슨 까닭인가 하면, 꿈에서 보는 것을 그 대중들은 볼 수 없는 까닭이다."

"모든 보살과 세간의 제왕들도 역시 차례를 좇아(復) 이와 같음을 오래도록 선근의 힘을 쌓고 모으는 까닭에 볼 수 없으며, 모든 지혜의 광대한 원을 일으키는 까닭이며, 모든 부처님의 공덕을 배워 익히는 까닭이며, 보살의 장엄하는 도를 수행하는 까닭이며, 일체 지혜의 지혜와 법을 원만하게 한 까닭이며, 보현의 모든 행과 원을 만족해하는 까닭이며, 모든 보살의 지혜 지위에 향해 들어가는 까닭이며, 모든 보살이 머무는 모든 삼매에 즐겁게 노니는 까닭이며, 모든 보살의 지혜 경계를 자세히 살펴서 들여다보는 일에 막힘이나 걸림이 없는 까닭이니, 이러한 까닭으로 사람의 생각으로는 헤아려 알 수 없는 여래 세존의 자재한 신통 변화를 보지만, 일체 성문의 모든 큰 제자는 다 보지 못하고 능히 알지 못하니, 보살의 청정한 눈이 없는 까닭이다."

"비유하면 설산에 많은 약초가 있기는 하다. 어진 의사는 나아가 남김없이 능히 분별하지만 모든 사냥꾼이나 목동들은 설산에 항상 머물러도 약초를 보지 못하는 것과 같이 이 또한 이와 같기에 모든 보살이 지혜의 경계에 들어가서 자재한 힘을 갖추기에 여래의 광대한 신통 변화를 보지만, 모든 큰 제자들은 오직 자신의 이익만을 구하고 타인에게 이익이 되지 않으며, 오직 자신의 편안함만을 구하고 다른 이를 편안하게 하지 않기에 비록 서다림에 있으면서도 알지 못하고 보지 못하는 것이다."

"비유하면 땅 가운데 모든 보배 창고가 있고 가지가지의 진귀하고 다른 보배가 남김없이 다 충만하지만, 사람이 총명하고 밝게 통하는 선근이 있으면 모든 숨겨져 있는 복장(伏藏.二乘地.如來地.涅槃.寂滅.如是如是.善根思惟)을 분별하고 그 사람이 복덕의 힘이 있어서 하고자 하는 바를 따라 자재하게 취해서 부모를 받들어 모시고 친족들에게 나누어 주고 늙고 병들고 궁핍한 이들에게 차별 없이 나누어 주어 구제를 한다. 그러나 지혜가 없고 복덕이 없는 사람은 비록 보배 창고가 있는 곳에 이르러도 알지 못하고 보지 못하여 그 이익을 얻지 못한다."

"이 또한 이와 같기에 모든 큰 보살은 청정한 지혜의 눈이 있어서 사람의 생각으로는 헤아려 알 수 없는 여래의 깊고 깊은 경계에 들어가며, 능히 부처님의 신통한 힘을 보고 모든 법의 문에 들어가고 삼매의 바다에 노닐면서 부처님께 공양하고 바른 법으로 중생들이 깨우침을 깨닫게 하고 사섭법(四攝法)으로 중생을 거두어주지만, 모든 큰 성문들은 여래의 신통한 힘을 보지 못하고 또한 능히 보살 대중을 보지 못한다."

"비유하면 눈이 먼 사람이 큰 보배의 섬에 이르러 다니고 서고 앉고 누우면서도 그 많은 모든 보배를 보지 못하며, 보지 못하기에 채취해서 가져다가 쓰지를 못한다. 이 또한 이와 같기에 모든 큰 제자가 비록 서다림 숲에 있으면서 세존께 가까이 있으면서도 여래의 자재한 신통한 힘을 보지 못하며, 또한 보살의 대중 모임도 보지 못한다. 무슨 까닭인가 하면, 보살의 막힘이나 걸림 없는 눈이 없어서 차례를 따라(復次) 법계에 들어가지 못하고 여래의 자재한 힘을 보지 못한 까닭이다."

"비유하면 사람이 허물없는 광명이라는 청정한 눈을 얻으면 모든 어둠이 막힘이나 걸림이 못하기에 이때 그 사람이 어두운 밤 가운데 헤아릴 수 없는 백천 만억의 사람이 있는 곳에 가서 이들이 늘 행하고 머물고 앉고 누우면 모든 사람의 형상과 태도와 몸가짐을 눈 밝은 이 사람은 보지만, 이 눈 밝은 사람이 오고 가는 행동은 그 모든 사람이 볼 수 없는 것과 같이 부처님도 또한 이와 같기에 지혜의 눈을 성취하여 청정하고 막힘이나 걸림이 없기에 모든 세간을 남김없이 다 보지만, 부처님이 나타내 보이는 신통 변화와 큰 보살 대중이 둘러싸서 모시는 것을 모든 큰 제자가 단 하나도 보지 못한다."

"비유하면 비구가 대중 가운데 있다가 모든 곳에 두루 한 선정에 들어가니, 이른바 땅이 모든 곳에 두루 한 선정, 물이 모든 곳에 두루 한 선정, 불이 모든 곳에 두루 한 선정, 바람이 모든 곳에 두루 한 선정, 푸른 모든 곳에 두루 한 선정, 누른 모든 곳에 두루 한 선정, 붉은 모든 곳에 두루 한 선정, 흰 모든 곳에 두루 한 선정, 하늘의 모든 곳에 두루 한 선정, 가지가지 중생의 몸 모든 곳에 두루 한 선정, 모든 말과 음성 모든 곳에 두루 한 선정, 속된 인연에 끌리는 모든 곳에 두루 한 선정들이다. 이 선정에 드는 이는 그 인연한 바를 보지만, 그 나머지 대중은 모두 보지 못하니, 오직 이 삼매에 머무는 자만 제외하는 것과 같기에 사람의 생각으로는 헤아려 나타낼 수 없는 여래의 경계도 역시 차례를 좇아(復) 이와 같은 보살은 온전하게 갖추고 보지만, 성문은 보지 못한다."

"비유하면 사람이 형상을 가리는 약을 눈에 바르면 대중 가운데 오고 가고 앉고 서더라도 보는 이가 없지만, 능히 대중의 모임 가운데의 일을 남김없이 보는 것과 같이 응당 알아야 할 것은 여래도 역시 차례를 좇아(復) 이와 같은 세간을 뛰어넘고 나아가 널리 세간을 두루두루 보는 것이니, 모든 성문은 보지 못한다. 오직 모든 지혜의 경계에 다다르고자 향하는 모든 큰 보살은 제외한다."

"사람이 태어나면 곧 두 개의 하늘이 늘 모양이나 상태로 따라다님이 있으니, 하나는 태어남이 같은 것이고 둘은 이름이 같은 것이다. 하늘은 항상 사람을 보지만, 사람은 하늘을 볼 수 없는 것과 같기에 응당 알아야 할 것이니, 여래도 역시 차례를 좇아(復) 이와 같기에 모든 보살의 큰 모임 가운데 계시면서 큰 신통을 나타내지만, 모든 큰 성문은 단 하나도 볼 수 없다."

"비유하면 비구가 마음의 자재함을 얻어 식(識)이 없어진 선정(滅盡定)에 들면 육근으로 짓은 업을 모두 행하지 않고 모든 언어를 알지 못하고 깨닫지 못하지만, 삼매의 힘을 가진 까닭으로 반열반에 들어가지 않는 것과 같이 모든 성문도 역시 차례를 좇아(復) 이와 같기에 비록 차례를 좇아(復) 서다림 가운데 머물면서 육근을 온전하게 갖추고 있으나, 여래의 자재하심과 보살 대중들이 짓은 일을 알지 못하고 보지 못하며, 이해하지 못하고 들어가지 못한다."

"무슨 까닭인가 하면, 여래의 경계는 깊고 깊어서 광대하고 보기 어렵고 알기 어렵고 양, 수, 공간, 시간을 헤아려 알 수 없고 모든 세간을 뛰어넘었으며, 사람의 생각으로는 헤아려 알 수 없고 무너트릴 만한 자가 없기에 일체 이승의 경계가 아니다. 이러한 까닭으로 여래의 자재하신 신통한 힘과 보살 모임의 대중과 또한 서다림이 널리 모든 청정한 세계에 두루 하여도 이와 같은 등등의 일을 모든 큰 성문은 단 하나라도 알고 보지 못한다. 그 그릇이 아닌 까닭이다."

佛子 如恒河岸有百千億無量餓鬼 裸形飢渴 擧體燋然 烏鷲豺狼競來搏撮 爲渴所逼 欲求水飮 雖住河邊而不見河 設有見者 見其枯竭 何以故 深厚業障之所覆故 彼大聲聞亦復如是 雖復住在逝多林中 不見如來廣大神力 捨一切智 無明瞖瞙覆其眼故 不曾種植薩婆若地諸善根故 譬如有人 於大會中昏睡安寢 忽然夢見須彌山頂帝釋所住善見大城 宮殿 園林種種嚴好 天子 天女百千萬億 普散天華徧滿其地 種種衣樹出妙衣服 種種華樹開敷妙華 諸音樂樹奏天音樂 天諸采女歌詠美音 無量諸天於中戲樂 其人自見著天衣服 普於其處住止周旋 其大會中一切諸人雖同一處 不知不見 何以故 夢中所見 非彼大衆所能見故 一切菩薩 世間諸王亦復如是 以久積集善根力故 發一切智廣大願故 學習一切佛功德故 修行菩薩莊嚴道故 圓滿一切智智法故 滿足普賢諸行願故 趣入一切菩薩智地故 遊戲一切菩薩所住諸三昧故 已能觀察一切菩薩智慧境界無障礙故 是故悉見如來世尊不可思議自在神變 一切聲聞諸大弟子 皆不能見 皆不能知 以無菩薩淸淨眼故 譬如雪山具衆藥草 良醫詣彼悉能分別 其諸捕獵 放牧之人恒住彼山 不見其藥 此亦如是 以諸菩薩入智境界 具自在力 能見如來廣大神變 諸大弟子唯求自利 不欲利他 唯求自安 不欲安他 雖在林中 不知不見 譬如地中有諸寶藏 種種珍異悉皆充滿 有一丈夫聰慧明達 善能分別一切伏藏 其人復有大福德力 能隨所欲自在而取 奉養父母 賑恤親屬 老 病 窮乏靡不均贍 其無智慧 無福德人 雖亦至於寶藏之處 不知不見 不得其益 此亦如是 諸大菩薩有淨智眼 能入如來不可思議甚深境界 能見佛神力 能入諸法門 能遊三昧海 能供養諸佛 能以正法開悟衆生 能以四攝攝受衆生 諸大聲聞不能得見如來神力 亦不能見諸菩薩衆 譬如盲

人至大寶洲 若行 若住 若坐 若臥不 能得見一切衆寶 以不見故 不能採取 不得受用 此亦如是 諸大弟子雖在林中親近世尊 不見如來自在神力 亦不得見菩薩大會 何以故 無有菩薩無礙淨眼 不能次第悟入法界見於如來自在力故 譬如有人得淸淨眼 名離垢光明 一切暗色不能爲障 爾時 彼人於夜暗中 處在無量百千萬億人衆之內 或行或住 或坐 或臥 彼諸人衆形相威儀 此明眼人莫不具見 其明眼者威儀進退 彼諸人衆悉不能睹 佛亦如是 成就智眼 淸淨無礙 悉能明見一切世間 其所示現神通變化 大菩薩衆所共圍遶 諸大弟子悉不能見 譬如比丘在大衆中入徧處定 所謂 地徧處定 水徧處定 火徧處定 風徧處定 靑徧處定 黃徧處定 赤徧處定 白徧處定 天徧處定 種種衆生身徧處定 一切語言音聲徧處定 一切所緣徧處定 入此定者見其所緣 其餘大衆悉不能見 唯除有住此三昧者 如來所現不可思議諸佛境界亦復如是 菩薩具見 聲聞莫睹 譬如有人以翳形藥自塗其眼 在於衆會去 來 坐 立無能見者 而能悉睹衆會中事 應知如來亦復如是 超過於世 普見世間 非諸聲聞所能得見 唯除趣向一切智境諸大菩薩 如人生已 則有二天 恒常隨逐 一曰 同生 二曰 同名 天常見人 人不見天 應知如來亦復如是 在諸菩薩大集會中現大神通 諸大聲聞悉不能見 譬如比丘得心自在入滅盡定 六根作業皆悉不行 一切語言不知不覺 定力持故 不般涅槃 一切聲聞亦復如是 雖復住在逝多林中 具足六根 而不知不見不解不入如來自在 菩薩衆會諸所作事 何以故 如來境界甚深廣大 難見難知 難測難量 超諸世間 不可思議 無能壞者 非是一切二乘境界 是故 如來自在神力 菩薩衆會及逝多林普徧一切淸淨世界 如是等事 諸大聲聞悉不知見 非其器故

이때 비로자나원광명보살이 부처님의 신력을 받들어 시방을 자세히 살펴서 들여다보고는 게송을 말했다.

爾時 毘盧遮那願光明菩薩 承佛神力 觀察十方而說頌言

汝等應觀察 그대들은 응당 자세히 살펴서 들여다보아야 하니

佛道不思議 부처님의 도는 생각으로 헤아려 알 수 있는 것이 아니기에

於此逝多林 이 서다림에서

示現神通力 신통한 힘을 나타내 보이는 것이라네.

善逝威神力 선근으로 가신 이의 위신의 힘은
所現無央數 나타내는 것이 헤아릴 수 없는 수이기에
一切諸世間 일체 모든 세간이
迷惑不能了 미혹하여 분명하게 깨우쳐 알지 못하는 것이라네.

法王深妙法 법왕의 깊고 빼어난 법은
無量難思議 헤아릴 수 없고 생각으로 알기 어려우며
所現諸神通 나타내는 모든 신통은
擧世莫能測 세간이 헤아릴 수 없는 것이라네.

以了法無相 법이란 모양이나 상태가 없음을 분명하게 알았기에
是故名爲佛 이러한 까닭으로 이름이 '부처'이며
而具相莊嚴 모양이나 상태를 갖추고 장엄하심은
偁揚不可盡 칭찬하여도 다할 수 없는 것이라네.

今於此林內 지금 이 서다림 안에
示現大神力 나타내 보이는 신통한 큰 힘은
甚深無有邊 깊고 깊으며 끝이 없고
言辭莫能辯 말솜씨로는 판단할 수 없는 것이라네.

汝觀大威德 그대는 큰 위엄과 덕을 갖춘
無量菩薩衆 헤아릴 수 없는 보살 대중을 자세히 살펴서 들여다보아야 할 것이니
十方諸國土 시방의 모든 국토에서
而來見世尊 와서 세존을 본다네.

所願皆具足 원하는 바를 온전하게 다 갖추고
所行無障礙 행하는 바가 막힘이나 걸림이 없으며
一切諸世間 일체 모든 세간 중에서
無能測量者 헤아려 알 수 있는 자 없다네.

一切諸緣覺 일체 모든 연각이나
及彼大聲聞 또 큰 성문들이
皆悉不能知 단 하나라도 알지 못하는
菩薩行境界 보살행의 경계라네.

菩薩大智慧 보살의 큰 지혜는
諸地悉究竟 모든 지위를 남김없이 마지막까지 마치고
高建勇猛幢 용맹한 당기를 높게 세우니
難摧難可動 꺾을 수도 움직일 수도 어렵다네.

諸大名稱士 모든 큰 명칭의 보살이
無量三昧力 헤아릴 수 없는 삼매의 힘으로
所現諸神變 나타내는 모든 신통 변화가
法界悉充滿 법계에 남김없이 충만하다네. 東方 毘盧遮那願光明菩薩

이때 불가괴정진왕보살이 부처님의 신력을 받들어 시방을 자세히 살펴서 들여다보고는 게송을 말했다.
爾時 不可壞精進王菩薩 承佛神力 觀察十方而說頌言

汝觀諸佛子 그대는 모든 불자의
智慧功德藏 지혜와 공덕의 장을 자세히 살펴서 들여다보아야 하니
究竟菩提行 보리의 행을 마지막까지 다하고
安隱諸世間 모든 세간을 편안하게 하고 위로한다네.

其心本明達 그 마음이 본래 밝게 통달하여
善入諸三昧 선근(般若智.不立五蘊不離證得)으로 모든 삼매에 들어가고
智慧無邊際 지혜는 끝닿은 경계가 없으니
境界不可量 경계란 헤아려 알 수 없는 것이라네.

今此逝多林 지금 이 서다림을
種種皆嚴飾 가지가지로 빠짐없이 장엄하고 꾸미는 것이니
菩薩衆雲集 보살 대중이 구름처럼 모이고
親近如來住 여래를 친근히 하여 머문다네.

汝觀無所著 그대는 집착함이 없이
無量大衆海 헤아릴 수 없는 대중의 바다를 자세히 살펴서 들여다보아야 하니
十方來詣此 시방으로부터 이곳에 와서
坐寶蓮華座 보배 연꽃 자리에 앉으신다네.

無來亦無住 오는 곳도 없고 또한 머무는 곳도 없으며
無依無戲論 의지할 곳도 없고 말장난 같은 논리도 없으며
離垢心無礙 잘못이나 허물을 벗어난 마음이 막힘이나 걸림이 없기에
究竟於法界 법계의 마지막까지 이른다네.

建立智慧幢 지혜의 당기를 세우니
堅固不動搖 견고하고 동요하지 않으며
知無變化法 변화가 없는 법을 알지만
而現變化事 변화하는 일을 나타낸다네.

十方無量刹 시방의 헤아릴 수 없는 세계에
一切諸佛所 일체 모든 부처님이 계신 곳을
同時悉往詣 동시에 남김없이 다 나아가 이르지만
而亦不分身 역시 몸은 나누지 않는다네.

汝觀釋師子 그대는 석가 사자의
自在神通力 자재한 신통한 힘을 자세히 살펴서 들여다보아야 하니
能令菩薩衆 능히 보살 대중들이
一切俱來集 모두가 함께 와서 모이게 한다네.

一切諸佛法 일체 모든 부처님의 법은
法界悉平等 법계와 모두 평등하고
言說故不同 말하는 것이 같지 않은 까닭으로 같지 않음을
此衆咸通達 이 대중이 모두 통달한다네.

諸佛常安住 모든 부처님은 항상
法界平等際 법계의 평등한 경계에 편안히 머물고
演說差別法 차별한 법을 널리 펴서 설하니
言辭無有盡 그 말씀이 다 함이 없다네. 南方 不可壞精進王菩薩

이때 보승무상위덕왕보살이 부처님의 신력을 받들어 시방을 자세히 살펴서 들여다보고는 게송을 말했다.
爾時 普勝無上威德王菩薩 承佛神力 觀察十方而說頌言

汝觀無上士 그대는 위 없는 보살의
廣大智圓滿 광대한 지혜가 원만함을 자세히 살펴서 들여다보아야 하니
善達時非時 선근(般若智.不立五蘊不離證得)으로 때와 때가 아님을 깨달아 알고
爲衆演說法 대중을 위해 법을 널리 펴서 설한다네.

摧伏衆外道 많은 외도와
一切諸異論 일체 모든 다른 장난 같은 논리를 꺾어서 항복 받고
普隨衆生心 중생의 마음을 두루 따라
爲現神通力 그들을 위해 신통한 힘을 나타낸다네.

正覺非有量 바른 깨우침은 헤아릴 수 있는 양이 아니고
亦復非無量 역시 차례를 좇아 양이 없는 것도 아니니
若量若無量 그와 같은 양이 있는 것과 그와 같은 양이 없는 것을
牟尼悉超越 모니께서는 남김없이 다 초월하셨다네.

如日在虛空 해가 허공에 떠서
照臨一切處 모든 곳을 비추어 굽어보는 것과 같이
佛智亦如是 부처님의 지혜 역시 이와 같기에
了達三世法 삼세의 법을 분명하게 깨우쳐 통하게 한다네.

譬如十五夜 비유하면 보름달이
月輪無減缺 달의 바퀴로서 모자람이나 이지러짐이 없듯이
如來亦復然 여래 역시 차례를 좇아 그러하니
白法悉圓滿 흰 법(般若智.不立五蘊不離證得)을 남김없이 원만하게 한다네.

譬如空中日 비유하면 허공 가운데의 해가
運行無暫已 잠시라도 멈춤이 없이 움직이는 것과 같이
如來亦如是 여래 역시 이와 같기에
神變恒相續 신통 변화가 끊이지 않고 항상 하다네.

譬如十方刹 비유하면 시방의 세계가
於空無所礙 허공에 막힘이나 걸림이 없듯이
世燈現變化 세간의 등불 변화를 나타냄도
於世亦復然 세간 역시 차례를 좇아 그러하다네.

譬如世間地 비유하면 세간의 땅에
群生之所依 모든 생물이 의지하듯이
照世燈法輪 세간을 비추는 등불의 법륜도
爲依亦如是 의지함이 역시 이와 같다네.

譬如猛疾風 비유하면 맹렬하게 부는 바람이
所行無障礙 행하는 일에 막힘이나 걸림이 없듯이
佛法亦如是 부처님의 법 역시 이와 같기에
速徧於世間 세간에 빠르게 두루두루 하다네.

譬如大水輪 비유하면 큰물의 바퀴를
世界所依住 세계가 의지하고 머물듯이
智慧輪亦爾 지혜의 바퀴 역시 그와 같아서
三世佛所依 삼세 부처님이 의지하는 것이라네. 西方 普勝無上威德王菩薩

이때 무애승장엄왕보살이 부처님의 신력을 받들어 시방을 자세히 살펴서 들여다보고는 게송을 말했다.

爾時 無礙勝藏王菩薩 承佛神力 觀察十方而說頌言

譬如大寶山 비유하면 큰 보배산이
饒益諸含識 모든 중생을 넉넉하게 이익이 되도록 하듯이
佛山亦如是 부처님의 산도 또한 이와 같아서
普益於世間 세간을 두루 유익하게 한다네.

譬如大海水 비유하면 큰 바닷물이
澄淨無垢濁 맑고 청정하여 허물과 흐린 것이 없듯이
見佛亦如是 부처님을 보는 일도 역시 이와 같기에
能除諸渴愛 모든 애정의 목마름을 제거해 주신다네.

譬如須彌山 비유하면 수미산이
出於大海中 큰 바다 가운데서 솟아 나오듯이
世間燈亦爾 세간의 등불 역시 그와 같기에
從於法海出 법 바다 가운데를 좇아 나온다네.

如海具衆寶 바다가 많은 보배를 갖추어서
求者皆滿足 구하는 자가 빠짐없이 다 만족하듯이
無師智亦然 스승이 없는 지혜도 역시 그러하기에
見者悉開悟 보는 자는 모두 깨우침을 깨달아 안다네.

如來甚深智 여래의 깊고 깊은 지혜는
無量無有數 헤아릴 수 없고 수가 없으니
是故神通力 이러한 까닭으로 신통한 힘을
示現難思議 나타내 보임은 생각으로 헤아려 알기 어렵다네.

譬如工幻師 비유하면 능숙한 요술쟁이가
示現種種事 가지가지의 일을 나타내 보이듯이
佛智亦如是 부처님의 지혜 역시 이와 같기에
現諸自在力 모든 자재한 힘을 나타낸다네.

譬如如意寶 비유하면 여의 보배가
能滿一切欲 모든 욕심을 만족하게 하는 것과 같이
最勝亦復然 가장 뛰어난 것 역시 차례를 좇아 그러하기에
滿諸清淨願 모든 청정한 원을 가득하게 한다네.

譬如明淨寶 비유하면 밝고 청정한 보배가
普照一切物 일체 물건을 두루 비추는 것과 같이
佛智亦如是 부처님의 지혜 역시 이와 같기에
普照群生心 중생들의 마음을 두루 비춘다네.

譬如八面寶 비유하면 팔면의 보배가
等鑑於諸方 모든 방위를 가지런하게 거울처럼 비추듯이
無礙燈亦然 막힘이나 걸림 없는 등불도 역시 그러하기에
普照於法界 법계를 두루 비춘다네.

譬如水清珠 비유하면 물을 청정하게 하는 구슬이
能淸諸濁水 모든 탁한 물을 맑게 하듯이
見佛亦如是 부처님을 보는 일도 역시 이와 같기에
諸根悉清淨 모든 근을 남김없이 청정하게 한다네. 北方 無礙勝藏王菩薩

이때 화현법계원월왕보살이 부처님의 신력을 받들어 시방을 자세히 살펴서 들여다보고는 게송을 말했다.

爾時 化現法界願月王菩薩 承佛神力 觀察十方而說頌言

譬如帝青寶 비유하면 제청 보배가
能青一切色 모든 색을 푸르게 하듯이
見佛者亦然 부처님을 보는 자도 역시 그러하기에
悉發菩提行 남김없이 다 보리의 행을 일으키게 한다네.

一一微塵內 하나하나의 티끌 속에
佛現神通力 부처님의 신통한 힘을 나타내어
令無量無邊 헤아릴 수 없고 끝없는
菩薩皆淸淨 보살을 빠짐없이 청정하게 한다네.

甚深微妙力 깊고 깊으며 섬세하고 빼어난 힘은
無邊不可知 끝이 없고 알 수가 없으니
菩薩之境界 보살의 경계도
世間莫能測 세간에서는 헤아려 잴 수가 없다네.

如來所現身 여래가 나타내는 몸이
淸淨相莊嚴 청정한 모양이나 상태로 장엄하기에
普入於法界 법계에 두루 들어가
成就諸菩薩 모든 보살을 성취하게 한다네.

難思佛國土 생각으로 알기 어려운 부처님의 국토
於中成正覺 가운데서 바른 깨우침을 이루시니
一切諸菩薩 일체 모든 보살과
世主皆充滿 세간의 주인 모두가 충만하다네.

釋迦無上尊 위 없는 존귀한 석가모니 부처님은
於法悉自在 모든 법에 남김없이 자재하시고
示現神通力 신통한 힘을 나타내 보이며
無邊不可量 끝없고 가히 헤아릴 수 없다네.

菩薩種種行 보살의 가지가지의 행은
無量無有盡 헤아릴 수 없고 다함이 없지만
如來自在力 여래의 자재한 힘으로
爲之悉示現 남김없이 나타내 보인다네.

佛子善修學 불자가
甚深諸法界 깊고 깊은 모든 법계의 선근(如來地.二乘地.禪定.三昧.善根思惟)을 닦고 배우며
成就無礙智 막힘이나 걸림 없는 지혜를 성취하고
明了一切法 모든 법을 분명하게 깨우쳐 안다네.

善逝威神力 선근(如來地.二乘地.禪定.三昧.善根思惟.解脫.寂滅.法界.涅槃)으로 가신 위신의 힘은
爲衆轉法輪 대중의 법륜을 굴리니
神變普充滿 신통 변화가 두루 충만하기에
令世皆清淨 세상을 빠짐없이 청정하게 한다네.

如來智圓滿 여래는 지혜가 원만하고
境界亦清淨 경계 역시 청정하며
譬如大龍王 비유하면 큰 용왕이
普濟諸群生 모든 중생을 두루 구제하는 것과 같다네. 東北方 化現法界願月王菩薩

이때 법혜광염왕보살이 부처님의 신력을 받들어 시방을 자세히 살펴서 들여다보고는 게송을 말했다.

爾時 法慧光焰王菩薩 承佛神力 觀察十方而說頌言

三世諸如來 삼세 모든 여래
聲聞大弟子 성문의 큰 제자들은
悉不能知佛 단 하나도 부처님이
擧足下足事 발을 들고 내리는 일을 알지 못한다네.

去來現在世 과거, 미래, 현재 세상의
一切諸緣覺 일체 모든 연각도
亦不知如來 역시 여래가
擧足下足事 발을 들고 내리는 일을 알지 못한다네.

況復諸凡夫 하물며 차례를 좇은 모든 범부가
結使所纏縛 번뇌에 얽히고 묶여있으며
無明覆心識 무명과 마음의 식으로 덮여있거늘
而能知導師 부처님을 어찌 알겠는가.

正覺無礙智 바른 깨우침은 막힘이나 걸림 없는 지혜이며
超過語言道 말뿐인 도를 뛰어넘어 섰기에
其量不可測 그 양을 헤아려 잴 수가 없으니
孰有能知見 누가 능히 보고 알겠는가.

譬如明月光 비유하면 밝은 달의 빛은
無能測邊際 가장자리의 경계를 헤아릴 수 없으니
佛神通亦爾 부처님의 신통함도 역시 그와 같기에
莫見其終盡 그 끝의 다함을 볼 수 없다네.

一一諸方便 하나하나의 모든 방편과
念念所變化 생각과 생각마다 변화하는 것을

盡於無量劫 헤아릴 수 없는 겁이 다하도록
思惟不能了 사유하더라도 분명하게 알아서 마칠 수가 없다네.

思惟一切智 모든 지혜로
不可思議法 사람의 생각으로는 헤아려 알 수 없는 법을 사유하지만
一一方便門 하나하나의 방편 문에 대한
邊際不可得 가장자리의 경계를 얻을 수는 없다네.

若有於此法 그와 같은 법에
而興廣大願 광대한 원을 세우면
彼於此境界 그런 사람은 이 경계를
知見不爲難 알고 보는 일이 어렵지만은 않다네.

勇猛勤修習 용맹하고 부지런하게
難思大法海 사유로도 어려운 큰 법의 바다를 닦아 익히면
其心無障礙 그 마음이 막힘이나 걸림이 없기에
入此方便門 이 방편의 문에 들어간다네.

心意已調伏 마음의 뜻을 이미 조복(般若智調伏)시키고
志願亦寬廣 뜻과 원 또한 크고 넓어서
當獲大菩提 마땅히 큰 보리의
最勝之境界 가장 뛰어난 경계(阿耨多羅三藐三菩提)를 얻을 것이라네. 東南方 法慧光焰王 菩薩

이때 파일체마군지당왕보살이 부처님의 신력을 받들어 시방을 자세히 살펴서 들여다보고는 게송을 말했다.

爾時 破一切魔軍智幢王菩薩 承佛神力 觀察十方而說頌言

智身非是身 지혜의 몸은 몸이 아니니
無礙難思議 막힘이나 걸림도 없고 생각으로도 어려우며
設有思議者 설령 생각하는 자가 있더라도
一切無能及 모든 것에 미칠 수 없다네.

從不思議業 생각으로 헤아려 알 수 없는 업을 좇아
起此淸淨身 청정한 이 몸(般若智 調伏한 毘盧遮那法身)을 일으켰으며
殊特妙莊嚴 특히나 빼어난 장엄으로
不著於三界 삼계에 집착하지 않는다네.

光明照一切 광명이 일체를 비추니
法界悉淸淨 법계가 남김없이 다 청정하고
開佛菩提門 부처님의 보리의 문을 열어서
出生衆智慧 많은 지혜를 내어놓는다네.

譬如世間日 비유하면 세간의 해와 같기에
普放慧光明 지혜의 광명을 두루 놓아
遠離諸塵垢 모든 허물과 티끌을 멀리 벗어나고
滅除一切障 모든 막힘이나 걸림을 제거해 없애버린다네.

普淨三有處 삼유의 처를 두루 청정하게 하며
永絶生死流 생사의 흐름을 영원히 끊고
成就菩薩道 보살의 도를 성취하여
出生無上覺 위 없는 깨우침을 내어놓는다네.

示現無邊色 끝없는 색을 나타내 보이니
此色無依處 이 색은 의지한 곳이 없고
所現雖無量 비록 헤아릴 수 없음을 나타내지만
一切不思議 모든 것이 생각으로 헤아려 알 수 없는 것이라네.

菩薩一念頃 보살이 한 생각 사이에
能覺一切法 능히 모든 법을 깨우친다지만
云何欲測量 어떻게
如來智邊際 여래 지혜의 가장자리 경계를 헤아릴 수 있겠는가.

一念悉明達 한 생각에
一切三世法 모든 삼세의 법을 남김없이 밝게 통하니
故說佛智慧 이러한 까닭으로 부처님이 설한 지혜는
無盡無能壞 다함이 없고 무너트릴 수도 없다네.

智者應如是 지혜가 있는 자는 응당 이와 같음으로
專思佛菩提 오로지 부처님의 보리(阿耨多羅三藐三菩提)를 생각하니
此思難思議 이는 생각으로 생각하기 어려운 것을 생각하는 것이니
思之不可得 생각으로는 얻을 수 있는 것이 아니라네.

菩提不可說 보리는 말로 할 수 없고
超過語言路 언어의 길을 뛰어넘은 것이니
諸佛從此生 모든 부처님은 이것(阿耨多羅三藐三菩提)을 좇아서 났기에
是法難思議 이 법은 생각으로 헤아려 알기 어려운 것이라네. 西南方 破一切魔軍智幢王菩薩

이때 원지광명당왕보살이 부처님의 신력을 받들어 시방을 자세히 살펴서 들여다보고는 게송을 말했다.
爾時 願智光明幢王菩薩 承佛神力 觀察十方而說頌言

若能善觀察 그와 같은
菩提無盡海 끝없는 보리의 바다(阿耨多羅三藐三菩提發現.二乘)를 선근으로 자세히 들여다보면
則得離癡念 곧 어리석은 생각을 벗어나
決定受持法 결정한 법을 받아 지닐 것이라네.

若得決定心 그와 같이 결정한 마음을 얻으면
則能修妙行 곧 빼어난 행을 능히 닦아서
禪寂自思慮 선정의 고요함에 대한 깊은 생각으로
永斷諸疑惑 모든 의혹을 영원히 끊어낸다네.

其心不疲倦 그 마음이 피곤하거나 게으르지 않고
亦復無懈怠 역시 차례를 좇아 게으름을 피우지 않으며
展轉增進修 반복해서 거듭 닦아 나아가
究竟諸佛法 모든 불법을 마지막까지 마친다네.

信智已成就 믿음과 지혜를 성취한 후에
念念令增長 생각과 생각마다 거듭 더하고 기르고
常樂常觀察 항상 즐겁고 늘 자세히 살펴서 들여다보니
無得無依法 얻을 것도 없고 의지할 것도 없다네.

無量億千劫 헤아릴 수 없는 억천 겁을 두고
所修功德行 닦은 공덕의 행은
一切悉迴向 일체 모든 것을
諸佛所求道 부처님이 구하던 도로 남김없이 회향한다네.

雖在於生死 비록 생사에 있기는 하지만
而心無染著 마음이 물드는 일에 집착하지 않고
安住諸佛法 모든 부처님 법(阿耨多羅三藐三菩提.二乘)에 편안히 머물면서
常樂如來行 늘 여래의 행을 즐긴다네.

世間之所有 세간이 가지고 있는
蘊界等諸法 오온, 십팔계 등 모든 법이라는
一切皆捨離 일체 모든 것에서 벗어나 버리고
專求佛功德 오로지 부처님의 공덕을 구한다네.

凡夫嬰妄惑 범부는 허망한 의심을 두르고
於世常流轉 세상에서 늘 헤매면서 얽매이는 것을
菩薩心無礙 보살의 마음은 막힘이나 걸림이 없기에
救之令解脫 이들을 구해 해탈하게 한다네.

菩薩行難稱 보살의 행은 칭찬의 말로는 다할 수 없고
擧世莫能思 세상의 마음으로는 생각하지 못하지만
徧除一切苦 모든 괴로움을 두루 없애며
普與群生樂 중생들에게 두루 즐거움을 준다네.

已獲菩提智 보리의 지혜를 얻은 뒤에는
復愍諸群生 모든 중생의 차례를 좇아 불쌍히 여기고
光明照世間 광명으로 세간을 비추어
度脫一切衆 모든 중생을 도탈하게 한다네. 西北方 願智光明幢王菩薩

이때 파일체장용맹지왕보살이 부처님의 신력을 받들어 시방을 자세히 살펴서 들여다보고는 게송을 말했다.

爾時 破一切障勇猛智王菩薩 承佛神力 觀察十方而說頌言

無量億千劫 헤아릴 수 없는 겁을 두고도
佛名難可聞 부처님은 듣기 어렵거늘
況復得親近 하물며 차례를 좇아(復.50位) 친근함을 얻어서
永斷諸疑惑 의심으로 인한 미혹함을 영원히 끊을 수 있겠는가.

如來世間燈 여래는 세간의 등불이기에
通達一切法 모든 법을 통달하고
普生三世福 삼세의 복을 두루 내어서
令衆悉清淨 중생들을 남김없이 청정하게 한다네.

如來妙色身 여래의 빼어난 색신은
一切所欽歎 모두가 흠모하고 칭찬하는 것이기에
億劫常瞻仰 억겁을 두고 늘 우러러 사모해도
其心無厭足 그 마음에 만족함이 없는 것이라네.

若有諸佛子 그와 같은 모든 불자가
觀佛妙色身 부처님의 빼어난 색신을 자세히 본다면
必捨諸有著 반드시 모든 있음의 집착을 버리고
迴向菩提道 보리의 도로 회향할 것이라네.

如來妙色身 여래의 빼어난 색신은
恒演廣大音 언제나 변함없이 광대한 소리를 널리 펴고
辯才無障礙 변재가 막힘이나 걸림이 없으며
開佛菩提問 부처님의 보리 문을 열어서
曉悟諸衆生 모든 중생이 깨우침을 깨달아 알고
無量不思議 헤아릴 수 없고 생각으로는 알 수 없는
令入智慧門 지혜의 문에 들게 하여
授以菩提記 보리의 수기를 준다네.

如來出世間 여래가 세간에 나오시기에
爲世大福田 세상에 큰 복 밭이 되고
普導諸含識 모든 중생을 바른길로 두루 이끌어서
令其集福行 복덕의 행을 모으게 한다네.

若有供養佛 그와 같이 부처님께 공양하면
永除惡道畏 악도의 두려움을 영원히 없애 버리고
消滅一切苦 모든 괴로움을 사라져 없어지게 하며
成就智慧身 지혜의 몸을 성취한다네.

若有兩足尊 그와 같은 부처님을 뵙고
能發廣大心 광대한 마음을 능히 일으키면
是人恒値佛 이러한 사람은 항상 부처님을 만나기에
增長智慧力 지혜의 힘이 거듭 더해지고 커진다네.

若見人中勝 그와 같이 사람 가운데 뛰어남을 보이면
決意向菩提 뜻을 결정하여 보리로 향하고
是人能自知 이 사람은 스스로
必當成正覺 반드시 바른 깨우침을 이룬다는 것을 안다네. 上方 破一切障勇猛智王菩薩

이때 법계차별원지신통왕보살이 부처님의 신력을 받들어 시방을 자세히 살펴서 들여다보고는 게송을 말했다.
爾時 法界差別願智神通王菩薩 承佛神力 觀察十方而說頌言

釋迦無上尊 위 없이 존귀한 석가모니가
見一切功德 모든 공덕을 갖추시니
見者心淸淨 보은 이들의 마음이 청정해지고
迴向大智慧 큰 지혜로 회향한다네.

如來大慈悲 여래는 큰 자비로
出現於世間 세간에 나오시어
普爲諸群生 두루 모든 중생을 위하여
轉無上法輪 위 없는 법륜을 굴리신다네.

如來無數劫 여래께서 수 없는 겁을 두고
勤苦爲衆生 부지런히 중생들을 위해서 애쓰시니
云何諸世間 모든 세간은 어찌해야 만이
能報大師恩 대사의 은혜를 갚을 수 있겠는가.

寧於無量劫 차라리 헤아릴 수 없는 겁을 두고
受諸惡道苦 모든 악도의 괴로움을 받을지언정
終不捨如來 끝내는 여래를 버리고
而求於出離 벗어나 나아가길 구하지 않는다네.

寧代諸衆生 차라리 모든 중생을 대신하여
備受一切苦 모든 고통을 받을지언정
終不捨於佛 부처님을 버리고
而求得安樂 끝내는 편안함과 즐거움을 구하지 않는다네.

寧在諸惡趣 차라리 모든 악한 부류에 있으면서
恒得聞佛名 항상 부처님의 이름을 들으면서
不願生善道 선근의 도에 나고
暫時不聞佛 잠시라도 부처님 듣지 못함을 원치 않는다네.

寧生諸地獄 차라리 모든 지옥에 태어나서
一一無數劫 하나하나의 수 없는 겁을 보낼지언정
終不遠離佛 부처님을 멀리 벗어나지 않고
而求出惡趣 끝까지 악한 부류에 나아감을 구하지 않는다네.

何故願久住 무슨 까닭으로
一切諸惡道 일체 모든 악도에 오래 머물기를 원하는가?
以得見如來 여래를 보고
增長智慧故 지혜를 거듭 더하고 키우려는 까닭이라네.

若得見於佛 그와 같은 부처님을 보면
除滅一切苦 모든 고통을 제거하여 없애버리고
能入諸如來 모든 여래의
大智之境界 큰 지혜의 경계에 능히 들어간다네.

若得見於佛 그와 같은 부처님을 보면
捨離一切障 모든 막힘이나 걸림에서 벗어나 버리고
長養無盡福 다함이 없는 복을 기르고 키우며
成就菩提道 보리의 도를 성취한다네.

如來能永斷 여래는 능히
一切衆生疑 모든 중생의 의심을 영원히 끊어 버리게 하고
隨其心所樂 그 마음이 즐거워하는 것을 따라
普皆令滿足 빠짐없이 다 두루 만족하게 하신다네. 下方 法界差別願智神通王菩薩